《大公报》全史

(1902—1949)

吴廷俊 / 编

第三卷

报　人

复旦大學出版社　商務印書館

目 录

前　言………1

第一编　三世创业者………1
　　　　隐形馆主：柴天宠………3
　　　　创业总办：英敛之………30
　　　　传棒《大公报》：王郅隆………59
　　　　新记社长：吴鼎昌………69
　　　　尽瘁大公：胡政之………104
　　　　新记总编：张季鸾………160

第二编　新记"少帅"………207
　　　　季鸾传人：王芸生………209
　　　　最后的总经理：曹谷冰………238

第三编　采编精英………255
　一、"强将"………257
　　　　第一个称职主笔：刘孟扬………257
　　　　传承英华笔政：唐梦幻　269
　　　　主笔十四载：樊子镕………276
　　　　"翻译圣手"：杨历樵………281
　　　　编辑工作一把好手：孔昭恺………293

辗转六地，贡献卓著：徐铸成………304
第一位科班出身的编辑：赵恩源………316
与时俱进：张琴南………323
一辈子的新闻人：蒋荫恩………333
"兴趣主义"者：许君远………341
丰富经历，卓越贡献：顾建平………348
侠骨文心：李侠文………354

二、"精兵"………361

拓荒的"园丁"：何心冷………361
全能报人：杜协民………369
记录梨园盛事：徐凌霄………378
采访到"最后消息"：汪松年………383
《大公报》第一位女外勤记者：蒋逸霄………389
与新记共始终：曹世瑛………398
平民画家，写生记者：赵望云………403
本着那个"诚"字：范长江………412
在文艺和新闻之间：萧乾………420
专家型记者：章丹枫………428
第一个驻美特派员：严仁颖………434
载笔随军，名噪一时：张篷舟………443
脚步丈量每一寸土地：徐盈………450
穿梭在华北战场：孟秋江………459
战火中的记录者：高元礼………467
从"流亡者"到战地记者：赵惜梦………475
人物专访里手：彭子冈………483
沉潜思辨、标新立异的报刊政论家：李纯青………492
给副刊披上战袍：杨刚………499

跟随美国太平洋舰队采访的中国记者：朱启平………508

文章落笔惊风雨：高集………518

实录血战的记者：戈衍棣………526

转徙西南天地间：陈凡………532

详细报道周恩来的《大公报》记者：曾敏之………539

"闯祸"记者：张高峰………545

海外战地记者：黎秀石………555

永远乘坐最前方的战车：吕德润………562

第四编　经营里手………569

"三朝元老"：王佩之………571

新记"股肱"：李子宽………575

政之"倚重"：金诚夫………589

从编辑主任到副经理：许萱伯………600

幕后辛劳：李清芳………608

忠于职守，专注经营：袁光中………610

两度服务：费彝民………612

三栖报人：王文彬………622

总务能手：叶德真………633

前　言

老《大公报》人徐铸成先生很推崇"报人"这一称谓，他在《报人张季鸾先生传》一书的引言中解释为什么没有在"报人张季鸾"前面加上"伟大""卓越"这类的形容词时说："我认为，'报人'这个称谓，就含有极崇敬的意义。"并进一步说："我国近代新闻史上，出现了不少名记者，有名的新闻工作者，也有不少办报有成就的新闻事业家，但未必都能称为报人。"①在徐铸成心目中，"报人"是一个至高无上的称谓，能被称为"报人"的，一定是新闻从业人员中的佼佼者。

1939年4月15日，《大公报》的"社评"《报人宣誓》也如是说："新闻记者这种职业，似乎人人都可以干；但要干得尽职，却不是一件容易事。一个克尽厥职的新闻记者，他须具备几个异乎常人的条件。他须有坚贞的人格、强劲的毅力、丰富的学识；对人类、对国家、对自己的职业，要有热情、要有烈爱；然后以明敏的头脑、热烈的心肠、冰霜的操守，发为威武不屈、富贵不淫、贫贱不移的勇士精神，兢兢业业的为人类、为国家，尽职服务。"②就是说，合格的新闻记者是一群"异乎常人"之人。

《大公报》历任领导人对办报者和自己的同人都有很高的要求。英敛之视报人名誉高于生命，常说要具备代表舆论"监政府，导国民"的资格，报人就必须经受两方面的考验：在经济上，不被利益稍玷报誉；在政治上，不因高压稍亏报节。张季鸾重视报人修养，对同人提出"公""诚""忠""勇"的要求。胡政之更是明确地说，一个人如想升官发财，便不可以做报；做报的人，既不能求官，

---

① 徐铸成：《报人张季鸾先生传》，生活·读书·新知三联书店1986年版，第6页。
② 《社评·报人宣誓》，《大公报》(渝版)1939年4月15日。

又不能求财,甚至不能求名——新记《大公报》"社评"不署名就是不求名的表现。

不是所有在新闻单位(报社)工作过的人都可称为"报人",同理,也不是所有在《大公报》馆工作的人都可以称为"《大公报》人"。能称得上"《大公报》人"的,无论入馆时间的先后、服务时间的长短、工作岗位的不同、知识背景的各异,他们都须有一个共性,那就是具有"忘己无私"的"大公精神"和"文章报国"的"文人情怀"。

"《大公报》人"是"大公"精神的传承者,是他们成就了《大公报》的不朽事业,在中国新闻史上书写了辉煌的、其他报人和报纸不可替代的篇章,为中国乃至世界新闻事业提供了宝贵的实际经验和理论贡献。因此本书专设"报人"卷,一则作为"报史"卷的补充,使其内容更加丰满、生动;二则也是为这些"《大公报》人"立传,让他们从报史中凸显出来,活现在读者面前。

为了写作的方便,作者为编入本卷的"《大公报》人"设定了三个"入选"条件:(1)在册的正式员工;(2)1945年8月以前入馆,并在馆连续工作两年及以上;(3)工作独当一面,并为《大公报》事业的发展做出独特贡献。在上述前提条件下,本卷共收录56位"《大公报》人",按在馆服务的时段及工作性质分为四个类别进行编排:(1)三世创业者;(2)新记"少帅";(3)采编精英;(4)经营里手。

除了界定"报人"和"《大公报》人"这两个概念、确定人物入选标准之外,本卷还在以下两个方面下了些功夫:

其一,邀请适合的撰稿人。首先是邀请对某位报人有专门研究并有相关成果的新闻史研究者撰写初稿,比如王润泽教授之于张季鸾研究、林绍武教授之于吴鼎昌研究、樊亚平教授之于范长江研究、王咏梅教授之于胡政之研究、喻频莲教授之于柴天宠研究、张刃先生之于众多老《大公报》人研究、沈静副教授之于王郅隆研究、於渊渊讲师之于英敛之研究等;其次是邀请中国新闻史学界有关教授亲自参与或指导自己的在读研究生以论文选题的方式参与撰写,比如徐新平教授、邓绍根教授、李秀云教授、高海波教授、刘洁教授、阳海洪教授、张振亭教授、闫隽副教授、冯帆讲师等。这一卷是集体劳动的结晶,在此向所有参与撰写的老师和同学表示衷心感谢。

其二,注意稿件质量。各位撰稿者根据统一的撰写要求认真撰写初稿,然后不厌其烦,修改多次;张刃先生、高海波教授和喻频莲教授对全部书稿进行通读,或提出进一步修改建议,或亲自动手修改;最后由吴廷俊统稿,进行最后的修订并形成终稿。书稿虽然出自多人之手,但是都做到了资料准确,要言不烦,重点突出,即突出每个"《大公报》人"在《大公报》工作期间所做的工作和贡献。

"采编精英"这一部分,每个人物小传后面附有"代表作赏析","代表作"全文刊载或节选,赏析或长或短,言有尽而意无穷,以增加本卷的学术价值和史料价值。需要说明的是,"代表作"原文中除明显的印刷错误直接予以改正外,其余均照录原文,不可辨认处以□代之。另外,要提请读者注意的是,由于撰写者研究视角不同,在对人物的评价上,有些观点或许与第一卷报史部分中的观点存在些许差异。

第一编 三世创业者

隐形馆主：柴天宠*

1931年5月22日,《大公报》发行满一万号,因此征文中外,以志纪念。当天,《大公报》共出版六大张二十四版,前十六版均为"《大公报》一万号"专刊,纪念规格是相当隆重的。第二版内容为"一号到一万号《大公报》历史之缩图",登载了二十一张照片。左上角的一组照片题为"过去之主办人",照片下方对应有姓名,从右到左依次为"柴敷霖、英敛之、王祝三①"。而与之形成对照的是,头版以报馆名义发表的两篇长文《本报一万号纪念辞》《从一号到一万号》中却只字不提柴氏,对王郅隆也只是一笔带过,在追溯《大公报》创办情形时表述为"盖创办人英君敛之目击庚子之祸,痛国亡之无日,纠资办报"②;在讲述《大公报》"第一时期"的历史时则主要讲述"本报创办人英敛之"的事迹③。

新记《大公报》一万号纪念专刊虽然承认了柴天宠为《大公报》主办人这一事实,但对这位堂堂主办人却仅止于提供一张照片加名字的简单信息而已。很显然,在一万号纪念专刊的"光荣传统"叙事框架下,柴天宠是被遮蔽的一面。随着时间的流逝,柴天宠的面目越来越模糊,至今尚无一篇专文对其生平事迹加以考证。好在方豪编录的《英敛之先生日记遗稿》"关于《大公报》筹备和初刊几年的情形极详"④,提供了有关这位"柴先生"的四百一十四处记载,仿佛一束微弱的光照射进尘封幽暗的历史岁月,可大致勾勒出作为第一代馆主的柴天宠的形象。

一

柴天宠(?—1922),字敷霖,生年不详,应大约在1860年(清咸丰十年)前

---

* 本文撰稿人:喻频莲,长江大学人文与新媒体学院副教授。
① 即王郅隆。
② 《本报一万号纪念辞》,《大公报》1931年5月22日。
③ 《从一号到一万号》,《大公报》1931年5月22日。
④ 方豪:《方豪六十自定稿》(下),台湾学生书局1969年版,第2036页。

后,天津人,出身于旗人家庭,资本家兼天津紫竹林教堂总管,《大公报》第一代馆主。

柴天宠出生在"去神京二百余里,当南北往来之冲",因而商品经济繁荣的天津。早在开埠前夕,天津就已经成为一个以传统商业为主体的商业城市,商人在其中扮演着重要角色,本地从事商业活动的职业户数占到县城内总户数的一半以上①。1860年《北京条约》签订后,天津被迫开埠,城市现代化由此启动。随之,天津的社会经济结构发生巨大变化,表现之一就是传统商业开始走向衰落,而出现了洋布洋纱、洋药、洋镜、五金、染料、洋杂货、机器、纺织、面粉、化工、火柴、皮革等新式商业门类,重商主义在清末的天津得以延续并愈加兴盛。

在商业氛围浸淫中长大的柴天宠也选择了经商。此时的天津商人群体按势力强弱可划分为四等:第一等是皇商;第二等是拥资巨万的富商大贾;第三等是铺商,所占比例最大;第四等是过村走街的小商小贩。柴天宠属于第三等,即出身平民而稍有积累的普通商人。他起初是一名建筑商,经营着一家专售建筑材料的"天和号"商铺②,他后来的发家,是缘于承包天主教堂及教会房产的工程。

柴天宠之所以能有机缘承包天主教堂及教会房产的工程,与他的另一重身份——紫竹林教堂总管密切相关,也与天主教以教案赔款为隐形推手的特殊发展进程密切相关。

伴随天津开埠,西方传教士被允许到中国租买土地、兴建教堂,并获得自由传教的权利。为避免多个修会在同一区域活动时相互掣肘,经过不断调整,在华天主教势力逐渐形成"划地而治"的格局,其中天津隶属于天主教北京教区的管辖范围③。北京教区分为三个代牧区:直隶北境代牧区、直隶西南代牧区、直隶东南代牧区。前两个教区由遣使会负责,后一个教区由耶稣会负责。直隶北境代牧区共有住堂二十九处,其中五堂在北京(即北堂、东堂、西堂、南堂和栅栏堂),四堂在天津(即紫竹林、望海楼、锦衣卫桥、盐山),四堂在京东,六堂在保定府,七堂在宣化府,二堂在京南,一堂在贾家疃④。

---

① 庞玉洁:《开埠通商与近代天津商人》,天津古籍出版社2004年版,第17页。
② 王芸生、曹谷冰:《英敛之时期的旧大公报》,《新闻战线》1961年第2期,第46页。
③ 刘志庆:《中国天主教教区历史沿革及发展的回顾与反思》,《世界宗教研究》2016年第5期,第141页。
④ 吴宝晓:《京畿义和团运动研究》,学习出版社2016年版,第375—376页。

紫竹林教堂是1872年(同治十年)所建。1870年天津教案爆发后,天主教在天津的第一座教堂望海楼教堂和法国领事馆被焚毁,迫使教会全部迁入紫竹林租界内。隔年后,教会利用中国政府赔款在紫竹林另建新堂圣路易教堂,亦称紫竹林教堂。

柴天宠是紫竹林教堂的总管——准确理解这一身份,需要将其置于天主教神权体制的制度化结构,以及半殖民地时期中国教会被外籍教士控制的不平等结构中加以解读。

天主教是一种制度化的宗教,有着严整而规范的神权体制。尽管教会的目标不是此岸世界,但为了维持运转,它也参与世俗经济活动,信奉"尽可能地赚钱、尽可能地省钱、尽可能地捐钱"的经济伦理。因此,以教区、总铎区、堂区及会口组合的分级式教会机构,通过财务管理完成有效的"链接",其中账房是财务运作的核心。天主教各修会都有自己的账房,其中遣使会的账房称为首善堂,设在上海、天津两处。因为账房在天主教传教事业中地位举足轻重,所以多由外籍神职人员管理,他们都是教会的精英[1]。各级传教机构也都有财务管理人员,使得堂区及会口既是信仰空间,也是经济单元。随着天主教势力在中国的不断壮大,教徒人数不断增长,负责管理工作的神职人员日渐缺乏,因此天主教基层组织会口或堂口常常调动非神职的平信徒[2]参与财务管理工作。

柴天宠并非神职人员,他虽在紫竹林教堂中有单独住所和佣媪服侍[3],但家舍置在堂外,过着俗世家庭生活。他总管堂中日常事务,也包括参与堂中财务的具体管理。作为一名中国籍平信徒,他并没有财务决策权,只是类似"出纳"的角色。紫竹林教堂有多名外籍司铎,掌握堂中实际财权的是其中最重要的两个人:一个是法籍司铎刘克明(Guilloux),他于1894年被任命为天津的总铎及账房总负责人,紫竹林教堂是他所驻堂口[4],因此成为当时天津天主教会

---

[1] 康志杰:《中国天主教财务经济研究(1582—1949)》,人民出版社2019年版,第419页。
[2] 平信徒是出现"圣职阶层"之后的产物。天主教会的组织形式是以有层级次序的圣统制(教阶制)为特色的。圣统制的层级次序是以主教、司铎(神父)、执事凭借其从祝圣中被赋予的神圣权力、从教宗及其所属的主教团得来的管理权力为基础的。被祝圣者即神职人员,未被祝圣者即平信徒。神职人员拥有神圣权力和管理教会的权力,平信徒则没有神圣权力,需要服从神职界的管理。参见宗晓兰:《从平信徒地位反思天主教会的圣统制》,《基督教文化学刊》2017年第37辑,第62页。
[3] "柴先生未在,是日向张五处借洋三元,张、柴处佣媪各赏一元。"方豪编录:《英敛之先生日记遗稿》,沈云龙主编:《近代中国史料丛刊续编》第三辑,文海出版社1974年版,第264页。
[4] 于学蕴、刘琳编:《天津老教堂》,天津人民出版社2005年版,第177页。

的中心。另一个是法籍司铎罗德芳(Desrumaux)①,此人后在1910年出任遣使会华北省会长②。紫竹林教堂财务决策权在刘克明手中,罗德芳则是财务主管。柴天宠为人沉稳、待上恭顺,因此深受刘克明的信任,被委以总管的重任,在紫竹林堂中算是地位最高的中国籍平信徒。

作为基层教会组织堂区中的一名非神职管理人员,柴天宠并没有教产投资决定权。有种广为引用的说法认为柴天宠负责紫竹林教堂的资产、财务以及各项对外事务,一方面利用巨额赔款大兴土木,修复、建造教堂,另一方面投资一些近代新兴工业。这是一种凭空想象。须知天主教有着严格的财务管理制度,堂区建立有账本制度,记录资金运转、弥撒献仪、礼仪支出等与财务相关的内容,每年要向教区账房提交账房报告、汇报经费使用明细,以方便上级部门掌握堂区的财务动态,上述说法显然是夸大了柴天宠作为教堂总管的权限。

柴天宠任教堂总管一职,也没有丰厚的薪水。这与天主教传教修会的"神贫"理念以及经济体制有关。天主教传教修会否定私产的合法性,不允许神职人员个人拥有财产,实施司铎独身制,要求司铎过清贫简单的生活,将付出与奉献视为使命与责任。司铎不拿工资,只有津贴,且其津贴并不是仅仅给他个人的日常开支,而是包括堂区的生活费,办公费,管理、服务人员工资等各项支出③。而遣使会是17世纪由法国巴黎的穷人使徒圣樊尚(Saint Vincent)创立的,贫困更是其宗教修会特意保持的特征④。

不过,教堂总管的兼职身份给作为建筑商的柴天宠带来了赚钱的便利和滚滚的利润。

天主教作为一种异质文化,在输入中国的过程中由于其宗教殖民主义的色彩而遭到了中国民众的顽强抵抗,一起具体的冲突常常上升到士农工商同仇敌忾的激烈意识形态对抗,造成了高涨的社会动员⑤,以致大大小小的教案屡屡发生。教堂作为天主教的重要象征,是首当其冲被仇教者焚毁的对象。

---

① [法]荣振华、[法]方立中、[法]热拉尔·穆赛、[法]布里吉特·阿帕乌主编:《16—20世纪入华天主教传教士列传》,耿昇译,广西师范大学出版社2010年版,第638页。
② 1910年,遣使会在中国划分为华北、华南两个省会。当时遣使会天津教会隶属于北京教区。凡涉及教区的重大人事和财务等问题,必须征得省会长的同意方能做出决定。参见中国人民政治协商会议天津市委员会文史资料委员会编:《天津租界谈往》,天津人民出版社1997年版,第208页。
③ 康志杰:《中国天主教财务经济研究(1582—1949)》,第452—453页。
④ [法]巴斯蒂:《义和团运动期间直隶省的天主教教民》,《历史研究》2001年第1期,第36页。
⑤ 陈旭麓:《近代中国社会的新陈代谢》,生活·读书·新知三联书店2017年版,第131页。

而对注重礼仪的天主教来说,修建、维修教堂,保证教堂的宏伟瑰丽是其教务的重中之重。因此,每次教案后,天主教首先考虑的便是重建教堂。教堂一次次被毁,又一次次被重建,重建的经费来自教案的巨额赔款,可以说教案赔款是近代中国天主教发展的隐形推手,教会从教案中获益极大。庚子事变后,天主教会更是发了"拳匪财",法国把中国所付的赔款——五百万金法郎转交宗座代牧区①,主教樊国梁(Alphonse Favier)②利用赔款和西什库教堂解围后所抢银两置买土地新建教堂③。传教士包士杰(J. M. Planchet)被派到天津,使用赔款在天津城乡大肆修复被毁的教堂④,重建的教堂相比被毁之前都更高大宽敞。

当时天主教会在天津修建教堂的通常做法是:一位传教士作为总建筑师负责建造工程,工程以一个总价外包给"一位有经验、名声又好的包工头",他会雇用工匠并对工匠的所有行为(如偷盗和恶行)负责。这个包工头由负责建造工程的传教士从他所在教区的教徒中挑选。传教士们知道包工头会赚工人的钱。但只要包工头做得不过分,他们认为都是情有可原,不用太在意的。因为他们认为包工头"毕竟履行了自己的责任,拥有别人没有的技能,也比最好的工人懂得多"。据一位传教士估算,一项教堂工程完成后包工头可以赚到买三亩地的钱⑤。

此外,天主教会还与外商银行、洋行一起争相插手房地产买卖。按道理讲,外国人对租界土地是不具备土地所有权的,但列强无视中国主权,以租界地皮为商品从事投机生意,并通过地价的增值而获得丰厚利润。房地产作为一种回报率高的投资手段,一度成为天主教会在华发展的经济杠杆⑥。在庚子之后,天主教会借助赔款更是加快了置产速度。这无疑给建筑商带来了更多赚钱的机会。

所谓"近水楼台先得月",柴天宠依靠承包天主教堂及教会房产工程实现

---

① 顾卫民:《中国天主教编年史》,上海书店出版社2003年版,第420页。
② 法国人,1861年在巴黎晋铎,于1862年到达北京,1898年由包儒略主教"祝圣",1899年4月13日出任直隶北境宗座代牧,1905年去世。参见[法]荣振华、[法]方立中、[法]热拉尔·穆赛、[法]布里吉特·阿帕乌主编:《16—20世纪入华天主教传教士列传》,耿昇译,第541页。
③ 刘品一:《西什库被围纪略》,庄建平主编:《近代史资料文库》第六卷,上海书店出版社2009年版,第320页。
④ 张志军:《河北宗教简史》,宗教文化出版社2016年版,第161页。
⑤ [比]高曼士、徐怡涛:《舶来与本土:1926年法国传教士所撰中国北方教堂营造手册的翻译和研究》,吴美萍译,知识产权出版社2016年版,第146页。
⑥ 康志杰:《中国天主教财务经济研究(1582—1949)》,第330页。

了资本积累,然后便开始打算投资一些别的产业了。

二

1901年4月底,柴天宠把目光投向了报业这一新兴产业。

这是柴天宠在实现了资本原始积累后的第一次经营拓展,是他商业生涯中的第一次重大转向。

可以说柴天宠的投资眼光是相当精准的。他在此时着手"纠股办报",是看准了天时,善用了地利,又兼具了人和。

1901年4月21日,慈禧太后下旨成立以庆亲王奕劻为首、筹划推行新政的组织"督办政务处"。新政实行后,清廷开放报禁与言禁,报纸数量迅速增长起来,1901—1905年的五年间,内地新办报刊数分别为三十三种、四十六种、五十四种、七十六种和八十八种①。柴天宠恰在此时投资报业,正赶上了这股办报潮流,甚至可以说是占据了先机的引领者。

在天津办报也具有得天独厚的优越条件。天津的近代化启程较早,仅次于上海,一直走在其他通商口岸的前面,是北方的"洋务"中心。洋务运动中,天津在铁路、邮电、军事工业、煤矿业、造船业、教育业等方面都位居全国领先地位,这为天津新闻事业的产生与发展奠定了较为雄厚的物质、技术、教育及文化基础。从19世纪80年代开始,各国租界外籍人士陆续创办了一些中外文报纸,开天津近代新闻事业之先河。最先出现的报纸是1880年津海关创办的英文报纸《北方邮报》;第一份中文报纸是1886年英籍德人德璀琳(Gustav von Detring)创办的英文报纸《中国时报》的中文版——《时报》②。天津近代新闻事业的出现较之澳门、广州、香港、上海要晚数十年,然正因其出现较晚,才得以在洋务运动充分发展的前提下展开,因而发展迅速。至20世纪初,天津已成为中国近代新闻事业最为发达的城市之一③。

而此时,极具经营才干、熟悉办报业务但囊中羞涩的英敛之重新回到了紫竹林教堂,出现在了柴天宠面前,急需一份合适工作的他向柴天宠殷勤致意。

---

① 刘中猛:《清末民初苏籍报人群体研究》,上海三联书店2015年版,第75页。
② 来新夏主编:《天津的九国租界》,天津古籍出版社2004年版,第114页。
③ 马艺等:《天津新闻史》,天津人民出版社2015年版,第23页。

柴天宠和英敛之相互熟悉始于1899年（光绪二十五年）8月中旬。当时英敛之从北京前往紫竹林教堂"就馆事"①，同时代堂中办理书札等事务，由此和身任教堂总管的柴天宠多有交际。在紫竹林教堂，两人共事了半年多，近距离的朝夕相处，使柴天宠目睹了英敛之人生中的"至暗时光"，也得以对英敛之的人品与办事能力有了充分的了解。

英敛之的个人际遇很特殊。他出身于北京旗人家庭，却属于下五旗中的正红旗。他家世微寒，父母靠摇煤球为生②。他虽曾入学③，好谈经世致用之学，而且"志甚壮"④，但"四书竟未卒业"⑤，并没有接受完整规范的教育，从一开始就被排除在科甲正途之外⑥。和大多数普通旗人家的孩子一样，英敛之一开始走的是既定的人生道路，即从小学习满人弓矢等传统技艺，通过考核后列入军籍，拿旗饷。英敛之原在护军营中当差⑦，是肃亲王府禁卫⑧，属下等官弁，级别为六品或七品⑨。但可惜英敛之身体不好，十八岁时即作《贫病吟》，感慨自己是"惯贫善病，况味备尝"⑩，"自二十七岁"更是"忽患半身痿痹，不能观书作字，后虽少愈，但行不数里，便疲惫不堪"⑪，这副身体使得他不得不调整人生方向，也显然给他"觅枝栖"造成了局限，使得他备尝辛酸，经历坎坷。之后他主要从事的是体力较轻的工作，如在法国遣使会系统的堂口学校教书⑫、代

---

① 1895年，法国驻津领事杜士兰通过紫竹林教堂创办"法国学堂"，教授华人法语，加强法国文化在中国的影响。参见李天：《天津法租界城市发展研究》，天津大学2015年博士论文，第63页。学堂同时也聘请中国人教授汉语，英敛之是汉语教师之一，另外还有一名陈姓教师。参见《英敛之先生日记遗稿》，第37页。
② 英若诚、康开丽：《水流云在》，张放译，中信出版社2009年版，第93页。
③ 八旗内除富殷子孙请师教书外，八旗每佐领各设义学，供本旗贫困子弟读书。参见赵生瑞主编，总后勤部基建营房部、中国第一历史档案馆、辽宁省档案馆编：《中国清代营房史料选辑》，军事科学出版社2006年版，第487页。
④ 《英敛之先生日记遗稿》，第188页。
⑤ 方豪：《中国天主教史人物传》，宗教文化出版社2007年版，第665页。
⑥ 科举考试内容在明清时期以"四书""五经"为准。参见罗立祝：《从考试科目与内容看"科举学"的广博性》，《中国地质大学学报（社会科学版）》2005年第9期，第14页。
⑦ 英敛之日记中有提及春天著官衣参加射击训练、至护军营报军政、遇前同差之克升额等记载。参见《英敛之先生日记遗稿》，排印第17、22页，第487页。
⑧ 据唐纳德与英敛之儿子英千里通信中获得的资料。参见[美]唐纳德·帕拉贡：《英敛之和北京天主教辅仁大学的兴起》，辛岩译，任继愈主编：《国际汉学》第6辑，大象出版社2000年版，第158页。
⑨ 英敛之日记中有嫌原职顶戴不便行官办事而找朋友马蔼堂借五品功牌的记载。下等官弁分为五、六、七三等，可推知英敛之品级不及五等。参见《英敛之先生日记遗稿》，第4页。
⑩ 英敛之：《安蹇斋丛残稿·安蹇斋诗钞》，周萍萍编：《英敛之集》（下），广西师范大学出版社2013年版，第249页。
⑪ 《英敛之先生日记遗稿》，第188页。
⑫ 英敛之日记中有"忆昔馆西堂时"之语，可推知他去蒙自前曾在西堂教过书。参见《英敛之先生日记遗稿》，第2页。

办官报①、在提督府做文案②等。英敛之1895年娶亲，妻子爱新觉罗·淑仲是破落旗人家的小姐③，娘家在位于西直门外长河西岸蓝靛厂的外火器营④，也无甚背景。1899年1月28日（戊戌腊月十七），英敛之从安南提督府辞去文案一职后动身返里⑤，因"抵津沽须守冻"，于2月11日（正月初二）起在上海等候船开行期，直至3月12日（二月朔）⑥才返回北京家中，已囊中空空。然而应酬人情、买书都需要借钱典物⑦，因此他回京后，即托人谋护军营旗下传看官一职补缺（这个官职在八旗都统衙门的职官位阶中排末等，英家一直打点，直至英敛之主持《大公报》两个月后仍在托请人，但耗时三年，这个补缺都未能准定⑧）。英敛之也参加过总理衙门的招考，但未被录取⑨。此后英敛之又打算去广东做春松圃统领的幕僚⑩，但在等待广东音信时，实在不堪忍受母亲动辄"怒詈"，为了免得"日日夜烦，待入枯鱼之肆"⑪，于1899年6月赴天津投靠朋友张逸帆"晤席珍"，但张逸帆与刘克明司铎交情并不好⑫，英敛之在天津待了十来天，张逸帆也一直未给刘克明写信，英敛之只得返回北京⑬。在家待了两个月后，经上海好友夏时若托请天津教友孔子明举荐⑭，英敛之才得以进入紫竹林教堂。

---

① 1899年2月，英敛之从安南返京，途经上海，在上海《格致益闻汇报》馆遇见邹翰飞，邹说从前主笔指南馆，欠英敛之代办官报若干元，甚觉惭愧，将其所作《近政考略》赠英敛之一部，聊以补愧。参见《英敛之先生日记遗稿》，排印第14页。
② 《英敛之先生日记遗稿》，排印第5页。
③ 侯杰：《〈大公报〉与近代中国社会》，南开大学出版社2006年版，第32页。
④ 外火器营是位于京郊拱卫京师的三大旗人兵营之一，位于蓝靛厂。另两座是圆明园护军营、健锐营。英敛之日记中有与妻子去蓝靛厂外父家的多处记载。
⑤ 《英敛之先生日记遗稿》，排印第8页。
⑥ 《英敛之先生日记遗稿》，排印第17页。
⑦ 英敛之日记中有"外父至，接予与同去厂，予以囊空，甚不快。至街，向兄借钱二千"，"遣小顺典马褂八千"等语。详见《英敛之先生日记遗稿》，排印第29—30页。
⑧ 英敛之日记中有托人谋差使的多处记载："午后至家卧有时回馆，晚发井儿胡同一信，为营中差使及带物等事"；"差使假井儿胡同，银五两"；"午至门楼胡同，坐有时，谈补缺事"；"父由北京早车来，为旗下传看事"；"（壬寅七月）十八日，早，钟俊同，同至门楼胡同，借大叔往见斌某，定午刻至衙门，后回大叔备饭。午，同斌及俊至衙门，聆其口吻，明日不能准定补缺。自念为此区区，殊多不值，遂归辞之"。详见《英敛之先生日记遗稿》，第3、37、497、530、531—532页。
⑨ 《英敛之先生日记遗稿》，排印第19—20页。
⑩ 《英敛之先生日记遗稿》，排印第37—39页。
⑪ 《英敛之先生日记遗稿》，排印第30—32页。
⑫ 英敛之后在紫竹林教堂就馆事时，刘克明告诫他"断不可与张逸帆有来往，如有来往，馆作罢论"，由此可推而得之。《英敛之先生日记遗稿》，排印第41—42页。
⑬ 《英敛之先生日记遗稿》，排印第36页。
⑭ 《英敛之先生日记遗稿》，排印第38页。

紫竹林教堂安排给英敛之的事极烦琐,除了要按时"入馆课字",还要随叫随到入堂作致天津府及各县的函片、书病院牌单、改合同稿、译信等,但给英敛之支的薪水却极薄。这并非司铎刘克明为人悭吝,而是与前述天主教传教修会的"神贫"理念以及经济体制有关。堂区是一个没有血缘关系的"大家庭",开支庞大,最后留给司铎自己的日常开支都所剩无几。因此,当英敛之想与刘克明"商定支钱、月薪水几何"时,刘克明"竟支吾莫畅其说"。而英敛之对此也是了然的,"不愿于此处多索钱财",准备待到年底再作行止,"如广东信至,当在明年起行"①。英敛之结婚前曾在北京西直门内的西堂就馆事,薪水也十分微薄,"月得修金几于尽作邮费"②。但那时英敛之吃住在堂中,单身汉又无家累。英敛之初到紫竹林教堂时,刘克明给他安排的是"南屋一间"③。但英敛之的妻子、妹妹随后而来,在堂中住不方便,必须在外租房子,三口人的生活开销已月不敷用。而英敛之的五弟小元、母亲也相继来到了天津④,五口人用度实难为继,英敛之不得已把妹妹送去盐山"教女学",晚上给紫竹林学堂学生补习古文⑤、教洋人学说官话⑥贴补家用,每日倦怠不堪,也只略可敷用,仍需借钱典物,东摘西借,截长补短,生活日在困虑中⑦。

柴天宠对手头拮据的英敛之帮补不少。英敛之去紫竹林教堂一个月后,有感于竭蹶不敷的处境,即向柴天宠表达了舍此他图的想法。柴天宠好言安慰英敛之,劝他"毋躁",并表示愿意相助⑧。柴天宠时不时给陷于米完柴罄窘境的英敛之送生活物资,这些英敛之在日记里都有详细记载。如中秋节前,"是晚至家,知柴先生送至月饼一包、白面票三十斤";九月中旬,"饭后少卧,门外剥啄,出视,东洋车载洋米一包,云为柴先生遣送至者";除夕前,"今日柴处送馒首百余";等等⑨。柴天宠对英敛之的接济,是天主教"共产经济"理念的应有之义。这一理念源自《圣经》的教导:我们只有一个父,即天上的父,大家都是兄弟姐妹。即教会是一个大家庭,兄弟姐妹要团结互助。法国驻天津领事

---

① 《英敛之先生日记遗稿》,排印第 42 页。
② 《英敛之先生日记遗稿》,第 2 页。
③ 《英敛之先生日记遗稿》,排印第 40 页。
④ 《英敛之先生日记遗稿》,排印第 43 页,第 25、49 页。
⑤ 《英敛之先生日记遗稿》,第 27 页、第 20—21 页。
⑥ 《英敛之先生日记遗稿》,第 41 页。
⑦ 《英敛之先生日记遗稿》,第 58 页。
⑧ 《英敛之先生日记遗稿》,第 6 页。
⑨ 《英敛之先生日记遗稿》,第 8、24、64 页。

馆高级翻译李敬宇、堂中的张五先生、教友保安等也对英敛之接济不少：李敬宇曾送席票一桌、洋白米一大包、煤一百斤、火炉一个；张五曾送牛肉十斤、面二十余斤；保安曾送席票一桌、面五十斤①。如此，英敛之一家才得以勉强度日。

  与李敬宇等人相比，柴天宠对英敛之的关爱少了一些私谊的亲切感，而多了一些功利的考量和公事公办的程式化意味。在天津教会的中国人中，柴天宠、李敬宇都属于有地位的人物，李敬宇的权势最高，但李氏及其夫人极富人情味，待英敛之毫无架子，不仅专门给英敛之家送物资，还约英敛之到家"小酌"②，并总是为英敛之设身处地着想，热心为英敛之介绍薪水丰厚的蒙自法领事馆的新工作③。而柴天宠则自始至终端着教堂总管的架子，忠实听命于刘克明的意旨，想方设法不让英敛之"他去"，希望把这么一个优质而廉价的帮手长留在身边。刘克明是极为欣赏英敛之的才干的，总是极力笼络英敛之。他赞英敛之写的"信函恳切"④，劝慰不想再"株守苦事"的英敛之"不必忧虑"，说："为你多用无妨。樊公⑤曾云：即多用数十金，亦不为过"；并设法为英敛之减轻家庭负担，允诺英敛之妹妹去盐山教女学，又给英敛之弟弟一个读法文的名额⑥，还多次介绍愿学官话的洋人给英敛之教读⑦。英敛之亦对刘克明待自己"极好"⑧十分感激。

  而刘克明并没有准定英敛之的月薪水几何，又总能扮演"红脸"的老好人角色，具体管事的柴天宠则不得不扮演"白脸"的恶人角色，会在英敛之支钱数目较大时作难。英敛之在日记里记载了一些细节，如"是日嘱柴先生代向刘铎支银数两，为备父还家……伊不愿予他去，复不多给数金，难为情也。云彼有五元，借予暂用"，而第二天"刘铎回，是早柴先生复交松银四两"⑨；再如"晚假

---

① 《英敛之先生日记遗稿》，第7、33、43、64页。
② 《英敛之先生日记遗稿》，第43页。
③ 如："晚至晴宇处少坐，伊愿为代筹馆中斧资"；"晡至李晴宇先生处，闻李嫂云：现有蒙自某员愿延文案，询予愿去否"；"李晴雨处话有时，将必须携眷情况略述，李慨允必为尽力办理"等。参见《英敛之先生日记遗稿》，第22、64、65页。编者按：《英敛之先生日记遗稿》中"李敬宇"的名字有时写作"晴宇""晴雨""镜宇"等。
④ 《英敛之先生日记遗稿》，排印第44页。
⑤ 即樊国梁主教。
⑥ 《英敛之先生日记遗稿》，第26页。
⑦ 《英敛之先生日记遗稿》，第37、41页。
⑧ 《英敛之先生日记遗稿》，第64页。
⑨ 《英敛之先生日记遗稿》，第16页。

钱五百留难"①。柴天宠的这种做派难免令英敛之感到"甚不快""大不快"。某天早上,英敛之在堂中柴天宠屋里阅报时与其闲话,敏锐察觉到柴天宠语有讥讽,更是无限心酸感叹:"想人在困穷,受人些须小惠,万非易事","予于取与一节,素最不苟,断不肯徒受人情,致遭轻藐","事与心违,乃竟不得少有余资,一使扬眉吐气!"英敛之本愤然于一些天津教友在背后议论自己"不免众人帮补"②,柴天宠这样当面出语讥讽,难免让他觉得其势利。

柴天宠是英敛之忠实的借钱对象。英敛之经常向柴天宠借钱,是存有心机的——因支钱总受阻,就以向总管私人借钱的方式迂回地表达自己的实际用度需要。而柴天宠也每求必应,在板着"公"的无情面的同时也以"私"的人情相渡。当然,这个人情是有些高高在上的。英敛之的家人并不能够体谅他糊口的难处,妻子淑仲会为没有新衣裳和他置气,他典了妹妹的银钗买来的衣料妻子嫌品相不好而不悦③;北京的家里会来信找他"索银",而他母亲不问钱之有无,总愤怒他奉事不优。比如冬月下雪天寒,英敛之的母亲因为冷想要做皮袄穿,因价格十分昂贵,英敛之实在是"力不能支",母亲为此"大不悦"了半个月之久。英敛之向张五和柴天宠诉说了家中的这一烦况后,开口向柴天宠借洋四元"为母用"。柴天宠把英敛之的母亲请去自己的住处劝解,并借钱给英敛之。英敛之拿着四元钱"街上欲购小皮褂与母,无合者"。后来实在不堪忍受母亲的脸色,英敛之再与柴天宠定为母购皮袄的事。柴天宠终于让步,给英敛之写了一个单子,要他去永德成布店为母亲购买皮袄皮马褂衣件,并告诉他"伊为垫办"。英敛之赶紧到该布店"购定一男皮袄,价津钱十五千,又看一皮马褂,紫绸面,六千零,布扣等二千零,共约十金之谱。乘车回至逸寓,五弟在,令持归",总算是松了一口气④。柴天宠可以说是为英敛之解了一个大围。

总之,在柴天宠眼里,英敛之是能干的,也是穷酸落魄的。两人之间的关系只能用熟悉来形容,但谈不上亲厚。这里有年龄的隔阂,也有身份的疏离。

1900年(光绪二十六年)2月上旬,英敛之不顾刘克明、柴天宠的"甚不悦""甚不愿"⑤,终于还是离开了紫竹林教堂,随李敬宇介绍来天津办事的宋领事

---

① 《英敛之先生日记遗稿》,第37页。
② 《英敛之先生日记遗稿》,第35页。
③ 《英敛之先生日记遗稿》,第35页。
④ 《英敛之先生日记遗稿》,第53—58页。
⑤ 《英敛之先生日记遗稿》,第67页。

官去蒙自法领事馆做文案,月薪五十两,生活改善不少,每月都有十到二十元结余①。但好景只持续了四个月,因"拳匪"动乱,英敛之随宋领事官离开蒙自回到天津。在天津困了两个月后,英敛之决意去上海觅枝栖。在上海,无事可就的英敛之靠教两位洋人学华语度日,每位洋人每月交束脩十元,而家里的开支随儿子出世增大,每月费用须在二十元以上②。英敛之"甚虑入不敷出",决定"明春如无佳遇,便可回京",因为"倘余资用尽,去不能去,留不得留,困于异乡,万不得了,莫若归去为妙"③。1901年(光绪二十七年)4月下旬,英敛之决定离开上海回家。在回京途中路过天津时,于4月26日带了衣架、火腿、香酒等礼物去拜访了柴天宠,随后又去拜访了李敬宇④。英敛之去蒙自前,柴天宠曾专门在堂中住处请他吃饭,为他饯行⑤;英敛之在蒙自、上海期间和柴天宠也一直有书信往来。英敛之困在天津时,因去紫竹林教堂向柴天宠打听去塘沽的船讯,与柴天宠见过一面⑥。但那一时期他手头还宽绰,暂时无生计之忧,一心一意想去香港、上海觅枝栖,因此与柴天宠的那次见面仅止于问事。如果不是因为要问事,都不会与柴天宠见面。而此次从上海返回,行前英敛之专门给柴天宠写信告以归期⑦,此时又专程拜访,似有投石问路的打算。而柴天宠请英敛之到自己家里吃饭后的第二天,"柴先生等"便表示愿设报馆,约英敛之"主持其事"⑧。5月2日,思乡情切的英敛之回到北京家中,手上仅剩两元钱,"与兰姑娘一元,三叔处小侄女一元,腰无余资,不能出行";而家中"万难安静","母之性褊烈出奇,毫不容忍,日激日坏","家中实难居住"⑨。此时摆在英敛之面前的有两种选择:一是应柴天宠的邀请筹办报纸,一是去北堂为樊主教办理"要紧文件"⑩。选择后者相当于绕了一圈后又回到了起点,不过是再一次重复在紫竹林教堂时的生活,英敛之心里肯定是极不情愿的。而他过去有代办报纸的经历,对报纸业务并不陌生;也一直坚持在《同文报》《益闻录》《格致

---

① 《英敛之先生日记遗稿》,第95、101页。
② 《英敛之先生日记遗稿》,第186页。
③ 《英敛之先生日记遗稿》,第201页。
④ 《英敛之先生日记遗稿》,第241—242页。
⑤ 《英敛之先生日记遗稿》,第69页。
⑥ 《英敛之先生日记遗稿》,第157页。
⑦ 《英敛之先生日记遗稿》,第235页。
⑧ 《英敛之先生日记遗稿》,第242页。
⑨ 《英敛之先生日记遗稿》,第251页。
⑩ 《英敛之先生日记遗稿》,第262页。

益闻汇报》《国闻报》《新闻报》《选报》等报纸上发表论说、书评、诗词;也一直和在上海主编《益闻录》《格致益闻汇报》等教会报刊的天主教耶稣会的李问渔司铎保持着书信往来。可以说,对于办报纸,英敛之虽谈不上是老手,但既有经验又有热情——这也是柴天宠选中他"主持其事"的重要原因。在英敛之离开上海回天津前,他的朋友朱志尧①向他表达了"仍欲开格致报"②的愿望,并肯定了他办报的潜能,说如果当年延他"为主持其事,则不至中止,因前诸人无维新真志,但图月间薪水而已"③。朱志尧的肯定无疑也增强了英敛之的自信心。英敛之最后选择了办报纸,婉拒了北堂差事:"此间报馆事已有头绪,中辍颇为可惜。"④

可以用"水到渠成"形容柴天宠和英敛之的这个合作节点:英敛之此前丰富的阅历,已然不知不觉中养成了他作为一个优秀报馆总办事的素质,身无分文的窘迫处境促使他急需一份合适的工作;而起意办报的柴天宠慧眼识才,不失时机地提供给了英敛之这样一个再合适不过的位置。

三

天津早期报人如《时报》的创办人德璀琳,《直报》的创办者汉纳根(Hanneken)、主笔李提摩太(Timothy Richard)等都不是职业报人,而是在政界、军界或学界担任各种职务,这为他们的办报活动提供了便利条件⑤。

而柴天宠并不是什么社会地位高的精英人物,也不是什么腰缠巨资的大资本家,这使得他的创业起步艰难,不得不仰赖外力——教会和法国势力。

柴天宠主动上报主教樊国梁创设报馆事,请示"定夺",以足够坚定的韧性和耐心,一步一步将其向前推进,历时一年之久,最终获取教会的机器、馆房等

---

① 英敛之日记中有朱致尧、朱志尧两种写法,正确写法应是后者。朱志尧,字宠德,号开甲,天主教徒,中国近代工商业资本家。1899年充任上海法商东方汇理银行买办。参见袁宝华:《中国改革大辞典》(上),海南出版社1992年版,第1073页。
② 朱志尧口中的格致报即《格致新报》,1898年3月13日创刊于上海,朱志尧、王显理主编,同年6月停刊,同年8月与《益闻录》合并为《格致益闻汇报》。参见夏征农、陈至立主编,熊月之等编著:《大辞海·中国近现代史卷》,上海辞书出版社2013年版,第88页。
③ 《英敛之先生日记遗稿》,第234页。
④ 《英敛之先生日记遗稿》,第262页。
⑤ 马艺等:《天津新闻史》,第22页。

资源支持和法国公使的保护承诺,并向教友们募得股金,将《大公报》开办起来。

在整个请示"定夺"的过程中,柴天宠在背后坐镇指挥,明面上则由英敛之奔走、商定。这段时间,英敛之住在天五德,吃饭在柴天宠堂中住处,两人一起商量报事。

柴天宠首先指示英敛之向天津法国领事馆寻求庇护。1901年6月6日,英敛之找到法国领事馆翻译李敬宇,示其报纸章程,李敬宇表示可入两三股,并说"此为极好事"。英敛之进堂向柴天宠作汇报,柴天宠"甚喜","云此事可十分成"①。

柴天宠其次是指示英敛之寻求教会的庇护。这个过程很曲折:6月20日,先由英敛之向紫竹林教堂本堂神父刘克明略说报纸章程,刘克明表示"此事甚佳,我等亦望其成,堂中亦可出股";6月22日,再由刘克明致函北京教区辅理主教林懋德;6月23日,北京教区主教樊国梁来天津紫竹林教堂,英敛之进堂见樊国梁,樊国梁告以"明日细商";6月24日,英敛之一天之内三次至堂见刘克明与樊国梁,最后樊国梁"允出十股②,并允派郝铎助译事";刘克明告以"购机器,建房屋,须漫商"。6月25日,英敛之去柴天宠堂中住处吃饭,定下第二天回北京寻访总办印字事人③。7月11日,柴天宠到北京北堂(主教所驻堂口)办事,专程去英敛之家中,告诉他"又续招股份,此事万毋懈志"④。8月3日,英敛之接到柴天宠的信,柴天宠告诉他"报馆事迟速必期其成,现无房可住,京中股本有无俱可"。8月4日,英敛之即去北堂见樊国梁,樊国梁告诉英敛之:"法钦使亦愿入报馆股,但愿开于京中"⑤。英敛之第二天即将此消息写信告知了柴天宠,"询立京堂中众意愿否"⑥。

法钦使即法国新任驻华使臣鲍渥(Paul Beau),他于1901年5月抵任⑦,作为法国政府的全权代表与清政府谈判,是9月7日《辛丑条约》签署时的十一国

---

① 《英敛之先生日记遗稿》,第258页。
② 这十股是以资金的形式投入还是包含在建房屋、购机器之内不得而知,但可以明确不是樊国梁的私产,而是教产。因为按教会制度,神职人员不允许有私产,不允许以个人名义进行投资。
③ 《英敛之先生日记遗稿》,第263—268页。
④ 《英敛之先生日记遗稿》,第274页。
⑤ 《英敛之先生日记遗稿》,第285—286页。
⑥ 《英敛之先生日记遗稿》,第297页。
⑦ 沈渭滨主编:《中国历史大事年表·近代》,上海辞书出版社1999年版,第588页。

公使之一①。他一插手报馆事,即显示了武断作风。

与其他修会的在华活动只代表本修会或传教会本身不同,遣使会中国传教区在某种程度上是法国政府与教会在中国的"官方代表"②。法国是欧洲最大的天主教国家,也是近代以后对中国天主教资助力度最大的国家,"法国派来了所有愿意来华的神父和修女,并全力地支持他们。他们有充足的活动经费,传教工作已成为法国驻华使团外交干涉的主要内容"③。正如陈旭麓先生所言:"政教分离对于政教合一的否定,曾是欧洲资产阶级革命的历史性胜利之一。然而,欧洲资产阶级在中国却为教会争得了世俗权力。"④

柴天宠断事机警,处事圆通。他指示英敛之向法国领事馆、教会寻求庇护时是见机行事,看一步走一步。他一边上报主教定夺,乞求资源支持,一边希望尽量避免法国势力干涉。面对鲍渥的"旨意",他表面曲意逢迎,在写给北堂汪铎的信中说:"设报馆无论京津,津友皆愿,但求毋拒我等入股本为幸。"⑤但是他寄到英敛之北京家中的信则说:"不可设堂中,以诸多碍难,不能畅行故。"后来,8月27日,樊国梁"蒙示以现与钦使商妥,立于津上为便"⑥,办报地点总算是如愿尘埃落定。柴天宠立刻指示英敛之集款南下上海采购机器。英敛之收到柴天宠信的当天就去北堂见樊国梁"白所以",樊国梁"即为写字一片,为告罗铎(罗德芳)收款事",并说"起房及派司铎充译事,可缓商,今先购办机器为要"⑦。

教会拨给《大公报》的采购费用是一万元⑧,通过遣使会天津首善堂账房汇兑至其上海首善堂账房,经手负责人是罗德芳司铎。9月18日,柴大宠派英敛之去上海采购机器。英敛之持罗德芳信去上海首善堂与司库雷(Remy)先生对接。此后英敛之在上海所用每一笔钱都是向上海首善堂支取,共计五千三

---

① 牟安世:《义和团抵抗列强瓜分史》,经济管理出版社1997年版,第453页。
② [法]荣振华、[法]方立中、[法]热拉尔·穆赛、[法]布里吉特·阿帕乌主编:《16—20世纪入华天主教传教士列传》,耿昇译,第545页。
③ [美]卫斐列:《卫三畏生平及书信——一位美国来华传教士的心路历程》,顾均、江莉译,广西师范大学出版社2004年版,第35页。
④ 陈旭麓:《近代中国社会的新陈代谢》,第177页。
⑤ 《英敛之先生日记遗稿》,第288页。
⑥ 《英敛之先生日记遗稿》,第298页。
⑦ 《英敛之先生日记遗稿》,第303页。
⑧ 英敛之至上海首善堂见司库雷先生,雷说"此次罗铎函并未托此处帮助办理,但云可用洋一万元而已"。参见《英敛之先生日记遗稿》,第314页。

百五十元①；另外还托北堂法籍辅理修士梅士吉向巴黎购买"（法文）全分大小各字、小印机一架、切刀一架，约在四千元之谱"②。待英敛之回津后，罗德芳还专门到报馆与英敛之就机器的采购账目明细对账③。

机器事有眉目后，柴天宠紧接着将"起房事"提上议事日程，伺机与主教樊国梁商量④。"催起房"的过程并不顺利，直至10月底，馆房都尚未能动工⑤，《大公报》的开办日期不得不延后到第二年⑥。1902年4月中旬，馆房终于起建⑦，至5月11日正式建成⑧。

馆房和机器一样，也是教会投入的资源⑨。教会建馆房所费资金没有明确资料记载。从《大公报》后来建新馆须借房银八千两⑩可推知，馆房建设费用大致需一万多元⑪。由此可知馆房和机器两项加起来，教会总共投入了两万多元的资源股，并由此改变了《大公报》原有的"股本大局"——教会占据了主导地位。《大公报》的股单上是专门签了"洋字"的⑫。在《大公报》出版前，5月初，法国公使也应了"保护之事"⑬。《大公报》一开办，就是以"洋旗"的面目示人的，这是柴天宠主动追求的结果。

教会实打实地介入后，对报馆的管控就是题中应有之义了。书报布道是天主教自晚明以来就有的传统，是天主教"灵性培育"的重要内容。与"直接讲福音者"的纯教义书籍相区别，文字传媒印刷业是天主教"间接传福音者"⑭。在华遣使会以"书籍传教"策略闻名，北京西什库印刷厂和香港拿撒肋印刷厂

---

① 英敛之日记中详细记载了每一笔上海首善堂取洋记录："取洋二百元"（第322页），"取洋票式拾元"（第387页），"取洋连前二十元共四百五十元（即实际取洋四百三十元）"（第391页），"取洋票百元"（第400页），"支银二百元"（第434页），"支洋三千元"（第446页），"取洋千元"（第470页），"取洋二百元"（第473页），"支二百元"（第476—477页）。
② 《英敛之先生日记遗稿》，第359页。
③ 《英敛之先生日记遗稿》，第523页。
④ 《英敛之先生日记遗稿》，第311页。
⑤ 《英敛之先生日记遗稿》，第345页。
⑥ 《英敛之先生日记遗稿》，第357页。
⑦ 《英敛之先生日记遗稿》，第480页。
⑧ 《英敛之先生日记遗稿》，第500页。
⑨ 1906年3月7日，柴天宠通知英敛之"馆房转主事"，可确定馆房是教会资产。参见《英敛之先生日记遗稿》，第1018页。
⑩ 《英敛之先生日记遗稿》，第1056页。
⑪ 英敛之日记中有三十四两银子换四十七元的记录，可推知当时银钱兑换的比率约为0.72。参见《英敛之先生日记遗稿》，第312页。
⑫ 《英敛之先生日记遗稿》，第309页。
⑬ 《英敛之先生日记遗稿》，第494页。
⑭ 中华续行委办会编辑：《中华基督教会年鉴》，商务印书馆1914年版，第118页。

是它的出版重心,曾印制大批宗教书籍①。因而这一修会对印刷业相当熟悉。但是,作为法国政府派出的"国家队",遣使会对《大公报》的投资兴趣——"必助报事成功也"②,并不在"福传",也不在谋利,而在于借助《大公报》这一舆论机关,谋求法国的政治利益。《大公报》开办后,主教和法领事时不时会对《大公报》"嘱以报上不合诸端"③,"说报上来函事"④,询问"报上德人搅扰事"⑤,"阻止倡言俄事"⑥,"略话法文报不合事"⑦,阻止"代印报事"⑧,等等。有时,主教甚至会召见柴天宠进京,要求他就报馆事进行说明⑨。

在教会和法国势力干涉之下,柴天宠作为馆主的合法性遭到侵蚀,《大公报》的独立性也因此而打了折扣。

四

柴天宠小报,拟采用的是股份制的组织形式,每股一百元,股东主要是京津两地的天主教友。但《大公报》所谓的股份制,其实并非严格意义上的现代股份制,还带有前现代合伙制的浓厚痕迹,类似有的经济学者说的股份合伙制——不是社会化程度很高的"资合",而是熟人圈子里的"人合"。现代股份制的一个基本特点是实行资本确定原则、资本维持原则、资本不变原则;而股份合伙关系则呈现出极大的不稳定性,合作各方的地位随着出资额的变动而调整,股权关系的变动又导致契约约束力下降。

从柴天宠在第一轮招股中的主导地位可知,柴天宠是《大公报》创办人的身份无疑。据现有资料无法得知柴天宠出资的金额。不过可试着参照同一时代《大江日报》招股章程对股权比例构成的规定,来类推他的出资金额。《大江日报》招股章程规定"本报集资本中国银元五万元,分为一万股,每股五元";

---

① 康志杰:《中国天主教财务经济研究(1582—1949)》,第246页。
② 《英敛之先生日记遗稿》,第420页。
③ 《英敛之先生日记遗稿》,第532页。
④ 《英敛之先生日记遗稿》,第585页。
⑤ 《英敛之先生日记遗稿》,第597页。
⑥ 《英敛之先生日记遗稿》,第728页。
⑦ 《英敛之先生日记遗稿》,第756页。
⑧ 《英敛之先生日记遗稿》,第801页。
⑨ 《英敛之先生日记遗稿》,第776页。

"本报股份由创办人先认四千股,其余另招"①,即创办人股份和外招股份的比例是4∶6。如果按照这个比例推算的话,《大公报》第一轮共向外招收股金至少一万一千四百元,柴天宠的出资额度至少应有将近八千元②。

第一轮招股的形势让柴天宠很是欣喜——"此次股友不意十分踊跃如此"③。但1902年9月初,即《大公报》发行不到三个月时,有些股友因为"谣言"④想把股金抽出⑤。9月10日,股东王郅隆遂与柴天宠商议:"他股友有懈意,皆无关紧要,独我一人再出一二万金亦甚愿也。"⑥王郅隆此轮出钱的具体数目不得而知,但可以肯定这笔钱数目不小,由此导致股权关系变动,王郅隆成为大股东。这可从他增入股之后的一系列欲插手报馆财务管理的动作可以推知。英敛之日记对此有详细记载:9月18日,王郅隆由涿州办事回来,到报馆"告写帐事"⑦;9月22日,王郅隆又来馆"言帐房事"⑧。

在此情形下,柴天宠展开了第二轮招股。9月23日,柴天宠"增入股三千五百元"——他的个人两轮出资总额达到了一万多元,并"去招致他人尚有若干"⑨,后又为英敛之代入五股,即五百元⑩。

9月25日,柴天宠好友孙楚珍引荐的司账黄国修归家去。9月26日,王郅隆"遣来张朗峰、杨竹廷"任司账⑪。随后,王郅隆本人也开始介入馆事决策。如10月27日,英敛之至堂找柴天宠谈《大公报》代办遭遇阻挠情形,柴天宠告以"是晚聚议",并言邀王郅隆⑫。又如11月10日,王郅隆至堂找柴天宠说,

---

① 汪前军:《〈大公报〉(1902—1916)与中国广告近代化》,华中科技大学2012年博士学位论文,第63页。
② 辛丑七月十四日(公历8月27日),樊国梁"蒙示"办报地点"立于津上",英敛之即向柴天宠汇报,并说"现可招收股份"。此后,招股行动才实质性展开,并着手印股票单。在此之前提到的"集股本逾万元,甘为赔垫""股本大局已定""又续招招股份"等应是与教友们口头的商议。辛丑七月二十七日收逾万元之数,七月三十日又入股千元;八月初五日,保安交洋四百元。即《大公报》出刊前,共向外招收股金至少一万一千四百元。参见《英敛之先生日记遗稿》,第301、308、309、310、312页。
③ 《英敛之先生日记遗稿》,第308页。
④ 应指日记第535页记载的《大公报》与胡侍郎的纠纷引起的谣言。
⑤ 《英敛之先生日记遗稿》,第542页。
⑥ 《英敛之先生日记遗稿》,第542—543页。
⑦ 《英敛之先生日记遗稿》,第548页。
⑧ 《英敛之先生日记遗稿》,第550页。
⑨ 《英敛之先生日记遗稿》,第550页。
⑩ 《英敛之先生日记遗稿》,第551页。
⑪ 《英敛之先生日记遗稿》,第552页。
⑫ 《英敛之先生日记遗稿》,第565页。

"事甚忙,订数日后由浼回再议各事"①。再如12月1日,王郅隆来馆谈近日税关事。英敛之旋邀柴天宠来,"备酒饭,谈馆事"②。

1903年元月12日,柴天宠允许英敛之"承厚参帮帐事"③。3月3日,柴天宠找王荩臣来馆欲代替杨竹廷司账④。3月13日,王郅隆偕齐芹洲来馆中整顿账目。3月17日,王郅隆到柴天宠处,与柴天宠、英敛之商馆事,"订后再细订股分章程"⑤。3月31日,王郅隆告诉英敛之他"所寻之经理人,一二日间即至"。4月6日,英敛之去王郅隆处略话杨竹廷"种种乖谬",4月10日,英敛之将杨竹廷"出条斥去"。4月13日,王郅隆再找柴天宠说要商订馆中章程。4月16日,王郅隆偕王善卿来馆做经理人,并邀柴天宠来商订馆中章程⑥。4月28日,柴天宠找来了心腹好友、荣华洋行的买办张少秋与英敛之晤谈⑦,随后张少秋开始每天到报馆协助英敛之管理报务,并和英敛之一起出外办事。

5月1日,王郅隆来馆,并找来柴天宠一起商账房事良久,5月2日,王郅隆再偕齐芹洲来馆,说让刘仙舟来"管账有时"⑧。

王善卿两个月后辞事。而张少秋一边在荣华洋行做事,一边坚持去报馆"报到",一般是"日西"时来馆,常常是深夜才离开,有时还在馆中留宿,与柴天宠经常一起吃饭议事,保持着密切的联系⑨。张少秋和英敛之一起,成为柴天宠在报馆中的势力延伸者,柴天宠馆主的地位稳固了。

而王郅隆大股东的地位也逐渐成为事实。英敛之日记中有一明证:1904年10月24日,英敛之请假赴上海为三弟实夫主持婚礼,行前,柴天宠送贺仪百元至船,"内王祝三五十元,柴五十元"⑩。在当时的天津,一般朋友间的人情是一元五到两元,好朋友间的人情是十元⑪,五十元的贺仪是相当隆重了。可见

---

① 《英敛之先生日记遗稿》,第571页。
② 《英敛之先生日记遗稿》,第589页。
③ 《英敛之先生日记遗稿》,第595页。
④ 《英敛之先生日记遗稿》,第620页。
⑤ 《英敛之先生日记遗稿》,第624—625页。
⑥ 《英敛之先生日记遗稿》,第631—635页。
⑦ 《英敛之先生日记遗稿》,第639页。
⑧ 《英敛之先生日记遗稿》,第638—641页。
⑨ 《英敛之先生日记遗稿》,第670—1033页。
⑩ 《英敛之先生日记遗稿》,第903页。
⑪ 英敛之日记中有一处记载了"是月所用钱数",其中一项是送礼花销:"送礼五元(苏一元五,善一元五,刘二元)。"英敛之三弟结婚时,英敛之好友朱志尧送的贺仪为十元,张少秋送的贺仪也为十元,但英敛之退还张少秋八元。参见《英敛之先生日记遗稿》,第655、900、909页。

此时王郅隆已俨然有与柴天宠平起平坐的主办人之气势了。

五

在柴天宠设想的《大公报》报馆组织架构中，总办事居于核心地位，主笔次之。这种经营管理思维在《大公报》筹办期间遴选主笔时具体化为"主笔权不能独操"的原则。对当时的报纸来说，主笔一席十分重要，必须是才识出众者，笔路要好、见识要高。因此堪膺主笔之任者，实难以选择。在《大公报》筹办期间，英敛之奉柴天宠之命在上海一边采购机器，也一边访寻主笔，二者是同步进行的两桩大事。而《大公报》洋股、旗人的标签在汉族文人心理上引起的排斥感[1]，再加上对主笔"权不能独操"的限制，使得延主笔一事难上加难，难以招揽至最优秀的人才，最后只能次而求之[2]。而主笔的相对弱化，又更加强化了总办事的地位。

柴天宠是商人，商人言利，当然以经营管理为本位，以经营管理人才为珍宝。因而柴天宠十分看重总办事之于报馆经营的作用，他最先物色的不是主笔人选，而是总办事人选。

柴天宠识人十分了得。当他邀请英敛之"主持其事"时，英敛之作为一个已三十四岁的要养家糊口的当家男人，却"两袖清风，金尽裘敝"，仍在努力"觅枝栖"中，自叹"学问一无所成，事业一无所就"，"纵有悬梁刺股之志，而身不自主，力不纵心，奈之何哉"；自分"此生已矣"[3]，"忽忽镇日，虚度为羞，只是玩愒因循，苟延岁月而已"[4]。但柴天宠只眼识英才，看准了他经营管理的潜能——

---

[1] 在上海，汪康年向英敛之力荐蒋智由作主笔，吃饭时"穰及建斋与蒋向予力陈入洋股之弊"，第二天英敛之致汪康年一函，告其不能却洋款情由。隔天英敛之登门询问蒋智由愿否北上，蒋说"恐难得昌言之权，故不愿去"。英敛之告以论说准备各具名，不相混淆。隔天蒋智由以"现同赵祖惠开办选报，不能北去"为由推托。另，马相伯帮英敛之托张元济觅主笔，张元济回函说报出自旗人尤难，自当尽力襄助矣。参见《英敛之先生日记遗稿》，第324—330、351页。

[2] 汪康年是公认的报界奇才，他向英敛之毛遂自荐，英敛之认为其"欲独揽大权"，给其回信酌改合同，又给柴天宠写信建议如无合适主笔，可"姑允穰卿襄办一年，彼时再作打算"，因为汪康年"交游博，声誉隆，况消息灵通，复消[销]售宽广，虽月出百金以上，犹为得也"。后来汪康年推荐方守六，英敛之告以"权不能独操"，只肯许以薪水月五十两。参见《英敛之先生日记遗稿》，第333—336、343、397页。

[3] 《英敛之先生日记遗稿》，第187、188页。

[4] 《英敛之先生日记遗稿》，第190页。

精明的生意头脑、勤奋耐劳的秉性、公私分明的品质，认为他是能够委以重任的总办事最佳人选。而英敛之的确是位难得的经营管理硕才，不负柴天宠所望，《大公报》开办两个月报务即"颇有起色"①，半年后即开始赢利②，经营得有声有色、独具风格，赢得"北方清议之望"的美名。论《大公报》的成功，英敛之可以说是功不可没。而论对英敛之这一人才的发掘，柴天宠则功不可没。

　　柴天宠深谙管理艺术，懂得感情投资。当意识到英敛之的不可替代性后，他待之极为亲厚、笼络有加。英敛之在办报途中因遭遇诸多阻碍而多次"意懒心烦""颇有厌心""颇思他去"，"欲辞总办事"③，柴天宠一直亲切挽留，将英敛之好言劝慰住。具体细节如"灯下柴先生来，话良久，坚留予，并慰良久"④；再如"晚，柴先生来，慰予久之，取午时茶令予饮之"⑤。在《大公报》刚创办三个月时，柴天宠主动为英敛之代入股票五股时，英敛之表示"意实不在此，如有能者，甚愿推让此席"。柴天宠说："此后万不可作此语，再作此想，如害我命。"柴天宠的此番言行令英敛之十分感动，他在日记中表达了对柴天宠的忠诚："余意良不忍，然为此羁绊，只得死而后已。"⑥《大公报》创办五个月时，在清理自开馆以来的总账时，少算了二百七十两存银，因而账面显示赔耗几百两⑦，"众皆裹足"，英敛之为之大忧，柴天宠则安慰英敛之说："自管放心，断不能一时中止，无论如何赔垫，必须设法周转。"后来算清楚账后，柴天宠即把这笔钱送到报馆⑧。《大公报》创办一年多后，在处理完一桩工人闹事风波后，英敛之向柴天宠提出想去上海散心，柴天宠很爽快地答应了，说"略事游览，暂为歇息，亦无不可"⑨。英敛之这一去就是四十多天，柴天宠没说一个"不"字。他甚至还为英敛之排解家务事烦恼：英敛之的母亲性情十分暴戾，若英敛之有不合她心意的地方，她会从北京家里赶到天津英敛之住处，一大早就大声喊骂，令其不

---

① 《英敛之先生日记遗稿》，第535页。
② 据英敛之在壬寅（1902年）十一月三十日记载："本月现入九百余元，费用等出七百余元。"参见《英敛之先生日记遗稿》，第588页。
③ 《英敛之先生日记遗稿》，第768页。
④ 《英敛之先生日记遗稿》，第634页。
⑤ 《英敛之先生日记遗稿》，第757页。
⑥ 《英敛之先生日记遗稿》，第551页。
⑦ 英敛之日记此处记载数字缺失，原文为"净赔耗□□□两"。参见《英敛之先生日记遗稿》，第568页。
⑧ 不过，柴天宠除此之外"并未肯多借些须"的资本家本性令英敛之有些耿耿于怀："数百金白用一年之久，不惟无利，而零星使用，且甚吃亏，伊反觉受损甚大。人情之薄如此，可慨也。"参见《英敛之先生日记遗稿》，第580页。
⑨ 《英敛之先生日记遗稿》，第690页。

得安宁。每当这种时候,柴天宠就是救兵,英敛之会派妻子把他寻来。柴天宠会和从前在堂中时一样,把英敛之的母亲请到自己住处去细细询问,耐心劝解①。英敛之虽上有长兄,在家排行老二,但家里弟妹的事都是由他操心,亦时常会和柴天宠商量自己三个弟弟的事情。作为一名虔诚的天主教徒,英敛之十分热心慈善事业,1907年初,英敛之组织开书画慈善会,以书画出售为江北赈捐,柴天宠并不以之为不务正业,而是"各处为招揽,颇为出力"②。

正是因为柴天宠对英敛之如此倚重,《大公报》逐渐形成了以总办事英敛之为轴心、主笔在总办事之下的运转格局。这一时期的《大公报》主笔如走马灯似的更换频繁,但作为总办事的英敛之则宛如定海神针,岿然不动。

而柴天宠"隐形"的馆主履职方式也无意强化了总办事英敛之的存在感。

柴天宠只在《大公报》筹建和开张的头一两个月经常待在报馆。在《大公报》创刊前两个月,即1902年4月中旬,柴天宠一边监督建馆房,一边在馆房附近永福顺客栈设账房并留宿其间坚守,收接上海运来的印架、铅字等物件以及各处寄来的访函、论说③。5月中旬,英敛之偕从上海物色的主笔方守六回到天津。报馆还不能开伙的十来天里,柴天宠多次在家招待英敛之和方守六吃饭,并不时请他们去德义楼酒楼吃"洋食"④。在《大公报》初创时期,因为馆事还没理顺,头绪纷繁,英敛之"忙忙不暇",柴天宠去报馆频次很高。他白天无暇,去的时间通常是晚上,有时还会在馆中留宿⑤。《大公报》开始按部就班运转后,柴天宠基本就是"遥控指挥"了。他并不住在报馆,也不经常去报馆,他的"旨意"通过英敛之而贯彻执行。对《大公报》内部员工来说,他是"神龙见首不见尾"的。英敛之有事会去堂中向柴天宠请示或"柬"柴天宠到馆中商量,柴天宠有事会去馆中或"柬"英敛之去堂中商量。总之,馆事无论大小,英敛之都会向柴天宠请示定夺。如前述,除了英敛之,柴天宠在报馆中的势力延伸者还有张少秋。也就是说,柴天宠虽是无形的存在,但其影响无处不在。作为馆主的他,不在馆而如在馆。隐形,是他的管理风格或管理艺术。

而对外部社会来说,柴天宠竟也是"隐形的存在"——这就关乎复杂的隐情了。

---

① 《英敛之先生日记遗稿》,第791—792页。
② 《英敛之先生日记遗稿》,第1094页。
③ 《英敛之先生日记遗稿》,第480页。
④ 《英敛之先生日记遗稿》,第480页。
⑤ 《英敛之先生日记遗稿》,第521页。

1902年6月17日,《大公报》出第一号报。创刊号上,柴天宠没有发表一个字。按说一份报纸的馆主通常是对外公开的,不管是实际的主人还是名义的主人。有些报纸的主人,如与《大公报》同时期的上海《时报》馆主狄楚青,还会在自家报纸新年的第一期头版以醒目的大字署名,给读者道一句"恭贺年禧"①。而《大公报》却一直在寻找他人担任"出名人"②。

在报界,找一个人充任名义馆主,在《大公报》之前有过先例。这种做法或者是为了"挂洋旗"寻求庇护,或者是因为实际主持者身份不便公开办报。而柴天宠的"隐形",应首先与他紫竹林教堂总管的身份有关。其工作性质决定了他与外界打交道很多,堂口管理人员是他外界广为知晓的公开身份。天主教神职参加修会要宣发三愿:贫穷、贞洁、服从。柴天宠虽然不是神职人员,但对外也是代表堂口,也须谨遵教会的规矩。教会对自身的经济活动是讳莫如深,甚至有意屏蔽的③。因为天主教以追求"绝财"为圭臬,为了维持神圣的、超验的宗教事业的"神贫"形象,必须掩饰粗俗的、世俗的经济活动,以不致引起世俗的误解与诟病。《大公报》不是宗教报纸,不是致力于灵性教育的"福传"事业,而是商业报纸,是致力于赢利的世俗性产业,柴天宠不以馆主身份示人,应是源于这种忌讳。

《大公报》还在筹办时期就在寻找"出名人"。英敛之首先找到李敬宇,遭到了拒绝:"至敬宇处,言出名担任事,伊不胜。"④接着与樊国梁商量"出名事据",樊国梁建议找商家:"商家最便,可以毋庸出费。"⑤后来又与罗德芳商量,罗告以"樊主教来函,京中无人可觅代出名者。意愿李(敬宇)代承"。此时离《大公报》创刊只剩半个月时间了。英敛之柬李敬宇来,让其"去与罗铎商之",也没商量出结果⑥。就这样,"无主"的《大公报》创刊了。发刊两个月后,《大公报》即因为"无定人出名,所以阻碍纷纷而至"⑦。三天后,李敬宇随即到报馆主动商量出名事⑧。英敛之将出名的合同以及与堂中所约两款写好后给柴天宠

---

① 《时报》1905年2月7日。
② 即名义上的报馆主人。
③ 康志杰:《中国天主教财务经济研究(1582—1949)》,第1页。
④ 《英敛之先生日记遗稿》,第367页。
⑤ 《英敛之先生日记遗稿》,第508页。
⑥ 《英敛之先生日记遗稿》,第511页。
⑦ 《英敛之先生日记遗稿》,第534页。
⑧ 《英敛之先生日记遗稿》,第537页。

过目,并寄给李敬宇①。李敬宇却引荐法国人麦尔甘担任出名人②。柴天宠只肯给麦尔甘月薪水四十元,并令其招揽印工,作二八成扣用。麦尔甘认为"前定之薪水六十元不能再减"。英敛之遣人询问柴天宠意见,柴天宠回复说:"酌量定夺,不必再改。"③麦尔甘担任出名人一事最终没有谈成。柴天宠随后派英敛之去北京与樊国梁商量"馆事改日人或英人",樊国梁表示"允可"④。但出名事随后就搁置一边了,再重新提上议事日程是十一个月后。起因是当时北堂葛司铎给罗德芳来信,说政府有与英敛之"为难之意",提醒英敛之"当格外慎重毋出云云",英敛之想要辞去总办事一职。李敬宇来表示说自己"可出名"⑤。四个月后,李敬宇却又说请"布某"担任出名人⑥。以后"出名"一事就不了了之了。

纵观整个《大公报》找人"出名"的过程,可以看到,为此事最着急、最上心的人是英敛之。因为《大公报》"无主",他就成了众矢之的,既要不时面临政府的威胁,也要时时担虑领事馆的诘责。而柴天宠似乎是很消极被动地在应付。待英敛之、李敬宇与麦尔甘就"出名"一事好不容易商妥了,柴天宠却不肯多出钱,也不甘心麦尔甘白白受用钱。如果柴天宠态度稍微积极一点,"出名"一事想必也不至于落空。或者说,是柴天宠有意让"出名"一事落了空。

而这给以后英敛之势力的坐大埋下了伏笔。

随着《大公报》对外业务的展开,英敛之在社会上代表《大公报》频繁亮相,在外界眼里,英敛之被当成了"无主"的《大公报》的"事实主人"。他还因此遭恐吓和贿赂。如前述北堂葛司铎提醒英敛之政府有与他为难之意等事,再如方小洲"出某大令馈节敬"⑦等事,有时教会甚至也会直接视总办事英敛之为听命责任人。如1904年2月初,法国公使不允许《大公报》馆代印法国人德木兰的报纸,致信北堂,威胁说如果《大公报》馆代印了,就将英敛之押监"并罚佛郎数千云云"⑧。英敛之和张少秋一起出席天津报馆俱乐部等社会公开活动,被报界一同视为《大公报》的代表⑨。

---

① 《英敛之先生日记遗稿》,第539页。
② 《英敛之先生日记遗稿》,第564页。
③ 《英敛之先生日记遗稿》,第599—600页。
④ 《英敛之先生日记遗稿》,第623页。
⑤ 《英敛之先生日记遗稿》,第770页。
⑥ 《英敛之先生日记遗稿》,第839页。
⑦ 《英敛之先生日记遗稿》,第1068页。
⑧ 《英敛之先生日记遗稿》,第764页。
⑨ 赵建国:《分解与重构:清季民初的报界团体》,生活·读书·新知三联书店2008年版,第52页。

就这样,世人只知有英敛之而不知有柴天宠的局面逐渐形成。

六

日俄战争后,日本侵略实力大增,侵略野心急剧膨胀,变成了在中国争夺霸权的有力竞争者①,日本在华势力亦开始拉拢英敛之。1905年4月初,日本驻天津领事馆书记高尾亨、总领事伊集院彦吉、内田康哉公使等邀请英敛之到神户馆吃晚饭,力劝英敛之月中去日本一游,考察政界。英敛之日记对谈话作了记载:"意旨日俄战后,中东必须联盟整顿东三省事宜,予系北方清议之望,较他报不同,此行于两国实有所关。"②4月23日,英敛之启程去日本③。行前曾与日本驻天津领事馆的喉舌——《天津日日新闻》社社长方药雨④合请伊集院彦吉、高尾亨等领事馆人员吃饭。7月2日,英敛之由日本回津⑤。11月13日,英敛之再与方药雨合请日本海军大尉曾根俊虎等吃饭⑥。此时的英敛之已自觉与方药雨结为同一阵线。这两次饭局柴天宠都没有参加。

英敛之从日本回来后,变得十分有钱了。在10月30日的日记中他记了一句:"午后,正金兑洋,写予添入股票"⑦,正金银行⑧是日本的外汇专业银行。具体"添入股票"的金额英敛之没有明说。不过,从一个星期后英敛之又从"正金取洋二千元暂贷于少秋"⑨这一细节可以推知,英敛之添入的股票是笔大数目。

随后不久,英敛之又找柴天宠"购李(敬宇)股洋五百元"⑩。在此之前两

---

① 张历历:《百年中日关系》,世界知识出版社2006年版,第47页。
② 《英敛之先生日记遗稿》,第980—981页。
③ 《英敛之先生日记遗稿》,第986页。
④ 即方若,天津日租界长期豢养的政客。参见天津市地方志编修委员会编:《天津通志附志·租界》,天津社会科学院出版社1996年版,第417页。
⑤ 《英敛之先生日记遗稿》,第988页。
⑥ 《英敛之先生日记遗稿》,第992页。
⑦ 《英敛之先生日记遗稿》,第989页。
⑧ 正金银行,日本旧时的外汇专业银行。1880年成立,总行设于横滨,1893年起陆续在中国上海、天津等地设分行。参见夏征农、陈至立主编,熊月之等编著:《大辞海·中国近现代史卷》,第43页。
⑨ 《英敛之先生日记遗稿》,第990页。
⑩ 《英敛之先生日记遗稿》,第1023页。

年，英敛之曾"自理股票"交柴天宠，并引起众股友集议①，这应是英敛之为自己拟定的人力股份额，从引起的哗然效应看，数字应不小。再加上初创时期柴天宠为英敛之代入的五股原始股票，可以断定，英敛之从日本回来后，已成为《大公报》的大股东。

随着英敛之股份的坐大，他在报馆的权势开始增大，并背倚日本在华势力，社会地位与权势日增。另一大股东王郅隆也经英敛之介绍开始与日本在华势力交好②。而柴天宠在报馆的权力和地位开始下降，他的势力延伸者张少秋也渐渐不来馆中了。有一个细节可以佐证柴天宠和英敛之地位关系的变化：在英敛之从日本回来添入股票后，《益闻西报》送给英敛之妇人慈善会一等票两张，《北清报》馆送给英敛之妇人慈善会二等票三张。英敛之把二等票送给柴天宠、张少秋以及报馆中的张八，自己同夫人用一等票③。

《大公报》由一份亲法的报纸转变为了亲日的报纸——这是教会和法领事所不能容忍的。1906年3月初，教会通知柴天宠馆房转主，李敬宇撤走股份，正式与《大公报》划清界限。柴天宠遂与英敛之、王郅隆商定从法租界移居日租界建新馆④。

在《大公报》的日租界时期，随着英敛之势力的逐渐坐大，作为馆主的柴天宠权力逐渐式微。1908年5月7日，英敛之邀日本新总领事小幡酉吉"在馆中饭"，日本方共来七人，"柴先生、王祝三作陪"⑤。这一镜头极具象征意义，它定格了《大公报》"过去之主办人"的三人格局，也还原了他们身处的半殖民地中国的真实历史"景深"。

在这一时期，柴天宠的投资重心开始向报馆外转移。1905年底，柴天宠在天津西郊创办了公利织工厂⑥，主要股东有张鸣山、石朋、英敛之，于次年3月公开向社会召集一千股（每股五十元）⑦，织工厂后移至德租界三义庄南，并托

---

① 《英敛之先生日记遗稿》，第741—742页。
② 《英敛之先生日记遗稿》，第1110、1128页。
③ 《英敛之先生日记遗稿》，第990页。
④ 《英敛之先生日记遗稿》，第1018页。
⑤ 《英敛之先生日记遗稿》，第1182页。
⑥ 织工厂即织布厂。英敛之日记中有记载："午后，偕内人至西郊看柴先生织布厂。"由此可知，柴天宠是织布厂主人。参见《英敛之先生日记遗稿》，第1004页。
⑦ 林原文子：《清末天津工商业者的觉醒及夺回国内洋布市场的斗争》，中国人民政治协商会议天津市委员会文史资料委员会编：《天津文史资料选辑》第41辑，天津人民出版社1987年版，第132页。

英敛之请德领事署照应。织工厂经济效益维持得不错,在1911年的天津织布工厂统计表中仍可见到。

1922年(民国十一年),柴天宠去世。英敛之为之写下一副挽联:"溯《大公报》创设之初,君誓捐产,我誓捐躯,彼境彼情忘怀不得;迨共和国成立,而后俗益日偷,人益日坏,此时此际瞑目为佳。"[1]挽联中,清朝遗民的牢骚与往事的荣光纠葛织缠——此时已享赫赫声名的英敛之再回首"数十年之襞积",他的思绪一定飘回到了二十年前紫竹林堂那个改变了他人生方向的时刻,念念不忘的,只有那个隐匿在了岁月尘埃中的名字:柴君敷霖。

---

[1] 英敛之:《联语》,周萍萍编:《英敛之集》(下),第528页。

创业总办：英敛之*

英敛之(1867—1926)，名华，字敛之，号安蹇，又号万松野人。满洲正红旗人，近代著名教育家、慈善家、爱国天主教徒，《大公报》的创业总办。《清史稿》载："(英华)博学善诗文，工书法。著书立说，中外知名。"而他最广为人知的身份当属"大公主人"：他不仅仅是中国历史上著名报纸《大公报》的创业者，更是绵延数代的"大公精神"的缔造者。

一

同治六年十月二十八(即1867年11月23日)，英敛之出身于北京一户满洲正红旗人家。正红旗属八旗制度中的"下五旗"之首，但满人入主中原后，八旗的战斗力大大减弱，甚至到了相当虚弱的地步，与之前的骁勇不可同日而语。特别是经历了两次鸦片战争、太平天国运动后，八旗制度逐步衰落、不成气候，打仗主要依靠汉人武装。尽管旗人还享有不少特权，但朝廷财政短绌，豢养他们的能力大为减弱，以致旗人地位衰败，日渐落魄。英敛之祖上世袭骑兵，祖祖辈辈都不识字，加之家道中落，到了他幼年时期，家境已败落、凋敝到了谷底，全家均靠出卖劳动力为生。关于自己微末家世及家庭出身，英敛之本人并不避讳，曾自叙道："仆家世寒微，先代无达者，生长陋巷，耳目所逮，罔非俗物。"①

英敛之身在旗籍，照例要习武。按照清代的相关法律规定，八旗子弟在习武并获取一技之长后就可以充入军籍、编进八旗，从而得到一份官方发放的粮

---

* 本文撰稿人：於渊渊，安徽大学新闻与传播学院讲师。
① 英敛之：《金锡侯君年谱叙》，周萍萍编：《英敛之集》(上)，广西师范大学出版社2013年版，第461页。

饷。少年英敛之早慧,懂事、好学、上进,意志力和忍耐力都超乎同侪。他自幼习武,"顾石可掇三百斤,弓能挽十二力,马步之射十中其九"①。英敛之希冀通过刻苦习武而获得高超的武艺,从而具备一定的立身之本与谋生技能,甚至期待立下军功从而改变自己与家族的命运。

后来英敛之逐渐意识到,时代不同了,习武不仅"于事无补",还为"社会所遗"——既改变不了个人前途、家庭命运及社会地位,还被上层社会瞧不起、被士大夫阶层排斥。谙习武功或许可防身健体、改善家庭经济,却上不能报效国家,中不能光耀门楣,下不能实现抱负——彼时的清政府,面对西方列强船坚炮利的步步紧逼,已开始用西式方法练兵制器,对传统弓矢之技的重视大不如前;而且,习武后的英敛之身体状况亦不是很好,"久病无完气,多病无完身"②。在这样的背景下,他决定弃武从文。

在英敛之弃武从文的转变过程中,起到关键作用的有两个人。

其一是乔霁轩。乔霁轩,名松节,晚年自号心困。因为家境贫寒,乔霁轩从未进过学堂,但他十分好学,"弱冠时已淹贯经史,所为诗,见者皆诧为奇才"③。相同的遭际或许使乔霁轩对英敛之这个同样来自贫困家庭,却又努力好学的孩子格外垂青。英敛之曾忆述:"予小子童年虽曾入学,而四书竟未卒业。迨遇先生后,始承耳提面命,知所趋向。今之一知半解大都由先生启迪训诲而来也。"④"先生"即指乔霁轩,英敛之的言语中充满了对恩师的感激之情。

其二是彭永年。当时彭永年在社会上已颇有名望,英敛之尤仰慕其在书画方面的造诣,曾赞叹道:"其书法之精妙,殆近世所罕睹。……仆每过谒,辄向其案头强掇数纸,归而把玩,心旷神怡,觉飞鸿舞鹤之姿,流水行云之态,落落欲往,矫矫不群,列子御风,泠然善也。"⑤显然,这对日后英敛之钟情于挥毫泼墨、精于书画不无影响。为了练习书法,英敛之也付出了超出常人的努力和心血。他常常流连忘返于颐和园以北青龙桥附近的一个大茶馆。由于家境贫寒,他到茶馆不是去品茗休闲,而是去获知很多外面世界的时事信息,同时捡拾大量的茶叶包装纸回家练书法用。遇到刮风下雨不便出门时,他就以羊毫蘸水在青砖上练习。由于天资聪慧加上勤学苦练,他的文章书法很快就小有所成,一时传

---

① 英敛之:《也是集自序》,《英敛之集》(上),第282页。
② 英敛之:《久病吟》,《益闻录》第1438号,1895年1月12日。
③ 英敛之:《〈示英华〉附识》,《英敛之集》(上),第405页。
④ 英敛之:《〈示英华〉附识》,《英敛之集》(上),第405页。
⑤ 英敛之:《附彭永年先生题辞》,《英敛之集》(上),第402—403页。

为佳话。

此后，英敛之埋首纸墨、勤学恳读、苦心孤诣、孜孜以求，经由刮磨淬砺的苦读，而成淹雅博闻的学士。后来，英敛之回忆起少年苦读的情景时说："弱冠后，知耽文学，则又以泛滥百家、流览稗史佽渊博，甚至穷两月之目力，读《四库提要》一周，亦足见其涉猎之荒矣。"①英敛之在青少年时期，通读了不少古今中外的著作，遍览了各家各派的诸多典籍。无论是皇皇大典还是稗官野史，他都广泛品读和悉心精研。

由于生活在社会底层，英敛之深刻体会到贫富差异带来的社会不公；后又读了诗书，对处于内忧外患中的国家多了一些思考。当目睹国家衰败、吏治腐败时，英敛之不由得痛心疾首、怒火中烧。他常与所结交的那些志同道合的朋友们"酒酣耳热，相与抵掌谈天下事。遇奸贪误国、豪暴虐民诸行为，未尝不发指眦裂，痛恨唾詈，为之结轖终宵也"②。英敛之认为，国家危亡和民族苦难都是腐朽冗杂的官僚体制造成的，因此他一生矢志不做官。

1895 年，英敛之和爱新觉罗·淑仲缔结良缘。后来，淑仲亦追随丈夫英敛之信奉了天主教，成为虔诚的天主教徒。

二

(一) 投笔"进入"报界

如果说英敛之对于中国传统文化的接受，多在于其早年苦读古籍之结果，而新思想对他的浸润，则主要来自当时的新书新报。在英敛之早期的日记中，多处可见其购买、阅读、散发各种"新政"书籍的记录。这期间他也多次向各大报馆投稿。而正是这些年阅读报章、投笔报馆的经历，加深了他对于新学、时务的认知，使他对于报章的理解逐渐明晰，并且在报馆与报章重构的人际网络中，逐步完善着其受益终身的友人圈子的聚合，成就了他在社会中的声誉。

早期对于英敛之影响甚大的是《益闻录》。《益闻录》由中国天主教第一报

---

① 英敛之：《也是集自序》，《英敛之集》（上），第 282 页。
② 英敛之：《金锡侯君年谱叙》，《英敛之集》（上），第 461 页。

人李杕(问渔)于1878年12月在上海创办,是中国第一份国人自办的天主教报纸,后来改名为《格致益闻汇报》,又改为《汇报》。《益闻录》最初的创办是为了宣传宗教,帮助阅报信徒修德行善。在试刊三个月以后,《益闻录》正式发刊时,其风格开始发生改变,宗教内容急剧减少,新闻时政等内容大幅增加。据统计,英敛之早年发表于《益闻录》上的文章有八十篇之多。

这些文章可以分为四类:(1)教义类,多涉及其对于天主教教义的理解、阐发;(2)咏怀类,感叹报国无门,感怀忧伤;(3)时政类,谈及当时的社会与政治,认为中国之弊皆在蒙昧;(4)报纸思想类,这类文章仅有一篇,是其于1898年发表的《推广日报说》,但此文非常详尽地阐释了彼时英敛之对于报刊中诸多问题的理解,也成为我们洞悉其日后办报理念的一个窗口。

《推广日报说》一文首先谈及报纸的作用。在英敛之看来,"知天下事",只能代表日报之用最浅的一个层面,其有益于人群的最重要之处则体现为"增智识"。英敛之虽然肯定了中国自通商以来三十余年,"报馆亦踵事而增",但也同时指出彼时依然能够存立的报馆只不过数十家,且阅报者可谓寥寥,"宦途中人,及读书人,知有此报者,十无二三",其他普通民众则可想而知。英敛之认为,中国阅报人之所以如此寥寥,一方面因为"中国士人读书攻习举业,以八股试帖为正宗,专心致志,谓舍此无利禄梯阶。故师长相戒,不准涉猎他项,恐有以分其心,夺其志,有误光阴"。与此同时,"拘迂之辈,又目日报为旁务,不屑留意"。另一方面则是因为报纸当时的状况也令人担忧:"今各报议论庞杂,记述猥亵……不足涓人闻见。"之所以出现这样的情况,缘于访事诸人"但图蝇头,任意编造"。不难发现,英敛之对于当时报馆中的诸种陋习已有所认知。

由于阅者之寡,报纸不能畅行,风气必不能开。英敛之因此认为,欲改变这一现状,首先应该由当权者出面,提倡建立报馆,一方面给予经济的奥援,另一方面通过行政的手段,将报馆的创设与学堂的开设"相表里"。具体到操作层面上,可将学堂之中"学中所课,时务诸文,概准登报,定其优劣,借作劝惩";此外,其还建议当政者对于"淆乱人心,妄议国政,惑世诬民"的报馆罚以银钱,治应得之罪,甚至对于"互相攻揭如悍妇之骂街、蛮缠逞刁者"的报馆,建议直接封闭。在行政的支持之外,英敛之认为报馆自身也应予以积极配合。定价方面"必须定极廉之价,使人易购";文采上"不须深",以便容易"使人便观";主笔聘请方面,尤要用心。在他看来,主笔首要条件在于才识,必须有"淹贯中西"之才;作论方面要求"说理精当,持论正大","不开攻讦之风,不涉淫荡之事,言必关乎劝惩,事皆征诸真实",除了这些基本的标准,主笔著论更宜"使人知各国兴替之由,何利当兴,何弊当革"。若可以做到这些,人才之出、风俗之善乃至使吾国"由贫弱转致富强,驾西洋而上之"①,亦指日可待。

不难看出,英敛之早年已对报章的作用极为推崇,而且对于主笔的作用以及报馆的现状等问题,有着相对详尽的认识,乃至对于如何通过行政及自身的力量改善报馆的状况,都有所思考。

《益闻录》改名为《汇报》之后,英敛之依然屡次投稿至《汇报》馆。当然,他的文章不只投此一家,而是广投各报馆。其日记中多次记录他投稿给《国闻报》的经历。此外他还曾投稿给《知新报》,如1898年4月《论兴利必先除弊》一文即刊登于《知新报》,在文中,他对康有为"蔽于耳目,狃于旧说"诸语极尽推赞,认为此言痛快切当,"实今日之顶门针、对症药"。此文广被后人援引,作为他对于维新派报人思想赞同的凭证。

如果说英敛之依托天主教会结识了包括马君相伯先生在内的一批教友人群,可被视为其第一类友人圈,那么英敛之第二类友人圈的开辟,则依托于彼时共同关注"当世之务"的中国知识人。他们通过阅读彼此在报章上发表的文章,或者阅读相关的西学西政方面的书籍而得以相识。如英敛之与何启、胡礼垣的交往,即始于他对二人《新政论议》《新政始基》两书的钦佩:"始句读何沃生、胡翼南两先生《新政论议》讫,服其立言明白晓畅,说理深透切中,直欲向书九叩,不止望空三揖也。其《新政始基》,尤觉为中国之顶门针,对症药,非抄袭陈言、偏执一见者之能望其项背。"②西学及报章风行之后,人与人之间交往方式的重大改变,即在于由阅报、阅书而勾连,重新建构人际交往的可能。而且,时贤们所著文章付诸报章刊登之后,除了交往圈的扩展,其声誉的提高也在情理之中。英敛之后来回忆称,"前清咸同间,同文馆之设,向我聘请教员"③。可以想见,若不是由于上述原因而名望大增,且结交了当时的诸位时贤,仅在天

---

① 英敛之:《推广日报说》,《益闻录》第1744号,1898年1月29日。
② 方豪录编:《英敛之先生日记遗稿》,沈云龙主编:《近代中国史料丛刊续编》第三辑,文海出版社1974年版,排印第19页。
③ 回忆出自英敛之《劝学罪言》铅印本(1917年),英关于"前清咸同间"这一时间点记忆有误:英是同治六年生人,同治帝在位最后一年是1874年,英才七岁。所以,他受邀被聘为同文馆教员,应该在光绪年间。

主教堂做文书的英敛之,似不太可能被同文馆请求代为聘请教员。

(二)颠沛流离的生涯

英敛之在探索救国的道路上并不是一帆风顺的。1893 年,英敛之罹患大病,"自二十七岁忽患半身痿痹,不能观书作字……万念灰颓,毫无兴趣",突患半身不遂症使英敛之更加陷入了悲观失望的境地。二十八岁时,中日甲午战起,清军败绩。英敛之作《久病吟》诗,称:"病在肌肤未之忧,病入膏肓复何求!折肱折臂茫无省,一败涂地方知警。……庸医杀人如儿戏,更兼讳疾将医忌,天下事理古今同,徙薪曲突不为功。"①

19 世纪末 20 世纪初,英敛之经历了人生中较为严重的政治危机并不得不进行流亡。他因在报刊上发出自己维新变法的声音、表达自己改良主义的政治观点,在事实上为如火如荼的维新变法运动鼓与呼,成为戊戌变法的实际参与者,从而遭到清廷的忌恨与通缉。

此次流亡途经上海,转入香港、广东硇洲(湛江)、海南海口等清廷统治力量薄弱、鞭长莫及的"天南海角"。在颠沛流离和紧张压迫的流亡途中,生性倔强、耿直的英敛之并没有保持沉默。面对清廷缇骑四出、血雨腥风的白色恐怖,在万马齐喑、黑云压城的不利处境里,他如鲠在喉、不吐不快,于是"投书"澳门《知新报》,对以慈禧为首的顽固派进行"道义"上的声讨与谴责。尽管他本人尚且身在风雨飘摇、前路漫漫的危殆处境,但他仍关心国事、心系国家与忧心民族命运。

1899 年 8 月中旬,英敛之携全家返回天津,在天津教堂办理文案工作。1900 年 3 月,英敛之的好友李敬宇介绍一份新工作给他,日记云:"晡至李晴(敬)宇先生处,闻李嫂云:现有蒙自某员,愿延文案,询予愿去否?予犹豫未决,因刘铎待予极好,不忍他去,而事故纷烦,终日如痛,又入不敷出,家务缠绕,似难久待;而蒙自道路过远,携眷不易,独往又如前去吴川之诸多不便,日思家事也。"②经过慎重考虑,在没有其他更好选择下英敛之最终答应携眷赴滇。

前往云南、路过文天祥抗击元军的伶仃洋,英敛之有感而发作诗一首,题

---

① 英敛之:《久病吟》,《益闻录》第 1438 号,1895 年 1 月 12 日。
② 《英敛之先生日记遗稿》,第 64 页。

为"零丁洋忆信国公",他借古喻今,以抗击元军的民族英雄文天祥为榜样,抒发满腔爱国情怀。尽管身处边陲之地,交通闭塞,经济落后,语言不通,风俗迥异,英敛之十分珍惜来之不易的工作机会,兢兢业业做好本职工作。但好景不长,这份偏远之地的"外交"工作也难以为继。

然后,"祸不单行",此时已远赴滇地、暂且栖身的英敛之夫妇又面临棘手的问题——云南法国领事馆经常发生"教案"。所谓的"教案"就是当地民众或因长期受到教会迫害与打压或因自身的愚昧无知或因饱受朝廷官吏不公平待遇,开始集结和聚拢在一起,实施打砸教堂、排斥洋人、驱逐全部传教士等"反教"极端行为——当然,这里面还有慈禧等人默许、纵容、怂恿的综合性因素在内。民众认为各国教会及为非作歹的传教士抢夺了他们的生活资源与强占了他们的生存空间。在此基础上形成的义和团运动有明确目的:目标一,灭尽异教,杀尽洋人。目标二,反对列强强占租借地,侵占中国领土。目标三,反对列强经济特权,特别是筑路权。透过仇视、反对一切"洋事物"的极端反教思潮及其行径可知:一方面,表明教会及传教士挟持特权或不平等条约压榨、侵夺、迫害百姓,使它与普通民众之间的矛盾日益尖锐,已经到了不可调和的地步;另一方面,表现出不少民众盲目信谣、无知排外的愚顽思想、拙劣行为。民运风波渐起,声势浩大乃至于波及云南等边地,导致英敛之惶惶难安。于是,英敛之很快就产生了要离开蒙自的念头。他在日记中说:"予因在此,诸事违意,人地不宜,归心似箭,憼焉不可终日。细审各端,不如速归为妙。"①1900 年 7 月 14 日,他携夫人动身离开蒙自,转道河内、北海、香港、上海等地,将夫人安置在上海待产,自己独自于 8 月 19 日返回天津。

英敛之在天津只逗留了两个多月,于 10 月 7 日再次南下上海。英敛之到上海后,靠教外国人学汉语赚点"束脩"为生,生活很是拮据。夫人为他生了一个儿子,给一家人的生活增添了几分乐趣。儿子生在上海,乳名申格,后取学名千里。家中生活开销大了,英敛之感到像这样在上海打零工,终非长久之计。他是北方人,还是北返谋生为好。于是次年 4 月 24 日再次折返天津。他未曾想到,此次返回,等待着他的将是一番新事业的开辟。

---

① 《英敛之先生日记遗稿》,排印第 5 页。

三

（一）筹备创刊《大公报》

1901年4月26日，英敛之去堂中拜访柴先生时，被告之"柴先生等愿设报馆，约予主持其事，集股本逾万元，甘为赔垫"。英敛之没有当即应允，而是先广泛征求友人意见。当晚他即"灯下作信致时若、致尧各一函，询以开报馆事"。四日之后，又"灯下书致何、胡二公，函询设报事"①。可以看出，英敛之对于主持报馆之事，有犹豫之意。尽管报章对于他乃至那个时期的知识人来说，有着非同一般的意义。报章开拓了他们交往的新空间，传递并沟通了他们对于时务、时政、西学、西政的交流与理解，也大大提高了他们的声誉。而作为英敛之本人，他对于报章的作用也是极尽推崇。但是1898—1900年，对政治类报刊的封杀非常的严峻。而英敛之本人也曾被列于"特殊名单"，所以，他对于主持报事的犹豫，多来自其对于当时政治气候的忧虑。

幸而，1901年以后政治气候逐渐转暖，以各地开明士绅为主体，从海外与上海收取资源的传播媒介渐次成立。英敛之在广寻意见，思量十日之后，决定承担此责，于是"早起写报馆章程十条"。当然，后面等待他的是其未曾意料的阻力与艰难。

半月余以后，"柴先生云股本大局可定"②。最大的股东是柴天宠及王郅隆。柴、王二人，皆商人出身。在商言商，开设报馆，将其作为实业投资的一个部分，也在情理之中。而股单中的另一股力量即法国教会的介入，显然有着别样的意义。时为法国领事馆高级翻译的李敬宇，初闻设报，认为"此为极好事"，并愿意入两三股。当时，对于是否可以成功设报，并非柴先生等单独可以决断。因作为天主教徒，设立报馆必须向教会申请，因而在取得领事馆高级翻译的支持之后，柴先生甚喜，"云：此事可十分成"③。

对于馆址设于京中，英敛之去信多处征求意见。后经过多方商定，法钦使

---

① 《英敛之先生日记遗稿》，第242—243页。
② 《英敛之先生日记遗稿》，第256页。
③ 《英敛之先生日记遗稿》，第258页。

允"立于津上为便"。其实那个时候,他们已非常清晰地意识到,报馆如若设立在京中堂内,必然受到各种掣肘。但是他们并不能明确拒绝,只能迂回争取,因为把报馆设立在租界之内,才可能更好地生存。

在前文中我们已讨论,英敛之希望当政者在经济上给予报馆支持,认为这是报馆兴盛至关重要的举措,彼时他一定没有意识到,与资金的给予相伴而来的,必是相应的言论控制。而在集款之时,他将法钦使和主教愿意入股视作报馆可成的重要支持,也同样没能料想到,之后法租界势力对于报务的诸种干扰。

前期的筹备工作就绪之后,他们就开始紧锣密鼓地租地、建房、购买机器设备。与此同时,主笔的选聘,也成为筹备工作的重中之重。

在最初,英敛之致函何、胡二公询设报之事时,"香港何、胡二公发来一函,言于上海延主笔更便"①。英敛之到沪之初,最先见的是《中外日报》的经理汪康年,汪康年将蒋心斋推荐给他。但是蒋以为,有洋股参加,担心受掣肘,"恐难得昌言之权,故不愿去",尽管英敛之强调,"告以论说准各具名,不相混淆"。蒋似乎并不愿更改初衷。席间,众人向英敛之力陈"入洋股之弊",他"告其不能却洋款情由"②。也即是说,在他看来,取得法国使馆和教会的支持,获得保护,才是最重要的。当然,没有入主一家报纸的经验,他不可能像汪康年那样,有更多言论被控制、报务被控制的艰难体会。

随后,英敛之继续致函何、胡二公,寻求主笔之时,"汪穰卿毛遂自荐,愿去本馆,明日可将合同示予"。虽英敛之对此甚为诧异,意其别有隐衷,因为汪公"日前力阻予万不可入洋股,谓其定受压制,今反愿就,何也?"但是考虑到汪康年"其交游博,声誉隆,况消息灵通,复销售宽广",在英敛之看来,但凡有益于报事,不妨曲从之,尽管"月出百金以上,犹为得也。岂不较碌碌凡庸,远过十倍哉"③。

然而事情并非这么简单。三日之后,"汪穰卿寄所订合同来","薪水但索五十元",但"欲独揽大权",英敛之"卧不成寐,挑灯作复穰卿信,并酌改合同,但其与设报定旨不背,一切小节,予颇可曲从",英敛之之所以愿意曲从,只因

---

① 《英敛之先生日记遗稿》,第266页。
② 《英敛之先生日记遗稿》,第325页。
③ 《英敛之先生日记遗稿》,第333页。

"开创需人,伊又为老手故也"①。

经过几番商定,英汪二人并未达成共识,汪穰卿来函云"所议不符初约,深恐不易措手,只得敬谢不敏云云。"对此,英敛之内心颇不快,豁然明了"其前日晤商情形,似有成议,意其今故作波澜,以要挟大权独握也"②。

事实上,英敛之的揣测不假。当时汪康年所主持的《中外日报》虽然在沪有着非常重要的影响力,但是其1901年上半年便萌生了进京办报的念头,以离中央政权更近。所以,成为《大公报》的主笔,是其进京办报的前奏。只是经历了《时务报》之争后,汪康年必然对于报馆大权之事颇为敏感。为了避免类似的事情再次发生,其欲在入主报馆之前,以合同的形式协定掌握大权。后见英敛之不会应允,遂借故"敬谢不敏"。

与汪康年的合作终未能成行。马相伯于是建议"如无主笔,可致信张公元济,伊交游甚广"。英敛之后来令朱去虹口见张菊生元济,托其转荐人。然而元济回话称"报出自旗人,尤难,自当尽力襄助,主笔任重,未敢轻举,好在尚有时可商,当加意为之访询云云"③。

此次上海之行,主笔问题依然悬而未决,于是在回津数日后,英二度去上海选择主笔。在赴沪的船上,英与某君谈报事,且有两位"愿承其乏",然而一位云南正主考因"惟觉其于时务西学不通",另一位安徽秀才因"示其诗稿,无甚佳句"④,均未被允入馆。

早在数年之前,英敛之就陈述过主笔的标准:一方面要学贯中西,另一方面要说理精当,持论正大。加之英敛之对汪康年的评价,我们可以很清楚,他对拟设主笔的期望,除了满足之前阐述的两条之外,如果其交游博,声誉隆,消息灵通,便属甚佳。也正是因为这些期待,主笔的物色才显得更为艰难,其向好友胡翼南感叹"主笔实难其选"⑤。

后来,汪康年向英敛之推荐了方守六。尽管此次英敛之依然不甚满意,但是报馆设立在即,张元济也"仍未觅有堪膺主笔之任者"。英敛之与方守六最终达成共识:"以现可姑定五十金,俟后报务畅兴,定为多加酬赠"⑥,此外,强调

---

① 《英敛之先生日记遗稿》,第335—336页。
② 《英敛之先生日记遗稿》,第342页。
③ 《英敛之先生日记遗稿》,第340、351页。
④ 《英敛之先生日记遗稿》,第370页。
⑤ 《英敛之先生日记遗稿》,第379页。
⑥ 《英敛之先生日记遗稿》,第402页。

"权不能独操"。协议达成,方守六随英敛之回津。

(二)注入"大公"精神

诸项筹备事宜完成之后,报纸于 1902 年 6 月 17 日出刊,报名取为"大公报"。英敛之在办报之初,给予其"忘己之为大,无私之谓公"①的释义。在该释义中,我们可以看到"忘己"与"无私"所同构的"公"与"私"的对立。在《大公报》出版之际,众友皆来祝贺,《大公报》同人在对贺词的答谢中重申:"今本报但循泰东西报馆公例,知无不言,以大公之心,发折衷之论,献可替否,扬正抑邪,非以挟私挟嫌为事。"此处又一次以"正"与"邪"的对比,强调了其所秉持的"大公"之心。继而对于何为"公",何为"大公",英敛之有如下阐述:"吾亦不能如寒蝉之无声,漠视吾国沉沦而不救也,此即所谓公也;但又不胶执己见,党同伐异,徒沾沾于一人之恩怨,无端而雍容揄扬,无端而锻炼周内,此即所谓大公也。"②

"公"字透露着英敛之心系国族、心系同胞之情愫,"大公"又寄寓着英敛之除我、忘我,摒弃私见,公正发论,不偏不倚的态度。尽管他分别为"公"与"大公"进行范围的框定,但事实上二者有着内在的统一:立足于国家和民族的立场,与"私"进行区隔的报刊定位。

对于英敛之何以在这个维度上界定"大公",也许可以从如下几个方面寻找线索:

英敛之在创办《大公报》之前,屡屡投稿给报章,也和多位报馆的主创人有着较为密切的关系。他在早年的文章中就认识到诸多访员"但图蝇头,任意编造",而报章中的论说"议论庞杂,记述猥亵"③。这种对于当时报馆状况的已有认知,使他对于报刊可能存在的弊端有着相对清醒的认知:"论者曰记载琐故,采访异闻……信口以谈,臧否人物,颠倒是非,毁誉不凭公论,訾议过于偏持。"④基于此,他对于办报时可能出现的偏私之见有着足够的警惕。

除此之外,英敛之"公"的理想之中,公与私的对立也来自中国"公"理念中先天存在的道德品格。相较于西方作为政治学和社会学概念的公与私,传统

---

① 英敛之:《〈大公报〉序》,《大公报》1902 年 6 月 17 日。
② 《〈大公报〉出版弁言》,《大公报》1902 年 6 月 18 日。
③ 英敛之:《推广日报说》,《益闻录》第 1744 号,1898 年 1 月 29 日。
④ 英敛之:《论说·原报》,《大公报》1902 年 6 月 22 日。

中国的公与私,主要是伦理学和形而上学的概念。道德及伦理意义上,截然区别并对立于"私"的"公",在中国传统"公"理念中居于重心。

英敛之谈到《大公报》创办宗旨时说:"报之宗旨,在开风气,牖民智,挹彼欧西学术,启我同胞聪明";"风移俗易,国富民强,物无灾苦,人有乐康"①。在《原报》一文中,他悉数列举他国报馆之发达,一方面借以突出中国报馆之少,另一方面则勾连报馆多寡与人民智愚,以及国家之强盛之间的关系②。不难看出,办报—开风气—富强国家,在英敛之的思维中构成了一个非常清晰的逻辑链条。由此,报馆对于国家"忠告之,利导之"的职责最终指向国富民强。而所循之"泰西公例",既不单纯指办报的方式,更不单纯指增智识的欧美学术,而是及于报馆与国家之间的关系。

可以说,这里的"公"除了道德意义上与私的对立,更彰显了一种"正义"和"正道"。也就是说,"办报为公",因为与富强国家的宗旨勾连,从而拥有了无须置喙的合法性和道义优先性。这一点成为"议论公允"背后,最重要的"《大公报》人"的心理基点,奠定了早期《大公报》的基调,也成为《大公报》报格的精神源头。

四

(一) 十年艰辛,呕心沥血

提议办《大公报》的创始人虽是柴天宠,但是英敛之却是《大公报》毫无疑义的"主人"。虽然其早年就与报纸有着较为紧密的关联,《大公报》却是他一生主政的第一份且唯一一份报纸。《大公报》创办之后的数年中,英敛之全权负责报馆的诸种事务:报馆人员的择选、与馆外人员处理纷繁复杂的关系、撰写论说、演白话、校对稿件以至于其每日"竟忙忙",经常夙夜无眠。从报纸创办的每一个环节到报纸运作中的大小事务,从报纸宗旨的厘定到该宗旨的贯彻实行、维护,无处不倾注着英敛之的心血。

英敛之在他的日记中记载了《大公报》出刊前后诸多烦琐细致的工作。在

---

① 英敛之:《〈大公报〉序》,《大公报》1902年6月17日。
② 英敛之:《论说·原报》,《大公报》1902年6月22日。

出刊前几日,"日试印各件","日早校各件,忙碌甚大"。在出第一号的前一日,"稿犹不齐",乃至夜间两点,英敛之还在"折报,贴邮票",原因是"人皆外行,中用者太少"。第一天印刷,共印三千八百份,而"夜十二点,板尚未妥"。之后的很多天,他屡屡"日夜校对",时常"不知所之于椅上坐寐,睁目已天明矣"。在报纸创办的初期,"甚辛劳""甚苦"这样的字眼在英的日记中多处可见。英敛之很少提及第一任主笔方守六的情况,在1903年1月28日(阴历1902年十二月三十日)的日记中,则抱怨"方之刻薄毕现",至1903年4月方守六回上海,后来没有再回报馆。结合英的辛苦状态,可以推测方氏在《大公报》创办初期所发挥的作用较为有限。

在《大公报》的早期几年中,英最得力的助手是第二任主笔刘孟扬。其1903年受聘为《大公报》的主笔,他自己曾坦言在时任《大公报》主笔期间,差不多每天要作一篇文言论说、一篇白话演说。

1905年7月,一场轰轰烈烈的抵制美货运动从南至北响彻全国。而这时,英敛之应日本友人邀请,赴日游历参观。《大公报》在刘孟扬的主持之下,成为北方提倡抵制美货的一个重要舆论阵地。1905年4月13日,《大公报》发满千号,报馆举行了相关的纪念与祝贺活动。与大公主人撰写的《〈大公报〉千号祝辞》相并列,报纸刊登了刘孟扬所作《〈大公报〉千号贺辞》,这些都无疑昭显了刘孟扬在《大公报》中特殊的地位。而在抵制美货运动风潮还未歇之时,刘孟扬却离开报馆进入政界。

刘离开《大公报》之后,1907年初(农历一月十四)叶清漪进入《大公报》成为主笔,然而不到半年的时间,叶即"辞馆,进京"。相较方守六进馆作主笔时,每月五十元的薪水标准,叶的月薪已翻倍为百元。然而他也仅仅"只作论二篇,新闻编辑亦不着意,报稿未完即卧"。英敛之对此愤愤然,认为其"实不知责任为何物",因此在其辞馆的时候,并未作任何挽留。而在这之前几日,"柴偕张蔚臣、王省吾来饭,谈张来馆事"[①]。张蔚臣是《大公报》的热心读者,在前期就经常寄函来馆。在叶清漪离馆的当日,张蔚臣入馆。

被誉为"天津文豪"的张蔚臣对"扬风气、开智识"素来推崇,其精通法文,有较好的西学背景。从《大公报》诞生的那一年,便常给报馆投稿,至他拟来馆工作之前,已投稿十二篇。这些论说无不与英敛之所倡导的改良政治、开智识

---

① 《英敛之先生日记遗稿》,第1112、1113页。

有密切的关联。在张蔚臣入馆两个月之后,英敛之收到刘孟扬的来信,其在 1907 年 8 月 8 日的日记中记道:"刘伯年来信复愿回《大公报》馆,予允之,彼辞差。"①遗憾的是,刘孟扬回馆之后任主笔的时间并不久,于 1908 年便再次入京参加机务。直到一年多之后,挑起后期笔政的樊子镕和唐梦幻才入馆。因此可以认为,在英主政报馆的前十年之中,他一身肩负数职,支撑《大公报》报务的全面展开。

在笔政工作之外,需要英敛之劳神的还有诸多问题:

报纸创办不久,英便感叹"连日疲倦甚,心中尤不快,因事皆不顺,旁助无人也"②。约二十日后,英在日记中开始逐渐提及资金窘境。他在 10 月 27 日(阴历九月二十六日)日记中明确言及"祝三来,柴、孙俱未到,账房细言生意情形,每日所出之报,不敷纸价,其人工饭食,每赔折千元之数,近日情形,众皆裹足,予为大忧"③。之后,英多次提及资金和股东入股问题。可见在报馆运转前期,资金周转遇到一定的瓶颈。报纸出刊一年之后,报纸运转颇见起色,报馆又遭遇股东撤股。比如 1903 年 9 月 28 日(阴历八月初八日),有股东听信谣言,"故欲抽出股分,与辩白良久,并将予忍苦坚志,成此报馆情形宣示,事之方兴,不可因小阻灰心也"④。面对股友的质疑和撤股,英敛之有太多的无奈,所幸那个阶段王郅隆给予很多支持:"他股友有懈意,皆无关紧要,独我一人再出一二万金,亦甚愿也。"⑤

在资金问题之外,工人的管理也遇到问题。

创刊之后不久,英敛之在 10 月 21 日(阴历九月二十日)日记中记录:"饭后拟馆中整顿事,刻下非大加裁减不可。"⑥次年 7 月初英敛之在日记中又言及作为机器管理人的王景宽"增工人工价各少许",几日之后,遂与柴天宠商议重新物色排字人,以"不使王(指王景宽)等居奇挟制也"⑦。一周之后,英敛之再与柴谈及改换工人之事。次月初,欲辞王景宽,不想三日之后,"王景宽率其弟及张等七人不辞而去",当晚英才知道,大小机器及要件已被其破坏,他感叹"人

---

① 《英敛之先生日记遗稿》,第 1128 页。
② 《英敛之先生日记遗稿》,第 555 页。
③ 《英敛之先生日记遗稿》,第 565—566 页。
④ 《英敛之先生日记遗稿》,第 542 页。
⑤ 《英敛之先生日记遗稿》,第 543 页。
⑥ 《英敛之先生日记遗稿》,第 562 页。
⑦ 《英敛之先生日记遗稿》,第 663 页。

心险恶为此,实出予意料之外"①。王景宽等人离开之后,报馆中只余六人,英敛之只能迅速招人以填补空缺。

除了人员掣肘,接踵而来的还有机器故障问题。王景宽等人离开的次日,"报勉强印刷,模糊不堪",只能待第二日补送。请人来检查机器,但不知病在何处。直接面临的就是第二天的报纸不能印刷。英敛之无奈之下四处寻找代印处,开始皆因"印架太小"而碰壁。后来幸亏在《天津日日新闻》社敲定代印之事,当晚即"印归,催装版"。然而,代印毕竟不是长久之计,第二天英紧急寻人来检查机器,终于寻得"病之所在"。连续在《天津日日新闻》社代印两次,所费十元。英在日记中记录下细节:"至《日日新闻》社晤药雨,交其印费二十元,伊不肯收。后言明日再议。次日,工头送回,只留十元。"②此事之后,极具商业眼光的柴天宠开始频频与英敛之商议帮助其他报纸代印之事。

如果说如上的问题还都是报馆内部事务,并不难解决,那么相对而言,英敛之面对的更大压力还是来自外部。这些外部压力一方面来自教会势力,另一方面来自清政府当局。

从1901年5月筹办报事开始,英敛之在日记中便频频留下"撰写章程"和"改写章程"的记录。如5月11日,"早起写报馆章程十条";6月6日,"至法署,示李敬宇先生章程";7月8日,"饭时写章程";7月9日"写章程数张"。事实上,在英敛之去上海采购设备和寻主笔时,汪康年就对其"力陈入洋股之弊",当时英敛之即告知"不能却洋款之理由"。英在意的不仅是教会方经济层面的投入,更是所谓的"保护之事"③。

而教方在"保护"之余,对于报务本身也多加干涉。1903年8月10日(阴历七月十八日),英敛之在日记中记道:"饭后至北堂,晤汪司铎,话有时,后刘铎处少话,晤林主教,嘱以报上不合诸端。"两日后,英与柴天宠谈论报事,感叹"予因外来种种阻滞,甚不快。帮忙人无有,指摘人何其多也!"后又写信给朱志尧,"略告其近日内阻各情",感叹"报务颇有起色,而阻扰纷来,未出先料也"④。

日俄战争爆发之前,日俄两国的交涉未果。《大公报》刊文陈述交涉消息,

---

① 《英敛之先生日记遗稿》,第670—673页。
② 《英敛之先生日记遗稿》,第673—675页。
③ 《英敛之先生日记遗稿》,第247—272页。
④ 《英敛之先生日记遗稿》,第532、533、534页。

却很快就收到教方"欲阻止昌言俄事"的要求。1903年12月10日(阴历十一月二十日),"(法国)领事专门嘱告,勿宣扬东事"。然而后来《大公报》在关涉日俄战争的报道方面用力尤多;加之英经挚友方药雨的介绍,与日方有诸多接触,使教方大为不满,1906年初欲"撤股,收回房屋"。1906年3月16日(阴历二月十二日)前后的日记中,英记载道:"柴先生遣人来唤,晤告以馆房转主事,李敬宇撤股事,王祝三在座,遂商订移居建房事。"三个月之后,《大公报》馆建新馆于日本租界,"地基二百五十余平,楼为三面,共十八间,较旧馆大半倍。七月中旬始迁,竟家属亦移住新馆"①。

在教方的阻挠和干涉之外,《大公报》亦承担着当局的压力。

英敛之在1903年撰写过一篇《北支那每日新闻出版祝辞》,对比日本"报之济济",坦言中国的日报南北不过数十家,而旋开旋闭,常如昙花一现。而且当局对于报馆的态度是"政府目之为败类,官场疾之如寇仇",即使硕果仅存者,"或汲汲皇皇,或汶汶汩汩,曾不得言语之自由"②。

1905年8月17日,《大公报》由于提倡抵制美货,被直隶总督袁世凯以"有碍于邦交,妨害和平"之名勒令禁售。《大公报》总经理英敛之和主笔刘孟扬在第二天为此发表声明以示抗议;第三天又在"附件"栏,用白话发表论说《一息尚存勉尽天职》,以表白报纸尽管被天津当局查禁,但将坚持出版以尽报纸"开民智、正风俗、维国政、保国权"的天职;尔后又于第五天发表了社论《言论自由》,态度坚定,毫不退让。因为报纸在天津以外地区仍能销售,所以天津当局对报纸的禁售尽管也给报纸造成了一些困难,但报纸得到新闻界同仁和正义读者的支持,也可以坚持出版。天津当局最后只好自找台阶,宣布对报纸解禁。

面对这种种阻挠和压力,英敛之不是没有想过放弃,事实上这类念头从拟创建报馆之始就有过。在1902年6月8日(阴历五月初三日)的日记中,英敛之曾写下"予见报馆事难成,欲归去"。7月1日(阴历五月二十六日),柴天宠告知英敛之,"现又续招股份,此事万毋懈志云云"。可见在这期间,英敛之一定提及过退出之意。报纸出刊之后,劳累加上忧思使英敛之的身体状况并不佳。他在12月18日(阴历十一月十九日)的日记中记录:"连日腿痛不利行,心大忧闷,恐成痿痹之症,心灰意怠,颇思他去,自秋徂冬,未得畅心一日也。"次

---

① 《英敛之先生日记遗稿》,第1018、1063页。
② 英敛之:《论说·〈北支那每日新闻〉出版祝辞》,《大公报》1903年8月2日。

年,又一次"略白退意",但被柴和王等人劝阻。后因股票之事,引起众股友的质疑,英再次萌生退意,以至于1903年11月16日(阴历十月二十八日)王郅隆直言,如果英离开报馆,"伊定将全股撤出云云",一些好友担心英离开,也表明"绝未闻人谤语"①。

这期间给予英支持最多的是柴天宠和王郅隆。除了这份不懈的支持外,在报纸的创办过程中,英的经济境况大为改善,他的日记不再像之前有各类借钱的描述。英在报纸的征文和告白中,多次提到希冀论者投稿以"广传声明于世界"或"永留姓氏于报端"。应该说,英本身的名望在报纸开办过程中亦得到了显著的提升。此外,最关键的还是在于,借由办报,进而聚焦教育、开智、维新、改良等,这是英所关注的夙愿——导向"国是民依"。他曾直言,"果有救正于国,补助于国,即拚弃性命牺牲一切,又何足吝惜"。也正因此,1904年1月7日(阴历1903年十二月二十日),英敛之与友人谈论报事,言及诸多掣肘,明言"奈何不能辞,真欲罢不能者"。而在英敛之后期的日记中,也再未动辄提及离开报馆。

(二)报章与撰述:"也是"二集和《敝帚千金》

《大公报》在1908年之前的论说,大多没有署名,无法分辨是谁人所写。有研究者认为,这些没有署名的论说皆系英敛之所著,但是主笔刘孟扬亦回忆自己几乎每日撰写论说——对于《大公报》中未署名的论说,并不易明确其作者。因此,要了解英敛之的撰述情况,还应从其有明确署名的作品入手:光绪三十五年(1907)英敛之出版了其自著的《也是集》,宣统二年(1910)他又印了一本《也是集续编》,这两本集子可视为他对于报章文字的集结。大概作者出于谦虚,以为集内虽然收有诗作,并东京游记、东北旅行记等,勉强地说也是"报馆文章",故名"也是"②。

严复曾为《也是集》撰写序言,称其"愤然号呼,将伯集数万之资,设《大公报》馆于津沽间,以遒人振铎箴盲起废为己任",述其"义士用心良苦,开馆以来,出报凡数千番,日日为论说,指摘瘝症,发覆将然,方其劳形忧心,往往通昔不寐";赞其"盖种族国土之重……热诚发中,则声泪俱竭,文之美丑精粗不具

---

① 《英敛之先生日记遗稿》,第263、274、585、742页。
② 由于当时将报纸文章结集出版者甚为少见,《也是集》的命名,也有姑且之意。

论,乃若其情,亦至可念已"①。

《也是集》及《也是集续编》中收有大量政论,抨击时政,慷慨激昂,称得上敢怒敢言,其中多主张维新立宪,宣传爱国,如《呜乎派者言》《无爱国心之派别》《苏报案之感情》《王照案之慨言》《说情面》《说官》等,无不指向朝政的弊端,甚至直接向皇帝进言。《续编》中的《非变法之为难,实变心之为难》已近于指名道姓地批评皇帝"近者朝局如奔棋,腾笑于五渊,即我国村夫愚妇,稍识黑白者,亦知其不可,乃竟出于赫赫皇皇之当道,斯非奇且怪哉"②;又如《党祸株连实为促国之命脉》,指责清廷对徐锡麟、秋瑾案之株连野蛮手段,实在有损于"皇皇诏旨"。

《也是集》及《也是集续编》中另一类文字是小品类文字《说报》《论画报》等。如他回到久别的北京之后写了一组《北京视察识小录》,既讲到当时北京街道、公厕的破败;也讲到报馆之繁盛、饭馆之发达、新式烟卷之流行——当时上至王公贵官,下至走卒乞丐,甚至妇女儿童,莫不以口衔一支香烟为乐;还讲到为防新政繁兴和革命党人,京中的侦探特务无处不在:"京津车站一带侦员密布,盘查行旅不遗余力。至于留学生之归国,其苦盖有不可胜言者矣。"③

为《也是集》作序的有老友马相伯、严复、吕碧城女士的二姐吕眉生,书中还包括他人的跋文多篇,但是到《也是集续编》成书时,作者兴趣锐减,仅有自序一篇,并说明在前集问世后,"感时抚事,虽仍有所作,而时局愈丛脞,心志愈灰颓,学殖愈荒落,盖悁悁视息,苟活人间,而心死久矣"④。1908年英敛之作过一篇《答问》,其中言:"或问于仆曰,子之报名大公,果能指伏摘奸,不畏强御,为国家策治安,为人民除祸患,毫无顾忌,一秉大公乎?仆乃踧踖忸怩而答之曰,乃若其志愿则未尝不大公矣。奈事与心违,实难名副……"⑤这是在众多压力之下办报的艰辛的心声,也未免不透露着他的些许失望。

英氏时期的《大公报》虽以文言为主,却从创立开始几乎每日于"附件"之下"演一篇白话"。英敛之对于撰写白话文章的缘由如此表述:"所以看报的大好处,还不单单知道天下事,更能够长人的见识,增人的学问……往大里说,治

---

① 《代论·严几道先生〈也是集〉序》,《大公报》1907年7月28日。
② 原载《大公报》1907年7月2日。
③ 英敛之:《言论·北京视察识小录》,《大公报》1907年11月21—22日。
④ 英敛之:《也是集续编自序》,《英敛之集》(上),第423页。
⑤ 英敛之:《闲评》,《大公报》1908年10月14日。

国安邦，往小里说，养家费已。各事都可以比较比较，考察考察。人的见识，越经历越高，人的能干，越磨练越大。最苦的是我们中国文字眼儿难懂，所以有许多明白人，如今开了许多白话报馆，为的是叫识字不深的人，也能明白。有人劝我，在《大公报》上也要添上点儿白话，我不敢偷躲懒，以后得了工夫，就写几句。这是我们开导人的一片苦心。"①

而这些白话文章，因为其"说理平浅，最易开下等人知识，故各报从效之者日众"②。1905年8月21日起，《大公报》定期出版白话附张，免费随报赠送，也可单张购买。附张出版之后，"屡次接到外边的来函，很多的人夸赞这白话好"③。在英敛之看来，这些白话句法浅近明白，妇女、小孩子略认得几个字的也可以看看，于开民智而言，是最相宜的。正是因为白话于开民智大有益处，喜欢看的人又多，所以这些白话被集结为一本书，共分五类，即一开智、二辟邪、三合群、四劝戒缠足、五寓言，取名"敝帚千金"。为了使更多的读者可以接受，该书定价极低。书中的白话文多为英敛之所作，也有一部分文章来自刘孟扬与丁子良。丁子良是英敛之和刘孟扬的共同好友，时常给《大公报》寄演说稿。刘孟扬曾经在为丁子良《竹园丛话》一书所作的序言中写道："在当时子良先生所发表的演说，很得社会的欢迎。因为他的演说，或庄或谐，入情入理，所以人人爱看。报纸的销数，也因为有子良先生的演说，格外加增。"④

严修曾将《敝帚千金》的浅白文字，与"瑰丽奥邃之词"的词章作对比，推崇此书及《大公报》所演白话为教育普及所发挥的积极作用，赞其真有爱国之诚："故其发之于言，深切而平实，无过高过激之论，所谓为言既易知，感人尤易入者也。"⑤

（三）导民利国：言与行

在《大公报》创立之初，英敛之一再论述本报开民智的宗旨："本馆以开风气，牖民智为主义"；"报之宗旨，在开风气，牖民智，挹彼欧西学术，启我同胞聪明"；"报纸之精神在于提醒内外精神，在呼通上下声气，在拓见闻，开智识"；

---

① 《附件·讲看报的好处》，《大公报》1902年6月22日。
② 《本馆特白》，《大公报》1905年8月20日。
③ 英敛之：《附件·敝帚千金序》，《大公报》1904年4月16日。
④ 刘孟扬：《刘序》，见丁国瑞：《竹园丛话》（第三集），敬慎医室1923年版，第4页。
⑤ 严修：《敝帚千金·序》，《英敛之集》（上），第6页。

"本报特是开民智,以图富强"①。

之所以如此强调报纸的宗旨在于"牖民智",一方面基于其对于报纸的认识:"且以报馆之多寡,验国家之盛衰,报纸之销数,验人民之愚智,报馆多,国必强,报纸畅,民必智",而与国外报馆的盛况"英七千家,法五千家,德六千家,意大利一千,奥地利亚八百,瑞士四百,荷兰三百,比利时三百,西班牙九百,希腊六百,日本二千,美利坚三千,秘鲁、智利、古巴合共一百六十"相比,中国彼时的报馆数,真可谓是相形见绌②。论者并未将报馆之少的缘由归结于办报者,而是建构了这样的循环逻辑:中国识字的人太少—阻碍报纸行销—民智不开—国弱—报纸不能繁盛。中国应向重视报馆的国家学习,以它们为"范例",多开报馆,多办好报。

作为学堂教育的辅助,通过让民众看报以了解风俗人情,增学识,以开"国民"之智识,终以强"国",便成为那个时期诸贤对于报刊的理解与定位,也是英敛之确立《大公报》宗旨的思想来源。

由是,报馆之专责,"亦即以开民智为首务",只有启发民智,才可谓能"尽其务矣"。而《大公报》人也将"报纸以开发民智"视作自己的"天职"。要求"发循循然善诱人之道也",若"当诱不诱,当开不开,即未免有负乎天职矣"。正因为此,他们意识到报纸开智作用之大,才更体会到自身责任之重。因之,这种对于倡报馆、开民智以强国的反复强调,也从另一个侧面体现着他们对于自身重担的自我认知,以及对于自身和同道君子的共勉。

除了《大公报》人自行写稿,《大公报》在创刊之日,即登出《本馆特白》向社会征稿:"尚幸四方同志匡其不逮,凡有崇论伟议,及新政时事见告者,本馆亦为采登。"③其一方面可以弥补撰写力量的薄弱,另一方面也可以借此提高报纸的影响力。这种征稿似沿袭旧例,并无太多的新意。但是在《大公报》开办月余之后,便有被英敛之自诩为"中国日报绝无仅有者"的"有奖征文"开设,告白登录在第一版报头之后。其征文显示如下信息点:首先,告白借征文再次强调报纸宗旨为"牖民智、化偏私"④;其次,宣告征文的目的在于"导同胞之思想,助

---

① 《〈大公报〉序》,《大公报》1902年6月17日。
② 《论说·原报》,《大公报》1902年6月22日。
③ 《本馆特白》,《大公报》1902年6月17日。
④ 《本馆特白》,《大公报》1902年7月13日。

国民之进步"①，可以看出与其所强调的报纸宗旨"牖民智"相呼应；再次，明示刊载的标准在于是否与"本报宗旨不背"，这个标准实为《大公报》人选用稿件至关重要的标准；最后，指出有奖征文之奖励——亚东形势图、铁路电线图、《新政真诠》、《大公报》。其中，形势图和电线图虽有"器物"的外表，却因附加特殊的定语"亚东"和"铁路"，遂与时势有着微妙的关联；《新政真诠》是英敛之为好友何启、胡翼南在内地重印的新本，此书"浩瀚数十万言，说理透辟精当"，被英敛之赞誉为"空前绝后之作"，他亦曾告世人"欲知时务者，不可不手执一编"。因此，以如上四物作为奖品设置，已昭示了英敛之对于时势、时事、时务的倚重。而且之后每一次的"千号纪念"，都会有征文活动与之随行，这些征文也与每一次的纪念活动一并融入了每一次的"焦点时刻"，也融入了《大公报》对于自身报刊理念的"复述"与《大公报》历史的自我书写之中。

报馆的多寡与民智的开塞有着极为密切关系的前提是国人可以阅报。然而由于经济能力的限制，阅报之人非常难保证。在这种背景下，阅报处应运而生。在北京等地的阅报处逐渐建立之后，《大公报》呼吁在天津建立阅报处："我们中国的报纸，虽是不如外国多，到底也总算不少了。中国人顽固的多，阅报的风气不大开，你劝他花钱买报看，他是不肯的。就是买报看的，也不能买得许多。但靠着一两种报，考查天下的事，究竟所知道的事有限。要打算多买，又买不起，惟有设立阅报处最好。这阅报处，拣那极好的报，买些种，任人观看，不但于明白人有益处，就连那顽固人，也可以渐渐的化过来。……你们看北京城，不多的日子，立了许多阅报处，这个方才创办，那个闻风兴起。……假如再有人仿照北京的办法，多立阅报处，不但是入学堂的可以开通，学堂以外的人，也可以得开智的益处。天津有志之士甚多，必不至于专让北京人作这个好事，我们今天给天津的志士们提个醒儿。"②

如果说设立有奖征文、提倡设立阅报处，还都是在"言"的层面来导民利国，那么在多个实体空间内多处进行演说，身体力行进行募资赈灾，则都可视为英敛之在"行"的层面上指向"国是民依"。

英敛之将演说视作与译书、刊报并列的"今日开启民智最有效之三物"。若要说沟通上下之便捷，"死文字断不及生语言"，这也是"后起爱国之贤不可

---

① 《征文广告》，《大公报》1903年11月27日。
② 《附件·天津也当设立阅报处》，《大公报》1905年5月30日。

不讲演说"的原因。英敛之本人也频频参与演说。在创设报馆之初,就经常与"排字人等演说,设法开其智识"。德义楼作为天津志士经常聚集之地,也同时成为诸种演讲的集中地。英敛之在日记中记载了其偕夫人淑仲频赴德义楼参与各种演说的情形。演说的主旨多为"开民智、劝爱心、去畛域、求自强"。到客之人,也由二十人至百人不等。

从"行"的意义上而言,在演说之外,英敛之身体力行更多的是赈灾。《大公报》创办不久,中国即出现了一场历时数月的瘟疫大流行。在这场防疫抗疫的活动中,《大公报》承担的更多的是"记录""传达""呼吁"等"言"的层面。而五年之后的江北水灾中,《大公报》除了发挥上述的各种功能之外,英敛之更是实际地参与到各种赈灾活动之中。水灾发生之后,《大公报》刊载了众多论说,发表了多篇白话文章,动员社会各界人士参与到抗灾和救灾的活动中来。英敛之通过参与创办各类慈善组织,积极投身到救济事业中。

对于这些活动,英敛之在日记中有着较为详细的记载。如 1907 年 1 月 15 日(阴历 1906 年十二月初二日),水灾发生不久,他即到友人方药雨处"商以书画出售,助江北赈捐"。次日即"登书画会告白",随即筹办书画慈善会,连日"为慈善会忙,忙写联甚多",三日之内即售至五十元。后又与友人"借房开书画慈善会",并定下农历十四日起开会。开会当日"人来颇多,是日售入一百数十元"。十日之后,汇款纷至,"妇人会汇三百九十五元,书画会汇一千二百十七元"①。

除了出售书画和会内组织募捐外,英敛之更是结合演说、义演以及放映电影等多种方式,积极开展赈灾活动。英敛之和友人在天津李公祠开公益善会,从 2 月初开始,公益善会在李公祠内采用放映电影、名角演戏以及诸公发表白话演说等形式为江北灾民募集捐款。英敛之曾在 1907 年 2 月 22 日(阴历一月十日)的日记中记录:"李公祠开公益善会,为筹江北赈捐。予与内人淑仲及弟实夫夫妇连日到会,募捐为中国北方之创举。开会七日,筹捐近七千元,此会共汇去一万五千元以上。"②在此前后的一段时间中,英每次到场,"必至演说",持续了一个月的时间。北方捐赈者也非常踊跃,英备受鼓励。

赈济江北水灾的工作刚告一段落,直隶水灾灾民的赈济工作又开始了。

---

① 《英敛之先生日记遗稿》,第 1093、1094、1095 页。
② 《英敛之先生日记遗稿》,第 1096 页。

英敛之除了组织报馆对这场水灾进行翔实的报道,同时又一次积极投身到赈灾活动中——参与戏园义演、登台演说。天津丹桂戏园举办慈善演出,戏过之后,英敛之登台演说筹款赈灾,呼吁院内之人慷慨解囊。事后,英在日记中记道:丹桂剧院戏园演戏筹赈,"予登台演说,并挨客劝捐,是日热甚,挥汗成雨,共收三百余元。"①

在此次赈灾之中,英敛之不辞劳苦,积极奔走募捐,不仅仅在水灾救赈中贡献了极大的力量,更是在"行"的层面书写了以"大公之心"导民利国的壮丽篇章。

(四)笔锋直逼太后的"前"与"后"

1902年6月18日,即《大公报》创刊的第二天,报纸发表了《〈大公报〉出版弁言》,该文通过"同人"与一位"东友"对话的方式,揭露了慈禧1901年回銮以后搞的一套假变法及其腐败朝政:"盱衡时事者谓此次变法,虽曰力祛偏私,实事求是;其实仍是因循敷衍之故态,毫无精神于其间……若是者,仅得谓之变名而已,非变法也。"文章尖锐指出,酿成这种"偷惰苟安"的根本原因在于:"士夫鉴于戊戌之变,政府压力过深,倘有指斥时政者,则目为奸佞,不难加之以罪。"文章明确表示:它要"知无不言"。既不"如寒蝉之无声,漠视吾国沉沦而不救";也不"胶执己见,党同伐异";更不"意存趋避,拗曲作直,指鹿为马,任口雌黄,求悦当今一二人之耳目,不顾天下后世之唾骂"②。接着在创刊后第五天,《大公报》又发表长篇论说《论归政之利》,强调"太后"归政有八利:中外利、满汉利、民教利、新旧利、宫闱利、草野利、君子利、小人亦无不利。③

英敛之的笔锋直逼慈禧太后的"专制"与"专权",也铸就了《大公报》"敢言"的美名。这种美名的背后,一方面是英敛之对于"国是民依"倚重的一贯的关怀,另一方面更是关涉了他对于"吾皇"亲政的希冀。

1903年,《大公报》开始在论说中涉及立宪的话题。阴历六月二十六日,是光绪皇帝的生辰。每年的此日,《大公报》都会刊文以示祝贺。在1903年的祝辞中就已明确出现对立宪的呼吁,称:"盖政体之沿革,由君主而立宪,由立宪而民主,阶级秩然,莫能陵躐。我中国之政体不改良则已,欲改良,惟有立宪",借此,论者诚挚希冀"我皇上将来必可以立宪法,振国权,以救我国民四百兆生

---

① 《英敛之先生日记遗稿》,第1124页。
② 《〈大公报〉出版弁言》,《大公报》1902年6月18日。
③ 《论说·论归政之利》,《大公报》1902年6月23日。

灵之众,以奠我国家亿万年有道之长"①。在论者眼中,立宪的吁求不仅仅是"救国民""振国权"的手段,也蕴含着对"吾皇"光绪皇帝亲政、力展宏图的希冀。

皇帝亲政是英敛之一贯的企愿,光绪作为被《大公报》人所"构建"出的"名君"——"东方之大彼得"②,被认为如若亲政,"则实权在握,改革之事将不流于枝节,必有以救国家之危急者",而且,若光绪亲政,"外人之谋我中国者,或可一变其方针,不复敢藐视我中国"。因此,皇帝亲政与否,在英敛之看来"实于国家存亡有密切之关系"。在英敛之看来,光绪皇帝在戊戌变法时已"显露改立宪政之基",从而成为其心中主持"改立宪政"最恰当且合适的人选。加之"今之时局,较戊戌为尤危急",光绪以三十五岁之英年亲政,图宪政之成立,一方面可以延续其改革之夙愿、成就其改革之伟业;一方面立宪大业可以救国家之危亡、国家之悲苦③。

此两种事业的"达成",便成为高呼"皇上万岁"与"中国万岁"之祝辞背后,论者的心迹表白。皇帝个人意义中的"亲政"与"改革伟业",与国家意义中的"立宪"和"国族危亡"再次密切勾连,成为以英敛之为代表的《大公报》人提倡立宪最有力的心理动力。

五

(一) 英敛之的"逐渐"退出与《大公报》的道德救国转向

1912年,清帝退位。英敛之立宪的梦想破灭,心灰意冷再加上常年办报费心劳神导致身体不佳,于是名义上离开了《大公报》馆,离津回京,开始在香山静宜园隐居。居住在静宜园的日子里,英敛之自称"万松野人"——"万松"指香山一带松树极多;以"野人"自称,则是言自己是郊外之人。因有感于天主教内青年信徒文化水平较低,1913年,英敛之在香山静宜园设立了一所名为"辅仁社"的小型学校,专门招收各省教内青年以教之。

---

① 《论说·本日庆贺万寿之感情》,《大公报》1903年8月18日。
② 《论说·本日庆贺万寿之感情》,《大公报》1903年8月18日。
③ 《论说·今上皇帝万寿祝辞》,《大公报》1904年8月7日。

英敛之退出《大公报》一线工作之后,报务在樊子锦(无妄)和唐梦幻的主持之下,持续辉煌了一段时间。民国建立以后,《大公报》依然关心政治,相关言论达到二百一十篇。这些言论在内容上主要关涉国会、议员、党争、革命、迁都、南北政府之争等关乎国家存亡之问题。1913年之后,尽管关乎政治、经济的言论数量均迅速减少,但《大公报》的言论依然对于国家社会的诸多问题,提出自己的观点。我们可以看到《大公报》人对于民初乱象、平民政治虚伪、共和黑暗、革命风潮不断地予以指斥;我们也可以看到他们对于民国建设的诸多问题的评介与建议;同时,我们也因他们为吾国祈祷的虔诚深深感动。

1912年之后,《大公报》把很多的版面诉诸"道德建设":祈愿大总统"不再烦文琐语,敷衍视听",而是"本身作则,一秉大公;用人行政,一以道德为断"①。"一秉大公"是《大公报》人从创刊之初一直秉持的理念:办报发言,期以"大公";提倡教育,启迪民智,期以"大公";改立宪政,试图维新,期以"大公";而今提倡道德,以正人心,救危亡,依然期以"大公"。

在民国前期,《大公报》人的这种祈愿背后,是一种对民国政治无比的失望,以及深重的"无奈"感:"法律既不足以钳制人心,于是不得不提倡道德。"另一方面,这一时期的《大公报》宗教色彩渐重:从1915年下半年开始,报纸不惜版面连续刊载了一些天主教书籍——从1915年6月10日起重刊汤若望著的《主制群征》;11月25日起连续刊载《天学初函》中的《辩学遗牍》;12月4日起刊登英敛之本人所写的《万松野人言善录》;1916年1月27日起又刊登《大西利先生玛窦传》。此外,《大公报》论说从1913年即开始大量刊登"辅仁社课"的讲义。这些讲义基本上皆是对"教中先贤"们教义的阐发。

英敛之曾回忆道:"庚子后,仆与柴君敷霖创设《大公报》于津门,伊担任招股,仆担任撰著。……溯《大公报》创设之初,君誓捐产,我誓捐躯,彼境彼情忘怀不得;迨共和国成立,而后俗益日偷,人益日坏,此时此际瞑目为佳。"②此番回忆中,我们可以感受到英敛之对于创办历程之珍视,以及对于民国成立而后"俗益日偷,人益日坏"的憎恶。尽管对于自己于京西香山设立"辅仁社",英氏自谦为"抱残守缺,惟故纸堆中讨生活",但是其"评论教中先辈著述",阐明教义,亦是希望通过另一种方式"拯救风俗"。

---

① 《言论·论道德与共和真理》,《大公报》1912年9月24日。
② 英敛之:《联语》,《英敛之集》(下),第528页。

在英敛之看来,教者,固以化人为职志者也,这也是他尽管隐居香山,亦希望"尽区区之心,为泰山沧海之助者"的缘由。在立宪救国之志彻底破灭以后,他转以希望通过宗教教义感化人群,澄清道德,从而挽救国族。

因此可以说,英记《大公报》后期宗教色彩的加强,绝非单纯因为英敛之乃辅仁社的创办者,也绝非他欲借《大公报》大力宣传宗教思想,而是他及《大公报》人对于政治极度失望之后,救国思路的转变在报章表达上的反映。

至1916年,王郅隆收购《大公报》,"大公主人"英敛之正式退出这份报纸,专心从事教育与宗教研究。

(二)"辅仁社"的创立与宗教研究的开展

上文已提及,1913年英敛之创立"辅仁社"。"辅仁"者,取自《论语》里曾子"以文会友,以友辅仁"之意,期望通过"讲学以会友,则道德益明;取善以辅仁,则道德日进"。英敛之写信给国内各位主教,请派有志青年前来攻读,肄业期定为两年,学生可以随时入学,随时离开。当时首先赞成此举,派人来学习的是山东兖州韩宁镐主教、河南卫辉梅占魁主教、四川成都杜昂主教、重庆舒福隆主教以及河北一些教区。

辅仁社开办之初,英敛之坚持每日亲自为学生们讲授中文、历史、书法等功课。针对修士们对中国传统文化和学术知之甚少的现象,英敛之在辅仁社还准备了很多古今书籍,与学生们早晚研习讨论,并选定论题让学生们作文演说。然而后来因为种种阻碍,"辅仁社"未及进一步扩充便不得不停办了。民国初年,天主教学校仅有几所,还没有形成小学、中学、大学的三级教育体系,特别是北方地区,不但没有大学、中学,就是正式的小学也少之又少。英敛之与马相伯二人对此忧心忡忡,认为这对天主教的发展有百害而无一利。另一方面,针对教会中盛行的"读中国书无用"等怪论,英敛之也极力予以反驳。

1912年9月,英敛之与马相伯迫于天主教内人才缺乏、国学不振的状况,联名提议创办天主教大学,以广招教内、教外的学生,培养其日后成为社会精英,扩大天主教在社会上的正面影响。经过多次研究,1925年3月,本笃会"永租"清朝涛贝勒府旧址作为学校校址,8月又购置教学设备,使学校规模初具。辅仁大学首届招收学生二十三名,全都是由各地天主教会选送来的,主要学习课程为中国文学、历史、哲学,兼学英文、数学等。为保证教育质量,学校开始只办国学部专修科,仍旧沿用香山"辅仁社"之名,由英敛之担任社长(主任)。

从静宜园辅仁社的创办到辅仁大学的发轫,英敛之筚路蓝缕之功殊不可没。他曾发愿"造就一批青年天主教徒,他们应像中国其他任何阶级或集团那样有文化和有良好教养,他们的言行应为圣母之教增光,并为他们的祖国造福"。

在静宜园内,英敛之的另一项主要工作是潜心从事宗教研究。英敛之非天主教世家出身,领洗入教时已二十二岁,那时他对天主教教义教理尚无深入研究;针对时人对天主教进行攻击,作为信徒的英敛之积极撰文对反教言论一一加以驳斥,如他在李问渔神父主办的《益闻录》上相继发表了《辛卯冬夜读〈理窟〉辨诬章有感时事援笔为长句》《覆鉴翁先生辨学第一书》《覆鉴翁先生辨学第二书》《辩诬》《初使泰西记辨》等文。但是英敛之在这些文章中只是为天主教辩解,并没有对天主教教义作出解释,凡遇到友人向他问及此类问题时,他都会推荐一些相关书目,如《真道自证》《盛世刍荛》《主制群征》等,以供友人们阅读,可见其本人此时对教义的理解尚有限。

退隐香山之后,英敛之开始收集天主教内先贤们撰写的书籍并诵读揣摩。他主张以文字传播天主教教义,将自己对天主教教义教理的理解心得发表于《大公报》上,分为"根本的解决""道德的根源及信仰迷信之别""读书立志"等篇。经过数月的连载,1916年,天津《大公报》馆将这些文章结集出版,题为"万松野人言善录"。英敛之在书中旁征博引,除引述明末来华耶稣会士庞迪我的《七克》,论证修德改过的重要性外,还摘录了王安石、朱熹等人的言论,以期达到"激发天良、改恶迁善"的目的。《万松野人言善录》寓意深邃,一经印行便销售一空。

那时,北京、直隶等传教区均由遣使会掌管。在法国保教权的支持下,这些传教士常常居高临下,对中国信徒颐指气使。他们反对耶稣会士利玛窦、汤若望的主张,不仅不注重学术研究,而且不愿意学习中国语言文字。当时天主教北堂出版的法文杂志还有专门攻击利玛窦、汤若望的言论,因此英敛之和马相伯重新刊印了利玛窦的《辩学遗牍》和汤若望的《主制群征》,并给予这些论著以充分肯定和高度评价。不仅如此,他们还审校、刊印了与利玛窦同时代的艾儒略所作的《大西西泰利先生形迹》等书。他们此举意在反对法国保教权控制下的中国教会对教士、教民实行的愚民传教政策,并期望人们能够知晓明末利玛窦在中国成功开教的经验就是采用了文化适应的传教方法。

(三)不忘救助,大行慈善

尽管早年就开始习武,但英敛之的身体却并不是太好。正因为一生多病、出身贫寒，所以英敛之一直都对贫病之人特别关注。在主政《大公报》的同时，英敛之也在做慈善事业。他总是乐于为慈善事业贡献他的精力和才华。后来在隐居静宜园时他患上了糖尿病，常常手指拘挛，但每当发生洪涝灾害等需要救赈时，英敛之都会积极撰写对联进行拍卖，将所得钱款全部用于救助孤弱。1917年和1918年两年间，他曾写下多副对联、诗文，后于1920年拣选了一部分整理出版，题为"安蹇斋随笔"。1917年，顺直省区（即现在的河北、北京地区）发生大水灾，灾民苦不堪言。当时熊希龄奉命督办水灾善后事宜，见到各地方的灾民因为乏食的缘故，有的甚至将儿女遗弃或标卖，所以在北京设立了两所慈幼局，委托英敛之收养灾民的儿女。英敛之认为"事关慈善，不敢自逸"，不顾病体答应纯尽义务。两所慈幼局一所专收男孩，一所专收女孩，总共收了男女儿童差不多有千余人。水灾平息以后，这些儿童先后被他们的父母领回。可是到了后来还有二百多名儿童没有人认领，因此水灾督办处不得不设一个永久性的机关来教育这些儿童。幸得当时的总统徐世昌同前清皇室的内务府商量，将香山静宜园的地方拨出，建男女两座慈幼院。在英敛之等人的努力运作下，香山慈幼院得到许多资助，成绩斐然。

由于辛劳过度，加之早年痿痹病疾复发，英敛之于1926年病故。大体而言，静隐香山期间算得上是英敛之人生中相对安逸的一段时光。这一时期的英敛之仍然以一名虔诚的天主教徒身份时刻关心社会民生，并为天主教人才培养事业呕心沥血。他离世前曾亲笔手书并令人刻于香山顶峰四个大字"水流云在"——"水流心不竞，云在意俱迟"，供后人缅怀①。

六

综其一生，英敛之虽归信天主教且十分虔诚，但其思想仍深受传统文化影响，并以国家观念为根底。他以办报为中心，提倡立宪政体、社会改良、开民智、兴学校等社会主张，并躬身实行，参与主持天津的国民捐献事业，组织江北赈灾等。晚年虽称退，仍扶持成立了静宜女学并创立辅仁社等。天主教救世济民的思想与儒家文化中忧国忧民与救时匡世的意识，在他的身上相得益彰、融会

---

① 周萍萍：《英敛之与香山静宜园》，《中国宗教》2015年第1期，第50页。

贯通。

他自己晚年曾追忆道:"三十年间,自始至终,情境虽是屡有变迁,到底那一段关心社会、注重人群的念头,总是抛舍不去。"①正是在这样一份念头的牵引下,"兼济天下,缔造大公",不仅仅成就了他对于《大公报》和中国报业的卓越贡献,更是他"皇皇然,以求道",期以有益于"国是民依"的一生的忠实写照!

---

① 英敛之:《道德的根源及信仰迷信之别》,《英敛之集》(下),第20页。

传棒《大公报》：王郅隆*

在中国近代史上，王郅隆是一个十足的商人角色。纵观他的一生，所作所为都是围绕商业展开的。其实，他在中国新闻史上还是有其地位的：作为英记《大公报》的大股东之一、王记《大公报》的独资老板，在《大公报》历史上，王郅隆是一个绕不过去的人物。这一点很少有人注意到，即使注意到，也仅仅是负面的——因为结交军政要员、混迹安福俱乐部、入选安福国会议员，王郅隆被一棍子打死，王记《大公报》也被扣上"安福系机关报"的帽子而遭到否定。然而事实真是如此吗？

一、早年学徒工，起家粮木商

王郅隆（1863—1923），天津县阮家庄人。祖上曾为天津粮商，其父王鸣礼以撑船为业。王郅隆因在家中排行第三，故字祝三。他少时因家庭经济困难，与五弟王蕴隆远赴东北粮店做学徒，为外柜兜揽生意。后王郅隆做起粮、木商的"跑合"（业务员），由此积攒了点钱。离开东北回到唐山后，王郅隆开设了义发祥杂货铺，从事零售兼批发。随着资本逐步积累，他便扩展业务，创办元庆木行，经营木材生意。此时恰逢天主教徒柴天宠负责兴建天主教堂，他与柴熟识，揽到其中一笔生意，赚了不少钱，又开设荣庆号米庄。

此后，王郅隆将商业触角逐渐扩张到其他产业，其名下各色企业非常之多，除前述粮、木生意外，还兼营金融业、纺织业并一度担任金城银行总董——在华北地区，金城与中国、交通、盐业三大银行并驾齐驱。王郅隆从粮木商起家，一路发展，竟成长为天津的大财阀。

---

* 本文撰稿人：沈静，河北经贸大学文化与传播学院副教授。

二、投资《大公报》，支持英敛之

王郅隆操持粮木生意，经营木材是其主业，天主教徒柴天宠经营建筑材料，两人在共同承接建筑工程中日渐熟识。后柴天宠负责兴建天主教堂工程，王揽到分包木料的生意，大赚一笔，并由此结识了不少天主教朋友。因此，王郅隆对柴天宠信赖有加，当柴集资办报时，王第一个响应，慷慨出资襄助。

《大公报》创办初期遭遇颇多周折，主持人英敛之因不胜其烦，多次提出辞职，王郅隆和柴天宠一道，再三挽留，并从精神上、资金上鼎力支持：

1902年9月，英敛之因承受多方指责提出退出报馆的请求，王与柴一道极力劝阻。英敛之日记（1902年9月10日）记载称：王祝三来言，"顷与柴公商议，他股友有懈意，皆无关紧要，独我一人再出一二万金，亦甚愿也。"王郅隆表态慷慨，英敛之"闻之为之气壮"①。

1902年10月，法国方面派来麦尔甘到报馆，不干事白拿钱，要"出名"，且拟出一个蛮不讲理的合同。为此合同，英敛之与之多次商议而未达成协议，心中十分恼怒。王郅隆完全支持英的立场，并与柴天宠商议，派英敛之"去北京晤樊主教商议此事"②。最终使得法国领事馆"出名"的意图被挫败。

1903年3月，英敛之又因德人闹事精疲力竭而生退意，王与柴天宠又一次极力挽留。

1903年4月16日，王郅隆偕同王善卿邀请柴天宠到报馆中商讨"馆中章程"。在商量过程中，英敛之主张由王善卿"经理一切，生意共作若干股"③。王善卿为《大公报》早期股东之一，与王郅隆熟识，故推荐他协助英敛之打理报馆工作。可见，王郅隆不仅主动关心报馆工作，而且尤为关心报馆经营工作。

1903年12月，英敛之与柴天宠为"股票改易数字"事发生分歧，柴主张修改股票数字，英反对。众多股东都同意柴的意见，英敛之因此事招来"谤语"，流露"退意"。此时，王郅隆明确站在英一边，"大不以众为然"，不同意"股票改

---

① 方豪编录：《英敛之先生日记遗稿》，沈云龙主编：《近代中国史料丛刊续编》第三辑，文海出版社1974年版，第543页。
② 《英敛之先生日记遗稿》，第622页。
③ 《英敛之先生日记遗稿》，第635页。

易",并对英敛之表示:如果英氏离开报馆,自己"定将全股撤出"①。王郅隆以此坚决态度,最后迫使柴天宠等人改变意见。

1904年,英敛之发起创办女校,他认为办女校与办报纸同等重要,都是为了开启民智,虽困难重重,仍乐此不疲。王对办女校虽然没什么兴趣,但每当英找他,请他帮忙寻找校舍时,他总是爽快应承。据英敛之日记(1904年8月6日)记载:"得祝三函,言租房事。近九点,车至严朗轩先生,值外出。订明日午后,予去同看房。"②次日,"午后,车至严朗轩处,同其至祝三处少坐,寻祝三回,谈租房情由,乃偕严公看房,共二十余间,尚可用,价亦合宜"③。

1906年上半年,《大公报》馆几与法国领事闹翻。3月6日,法人传话逼迫《大公报》搬出法租界。英敛之、柴天宠随即与王郅隆"商定移居建房事"④。三人商定,借款五万元,租日租界内四面钟对过的地皮自建馆舍。这是王郅隆的长项,他主动承担建筑工程,并立马着手具体经办。4月9日,建造计划便已有眉目:"日西,王祝三略谈造房事。"⑤5月11日,出图纸:"午后……西田耕一来,同至建物公司,谈开工事讫出,自至祝三处,留字及房图归。"⑥5月14日,确定建筑公司,商量动土开工:"西田以建物会社契约来,少时祝三来,同至建物会社商定妥。"⑦至9月5日,房舍建好,《大公报》搬进新馆。事情进展如此之快,可见王郅隆办事效率之高,亦足见王郅隆对报馆事务之用心。

三、接办《大公报》,放权胡政之

柴天宠纠资创办《大公报》时,王郅隆是仅次于柴天宠的第二大股东,且在报馆几个关键时刻、关键问题上支持英敛之办报。英敛之认为王郅隆不仅有足够的资金支撑报馆的运行,而且对《大公报》报馆有深厚的感情,故而比较看好王郅隆。也正因此,当1916年8月英敛之决意退出《大公报》时,王得以顺利

---

① 《英敛之先生日记遗稿》,第742页。
② 《英敛之先生日记遗稿》,第863页。
③ 《英敛之先生日记遗稿》,第864页。
④ 《英敛之先生日记遗稿》,第1018页。
⑤ 《英敛之先生日记遗稿》,第1027页。
⑥ 《英敛之先生日记遗稿》,第1034页。
⑦ 《英敛之先生日记遗稿》,第1035页。

盘购《大公报》馆,成为《大公报》馆独资老板。

王郅隆作为十足的商人,他乐意接办《大公报》的一个重要原因,就是看准了商机:办报可以盈利。这一点他在投资入股《大公报》时已经尝到甜头,从英敛之经济状况的变化可窥见一斑:《大公报》创办之初,英敛之只是被柴天宠等人邀来主持办报事宜,其"薪水太菲,不敷用销"①,且没有股权,直到四个月后,柴天宠为挽留英敛之,才自己出钱为他代入五股。直到 1905 年 10 月 30 日,英敛之才开始自己拿钱买股权,"午后,正金兑洋,写予添入股票"②。后来,随着报馆事业的发展,英敛之的经济状况慢慢好转,渐成大股东,并有控股权,故最终王郅隆还要从英敛之手中购买《大公报》全部股权。英敛之经济状况的变化尚且如此,柴天宠、王郅隆等大老板们的收益之丰可想而知。当时开报馆,如果经营得好,是有丰厚经济效益的。王郅隆之所以鼎力支持英敛之办《大公报》,正是因为看到办报可以盈利。如果说十四年前王郅隆投资参办《大公报》有若干"投机"成分的话,十四年后,他买下全部股份独资经营《大公报》则完全是出于趋利的目的——一方面《大公报》已发展成为一份受广大民众欢迎的大报,另一方面天津乃至全国出现了有利于办报和文化事业发展的形势。王郅隆对时局的变化心知肚明。1912 年元旦,中华民国在南京成立,共和制替代延续了两千多年的封建帝制。这对于一心向往"君主立宪"的英敛之来说无比绝望,而王郅隆却从中看到了新的希望。

王郅隆接办《大公报》还缘于其对报纸舆论功能的清醒认知。1916 年 5 月,王郅隆曾与新闻界发生过一次摩擦。当时,中国银行、交通银行出现危机,暂停兑现。中央政府令各地筹设保市银行。天津当局发函指令王郅隆经办此事,说此事"维持国家,有利地方",王亦欣然照办。但是天津商会机关报《商报》却发表一篇时评,攻击王郅隆,指责他"以保市为掩护"谋私利。王十分生气,给天津商会写了一封语气强硬的信函:

> 准国务卿艳电,筹设保市银行,纯用商股,发行纸币,呼收现款,流通市面,活动金融,由贵会邀集绅商会同筹办等语。郅隆闻命之下,奔走经营,不遗余力,屡经会议,多表赞成,组织手续,粗有端倪……(其间,阻力重重)郅隆情关桑梓,谊不容辞……不意本(6)月5日,商报时评以保市为

---

① 《英敛之先生日记遗稿》,第 581 页。
② 《英敛之先生日记遗稿》,第 989 页。

掩饰之谋,以郅隆为万矢之的……惟商报乃贵会之机关,事之真相岂有不知,理之是非安能附和,且贵会赞成之举,该报出而反对,殊属不解。况肆口谩骂,损人名誉,尤为报律所不许。郅隆对于保市银行,无非为公益起见,可行可止。无端遭此横逆,未免不平。尚祈贵会彻底查究,该商报是否为人主使,严加取缔,以免淆乱而重名誉。幸甚幸甚。①

直隶巡按使朱家宝随即致函天津商会,对《商报》进行严肃批评,说《商报》攻击王郅隆筹设保市银行,是"居心叵测,显系有意破坏。值兹时事多艰,人心易惑,该商报不顾大局,信口雌黄,影响所及,为害匪浅",并"饬知商会,查明该商报对于保市银行何以妄加评论,损人名誉,抑系有人主使,彻底根究,严加取缔,以维公益而免阻扰等情"②。这件事使王更加认识到报纸的重要性:掌握和办好一份报纸不仅可以盈利,而且可以引导舆论,与经营商业相得益彰。所以,当英敛之欲将报纸股权全部转让与他时,王当然是求之不得。

王郅隆接手《大公报》后,自任总董,聘胡政之为经理兼总编辑,总办报馆事务,正式开启了"王郅隆-胡政之"管理模式。如果说1916年以前,王郅隆对《大公报》的贡献是他作为大股东鼎力支持英敛之办报,那么1916年以后,王郅隆对《大公报》的贡献则是他作为该报的独资老板,放心放手让胡政之办报,使《大公报》再度出现辉煌。

胡政之全面主持报务后,大力推行改革,把《大公报》推向了现代化的进程。张季鸾在《本报一万号纪念辞》中说:《大公报》"入民国后,英君渐老,社务中衰,民国六七年,曾经整理,营业再振,复因顿挫,至十四年冬而休刊。"③《大公报》能在"民国六七年,曾经整理,营业再振",既是胡政之"大丁"的结果,更是王郅隆"放手"、实施"王郅隆-胡政之"管理模式的结果。胡政之后来曾回忆说:"辛亥革命以后,英先生病了,报馆营业也就日渐退步。民国六年(应该是民国五年,即1916年——引者注)乃由旧股东王祝三先生全部接受,聘请我任经理兼总编辑,力加整顿,浸复旧观。"④胡政之在另一个地方说得更明白:"他(王郅隆)对我极尊重,到我们接办后,他从不加以干涉。但《大公报》

---

① 《王郅隆为筹设保市银行遭商报时评肆口谩骂致商会函》(1916年6月10日),天津市档案馆编:《北洋军阀天津档案史料选编》,天津古籍出版社1990年版,第308页。
② 《直隶巡按使朱家宝为商报时评毁谤王郅隆筹设保市银行事饬津商会》(1916年6月16日),天津市档案馆编:《北洋军阀天津档案史料选编》,第308页。
③ 张季鸾:《本报一万号纪念辞》,《大公报》1931年5月22日。
④ 胡政之:《回首一十七年》,《大公报》(沪版)1949年4月15日。

却不能说不多少受他一些影响。"①从这段话看,王郅隆不仅把《大公报》全权委托给胡政之,而且对胡政之"极尊重"、完全相信,对其工作"从不加以干涉"。仅凭这两点,无论是对于《大公报》还是对胡政之来说,王郅隆便都是厥功至伟——对于《大公报》来说,出现"经营再振";对于胡政之来说,有一个施展才华的平台,为今后成为中国"报业祭酒"②打下坚实基础。

四、结交政军界,忝列议员席

以往的研究者多将王郅隆定位为安福系要员、"财神",并将王郅隆时期的《大公报》说成是安福系机关报而予以全盘否定。然而其真实情况并非如此。

王郅隆十分清楚自己从事的商业需要倚靠政治势力,因此他不断通过各种方式结交军政要员,以保障其商业利益最大化。

王郅隆结交的第一个要员是倪嗣冲。1912年,王郅隆与当时仍在天津营务处的倪氏结识,两人由此结为挚友,在官、商两途齐头并进。1913年,倪嗣冲当上了安徽督军,次年即任命王郅隆为安武军后路局总办。王则利用这个职务,从财政部领出安武军军饷后,以军饷作为周转资金,大做投机生意,获利颇丰。因为有利可图,王郅隆于1917年6月甚至推脱一切杂务,专做安武军后路局转运事宜——是年6月12日,他在《大公报》上即为此刊登一则启事:"郅隆曩在京津经营商业,兼办理安武军后路局转运事宜。近以时事纠纷,丹帅(倪嗣冲)驻扎蚌埠,凡京津间遇有与各方面接洽事件,往往托郅隆转达。昨接丹帅庚电云,绍帅(张勋)到津时,一切问题自有正当解决,我军转运事烦请兄仍专办局事等语,此后,郅隆除专办安武军后路局事外,他事不再与闻。"③他的几家大企业,就是在这样的背景下发展起来的,王郅隆自然唯倪氏马首是瞻。

在结交倪嗣冲后,王郅隆又与安福系骨干徐树铮结交,曾为徐树铮挪用军饷一事解围,二人渐成好友,也为自己日后的生意铺了一条路。1919年6月,徐树铮就任西北筹边使,王郅隆经手为徐树铮借了百万款项,以供西北军一时之军饷。这既为徐解决了经费难题,王自己也从借款中获得了丰厚的利润。

---

① 《胡政之谈民元报业》,《人物杂志》第二年第11期,1947年11月15日。
② 方汉奇:《报业祭酒,论坛权威》,《群言》2002年第8期。
③ 《王祝三启事》,《大公报》1917年6月12日。

徐树铮还曾为王郅隆重新掌控长芦盐业的营运业务出力不少,而且徐树铮在王郅隆经营的产业中有诸多投资。

此外,王郅隆渐次与王揖唐、曾毓隽等皖系人物也建立起了联系。

1918年3月,在徐树铮、王揖唐的策划下,一个由皖系政客、官僚等结合而成的利益集团在宣武门内安福胡同宣告成立,名为安福俱乐部。安福俱乐部成立之初,下设干事部、评议会和政研会。评议会是真正有权力的部门,而王郅隆在干事部。1919年7月5日,安福俱乐部改选并改组干事部,设文牍、交际、会计、庶务四科,王郅隆为会计科干事。这里要说明的是,会计科仅是安福俱乐部的一个内部核算机关,既不能真正掌握财权,也毫无决策权。

1918年3月下旬,段祺瑞内阁"复活"后进行改组。这次改组中,财政总长人选共有梁士诒、张弧、王郅隆三人,后因保荐人倪嗣冲态度有所变化,以及其他原因,王郅隆"入阁无望"——他的出身和背景不可能使其拥有入阁的机会,当然,作为商人角色的王郅隆本也无心参政,心里惦记的只有商业利益。对于王郅隆而言,有时出于稳固自身商业利益的需要,不得不为政军界权力高层做些无伤利益的小事,如担任类似"疏通人"角色,疏通不成就退出了事,对他亦无害处,这一点在1919年11月初靳云鹏就任总理后的改组中就得到印证:当时王郅隆在内阁改组事件中充当军阀政要和安福议员之间的"疏通人"角色。一开始,王郅隆本不愿意掺和其中,后不得已应段、靳之请,才勉强答应。组阁事宜因为财长人选而一度搁浅,面对这等复杂冲突之事,王郅隆知难而退,一溜了之。

当时,安福俱乐部掌控并包办了新国会的选举,议员席位多数为安福系所得,因而有人将新国会称为"安福国会"。王郅隆也很自然地得到了一个参议院议员席位。当时国会候选人分为四类:第一类为有学识者,第二类为退职大总统等及勋位三等以上者,第三类为资本家,第四类为华侨。1918年6月11日公布的国会选举候选名单中,在第三部列有"王郅隆(直隶)"①。据媒体报道,在第三类投票时,"闻某方面所推出之当选人为梁士诒、陈邦燮、倪道烺、任凤苞等四人,某俱乐部所推出之当选人为唐理淮、王郅隆等二人,然此六人中必须有一人列入候补当选名额内(因该部名额仅五人),方不致发生阻滞云

---

① 《中央选举近讯》,《申报》1918年6月11日。

云"①。在 22 日公布的当选名单中,第三类中有王郅隆,而唐理淮则候补当选②。由此来看,王郅隆是以资本家、企业家的身份被安福俱乐部推荐,从而入选国会议员的。

1918 年 6 月初,"倪嗣冲已出洋一百万元,由王郅隆交王揖唐为包办选举费用,拥段为正,举彼为副,王为众议长"③,这是现有资料中有关王郅隆参与安福系包办国会选举相关活动的唯一记录,但是很显然,这纯粹是王郅隆在替倪嗣冲办事,而并不含有为自己政治升迁的任何动机。

在段祺瑞政府拒绝恢复《中华民国临时约法》和民元国会、破坏民主和共和的情况下,1917 年 8 月和 9 月,孙中山在广州先后成立"非常国会"和"护法军政府"。中国由此形成南北对峙的局面。面对全国掀起的护法斗争,段祺瑞坚持"武装统一",对西南各省进行"征讨",而代理大总统冯国璋则提出"和平统一"的口号,主张用和平方式解决西南问题。在北京政府内部矛盾冲突中,王郅隆再次担任军阀与政要的沟通中介人。从 1918 年 7 月中旬至 9 月下旬,王郅隆奔走于皖督倪嗣冲、援粤军总司令张怀芝、陆军总长段芝贵和总理段祺瑞之间,以缓和张怀芝、段芝贵之间的矛盾,实质上就是扮演了一个传话者的角色。

1918 年 10 月,徐世昌被安福国会选举为总统。他标榜偃武修文,下令对南方停战,并于次年 2 月召开南北议和会议。王郅隆曾经一度成为北方和谈代表人选,至 12 月 10 日,阁议正式决定代表为"朱启钤、吴鼎昌、方枢、汪有龄、施愚、徐佛苏、刘恩格、王克敏、李国珍,加入江绍杰,取消王郅隆"④。

在南北和谈中,王郅隆做的唯一一件与和谈相关的事,是针对和谈中的国会约法问题以及和谈代表的法律权限问题,参与北京新国会议员集体通电,称"国会根据约法,总统由斯选出,内阁由此通过,中外具瞻,国本所系,一有动摇,牵及全局",和谈代表"系受国务院委任,其权限不能出乎行政范围,国会系国家立法机关,断非行政委任人员所能议及,倘若越权擅议,则紊乱国宪,摇动国本,必有尸其责者,郅隆等为拥护法律、巩固国本计,特电声明,尚希照察,国

---

① 《中央选举会之怪象》,《申报》1918 年 6 月 24 日。
② 《中央选举近讯》,《申报》1918 年 6 月 25 日。
③ 《大选举竞争之一》,《申报》1918 年 6 月 8 日。
④ 《申报》1918 年 12 月 12 日。

会议员王郅隆等三百三十余人篠叩"①。

资料显示,王郅隆自从当选参议院议员后,所参与的国会政事很少,且基本都是与诸议员一起行事②,此外再无什么政治举动。作为参议员的王郅隆参与国会活动,仅仅是安于程式、随众附和而已。由此看来,1922年10月间,王郅隆在《大公报》《益世报》数次登载的启事言及"民国七年,以商界上之资望,被选为参议员,原非本愿,经辞不获,故虽滥竽充数,仅于要案出席数次,随同书喏,仍然肆力工商,未尝干预政事",这应当并非王郅隆完全为自己辩解,乃确有几分真实。

1920年7月,直皖战争中皖系失败,王被指为"安福十大祸首"之一,遭吴佩孚通缉。1922年10月4日,王郅隆在《大公报》上刊登"启事",对于"祸首"一说进行解释道:"直皖之役,不幸竟因误会,致被株连,恐惧以来,已逾两载,虽法律检查无据,而误会迄未谅解。"又称自己近来"年老多病,精力日衰,近更加剧,几废食眠,迫不得已,乘机离京择地就医,静待昭雪,誓不再闻世事,亲友中如有枉顾者,恕不接待,承惠函件,亦不作复,谨此声明,诸乞鉴原是幸"③。

由此可见,王郅隆结交军政要员,主要是为他经商寻找依靠;他自己也确为安福俱乐部成员,并参加了其中的一些活动,但非"要人"、非"财神";至于"祸首"之说,一则仅为派系斗争的"说词",二则是"因误会,致被株连"。况且,王郅隆购买《大公报》并非安福系授意,对于王记《大公报》,安福系既没一人插手,也无一文资助。所以,《大公报》是安福系机关报之说亦纯系子虚乌有。

五、株连成祸首,客死于他乡

"静待昭雪"的王郅隆于1923年春经青岛逃到日本。然而当年9月1日,时逢关东大地震,王郅隆遇难身亡,死于横滨。

王郅隆从一个粮店学徒到成为天津举足轻重的新财阀,直至生命的最后

---

① 《申报》1919年4月20日。
② 1918年8月30日,王郅隆等议员拟请修正本院议事细则及委员会规则案;1918年10月3日,参议院各股常任会业已组织,财政股委员十五人,列名有王郅隆;1919年4月20日,对于南北和议涉及之国会问题,王郅隆等国会议员三百三十余人联合通电,要求维护国会和国法。
③ 《王郅隆启事》,《大公报》1922年10月4日。

一刻,他心里盘算的仍是生意:1923年春,王郅隆逃避通缉到日本,还在盘算如何东山再起,先向日本大仓商行洽谈借款三百万元,又向日本其他大财团商谈借款事宜。据说已谈得差不多,没料到是年9月1日当地突发大地震,王郅隆身遭不测。时人也因此评价他"嗜货如命,凡可猎财者,无所不为"①。

"昭雪"未等到,最后却客死他乡。不过王郅隆人缘极好,不仅遗体得以运回天津,甚至还开了追悼会,并收到花圈和挽联甚多。1924年9月1日,王郅隆罹难一周年,天津裕元纺织公司不仅举行公祭,还在公司内为之修建了一座纪念碑。公祭仪式上,公司事务长发表演说,称王为"一代之伟人,其事业勋名自当载之史册,流芳千古"②。

---

① 鸿隐生:《安福秘史》,上海宏文图书馆1920年版,第99页。
② 《裕元公司公祭故总理》,《大公报》1924年9月2日。

新记社长：吴鼎昌*

吴鼎昌，生于1884年，字达诠，别号前溪。祖籍浙江吴兴，因先人入川落户四川华阳，故出生于四川华阳（另一说生于绥定府达县）。清末进士，晚清官员。民国时期著名金融家、企业家、官员。新记《大公报》投资人、社长。曾任南京国民政府实业部部长、贵州省政府主席等职，是新政学系代表人物之一。

吴鼎昌早年曾就读于成都尊经书院，少年时中秀才。1903年考取四川官费留学日本，先入成城学校普通科，后考入东京高等商业学校①。吴虽然学习经济，却对政治活动抱有浓厚兴趣，1905年，吴鼎昌在日本参加了同盟会成立大会，任本部评议员，后经孙中山劝说而退出同盟会，专心从事经济理论学习。据吴自述，孙中山先生认为从事金融贸易的人，最好不要隶籍党派，以免国家的金融商务受政局变动的影响，故而退出②。

1910年6月，吴鼎昌由日本回国后参加"廷试"，被授予商科进士，在北京法政学堂担任教习③。1911年春，又被清政府授予翰林院检讨一职④。但吴鼎昌不满足于翰林院闲职，托其族伯父山西藩台吴匡涛将其引荐给东三省总督锡良，任总督署度支、交涉两司顾问，后被委任为本溪湖矿务局总办。1911年8月，吴改投大清银行监督叶景葵门下，先后出任大清银行总行总务科长、大清银行江西省分行监督。民国成立后，吴鼎昌又与当时的总统府秘书长梁士诒搭上关系，被任命为天津造币厂厂长，并在三十岁左右就陆续担任中国银行首任总裁、北洋政府的农商和财政部次长等职。正如沈云龙先生所言："其时他

---

* 本文撰稿人：林绪武，北京大学马克思主义学院教授。本文为2020年度浙江文化研究工程（第二期）重大课题"近代杭嘉湖名商年谱"之"吴鼎昌年谱"（项目号：20WH60070ZD-1Z）的阶段成果。
① 沈云龙：《清末民初的吴达诠先生》，《传记文学》1979年第34卷第3期，第31页。
② 徐铸成：《报人张季鸾先生传》，生活·读书·新知三联书店1986年版，第38页。
③ 何长凤：《吴鼎昌与贵州》，贵州人民出版社2010年版，第3页。
④ 房兆楹、杜联喆合编：《增校清朝进士题名碑录附引得》，引得特刊第19号，哈佛燕京学社引得编纂处1941年版，第243页。

尚未逾而立之年,确如今之所谓'青年才俊'名实相符,决非一般纯盗虚声被视为讽刺名词徒为谈笑之资者可比。"①

1917年,吴鼎昌担任盐业银行总经理,1918年又担任段祺瑞政府财政次长,成为安福系外围成员。1920年安福系垮台,吴鼎昌被免去财政次长一职,此后退出政坛数年,深耕金融界。他掌控盐业银行,发动盐业、金城、中南、大陆四家银行联合组织成立"四行联合准备库",成立四行联合营业事务所,出任主任一职,并在此基础上发起组织成立四行联合储蓄会,以拓展储蓄业务。1926年,吴鼎昌与胡政之、张季鸾续刊《大公报》,使该报逐渐成为全国一流的新闻报纸和舆论中心。1935年吴鼎昌再入仕途,先后出任国民政府实业部部长、贵州省政府主席、国民政府文官长、总统府秘书长等职,成为新政学系的重要成员、国民党中枢重量级人物。

从大清到民国,吴鼎昌"脚踏两只船,政坛商场两不误",在民国时期的政界、金融界和新闻界名声显赫一时②。

一、问鼎金融界

(一)总理中国银行

吴鼎昌的金融生涯,最初可追溯到清末在大清银行任职的经历。1911年8月,吴鼎昌被大清银行总监叶景葵延揽任总行总务科长,很快又转任大清银行江西分行总办③,开始其金融生涯。辛亥革命后,原大清银行副监督陈锦涛就职南京临时政府财政总长,成立大清银行清理处,拟将原大清银行改组为中国银行,作为南京临时政府中央银行。吴鼎昌被委任为改组成立的中国银行总理,从而有机会参加大清银行清理工作,负责中国银行筹备之事。他就任后重新改组中国银行,最终决定将商股改为定期存款,分年摊还④。此外,吴鼎昌

---

① 沈云龙:《清末民初的吴达诠先生》,《传记文学》1979年第34卷第3期,第31页。
② 何明:《国民党四十三位战犯的最后结局》(上),中共党史出版社2008年版,第333页。
③ 中国社会科学院近代史研究所中华民国史研究室编:《中华民国史资料丛稿(人物传记)》第5辑,中华书局1978年版,第50页。
④ 张公权:《回忆吴达诠先生》,《传记文学》1979年第34卷第5期,第92页。

还制定了中国银行则例,成立了中国银行总行①,发行了中行第一批纸币及兑换券。

袁世凯上台后,总统府秘书长梁士诒向袁举荐吴鼎昌参加熊希龄组织的"人才内阁",因袁对吴印象不佳,故吴没有得到重用,但碍于梁的举荐,吴被财长熊希龄委派兼任中行筹备处主任。然而因中国银行要为袁筹措军饷的缘故,吴与深得袁信任的新任财长周学熙产生矛盾,恰逢唐绍仪内阁垮台,吴亦随之辞职。

虽在政坛遭遇挫折,但吴鼎昌的能力得到了交通系特别是梁士诒的青睐②。二次革命失败后,在梁的帮助下,1913年11月吴鼎昌到天津造币总厂"接充厂长";1914年1月又奉大总统令"为造币总厂监督"③;1915年1月以造币总厂监督身份进入币制委员会④。当时旧银元在市面上通行的种类复杂、成色不同,但造币总厂在吴鼎昌的管理之下,银元成色基本统一,"对后来币制统一有很大的帮助"⑤。袁世凯称帝未果病逝后,黎元洪继任总统,吴鼎昌又起而追随黎元洪,于1916年6月就任中国银行总裁,10月,黎元洪授予吴鼎昌二等嘉禾章⑥。至1918年吴任财政次长,兼任天津造币厂厂长,吴两度出任造币厂厂长共七八年之久⑦。

(二)设立金城银行

1917年正值第一次世界大战进行之中,外商银行和企业因战争关系,无暇在中国经营,国内民族工商业呈勃兴之势,平津一带一方面集中了不少游资,在寻找投资机会,一方面不少新兴产业迫切需要金融机构给予资金的融通和周转⑧。在此情况下,当年4月,吴鼎昌和胡笔江、周作民、王郅隆、倪幼丹、任凤苞、郭善堂等人经过筹划,决定集资建立金城银行股份有限公司,专营商业

---

① 中国银行行史编辑委员会编著:《中国银行行史(1912—1949)》,中国金融出版社1995年版,第23—24页。
② 王鹏:《吴鼎昌其人其事》,《百年潮》2001年第9期。
③ 《造币总厂沿革记》,《币制汇编》第2册,孙燕京、张研主编:《民国史料丛刊续编 经济·金融》第505册,大象出版社2012年影印版,第473页。
④ 中国人民银行总行参事室编:《中华民国货币史资料(1912—1927)》第1辑,上海人民出版社1986年版,第103页。
⑤ 张公权:《回忆吴达诠先生》,《传记文学》1979年第34卷第5期,第93页。
⑥ 《命令补登》,《大公报》1916年10月13日。
⑦ 王芸生、曹谷冰:《1926至1949的旧大公报》,《文史资料选集》第25辑,中华书局1962年版,第7页。
⑧ 徐矛等编:《中国十银行家》,上海人民出版社1997年版,第230页。

银行各项业务。5月15日,位于天津租界的第一家华资商业银行金城银行开业,吴鼎昌作为发起人,在十四户股东中名列第五,并被推为董事。此后,吴鼎昌长期担任该行董事、监察人等职①。而在该行五十万元创办资本中,属于皖系军阀及官僚的占比达90.4%②,这进一步加深了吴鼎昌与皖系的政治联系。

（三）掌控盐业银行

1916年黎元洪继任大总统后,段祺瑞组阁,任命其亲信徐树铮为秘书长,吴"利用与徐树铮的关系接近段祺瑞"③,被段擢为国务院参议。适逢段祺瑞惩办支持袁世凯复辟的财政支持者、盐业银行董事长张镇芳,吴鼎昌被段祺瑞指定负责检查盐业银行账目,由此获得踏足盐业银行的机会。7月,盐业银行改选,吴鼎昌被股东推选为总经理。

吴之所以能够出任盐业银行总经理一职,不仅仅是背后段祺瑞的支持,也是盐业银行经营的客观需要:在改选之前,盐业银行北京分行经理岳荣堃与副经理朱邦献已联名向行内重要人物张作涛、刘炳炎、王仁治推荐吴鼎昌,因张镇芳被捕后盐业银行所面临的形势极为严峻,而吴鼎昌"于金融界既素有信用,而对于段内阁、梁财政等处有关系。如果举为临时总理,诚足能于惊涛骇浪中支持危局"。股东们出于盐业银行"维持现状""日后进行"以及"保护股东血本"考虑,唯有推选吴鼎昌④;而且吴在盐业银行没有股份,看起来容易掌控。可以说,吴鼎昌出任总经理是盐业银行内部主要人物基于自身生存和发展需要反复衡量后做出的最终选择。

吴鼎昌就任后,在他的用心经营之下,盐业银行当年在"营业困难较之四、五年尤甚"的情况下,年终结账共获纯利48.9万元。在此之前,盐业银行的纯利1915年为6.7万元,1916年为26.7万元⑤。可见,盐业银行非但没有受到北京国民政府政局变动的影响,反倒获得了净利润的高速增长。行业媒体也盛

---

① 中国人民银行上海市分行金融研究室编:《金城银行史料》,上海人民出版社1983年版,第54、55页。
② 杜恂诚:《中国金融通史》第3卷（北洋政府时期）,中国金融出版社2002年版,第154页。
③ 李宜春:《新政学系述论》,社会科学文献出版社2015年版,第59页。徐树铮（1880—1925）,字又铮,江苏萧县（现属安徽）人。徐春友主编:《民国人物大辞典》,河北人民出版社1991年版,第724页。
④ 岳荣堃、徐邦献:《岳荣堃等关于推举吴鼎昌为总理事宜致松泉等人函》（1917年7月）,黑广菊、曹健主编:《盐业银行档案史料选编》,天津人民出版社2012年版,第90页。
⑤ 吴鼎昌:《盐业银行民国六年度营业结算报告书（第三期）》（1918年1月30日）,黑广菊、曹健主编:《盐业银行档案史料选编》,第118、119页。

赞吴鼎昌对盐业银行的成功经营："去岁自吴达诠氏总理该行后,因经理得人,营业为之益振","观其获利之优厚,已可知营业之发达矣"①。吴鼎昌对此却十分谦逊地表示自己"视事未久,无劳可述,乃外承各方面之指导,内恃各同人之尽力"②,将功劳归于行内行外各方的共同努力。

盐业银行各大股东最初的设想是让吴鼎昌临时担任总经理一职,待1918年召开股东大会时另选他人。没想到吴鼎昌入主盐业银行后非但没有排除异己,反而经营有道、成绩斐然,赢得普遍认可。1918年2月20日下午二时,盐业银行股东总会在北京甘石桥吴宅召开③,吴鼎昌顺理成章地被正式推选为总经理。

此次股东大会筹备期间,吴鼎昌提出续收股本(盐业银行1915年成立时定额500万元,但实收股本只有150万),以保证银行经营的稳定性。暗里,吴鼎昌也希望借此机会能够认筹股权以真正掌握盐业银行。但由于股东大会制定了"行员分配"的规则且诸位股东续交股本极为踊跃④,故直至股本收齐,吴也未能直接持有盐业银行的股票而踏入董事的行列⑤。

1921年初,交通系与由二十七家银行组成的银行团签订车辆借款合同,吴鼎昌掌握的盐业银行不在其中。对此媒体曾怀疑是因为"政府对于借款用途常言行不符,故其合同上之纸上空文一般,人颇不置信"⑥。鉴于吴鼎昌与梁士诒等交通系人物有着极为密切的关系,甚至事实上吴也是此次借款的重要促成者,却将盐业银行置于事外,其原因大体应在于"无利可图",吴对盐业银行可谓十分关照。

1921年直皖战争后,张作霖进京,张镇芳嗣子张伯驹利用与张作霖的关系想趁机夺回盐业银行的控制权。此事在岳荣堃、朱邦献的斡旋下,最终以推举张镇芳为盐业银行董事长结束。由于盐业银行组织架构属于"经理制"而非"董事制","董事会只处于立法的地位"⑦,实权仍然掌握在总经理吴鼎昌手中。

1921年,张伯驹的风波不但没有削弱吴鼎昌对盐业银行的控制,反而使股东们更加清醒地认识到吴对于该行发展的重要性。不久,在1922年底发起的

---

① 《上海盐业银行最近营业概况》,《银行周报》1918年第2卷第41期。
② 吴鼎昌:《盐业银行民国六年度营业结算报告书(第三期)》(1918年1月30日),黑广菊、曹健主编:《盐业银行档案史料选编》,第119页。
③ 《盐业银行定期开股东总会广告》,《大公报》1918年2月20日。
④ 吴鼎昌:《盐业银行民国七年度营业结算报告书(第四期)》(1919年1月),黑广菊、曹健主编:《盐业银行档案史料选编》,第121页。
⑤ 《银行年鉴(1921—1922)》,银行周报社1922年版,第11页。
⑥ 《两项借款进行状况》,《大公报》1921年1月19日。
⑦ 王峰:《盐业银行概况研究(1915—1937)》,河北师范大学2006年硕士学位论文,第31—32页。

新一轮股本扩充中,吴鼎昌以吴达诠、达记、延记、近思堂、读书斋等股票记名直接持有盐业银行股票2156股,其直系亲属持有1820股。此外,吴鼎昌通过其持股的金城银行等机构及一致行动人间接持有该行大量股份,实际上已取得大股东地位。与之相比,岳荣堃作为盐业银行的创始股东并一直担任北京分行经理职务,其家族同期不过共计持有2200股股票①。至此,吴鼎昌实际上已完成了从经营到持股,实现了对盐业银行的全面掌控。到1933年张镇芳去世后,吴开始担任盐业银行董事长职务。

吴鼎昌对盐业银行的发展有着清晰而长远的规划,并坚定地贯彻实施。一方面,他在扩张股本的过程中,借助政局变动,将北京民国政府盐运署十万元股本全部转入私人手中,使盐业银行由官商合办的专业性银行改造为商业银行②。另一方面,他调整和拓展了盐业银行分支机构布局,从京、津、沪、汉四处,拓展至1922年北京、天津、上海、汉口、南京、扬州、杭州、信阳、周家口、香港等地,并在"其余省会商埠均有通汇机关"③。至1924年,济南、郑县、驻马店、沙市、漯湾河等地也已设立分行④。

此外,吴鼎昌在银行的多元化经营方面也颇有建树,通过外汇与黄金投资套利更是体现出吴的远见卓识:吴很早就意识到会出现"金贵银贱"的现象,自1927年起,便加大外汇、黄金的投资比重,从1929年底开始至1937年持续的"金贵银贱"风潮,证实了吴的判断,使盐业银行获益颇丰⑤。吴积极支持长芦盐场、陇海铁路、北京电灯公司和自来水公司等企业融资,为中国近代铁路和公共事业发展提供了诸多便利。纺织业、面粉业、航运业、煤炭业等行业中的诸多企业在发展过程中也得到了盐业银行的融资支持⑥。这也为吴鼎昌在实业界赢得了声誉,张伯驹甚至评价其"俨然执了北方经济实业的牛耳"⑦。在参

---

① 《盐业银行股东名册》(1945年10月15日),黑广菊、曹健主编:《盐业银行档案史料选编》,第22—37页。亲属、家族持股数量依据该表中姓氏及登记住所综合判定。自1917年金城银行创办起,吴鼎昌长期担任董事、监察人等职,该行总经理、股东周作民、倪幼丹等人均在1923年盐业银行扩充股本中取得股份,应视为吴鼎昌的一致行动人。参见杜恂诚:《中国金融通史》第3卷(北洋政府时期),第5、7、8、19、154页。
② 张伯驹:《盐业银行与北洋政府和国民党政权》,《天津文史资料选辑》第13辑,天津人民出版社1981年版,第80、81页。
③ 《盐业银行广告》,《银行年鉴(1921—1922)》,银行周报社1922年版,广告页。
④ 《盐业银行广告》,《申报》1924年1月6日。
⑤ 田兴荣:《北四行联营研究(1921—1952)》,复旦大学2008年博士学位论文,第98、99、101页。
⑥ 黑广菊、曹健主编:《盐业银行档案史料选编》,第389—395、400、414、424页。
⑦ 张伯驹:《盐业银行与北洋政府和国民党政权》,《天津文史资料选辑》第13辑,第81页。

与政府借贷方面,盐业银行并不仅仅考虑政治影响,而是把经济收益也作为重要的衡量指标,考虑到吴与政府重要人物之间的良好关系,这一点极为难得,体现了吴审慎经营的态度。

在吴鼎昌的稳健经营下,盐业银行的业务蒸蒸日上,毛利润、净利润与存款总数等重要指标节节攀升,夯实了盐业银行发展的基础。盐业银行的股本注册金额与实收金额在1923年前后是"全国商业银行之冠",存款总额在1927年之前也在商业银行中一直名列前茅①。

吴鼎昌出于对国内局势稳定和商业的活跃程度与盐业银行发展的考虑,1928年,将总行由北京迁至天津,1934年又迁至上海②。正是吴的经营有方,给盐业银行带来了连续快速增长的"黄金时期",奠定了盐业银行在中国近现代金融史上的重要地位。尽管北京国民政府首脑更迭,吴鼎昌亦有起伏,但他始终掌控盐业银行的大权,直至1937年辞去盐业银行总经理的职务。

(四) 从四行联营到四行联合储蓄会

1921年初,吴鼎昌赴欧美考察银行制度。归国后,鉴于外国银行"资本既厚,团体亦坚,每可调剂金融、辅助实业",然而"我国银行界各自为谋,不相联合,实难与敌"的现实,欲借鉴欧美资本主义国家的银行经营模式,与深具皖系背景的金城银行总经理周作民、中南银行总经理胡笔江商议实行三家银行联合经营③。11月16日,盐业、金城、中南三行联合召开会议,制定了《三行联合营业规约》和《三行联营事务所简章》,随后直系控制的大陆银行加入,实行四行联营④。1922年7月11日,四行代表在北京召开第一次联合营业会议,成立四行代表会,公推吴鼎昌为四行联合营业事务所主任⑤。9月,又设立四行准备库,办理中南银行钞票发行准备及兑现一切事务,总稽核处总稽核长兼特设主任由吴鼎昌担任,直至准备库结束。1922年底,吴鼎昌又推动成立四行联合储蓄会,既扩大"北四行"的社会影响力,又借此吸收社会资金以壮大四行实力。1923年3月,四行储蓄会获国民政府财政部批准成立,吴鼎昌被推举为主

---

① 刘鸿儒主编:《经济大辞典·金融卷》,上海辞书出版社1987年版,第174页。
② 《盐业银行组织沿革书》,黑广菊、曹建主编:《盐业银行档案史料选编》,第117页。
③ 《盐业、金城、中南三行联合营业规约签订议事录》,上海市档案馆藏,档号:Q277-1-135。
④ 《盐业银行档案:"盐业、中南、金城三银行会议记录"》(1921年11月16日),中国人民银行上海市分行金融研究室编:《金城银行史料》,第82—84、86页。
⑤ 《四行联合营业缘起》,上海市档案馆藏,档号:Q267-1-14。

任,总理储蓄会一切事务。

在吴鼎昌的领导下,"北四行"的业务蒸蒸日上,四行储蓄会总存款从1923年的118.84万元上升到1927年的2 346.69万元,增长近20倍,总利润从6万余元上升到85.54万元,增长13.5倍,成为当时国内最具实力的商业银行[①]。而四行准备库保证了中南银行的钞票十分顺利地在社会上流通起来,风行全国。到1935年,南京国民政府统一全国币制时,四行准备库的印钞额达到1.03亿,其中流通额7 228.24万元[②],在这一年全国重要银行发钞总额中占12.28%,成为仅次于中央银行、中国银行的最大金融发钞机构[③]。

也正是在吴鼎昌领导"北四行"期间,他所组织的四行储蓄会在上海静安寺路(今南京西路)共同投资兴建了八十多米高的摩天大楼——上海国际饭店,实现了自己办大饭店的夙愿。1934年大楼竣工,是当时亚洲最高的建筑物,被誉为"远东第一高楼"。上海国际饭店开业后,很快成为军政要员、社会名流出入的高级场所。

吴鼎昌凭借着天津造币总厂监督、盐业银行总经理、四行储蓄会主任及金城银行董事等多重身份,奠定了自己在金融界的地位,这成为其早期从事政治活动乃至后来入阁南京国民政府的重要资本。而吴领导的"北四行"联营则成为中国银行业合作的典范。

二、出入政界

(一) 入局皖系

吴鼎昌担任天津造币厂厂长期间,凭借铸造"袁大头"银币和袁僭称"洪宪皇帝"的金币,受到袁的看重,于1916年被任命为工商部次长[④]。黎元洪继袁

[①] 中国银行总管理处经济研究室编:《中国重要银行最近十年营业概况研究》,新业印书馆1933年版,第315、326页。
[②] 《中南银行总管理处致金城银行总经理处函》(1935年11月25日),上海市档案馆藏,档号:Q265-1-439。
[③] 杨天亮:《北四行联营制度的变迁——从北四行联合营业事务所到联合商业储蓄信托银行》,复旦大学中国金融史研究中心编:《中国金融制度变迁研究》,复旦大学出版社2008年版,第149页。
[④] 齐协民:《我所知道的吴鼎昌》,《天津文史资料选辑》第44辑,天津人民出版社1988年版,第144页。

为大总统后,段祺瑞初次组阁,任命其亲信徐树铮为秘书长,擢吴鼎昌为国务院参议。

1917年7月3日,吴鼎昌以顾问的身份参加段祺瑞组织的讨逆军总司令部①。同年冬,以评议会和政务研究会为决策机构的安福俱乐部成立,吴鼎昌成为其院外评议员②。1918年,段祺瑞第三次组阁,吴鼎昌受到安福俱乐部首领之一——徐树铮的力荐,出任财政部次长③,并同时继续兼任天津造币厂厂长。正是在与徐树铮越来越密切的交往中,吴鼎昌得以越来越多地参与皖系事务,在皖系的地位也越来越稳固、越来越重要。

(二)参加南北和议

1918年底,就任民国北京政府总统的徐世昌为巩固自身地位,主张南北停战举行和议。在英美等国的支持下,经与广州军政府协商,南北双方着手准备和议。北方选派代表时,由于徐世昌确定的总代表人选朱启钤并非皖系、安福系之交好,其他代表人选就成为安福系安插亲信的重要目标。最终,十人规模的代表团中皖系及其依附者(安福系和研究系)共占了七人。吴鼎昌因获得安福系的支持,凭借着与徐世昌的关系,被推选为1919年南北和议的北方代表。南北和议过程中,北方总代表名义上为朱启钤,但吴才是实际的"总指挥"④,谈判过程几乎均在吴的掌控之中⑤。

南北和议自筹备开始,吴鼎昌就表现出其高超的舆论利用能力。在舆论纷纷指责北方拒绝停战,缺乏和议诚意时,吴鼎昌借记者招待会这一场合,以南方代表未定、和议地点不明等为由将破坏和议的责任转嫁给南方,并在和议开始前多次与朱启钤商议营造舆论的问题,如派发记者补助,并提醒朱与上海东方通讯社接洽,搞好关系,为北方争取积极的舆论支持。和谈期间,吴鼎昌多次返京面见徐世昌、段祺瑞等,与北方府、院、皖系等诸多重要人士深入接触、多方周旋,甚至曾经一度在北方内部争取到军事上的让步。可惜军事问题最终因涉及皖系根本利益,随着时局的变化,这一让步并未兑现。但吴鼎昌与

---

① 《段总理返津后之种种》,《大公报》1917年7月7日。
② 刘景泉:《北京民国政府议会政治研究》,天津教育出版社2006年版,第501页。
③ 沈云龙:《清末民初的吴达诠先生》,《传记文学》1979年第34卷第3期,第33页。
④ 朱启钤:《关于南北和议事复叶遐庵》,杜春和等编:《北洋军阀史料选辑》(下),中国社会科学出版社1981年版,第27页。
⑤ 贾德威、刘会军:《安福国会与1919年南北议和》,《民国档案》2014年第3期。

朱启钤合谋拖延时间,实现了由北京政府提取海关关余且不影响和议进程的目的,使西南方面要求分配关余的愿望落空,让皖系、徐世昌等北方派系感到满意。

南北和议持续近三个月,双方见面商谈八次。和议之初,在皖系重要人物均不反对和议的情况下,吴鼎昌遂积极促和,为避免和议双方矛盾激化做出了相当的努力。但中期在国会问题上,吴经多方协商争取提出的解决方案,引起了安福系的强烈不满,致使南北和议陷入僵局。受安福系态度的影响,吴鼎昌对南方的态度也经历了由寻求妥协未果向渐趋强硬的转变,最终在徐树铮的干预与安福系的破坏之下,吴鼎昌选择放弃和议,南北和议无果而终。

南北和议期间,吴鼎昌多次返京奔走于北京国民政府各方势力之间,令南北就有关问题达成了一定程度的妥协。最终因多方意见不可调和导致和议宣告破裂。

这一时期国内的资产阶级自由派的重要目标就是谋求国家统一与安定,以利于民族资本主义的发展。吴鼎昌作为具有留学背景的技术官僚,这一时期正是其向资产阶级自由派阵营转变的阶段,这是他努力推动和议、争取南北双方妥协的潜在原因,也是他与争权夺利的安福系的根本不同之处。吴鼎昌对于1919年南北和议的态度,是其一贯所持"调和"主张的一次具体实践。也正是因为秉持这一主张,皖系瓦解后,吴鼎昌进入新政学系并最终入阁南京国民政府①。

1920年7月,直皖战争爆发,段祺瑞失败下野,徐树铮等被通缉,吴鼎昌也被免掉财政部次长一职,从此退出政坛,专任盐业银行总经理。

三、兼职报人

（一）新记《大公报》续刊

《大公报》创刊于1902年的天津,最初由英敛之主办,1916年9月转给王郅隆。王曾聘请胡政之担任该报经理兼总编辑。直皖战争后,胡政之于1920年8月主动请辞,与此同时,王郅隆也因被列为"战犯"遭通缉而逃亡日本,从

---

① 林绪武、王辛刚:《吴鼎昌与一九一九年南北和议》,《历史研究》2018年第3期。

此不再过问该报业务,转由其子王景杭经营。王景杭经营不善,又恰逢1925年冬冯玉祥与奉系李景林武力争夺天津而影响报纸出版发行,最终导致《大公报》在11月停刊①。

早在1924年,吴鼎昌就找到昔日留学老友张季鸾、胡政之二人,提议办新闻机构②,提出办一张日报、一份周刊,并办一家通讯社。但因张季鸾所在的《中华新报》倒闭,其人亦北上出任陇海铁路会办,此议暂时搁置。同是这一年,胡政之主持的国闻通信社与《国闻周报》陷入困境,胡寻求吴鼎昌帮助,吴慷慨解囊,每月出资300—400元补贴《国闻周报》,并使用"前溪"的笔名在此刊不定期发表经济方面的评论文章,逐渐有了"经济专家"的名气。但《国闻周报》发行量每周不过几千份,影响力实在有限③。

1925年11月底,《大公报》停刊。这一年,胡政之邀请张季鸾主持《国闻周报》,张没有答应。1926年,因中原战事吃紧,张季鸾失去陇海铁路会办之职,蛰居天津。

关于吴鼎昌、张季鸾、胡政之三人再次合议办报的起因,有两种说法。一说出自方汉奇等所著《〈大公报〉百年史》,称蛰居天津的张季鸾与经营《国闻周报》的胡政之二人每日出入必经《大公报》馆,看到报馆大门紧闭的萧条景象,两人感慨万千,有意重办这家报纸,但又缺乏资金,于是想到了也在天津的吴鼎昌。此时的吴除任盐业银行总经理一职外,无事可做。三人一拍即合。另一说出自汪松年先生的《〈大公报〉史话》,称失业的张季鸾闲来无事,约同胡政之一起去拜访吴鼎昌。三人在天津街头闲游,在日租界旭街四面钟处看见了《大公报》馆的牌子及其紧闭的大门。吴鼎昌问胡政之:"这是你抱过的孩子,你不想救救他吗?"曾经担任过《大公报》总编辑的胡政之则毫不犹豫地回答:"你肯给一碗救命汤,我就愿意再当一次保姆。"虽然这段对话中并没有在场者张季鸾的态度,但作为正处在失业中的曾经的报人,张的态度显而易见。

徐铸成先生曾用"英雄所见略同"④描述三人对此事的态度。他们一致决定出资买下《大公报》的资产和招牌,办一份像样的报纸。三人约法三章:一是报馆经济完全独立,不接受任何方面的资助。吴出资五万元,除了支付购买费

---

① 方汉奇等:《〈大公报〉百年史(1902.06.17—2002.06.17)》,中国人民大学出版社2004年版,第123—124页。
② 陈纪滢:《吴达诠先生与大公报》,《传记文学》1979年第34卷第3期,第43页。
③ 王芸生、曹谷冰:《1926至1949的旧大公报》,《文史资料选辑》第25辑,第9页。
④ 徐铸成:《报人张季鸾先生传》,第79页。

用一万元外,开办费一万元用于订购纸张和设备,其余三万元赔光即关门大吉。二是三人三年内不得兼任有薪酬的职务,吴有资产故不在报馆支薪,胡和张每人每月领薪水三百元。三是胡和张以劳力入股,每届年终须由报馆送与相当股额之股票。四是吴任社长,但一切事务由胡、张主持,吴不干涉。胡名义上是总经理兼副总编辑,张则担任总编辑兼副总经理。五是三人组成社评委员会,商榷意见、决定主张、轮流执笔写社评。当三人意见不同时,少数服从多数;三人意见各不相同时,以张季鸾为准。

1926年,吴鼎昌、张季鸾、胡政之合组新记公司,购入《大公报》。新记公司名为合组公司,实际上只是吴鼎昌一人出资五万元,胡、张二人出劳力(以后还给重要骨干送荣誉股)。吴的资金到位后,胡即着手盘购原《大公报》,亲自出面与王景杭接洽,最终以一万元购下《大公报》资产及招牌。接办《大公报》后,吴鼎昌任社长,同时还兼任《国闻周报》和国闻通信社社长。《大公报》的班底也基本上由胡政之招揽国闻通信社和《国闻周报》以及旧《大公报》的工作人员组成①。《大公报》社新记公司成立后,原国闻通信社和《国闻周报》变成了《大公报》的附属机构。

1926年9月1日,《大公报》复刊,在复刊号"社评"《本社同人之志趣》中提出了新记《大公报》办报的"四不"方针——不党、不卖、不私、不盲。不党,即"纯以公民之地位发表意见,此外无成见,无背景。凡其行为利于国者,吾人拥护之;其害国者,纠弹之";不卖,即"不以言论做交易","不受一切带有政治性质之金钱补助,且不接受政治方面之入股投资";不私,是"除愿忠于报纸固有之职务外,并无私图","对于报纸并无私用,愿向全国开放,使为公众喉舌";不盲,则是不盲从、不盲信、不盲动、不盲争。"四不"方针为新记《大公报》的言论独立确立了方向,吴、张、胡三人凭借"四不"方针的办报主张和"文人论政"的风格,令新记《大公报》饮誉报坛。傅国涌先生曾评价说,"在中国报业史上,从来还没有一份民间报纸亮出过这样鲜明的旗帜,实际上就是追求独立的新闻舆论。"②《大公报》"走出了一条百年报业的'新路径'"③,"将中国报业带入一个更高的境界"④。

---

① 方汉奇等:《〈大公报〉百年史(1902.06.17—2002.06.17)》,第175—176页。
② 傅国涌:《不党不卖不私不盲的一代报人张季鸾》,《炎黄春秋》2002年第9期。
③ 傅国涌:《"文章报国":百年回首〈大公报〉》,《书屋》2002年第5期。
④ 傅国涌:《不党不卖不私不盲的一代报人张季鸾》,《炎黄春秋》2002年第9期。

新记《大公报》在吴、胡、张三人带领下发展十分迅速。从续刊之初销售不足二千份，每月亏损三四千元，至次年4月销售已经增至五千八百多份，亏损逐月减少，5月收支平衡，年底销量达到一万二千份。至1929年，销量更是增至二万多份。1931年5月22日，《大公报》发行一万期，发行量已经激增至五万多份。这一天也正是吴鼎昌四十八岁生日，在国民饭店纪念《大公报》发刊一万期的聚餐会上，吴激动地朗诵自己写的一首七绝："已过光阴不计年，无端文字著因缘。今朝正是予初度，一纸题签满十千。"[1]吴鼎昌、胡政之和张季鸾，仅用了四年多的时间，便以一份从别人手里买来、接近倒闭的报纸，凭借"四不"方针，为中国报业开辟了一个新时代。蒋介石赞誉《大公报》"声光蔚起，大改昔观。曾不五年，一跃而为中国第一流之新闻纸"[2]。胡适则认为《大公报》"安然当得起'中国最好的报纸'的荣誉"[3]。

1934年伊始，新记《大公报》首创"星期论文"专栏，并持续长达十五年之久。"星期论文"作者多为社会名流、军政显要和知名学者，内容宽泛，影响巨大，为加强报纸与社会的广泛联系、引导社会舆论起到了重大的作用[4]。

1936年9月1日，新记《大公报》复刊十周年时，已经从以五万元起家的小报纸，一跃成为总资产超过五十万元的报业巨头。1937年，新记《大公报》将报社改组为股份有限公司，并在接下来的全面抗战期间先后创办天津、上海、汉口、重庆、香港、桂林六版《大公报》。其中，重庆版曾发行九万七千份，创大后方一家报纸单独发行量的最高纪录。抗战结束后，其上海、天津、重庆、香港四版总发行量达二十万份（1926年初办时不过几千份），总资产增至六十多万美元[5]。

1941年5月15日，《大公报》荣膺美国密苏里大学新闻学院所授年度最佳新闻事业服务荣誉奖章。

1945年后，新记《大公报》先后因在美购买新式印报设备资金不足而接受旅美华侨李国钦五万美元入股[6]，在港复刊港版赔累甚巨而接受港人王宽诚二

---

[1] 方汉奇等：《〈大公报〉百年史（1902.06.17—2002.06.17）》，第182页。
[2] 蒋中正：《收获与耕耘——为〈大公报〉一万号纪念作》，《大公报》1931年5月22日。
[3] 胡适：《后生可畏》，《大公报》1931年5月22日。
[4] 吴廷俊：《新记〈大公报〉史稿》，武汉出版社1994年版，第118—119页。
[5] 方汉奇等：《〈大公报〉百年史（1902.06.17—2002.06.17）》，第11页。
[6] 王芸生、曹谷冰：《新记公司〈大公报〉的经营》，周雨：《大公报史（1902—1949）》，江苏古籍出版社1993年版，第325页。

万美元的现金入股①,结束了吴独资经营的局面。但是,李国钦、王宽诚入股时,新记《大公报》资产已达几十万之巨,他们的加入并未改变吴鼎昌的控股股东地位。

(二)新记《大公报》续刊动机

吴鼎昌筹资出版新记《大公报》的动机,既有营造文人论政平台的理想诉求,也为银行业寻求舆论服务的经济诉求,甚至可能有想借此平台与官方沟通重返仕途的政治诉求。

近代中国,内忧外患,知识分子受传统文化影响,爱国忧民是顺理成章之事。但是随着科举取士的上升通道消失,传统文人只能拿起手中的笔,纷纷投向日益勃兴的报业,造就了中国近现代报刊"文人论政""言论报国"的特色。新记《大公报》就是"文人论政"的代表之一。吴筹资续刊新记《大公报》,正是在这一历史背景下一个传统文人论政报国的具体表现。吴鼎昌在《大公报》上发表的《注意两大潜力之暴发》《浙人治浙》《社会上最大危机》等文章,无不透露出他对时事的关心、对人民的关怀、对民族的担忧。1926年9月,吴鼎昌在《大公报》上发表论说《难言》,其中言:"吾人所欲自勉者,良心存乎依稀之间,大义隐于微言之会。"②正是其心迹之体现。

吴鼎昌筹资续刊《大公报》时,正是其全面掌控盐业银行,领导四行联营,在金融领域名声大噪的时期。但随着皖系失势,吴鼎昌丧失政治依靠,逐渐远离政治中心。故而,吴以知名银行家的身份跨界办报,也有看到报刊舆论在社会上的影响力越来越大,希望占据舆论阵地,服务他所经营的银行业务的诉求③。更遑论吴从日本留学归来,曾栖身财、政两界,他深刻懂得掌握一份报纸对于赢得政治资本的重要性——对倾心仕途的吴而言,出资办报,未尝不存有为重返仕途搭桥铺路之意。吴曾说:"政治资本有三个法宝:一是银行,二是报纸,三是学校,缺一不可。"其办报的初衷,由此也能窥探一二。

关于新记《大公报》启动资金的来源,一般认为是吴鼎昌一人投资五万元独立经营。但王芸生的后人王鹏曾记述,吴鼎昌筹措的新记《大公报》五万元

---

① 吴廷俊:《新记〈大公报〉史稿》,第394页。
② 吴鼎昌:《难言》,《大公报》1926年9月27日。
③ 张洋:《吴鼎昌与新记〈大公报〉关系的多维度分析》,《西藏民族学院学报(哲学社会科学版)》2014年第3期。

启动资金"是他商量于'四行储蓄会',从'经济研究经费'中列支的。在旧大公报股东的名册上分列有:吴鼎昌、盐业银行、中南银行、大陆银行、久大银行、永利银行、经济研究会;属个人名义的有范旭东、张伯苓、周作民"①。另外,1950年,北四行主要人物之一周作民曾对徐铸成言:《大公报》(新记)最初的资本五万元"名义上是吴鼎昌支付,实际是他张罗在'四行'——即金城、盐业、中南、大陆四家所谓'北四行'筹集的"②。对北四行而言,出版新记《大公报》是一种投资,但鉴于经营报纸营利很困难,这一投资也可以看作吴鼎昌和北四行试图通过舆论传播和信息传递而服务于自身业务的需求。事实上,新记《大公报》也确实通过舆论维护过北四行的利益,且吴利用该报探听消息的便利,通过买卖政府债券获取了不菲的收益③。

此外,吴鼎昌连续多年在《国闻周报》上发表经济评论且时有高见,由此赢得"经济专家"的美名,提升了社会声望,他也借机通过报刊活动与报界、经济界、政界人士结交,积累人脉资源。1926年续刊的新记《大公报》,便是吴能够掌握的政治沟通平台。吴鼎昌代表作之一《新经济政策》一书,便是由《大公报》馆出版部出版销售的。而事实上,吴鼎昌借由新记《大公报》确实增强了与政府的互动。随着《大公报》声誉日隆,也逐渐引起了国民政府和蒋介石的注意。1929年12月蒋介石为向全国报馆"求言"发出电文,抬头即是"《大公报》并转全国各报馆钧鉴",此举确认了《大公报》作为舆论权威的地位④。

(三)吴鼎昌借助《大公报》与政府以及蒋介石的互动

新记《大公报》续刊恰逢北伐军向武汉逼近。1926年9月2日,新记《大公报》续刊出版第二天,吴鼎昌撰写"社评"《战卜》,认为北伐战争"战亦如是,不战亦如是……战胜亦如是,战败亦如是",不如双方停火平息战端。这一"社评"明显表示了吴和《大公报》对交战双方的不满。同日未署名"社评"《劝南北猛醒》以及次日署名"记者"的《南征北伐可以已矣》,均明确表达了反战的主张。这可以视作身处北洋军阀旧势力重重包围的天津,新记《大公报》试图维持报纸中立态度的措施,也有人认为这是吴鼎昌在形势不明的情况下借助《大

---

① 王鹏:《〈大公报〉的资金与股份变动情况》,《百年潮》2001年第8期。
② 徐铸成:《报人张季鸾先生传》,第184页。
③ 孙耀东口述,宋路霞整理:《吴鼎昌与盐业银行》,《中国企业家》2003年第2期。
④ 张刃:《闲话大公报》,人民出版社2016年版,第15页。

公报》投石问路的举动①。

但随着北伐军占领武昌，广州国民政府北迁武汉，新记《大公报》从1927年3月6日至9日连续发表通讯，对北伐军的英勇善战以及国民政府在政治、军事、外交上取得的成绩给予了较高评价②。至此，新记《大公报》的立场由反对北伐军转为赞扬孙中山、谴责旧军阀。对蒋介石和国民党，新记《大公报》也逐渐完成了由"骂蒋""反对国民党"到"拥蒋""拥护国民党"的立场转变③。

1927年，《大公报》反对国民党屠杀共产党人，主张改良政治、发展经济，12月2日更发表"社评"《蒋介石之人生观》痛骂蒋介石。1928年到来之际，吴、胡、张三人认为到了公开标明《大公报》政治态度的时候，于是在新年元旦发表《岁首辞》，提出"吾人之根本旨趣"："对内厉行民主政治，提倡国民经济，采欧美宪政之长，而去其资本家专制之短；大兴教育以唤起民众，争回税权以发达产业；对内务求得长治久安之规模，对外必脱离不平等条约之束缚。"④这基本明确了新记《大公报》的政治主张，即赞成自由资本主义，自此成为《大公报》相当长一段时期内的言论标准。也正因此，1928年2月2日国民党二届四中全会召开，蒋介石全面背叛了孙中山三大政策，《大公报》亦对此给予肯定，从而转变了对国民党和蒋介石的态度。同年，新记《大公报》在续刊两周年纪念日（9月1日）发表"社评"，表态称："今后惟当就人民之立场，以拥护与赞助国民政府之建设。"⑤

1931年"九一八"事变爆发，新记《大公报》发表《日军占领沈阳长春营口等处》《救灾救国》《明耻教战》等"社评"，提出"外交之坏决非一朝，抵拒强权须有远计"；鼓吹印度甘地的不抵抗主义能够"唤起印度人民""感动英伦社会"，认为"明耻较教战尤亟"，呼吁各方不要刺激日本，解决内部问题，加强自身实力，准备守势，以待"翻身之日"，以"缓抗"言论侧面支持蒋政府不抵抗政策⑥。吴、胡、张三人曾经留学日本，对日本政情有较深的了解，一向主张隐忍持重，周雨在《张季鸾传略》中也曾提及此事，认为《大公报》主政者们隐忍持重的主张早

---

① 王芸生、曹谷冰：《1926至1949的旧大公报》，《文史资料选辑》第25辑，第10页。
② 方汉奇等：《〈大公报〉百年史（1902.06.17—2002.06.17）》，第186—187页。
③ 方汉奇等：《〈大公报〉百年史（1902.06.17—2002.06.17）》，第188—191页。
④ 《岁首之辞》，《大公报》1928年1月10日。
⑤ 《本报续刊二周年之感想》，《大公报》1928年9月1日。
⑥ 王芸生、曹谷冰：《1926至1949的旧大公报》，《文史资料选辑》第25辑，第11页。

在"九一八"前已经形成，他们的"缓抗"言论，只是这一主张的具体表现，不能与不抵抗政策等同①。但读者显然将"缓抗"言论视作不抵抗政策，投函向《大公报》抗议便是明证，蒋介石也显然是将"缓抗"言论当作对自己不抵抗政策的声援，从此对主编张季鸾青睐有加。

1932年至1935年间，吴鼎昌与蒋介石之间往来日益密切。吴在内政外交等问题上提出的诸多建议均得到蒋的重视。这一时期，《大公报》与南京国民政府也进行了较为密切的互动。如1932年4月25日，吴鼎昌至南京采访汪精卫、蒋介石、何应钦等政要。5月5日，中日停战协定签字，"淞沪协定"引起全国人民的强烈不满。5月间，吴在上海组织全国商会联合会、上海市商会、银行公会、钱业公会四团体，发起"废止内战大同盟"，并起草同盟章程十条，称"鉴于外患内忧之严重，特发起废止内战大同盟，以期安内对外"②。此处的"安内对外"又迎合了蒋介石的"攘外必先安内"。17日，吴应邀到"上海市民地方维持会"做演讲，以"废止内战"运动领导人的形象出现在社会上。

1932年7月，蒋介石在庐山约见吴鼎昌，多次交谈后，蒋对吴的观点和才干十分赏识③。《大公报》亦发表蒋介石关于中国法西斯蒂组织的声明，帮了蒋的大忙④。11月，吴以金融界企业家的身份进入蒋介石的"国防设计委员会"。1933年2月初，蒋致电吴鼎昌询问处理热河事件意见，吴建议蒋北上主持大局，并加大对热河事件的国际宣传力度以驳斥日方编造的热河为"满洲国"领土的谣言⑤。2月21日热河战役爆发后，24日《大公报》即发表"社评"，驳斥日方谬论之余，指出，"今日之事，在日本为侵略，在中国为自卫"，应向"国联大会申诉日本之不听劝告而从事战争"，"要求国联依约为有效制止之行动"⑥。在蒋介石启程北上次日，《大公报》又发表"社评"称赞蒋"得彼亲来，足图补救"，"其行动直关国家之存亡，正不仅一战之得失"，并呼吁各界"应信赖责任当局之措置"。热河失陷后，张学良成千夫所指，吴鼎昌亦请蒋"撤张学良职以平天

---

① 周雨：《张季鸾传略》，全国政协文史和学习委员会编：《回忆大公报》，中国文史出版社2016年版，第282—283页。
② 工芸生、曹谷冰：《1926至1949的旧大公报》，《文史资料选辑》第25辑，第11页。
③ 吴廷俊：《新记〈大公报〉史稿》，第120页。
④ 《蒋委员长明志辟谣》，《大公报》1932年7月11日。
⑤ 《吴鼎昌致蒋介石电》(1933年2月7日)，台北"国史馆"藏，"蒋介石档案"002-090200-00013-022。转引自俞凡等：《再论新记〈大公报〉与蒋政府之关系》，《新闻与传播研究》2015年第1期，第90页。
⑥ 《日本攻热时之外交策略》，《大公报》1933年2月24日。

下之愤"①。待张学良通电下野后,《大公报》发表"社评",评价了张的功过得失,且认为热河沦陷的主要责任在汤玉麟而非张学良,呼吁张学良部属"脱除私军之性质,期成国家的干城"②。《大公报》这一呼吁,为蒋介石控制北方局势、收编东北军创造了良好的舆论条件。

1933年"福建事变"发生后,吴鼎昌与蒋介石多次电报往来,《大公报》也在十天内连发九篇相关"社评"。事变发生之初,蒋态度未明,《大公报》的"社评"态度也不明确,只是呼吁"勿以武力重苦吾民""勿以分裂自戕国脉"③。蒋致电吴征询意见,吴则建议蒋介石以政治手段应对事变,切不可令闽变势力与共产党联合起来④。在吴蒋几番函电往来后,蒋态度逐渐明朗,按照蒋"向各方面为有力之释明"⑤的要求,《大公报》亦调整言论导向,连发《闽变与粤桂》《从历史上观闽变》《闽局之剖析》《闽变中标榜之经济主义》《收拾闽变与打开时局》等"社评",对闽方势力大加批判,从舆论上策应蒋处理"福建事变"。由此可见,吴鼎昌与蒋介石通过《大公报》合作甚佳。

1935年华北事变爆发后,吴蒋之间电文往来愈加频繁。吴一方面对日本及华北问题向蒋提出建议,另一方面还要帮助蒋安抚宋哲元、吴佩孚等华北实力派人物及平津地区的遗老遗少,免其投敌。《大公报》在此期间发表"社评",称河北大患不在外交而在内政,劝诫"省府行事一切以省府职责范围为限"⑥。有学者认为,这与其说是《大公报》同人向"省府诸公"提出劝诫,不如说是蒋借《大公报》之口向华北诸将进行训示,毕竟说轻了没用,说重了又怕迫其投敌,借助《大公报》发言则局内人一眼就明白,对外又可以说是报纸言论。在局势日益紧迫、蒋谋划派团赴日考察时,也利用《大公报》发表《华北中日经济提携问题之观点》《国际相与之道》《今后之中日关系》等"社评",探察日本对中方交涉的态度,甚至以吴鼎昌为首的考察团在日本期间,《大公报》也发表多篇"社

---

① 《事略稿本》(1933年3月6日),台北"国史馆"藏,"蒋介石档案"002-060100-00059-006。转引自俞凡等《再论新记〈大公报〉与蒋政府之关系》,《新闻与传播研究》2015年第1期,第91页。
② 《行矣张汉卿》,《大公报》1933年3月13日。
③ 《时局演变的必然性》,《大公报》1933年11月21日。
④ 《吴鼎昌致蒋介石电》(1933年11月22日),台北"国史馆"藏,"蒋介石档案"002-080200-00134-001。转引自俞凡等:《再论新记〈大公报〉与蒋政府之关系》,《新闻与传播研究》2015年第1期,第92页。
⑤ 《事略稿本》(1933年11月23日),台北"国史馆"藏,"蒋介石档案"002-060100-00074-025。转引自俞凡等:《再论新记〈大公报〉与蒋政府之关系》,同上引。
⑥ 《勉河北新省府》,《大公报》1935年7月11日。

评"配合吴鼎昌在日本的活动。

从上述种种来看,吴鼎昌能够再次出仕,与其借助《大公报》舆论平台在诸多重大历史事件中支持蒋介石及南京国民政府政策推行不无关系。

1935年12月12日,吴鼎昌得偿所愿、重返仕途,出任蒋介石"人才内阁"的实业部长。次日,张季鸾在《大公报》发表"社论"《政府改造之时局的意义》,一方面称赞现在的政府"可谓最强有力之政府",另一方面鼓吹吴"以非党员之财政重镇,参加国务,此为从来所无",溢美之词无以复加,为吴鼎昌送上出仕"大礼"。

（四）吴与新记《大公报》的经营

在办报方面,张季鸾曾经说:"达诠于新闻事业,见解独卓,兴趣亦厚,以为须有独立资本,集中人才,全力为之,方可成功。"①这句话是对吴鼎昌经营新记《大公报》理念的高度概括。吴鼎昌曾经总结民国报界不振的经验,认为"一般报馆办不好,主要因为资本不足,滥拉政治关系,拿津贴,政局一有波动,报就垮了"②。可以说,新记《大公报》之所以获得成功,与吴鼎昌"资本独立""不拉政治关系""不兼外职"等密不可分。新记《大公报》馆中,吴鼎昌以出资人的身份出任社长并拥有最高决策权,胡政之、张季鸾分事经营和编辑业务。社长总负责,经、编既分离又并重,"三驾马车"各司其职、精诚合作,将《大公报》办成后世新闻史学界给予极高评价的商业独立报刊。《大公报》"创行上海、香港、桂林及重庆分版,获得国际上之褒奖,成为新闻史中之奇迹,然皆吴氏之处理财务得宜所致"③。

新记《大公报》创刊初期,也曾生计艰难、惨淡经营。吴鼎昌白天在盐业银行办公,晚上八点必到报社。他与胡、张谈论时局,交换意见,研究"社评"的写作,并且经常亲自动手撰写经济方面的文章和"社评"。午夜十二点,三人与报社同人一起吃报馆免费供应的夜宵。夜宵后吴才回家休息。新记《大公报》复刊后的最初几年,吴、胡、张三人每晚都在编辑部碰面,这一时期的"社评"基本均出自三人之手,经济方面的多半由吴执笔④。

这一时期由于人手不足,吴鼎昌还需直接参与具体经营活动。当时报纸

---

① 张季鸾:《〈国闻周报〉十周年纪念感言》,《国闻周报》第10卷第1期,1934年12月10日。
② 王芸生、曹谷冰:《1926至1949的旧大公报》,《文史资料选辑》第25辑,第34页。
③ 梅嵘高:《吴达诠先生座谈会发言要点》,《传记文学》1979年第34卷第5期,第101页。
④ 吴廷俊:《新记〈大公报〉史稿》,第58页。

印刷纸张皆需进口,价格日常随外汇行情起落。因为吴精研经济,又在金融界根深叶茂,对世界贸易市场和金融市场的情况很了解,他存购外汇购买洋纸筹划得当,因而从未吃亏过①,为报馆经营创造了有利条件。为使报纸有更大的发展,1928年,吴鼎昌购入一台美国轮转机,使出报时间提前许多,报纸的印刷质量也大为提高。1930年继续改进印刷,采取铸双版付印,更是加快了印刷速度。1933年,又花二十万巨资购置一台德国产大型高速轮转机,大大提高了报纸印刷速度与质量,新记《大公报》也成为当时中国北方设备水平最高的报纸。

吴任社长期间也从不过问人事任免,由总经理胡政之一人负责。据徐铸成回忆,吴从不过问人事,自始至终也不过向《大公报》推荐过两个人:一为北大教授张佛泉,吴请他试写政治经济社论,不久即离去;一为清华毕业生马季廉,向吴自我推荐,进入报社(1930)后曾主编《国闻周报》,大约历一二年即辞去②。正是得益于吴鼎昌所营造的宽松的用人环境,掌握人事权的胡政之得以贯彻实施自己的人才理念,培养出一支优秀的新闻人才队伍,并最终成为新记《大公报》的核心竞争力之一。此外,吴鼎昌非常重视新闻一线人员的工作。在薪酬方面,天津时期的新记《大公报》薪资在北方报馆中属于高标准,在上海时也优于一般报纸,使工作人员可以努力工作而少后顾之忧。新记《大公报》后来逐渐形成"股权赠予"制度——为报社的发展做出杰出贡献的人都可以分配相应数量的股权,更是增强了优秀人才对报社的认同感。正如《大公报》人郭根所说:"《大公报》的成功,大部在于中层干部的健全。以全国报馆来说,没有一家拥有像《大公报》那样素质高的中坚分子,无论是内勤与外勤。"③尽管《大公报》人唐振常在《上海〈大公报〉忆旧》中认为,与其说《大公报》有意识地培养人才,不如说《大公报》不埋没人才,能够让工作人员发挥所长。但《大公报》人职业素质普遍较高这一事实却毋庸置疑——"列入《中国新闻年鉴》'中国新闻名人介绍'栏的《大公报》编辑记者,累计达三十六人。被《中国大百科全书·新闻出版卷》列为条目加以介绍的大公报编辑记者达十二人"④,占全部人物条目一百零八条的九分之一。

吴鼎昌本人也成为新记《大公报》的重要核心竞争力之一。吴人际关系

---

① 王芸生、曹谷冰:《新记公司〈大公报〉的经营》,周雨:《大公报史(1902—1949)》,江苏古籍出版社1993年版,第321页。
② 徐铸成:《报人张季鸾先生传》,第80页。
③ 徐铸成:《徐铸成回忆录》,生活·读书·新知三联书店2010年版,第133页。
④ 吴廷俊:《新记〈大公报〉史稿》,第1—2页。

广、朋友圈达官显贵云集,无疑扩大了报纸的消息来源。而1935年底,吴鼎昌再次出仕,先后出任南京国民政府实业部长、贵州省政府主席、南京国民政府文官长、总统府秘书长等职,其本身就是《大公报》丰富的新闻素材。

(五)吴鼎昌对新记《大公报》的影响

吴鼎昌对新记《大公报》经营的影响,绝不仅限于他任职社长的九年时间。在他重返仕途之后,虽声明辞去《大公报》社长和董事长职务,但仍然是《大公报》最大的股东,依然掌控《大公报》的经济命脉,是名副其实的后台老板。新记《大公报》经营管理的重大决策变化,胡政之和张季鸾都会同他商量①。

1935年2月,张季鸾曾向吴鼎昌、胡政之提议创设《大公报》上海版,吴鼎昌不同意。8月,吴鼎昌与胡政之、张季鸾经过多次磋商,考虑到华北局势不利于《大公报》发展以及吴基本确定入阁,最终统一意见,着手筹建上海《大公报》馆,将《大公报》重心南移②。

1936年,在征求吴鼎昌的意见后,新记《大公报》设立研究部③。

1938年10月,胡政之与吴鼎昌商量后,任命金诚夫为《大公报》香港馆经理兼编辑主任。

1941年,胡政之征得吴鼎昌意见后组建了《大公报》董监事联合办事处,对渝、港、桂实行集体领导。

1948年5月,董事会鉴于胡政之在上海治疗不能理事,推曹谷冰为公司董事会总经理④。

陈纪滢曾在《吊〈大公报〉》中回忆,"在季鸾先生没死以前,《大公报》凡遇重要的事情,张、胡二位必须向吴氏磋商,如何馆关闭,何馆设立,以及重大兴革事项,纵然吴氏不来过问,张、胡二人也必设法取得同意或征求他的高见……尤其《大公报》本身如遇财务拮据或与政府有重大交涉的时候,经吴氏一招呼无不迎刃而解。"胡政之在回忆张季鸾时也曾提及,"吴先生长于计划,我们每有重大兴革,一定要尽量地问他的意见"⑤。可见,吴鼎昌对新记《大公报》经营的影响绝非"出资人和最大股东"可以涵盖。

① 陈纪滢:《吴达诠先生与大公报》,《传记文学》1979年第34卷第3期,第43页。
② 吴廷俊:《新记〈大公报〉史稿》,第126页。
③ 周雨编:《大公报人忆旧》,中国文史出版社1991年版,第54页。
④ 吴廷俊:《新记〈大公报〉史稿》,第224—225页。
⑤ 胡政之:《社庆日追念张季鸾先生》,全国政协文史和学习委员会编:《回忆大公报》,第251页。

新记《大公报》办报宗旨的变化也与吴鼎昌密切相关。

吴鼎昌曾因皖系获得过升迁机会，也因此丢掉仕途。他深谙政治斗争的险恶，在多数报纸靠依附政治势力、拿党派津贴来维持运转的民国，提出办报必须资金独立、不拉政治关系、不兼外职，这在日后成为新记《大公报》"四不主义"宗旨的核心①。1935年12月，吴鼎昌出任实业部长之后，辞去了社长和董事长职务，主动维护了"不党"的主张。1936年4月1日，《大公报》上海版的"社评"《今后之〈大公报〉》，重申"四不主义"这一办报宗旨②，但态度委婉，远不如当初口号响亮。

但随着吴鼎昌在国民政府官运亨通，张季鸾、胡政之与政府关系日益密切，新记《大公报》"四不主义"也悄然发生变化。1943年，胡政之新制定的《〈大公报〉同人公约》称"本报以不私不盲四字为社训"。"不党""不卖"被删掉，"四不主义"变成了"二不主义"。虽然胡政之将此解释为"不党"可以归入"不私"，"不卖"可以归入"不盲"，但是这种解释显然是无力的③。这一变化的出现，很难说没有吴鼎昌的授意。毕竟吴虽辞去社长及董事长职务，却自始至终都是新记《大公报》的最大股东。曹世瑛回忆时也认为"这样大的事情他（胡政之）是不能自作主张的"④。1944年，吴鼎昌在重庆对《大公报》的工作人员谈话时也避谈"四不主义"，只强调"不私不盲"："我们办的这张报纸……如果说有目标的话，那就是为新闻而新闻，要真正做人民的喉舌。我们不是为了某种利益而办报，更不是为了某一派别而办报，也绝不是为某一人而办报，我们是为了人民全体的利益而办报。"⑤

在新记《大公报》"四不主义"出台，以及从"四不主义"向"二不主义"转变中，吴鼎昌始终扮演着举足轻重的角色。虽然《大公报》同人并不认为"二不主义"就意味着报纸"有党""已卖"⑥，但办报宗旨的变化还是在一定程度上契合了吴鼎昌对《大公报》诉求的变化：续刊《大公报》之初，吴鼎昌是在野之身，对政局变化趋势尚未明了，纵使他对办报有政治诉求，亦不敢表现出明确的政治倾向，标榜"四不主义"展示客观中立的态度更符合他的需要，这恰与吴鼎昌文

---

① 方汉奇等：《〈大公报〉百年史（1902.06.17—2002.06.17）》，第224—225页。
② 《今后之〈大公报〉》，《大公报》（上海版）1936年4月1日。
③ 孙耀东口述，宋路霞整理：《吴鼎昌与盐业银行》，《中国企业家》2003年第2期。
④ 张刃：《闲话大公报》，第27页。
⑤ 《〈大公报〉历史人物》，《大公报》有限公司2002年版，第64页。
⑥ 周雨：《大公报史（1902—1949）》，第31页。

章报国的诉求重合。而随着吴鼎昌重返政坛并且仕途畅达,"四不主义"调整为相对模糊和宽泛的"二不主义",不免存在为了更好地满足政治需要之嫌。

吴鼎昌造就了《大公报》的新生,而《大公报》又帮助他实现了人生的最高理想。

1948年底,《大公报》因对国民党政府的批评,受到打压。时任总编辑的王芸生在重压之下得到共产党伸出的橄榄枝,便扭转了香港《大公报》的方向,发表文章公开表示拥护人民解放军解放全中国。不久李侠文和费彝民在浅水湾邂逅吴鼎昌,已经辞去《大公报》新记公司董事的吴对香港《大公报》的这一做法表示赞许。

四、再入仕途

国民革命军北伐胜利后,吴鼎昌凭借早期积累的政治、金融资本,逐渐受到蒋介石的倚重。

(一)出任实业部长

1932年,南京国民政府国防设计委员会成立,陶孟和把吴鼎昌推荐给钱昌照。钱昌照在同吴鼎昌交谈有关国防设计委员会的性质和计划后,邀请其加入。9月下旬,蒋介石致电钱昌照请其代约吴鼎昌会面。27日,蒋、吴在庐山第一次会面,蒋对吴印象不佳,认为其"予智自夸"[①]。30日,两人再度会面,吴向蒋提出"对于农工实应并重,以农工为经济之基本,苟不使有条理以发展生产"的建议,蒋改变看法,认为"此人确有研究,亦知人事,可与之交也"[②]。

从1933年开始,吴鼎昌陆续在热河事变、福建事变、华北事变等诸多问题上频频为蒋介石出谋划策,并借助《大公报》在诸多重大历史事件中发布舆论配合南京国民政府政策的推行,在处理华北事变时帮助蒋安抚华北实力派人物及平津地区的遗老遗少,免其投敌。这些行为大大提升了吴在蒋心中的地位,二人的关系也逐渐亲密起来,为吴后来入阁奠定了基础。

---

① 《事略稿本》(1932年9月27日),台北"国史馆"藏。
② 《事略稿本》(1932年9月30日),台北"国史馆"藏。

1935年，鉴于局势日益紧迫，蒋介石派吴鼎昌率团出使日本。蒋之初衷本为赴日商讨经济提携的具体问题，但随着国内局势变化，出访目的也变成试探日本国内当局对华政策的具体态度。吴圆满地完成了任务，回国后不久便就任南京国民政府实业部长①。

吴就职后"益觉责任重大"，自述"'为政不在多言'，只须埋头苦干"，为发展现代实业尽职尽力。在担任实业部长期间，吴鼎昌主张"替人民减少麻烦""不与人民争办事业"，致力倡导发展工商事业②。1936年，中国经济发展遇到严重困境，吴鼎昌提出"奖励生产，发展贸易，方可挽救"。他带领实业部从增加生产、改良品质着手，致力于整理农事试验，改进农业技术，制定《技术合作办法》，运用科学技术的力量改良和提高农业水平，推动现代农业发展。

（二）推动国民经济建设运动

吴鼎昌实业部长任上很重要的一项工作是推动国民经济建设运动，即实业部牵头的由民营第二、第三产业带动第一产业的现代化运动，也是城市领导农村的一个经济运动。1935年10月，蒋介石提出"国民经济建设运动与新生活运动二者实相表里，故必须相辅而行"③。1936年6月3日，蒋介石发起成立国民经济建设运动委员会，总会就设在实业部内，吴鼎昌出任主任常委。吴鼎昌曾通过广播电台向全国演讲国民经济建设运动的意义，强调国民经济建设运动"实须政府与人民合作，联为一气，合为一体，共谋中华民族经济之自存与其发展，为'民族的经济复兴之一大运动'"④。7月4日，举行成立大会，吴鼎昌在会上陈述对国民经济建设运动的感想，称"积极方面，固应建设各种重要之事业，消极方面亦可节衣缩食做去"，"本会事务极广泛，须各委同心协力，以促其成。盖国民经济建设运动与中国经济关系之重要极为显著"，主张"对生产工具，欢迎外货，消费物品，专用国货"，强调不是排斥外货，而是限用外货⑤。基于此，吴鼎昌大力推动农村合作事业及成立国货联合公司。针对农村合作事业，吴鼎昌在赣、湘、鄂、皖等省多方视察后提出，合作事业应为人民经济生活本身设想，所办业务应视社员需要而定，不宜勉强多办。合作运动广泛展

---

① 《事略稿本》(1935年12月12日)，台北"国史馆"藏。
② 胡光麃：《我记忆中的吴鼎昌(达诠)先生》，《传记文学》1979年第34卷第3期，第35页。
③ 吴鼎昌：《国民经济建设运动之意义》，《大公报》(津版)1936年6月22日。
④ 吴鼎昌：《国民经济建设运动之意义》，《大公报》(津版)1936年6月22日。
⑤ 《国民经济建设运动会昨举行成立大会》，《大公报》(津版)1936年7月5日。

开,一定程度上推动了农业经济和农村的发展。对于1937年初成立的中国国货联合营业股份有限公司,吴采取了公开募股的方法,全国国货公司、工厂均可入股,希望"为全国国货谋利益,非为一地国货谋发展"①。

无论农村合作事业还是国货联营公司,都是把政府、厂家、商家与民众联系起来,成为国民经济建设运动的缩影。国民经济建设运动是一场由政府倡导、社会各界广泛参加的经济建设活动,对中国现代实业的发展及中国经济现代化产生了影响;是动员全社会共同参与的经济运动,成为战前和战时中国经济的总动员。但是,受到国民党政权体制及其他因素影响,国民经济建设运动存在局限性,这场集经济建设与经济动员于一体的运动,并没有为改善民众生活提供真正的实惠,也没有达到预期目的,最终与同时期旨在改革社会风气的新生活运动一样流于形式。

(三)发展农村金融

吴鼎昌担任实业部长后,发展农村金融是他工作的重中之重。他认为,"调整农业产品、流通农业资金,实目前最切要、最困难之问题"②。1936年他决定联合银行界设立农本局,为此,他多次与上海银行界商讨设立办法及放贷等事宜,仅用不到半年时间,农本局就正式成立并开始办公。农本局成立后,为了调剂全国合作事业资金,吴鼎昌在1937年又推动筹办全国合作金库,由农本局先行试办,成立全国县市合作金库,然后逐步推进,成立省合作金库,并在省合作金库基础上组织中央合作金库,计划用五年时间完成全国农村金融网③。1937年8月,吴鼎昌推荐何廉出任农本局总经理。至1940年春,农本局设立的县市合作金库总数达一百七十五库④。农本局县市合作金库主要办理存款、放款、汇兑和代理收付等业务⑤。合作金库放款满足了农民生产贷款之需:1938年11月底,各库放款数额总计四百余万元⑥;至1939年底,各库放款总额已经超过一千零八十万元,比1937年底超出二十倍以上⑦;至1940年10

---

① 《国货联营公司筹委会昨成立》,《大公报》(津版)1936年12月5日。
② 《农本局组织规程原提案文》,《农本局及所属组织规程》,中国第二历史档案馆藏,档号:402-237。
③ 《实业部筹设全国合作金库》,《大公报》(津版)1937年2月16日。
④ 《中华民国二十九年农本局业务报告》,农本局研究室1941年版,第11页。
⑤ 《合作金库实部工作规程》,《大公报》(津版)1937年2月16日。
⑥ 《中华民国二十七年农本局业务报告》,农本局研究室1939年版,第20、23页。
⑦ 华云程:《经济部农本局概况》,农本局研究室1942年版,第11页。

月底,各库放款总额更达到四千三百七十余万元①。合作金库的存款则为社会普遍服务,以便利农村金融流通:1938年,存款为十四万七千元②,1939年存款近一百六十二万元③,1940年存款超过二百八十八万元④。农本局县市合作金库的存贷业务支持了农业生产,对于农村经济的恢复和发展发挥了实际作用。此外,农本局及县市合作金库还办理改良种子的分配,提高了农作物的产量。

1937年7月,吴鼎昌兼任国民政府军事委员会主管轻工业的第四部部长,主持京沪各地工厂迁川事宜。

五、主政一方

1937年11月20日,南京国民政府改组湘、鄂、黔、皖等省政府,任命吴鼎昌为贵州省府委员兼主席⑤,并兼任滇黔绥靖公署副主任。就任前,吴鼎昌飞抵重庆与记者谈话时提出了其思考已久的贵州发展思路——"以发展交通,促进经济文化为主"⑥,并为记者题字"要前线胜利,须后方努力"⑦,这也成为他主政贵州的信念。12月,吴兼任贵州全省保安司令,并加入国民党。此时诸省主席中,吴是唯一以文官而兼武职的,这在国民政府成立后十余年中实属罕见。

12月28日,吴鼎昌一行抵达贵阳,当日到省府视事,强调"为政不在多言,惟在切实苦干"⑧。1938年1月1日,吴鼎昌宣誓就任贵州省政府主席。吴鼎昌主政贵州七年,将发展贵州人口,提高文化素质,使人力和物力的开发并进、平衡发展,贯穿于其整个行政工作(包括平时行政工作和战时行政工作)之中。他把主要的精力、工作重点放在"以繁殖人口与增进体力来解决数量增加的问题,以提高文化水准与增进能力来补救质量的不足"⑨上,力求达到奠定贵州政

---

① 《中华民国二十八年农本局业务报告》,农本局研究室1940年版,第17页。
② 《中华民国二十七年农本局业务报告》,第25页。
③ 《中华民国二十八年农本局业务报告》,第50页。
④ 《中华民国二十九年农本局业务报告》,农本局研究室1941年版,第18页。
⑤ 《四省府改组令下》,《大公报》(汉版)1937年11月21日。
⑥ 《吴鼎昌昨抵渝》,《大公报》(汉版)1937年12月21日。
⑦ 《吴鼎昌昨抵渝》,《大公报》(汉版)1937年12月21日。
⑧ 《吴鼎昌视事》,《大公报》(汉口版)1937年12月30日。
⑨ 吴鼎昌:《花溪闲笔初编》,林绪武、邱少君编:《吴鼎昌文集》,南开大学出版社2012年版,第459页。

治基础,实现卫生、教育普及的目标。

(一) 发展经济

农业方面,吴鼎昌通过与经济部合作,成立贵州省农业改进所,成功推广棉花种植,并改良蚕丝,改变了贵州农业的种植结构,为丝织业的发展提供了技术支持。吴鼎昌在贵州推行每年造林一百万亩的方案①,大大提高了林业发展并有助于改善生态环境。此外,他还推动设立"农矿工商调整委员会",指导改进产品,设法推广销路;设立"桐油运销委员会",办理桐油及药植物的直接出口事项,简化运销渠道,节约运输成本。同时,为解决农业发展所需资金问题,吴鼎昌凭借他任职银行界的实践经验和实业部的工作经历,在各县设立合作金库。至1939年5月止,贵州省有四十五个县设立合作金库,其中属于省政府与农本局合办者有二十五个县②。在县合作金库的基础上,吴鼎昌又成立省合作金库,为经济、社会的发展提供金融保障。贵州农村经济逐渐恢复,"各地谋食极易,全省已几饥寒交迫几以为生之人"③。

实业方面,吴鼎昌创设贵州全省企业股份公司,以经营贵州实业,开发贵州资源。创办股份公司,是吴鼎昌对贵州工业化道路的探索,也是对中国工业化政策的一种积极有益的尝试,基本上是一条可取的工业化道路。贵州企业股份有限公司的蓬勃发展及其对抗战的贡献,引起了很多人的注意,产生了较大的影响④。吴鼎昌任职省主席期间,贵州经济蓬勃发展,工厂数增加十多倍,资金增加五十多倍,工业有了较快发展。1935年前,全省仅有两家稍具规模的现代工厂,资本总额仅五十万银元;至1943年,增加为九十七家,资本总额为四千七百九十二万元。

此外,吴鼎昌到任后,立即与交通部长张嘉璈商定,修筑贵阳至咸宁、贵阳至柳州两条铁路,间接把贵阳与川滇、湘桂铁路联系起来。1938年至1946年,全省新修公路二千三百多公里,公路总长达四千零八十二公里。至1944年,因抗战爆发而一度中断的黔桂铁路铺轨通车至都匀⑤。交通运输的改善,对贵州经济社会发展的影响是积极而巨大的。

---

① 《吴主席谈一年来之黔政》,《大公报》(渝版)1938年12月31日。
② 吴鼎昌:《花溪闲笔初编》,林绪武、邱少君:《吴鼎昌文集》,第470页。
③ 《贵州省主席吴鼎昌等巡视各县政情》,中国第二历史档案馆藏,档号:2-5748。
④ 何长凤:《抗战时期吴鼎昌创办贵州企业公司的思想与实践》,《贵州社会科学》2000年第4期。
⑤ 刘学洙:《〈花溪闲笔〉与吴鼎昌的主黔策略》,《文史天地》2002年第7期。

吴鼎昌主政贵州期间发展实业的努力，引起了社会及媒体的关注，认为他在"基层上也在做着亘古未有的改革，以期配合全局，使国家早日走上现代化和工业化"①。

（二）开发人力

贵州因经年人口死亡率太高而导致人口数量少，每平方公里人口平均不过六十人，全省可耕地五千三百万亩，壮丁不过一百七十多万，人均需要耕种三十一亩之多。人力不足且文盲太多，严重影响和制约了贵州的经济社会发展。对此，吴鼎昌上任一年多后，提出人力的开发应与物力的开发并进、平衡发展的施政方针，从卫生、禁烟、军训与体育、教育等方面入手，以增加人口、提高素质②。

从1938年起，贵州省不断增设卫生行政机构，充实卫生设备，提高卫生费用。4月设立卫生委员会，主持全省卫生行政，并附设健康教育委员会，负责设计全省卫生教育事项，培养卫生人才，积极开展传染病的防控与治疗，减少人口死亡。

禁烟则是降低贵州人口死亡率的又一重要举措。吴鼎昌下令在1938年10月禁绝种植鸦片，改种谷、麦、菜籽、杂粮，辅以棉、麻、茶、桐油、果树、甘蔗等。之后他又提出"绝对禁止"公务员吸食鸦片，颁布《限期办理烟民登记施行细则》，并利用全省整编保甲的时机，自1938年11月起，开展烟民总登记。1939年4月至7月，吴鼎昌分期视察了全省重要各县，发现"禁烟尚属彻底，全省已无烟苗发现"，"烟民因烟价昂贵，自动施戒者，已十之二三"③，吴鼎昌所推行的禁种政策取得成功④。

军训与体育则从学校、社会两方面着手。1938年4月，省政府颁布《贵州省中小学战时教育课程实施办法》，规定男生厉行军训，女生实施军事体操或看护训练，作为健全体格的重要步骤。1939年3月，贵州省军管区成立，以强健体格为主要目的办理社会军训。1941年贵州省第一次举办全省运动会，吴鼎昌为运动会会歌填词："贵州高踞大后方，手扶百粤揽三江。万千健儿好身

---

① 徐盈：《"平淡的设施"——记吴主席鼎昌谈黔政》，《大公报》（渝版）1943年9月28日。
② 吴鼎昌：《花溪闲笔初编》，贵州企业股份有限公司1943年版，第6页。
③ 《贵州省主席吴鼎昌等巡视各县政情》，中国第二历史档案馆藏，档号：2-5748。
④ 《黔省鸦片已绝种》，《大公报》（渝版）1939年12月8日。

手,要立志,要图强,保国保家乡。"①

提高人的文化素质与能力主要依靠教育、行政手段。吴鼎昌主政贵州适逢抗战期间,他提出"将民众教育尽先普及"②,以启发民众的国家观念,增强抗战意志,但受师资限制而收效有限。他又提出各中等学校及联保办公处均应附设一所民众学校,全省共设五千五百所③,并下令省政府另行组织编订民众学校课本,内容是以介绍贵州的环境及现状而不是以识字为主。对于学校教育,他要求增设小学校,减少学龄儿童失学;强调中等教育"首要在检定及训练合格师资";主张采取设立公费生、贷费生办法,造就大学人才。而在土著民众居住区,他要求设立"方言讲习所",作为辅助教育机关,便于地方政府传布、执行政令④。此外,省、县政府添设、扩充图书馆、科学实验馆、民众教育馆、巡回施教车等文化场所,不断为提高民众文化素质服务。

此外,吴鼎昌还重视行政人才的训练,以改进全省行政工作。他认为保甲是最基层的行政组织,因此首先训练保甲人员,充实保甲人才。⑤ 1938年7月,贵州省举办保甲干部训练班,训练时间为两个月,毕业后分派到各县办理保甲人员训练。吴鼎昌任省主席一年后,"保甲干部训练已完成,正从事编查"⑥。到1940年,全省总计训练保甲人员八万五千余人⑦,大大提高了基层行政人员的素质。

其他的行政人员也必须接受过必要的训练才能获得任用。他将"已受训者为试用,未受训者必不用"作为行政人员选拔政策,要求"平时注重调查全县人材,合选者劝令受训"⑧。为此,1939年3月,贵州省成立"县行政人员训练所",后改为"地方行政干部训练委员会",分批抽调各县秘书、科长、科员、督学等接受训练。截至1940年6月,训练所结业的学员二千一百二十二人,分至各县区机关任职⑨。在此基础上,贵州省政府不断提高行政人员的选拔标准,除有特殊资历或经验者外,"一律用大学毕业生来担任县政工作"。全省八十一

---

① 刘学洙:《〈花溪闲笔〉与吴鼎昌的主黔策略》,《文史天地》2002年第7期。
② 《吴主席谈一年来之黔政》,《大公报》(渝版)1938年12月31日。
③ 吴鼎昌:《花溪闲笔初编》,第13页。
④ 吴鼎昌:《花溪闲笔初编》,第14—15页。
⑤ 吴鼎昌:《花溪闲笔初编》,第17页。
⑥ 《吴主席谈一年来之黔政》,《大公报》(渝版)1938年12月31日。
⑦ 《贵州通史》编委会:《贵州通史》第四卷,当代中国出版社2003年版,第157页。
⑧ 吴鼎昌:《黔东巡视纪要(四)》,《大公报》(渝版)1942年5月2日。
⑨ 《贵州通史》编委会:《贵州通史》第四卷,第157页。

个县长中,大学及专科以上毕业的达到五十八人,其中三十五人为大学毕业①,这在当时确实是难能可贵的。

(三) 革新县政

吴鼎昌说:"主席生命系于县长之手,县长生命系于区保之手。"治理好县政,县长至为重要。但在县长的选拔任用上,他主张"在省府各厅处会科秘人员中,专署县府科秘人员中,选择其有荐任资格可胜县长之任者最切实用"。同时他倡导官员任用回避,提出县长及县府高级行政人员"以用本省人为宜,但未可用本县及其邻县者"②。

在注重县长选拔的同时,吴鼎昌一面整顿吏治,一面大胆任用青年人。面对外界对青年县长的质疑,吴解释县长选任均为"考察确有做事能力者",并非"冒然简派"③。吴鼎昌敢于任用青年人担任县长,赋予青年县长以重大职责,体现了他的远见与胆识。而这些青年县长在位时,提高了基层的行政效率,确实促进了贵州经济社会的发展。

吴鼎昌在任期间,还对贵州县、乡基层行政体制大胆革新。由他主持草拟并经省政府会议通过的《贵州省各县与乡镇权责划分方案》,加强县长职权,实行集中统一领导,推行保长、乡镇长差额选举制,并成立县参议会,加强基层政权的民主建设。这一方案是吴对基层民主政治建设的有益探索,也是他追求政治的民主化及现代化的重要表现。

在吴鼎昌的努力下,贵州成为抗战后方发展最为迅速的省份之一。1943年春,蒋介石到贵州视察,发表讲话称"贵州人近来已在天堂矣!若在(民国)24年时(1935年)则尚在地狱之中"④,表达了对吴鼎昌主黔工作的满意。

吴鼎昌主政贵州七年,为巩固大后方、支持抗战做出了贡献。他在发展经济、开发人力和革新县政上做出的努力,对贵州社会政治的变迁具有相当的影响。

---

① 吴鼎昌:《花溪闲笔初编》,第18页。
② 吴鼎昌:《花溪闲笔初编》,第43—45页。
③ 王芸生:《贵阳之夏》(中),《大公报》(渝版)1943年7月31日。
④ 尚传道:《对吴鼎昌主黔七年的回忆》,《贵州文史资料选辑》第31辑,贵州人民出版社1992年版,第32页。

(四)重回中枢

1945年1月,吴鼎昌离开贵州,到重庆担任国民政府文官长,成了蒋介石的"身边人"。5月被选为中央监察委员。9月又兼任国民党中央设计局秘书长。1946年8月,吴被委任南京政府制宪"国大"筹备委员会委员,1948年4月被任命为总统府秘书长。

1948年,国民政府实行新的货币政策,酝酿发行金圆券,此举遭到吴鼎昌的反对。但他的反对意见并未引起重视。此后国民党的货币制度彻底失败,一时间物价飞涨,物资紧缺,民不聊生。1949年1月淮海战役后,蒋介石被迫宣布"引退",吴鼎昌经过慎重权衡,顺势辞去了总统府秘书长的职务,最终离开内地避居香港。

六、世人评说

吴鼎昌自述有三大志向:一是办一张报纸,二是办一个储蓄会,三是建一家大饭店。但从吴鼎昌的生平来看,出仕也是吴的志向之一,只是未曾明言。王芸生曾言,吴是一个"拥有资财的投机政客"。是否投机我们难以评判,但从大清到段祺瑞再到蒋介石,从交通系到安福系再到新政学系,时局的变换中,吴鼎昌虽仕途有起伏、观念有变化,但官确实越做越大。必须说,吴是一个非常有眼光、有谋略、有能力的人。姜超岳在谈及对吴的印象时也称其"为人之风度,处事之魄力,见解之卓越,深感非常人所可及"[①]。

工作上,吴鼎昌用人敢于放手。徐铸成在回忆录中谈到吴鼎昌"这种放手让合作者发挥其所长,'用人不疑,疑人不用'的气魄,可能是他的事业能作出成就的一个重要原因"。无论是与胡政之、张季鸾联合创办《大公报》,还是与吴逊一合伙经营的国际饭店,吴鼎昌都是"大事管管,小事放手",吴逊一对此深有感触,曾提到吴鼎昌"除大政方针外,国际饭店一切事务,全委给我全权办理,他从不过问"[②]。胡光麃曾言吴鼎昌"究其生平言行著述,就本人所知,亦从

---

① 姜超岳:《我对吴公鼎昌之印象》,《传记文学》1979年第34卷第4期,第66页。
② 徐铸成:《民国记事:徐铸成回忆录》,广西人民出版社2015年版,第151页。

无矜骄夸张的表示,处世接物亦无争权夺利的行为","四行联营则委之钱永铭先生决定,除政策外,从不干预其进行,凡在财经圈内人士对于达诠先生亦无不默认其为隐然的领袖权威","其办理《大公报》则委之胡政之、张季鸾两人亦复如是"①。政治倾向不同的三人能够如此亲密无间地合作经营《大公报》,也从侧面说明了吴鼎昌为人处世的经验老练。

吴鼎昌这种敢于放手的用人方式,其实是建立在他自己的一套选人用人标准基础之上的。吴鼎昌曾对人言,自己不相信看相。他观察人有自己的方法,"对第一次谈话的人,首先听他说话是不是前后矛盾,第二就听他是不是说大话或乱吹。如果发现那人既矛盾,又乱吹",就认为这人是"靠不住的"。吴椿在忆及此事时,提到吴鼎昌的用人原则是"用人必疑,用人必察,用人必信。经过疑与察的阶段,他就全部授权,绝无保留"。吴椿认为,这是因为吴鼎昌讲信用,重道义,"他对人如此,希望人对他也如此"②。韩文焕在回忆吴鼎昌时提及,"重庆中央训练团调训各省地方行政干部,中央发现其素质之佳,竟以贵州为最"③,这足以证明吴鼎昌选才用人的水准。

在工作和生活中,吴鼎昌也极具"人情味与亲和力"。吴鼎昌在担任贵州省主席时,与年轻县长谈话"总是欠着身子聆听对方讲话","凝神听毕讲者的陈词,绝不中途打岔","县长告别离座,他必抢先走到门旁,扭转门把,打开房门,目送人家走远了,才将门关上"④。抗战胜利,国民政府迁回南京以后,吴鼎昌将在政府旁边的"大批独户楼房,租与高级职员为住宅",并且另拨经费赶建员工宿舍,给员工发放四季制服,安定员工生活,鼓舞服务情绪⑤。在政治上,吴"赞成民主制度——民有、民治、民享。他认为党的用意,在归纳党员意见,订定共同政策。党内意见,不应分歧"⑥。胡光麃称赞吴"为人乃公忠体国,豁达果敢之前辈,功在国家,不可湮没"。吴鼎昌可以说是"卓越的政治家",正如许静芝回忆对他的印象时说道,"在国家最高会议中讨论议案,侃侃而谈,立论精详,洞中肯綮","处理大小政务,有条不紊,悉合机宜。至其发言时",能做到

---

① 胡光麃:《我记忆中的吴鼎昌(达诠)先生》,《传记文学》1979年第34卷第3期,第36页。
② 吴椿:《我记忆中有关吴先生的几件事》,《传记文学》1979年第34卷第5期,第97页。
③ 韩文焕:《我所认识的吴达诠先生》,《传记文学》1979年第34卷第5期,第100页。
④ 耿修业:《追忆吴达诠先生:怀念在贵州的一段岁月》,《传记文学》1990年第56卷第4期,第75页。
⑤ 梅嶙高:《吴达诠先生座谈会发言要点》,《传记文学》1979年第34卷第5期,第102页。
⑥ 吴椿:《我记忆中有关吴先生的几件事》,《传记文学》1979年第34卷第5期,第96页。

"仪态之从容安详,言词之恰当动人","非一般人所能企及"①。梅嶙高认为吴鼎昌在"主持党政军人事管理座谈会,由各机关首长轮流当值,提出人事上有关重大疑难问题,当场解决……政令推行,收效孔多"。通过这些"事务性之措施,亦可窥彼治事富有构想及气魄于一斑"。因此,"其雄才大略,于政治成就必更宏大;惟政治欲望较高,终不免于古之策士之概!"②

张群曾回忆吴为人"很沉着,说话不多,简单明了,遇事先是述明事情的结果,再提出他主张","对各种问题都很清楚"③。曹聚仁更是认为"其人品与才学,都和司马光相近"④。韩文焕对吴鼎昌做过这样的评价:"我所认识的达诠先生,第一、就学问而言先生新旧皆通、中外皆通。他的中国旧学基础甚好,诗文甚佳……有世界眼光、时代知识。第二、就用人而言,他毫无偏私,惟才惟能。第三、就为政而言,他为人精明能干,但对部属却不苛求,能替人设想,有忠恕之道。有好处长处不吝奖勉,短处缺失则婉为开导,使人自愧自改。……又常于闲谈之中发现他常有独到卓越见解,这都是他智慧过人之故,真是举不胜举。"⑤吴鼎昌"对于后辈一举一动,都异常关切,随时不吝指教"⑥。

曾任《大公报》记者的陈纪滢认为:"吴氏以'洋翰林'出身,对于地方行政,卓见甚多","然而若以影响后代深远论,则仍以发起与扶植《大公报》为最著","达诠先生不仅是接办《大公报》唯一出钱的人,也是最大的精神支柱"⑦。

1934年,吴鼎昌赋诗《赠张季鸾》:"嗟予作计止为身,问君上策将如何。"报业、金融、政治三栖结合,三足鼎立,互相借力,共同发展,便是吴鼎昌事业兴旺发达,个人理想与人生价值实现的上策。

七、结语

如前所述,吴鼎昌曾立志一生要办三件事:一是办一个储蓄会,以夺回外

---

① 许静芝:《吴达诠先生印象记》,《传记文学》1979年第34卷第3期,第34页。
② 梅嶙高:《吴达诠先生座谈会发言要点》,《传记文学》1979年第34卷第5期,第102页。
③ 张群:《吴元黎博士访问张岳军先生》,《传记文学》1979年第34卷第5期,第95页。
④ 曹聚仁:《论杜诗及其它》,上海教育出版社1993年版,第213页。
⑤ 韩文焕:《我所认识的吴达诠先生》,《传记文学》1979年第34卷第5期,第100页。
⑥ 陈纪滢:《吴达诠先生与大公报》,《传记文学》1979年第34卷第3期,第45页。
⑦ 陈纪滢:《吴达诠先生与大公报》,《传记文学》1979年第34卷第3期,第45、42页。

国储蓄会、中法储蓄会所夺走的利益；二是办一家"现代化"的大饭店，以替代上海的外商饭店；三是创办一张像样的报纸①。纵观吴鼎昌的一生，可以说他在一定程度上实现了其生平理想。在民国政治动荡、社会变革剧烈、经济不稳的大环境下，吴鼎昌的人生精彩纷呈。

吴鼎昌既是一个金融家，又是一个政治家，还是一个具有留学背景的技术官僚。因获得皖系、安福系的支持，凭借着与徐世昌的关系，吴鼎昌被推选为1919年南北和议的北方代表，并成为北方代表团的主要决策者之一。皖系倒台后，吴暂时退出政界，转战金融界，创办金城银行，掌控盐业银行并最终领导北四行。他资助《国闻周报》，并借此发表对中国经济的观察与思考；续刊《大公报》，并将其逐渐发展壮大。他在金融界的地位和影响，是其进入政界的重要资本，在受到蒋介石的青睐后，先后出任实业部长、贵州省政府主席、国民政府文官长、总统府秘书长等职务，令其个人命运与国民党的命运紧密相连。中国文人的"学而优则仕""商而优则仕"在吴鼎昌身上得以完美体现。

吴鼎昌既是"文人论政"的倡导者和践行者，也是"四不主义"的始创者和修改者。吴一生治学勤奋，著述颇丰，有《中国新经济政策》《花溪闲笔》等刊行于世。在《国闻周报》创办时期，吴鼎昌以"前溪"为笔名，发表经济评论文章。至新记《大公报》续刊，与张季鸾、胡政之合作无间，饮誉报坛，最终成为吴鼎昌重返仕途的重要政治筹码。

吴鼎昌是国民党内新政学系的重要成员，是体制内拥有独立政治主张的资产阶级自由派，他参加内阁或主政地方，都成为其推行独立政治主张的重要途径。吴鼎昌的实业主张与实践，不排除有维护南京国民政府统治的一面，但在一定程度上也推动了近代中国的工业化和经济的现代化②。

纵观吴鼎昌的一生，他既有传统中国人的家国观念，也有传统中国文人的治国情怀，他性格坚韧，力行实干，将理想与抱负诉诸实践，在金融、政治、报业等领域都有所成。正如陈纪滢所言，吴鼎昌"一身事功无穷，从金融、经济、实业，一至省主席、文官长、秘书长，都有卓越贡献，足资后人景仰。他应是民国

---

① 徐铸成：《报人张季鸾先生传》，第80页。
② 林绪武：《新政学系的地方行政实践探析——以张群为中心》，《南开学报（哲学社会科学版）》2009年第3期。

以来成功而最显赫的金融家与政治家之一"①。1950年8月,吴鼎昌病逝。1951年10月4日,蒋介石明令褒扬他:"志行清纯,才识宏通……从事金融文化事业,颇著能声……于通商惠工察吏安民诸要端,备罄犹为,懋彰绩效。"②

---

① 陈纪滢:《吴达诠先生与大公报》,《传记文学》1979第34卷第3期,第45页。
② 梅崤高:《吴达诠先生座谈会发言要点》,《传记文学》1979年第34卷第5期,第101页。

尽瘁大公：胡政之*

1889年（光绪十五年）6月25日（农历五月廿七日），胡政之出生于四川成都①。原名嘉鏻，字政之，后改名胡霖。1897—1905年，胡政之在私塾和安徽省立高等学堂就读，打下了扎实的古文和英文基础，同时也受到传统文化的熏陶；1906—1911年，赴日本留学，先入日本中央大学，后入外国语学校学英文，主修法律、语言和科学。

胡政之的新闻生涯（1912—1949年）跨越整个民国时期：1912年始，先后加盟过《大共和日报》《大公报》《新社会报》；20世纪20年代又成功创办过国闻通信社和《国闻周报》；1926年与吴鼎昌、张季鸾一起组建新记公司接办《大公报》，并将新记《大公报》支撑至最后。他两次入主《大公报》，先后在这个报纸工作二十七年，是与该报渊源最深、对该报贡献最大的一人②。

一、改革王郅隆时期的《大公报》

张季鸾在《〈大公报〉一万号纪念辞》中说："《大公报》……入民国后，英君渐老，社务中衰，民国六七年，曾经整理，营业再振，复因顿挫，至十四年冬而休刊。"③"民国六七年"曾是王郅隆时期《大公报》的中兴之年，其原因就是胡政之对《大公报》进行了改革："民国六年乃由旧股东王祝三先生全部接收，聘请我任经理兼总编辑，力加整顿，浸复旧观。"④

---

* 撰稿人：王咏梅，山东大学新闻传播学院教授；李胜南，硕士，曾就职于《新闻晚报》《东方早报》等媒体。
① 胡玫、王瑾编：《回忆胡政之》，天津人民出版社2009年版，第252页。
② 方汉奇为王瑾、胡玫主编的《胡政之先生纪念文集》所作的"序"，2002年内部出版，第2页。
③ 张季鸾：《本报一万号纪念辞》，《大公报》1931年5月22日。
④ 胡政之：《回首一十七年》，《大公报》（沪版）1949年4月15日。

1916年10月,胡政之就任王郅隆《大公报》经理兼总编辑不久,就在1917年1月3日所发表的元旦寄语《本报之新希望》中说:"本报入世历十数寒暑,与恶政府战,与恶社会战,其间殆不知经几许艰苦,而后乃能随世运之进步,以有今日,是本报之历史,一奋斗之历史也。不慧主斯报方三阅月,窃不自量其棉薄,欲举吾报奋斗之历史而光大之,以应时世之潮流,以求长足之进步。"表达了他继承发扬英敛之时期《大公报》的奋斗精神,又与时俱进的决心。同时他又说"惟不愿言其远者、大者,而愿言其近者、小者",可见他的改革是谨慎而切实的。其措施如下:

一是"改良新闻记事",扩展新闻来源,注重新闻真实性,加强对重大新闻事件的报道。胡政之说:"吾以为新闻事业之天职有二,一在报道真确公正之新闻,一在铸造稳健切实之舆论。而二者相较,前者尤重。盖新闻不真确、不公正,则稳健切实之舆论无所根据也。"又说:"新闻者天下之公器,非记者一二人所可私,亦非一党一派所可得而私。不慧自入报界,以不攻击私德,不偏袒一党自誓,更不愿以过激之言词欺世而盗名,故本报向来报道多而主张少,今后亦当如此,盖记者之愚以为,今日新闻界非先从改良新闻记事、博得社会信用入手,不足以言发表言论。即发表言论,亦不足以言铸造舆论也。""要之,本报之新希望在秉其奋斗之精神,益益改良新闻记事,以为铸造健全舆论之基础。"①可见,"改良新闻记事"被胡政之视为接手《大公报》后最为重要的基础工作。

胡政之如是言、如是行。"当时报馆如衙门,主持人称师爷,全馆为天主教徒,只我一个人不是。访员七个人皆为脑中专电制造专家,我把他们开除了六个,自己动手。留下的一个,他的父亲是总统府的承宣官(即听差头),总统派车接谁和谁去看总统的消息,因为他是宣达者,所以不会错的。"②同时胡政之还在北京聘请林白水、梁鸿志、王峨孙等六七人为特约访员,每天以电话向天津发消息,或以快邮寄稿,新闻因此大有改观。

五四运动前后,天津先后办起了平民通讯社、世界通讯社等十几家通讯社,所发稿件质量参差不齐③。胡政之不满意于仅仅以通讯社稿件和转载其他

---

① 冷观:《本报之新希望》,《大公报》1917年1月3日。
② 徐盈记:《胡政之谈民元报业》,《人物杂志》1947年第2卷第11期。
③ 邹仆:《解放前天津市新闻事业发展概要》,天津日报新闻研究室编:《新闻史料》第29辑,天津日报社1994年版,第32页。

报纸新闻为《大公报》的稿源,因而分批招聘保定、济南、青岛、开封、西安、太原、汉口、奉天、广州、成都、长沙、南京、上海等地访员"专司采访","使南北消息捷于影响"①。胡政之不仅要求记者们去新闻发生地采访、狠抓独家报道,在"国际关系至为复杂,军事情态尤多变化,事实真相不易明了"②之际,或遇到"关系全球,而事实真相仅凭邮电遥传,未易明瞭"③的国际新闻时,还亲自出马,深入现场进行采访,及时为报社发回专电、特约通信、专件等④。从此,《大公报》上常常有消息来源广泛的"专电""特电",逐渐形成了自己的新闻特色。

除在采访方面下功夫以外,在编辑环节上,胡政之主持下的《大公报》也很注重对新闻真实性的把关。遇有"事关公益、义应披露"的匿名稿,《大公报》往往拒绝刊登,要求投稿者"将真实姓名住址详细书明,加盖图记,俾本报得确知稿所由来,即当量为揭载",同时申明"亦并不将投稿者姓名揭出也"⑤。力图在保护新闻真实性的同时保护消息来源。当新闻中所涉及当事人对新闻的真实性提出意见时,《大公报》就认真对待,在调查后及时给予答复⑥。当发现在可以刊登的来稿中有"与事实不尽相和"的内容时,《大公报》就在文章正文前面发表"记者按"以示提醒⑦。在"用兵时期,军事新闻关系尤大","记载向重详实"的《大公报》对"新闻自当格外审择,以昭慎重"⑧。

《大公报》加强新闻报道,受到读者关注。一段时期,"因销量日增,机器赶印不及,'特别附张'印成较迟,报贩急于取报分送,未克久待,以致'附张'往往遗漏未送"。《大公报》因"日来叠接阅者函告未见'附张'情形,无任愧悚"而"至为抱歉",决定"此后如出'特别附张',当提前发稿,早刻付印,以免误时"⑨。张勋复辟时,虽然因为兵乱,京津火车时有阻滞,报纸到京时间难免稍有延

---

① 《本报特别广告》,《大公报》1917年1月14日;《本报招聘访员》,《大公报》1917年7月18日;《本报添聘北京访员》,《大公报》1917年9月25日;《注意阴历新年后之本报》,《大公报》1918年2月1日;《本馆招聘保定访员》,《大公报》1918年7月17日和9月4日。
② 《本报特告》,《大公报》1918年9月13日。
③ 《本报特告》,《大公报》1918年12月1日。
④ 如1918年参访东北发回的专件;1919年采访巴黎和会发回的专电、巴黎特约通信。
⑤ 《投稿诸君注意》,《大公报》1917年3月13日。
⑥ 《紧要声明》,《大公报》1917年5月1日。
⑦ 《记者按》,《大公报》1917年3月28日所刊登的"来稿"《我国宜乘中德绝交之时机实行征兵制度论》;对评论也是这样,见《冷观志》,《大公报》1917年5月14日所刊登的"专论"《论中德邦交及加入连合系之关系》。
⑧ 《公函照登》,《大公报》1917年7月7日。
⑨ 《本报特别启事》,《大公报》1917年6月12日。

误①,但"张勋复辟之役,本报言论纪事,翕合人心,销路大涨,一时有辛亥年上海《民立报》之目"②。1917年7月5日起刊载的《本报特别启事》可以为证:"本报日来销数飞涨,工人印刷劳苦异常。"因为印报机是人工手摇的,没有用电力马达,所以工人日夜印刷不停。至此,胡政之接办《大公报》还不到一年,发行量已过万份,成为英敛之以后的又一个高峰③。

二是革新版面。这项工作是从1916年11月10日开始的。主要表现在以下方面:

(1) 版面从书册式改为通栏式,将两栏改成四栏,将两张半扩为三大张。《大公报》自1902年创刊以来一直是书册式排版,即一个整版直排,分上下两栏,两栏分别加上边框,栏之间留一空白,印有出版年月和张数版数等信息,对折以后即可装订成册。胡政之入馆一个月后,即从1916年11月10日起,《大公报》由书册式改成了通栏式,将垂直的两栏改成四栏,中间只用细线隔开,不留白。从1917年1月28日开始,《大公报》版式由原来的一版四栏变为六栏,栏目的编排参差错落,而不是齐刷刷的整齐划一。同时,短新闻增多,内容更加丰富。1918年2月后,又增加篇幅到三大张(原为两张半),"以广揭载"④。后由于"纸料奇昂""累赔甚巨","只得暂行减少半张";"新闻多用五号字,以省篇幅,内容不至减少"⑤。

(2) 在报道编排上,《大公报》将新闻报道和言论相配合,显得丰富充实。一些新闻的标题由单行题变为多行题,使读者在极短的时间内通过扫描就能很清楚地了解到新闻的大致内容,又使版面变得错落有致,更加活泼。

(3) 每版还配有与栏目主旨相配的图案,在一定时间内基本固定,既强化了栏目的概念,又美化与丰富了版面。每版配图不超过三个,故不显得花哨、杂乱⑥。

(4) 在字号方面也进行了调整,各种字号大小间隔、搭配。新闻版以前只用两种大小字号的字,把标题与正文区别开来。改版后,当新闻专电十分重要

---

① 《阅大公报诸君注意》,《大公报》1917年8月7日。
② 胡政之:《回首一十七年》,《大公报》(沪版)1949年4月15日。
③ 付阳、王瑾:《胡政之与1916—1920年的〈大公报〉》,《书屋》2004年第12期。
④ 《注意阴历新年后之本报》,《大公报》1918年2月1日。
⑤ 《本馆特别启事》,《大公报》1918年11月1日。
⑥ 方汉奇等:《〈大公报〉百年史(1902.06.17—2002.06.17)》,中国人民大学出版社2004年版,第160页。

时,全文都用大字号,以突出其重要性。从1916年11月20日起,有些新闻的重要章句,用大字号处理,以提请读者注意。1918年2月,"更将各号铅字一律换用最新式,益令面目一新"①。

(5)运用新闻照片,吸引读者注意。1918年1月1日,《大公报》"撮一年间之时事要端",特编《〈大公报〉新年增刊——民国六年之回顾》,不仅刊载民国六年之重要文件,还"佐以关于大事之各种插画数十幅",精印一大张,随报附送,不取分文,"以供阅报诸君之雅赏,藉留民国六年之纪念"②。这不单是《大公报》效果良好的订阅"宣传单",也反映了《大公报》以新闻摄影图像真实记录历史的思路。

(6)受新文化运动的影响,从1920年7月1日开始,《大公报》所有文章都使用新式标点符号。但8月12日胡政之辞职后,基本取消新式标点,只在个别文章中使用。

版面的革新,给排字工提出了新的要求。尽管最初排字工不习惯,深以为苦,但胡政之每天晚上都要在排字房指导排版,以一点一滴的努力推动《大公报》版式迈向现代化。

三是增设传达新思想的平台,创新教育、文化、实业、经济等栏目。

1917年1月15日起,《大公报》刊出了《阴历新年本报大改良广告》,郑重申明要及时向读者报告包括宪法会议等中央时政要闻在内的各种重要新闻;同时设"特别记载"栏,并由胡政之亲自主持采访,以随时介绍海内外名流意见;还特设实业、教育专栏,以达到教民、富民的目的。

胡政之如此重视教育、实业、文化内容,主要是因为他看到了未来世界的竞争趋势。1917年初"一战"还在进行中时,胡政之就说:"此次欧洲战争,与吾人以教训至多,其中最著者,即今之战争,非兵力战,乃脑力战是也。"并认为英国受到极大的打击,正是由于不注意"系统的科学之研究";而日本由弱变强也是由于"教育之功"③。在《本报特辟教育实业专栏预告》中,《大公报》也明确说:"本报同人以为今日救国大计,惟在教民富国,故教育实业乃国家存亡关键,拟即日于本报特辟教育实业专栏,广搜名家论著,介绍调查报告,披露各种

---

① 《注意阴历新年后之本报》,《大公报》1918年2月1日。
② 《本馆特别启事》,《大公报》1917年12月30日。
③ 胡政之:《冷观小言》,《大公报》1917年2月1日。

成绩,以供爱读诸君参考。"①可见胡政之主持下《大公报》强烈的社会责任感和爱国心。

四是重视国际新闻的采访,普及世界知识,"以期养成国民世界的判断力"。

早在1917年初,胡政之就曾表示:"不能不叹国人世界智识之修养不足。"②1918年"一战"结束后,胡政之又指出:"吾人丁兹时会,亟应根本觉悟。第一,中国已深入世界竞争之场,宜即一新全国之精神,打破锁国之旧思想,勉图了解新时代之新思潮。"③因此他十分重视国际新闻,特别是与中国有关的国际形势的采访和评论。1918年秋,在中国出兵西伯利亚的事件中,胡政之亲临海参崴(符拉迪沃斯托克)采访,历时一个月,在《大公报》发表长篇通讯《旅游漫记》,详细报道中东路问题及西伯利亚出兵等实情,开创了报纸主持人亲自出国采访、考察的先例。之后,他作为《大公报》记者采访巴黎和会,成为和会签字那天唯一在场的中国记者和首次到现场采访国际会议的中国记者。

欧美之旅进一步开阔了胡政之的眼界。1920年5月28日胡政之回国抵上海,在上海报界欢迎会上,他说:"鄙人此行,感触最深者,一为我国人与外国人隔阂太甚,必须注重国民交际。……"④而通过报纸普及世界知识正是其中极为重要的一环。1920年6月23日,《大公报》在显著位置刊出《注意本报之大改良》:"本报从七月一号起,融合世界各国报纸特色,将内容完全改造。……(一)系统的记叙世界最新潮流,养成国民世界的判断力……"7月1日,胡政之在《大公报》发表的《本报改造之旨趣》一文又提出:"新闻为社会之缩影。吾国社会所最缺者,为世界智识。自来报纸所载世界消息,或传自机关作用之通信社,或译自辗转传闻之外国报,东鳞西爪,模糊不明,以致读者意趣索然。本报今后于世界潮流,国际形势,当编成系统,纪叙本原,以期养成国民世界的判断力。"

胡政之在该文中还说:"两年以来,政治腐败,国民失望,失望之极,各图精神之解放。于是欧美思潮,众流并进,此固民众进步之征,然不澈底的改造思想,流弊所及,为害兹大。试观二十年前先觉之士,提倡改革,而无人为精邃之

---

① 《本报特辟教育实业专栏预告》,《大公报》1917年1月15日。
② 冷观:《吾人将何以应付此艰难之时局乎》,《大公报》1917年2月11日。
③ 冷观:《世界之新纪元》,《大公报》1918年11月13日。
④ 《上海报界欢迎本报记者胡政之君》,《大公报》1920年5月30日。

研究,所以辛亥变革以后,政治革命,一无良果。今兹若不惩鉴前车,是将来似是而非之不澈底的社会革命,必难幸免,就现在以测将来,宁不令人胆寒?斯则高瞻远瞩之士,所当切究厉害,防弥巨患。而吾人所愿竭其浅识,研求改造之正鹄者也。"①因此,《大公报》在当天"思潮"栏的"宣言"中说:"本报为顺应世界潮流,提倡文化运动,故特辟思潮一栏,用研究的精神求事理的真诚,不搀派别的意味,为一家一说张旗鼓,愿陈列其所知以供社会的批判。不愿矫饰其说,诱致社会于盲从。"②

在中国共产党尚未成立时,胡政之即已开始关注社会主义思潮。在《世界新旧势力奋斗中之中国》中他已提及《共产党宣言》(即文中《公产党宣言书》)。在《资本主义欤社会主义欤》中,他说:"中国自来四民平等,匹夫而傲王侯,布衣而致卿相,未尝有阶级也。……中国本无欧洲之历史,复非欧洲之社会,若强将西方社会主义之说,移植中土,此与创造历史、创造社会无异,其为不当,不待智者而后知之。"因此他提出中国的改造"当根据中国之历史国情,参酌世界之潮流趋势,采特殊之方针,取资本主义之长处,以谋殖产兴业,行社会主义之精神以弭社会革命"。"抑今日中国改造之根本问题,尤在教育,方今资本主义,已成强弩之末,社会主义之实行,不过方法问题与时间问题。于此首当注意者,为一般国民之政治教育,盖往昔之政治,为特殊阶级之专业,而今后之政治,则国民全体之职务。"他提醒国人要防患未然,假如国民缺乏谋求公益的道德,并且无担当公务的知识与能力,一旦在国家权力支配下扩大"公生活",结果"将养成新官僚派,或少数暴民,矫窃公意,成少数专制之局"③。因此,他"以灌输政治常识自勉"④。

五是"为公共谋利益"指导思想下的平民化趋向。

在胡政之的主持下,《大公报》在新闻内容、栏目设置、广告上都体现出越来越浓重的平民化趋向。

《大公报》关注民生民瘼。1917年7月到1918年4月,天津遭遇特大水灾。这期间,《大公报》时常刊登各种代募水灾捐金清单,"随报附送天津水灾难民图"⑤,积极报道各地灾情。1917年9月24日,《大公报》刊登《为灾民请

---

① 政之:《本报改造之旨趣》,《大公报》1920年7月1日。
② 《宣言》,《大公报》1920年7月1日。
③ 政之:《资本主义欤社会主义欤》,《大公报》1920年7月14—15日。
④ 政之:《本报改造之旨趣》,《大公报》1920年7月1日。
⑤ 《今日随报附送天津水灾难民图,阅报诸君幸注意焉》,《大公报》1917年8月22日。

命》,说:"本年京畿水灾,为数十年来所未有。近来本津贤长官与地方热心公益之善士奔走筹赈,不遗余力,本报同人牵于报务,未能随诸大仁人之后为苦同胞效力,良用歉然。惟念本埠为通商大地,人财两富,调查劝捐较易着手,若夫省外各县,或屯镇村庄受灾,或烈于天津,而灾情反无从吁诉。本报窃愿尽其力所能及,宣布各处灾情,以辅官署调查之所不及,且代各处苦同胞呼吁于诸大仁义士之前,而求其拯援。尚乞各县人士,或身受奇灾,或目击惨状,迅将现在被灾之状况、善后之办法录赐本报当为披露,吁求救济,不但本报之幸,被难同胞实拜其惠。敢布赤忱,伏乞公鉴。"一时,读者纷纷寄信报告灾情①,到后来,关于救灾筹赈之函稿"日必数十通本",以至于报纸"限于篇幅","遍登殊觉困难,只得分别缓急,择要先载,其余次要各稿,俟后再设法补登"②。可见人们响应的积极程度。

民国初年军阀混战、民生疲敝,整个社会几乎陷入失序的状态,普通民众在动荡不安的环境中难以抵御各种灾祸的交相侵袭。《大公报》不仅报道灾害情况,还发评论为灾民请命:"语云:大兵之后,必有凶年。溯自辛亥以还,无岁不见兵革,即无岁不遇灾祲。凶年与大兵竟有互相起伏、循环不息之势。天灾人祸交迫而来,吾侪小民真不知死所矣。加之以师旅,因之以饥馑,或即为训练我民进于有勇知方之机会乎?"③

《大公报》的平民化趋势也体现在时事漫画的刊登上。1918年《大公报》"拟添设插画一门,无论政治画、讽刺画、滑稽画,均所欢迎"④,并多次聘请插画作者。从1918年2月15日到1921年,《大公报》每天都在副刊版面上登一幅时事漫画,作者也相对固定。

1920年6月23日《大公报》刊登《广告改良的广告》:"报纸上的封面广告,地位最好,价值也最贵,从来终是被有钱的人独占了。平民要想利用,终是限于金钱,不能如愿。现在本报为公益起见,要想把这习惯推翻,叫社会上无论何人可以出最少的钱登最好地位的广告,真有一本万利的好处。从七月一号起,把封面地位腾出,专登和社会关系最密切的小短期广告,实是中国报界破天荒的创举。章程另订如下,望各界诸君注意。"⑤

---

① 《请看本报所得各处水灾报告》,《大公报》1917年10月2—16日。
② 《本馆特别启事》,《大公报》1917年11月9日。
③ 无妄:《天人交迫》,《大公报》1917年8月13日。
④ 《本报特别启事二》,《大公报》1918年2月3日;《征求插画》,《大公报》1918年8月17日。
⑤ 《广告改良的广告》,《大公报》1920年6月23日。

1920年8月12日,胡政之在《大公报》上刊登《启事》说:"余自欧洲返国,仍主持大公报社务,原欲以最新智识唤醒国人迷梦,今见社会空气愈益恶浊,断非一时笔舌所能挽回,已将《大公报》主笔兼经理职务概行辞退。自八月十二日起余与《大公报》完全脱离关系。"①

从1916年10月到1920年8月,胡政之第一次入主《大公报》前后不足四年,其间出国一年半,实际主持《大公报》的时间不过两年有余。但这四年,也是《大公报》王郅隆时期最兴旺的几年,在他的报业生涯中更是一个极为重要的阶段。这个时期,胡政之逐渐对报纸工作全力以赴、情有独钟,其多方面的能力得到锻炼,职业才华得以显露。作为主政者,几年内他在《大公报》发表的评论文字不下五百篇。此后,胡政之于1921年3月进入林白水创办的《新社会报》后,从1921年3月1日创刊号起写的《本报发刊辞》到8月13日发表最后一篇文章《东俄与中国》,亦共在《新社会报》上发表了近百篇论评、时评,平均每三天写两篇,成为《新社会报》创办初期社论写作的主力,其创作能力可见一斑。作为总编辑和总经理,他运筹帷幄,大力革新,上述有效措施显现出他对一部分新闻理想的实践。作为记者,他采访过巴黎和会,成为现场采访巴黎和会唯一的中国记者和首次采访国际会议的中国记者;他的东北游记和欧洲游记,以系列形式发表,系统而深入,知识性强,在当时流行的游记式报道中是水平最高的之一②。作为中国早期通讯社的创办者之一,1917年胡政之还在北京创办过中华通信社。难怪方汉奇评价说:"胡政之和与他同时代的邵飘萍、成舍我等一样,都称得上是新闻事业的全才,和新闻工作的多面手。"③

二、采访巴黎和会

1918年12月,三十岁的胡政之以《大公报》记者身份赴欧洲采访巴黎和会,成为巴黎和会中唯一到场的中国记者,也是第一次现场采访国际会议的中国记者。

---

① 《胡政之启事》,《大公报》1920年8月12日。
② 方汉奇等:《〈大公报〉百年史(1902.06.17—2002.06.17)》,第146、157页。
③ 方汉奇:《怎样评价胡政之》,《方汉奇文集》,汕头大学出版社2003年版,第477页。

第一次世界大战结束后，战胜国在法国巴黎凡尔赛宫召开和平会议。中国在战争中曾参加协约国对德宣战，因此得以以战胜国资格出席会议。北京政府派外交总长陆徵祥及顾维钧、王正廷、施肇基、魏宸组五人为全权代表出席会议。为了真实报道这次会议情况，胡政之以《大公报》记者名义赴巴黎采访。1918年12月1日起，《大公报》连续刊登《本报特告》："现在欧战告终，和议方开，此际消息关系全球，而事实真相仅凭邮电遥传，未易明了。本报记者胡冷观君有鉴于此，特于十二月三日出发为欧美之游，将以调查所得各种情形，通缄本报披露，以告国人，俾各瞭然于世界将来大势。"①

胡政之此行采访的路线如下：1918年12月4日由天津出发，绕道日本、美国，于1919年1月23日抵巴黎，23至25日以新闻记者身份领取法国外交部发放的旁听证入和平会议旁听。其时，各国记者云集，美、英国各有二百多人，意大利有一百多人，日本也有三十多人，而中国以纯粹新闻记者资格前往采访者唯有胡政之一人。4月26日，他参加了在巴黎举行的宴会并发表演说。6月28日，参加凡尔赛宫协约国代表与德国代表的和平条约签字仪式。胡政之以中国报界名义向巴黎新闻界发表"声明"，说明中国不能在对德和约上签字的理由。

从1月25日和会开幕到6月28日中国代表拒绝在和约上签字，胡政之发回十多封"巴黎专电"②。每封专电字数不一，但都言简意赅。从巴黎发出到《大公报》收到，费时二至九天不等。而《大公报》收到后，往往第二天就刊载在报纸的第一张上。至9月，《大公报》发表了五篇相关通讯。其中三篇冠名"巴黎特约通信"，分别为《平和会议之光景》（4月20—24日），胡政之翻译、顾维钧用英文写作的《中国代表为青岛问题向平和会议提出之说帖》（5月11—16日），《外交人物之写真》（5月17—18日）。两篇冠以"专件"之名，分别为《平和会议决定山东问题实纪》（7月9—12日）、《一九一九年六月二十八日与中国》（9月3—6日）。因为内容丰富、篇幅较长，以上报道都作连载。

在采访巴黎和会之前，胡政之对战后世界变化趋势抱有相当的希望。他在1918年11月发表的"论评"《世界之新纪元》中说："协约国所为苦战数年，卒

---

① 《本报特告》一直刊登到1919年1月中旬，见同一时期的《大公报》的第一张。
② "巴黎专电"分别见《大公报》1919年4月8日、4月18日、4月27日、5月3日、5月7日、5月11日、5月15日、5月20日、5月24日、5月28日、6月10日、7月1日（6月24日发，30日到）、7月3日（6月28日发，7月2日到）、7月5日（6月29日发，7月4日到）的第一张，共14封。

能收最后之胜利者,即恃此公道与人心为后盾耳。协约国人既投无量数牺牲,则战后之世界,必辟一精神界之新纪元。试观法国革命战争之后,自由平权之原则由是确立。此次战事,规模既大,牺牲尤多,则战争结果,自应有种种新主义之确立,如外交公开、民族自决、弱国保护等等,胥为大战之精神生产物,可以促进新文明。"①并认为此次和平会议必会伸张正义。胡政之也是抱着这样的希望奔赴会场的:"方欧战告终之时,国人习闻威尔逊总统之伟论,以为正义公道从此大伸,对于此次平和会议,抱无穷希望。"但是实际情况给胡政之善良的脑袋狠狠一击:"迨吾人身临欧土,参列会场,目击强国专横武断之状,晓然于强权之势力,至今并未少杀,顿令前此所怀高洁之理想为之减退。"②

在1月25日的会议上,胡政之看到:"会场布置,当中横置长桌一排,法首相克列们梭中坐为主席,美总统威尔逊、英首相路易·乔治分坐左右,更次则英、美其他代表之席。后竖置长桌两排分列左右,为各国代表之席。"胡政之告诉国人,巴黎和会实际上是由英、法、美、意、日五强操纵的,所有事项都是"五强"代表"先议决一定办法,然后提交大会报告一番而已。二三等国家固无可否之权也"③。"和会纯由五强把持,二三等国家代表不但无由发挥意见,实行主张,即欲一探五强会议之内容,亦不可得。"连代表人数都是不对等的:"五强"各有代表五人,比利时、巴西、塞尔维亚等二等国有三人,而中国、葡萄牙、希腊等三等国仅二人④。"公法固不足恃,即人道正义之说亦欺人之谈"。胡政之从而向国人发出了"立国于世界当务修养实力,期能自强"的感慨和"国之不可不自强"的呼吁⑤。

形势已然如此,几个中国"专使"却还内部纷争不断,时而闹出笑话。胡政之对此慨然万分地说:"中国人办事,两人共事必闹意见,三人共事必生党派。"⑥

山东问题是会上与中国关系最大的一件事,中国代表竟然只参加过三次有关会议,其余决定都是在有日本代表而无中国代表的会议上作出的。虽然中国代表做了不少努力,却终归无效。国力太弱,三等国代表"人微言轻",所

---

① 冷观:《世界之新纪元》,《大公报》1918年11月13日。
② 胡政之:《平和会议决定山东问题实纪》,《大公报》1919年7月9日。
③ 胡政之:《平和会议之光景》,《大公报》1919年4月20—24日。
④ 胡政之:《外交人物之写真》,《大公报》1919年5月17—18日。
⑤ 胡政之:《平和会议之光景》,《大公报》1919年4月20—24日。
⑥ 胡政之:《外交人物之写真》,《大公报》1919年5月17—18日。

有要求均不能被列强采纳。胡政之在《平和会议决定山东问题实纪》《中国代表为青岛问题向平和会议提出之说帖》等文中详细披露了其中的内情：英、法、美等列强不顾中国代表的反对，同意将德国在山东掠夺的一切权利全部让予日本，并写进《协约和参战各国对德和约》中去。6月27日夜，中国代表王正廷、顾维钧、魏宸组三人就是否在和约上签字举行彻夜会议，最后为"抵拒国际专制主义"，临时决定不去参加签字仪式。

6月28日，协约国代表与德国代表在凡尔赛旧皇宫签订和平条约，出席的记者达四百多人。中国人中只有胡政之和他临时在法国请的助手谢东发以记者身份在场。由于人数众多，记者们纷纷抢先，座位虽已编号，但无人遵从，开会之前"座位战争非常剧烈"。胡政之的号数为296，属于最后。"余非甘为人后者，亦参加座位战争"，终于占领了最前面的一块地，"虽席地而坐，然会场景物，无不一一入吾眼帘也"①。

"吾人生于此时，得睹世界文化之变迁损益，诚属人生难得之机遇。"②胡政之亲眼见证并记录下了那个历史性时刻。散会后，胡政之立刻来到中国专使办公处，拿到拒绝签字"宣言书"，急送法国各报。但他看到此"宣言书"文字过长，恐各报难以全文登载，于是他对此文做了压缩，并请谢东发翻译成法文，以中国报界名义送巴黎各通讯社转交各报，广为宣传中国代表拒签的理由，并称中国作为协约国之一，竟然要在战胜与自由的名义之下，将四十万人口的领土作为对日的赠品，这种不公正之事在世界史上都是前所未有的，签字无异于"引颈自决"，"中国之不签字，得保其国家之尊严与名誉"③。

采访巴黎和会的经历令胡政之一生难忘。胡政之说："今后之列国会议万不能放弃权利"④，我国记者采访列国会议的权利也不能放弃。"我国报纸之记载，曩只注重东亚一隅，所译欧洲消息，徒以充篇幅而已。……自山东问题起，始唤起中国报界对外之舆论；而驻外特派员，乃渐萌芽。"⑤1918年，继胡政之采访巴黎和会后，向海外特派记者采访国际会议逐渐成为民营大报的常规：同年底，朱少屏、夏奇峰、王一之、李昭实等被派往参加对国际联盟的采访；1920年许建屏、王伯衡、钱伯涵等采访了华盛顿会议。因此，在中国新闻史上，可以

---

① 胡政之：《一九一九年六月二十八日与中国》，《大公报》1919年9月3日。
② 政之：《北京横滨间之行程》，《欧美漫游记》之一，《大公报》1918年12月16日。
③ 胡政之：《一九一九年六月二十八日与中国（续）》，《大公报》1919年9月4日。
④ 冷观：《欧战停止》，《大公报》1918年11月12日。
⑤ 戈公振：《中国报学史》（插图整理版），上海古籍出版社2003年版，第231—232页。

说胡政之是采访国际会议的先驱。

三、经营新记公司《大公报》

1926年6月,胡政之和吴鼎昌、张季鸾用新记公司名义接办《大公报》。9月1日,《大公报》续刊,胡政之为总经理兼副总编辑。续刊之初,胡政之和吴鼎昌、张季鸾三人相约:专心作报,三年内不担任任何有俸给的公职①。正如陈纪滢所言,在近代新闻史上,"惟有胡氏,毕生尽瘁新闻事业,从未旁骛"②。

1921年8月至1926年8月,胡政之创办国闻通信社和《国闻周报》。这是他首次单独办通讯社和新闻周刊,即大获成功,并为将来接收《大公报》打下基础。1926年9月1日胡政之与张季鸾、吴鼎昌接办天津《大公报》以后,以科学管理、现代经营,使一个歇业已久、营业不振、规模甚小、籍籍无名的新闻机构,于数年之内便跻身于全国报业之林,销行之广、影响之大,实为空前。三人还于全面抗战前开创上海馆,抗战爆发后又创汉口版及香港版,后来继续创重庆版及桂林版,在全国报业中转徙之勤、开辟之多,可谓独见。这些事,固然《大公报》同人都有责任,然而主管其事、权衡利害的却主要是胡政之③。因此有人认为胡政之之于《大公报》,堪比于英国北岩爵士(Lord Northcliffe)之于《泰晤士报》,称赞胡政之"文章自古夸西蜀,事业于今胜北岩"④。而这种管理是以人为中心的。

(一)精心擘画,艰苦创业

陈纪滢说:"冒险犯难是政之先生一生最辉煌的精神发挥,积极创业更是他追求的崇高理想。"⑤早在1917年,胡政之就曾说过:"夫今之世界,一生存竞争之世界也,故不进步不得生存,不奋斗不得进步,进步者人生之真价值,奋斗者人生之大本能也,岂惟个人,即社会事业亦曷莫不然?"⑥在谈到中国企业的

---

① 王芸生、曹谷冰:《新记公司〈大公报〉的经营(1926—1949年)》,周雨编:《大公报人忆旧》,中国文史出版社1991年版,第2页。
② 陈纪滢:《胡政之与〈大公报〉》,第16页。
③ 陈纪滢:《胡政之与〈大公报〉》,第16、17页。
④ 曾琦:《敬悼毕生尽瘁新闻事业之张季鸾先生》,转引自陈纪滢:《胡政之与〈大公报〉》,第3页。
⑤ 陈纪滢:《胡政之与〈大公报〉》,第17页。
⑥ 胡政之:《本报之新希望》,《大公报》1917年1月3日。

发展时又曾说:"事业之经营发展,仍系乎其人之奋斗力。自来创立企业者,必有坚毅之性格,勇往之气魄,锲而不舍,然后有成。勇气与毅力,乃人世成功之秘诀,在企业界中,尤不可缺。"①胡政之在管理新记《大公报》过程中,艰苦创业、以身作则,为报社的发展打下了基础。

1. 精心擘画,未雨绸缪

早在1921年,胡政之就曾说:"中国则凡百草创,情势复与外国不同。学者即使知识与外国人相等,而事务之才能,擘画之心计,又另为一事。事业之成败,却于此大有关系,各种企业,因计算之违误而失败者,比比皆是。"②可见"事务之才能,擘画之心计"对事业成功的重要性。陈纪滢说:"季鸾先生的如椽大笔固然已影响了中国重要的时期,使《大公报》的地位抬高;然而如果不是赖政之先生的擘划经营,使报纸销行全国,可能它的影响力要大打折扣。"③这应该是事实——邵飘萍在其1924年出版的《新闻学总论》中说:"《中华新报》为政学会之机关,近亦注意于营业,其执笔之张一苇君,头脑极为明晰,评论亦多中肯,勤勤恳恳,忠于其职,不失为贤明之记者。且自身殊少党派之偏见,惟该报营业方面,似未得法,故销数仍未大增。"④与新记《大公报》的成功相对照,胡政之对该报的贡献可见一斑。

新记《大公报》时期(1926—1949年),正是中华民族陷入内忧外患,举国上下浴血奋战争取国家和民族独立的时期。在全面抗战前夕,胡政之就有把《大公报》面向全国发行的设想⑤。但是随着全面抗战爆发,《大公报》馆也遭遇国难,辗转播迁。胡政之说:"抗战期中虽然发展有沪、汉、港、桂各版,但随失土扩大而迫得放弃,报的销行范围也日见紧缩。"⑥尽管历经艰难变换,报馆却还能保持相当大的规模,胡政之的管理和规划才能在其中起了重要作用。

《大公报》经历的首次灾难出现在它出满一万号后不久。1931年11月8日,在津日本人闹事,《大公报》馆所在的旭街一带成了日军的警备区,"铁网四布,交通阻碍",报馆同人被困,"致9日之报印成未能发行,接连数日,情势严

---

① 冷观:《今后实业界之隐忧》,《大公报》1917年4月3、5日。
② 胡政之:《世界的新形势与中国人应有之觉悟》,《新社会报》1921年6月19、20日。
③ 陈纪滢:《胡政之与〈大公报〉》,第12页。
④ 邵飘萍:《新闻学总论》,京报馆出版部1924年版,第229页。
⑤ 杜文思:《抗战前夕〈大公报〉面向全国发行的设想》,周雨编:《大公报人忆旧》,第50—53页。
⑥ 胡政之讲,曾敏之笔记:《认清时代·维护事业——三十六年十一月二十七日对渝馆编辑部同人谈话》,《大公园地》1947年12月20日复刊第16期。

重,迫不得已,暂时停刊"①。胡政之处乱不惊,与张季鸾商量后果断决定撤出日租界:原来在"九一八"之后,吴、张、胡就料到日租界不可久留,便在法租界找好新址,正在清理修葺。可《大公报》在旭街营业已二十五年,若大基业要在几天内平安迁移绝非易事。迫不得已,报纸只好停刊,胡政之负责调度指挥,组织人员全力抢运,张季鸾、吴鼎昌也亲自到场帮忙。如此同心协力,竟在六天之内将印刷设备、字模纸张等全部完好地搬到了新址。而新址"从发展的观点来看,又胜于原址。后面是一个高大宽敞的车间,很像今天的室内球场,排字房、机器房、铸字房、制版房等都能容纳,还可以贮存一部分白报纸。1930年底,报纸发行数已达3万份,旧轮转机已不能应付。后花了20万元向德国西门子洋行买了一部高速轮转机。如果不搬家,这个庞然大物,四面钟对过是安置不下的。"②这次危机显示出《大公报》馆的向心力,也考验了胡政之的组织调度能力。

国难既起,"《大公报》的事业根据地原在北方,后随抗战形势变化而迁徙沪、汉、港、桂。频年奔波,很像办旅行报"③。先是1935年4月1日沪版创刊,不料"'八一三'战起,上海与各地,亦交通阻断"④,张季鸾率人去汉口开创汉版(张季鸾抵汉时,曹谷冰筹建汉馆事已基本就绪;而曹谷冰到汉之前,胡政之已经从赵惜梦手中接买了《大光报》的全部设备和房屋)⑤,胡政之则留守沪版,"撑持至沪市沦陷以后,终因拒绝非法检查而停刊"。同时他加紧考察,打算在"在津在沪的事业,都玉碎以殉国"的情况下,在香港开创新的基业,以弥补抗战言论的不足。可港馆的创建比汉馆困难得多:英国法律的掣肘,劳工局、卫生局等机关的麻烦颇多,尽管胡政之亲自出马、协调各方,筹备工作仍进展缓慢,直至1938年8月13日方才出版。胡政之亲自写作了《本报发行香港版的声明》,谈及发行香港版的原因:"我们此举,纯因广东地位,异常重要,中国民族解放的艰难大业,今后需要南华同胞努力者,更非常迫切。所以我们更参加

---

① 《〈大公报〉迁移新址出版紧要启事》,《国闻周报》第8卷第45期,1931年11月16日。
② 曹世瑛:《从练习生到外勤课主任》,周雨编:《大公报人忆旧》,第133页。
③ 胡政之讲,曾敏之笔记:《认清时代·维护事业——三十六年十一月二十七日对渝馆编辑部同人谈话》,《大公园地》1947年12月20日复刊第16期。
④ 胡政之:《本报发行香港版的声明》,《大公报》(港版)1938年8月13日。胡政之"没有预料到日本会进攻上海。他对战事很悲观,说东南半壁江山瞬息将化为灰烬。"曹世瑛:《从练习生到外勤课主任》,载周雨编:《大公报人忆旧》,第138页。
⑤ 吴廷俊:《新记〈大公报〉史稿》,武汉出版社2002年版,第216、217页。

到粤港同业的队伍里面来,想特别对于港粤及两广各地的同胞,与南洋侨胞,服务效劳,做一点言论工作。""我们择地于香港,只因商业上的便利。我们信赖中英两国的亲善关系,钦佩一年以来英国舆论一致对中国神圣自卫的同情,特别认识香港政府对于增进中英亲善、促进港粤共存共荣的热心与好意,所以我们毅然将颠沛流离中的一部分事业,寄托在友邦法律管辖之下。也可以说,我们本来志在增进中英邦交,才表示这样信赖。"①《大公报》香港版"不到两月,销路激增到五万余份,发行地域相当普遍,国内达粤桂闽滇以及湘南赣南,国外遍南洋各岛及暹罗、越南。尤可回忆者,世界各地,凡有中国使领馆、中华会馆和中华学校的地方,几乎没有一处不是本报港版的直接订户。这种情形,为国内任何地点办报所未有"②。

港馆立足后,胡政之并未就此松懈。他没有盲从当时舆论,而是独立分析时局,判断日军有南犯的趋向③,香港非可守之地,并于1940年提出办昆明版的计划,后虽由于形势的变化撤销④,但胡政之仍于1940年冬派王文彬着手筹建桂林馆,以备不测。由于辗转迁徙,那时报馆的资金已不太充裕,胡政之便把港馆从繁华的皇后大道中迁至租金便宜得多的利源东街的小楼中,以筹措资金,支持桂馆。他也于年底亲赴桂林,参加筹备工作,又来往于渝、桂之间,备尝辛苦。1941年3月15日桂版创刊。胡政之回忆说:"那时我们在桂林东郊有荒地三十七亩,开辟草莱,种菜植树,并自建防空洞三个,日机虽然常常轰炸,出版绝不受影响,具有百年抗战的绝大决心。"⑤同年12月太平洋战争爆发,香港沦陷,胡政之滞留香港"无法离去,而又虑敌人的察觉,常于棉袍下襟角内,私藏圆形铜钮扣三枚,万一被敌人发觉,即预备吞服,以免受辱"⑥。最后他和几位同事得以撤离,港版旋即停刊,桂馆也果然成为港馆的退路。同人评价说:"他为港馆开辟一退路,高瞻远瞩,令人敬佩!"⑦由于人力增强,人员增多,胡政之便决定发行晚刊,定名"大公晚报",于1942年4月1日出版⑧。陈纪滢感叹道:"一个报馆的关闭与开创都需要烦琐的筹划与经营,以现在的交

---

① 以上引自胡政之:《本报发行香港版的声明》,《大公报》(港版)1938年8月13日。
② 曹谷冰、金诚夫:《抗战时期的〈大公报〉》,周雨编:《大公报人忆旧》,第15、16页。
③ 罗承勋:《〈大公报〉的晚报》,周雨编:《大公报人忆旧》,第152页。
④ 李清芳:《发行工作四十年》,周雨编:《大公报人忆旧》,第47页。
⑤ 胡政之:《〈大公报〉港版复刊辞》,《大公报》(沪版)1948年3月20日。
⑥ 金诚夫、曹谷冰:《〈大公报〉八年来的社难》,《大公报》(沪版)1946年7月7日。
⑦ 尹任先:《政之先生谈片追记》,《大公报》(港版)1949年4月21日。
⑧ 吴廷俊:《新记〈大公报〉史稿》,第238、239页。

通便捷及物资的充沛，尚且不容易，何况在战时？香港既是海外孤岛，两广又是北方起家的《大公报》陌生之地，开开关关，其中所经历的困难，不言而喻。所以曾琦曾说：'吾人于"七七"以后，见《大公报》之移汉移渝，同时复在港在桂设分馆，颇惊其办事之敏锐与办事之周详，较之军队退却，秩序井然，曾何多让？该报渝馆，迭遭轰炸，照常营业，其编辑发行两部职员之牺牲精神，诚不愧张、胡两先生之领导。'这种评语，《大公报》确实当之无愧。"①

1938年港版发行之初，胡政之曾说："在这一年的民族神圣自卫战之中，我们在津在沪的事业，都玉碎以殉国。只余一汉口版，凭简陋的设备，追随全国爱国的言论界，在抗战建国的大旗之下，协同努力，现时依然奋斗着。""然所幸者，不独心不死，人亦未死。虽然备历艰危，而一枝秃笔，却始终在手不放。"②外间有人称《大公报》作"逃难报纸"，胡政之很感慨地说："《大公报》虽然逃难，但它每一次被毁，我总有勇气去把它再建设起来。"杨历樵说："事实上，我们看《大公报》在国难中，由津而沪，而汉，而渝；又由沪而港，而桂，以及战后各馆的次第复刊，主要的都是由政之先生事先的决策，并经过绵密的筹备，而最后实现的。他那高瞻远瞩的眼光，大气磅礴的行动，在现代中国报坛，相信是很少能有人和他比并的。政之先生这种勇于牺牲和不畏艰苦的精神，多年来已浸渍在本社同人之间。"③而同在"八一三"后停刊的《申报》，也曾在汉、港先后复刊，但终因没有"辗转播迁，愈挫愈奋"的精神而停刊。而《大公报》之所以能坚持不屈不挠地斗争，其原因体现于胡政之1939年给《日本春秋》所作的序中："这因为我们具有坚确的信念，认为既已打了起来，便应当不胜不止，须要让骄而浅的日本人，认识认识中华民族坚韧不挠的正义感，和顽强不屈的抵抗力，使他们和她们彻底觉察到中国之不可侮，服输认错，悔过自拔，抱着'南人不复反矣'的心境，变更国策，放弃侵略，而后和平乃可恢复，两国乃可望得长久地相安。"④1943年他对桂版经理部人员作过这样的解释："本报与国家同命运。国若亡则报亦亡，可是国家前途绝对有希望，决不会亡。所以，本报前途很光明，责任很重大。"⑤1948年又说："我们在八年抗战中，事业由黄河流域而到长

---

① 转引自刘未鸣、韩淑芬主编，查良镛等著：《胡政之：一笔一天下 一报一世界》，中国文史出版社2020年版，第191页。
② 胡政之：《本报发行香港版的声明》，《大公报》（港版）1938年8月13日。
③ 以上引自杨历樵：《政之先生精神不死》，《大公报》（港版）1949年4月21日。
④ 胡政之：《序言》，李纯青：《日本春秋》，大公报馆1939年版。
⑤ 见王瑾、胡玫主编：《胡政之文集》（下），天津人民出版社2007年版，第1077页。

江流域,由长江流域而到珠江流域,一切都是团体行动,不知经历了多少艰难困苦。这并不是同人有什么过人之能,实在我们觉得,在历史上书生向来都有一股傻气,我们之所以能在如此艰难困苦的环境下团结了同人,吸收了若干青年同事,就是我们不敢妄自菲薄,想代表中国读书人一点不屈不挠的正气。"①

胡政之看到国家有希望,报馆有新前途,也就自然考虑到胜利后报馆的规划。张季鸾去世后,胡政之就感到:"先生既逝,余复近退休之年,瞻念前途,自应未雨绸缪,为事业做永生之准备。"②早在创建港馆时,他就想到分别在沪、津、渝、穗四处出版。1941年香港沦陷、1944年桂林撤退,他都没有把职员解散,正是为四馆储备人才③。果然,这些人才在以后的复刊工作中都派上了用场,所以后来胡政之说:"所有去津去沪的同事,全由渝馆派出,如无渝馆,则津沪版无法复刊,渝馆之功绩可说极大。"

1944年前后,"当时我(胡政之)虽远在美国,复员计划却早定。"《大公报》辗转迁移,"最后据点在重庆,像政府一样,以此为立足点,从此出发以规复失地,力谋复兴"。1945年胡政之访美归来,重新分析形势,认为国共两党的斗争不会在短期内结束,在这种两相对立的政治格局中《大公报》很有前途,所以他于1946年初成立《大公报》社总管理处,领导上海、天津、重庆三馆,并计划创建广州馆,以占据华东、华北、西南、华南四大据点,使《大公报》成为中国报界盟主。

然而历史的发展却与胡政之的希望相悖:"就事业上讲,抗战胜利了,我们当然希望国家步入建设,本报得以贡献意见,事实却与愿望相反,内战战火燃烧得愈来愈烈,报业也陷入更艰苦的境地。"④1947年解放军转入反攻,在全国推翻国民党统治的胜利指日可待。胡政之也很快发觉了对形势分析的错误,马上取消了创办穗版的计划,转而把目光投向香港,认为这里才是《大公报》的存身之地,"国民党政府管不到,讲话也方便"。他说:"现在时局变化难测,在香港复刊《大公报》,也是为《大公报》(当时《大公报》有上海、天津、重庆三个

---

① 胡政之:《〈大公报〉港版复刊辞》,《大公报》(沪版)1948年3月20日。
② 《胡总经理致哀悼词》,《大公报》(渝版)1941年9月16日。
③ 曹世瑛:《从练习生到外勤课主任》,周雨编:《大公报人忆旧》,第142页。
④ 以上引自胡政之讲,曾敏之笔记:《认清时代·维护事业——三十六年十一月二十七日对渝馆编辑部同人谈话》,《大公园地》1947年12月20日复刊第16期。

馆)和《大公报》同人留一条退路,免遭当地国民党军警的毒手。"①1948年元旦,胡政之花了相当大的人力和财力,使英文版的《大公报纽约双周》在美国创刊,主要内容是汇辑两周内《大公报》的社评②。1948年1月25日,他毅然率领李侠文、马廷栋等再次赴港。当时香港物价飞涨,又闹房荒,他与同人"同住同食同劳动",经五次试版,终于于3月15日复刊了港版。在复刊号上,胡政之亲自撰写了《〈大公报〉港版复刊辞》,其中说道:"现在,国家的情形非常之乱,善良的老百姓夹在无底止的战火中,真是痛苦不堪言状。我们是民间事业,其艰难困苦当为识者所共喻。尽管如此,我们还是本着书生以文章报国的本心,恢复港版,想要利用经济比较安定的环境,加强我们为国家民族服务。……最后,我们更愿声明,民国二十七年的《大公报》香港版,只是为了应付抗战的临时组织,这次复刊却是希望在香港长期努力。"③这即是说,在今后两极政治斗争的大格局中,如果国共双方都不能容忍《大公报》的存在,便只有在香港这个地方或许《大公报》可作长期努力。

然而胡政之没有料到自己会那么快就倒下了。1947年7月18日,他还对天津经理部同人讲话说:"八年来,我个人好像身体在闲着,其实,实际并不闲,为了报馆的困难,时时在伤脑筋,就目前情形看来,报馆的事务——尤其是对外,还是需要我用老力,我还不能休息。"④1948年3月10日,胡政之还发表讲话说:"《大公报》再有五年就满了五十岁了,我愿意再全力照顾几年。"他本来对报纸的前途有着清晰的打算和十足的信心:"廿年前我们以五万国币打开今天的局面,现在局势虽然不同,我们相信以五万美金总可以奠定我们向海外发展的基础。"⑤可惜他积劳成疾,卧病不起,港版"简直就成了他身后的一座丰碑!"⑥

2. 身先士卒,兢兢业业

周太玄回忆1919年三十岁的胡政之时说:"(胡政之)虽在巴黎,但生活十分简素,决不稍涉流俗。为了健身,常常步行。因为十分有恒,不到一月,已显

---

① 以上引自吕德润:《台北纪事》,周雨编:《大公报人忆旧》,第161页。
② 王芝琛:《〈大公报〉史略》,王芝琛、刘自立:《1949年以前的〈大公报〉》,山东画报出版社2002年版,第61页。
③ 胡政之:《〈大公报〉港版复刊辞》,《大公报》(沪版)1948年3月20日。
④ 胡政之:《胡总经理对津馆经理部同人的谈话》,《大公园地》1947年8月5日复刊第7期。
⑤ 以上引自李侠文纪录:《港版第一次编辑会议纪录》,《大公园地》1948年5月5日复刊第19期。
⑥ 吴廷俊:《新记〈大公报〉史稿》,第398页。

肥重的身体,使收了轻健的功效。这样的作风,在那时与其恰相对立的记者群中,已显得十分特出。"①这种艰苦朴素、努力奋斗的作风,一直贯穿着胡政之的一生。王文彬评价他说:"(胡政之)自奉俭约,没有什么嗜好。对于专门讲究生活享受的同人,他常用各种方法来督责。他深信'俭能养廉,勤以补拙'的道理。"②胡政之去世后,《大公报》发表"社评",评价说:"他从事新闻事业四十年,私人生活始终俭朴廉洁,没有治过什么田产,也没有作过如何享受的打算。照这样勤谨努力数十年的事业家,在中国新闻界实在很难得。"③

创业之初,事务琐碎、头绪纷纭,而胡政之却身先士卒、指挥若定。在新记《大公报》初出版这几天,胡政之等清早都到闹市去看报纸零售的情况,还假装是读者,到公园谈、听对报纸的意见。每天回来后商量改进的意见。据许多老报人回忆,他每天清早七八点钟就到报馆,巡视经理部,了解发行和广告情况,查对账目,了解白报纸行情。中午稍事休息,就到编辑部读报,比较《大公报》与其他报纸的得失,圈出好新闻,找出新闻线索,发电指示驻外记者。国内各地几十种报纸他都一一细读,日、英、法文外报他也一份不漏。晚上张季鸾、吴鼎昌来馆后,三人商讨社务、研究时事,轮流写社论。等吴离开后,张季鸾看稿、写社评,他则在编辑部一直转到截稿,才回到他的总经理室,细查账目、查问工厂部门的工作,甚至还要到编辑部的单人宿舍巡视,直至深夜一两点钟才回家。他每周写两篇"社评",周末还去北平采访并指导办事处的工作。当时报馆没有星期日,也没有轮休,他只要在津,便天天如此工作十多个小时。总经理如此敬业,其他员工又怎能不积极工作,全心投入呢?

《大公报》事业日渐发达,很大程度上得益于胡政之的一手操持。《大公报》三巨头中,社长吴鼎昌负责确定大政方针、购储外币、结汇、购买进口的白报纸等;总编张季鸾负责编辑要闻版,兼顾国际版,并撰写"社评";而其余的经营业务(包括广告、发行、会计等)、人事行政(包括考察记者、编辑、各地通讯员的工作,内部更替,外部派遣等)、工厂事务则全由胡政之一人负责,写作"社评"和采访新闻也有他一份,还要照顾《国闻周报》社④。他工作细心,据徐铸成说:"有时,你没有想到的准备工作,如寻找图片、制版,搜集说明材料等等,他

---

① 周太玄:《悼念政之先生》,《大公报》(港版)1949年4月21日。
② 王文彬:《悼念政之先生》,《大公报》(渝版)1949年4月15日。
③ 《敬悼胡政之先生》,《大公报》(渝版)1949年4月15日。
④ 曹世瑛:《从练习生到外勤课主任》,周雨编:《大公报人忆旧》,第124页。

全想到了。"还评价说："如果把报馆比作一部机器，他真不愧是一个出色的机匠，时刻注意机器的运行，及时加油，拧紧每一个螺丝，并竭力设法改进机器的性能和效率。"①

续刊之初，报纸并不景气，每日只发行二千份，广告也不多，入不敷出，每月赔钱。连戏院、影院都不来登戏码，胡政之便每晚派人到戏院门口去抄第二天的戏码，免费刊登三个月；商业广告少，就劝广告公司来包寸数，七折优惠，每三个月或半年才加价一次②，这才逐渐打开局面。半年后，"销数为华北各报之冠"③。一年之后，《大公报》销数达六千余份，广告收入也由每月二百余元增至一千余元，营业结算也由亏损转为收支平衡。此后几年的发展，报馆日新月异，印刷设备由平版机换成轮转机，报纸也由每天一张增到四张。至1936年沪版创刊后，工厂设备即值四十万，连同津、沪两馆其他财产并计，资产总值在五十万元以上④。那么是否就是因那时稳扎稳打、积累了丰富的物质基础，此后《大公报》方才虽经颠沛流离、再三牺牲，事业也岿然不动？然而陈纪滢对此否定道："千万莫以为《大公报》有充足的财源，支持它关馆开馆。据我所知，《大公报》之由沪迁港，由汉至渝，都不是因财源充足，才能够建立事业的；只是一种不屈不挠的精神支持它这么做，而靠着《大公报》这块金字招牌，到处有人借款才能够如愿以偿。又因为它有还债的信用，才能再借新债。这个理由很简单，却不大容易被人了解。主要还靠政之先生魄力大，对于办报一直是勇往直前，从不后顾！"⑤

创业时，胡政之与同人同甘共苦，1948年港版复刊时，他又冲锋在前，精神不减当年。根据《大公报》的福利规程，年满五十五就可退休在家享受津贴。可胡政之深知香港报界情况特殊，在那里复刊难度超乎寻常，所以不顾六十高龄，亲率同人再次赴港。那时港馆的人力、设备都与其他馆相去甚远，他就在局促的编辑部内与同人一样誊写，一样熬夜；与同人同住宿舍，起居饮食都无特殊照顾，来回报馆与宿舍都坐公共汽车。一次李侠文看见他因人多找不到空位，站在车上，一手抓住扶手，一手拿着一小包花生米，逐粒送入口中，肥胖

---

① 徐铸成：《报海旧闻》，上海人民出版社1981年版，第96页。
② 胡政之：《回首一十七年》，《大公报》（沪版）1949年4月15日。
③ 见《国闻周报》第5卷第12期封底广告，1928年4月1日。
④ 王芸生、曹谷冰：《新记公司〈大公报〉的经营》，周雨编：《大公报人忆旧》，第5页。
⑤ 陈纪滢：《胡政之与〈大公报〉》，转引自刘未鸣、韩淑芬主编，查良镛等：《胡政之：一笔一天下 一报一世界》，第191—192页。

的身躯随车摇晃,但却悠然自得:"于右任先生称美季鸾先生'不自顾其穷,不自惜其病,不自恤其死,念念在国家,念念在职务',这些话同样适用于政之先生。"①香港《大公报》后来追忆说:"由于先生这种创业的精神,恢宏的远见,所以在本报港版复刊以来,虽随时都在艰难困苦中,而先生持以毅力,不使中废。这都因先生的理想全要由此实现。港馆同人之所以努力不懈,也是要本先生的这种远见和精神来为新中国的建设略尽其责。"②

1948年3月港版复刊,《大公报》也就此迎来了它的巅峰,沪、津、渝、港四处同时出版,销数合计每天二十万份,超过《申报》(十五万份)、《新闻报》(十八万份),成为中华人民共和国成立前在国内销量最高的报纸③。这个成绩是与胡政之的呕心沥血分不开的。

然而也正因胡政之过分努力地工作,导致了身体的崩溃。大家没有料到胡政之的病情竟然如此严重,还以为他会痊愈,以至于得到其去世消息后都大吃一惊。张元济的唁函说:"顷读贵报,惊闻胡政之先生噩耗,不胜悲悼。去冬得芸兄信,承示政公病状,已脱险象,将有转地疗养之举,以为天相吉人,必可痊复,不料乃至于此,不能不为言论界及国家前途痛惜也。"④陈纪滢也有这样的印象:他与赵惜梦于1949年3月15日去医院看望胡政之时,胡氏"还满面堆笑"。"我们见他只是面容稍显消瘦,精神还很好。于是我们安慰了他一会儿,希望他安心静养,早日复元。"⑤这在施肇夔的唁函中也得到印证:"方期沪上养疴,早占勿药,岂意溘然朝露,凶问遽来。"⑥美国考伯烈先生说,"胡霖先生竟已永离人间"的消息"使我人为一惊。就在上个星期,我还和别人谈论胡先生来美的可能,因为他的健康已经可以使他部分地注及公务。我从来没想到他的病情真个严重。在以往的两年中,他一定过分的工作了,因而使医生的工作不能发挥效果"⑦。

李侠文评价胡政之说:"自香港沦陷,创办桂林版,再由桂林疏散到重庆,复员后由重庆到上海,直到去年在香港复刊,十年来,整个报在艰难困苦中推

---

① 李侠文:《我所认识的张季鸾、胡政之两先生》,周雨编:《大公报人忆旧》,第267页。
② 《悼政之先生》,《大公报》(港版)1949年4月15日。
③ 曹世瑛:《〈大公报〉与胡政之》,全国政协文史资料研究委员会编:《文史资料选辑》第97辑,文史资料出版社1985年版,第98、99页。
④ 《本社故总经理胡政之先生今大殓》,《大公报》(沪版)1949年4月16日。
⑤ 陈纪滢:《胡政之与〈大公报〉》,第10页。
⑥ 《胡政之先生哀荣录》,《大公报》(沪版)1949年4月18日。
⑦ 《胡政之先生哀荣录》,《大公报》(沪版)1949年5月4日。

进,在破坏中站起来,处处看出他的识见坚定,气魄雄浑,风度恢宏,使到每个同人更认识他的工作,更爱好他的事业,这种力量实在不可思议。"① 由此我们不难理解杨历樵所说的话:"在现代社会急骤的转变中,人的因素固然不能过分的强调,但精神感召,和人格领导的力量却是不容否定的。廿年来《大公报》地位的造成,无疑地主要的是政之先生的力量。"② 香港《大公报》也说:"(胡政之)先生本来是一位长于写作的文人,有深厚的编辑经验,但同时在企业精神上更有特殊的造诣。本报创办以来虽然经过世局若干的艰难变换,但还能始终维持相当的规模,实在由于先生这种企业的才能所致。他对事的精细不苟而又富于魄力;对人的热诚真挚而又富于情谊,都使先生在这方面所以有特殊成就。"③

3. 具体指导,力求革新

胡政之有着十分丰富的办报经验,常常参与报纸的具体决策。《大公报》《文学副刊》的创办④、《摩登》周刊⑤和《科学副刊》⑥的出版,胡政之都有参与并提出意见。1936年9月,新记公司接办《大公报》十周年之际,胡政之还在同意萧乾提出的设立文艺奖金的同时,建议设立一种"科学奖金"。报馆决定每年拿出三千元,以一千元充文艺奖金(一至三人),二千元充科学奖金。"这里也表现出胡总经理对科学更为重视。"⑦

作为总经理和副总编辑,胡政之常常在各馆编辑部和经理部发表讲话,对报纸在发展过程中遇到的诸多问题提出具体的解决方法。1943年下半年,胡政之发表《对桂林馆编辑部同人的讲话》⑧《对桂林馆经理部同人的讲话》⑨《在重庆对编辑工作人员的讲话》⑩;1947年,又连续发表《报人自处之道》⑪《从销路说到编辑态度》⑫《胡总经理对津馆经理部同人的谈话》⑬《胡总经理对津馆

---

① 李侠文:《精神 事业 做人——敬悼政之先生》,《大公报》(港版)1949年4月21日。
② 杨历樵:《政之先生精神不死》,《大公报》(港版)1949年4月21日。
③ 《悼政之先生》,《大公报》(港版)1949年4月15日。
④ 吴学昭:《吴宓与〈大公报〉》,王芝琛、刘自立编:《1949年以前的〈大公报〉》,第90页。
⑤ 曹世瑛:《从练习生到外勤课主任》,周雨编:《大公报人忆旧》,第128—129页。
⑥ 吴廷俊:《新记〈大公报〉史稿》,第173页。
⑦ 萧乾:《我与〈大公报〉》,周雨编:《大公报人忆旧》,第178页。
⑧ 见王瑾、胡玫主编:《胡政之文集》(下),第1074—1077页。
⑨ 见王瑾、胡玫主编:《胡政之文集》(下),第1077—1079页。
⑩ 见王瑾、胡玫主编:《胡政之文集》(下),第1079—1083页。
⑪ 《大公园地》1947年7月5日复刊第5期。
⑫ 《大公园地》1947年11月5日复刊第13期。
⑬ 《大公园地》1947年8月5日复刊第7期。

编辑部新旧同仁的谈话》①《北行观感》②《沪馆编辑部会议——胡总经理谈话全文》③《认清时代·维护事业》④。讲话内容包括：新闻记者的素质要求，对报馆组织内勤、外勤、翻译、收电、校对的期望，报纸的方针、内容写作和编辑、发行、销售等，既广泛又具体。

如《大公园地》记载：

> 上月22日编辑会议中胡总经理出席讲话，对争取销路，采访新闻，和处理新闻，都有详尽的解释。原词经梅焕藻先生记出，大意如下：
>
> 一、战火到处蔓延，交通时断时续，发行方面感到极大的困难。不但报纸堆积路中，能不能到达丝毫没有把握，帐目也没法子算清，弄得不好，便要遭受大的损失。我们《大公报》是全国性的报纸，发行重点在外埠。但鉴于上述两点，我们要立加矫正，设法增加本市的销数并特别注意京沪沪杭沿线各地的推销。
>
> 二、本市新闻的写法和编排，其好坏最能影响本市的销数。
>
> ……
>
> 四、外面有人打电话来，不是报告消息，便是订报登广告或者接洽其他的公务。我们各部门的工友在接电话时往往有不客气的情形。例如追问对方的身份等等。我个人就有这种经验，朋友中也有多人以此相告。要知道别人既关切《大公报》，我们更应当关切《大公报》。希望大家随时随地指示各工友如何接电话以及应对访客。⑤

即使在生命的最后一年也是如此：在1948年3月10日召开的港版第一次编辑会议上，胡政之发表讲话说："廿年来我们因为时局的动荡，办报多注重政治，而没有对社会问题、经济问题多加注意。现在时代不同了，我们的观点应该改变。须知社会、经济等问题如果没有解决，政治亦不可为。中国士大夫阶级一向忽视经济问题，实在是不正确的。现在本报在港复刊，各地青年来此服务，应当虚心检讨，对过去本报的主张、编辑、采访技术等都要力求改进。"

---

① 《大公园地》1947年8月5日复刊第7期。
② 《大公园地》1947年9月5日复刊第9期。
③ 《大公园地》1947年7月20日复刊第6期。
④ 《大公园地》1947年12月20日复刊第16期。
⑤ 胡政之讲，梅焕藻记：《从销路说到编辑态度》，《大公园地》1947年11月5日复刊第13期。

在新的环境下，胡政之亦不肯放弃自己的办报原则。他说："中国这样大的国家，至少应有十家类似伦敦《泰晤士报》的报纸才够，可惜社会上像我们这样的傻子不多。最使我痛心的是：革命策源地的广东竟没有一家像样的报纸，每份报都充满了色情、侦探之类的文字，无聊已极。所以我们在香港复版，不论别人如何批评，一定要我行我素，努力干去。"

港粤报业虽然如此，胡政之还是主张努力学习别人的长处："香港有香港的风气，我们要求适应这个环境。譬如头条新闻，过去我们太注意、太慎重，以致变化不大，未免呆板。港版复刊后，头条应力求活动，不仅国内要闻，就是国际新闻、港粤新闻如果有重要性都可以作头条。我们的同事有时流于骄傲，看不起人，这点应当矫正。譬如香港各报固然有他们的缺点，像港督日前对我说：香港报没有原则。但他们的新闻网络丰富，有人间趣味，却是长处。我们固然有原则，有认识，但更要吸收别人的优点，才能做得更好。"①

这些具体的指导体现出胡政之做事踏实、有着务实的精神。廖公诚曾说："《人物杂志》曾发表一篇文章描述他的个性，认为政之先生创业成功的主要因素，是由于富有'务实'的精神，这话我完全同感，我愿引用他自己的话来印证：'余阅世数十年，居恒以为凡个人或事业，甚至一个国家民族，果实力比虚声浓厚，一定成功，否则任尔蓬勃煊赫，也不过过眼风光，断难久享，本此原则，考察人事，屡验不爽。'（见《访英游美心影记》）"②

4. 一心为公，甘受诟病

身为《大公报》的"一家之主"，胡政之除了要应对战乱带来的危机，还要面对来自上层的政治压力。他利用自己社交广泛的优势，靠朋友疏通关系，保护报刊不至灭亡，以争取更多的言论自由。

胡政之回忆说：

> 记得民国十五年九月《大公报》复刊后的第五天，因为刊登吴佩孚汀泗桥大败的新闻，报纸被当局扣留，我便去督署访问主办的某科长疏通，当时他对于我们的言论记事，并不甚责备，只说我们不应该把当天重要新闻标题，用大字写来，贴在日本租界旭街报馆的门口，招人注目，摇惑人心。我随即告诉他，我们这种方法，是仿照外国报馆的，我们都是南方人，

---

① 以上引自李侠文纪录：《港版第一次编辑会议记录》，《大公园地》1948年5月5日复刊第19期。
② 廖公诚：《敬悼胡政之先生》，《新新新闻》1949年4月16日。转引自王瑾、胡玫编：《胡政之先生纪念文集》，第78—82页。

许多同事,都是从上海约来。他听见这话,说道:"这就难怪!咱们北方,用不着如此招摇,你们以后少贴大字报子吧!"我当时唯唯答应,不到两小时,我就出来,以后又托人疏通褚玉璞的军法处长,当天解禁,不再扣报,我们后来,送了这位处长义务报半年,总算是平安过去。到了国民革命军进至长江,宁汉合一之后,我们抱着革命建设的新希望,言论纪事,总免不了替新兴势力张目,于是有些人便送我们一个"坐北朝南"的徽号,当时也曾发生过几次危险,幸而朋友多,随时得着爱护,所以别人得不到的自由,我们却还相当地能够享受与运用。民国十七年革命军统一北方,党部成立,言论便渐渐不如军阀时代自由,因为党人们都从此道出来,一切玩笔杆,掉枪花的做法,他们全知道,甚至各处收发的新闻电报检查之外,还任意加以修改,这比从前的方法,进步何止百倍?尤其苦痛的是统一不久,时局便现裂痕。……于是在他们的几反几覆中间,我们不知道吃了多少苦头。总算占了交际广阔的光,又因为事实上没有背景,虽然在南北各地经过好几次扣报和禁止发卖的处分,终于没有把事业弄得消灭。①

另外又如 1936 年 4 月 1 日沪版创刊,张季鸾、胡政之全力支持,使其内容充实,版面新颖。《大公报》原在南方及海外有很多读者,但由于遭到《申报》《新闻报》等老牌报纸的带头抵制,出版三天,报摊不见一份,尽数由人"吃进"。于是,胡政之请友人哈瓦斯通讯社的张翼枢挽请杜月笙出面请客。这样《大公报》才得以化险为夷,畅销无阻②。《大公报》在上海发行后,很受读者欢迎,当年底发行量超过五万份。1938 年 8 月 13 日,《大公报》香港版刚出版,香港报界怕已久负盛名的《大公报》抢了他们的饭碗,就雇用孩童前来闹事,不仅出口不逊,还抢报撕毁,胡政之只得请人出面调解,这场风波才得以平息③。

1946 年 11 月,国共和谈破裂之后,蒋介石为了尽快完成自己的独裁统治,急于召开国大,遭到中共坚决反对,民盟也表示不参加。在此情况下,"蒋介石为了减少国民大会的尴尬,便诱逼部分党外人士参加。《大公报》总经理胡政之就是被胁迫者之一。胡政之根本无意参加由国民党一手包办的'国民大

---

① 胡政之:《中国为什么没有舆论》,《国闻周报》第 11 卷第 2 期,1934 年 1 月 1 日,第 1—5 页。
② 徐铸成:《徐铸成回忆录》,生活·读书·新知三联书店 2018 年版,第 67 页。
③ 吴廷俊:《新记〈大公报〉史稿》,第 229 页。

会'。大会召开前夕,蒋介石在南京召见胡政之,傅斯年也在座。满脸怒气的蒋介石一言不发。而傅斯年发话道:'政之先生!你究竟是跟国家走,还是跟共产党走,今天该决定了。'胡政之感到毫无退路,只好跑到国民大会签到处报到,签到后就离开了南京,没有参加一天会"①。很显然,胡政之恪守的办报理想受到了冲击。他知道,"不参加,《大公报》会受压迫,参加了又怕没有销路"②。最终,"为了《大公报》的存在,我(胡政之)个人只好牺牲。没有别的办法,希望你们了解我的苦衷,参加国民大会不是我的本意。我是被迫的"。胡政之对报馆同人说这番话时,在同人们的印象中,他面色惨淡,两眼红涩,声调近于嘶哑,从没这么沮丧过③。

其实,如果《大公报》仅仅为了生存,它完全可以像早期的《申报》那样只重新闻不重"社评",也可以像《中央日报》那样成为蒋介石的传声筒。但正如胡政之所说:"我们的最高目的是要使报纸有政治意识而不参加实际政治,要当营业做而不单是大家混饭吃就算了事。这样努力一二十年以后,使报纸真能代表国民说话。"④从这个意义上讲,《大公报》在夹缝中求生存,是办报人的无奈,也是他们的主动选择,因为报纸的存在是实现一切理想的根本前提。为了事业的延续发展,他的确是做到了"不以个人好恶为辞,不以个人得失为念"⑤。

胡政之作出这样的选择,也付出了代价。1948年4月,香港《大公报》副刊编辑罗承勋说:"由于总经理胡政之当了'国大代表',香港《大公报》又是他亲手主办的,现在香港的进步作家均不给《大公报》写稿,副刊稿源困难。"⑥由此可见当时局势的尖锐,国共两党形成的两相对立的局势,已经不容《大公报》闪烁其词,反过来我们更能理解胡政之做选择时的困顿心理。

据姜钟德回忆:"解放前在《大公报》工作期间,我有一个较深的感受,就是该报乐于为进步文化人解决经济上的困难。"他在列举了香港《大公报》付给秦似、秦牧、臧克家、艾芜、方成等较高稿费后说:"当然,向这些文化人组稿和开

---

① 王芝琛:《〈大公报〉史略》,王芝琛、刘自立编:《1949年以前的〈大公报〉》,第58页。
② 《一年来的谈判及前途》,中共中央文献编辑委员会编:《周恩来选集》(上卷),人民出版社1980年版,第260页。
③ 李纯青:《为评价〈大公报〉人提供史实》,周雨编:《大公报人忆旧》,第316页。
④ 胡政之:《在重庆对编辑工作人员的讲话》,《大公园地》1943年12月21日第9期。转引自王瑾、胡玫主编:《胡政之文集》(下),第1079—1083页。
⑤ 王宽诚:《悼胡政之先生》,《大公报》(港版)1949年4月21日。
⑥ 姜钟德:《在〈大公报〉编副刊的经历》,周雨编:《大公报人忆旧》,第189页。

稿费,具体经办人是我们副刊编辑;但如果没有报社领导人的同意,我们是不可能做到这一点的。《大公报》领导人乐于为进步文化人解决经济上的困难,大大有利于我们副刊基本作者队伍的巩固和发展,对保证副刊的质量起到了很大作用。另外,他们这样做,我认为在解放前的那种恶劣环境下,也为革命事业保护和扶植了难得的人才,这是不应忽视的。"①

胡政之这样做,得到了同人的理解。费彝民说:

> 尽人皆知他老人家对名利二字非常淡泊,他的质朴爽直有时会使人感到有点冷漠,虽然他内心是最热情的。譬如他遇到他所不高兴亲近的人,可以终席不发一言,听到有他所厌恶的人同席,他根本便不去参加。他常常对我说,张先生的人缘好,是因为耐性好,他自己便最不耐烦交际敷衍,可是一谈到报馆,他可以完全换一个人,为了报馆,他不愿见的人,忍痛见了;不愿做的事,也忍痛做了,他常这样说,如果牺牲一个人而能使报馆渡过难关,为什么不做呢?这种为事业的忘我精神,足使我们后死者惭愧、落泪。胜利的第二年,国民党逐渐走向内战的路,《大公报》立即严正的指出战争不能解决问题,反对将经过八年抗战疮痍未复的国家,继续推落万丈深渊,反对驱使颠沛流离的老百姓,继续吃苦受难,不断的劝告,不断的针砭,从反对内战起,进而反对征实,反对抽丁,反对屠杀,反对抓人,反对美国扶日,反对滥发通货,这一连串的反对,本来是一张报纸本着良心所必然会有的纯正主张,可是正因为如此,也就必然的要触怒当政者,在那时,胡先生的处境最困难,也就在那时,胡先生牺牲自我保全报馆的精神表现得最彻底。②

(二) 人才资本,灵活管理

曾敏之曾说:"政之先生眼光独到,认为办报要凭资金、设备、人才三个条件。他特重人才,因为有了资金、设备,如不能凭优秀人才尽力于事业,是难望有卓越成就的。因此政之先生的办报思想,人才是首选,以优薪聘用人才。"③的确,胡政之清楚地认识到:"报纸因为是商品的关系,所以竞争性很厉害,一

---

① 姜钟德:《在〈大公报〉编副刊的经历》,周雨编:《大公报人忆旧》,第191、192页。
② 费彝民:《追念政之先生》,《大公报》(港版)1949年4月21日。
③ 曾敏之:《报坛巨擘的风范——追忆胡政之先生二三事》,王瑾、胡玫编:《胡政之先生纪念文集》,第130页。

方面是人才的竞争,同时也就是资本的竞争,不过如果同一有资本而怎样去运用,却又要看人才如何而定。""而中国报在此际实处于极端困难的地位。因为中国资本主义并没形成,而新闻事业动受政治压迫,任何资本家决不愿意拿资本来尝试这种危险的企业。"①作为一个文化企业,《大公报》与其他工商企业相比,其资本是微不足道的。它也不以赢利为目的,所得盈余多投入再生产或用来提高同人的待遇。它最大的资本就是几百名出卖体力或脑力的职工。在《大公报》的经营管理工作中,最重要、最琐细也最难办的就是对人的管理,可胡政之却做得得心应手。崔敬伯说:"《大公报》各地报馆如是之多,同仁如是之众,在管理方面,所以牢植其基,以有今日,实得力于政之先生之领导。"②杨历樵认为:"除掉坚强奋斗的精神而外,政之先生成功的另一因素就是他能尽量罗致人才和吸收新血液。在政之先生主持本社的廿多年中,跄跄济济,人才辈出,在同业中,这也是值得骄傲的一点。政之先生爱护青年,奖掖后进,不遗余力。他的'事业向前,个人后退'的一句名言,尤其可以反映出谦冲的襟度。"③

胡政之认为,只要是和事业有关的工作,无论责任大小,都同样重要、值得重视。1943年12月,胡政之对重庆馆的编辑人员说:"我们既无大资本,旧机器也不值几个钱……但是要前途有希望,也仍靠全体同人的努力。我们的报纸能有今天,不全赖吴先生、张先生和我的力量,即排字房的小徒弟,也有他的一份贡献在内。"④说这番话,并不是作秀。他之前对桂林馆的编辑也说:"一般对于校对的工作,多怀轻视之意,其实大谬不然。我们报馆对于校对一向重视,一个好的校对,常能修正编辑的错误。而且一个有校对经验的人,往往就是一个好的编辑人才。"⑤又对经理部人员说:"我们的组织同机器一般,无论大滚轴或是小螺丝钉,都是一样地重要,不过责任有大小罢了。譬如,管报签那样呆板的工作,也是很重要的,值得同样的重视。无论多寄或少寄报,都足以影响报社的信誉。"⑥对天津馆经理部同人同样说:"我们的事业,是个团体的事业,每个人有他不同的岗位,决不是一个人所能办的事,正好像一座大机器一

---

① 胡政之:《作报与看报》,《国闻周报》第12卷第1期,1935年1月1日,第1—6页。
② 崔敬伯:《悼政之先生》,《大公报》(沪版)1949年4月23日。
③ 杨历樵:《政之先生精神不死》,《大公报》(港版)1949年4月21日。
④ 见王瑾、胡玫主编:《胡政之文集》(下),第1080—1081页。
⑤ 见王瑾、胡玫主编:《胡政之文集》(下),第1076页。
⑥ 见王瑾、胡玫主编:《胡政之文集》(下),第1078页。

样,每个小螺丝钉,都有她的作用,小钉发生了障碍,大机器照样的受影响,所以小钉的重要,并不亚于大机器。"①

1. 罗致人才,唯才是举

胡政之本着"事业向前,个人后退"的原则,唯才是举,为报社罗致人才。这些人才中有初出茅庐的无名青年,也有才高八斗的社会名流。无论是谁,他都以诚相待、不断鼓励,使其能在不同的岗位上为报社做贡献。陈纪滢、周太玄、范长江、萧乾等都是极好的例子。

(1) 胡政之的组织

新记《大公报》工厂的人员几乎全是原《大公报》的一套人马。《大公报》工人里有一位金石家叫崔永超,从英敛之时代就在报社刻字,同时研习金石学,全面抗战以前在天津已小有名气,后来一直追随报社走南闯北,毫无怨言②。

新记《大公报》馆的副总经理王佩之,是原《大公报》馆副总经理,胡政之委托他召集原职员曹乃武、陈树桐等人分任筹备。胡政之在《回首一十七年》中说:"《大公报》初创之时,经济当然困难,一切节省,绝对不敢浪费。感谢前任津馆副经理王董事佩之先生的帮忙,营业基础在短短的一年半中间即已奠立。"③

从国闻通信社和《国闻周报》抽调的编、经两部的骨干,包括李子宽、金诚夫、何心冷、杜协民等,也十分得力。

被任命为上海办事处主任的李子宽,曾为创建和发展国闻社和《国闻周报》立下了汗马功劳。他早在1920年胡政之主持北京《新社会报》编辑部工作时便是胡的部下,后来追随胡政之成为国闻社的元老。1924年卢永祥战败,国闻社失去经济来源后,是李子宽向胡政之建议增设广告部代各报招揽广告,以折扣补充经费的亏空,使国闻社得以勉强维持。之后,胡政之感到没有发表言论的机会,又无财力办日报,又是李子宽建议创办《国闻周报》作为国闻社附属机构。

被任命为北京办事处主任的金诚夫是李子宽中学、大学同学,由李子宽介绍进《新社会报》编辑部。胡政之、李子宽南下办国闻社,金诚夫同到上海,由胡政之介绍到《新申报》任地方版编辑。1925年国闻社北京办事处主任另有他就,金诚夫北上接替。

---

① 《胡总经理对津馆经理部同人的谈话》,《大公园地》1947年8月5日复刊第7期。
② 陈纪滢:《胡政之与〈大公报〉》,第39页。
③ 胡政之:《回首一十七年》,《大公报》(沪版)1949年4月15日。

新记《大公报》编辑部的何心冷,被胡政之视为"半师半友",1922年由李子宽介绍进入国闻通信社。"他有清晰的头脑,明敏的手笔,每到上海各界有开会的时候,出去旁听,全凭脑力,回来一挥而就,记载无误。数次之后,每有多人聚会之处,只要有心冷在场,各报记者,纷纷走去,说道:'何心冷来了,回头看国闻稿子吧。'这是表示对心冷的记述,有绝对的信用,国闻社能在上海造成坚实的基础,心冷实与有力焉。"1924年,胡政之创办《国闻周报》,"从封面题字,广告撰文,以至报内的补白,一切打杂零活,差不多全是他一人包办"。他分管文艺稿件,在"周报第一二卷中,几于每期都有他的著作;小说,电影评论,时装小志,花样翻新,心思百出"。胡政之因此说:"我很欢喜我的眼力不差,储才得用;同人们也十二分地承认他的天才,倾服他的文字。"新记《大公报》筹备期间,何心冷"简直是生龙活虎,什么事都帮着我们干,如是者两三年。不但办《大公报》,还要照顾到《国闻周报》;不但管编辑部事,还要管理到发行印刷。"何心冷负责《大公报》本市新闻、副刊《铜锣》《小公园》,兼任采访主任。他思维敏捷,常能提出好建议,而胡政之对他的建议基本都予以采纳。"他那一支隽永深刻的妙笔,在天津卫博得若千万读者的同情"[1],"天津市民尽有人不知《大公报》有张季鸾,但不知何心冷者甚少"[2]。

杜协民是南开大学第一届毕业生、著名经济学家何廉的学生,经人介绍进北京国闻通信社。新记公司成立后,胡政之将其调到天津参加《大公报》续刊准备工作,新记《大公报》出版后,杜协民负责经济新闻与体育新闻。

这批志同道合的原班人马,经过考验,熟悉业务,彼此了解,合作默契,是新记《大公报》能够顺利复刊的重要因素。

(2) 吸收新鲜血液

胡政之作为《大公报》的总经理兼副总编辑,深知人才对于办报的重要性。他总是千方百计地为报馆延揽人才,后来的许多名记者,如范长江、徐铸成、萧乾、杨刚、徐盈、彭子冈等,皆出自《大公报》旗下。

《大公报》的人员来源有多种途径:招考练习生、选聘、从投稿者中录用。吴、张、胡三人一般不用私人,也不徇私情,即便是通过关系介绍入馆的,也要长期考验其工作能力后才置于适当位置。任人唯贤、唯才是举是

---

[1] 以上引自政之:《十二年的转变》,《大公报》1933年11月12日。
[2] 曹世瑛:《从练习生到外勤课主任》,周雨编:《大公报人忆旧》,第128页。

他们用人的唯一标准,这一标准下组成的报馆队伍,人数虽然不多,却十分精干。

胡政之很注意从投稿者或通讯员中挖掘人才,如有合适的,就写信约谈,请他们参加报纸工作。他对同事包括年轻人都很谦逊,给他们写信从不署字"政之",只署名"霖",以表示尊重①。1927年,正在北师大念书的徐铸成通过关系在国闻社北京分社做抄写员,他发现国闻社所发的新闻大多为各衙门发布的例行公事消息,缺乏新闻时效,便以初生牛犊之势给胡政之写了封长信,认为北京政局必将大变,今后中国的政治中心将南移,北京将不再为政治中心,但仍为中国的文化中心;基于这样的判断,国闻社应适应这种即将到来的变化,及早改变新闻采写方针,逐渐加强文化新闻的采访,以开辟新的稿源。去信后几天,胡政之便亲自来到北平约他作了一次长谈,说:"你的信很有见地,我也久有此意,苦于无从着手。"并随即派他去采访在河北定县从事农村改造运动的晏阳初。徐铸成就此写的《定县平教会参观记》在《大公报》上分四五日刊完,胡政之马上正式聘请他为国闻社兼《大公报》记者②。杜文思原是一家制革厂的技师,曾向《大公报》投写工业方面的稿子,胡政之认为他有发展前途,就由曹世瑛通知他来面谈,并约他到报馆工作。杜文思先后在上海版和香港版工作③。

在报社外,胡政之也网罗人才为《大公报》写文章。他常说:"一个报馆无论拥有多少专家,绝对不如社会多,报馆无论消息怎样灵通,消息却来自社会;一张报纸的得失,全凭运用社会力量的大小。把新闻事业公诸大众,比把持新闻事业不能开创好得多。把社会力量溶合于报纸,才构成舆论,报馆本身无舆论。""《大公报》将报纸公诸社会的例证,是特约通信之多,全国报界无出其右。大公报在编辑部里特设'通信课',以与外埠通信员联系。这在当时,是非常特别而极繁重的工作。"④

1)"客卿"陈纪滢"被胡氏勤于亲笔写信所感召"

自幼喜欢读报的陈纪滢,在中学时代就知道"胡政之"是个名记者,但不知道"胡政之"就是"胡霖"。"有一天,我(陈纪滢)接到一位署名'胡霖'先生的来

---

① 陈纪滢:《胡政之与〈大公报〉》,第21页。
② 徐铸成:《徐铸成回忆录》,第29页。
③ 杜文思:《四进四出〈大公报〉》,中国人民政治协商会议全国委员会文史资料委员会编:《文史资料存稿选编》(23·文化),中国文史出版社2002年版,第23—32页。
④ 陈纪滢:《胡政之与〈大公报〉》,第115—117页。

信,说是由赵惜梦先生介绍,盼我把日军侵占哈尔滨后的一切动态及社会反应,写有系统的通信来。通信稿寄'天津法租界三十号路一八一号新记公司李大为先生收'等语。"这就是陈纪滢收到的来自胡政之的第一封信。

"当我第一篇通信刊登在《大公报》要闻版,报纸到达哈尔滨时,我也同一天接到胡氏的第二封信。这封信对我夸赞备至,使我简直无地自容。他又指示我随时写长篇通信或简短新闻,并且注意争取时效。于是我便暗地展开了秘密通信工作。自此以后,几乎天天有我发的消息。那些新闻通讯,与'专电'同等处理,因都是独家报导。""这时我才知道《大公报》原派驻在哈埠的记者李玉侃君已被日军拘捕。由于我的秘密通信,不但使该报的哈埠新闻报导没有断绝,反而加强起来。"由此可见,到1931年8月当所有关内报馆的通讯记者先后一一被捕时,陈纪滢一直担任《大公报》的东北特约通讯员,利用自己在吉黑邮政管理局的邮袋组组长兼邮件检查处邮局方面的代表的工作之便采写独家报道,这是受到胡政之的指示和鼓励的。两年后,陈纪滢又应《大公报》之邀,冒险潜回东北考察,写成十多万字的《东北勘查记》,轰动一时。

陈纪滢把"常常接到政之先生的亲笔信"当作是"最大的收获":"我想他综理全社社务,哪有时间跟我这么一个小萝卜头儿的通信员亲笔写信?顶多叫编辑部的一个职员保持与我通信就够了,何须自己写?而且之勤之快,令我惊奇。"胡政之重视通讯员工作,亲力亲为,可见一斑。

这些来信确实起到了很大作用。陈纪滢坦诚地说:"后来我服服帖帖愿意为《大公报》服务,其中原因之一,就是被胡氏勤于亲笔写信所感召。"并认为这是"成功的事业家与大人物"所"不可缺少"的条件之一。

此后,陈纪滢一直受到《大公报》的信任与尊重。他回忆说:"自民国二十年以来,我始终以'客卿'地位,担任《大公报》的正式职务。在十五年内,他们都没把我当职员看待,任何高级会议,都让我参加;若干社务都不避讳我。因此我对社务虽不是了解最多之人,也非一般职员可比。"[①]

2)"师友关系"的周太玄

周太玄是胡政之弟弟选之的中学同班同学,与胡政之相识很早。周太玄回忆说:1903年秋,胡政之在《大共和日报》任总编辑,"我因学费无着,写了一

[①] 以上引自陈纪滢:《胡政之与〈大公报〉》,第13—25页。

部小说,由选之介绍到报馆去会他。他因同情一个苦学青年,作品虽然水准不够,却慨然的选用了。马上便叫人付了二十元的稿费。使我当时一种惊喜激励的感情,至今想到,都还感动。这是我后来四年学业,能自力完成的最初最大的鼓励!"这是周太玄与胡政之初次会晤,即受到极大鼓舞。

周太玄进了中国公学后,恰巧胡政之教他。"因为忙,只教了刑法一门。但他讲授之认真,征引之博洽,和对学生的关切,为大家所十分爱戴。他每每从犯罪透到社会的观点,重在启发听者的心思。这样增加了受教的人对于他更深刻的认识。他的报人的素养,在那时,已令人清晰的感觉得到了。"

周太玄真正开始与胡政之共事,始于1917年。周太玄说:"先生正在北平办中华通信社,要我去与他帮忙。有一年多的时光随时都在一起。既得到他技术上的训练,又饱饫他人格上的熏陶。"

周太玄与胡政之相知,则是在1919年。周太玄说:"和会在巴黎开会,先生代表《大公报》到了巴黎。那时我也正在办巴黎通信社与《旅欧周刊》。在巴黎见面,彼此非常欢幸。常常相约作竟日游,因有长谈的机会,所以对他的素养、作风、立场,更十分清楚。他更爱娓娓不倦纵谈国内政情和世界大势。对于和会的新闻采访报道,更多不厌详尽的研究和启示。"

1930年,周太玄"携眷从西比利亚回国过津,又见着十年阔别的政之先生。他同季鸾先生对我们的热情厚意的招待款谈,真使我们如回了家一般"。在接下来的一星期中,周太玄与胡政之"彼此天天不离。在先生的详细说明之下,我已深知天津《大公报》正在逐步实现他的理想"。胡政之期望周太玄"在北平教书兼顾着《大公报》",但周太玄表示"歉然"[1]。

1947年12月3日,胡政之"询明太玄先生最近的个人动定作法后,特请其考虑:摆脱教授生活,全心全力参加到《大公报》阵营里来共同奋斗"[2]。胡政之是想通过这次与周太玄的长谈,劝请周主持《大公报》海外版,希望以香港为基地,将《大公报》事业推向海外发展[3]。"太玄先生允诺自明年暑假起结束教授生涯,加入《大公报》。今年寒假中并愿受托至重庆馆内住一段时间。"[4]这样,在胡政之的多次劝说之下,周太玄终于加入《大公报》。

---

[1] 周太玄:《悼念政之先生》,《大公报》(港版)1949年4月21日。
[2] 成言:《胡总经理游成都》,《大公园地》1947年12月20日复刊第16期。
[3] 王瑾、胡玫编:《胡政之先生纪念文集》,第270页。
[4] 成言:《胡总经理游成都》,《大公园地》1947年12月20日复刊第16期。

"胡政之在物色人才时,既重视个别人员的专业性,也重视全体人员的多样性。"如徐盈就是南京金陵大学学农的,《大公报》第一位新闻系出身的编辑赵恩源也是胡政之约到报社的①。通过吸收新鲜血液,《大公报》成为"一支老练有朝气的队伍"②。

2. 管理人才,制度为纲

《大公报》人才济济,胡政之却都能让他们安心工作,尽职尽责,没有宽容的气度和奉献的精神是很难做到这一点的。胡政之民国初年就从事新闻工作,他总结几十年中自己的工作经历和中国报业的发展情形时说:"在民国初年,报馆组织极为简单,往往一个人可兼为经理、发行、会计,以至采访、发稿。但是报纸发展到今天,部门复杂,各个独立,已成为企业化的组织。以本报为例即可看出这个演变的痕迹。但是各部门虽可独立,却必须要有密切的联系,分工合作,才能收指臂之效。"③胡政之很明白:"今天办报与过去不同。过去是个人组织,一个人有能有才就行了,如今则需要集体力量,不但要有财,还要有智。过去是手工业,今天是重工业;过去是一个人开铺子,赚了钱入私人荷包;今天是大家开铺子,赚了钱利益均沾。过去是个人事业,今天是企业;过去是个人英雄,今天大伙儿争荣冠。"④所以他说:"事业发展到一定程度,负责人要与同人分名、分利,还要分权,这样事业才能兴盛。"⑤

"分名分利"是张季鸾先提出的,但也可以说是胡政之与张季鸾的一致认识。早在1921年,胡政之在谈到英国矿工风潮时便认为,矿工干事会同政府磋商的妥协条件中,"最可注意的是实行工人分配红利制度",并对此给予高度评价:"英国工人分红之法一行,必将为各国所仿办,则世界劳动问题亦将因之开一和平解决之端绪。"⑥"英国这次解决矿工风潮,实行工人分红制度,已算是进入社会主义理想的初步。"⑦在"分名分利"的基础上,胡政之还加上了"分权"。时值张季鸾去世,胡政之说:"先生(张季鸾)又谓报馆当属于其同人,须能分名分利,然后方可集中力量,贯彻其任务。……余更欲广其范畴,加增'分

---

① 曹世瑛:《从练习生到外勤课主任》,周雨编:《大公报人忆旧》,第146、130页。
② 黎秀石:《在国外采访》,周雨编:《大公报人忆旧》,第96页。
③ 见王瑾、胡玫主编:《胡政之文集》(下),第1075页。
④ 陈纪滢:《胡政之与〈大公报〉》,第86页。
⑤ 胡济生:《回忆父亲》,香港《大公报》1988年8月。转引自王瑾、胡玫编:《胡政之先生纪念文集》,第181—182页。
⑥ 胡政之:《英国罢工风潮解决》,《新社会报》1921年7月1日。
⑦ 胡政之:《无人过问的一个大问题》,《新社会报》1921年7月7日。

权'一点,俾事权不集中于三数人,事业更可进步,惟有权即有责,获权易尽责难,能体斯义,然后可尽职守。愿我干部三复斯言。"据报道,"胡总经理言至此,嗣涕泪纵横,几不能成声"①。可见胡政之对失去张季鸾的痛惜之情和与张季鸾思想之默契。

实际上,张季鸾去世的消息传来,胡政之正在贵阳举行公司董事会,于是当即建议加强本报机构,使续起干部多担责任,得到董事会采纳。在1941年9月15日举行的本社同人共祭张季鸾仪式上,胡政之就宣布了《本报董事会决议案》:(一)设立董监事联合办事处;(二)以胡政之、李子宽、王芸生三董事,曹谷冰、金诚夫二监事为委员,胡政之为主任委员;(三)由董监事联合办事处总揽全社事务。宣读后,各委员即于张季鸾灵前就职,借以慰其在天之灵。这就是"分权"思想的一个具体体现。

要真正做到与同人分名分利分权,就必须从制度上给予严格的保障。胡政之是学法律的,他当然懂得这一点。《大公报》社股份有限公司成立后,内部管理开始日渐规范,同人的分配制度也日益完备。其中,薪给规则规定,薪给主要由五项构成:月薪、特别费、年终酬劳金、生活津贴、年资薪。分配时考虑因素主要有工作能力、工作分量、所担责任、营业盈亏、生活程度、服务年限、有无特殊劳绩等。职员福利金则包括四个部分:恤养金、子女教育补助费、医疗补助费、婚丧补助费②。全月工资于月半发,以别于资本家先使用劳力后付工钱的做法。《大公报》于出版以后,即年有盈利,故于每年年终均对同人发红利一次,其数目以个人的工作成绩为定,大约等于一至三个月的工资③。报社还按照服务年限给予同人劳力股,如李清芳在《大公报》工作十年后就于1935年得到一百五十股,他认为:"劳力股不是金钱,而且只给少数几个人,这对我来说确实是很大鼓励。"④

胡政之用人唯贤,不讲究年资。1947年7月,他说:"有些同人认为进了大公报馆,就是拿到了一个铁饭碗,永远打不破,并且还可以安然传到第二代。今后,馆方要请经副理加严考核,有了年资,并不能算是职业不生变动的保证,

---

① 《胡总经理致哀悼词》,《大公报》(渝版)1941年9月16日。
② 胡太春:《中国报业经营管理史》,山西教育出版社1999年版,第78—79页。
③ 汪松年:《天津时代的〈大公报〉发展史话》,全国政协文史资料研究委员会编:《文史资料选辑》第146辑,中国文史出版社2001年版,第145页。
④ 李清芳:《发行工作40年》,周雨编:《大公报人忆旧》,第44页。

这一点要诸位注意。"①1948年他又说:"有些机关专爱讲年资关系,《大公报》的年资虽然是讲的,但并不十分以年资作标准,假如有年资而无工作表现,我一样请你离开,假如工作做得好,地位可以不必动,我一样可以加薪水,即拿校对工作来说,也是一样,因此同人之间不应当有任何的牢骚。"②因此,萧乾说:"《大公报》经营的一个特点:不养冗员,不提供铁饭碗。"③

总之,是按劳分配,激励人心。萧乾回忆说:"在用人方面,凡他们(指吴、胡、张三人)认为有用之材,待遇都十分优厚。我刚从大学毕业出来,第一个月拿到薪金一数,九十八块大洋。在1935年,那数目要比现在不知大了几倍!更使我吃惊的是,我仅仅干了几个月,年终却额外又拿到两个月的'分红'——也就是今天通称的'奖金'。记得那年报馆向同人公布的盈利是十六万元。对高级职员(即那几大金刚),待遇自然更优厚些。他们除分红外,再赠给若干'荣誉股'。这样,就更把职工的心拴在事业上了。"④

原来,除张、胡二人以人力股取得与吴鼎昌相等股票价值外,《大公报》还在全部股额中提出若干,存作奖予职工的红股之用,在天津时代于庆祝该报一万号时发红股一次,有数人获得,其股额为一二千元⑤。后来《大公报》又增设荣誉股,曾先后三次向有特殊劳绩的员工赠送"荣誉股",持股者计有二十七人。这些制度的确稳定了长期工作的骨干力量,而且鼓舞了年轻人工作的信心。赠与股权最早是由胡政之提出来的,后来经过常务董事会议的决定,也征求了几位非常董的意见⑥。1946年8月,《大公报》社股份有限公司常务董事会召开第一次会议,向报社有特殊劳绩的员工赠与本报社股权。这是公司第一次较大范围赠股,以前只是小范围的限于高层人士。此举是公司增加公开性的一个标志⑦。在1948年1月24日下午五时举行的"本报董事会东邀同人茶会"上,胡政之作为总经理发表谈话,宣布《大公报》股份有限公司常务董事会决议向有特殊劳绩的同人继续赠与股权。胡政之说:"此类决议在三十五年

---

① 胡政之:《胡总经理对津馆经理部同人的谈话》,《大公园地》1947年8月5日复刊第7期。
② 《胡总经理谈话纪录》,《大公园地》1948年3月5日复刊第18期。
③ 萧乾:《我与〈大公报〉》,周雨编:《大公报人忆旧》,第175页。
④ 萧乾:《我与〈大公报〉》,周雨编:《大公报人忆旧》,第175页。
⑤ 汪松年:《天津时代的〈大公报〉发展史话》,全国政协文史资料研究委员会编:《文史资料选辑》第146辑,第145页。
⑥ 《胡总经理谈话纪录》,《大公园地》1948年3月5日复刊第18期。
⑦ 胡太春:《中国报业经营管理史》,第83页。

八月二十九日已有先例,并于同年十二月二十八日提交董事会追认照办。报馆订了此项方针,目的一方面藉此可以策励同人,一方面,可以把报馆这件事业逐渐变成民主化。"

他在解释"民主化"时说:"在胜利复员以后,常务董事会议决要把人的基础加以扩大,我们可以称之为民主的基础,今年又有一批人添进来,基础要更大了。有特殊劳绩的同人,可以得到荣誉股,就是希望把这个事业弄成为大家的。我曾与朋友谈起,我们中国人常有一个坏习惯,就是往往把一件事情看成一个人的。我们应该把事业弄成民主化,大家来负责。我们报馆的这种做法,不但中国报界无此先例,就是世界亦无此先例,因为我们的事业不是传给子孙,而是要大家来负责,我们不把事业当私产,若把《大公报》与胡政之合做一块,我是不愿意的。我们想把它弄成一件很新很理想的事业。"

胡政之认为:"不如此,会把大家的劳绩埋没了。"他深情地说:"我的意义是深长的。同人应当有个了解,事业是大家的。我们不要像苏联式的政治,它是由上治下的……民主制度是中才统治中才,要反对英雄主义。民主制度最要紧的是大家要容忍,要不怕麻烦,就如《大公报》,是是非非的事情太多了,要不重视这些事,不听那些毫无常识的是非,是非假如要听的话,津馆的牢骚,沪馆渝馆的牢骚,多的是,对这些不能太重视,要有雅量能容纳。虽然如此,现在报馆不能说就民主化了,但我们还是正朝着这一方面走。对于事情,绝对需要容忍,要多方了解,团结合作。"

"此次股权的赠与,新近获得的共有九人,另外特别加给荣誉股的计有四人":张琴南因"抗战前先后服务沪津两馆编辑部,忠实勤奋,劳瘁不辞。复员以后,主持津版,稳慎谨严,并著成绩。赠与本公司股权三百股"。其余人员分别为:严仁颖、许君远、李纯青各二百股;叶德真、曹世瑛、左芝蕃各一百五十股;樊庚生、于潼各一百股;王文彬、费彝民以前赠二百股,现加赠三百股;赵恩源、王文耀以前赠二百五十股,现加赠二百股。胡政之鼓励后人道:"本公司股权现在还有七千多股尚未分配,希望同人努力,将来大家都可以有份。"①

胡政之认为"本报对同人的待遇,虽不算优厚,但比较合理"②。同人唐振常感到:"在生活待遇上,《大公报》并非优厚,在上海就远较申、新两报为低,但

---

① 以上引自《胡总经理谈话纪录》,《大公园地》1948年3月5日复刊第18期。
② 见王瑾、胡玫主编:《胡政之文集》(下),第1078页。

略优于一般报纸，使工作人员少后顾之忧，而努力于工作。在工作上，则比较有条件发挥所长。"①这是因为，胡政之一直把报馆当成事业来做："我亦等于雇员，只知为事业努力。"②"我不是资本家，尤其不愿做资本家。我们从事新闻事业必须有抱负，有远大理想。《大公报》创办时虽是三人，如今扩大了，高级干部都有了股权，连服务多年而有劳绩的工厂同人也不例外，这事业非少数人的。关于这一点，英美的报馆多在资本家控制之下，我们《大公报》却反是。自创办以来，无人怀有别的企图，参加的同事非雇佣可比，大家应当把《大公报》作自己的事业看，然后才有长足发展。"③正如廖公诚所回忆的那样："因为是事业，职工们便没有劳资的见解，职员和工友同样可以劳绩取得股权。社内同人因此也没有深度的阶级观念，经理和职员融和一体，有事分开来做，没事时聚起来谈谈，于今共同工作的员工凡千数百人，熙熙融融，如像一个大家庭，政之先生便是这一大家庭的家长。"④汪松年说："《大公报》从未有劳资对立之事发生。中途离社的人多仍与该报保持亲密关系，且视至该报作客为'回娘家'，对该报感情之厚可以概见。"⑤李侠文说："这个报馆的待遇并不比别的报馆高，工作也不比较轻松，但大家都乐为报用。许多同事大概有这种经验，就是外面常有人以较高的待遇和较好名义找去工作，但极少人愿意离开，总觉得这个事业值得留恋，大家不是在为什么人做工赚钱，而是为了共同的事业用力，为社会大多数人服务。"⑥

3. 培养人才，不遗余力

胡政之身为文人，生性淡泊，不慕荣利。他一直以"事业前进，个人后退"为信条。他曾对徐铸成说："事业是永存的，而任何个人都随年老而后退，让新进者源源接替，担当重任。"⑦并为此大力扶持与培养年轻人。而早在1917年他就说："时至今日，旧人物不以培养新人物，汲引新人物为务，而欲怀偏狭鄙

---

① 唐振常：《上海〈大公报〉忆旧》，载周雨编：《大公报人忆旧》，第199页。
② 见王瑾、胡玫主编：《胡政之文集》（下），第1078页。
③ 胡政之：《认清时代·维护事业——三十六年十一月二十七日对渝馆编辑部同人谈话》，《大公园地》1947年12月20日复刊第16期。
④ 廖公诚：《敬悼胡政之先生》，《新新闻》1949年4月16日。转引自王瑾、胡玫编：《胡政之先生纪念文集》，第78—82页。
⑤ 汪松年：《天津时代的〈大公报〉发展史话》，全国政协文史资料研究委员会编：《文史资料选辑》第146辑，第145页。
⑥ 李侠文：《精神 事业 做人——敬悼政之先生》，《大公报》（港版）1949年4月21日。
⑦ 徐铸成：《报人张季鸾先生传》，学林出版社1999年版，第60页。

陋之见,抑压新机,是直不明进化之理,违反自然之法耳。"①

在培养人才方面,《大公报》有一个独到的办法:编经通用,内外互调。所谓"内外互调",即刚进馆的人,一般先在京、津做一段时间的采访工作,认为可以造就,便调回编辑部做一般编辑;如能胜任,又确有培养前途,就调到外地做特派记者,若成绩卓著,就再调回当要闻编辑或编辑主任。这样,做过记者的编辑,能体会新闻采访的甘苦,知道如何选择、修改新闻稿件;而当过编辑再出去采访,就更清楚哪些新闻价值高、报馆最需要什么新闻②。1943年胡政之说:"早年我们内外勤不分,一方面因为人事简陋,二方面因为我和张先生的私人社交关系。现在我们同人外勤虽已可以划分清楚,但有意识地想把它沟通起来。"③"而实际上有人干过多年外勤,始终没有调为内勤;也有人根本没有当过记者,就直接当了编辑。决定的因素是个人的水平和工作的需要。"④所谓"编经通用",就是将一些资历深、有贡献的记者编辑调到经理部担当骨干,使企业有了一批信得过的当家人。曹谷冰、许萱伯、李子宽、金诚夫、王文彬等都是先成为编辑部的骨干,然后调到经理部任经理的⑤。胡政之说:"各报组织虽各有经理、编辑两部,组织权的轻重不同。大概官办报纸,重在宣传,所以编辑部比较着重,经理部人没有地位。商办报纸看重营业,所以经理部无形中高于编辑部。我们的报是经理、编辑两部同等重视,没有高低之分。而且我们为经理部与编辑部打成一片,传统的办法是,从编辑部选择经理人才。所以,经理部完全了解编辑部的需要。当节省的自然要节省,当花费的一定肯花费,决不会专打小算盘。"⑥陈纪滢评价说:"《大公报》以有编辑经验的人员,统领经理部,实在是智慧,也是前辈报人多年积累的结晶,值得效法。还有一样重要的好处,即一馆的事务工作既由业务部门主管,则编辑部的甘苦,可能多获得同情。小之,譬如半夜的一顿饭,由编辑部出身的经理人员,就会命令厨房准备丰盛的小菜与佐食;大之,如同人福利、宿舍、待遇等,就不会有不公平现象。"⑦胡政之后来又强调:"本报各部门都与整

---

① 冷观:《陈殿睾与新势力》,《大公报》1917年4月22日。
② 吴廷俊:《新记〈大公报〉史稿》,第27页。
③ 见王瑾、胡玫主编:《胡政之文集》(下),第1082页。
④ 曹世瑛:《从练习生到外勤课主任》,周雨编:《大公报人忆旧》,第131页。
⑤ 吴廷俊:《新记〈大公报〉史稿》,第27页。
⑥ 见王瑾、胡玫主编:《胡政之文集》(下),第1077页。
⑦ 陈纪滢:《抗战时期的〈大公报〉》,黎明文化事业公司1981年版,第250页。

个业务有密切关联,性质都是一样重要,经编两部万不要有对立状态,这种界限观念必须废除,过去编辑部人一样到经理部份工作,经理部人也同时可以做编辑部工作。"①"事业也是整体的,经编两部绝不容对立,要息息相通,处在今日营业竞争之下,非打成一片共同努力不可。"②这样可以沟通经编两部,使编辑部了解业务经营情况,而编辑的意图也可以在经营中得到贯彻。就是按照这样的原则,《大公报》培养了大批优秀人才,自己的事业也在这些人才的推动下蒸蒸日上。

胡政之喜欢与年轻人接触,他讲述办报理想、传授办报经验,鼓励他们把报纸当成事业来做。曾敏之回忆胡政之说:"我记得他曾勉励从事新闻工作的有为记者,要精通历史,通晓国情,博览群书,开拓眼界,增广见闻,他与季鸾先生推荐我们应通读《资治通鉴》《史记》《汉书》《方舆纪要》……以了解古今历史的嬗变及山川风物的知识。他们自身的学养,就是循着艰苦的探索而深化的,我一直谨记这教益,只愧在实践过程中未能充分达到他们的期望。""记得有一次他向编辑部全体同事包括内外勤人员畅谈中国新闻业的历史,真是如数家珍。特别提到过封建皇朝时代的断烂朝报,认为是新闻纪事之滥觞,指出从清末民初时期国事蜩螗、军阀跋扈,所谓新闻报业,皆受制于权势之手,以致有办假报演染拥戴袁世凯称帝的劝进丑闻。"③李侠文回忆胡政之1948年办香港《大公报》时的情形时说:"他每天和大家闲谈,海阔天空,古今中外,说得满座皆春,人人眉飞色舞,而每一段话都包含着经验和启示。廷栋、宗瀛和我每天回宿舍午睡前,常常跟他一起去吃午茶,听他谈事业,谈时局,以至谈个人的生活与交游。他是毫无拘束的无所不谈,使人觉得他人情极厚,而且非常年青。他在谈话里恨不得把他所有的经验都告诉你,希望你立即成为一个得力的新闻记者。"④胡政之教育同人要团结一致、共同负责时说:"我们诚如一个大家庭,但这家庭,须是新家庭,一切向着新的道路做去,不可存依赖心。大家思想上要正确,要对本报事业认为一个新式企业,避免一切官僚作风。对人要和悦,切不可以为本报是超人一等的报纸,遇事自骄自大。同时各部门还要有连系,本报如一部大机器,即一小螺丝之微,与整个机器都

---

① 李晴波笔记:《胡总经理在渝讲话》,《大公园地》1947年12月20日复刊第16期。
② 胡政之:《认清时代·维护事业——三十六年十一月二十七日对渝馆编辑部同人谈话》,《大公园地》1947年12月20日复刊第16期。
③ 曾敏之:《报坛巨擘的风范》,王瑾、胡玫编:《胡政之先生纪念文集》,第127—132页。
④ 李侠文:《精神 事业 做人——敬悼政之先生》,《大公报》(港版)1949年4月21日。

有牵联的,各部有各部的用途,各人要自己认识自己的重要,勿以地位低微对岗位敷衍,尤不要遇事推于一个主管人,望大家多多负责。"①廖公诚回忆胡政之说:"本着他'务实'的作风,对于报社同人谈话,总爱以戒矜骄,尚谦虚,求进步等义谆谆训勉,他说:'报人信条的全部精华,就是中国古书所言"富贵不能淫,贫贱不能移,威武不能屈"。但是我却力主应加上一句,即"毁誉不能动"。有许多年轻同人没有练到这一番功夫,半途而废,终至整个失败。譬如说,有许多年轻同人,接触到各方人物,一致异口同声地恭维或捧场并不是对"人",而是对"事",因为你代表一个大公无私的言论机关,代表一张有朝气的报纸,社会各方的恭维与捧场是尊重报纸,不是阿谀个人。'他又说:'报纸是商业,但不同于商业的所在是报纸必须天天进步,日新月异,不能墨守成规,止足不前。'他倡导同人求进步,爱读书,他自己也是始终在勤求进步,最爱读书的。他还有一种美德是刻苦俭约,'苦尽甘来是不知不觉,甘去苦回是全知全觉'。这是政之先生训勉社内同人体念金钱之万恶而又不易得的名言。"②

胡政之说:"预料战后的新闻事业,必有激烈竞争,那时我们要保持过去艰苦得来的声誉,就非大家特别努力不可。"因此他勉励大家随时加强学习。1943年,他对桂林馆经理部同人说:"战时报馆迁就的地方很多。战后报馆当然要吸收新分子,而且用人标准必然提高。若现在的各处课主任不努力求进步,不乘战时机会设法补救学校教育的不足,则将来事业扩大之后,新用同人知识水平一高,就将不易应付,即现在的地位亦恐不能保。我所说的教育不一定是入学校,其实社会就是一个大学,报馆也等于一个学校。只要大家能处处注意学习,热心研究,就会有进步。"他要求桂林馆营业处的人要"明了商场情况",发行课的人要"研究交通运输发展情形",会计课的人"要切实研究会计学的原理原则"。除此之外,他认为在不影响工作的情况下,可以"组织考察团,出去看看人家经营管理的方法"。还要让各课练习生"分派到各部分去练习研究,以便将来报馆随意调用,比较方便"③。在对桂林馆编辑部的同人发表讲话时,他说:"希望做编辑的,随时学习,尤其不要轻视一

---

① 李晴波笔记:《胡总经理在渝讲话》,《大公园地》1947年12月20日复刊第16期。
② 廖公诚:《敬悼胡政之先生》,《新新新闻》1949年4月16日。转引自王瑾、胡玫编:《胡政之先生纪念文集》,第78—82页。
③ 见王瑾、胡玫主编:《胡政之文集》(下),第1078—1079页。

般基本的知识。例如译电报就是一个例子。编辑必须熟习电码,才不至于在新闻稿里,闹出笑话。"此外,他还对翻译、收电、校对等都一一提出学习的目标①。他对重庆编辑工作人员说:"现在的经理容易,编辑则恰好相反。以往我们讨论的不外统一、抗日、团结、打倒军阀等几个大问题,可说是全国人民共同关心的问题,我们只要文字技巧好,可以获得读者的同情与赞美。而今后国家踏进建设的途径,经纬万端,俱涉专门,只恃文字技巧,便不够了。单就工业化而言,大大小小就有多少专门问题,我们的知识实在太有限了,所以说今后的编辑难做。但我们现在就应该准备,其法有二:(一)对外多结交朋友,吸取各种知识;(二)馆内同人慢慢地对各种问题分头专门化。现在重庆写社评的是芸生、昭恺、纯青、善徽诸先生,今后在馆外亦可请有专门研究的朋友帮忙写作,馆内其他同人亦可分别担任,就各人的兴趣及所学的科目,分头钻研,以从事社评的写作。"②

1947年,他对津馆经理部同人说:"我们三馆情形不同,津馆旧人最多,毁坏也最容易。如果认为新闻事业不错,决定要终身服务,那就要多用脑筋,努力工作,俗语说:'长江后浪推前浪'。教育修养不足的人,今后要谨慎合作,努力研究,时代是最无情的。"③又对重庆馆的同人说:"经理部同人有者学识稍差,是无容讳言的,但这无关重要。须知教育除'学校'外便是'社会',有丰富的社会经验也是极其宝贵的。只要肯努力,时时求进步,学识也一定是日渐增加的。希望各同人在公余对自修上多用功夫,就是在日常生活上也要多多注意,常言'活到老学到老',总之要自己留心,社会上一切是学不完学不尽的。"④

胡政之还在报社内部开展座谈,促进工作人员素质的提高。据曹世瑛回忆,香港版的翻译人员多是报界的新人。有一次,《大公报》刊登的一条英文外电漏掉了一个否定词"不",胡政之生气地说:"头等报纸,三等翻译!"为了提高工作人员的素质,胡政之建立了编辑部座谈会,每周一次,由主要编辑、翻译轮流主持。第一次是他自己,首先回顾一周大事,提出自己的看法,然后由大家发表意见。这个活动虽然没有持续很久,但"表现了胡政之的深谋

---

① 见王瑾、胡玫主编:《胡政之文集》(下),第1076页。
② 见王瑾、胡玫主编:《胡政之文集》(下),第1081页。
③ 《胡总经理对津馆经理部同人的谈话》,《大公园地》1947年8月5日复刊第7期。
④ 李晴波笔记:《胡总经理在渝讲话》,《大公园地》1947年12月20日复刊第16期。

远虑"①。

胡政之注意提高同人的素质,乐于支持年轻人去进修深造。报馆中有些同人学历较浅,工作一段时间后,胡政之便支持他们再去上学。吴砚农、郝伯珍、杨启如都是如此,曹世瑛更是两次被送去上学:第一次是他考上南开高中,却无力付学杂费,胡政之问明情况,便每月给他三十几元钱,让他去上学而不必来上班,平时写点学校新闻就行;第二次是以支付原薪为条件,送他上陆军军官学校第六分校,以弥补《大公报》军事方面人才的不足,这也是胡政之努力培养专业化记者的表现。

对于有能力出国深造者,胡政之更是不遗余力地提供帮助。杨刚、章丹枫办理出国手续时,胡政之都帮了很大的忙。这些出国的人,只要愿意给报社写稿,胡政之先生便给他们"记者"的名义,每月支付若干津贴,以资助他们工作和学习。其中最突出的要数萧乾了:1939年夏,萧乾收到伦敦大学东方学院的来信,约他担任讲师,但所给薪水交了所得税后就只够吃饭,旅费还要自备,他便想辞谢。胡政之得知此事后极力劝他应聘,并答应由报馆支付旅费,只要他在授课期间担任驻伦敦的特派员。因为当时欧洲局势已十分紧张,胡政之也想在那里先"下一子"。谁知道萧乾领到的旅费当晚就被偷了。他大伤脑筋,胡政之却安慰说:"证件没丢就好,好事就是多磨的,人生哪能没点挫折!丢的钱照样再给你补一份就是了,反正你勤写点通讯就都有了。"②

范长江退出《大公报》时,胡政之说:"范之离去,使我很伤心,我原来对他的重视程度不亚于王芸生。"又说:"三军易得,一将难求。"③胡政之深知,好的报纸中层干部和新闻记者是不容易培养的,他说:"俗话说,三年可以出个状元,而不能出一个唱戏的叫天。我说十年可以出个叫天,而不能出一个好的新闻记者。"④但是他一生却坚持不已,一点一滴地做着这样的工作。"他尽量培养自己报社的有为青年,使自学成才,只要有才有德,又埋头苦干,总要让他发挥其所长,无论是编辑、记者,还是经理事务人才,都能施展各自的才能,这是

---

① 曹世瑛:《从练习生到外勤课主任》,周雨编:《大公报人忆旧》,第141页。
② 曹世瑛:《从练习生到外勤课主任》,周雨编:《大公报人忆旧》,第141页。
③ 胡济生、黄敏:《回忆父亲》,王瑾、胡玫编:《胡政之先生纪念文集》,第181页。
④ 见王瑾、胡玫主编:《胡政之文集》(下),第1082页。

《大公报》人才辈出的主要原因。"①

4. 知人善用，大胆放手

放手使用青年是胡政之的特点之一。1948年，胡政之说："我在《大公报》工作二十多年，前十多年可说是我自己在经营，后来的十年已经多放手让同事们干了。"②他对《大公报》同人说："我只有从社会取来的《大公报》的事业，将来也要还给社会。我的子女近亲都不学、不干我这一行，你们谁有本事谁来接班。"③

胡政之放手使用青年的态度是一贯的。1925年主持国闻通信社英文部的孙瑞芹说："国闻社虽曾一度受段临时政府的资助，但社长胡霖先生，给我全权，以处理英文部的事务。一年之中，我得以使英文部自给自足。不仅所有英文报纸和外籍记者全订阅国闻社英文稿件，我且接过许多编辑和记者来函，盛赞电稿的优良。"孙瑞芹比胡政之小十岁，但"彼此不久成为知交"。孙瑞芹说："他对我的主张及为人，完全信任，彼此相处，极为精诚。"④

胡政之之所以在新记《大公报》放手使用青年，是因为他认为："报纸事业是一种经常地需求进步的事业，且永无休息的时候。……新闻事业应该不断求进步，至少要跟得上时代，最好能走在时代前面，领导社会。如果跟不上时代，那就难免落伍。试看以往有些地位的报纸，不少被时代淘汰了，就是因为不肯求进步的缘故。因为凡是一种事业，最怕它有惰性，一有惰性，便不肯有新设施，不肯用新人，甚至有人条陈建议，亦多认为那是花钱的事，一概置之不理，于是事业更难免没落了。我们应该知道'不进则退'的道理，力戒这种弊病。"此外，1943年他还说："时局何时平复，固不可知，然大致已为时不远。那时报馆发展，困难甚多，而人才缺乏，最感严重。现在限于物力，报馆不能多用新人，应付将来的办法，就只有在现在的同人中，训练将来的高级干部。怎样使其有能力而日后可独当一面呢？我的想法是希望编辑部同人，在精神上都高升一格。譬如芸生先生以前写文章写得很多，现在希望他少写些文章，而将精神笼罩于今日以后的全局上去，多训练些能写文章的人。至于事务方面，请孔、赵两位先生多帮些忙，而孔、赵两先生发稿的事情，可由旁的同人多做些。

---

① 胡济生、黄敏：《回忆父亲》，王瑾、胡玫编：《胡政之先生纪念文集》，第181页。
② 李侠文记录：《港版第一次编辑会议纪录》，《大公园地》1948年5月5日复刊第19期。
③ 胡济生、黄敏：《回忆父亲》，王瑾、胡玫编：《胡政之先生纪念文集》，第180页。
④ 孙瑞芹：《报业十年回忆录》，《报学》第1卷第1期，1941年8月1日。

一个人要将责任交给他,他才能担负起责任来,如果负责的人太负责的话,下面便没有人才了。"①可见,胡政之放手使用青年就是为了事业的发展。

　　胡政之很有眼光,也善于观察,他曾说:"我只要和某人见个面,谈谈话,就可知此人如何,然后量才度用,随时考验和培养。"②他对报馆同人的兴趣和能力都了然于胸,也就能针对其特点分配相应的工作,这样,报馆里多能人尽其才。有同人感到:"《大公报》对记者编辑要求严格,有长处可以得到发挥……《大公报》不埋没人才。……承认和重视你的努力。"③胡政之"能用能容","他要每个人在他的事业目标下卖力,但他也容许每个人在相当范围之内保留他的'个性',所以他不单是一个老板,他同时是这个事业的有担当的领导人"④。范长江是以西北旅行通讯蜚声新闻界的,但他开始西北之旅时,并不是《大公报》正式记者:他因向平津的报纸投稿而被胡政之看中,胡请人约他专给《大公报》写稿,每月给固定稿酬。那时,他已有西部采访计划,但应者寥寥;他也曾商请于《世界日报》的成舍我,希望得到经济资助,但也无功而返。1935年,他又向胡政之提出这一计划,胡深知他是可造之才,便慨然应允,给他《大公报》旅行记者的名义,以稿计酬,资助他开始西北之旅。由此才有了轰动一时的西北通信,也才有了名扬天下的范长江。1936年夏,范长江从西北归来,被聘为《大公报》正式记者。胡政之看到范在沿途所写通讯很受读者欢迎,因而把这些通讯汇集成书,题名"中国的西北角",并亲自写了"序言"。该书在一年多的时间内连印七版⑤。因其采写西北通讯的出色表现,战事一起,胡政之便委任范长江为通讯课主任,并将骨干记者都组织起来,作为战地特派员。这支队伍在范长江的率领下,亲临各处前线,发回不少精彩的战地通讯,《大公报》也因此添色不少。

　　因为能知人善任,所以胡政之在给同人交代了任务之后,就给予完全的信任,除必要的指导外,从不多加限制,让人可以在实践中发挥所长,在条件允许的情况下自行创造。同人公认:"在《大公报》工作没有什么强制的约束,可大胆去工作,很自由。"⑥领导从未发出任何指示,采写自由度很大,采写

---

① 见王瑾、胡玫主编:《胡政之文集》(下),第1080、1082页。
② 胡济生、黄敏:《回忆父亲》,王瑾、胡玫编:《胡政之先生纪念文集》,第181页。
③ 唐振常:《上海〈大公报〉忆旧》,周雨编:《大公报人忆旧》,第199、200页。
④ 陈凡:《我所见的我所佩的》,《大公报》(港版)1949年4月21日。
⑤ 曹世瑛:《从练习生到外勤课主任》,周雨编:《大公报人忆旧》,第136页。
⑥ 张高峰:《采写战地通讯》,周雨编:《大公报人忆旧》,第95页。

的文章很少被改动，而且都可以得到发表①。大家感到"《大公报》是支持记者的工作的"②。1939年《文汇报》停刊，胡政之写信给徐铸成，希望他速回《大公报》任港版编辑主任。以后又连电催询。徐铸成回忆道："那时，张、胡二位年各五十有零，已退居二线，轻易不动笔，不亲日常工作，致力于培养后一代；且为推我（编辑主任）和金诚夫兄（经理）担负起第一线任务，创造一切条件。我到馆三天（头两天胡先生还问问我社论写什么题目，看看小样）以后，就放手不管，不仅各版大小样均归我审阅，社论稿（除我自写约一周三篇外，执笔者尚有杨历樵兄、袁道冲老先生和李纯青）统由我修改、润色。我当时战战兢兢，而精神很愉快。一如在孤岛时的发挥全力，且精神没有孤岛时的紧张。暇时可轻松地自己翻读书报，努力于进修。"③又如萧乾被胡政之选中时，刚刚大学毕业，因他在《大公报》副刊上多次发表文章，胡政之便让他主编《小公园》和另外十一种学术副刊。可萧乾觉得由自己主编《小公园》这个以传统曲艺和旧闻掌故为主的副刊有些不妥，胡政之一席话却让他茅塞顿开："你觉得不对头，这就对头了。我就是嫌这个刊物编得太老气横秋。《大公报》不能只编给提笼架鸟的老头儿们看。把你请来，就是要你放手按你的理想去改造这一页。你怎么改都成，我都支持你。"④萧乾感到："多么幸运！刚刚走上社会就碰上一位对我如此信任的老板。"⑤用人不疑，疑人不用，这颇能显示胡政之的胆识和气魄。萧乾后来说："《大公报》是我走出校门后的第一个岗位，也是我一生工作最久的地方。它为我提供了实现种种生活理想的机会，其中最主要的是通过记者这一行当，广泛接触生活，以从事创作。"⑥应该说，这其中也有胡政之的功劳。

对于有能力的优秀员工，胡政之不仅以话语和加薪进行鼓励，更大力加以提拔，让他们担负起重要职责。1927年，二十岁的徐铸成刚刚进入国闻社当抄写员时，月薪是二十元。当记者后，每当他写了得意的文章，总受到张季鸾、胡政之的表扬和鼓励。大约两年后，由于出色的表现，徐铸成被任命为天津馆体

---

① 周雨：《沪馆采访课纪实》，周雨编：《大公报人忆旧》，第117页。
② 张高峰：《采写战地通讯》，周雨编：《大公报人忆旧》，第95页。
③ 徐铸成：《徐铸成回忆录》，生活·读书·新知三联书店2018年版，第81页。
④ 萧乾：《我与〈大公报〉》，周雨编：《大公报人忆旧》，第168页。
⑤ 萧乾：《风雨平生》，北京大学出版社1999年版，第68页。
⑥ 萧乾：《我与〈大公报〉》，周雨编：《大公报人忆旧》，第164页。

育、教育编辑,兼主编经济新闻版,月薪为七十元①。入社三年,徐铸成被提拔为驻汉口的特派记者兼办事处主任,月薪升到一百五十元,外加车马费五十元。这样的例子在《大公报》并不少见。

胡政之主张报馆内部民主,大家为事业负责。他说:"每一位同事都要各自负责,不要把责任推给某一个人。中国政治上几千年的坏传统就是互相推诿,不负责,不民主。我们要在自己的团体里把这种坏传统推翻,建立民主的作风,才能进一步促使社会进步。因此我们先要对报纸版面、编辑方针等问题都作彻底的讨论,争执得面红耳赤也无所谓,一个青年参加事业,如能有机会发表自己的意见,并且受到重视,他一定感到非常兴奋,觉得事业是自己的。"②因此,对员工的合理建议,胡政之都乐于采纳。新记《大公报》十周年时,胡政之想搞一次全国性的征文活动,但萧乾觉得这样征文太过芜杂,便建议他依照哥伦比亚大学设立普利策奖的办法,设立"《大公报》文艺奖金",奖给已经出版并获得初步评价的作品。另外,为了纪念,出版一部《〈大公报〉小说选》。胡政之当即同意,中国自此第一次有了文艺奖金③。另外,徐铸成"因向胡政之上条陈,提升为外勤记者"④。《大公报》记者尹任先因偶然的机会,曾在重庆聆听到他关于处理事务的谈话:"我近来常感到常识不够用,因此遇到问题时,总是先征询人家的意见,有时会寻求到解决问题的办法来,例如报馆里发生一件事,有人来问我该怎么办?我一时不能也不应即下决断处理它,我总是先征询来问我的人应该怎样办;然后再加以答复,不致于误断,'集思广益'对处理问题时是有帮助的。"⑤这就是胡政之所说的"做报只靠一人写文章之时代久已过去,欲求成功,必须群策群力"⑥。

"胡政之在香港、重庆期间,不过问具体工作,只主持每周一次的社评委员会,讨论下一周大体的社评选题和内容,让参加者自由发言,他也不作什么指示,只在最后发表他自己的看法,但他的发言,往往被认为是结论性的而被接受。"⑦这样,"《大公报》容有一个总的政治态度,而其间幅度相差甚大,因此,在

---

① 徐铸成:《徐铸成回忆录》,第28、48页。
② 李侠文纪录:《港版第一次编辑会议纪录》,《大公园地》1948年5月5日复刊第19期。
③ 萧乾:《我与〈大公报〉》,周雨编:《大公报人忆旧》,第178页。
④ 曹世瑛:《从练习生到外勤课主任》,周雨编:《大公报人忆旧》,第130页。
⑤ 尹任先:《政之先生谈片追记》,《大公报》(港版)1949年4月21日。
⑥ 《胡总经理致哀悼词》,《大公报》(渝版)1941年9月16日。
⑦ 徐铸成:《报海旧闻》,第93页。

稿件上表现了人各不同，在版面上表现为版各不同。各馆之间，亦表现出差异。……如果说《大公报》亦容许各种思想的人并存，则真理所在大势所趋，竞赛的结果必亦明朗。1948年香港版开办之后，逐渐表现出与时俱进的鲜明的政治倾向，就说明了问题"①。

"胡先生虽然肩负本报各版的总责任，但他是一贯主张与同人分名分利分权的。他并不喜欢个人出风头，也不是'有利独占''大权独揽'的人物。所以在正常状态下，他并不采取'大小事必亲'的办法，总希望各个同人发挥自己的力量。"②徐铸成说："这种巧妙的领导技术，似乎也很值得我们深思的。"③

5. 保护人才，挺身而出

《大公报》是文人论政的场所，要做到客观公正地评论时事，是免不了触及一些权势力量的。胡政之用人又不拘一格，不会因同人的政治立场和思想倾向不同而加以区别对待。李侠文说："报馆里的同人一片朝气，他是最大的推动力。在全国思想被统制的时候，报馆里从未有过任何同事因为所谓思想问题而受到歧遇。"④一方面，报馆内部有相当自由的空气，人们可以各言其是，无顾忌；但另一方面，一些激进的同人也会给报馆闯出祸来。胡政之颇有家长风范，如遇此类事件，他常常挺身而出，全力保护同人。

萧乾进报馆不久，就因一篇关于法属印度支那殖民地的文章得罪了法国人，胡政之设法平息了此事。萧乾回忆说："老板除了咒骂法国鬼子野蛮，并没怪我什么，只是教我以后当心就是。"⑤萧乾编《文艺》版时，南京当局下警告、工部局来传票，胡政之都没埋怨过他⑥。李纯青也有类似的经历，他因文辞激烈得罪了国民党，当局追究责任，胡政之先生却说："他是我们的人，文章在我们的报纸上刊载，一概由我负责。"⑦直至事息，他也没有告诉李纯青。

范长江任《大公报》旅行记者期间，曾做客延安，他将共产党的真实情况写成通讯《动荡中之西北大局》交给胡政之。时值西安事变后不久，胡政之顶着国民党新闻检查所的压力把该文发表了。文章引起轩然大波，蒋介石气得暴

---

① 唐振常：《上海〈大公报〉忆旧》，周雨编：《大公报人忆旧》，第198页。
② 《敬悼胡政之先生》，《大公报》（渝版）1949年4月15日。
③ 徐铸成：《报海旧闻》，第93页。
④ 李侠文：《精神 事业 做人——敬悼政之先生》，《大公报》（港版）1949年4月21日。
⑤ 萧乾：《我与〈大公报〉》，周雨编：《大公报人忆旧》，第173页。
⑥ 萧乾：《风雨平生》，第72页。
⑦ 李纯青：《为评价〈大公报〉提供史实》，周雨编：《大公报人忆旧》，第313页。

跳如雷①。这固然是范长江的成功,但若不是胡政之承担了抗检的风险、触怒蒋介石的责任,中共抗日民族统一战线的主张又怎能如此及时地向全国宣传呢?

《大公报》内部有不少思想进步的人,他们的身份不公开,但胡政之也不是完全不知道。一次,吴砚农在参加革命活动时被特务盯上,差点被捕。胡政之得知后,便掩护他去日本躲避,并让他兼任《大公报》驻日记者。直到风波过后才让他回到报馆。据徐铸成回忆说,吴为《大公报》馆第一个中共党员,中华人民共和国建立后,历任天津市委书记、河北省委书记等职②。

1947年国民党打击《大公报》,在渝、穗两地无理逮捕了许多记者。胡政之为此亲自去了一趟重庆,并拍电报给广东当局,要求先释放同人,他本人可以去做人质。经多方营救,这些人才获释。

李侠文评价胡政之说:"他要事业能够独立进步,所以他要爱护事业的生机,要应付可能的压迫。"③1931年8月当所有关内报馆的通信记者先后一一被捕时,担任《大公报》东北特约通讯员的陈纪滢一直利用自己在邮局的工作之便为报社采写独家报道。陈纪滢认为自己在日本侵占东北后,能成功完成报道任务是"完全激于青年炽旺的爱国心","同时我也不能不特别感激政之先生,他不但亲自处理我的稿件,并且我的职业与真实姓名他也完全保密。日本特务若是从天津方面查访,也未尝不可以弄得水落石出的"。"九一八"事变两周年之际,《大公报》发表了陈纪滢所写的《沦陷两年东北之概况》,作为"九一八"两周年特刊的内容。东京日本外务省知道后,向中国政府提出严重抗议。胡政之对陈纪滢说:"报馆既刊登你的文章,报馆就负责,一切责任由报馆担当,你不必介意。"当陈纪滢向胡政之表达歉意时,胡政之郑重其事地答道:"有什么歉然的?难道我们反对日本扶持傀儡不对吗?难道我们替东北老百姓说话不对吗?假如政府藉此压迫我们,我们就诉诸舆论,拼命到底!报馆关门也不怕!"④这番充满强烈爱国主义精神的话,说得光明正大,掷地有声,令人钦佩。

相反,对于《大公报》内部出现的国民党特务,胡政之则毫不留情,想方设

---

① 范长江:《我的自述》,《范长江新闻文集》(下),新华出版社2001年版,第1189页。
② 吴廷俊:《新记〈大公报〉史稿》,第123页。
③ 李侠文:《精神 事业 做人——敬悼政之先生》,《大公报》(港版)1949年4月21日。
④ 陈纪滢:《胡政之与〈大公报〉》,第25、26、55页。

法把他们赶出去。20世纪30年代,张逊之担任了外勤主任,他不仅是国民党特务,也是帮会头子,混到了"开山门、收徒弟"的地位。外勤记者李树芬就是张的门徒之一,经理部也有,这可能成为《大公报》的隐患。这时要出版上海版已成定局,胡政之将去南方,他怕离开天津之后,后续的许萱伯对付不了复杂的人事关系,因而决定进行清理。但是要铲除张逊之很不容易,他是天津记者公会的副理事长,和法租界下层社会有千丝万缕的联系,弄不好会出乱子。李树芬也有特务嫌疑,业务能力很差。胡想用一种非常手段先把李去掉,暗示张逊之自行退出。此时恰逢萧乾从燕京大学毕业来到《大公报》。初次采访,胡政之便派李树芬陪萧乾到地方法院去旁听。在形式上李是领路的,萧是实习的。晚上两人各写一篇报道,转天报上却只把萧乾写的刊登出来:这种办法不但是要把李树芬撵走,也无异于对张逊之下了逐客令[①]。

6. 宽严有度,体贴人才

胡政之"鄙视那种只顾贪图享受、好逸恶劳的'能人''才子',他对手下的骨干人才和新生力量都有精确的评价,赏罚分明,恰当地给以使用、培养和提拔,对不称职者则斥责或辞退"[②]。对于不利于事业发展的事件,胡政之有着果断的作风,使其马上得以制止。1929年,二十二岁的徐铸成在做记者近两年后,由于工作出色被胡政之任为国闻社北平分社代理主任,到任时发现:没有一个人来上班。胡政之知悉后说:"你立即草拟一个启事,送登《晨报》,公开招考三名练习生,由你训练。我另在报馆派一位外勤,明天就到平协助你。"徐铸成听后很惶恐,说:"胡先生难道不准备挽留他们几位?"胡政之立即断然回答:"我不吃这一套。"说毕就把电话挂断了。第二天,天津就派来了孔昭恺到平,随即开始工作;很快又录取了李天织等三名练习生,定期到职试用。1932年,徐铸成被任为《大公报》特派记者兼该报驻汉口办事处主任。《大公报》在汉口本来有记者喻耕屑,并兼任分馆主任。喻本为国闻社驻汉分社主任,与胡政之相识多年,"大概因薪水多年未提升(《大公报》在武汉已销七八百份,报馆收批价六五折,喻收入已不菲)",写信给胡政之,以年老请辞记者兼职,"盖意在'掼纱帽'也"。但"胡素有'不吃这一套'的脾气",于是派徐铸成担任《大公报》驻汉口办事处主任。对此,徐铸成认为是"锻炼人才之一法也"[③]。

---

① 曹世瑛:《从练习生到外勤课主任》,周雨编:《大公报人忆旧》,第135页。
② 胡济生、黄敏:《回忆父亲》,王瑾、胡玫编:《胡政之先生纪念文集》,第182页。
③ 徐铸成:《徐铸成回忆录》,第44—45、61—62页。

胡政之为人严谨,做事认真,对同人和后辈的工作要求很严格。"他不能容忍手下的人无智识(智慧和见解),以及志大才疏却贪图个人享受,这也许是他严肃、嫉恶如仇的一面罢。"①据1929年在天津工作的徐铸成回忆,胡政之"要求各版编辑,下午四时至六时到编辑部细细看报,但不用强制式的命令。有几次,我迟到了,看到他坐在我的座位上看报,我无所措手足在后面站了几分钟,他看了我一眼,一声不响走了。对我来说,这比申斥还难受"②。又比如他要求编辑、校对务必要把消灭错误当回事时说:"错误发生在报纸上,白纸印上了黑字,斧头也砍不掉。"编辑陈伟球说:"这句话当时对我很有震动,使我永记在心。"③曾敏之在《大公报》长期从事记者采访活动,"记得由柳州调回桂馆初期,曾于一篇报道中写错字、用错词,受到政之先生在检查会议上批评,要求严肃对待文字上的谬误。经过他的言传身教,我体认了严师的深意,因此以后兢兢业业,力求寸进,勤读苦练,以期不愧于记者的本色"④。有时因为"爱之深,故责之切",批评得十分"凌厉"。据梁厚甫回忆,他曾替张季鸾写"社评",胡政之的评价是:"年轻婆娘学扎脚,又臭又难看。"张季鸾也"有同感",于是予以纠正。胡政之认为张季鸾对梁厚甫"太过纵容",说"这不是爱护青年人之道,而是戕贼青年人"⑤。

胡政之很注重考察同人的生活,如有奢侈浪费或其他错误,他一定要设法纠正。但他也深知知识分子的心理,所以在严格管理的同时,他也以细心、宽厚的态度赢得了许多同人的心。在《大公报》人的回忆中,经常可以看到这样感人的点滴。抗战期间,李侠文曾在渝馆当编辑。当时由于物资供应紧张,报馆纸张奇缺,一天,胡政之来看稿,他便写一张送给他看一张。为了求快,李侠文挥起毛笔,字越写越大,弄得一张土制的稿纸上写不了几十个字。胡政之没说什么,却提笔在纸上加了两句,写的是蝇头小字。李侠文当即会意,明白了自己的浪费。曹世瑛是1928年通过练习生的招考进入《大公报》的,那时他刚中学毕业。一年后,由于工作需要,他由外勤记者成为编辑。一次,胡政之发现他编的稿子中有个明显的错误,但不动声色地走开了。第二天这条新闻刊

---

① 胡济生、黄敏:《回忆父亲》,王瑾、胡玫编:《胡政之先生纪念文集》,第181页。
② 徐铸成:《报海旧闻》,第95—96页。
③ 陈伟球:《上海〈大公报〉工作杂记》,周雨编:《大公报人忆旧》,第204页。
④ 曾敏之:《报坛巨擘的风范》,王瑾、胡玫编:《胡政之先生纪念文集》,第129页。
⑤ 《梁厚甫与大公报》,原载《世界经济导报》1987年1月5日和12日。转引自周雨编:《大公报人忆旧》,第332页。

出，而曹已经把错误消灭了，这时胡政之才问起此事。这充分显示了胡政之先生对员工的信任，也极大地增强了他们的自信心。

胡政之的细心体贴还表现在他对同人生活的关心上。曾敏之在回忆文章中说："值得记述的还有政之先生关心员工生活的美德。想当年单身汉的员工是不忧一天三食的，全由报馆供应，厨食之丰，品味之佳，不逊于市场上的餐馆。虽在物质条件艰苦时期也充分安排好日常生活。记得渝馆中一路的食堂不仅提供外勤记者美好的饮食，就是由李子坝编辑部进城的领导层也是座上客，政之先生就是借餐聚的形式与员工沟通感情，了解下情，改进业务的。"①他还时常提醒同人要注意身体。

萧乾也说："作为老板，他有时可以体贴伙计们到动人的地步：谁家太太正生孩子，谁请病假，他总记挂着。在经理辈中，累他跑在前面，享受他落在后面，去过他上海住宅的，谁都得承认这点。"②20世纪30年代初，孔昭恺还是个普通记者。可他结婚时，胡政之却身着长袍马褂亲来致贺，这一幕让他久久不能忘怀。李侠文也有类似的回忆，在他结婚时，胡政之特别关心他有无经济困难，需不需要帮忙。十年以后，李侠文夫妇再次到港，胡政之请他们到一家法国餐厅进餐，说："我记得你们新婚的晚上在这家餐厅进餐，被我遇见了，所以我今晚特意请你们到这里来。"其实，胡仅是在十年前到这家餐厅门口碰巧遇到李侠文夫妇，他却记得那样清楚③。

徐铸成身上发生的事更可见得胡政之的体贴和宽容。1929年，徐铸成结婚后，两手空空，专函向胡政之告急，胡政之不日即汇来百元。很快，胡又调他到天津工作，并为他们安排新居之所，月薪由四十元升到七十元，以让他维持小家庭的生活。但1930年徐铸成妻子怀孕后，家用增加，收入常感不敷。这时《京报》汤修慧来信请他兼做《京报》驻津记者，月致车马费五十元。徐铸成于是每天挂长途电话，向《京报》简报新闻（大率为当天晚报所载者）。约一个多月后，胡政之忽然约徐铸成闲谈，说："听说你夫人快要分娩了，家里开支要增加了，我已关照会计科，从本月起，你的薪水改为一百元。"他绝口不提《京报》的事，徐铸成亦心照不宣，随即致函汤修慧，婉陈苦衷，辞去了兼职。原来，胡政之已经知道此事，只是委婉处理，希望员工自觉主动改正，不伤及员工面

---

① 曾敏之：《报坛巨擘的风范》，王瑾、胡玫编：《胡政之先生纪念文集》，第131页。
② 萧乾：《我被感动过》，《大公报》（港版）1949年4月21日。
③ 李侠文：《我所认识的张季鸾、胡政之两先生》，周雨编：《大公报人忆旧》，第263页。

子和社内和气。徐铸成还有这样的回忆:"(胡政之)颇体会知识分子不亲庶务而有自尊心的特点,我多次到外埠采访,有时长达一两个月,回来后,只简单地写一张便条:'共用去旅杂各费几百几十元。'他签个字就报销了,从来不要求开列细目,更不要说单据了。"①

胡政之以细心、宽厚的态度对待同人,其思想基础在 1948 年 1 月 24 日召开的"本报董事会东邀同人茶会"上所发表的谈话中表露无遗:"一个人有短处也有长处,我们要先问这事业需不需要这个人,假如需要他,即需要容忍,不能为了他有了短处便扬弃了他的长处,我们要多有反省工夫,事业需要此人,我们大家就要捧他,中国的社会是一个人时常妒忌别人的长处,外国的社会并不如此,我们要警戒,要随时反省。"②

正是这种巧妙、灵活而不失人情味的管理,使《大公报》同人齐心合力,精诚团结。李侠文曾在文章中写道:"像其他同事一样,我有过多次可以转换工作环境的机缘,但我终于一直留下来,除了觉得《大公报》是一家为各方所重的大报之外,政之先生的关爱备至,也是一个原因。季鸾、政之两位先生主持报馆,对同人的确有一种凝聚力"③,因为"大家不是在为什么人做工赚钱,而是为了共同的事业用力,为社会大多数人服务"④。

1926 年 9 月至 1949 年 4 月,胡政之本着"事业向前,个人后退"的原则,与吴鼎昌、张季鸾一起接办《大公报》,提出"四不"办报标准,使《大公报》成为抗战时期中国发行量最大、影响最广的报纸,达到了该报和自身事业发展的顶峰。

四、总结

徐铸成说:"邵飘萍、黄远生诸先生富有采访经验,文笔恣肆,而不长于经营。史量才、张竹平、汪汉溪诸先生工于筹计,擘划精至,而不以著述见长。在我所了解的新闻界前辈中,恐怕只有胡政之先生可称多面手,'文、武、昆、乱不

---

① 徐铸成:《报海旧闻》,第 44、97 页。
② 梅焕藻记:《胡总经理谈话纪录》,《大公园地》1948 年 3 月 5 日复刊第 18 期。
③ 李侠文:《我所认识的张季鸾、胡政之两先生》,周雨编:《大公报人忆旧》,第 263 页。
④ 李侠文:《精神 事业 做人——敬悼政之先生》,《大公报》(港版)1949 年 4 月 21 日。

挡'。后起的如成舍我等辈,虽然也精力充沛,编辑、经营都有一套,但手面、魄力,似乎都不能与胡相比。"① 胡政之主持《大公报》、采访巴黎和会的经历证明:他是民国时期不可多得的新闻全才,也是那个时代最优秀的新闻事业经营者之一。但是胡政之本人却志不在此,他终身所做的,是扮演一名健全舆论的积极构建者角色。

胡政之希望采用改良资本主义与议会民主相结合的发展模式实现国家现代化。他的职业理想可以分为三个层面:(1)"以真实报道,争取国人的信赖;以公正态度批论是非,获得读者的共鸣",建立"中国人论中国事的透澈的自尊";(2)"以公正舆论促进国家现代化,以翔实新闻协助民主制度的建立";(3)"使中国踏入进步的世界之林","进而发扬中国文化,传布于全球各个角落"。其中心就是"以公正舆论促进国家现代化,以翔实新闻协助民主制度的建立"②。

舆论观是胡政之新闻思想的核心。1934年,胡政之在《中国为什么没有舆论》中说:要形成"健全合理的真舆论","至少应该先把事实真象,赤裸裸地公表出来,供大众之认识与理解,然后根据真知灼见,由少数有识解的人们,无忌惮地加以批评纠正,拿出具体主张。此际如果另有一部分少数识者,别具见地,也尽可以公开研讨,不客气地交换意见,彼此切磋,再由大多数人在这许多不同的观点之间,根据他们对于事实之认识和理解,运用其自由而无成见的理智,选择一种他们所认为比较合理的议论,一致起来赞成他,拥护他,主张他,经过如此阶段,这便可以成为所谓'健全而合理的舆论'"③。为了促进"健全合理的真舆论"的形成,胡政之在其一生的新闻实践中,注重这个理想实现过程中的每一环节。其新闻活动的总特点是:积极进行新闻事业的改革,追求新闻的灵敏准确,以期为健全舆论的形成打下坚实的基础。在生命的最后二十多年的岁月中,胡政之把自己的全部身心交给了新记公司《大公报》的经营管理工作,使得自身的事业和这个报纸都达到了辉煌的顶点。

胡政之逝世后,程仲文评价说:"胡先生是一位光耀中国新闻事业史上的人物,也正是为民主中国忠诚的填土铺路者。一般人以《大公报》的业绩推崇胡先生的成功,当然《大公报》之所以能成为最有贡献于中国现代文化的三大

---

① 徐铸成:《报海旧闻》,第96页。
② 陈纪滢:《胡政之与〈大公报〉》,第84—86页。
③ 政之:《中国为什么没有舆论》,《国闻周报》第11卷第2期,1934年1月1日,第1页。

机构——北京大学、商务印书馆、《大公报》——之一,得力于胡先生的擘画指导者甚多,但他的不朽大业,却更应是他那正确的报学思想,与坚贞的从业精神,尽了为民主中国填土铺路的任务。"①我们认为,这段话准确地把握了胡政之在近现代中国新闻史上的定位。

---

① 程仲文:《胡政之先生的报学思想与从业精神》,《大公报》(沪版)1949年4月26日。

新记总编:张季鸾*

张季鸾(1888—1941),名炽章,字季鸾,中国著名新闻记者、报刊活动家和报纸评论家。祖籍陕西榆林,幼时曾就读于烟霞草堂,师从关学大儒刘古愚先生。张季鸾少年时生活坎坷,幼年丧父,十几岁时母亲离世,但他坚持刻苦读书,文章出彩,因而受到赏识和器重。1905年赴日留学,1911年学成回国,任上海《民立报》记者,曾经担任孙中山临时大总统府秘书一职。1912—1925年间,张季鸾辗转北京、上海两地,为多家报纸撰写通信稿件,其间曾任上海《中华新报》总编辑。1926年,吴鼎昌、胡政之、张季鸾三人合作创办新记公司,续办《大公报》,史称"新记"《大公报》,张季鸾担任总编辑,主要负责报纸评论工作。从这时起,直至1941年离世,张季鸾坚持新记《大公报》"不党""不卖""不私""不盲"的办报方针,坚持独立、公正的办报理念与原则,写下了大量脍炙人口、针砭时弊、鞭辟入里的社评,至今仍为经典。

张季鸾主持《大公报》期间,将报纸的办报特色总结为"文人论政"。1941年5月,《大公报》获得美国密苏里大学新闻学院奖章,5月15日《大公报》发表张季鸾执笔的《本社同人的声明》对此发表感言,其中提道:"假若本报尚有渺小的价值,就在于虽按着商业经营,而仍能保持文人论政的本来面目。"①1944年12月,即他去世三年后,《大公报》馆正式出版了他的著作集——《季鸾文存》。在该书序言中,胡政之写道:"季鸾是一位新闻记者,中国的新闻事业尚在文人论政的阶段,季鸾就是一个文人论政的典型。他始终是一个热情横溢的新闻记者,他一生的文章议论,就是这一时代的活历史。读者今日重读其文,将处处接触到他的人格与热情,也必将时时体认到这一段时代的历史。季鸾已逝,其文尚存;国族永生,亟待进步……国人读季鸾之文,倘能识念其一贯

---

* 本文撰稿人:王润泽,中国人民大学新闻学院教授;王婉,中国人民大学新闻学院2019级博士研究生。

① 《社评·本社同人的声明》,《大公报》(渝版)1941年5月15日。

的忧时谋国之深情,进而体会其爱人济世的用心,则其文不传而传,季鸾虽死不死!"的确如此,张季鸾作为"文人论政的典型",以手中之笔书写了自己的人生篇章,书写了特殊年代国家面临的危难困局,也书写了一位赤子对国家的深切热爱。他站在国族为重的立场,通过《大公报》对国家政治时事发表评论、监督政府,显示了知识分子匡扶时事的社会责任和担当。他的职业生涯始终贯穿着浓厚的进取精神与中国意识,并逐渐确立了自己鲜明的特色和风格。

一、求学少年,命途多舛

(一) 童年艰难,飘零回乡

1888年3月20日,山东邹平县县令张翘轩喜得一子,取名"炽章"。这是张县令的第四个儿子,为继妻王氏所出,原配夫人曾为他生下三个儿子,取名焕章、炳章、灿章,按照伯仲叔季排序,炽章排行第四,故字季鸾。此外,张季鸾另有两个妹妹。

张季鸾的父亲名为楚林,字翘轩,祖籍陕西榆林。榆林在汉朝时属于五原,是关中的高寒地区,到明朝的时候依然属于边防地区,民族矛盾突出,世代多出武官。张翘轩少年时也曾习武,弱冠之年应童子试时,三射两中,前两箭都很成功,但第三箭骑射时坐骑受惊,坠马失利,手臂受伤,于是弃武从文。虽然如此,但他对军事仍保持关注,恰巧清末榆林地区发生了一次回民起义,张楚林协助当时的总兵刘厚基击退了这次进攻,保卫了榆林城。张楚林由此得到总兵刘厚基和知府蔡兆槐的赏识,对他悉心栽培。1876年(光绪二年),张楚林应丁丑会试高中进士,成为光绪初年榆林涌现出的第一个进士,这对于该县实在是罕见的喜事,张楚林名噪一时。

在清朝,读书人中了进士,就有资格出任官职,张楚林因此被分配到山东做知县。他胸怀锦绣,清廉刚直,但因没有任何背景,受到上下级的排挤,因此仕途平平,甚至还曾被革职,在山东的二十四年间,做官的时间也不过六七年。

张楚林"庚子冬六十六岁上(1900年),病故在济南"。张季鸾的三位兄长在其父亲去世后不久也都相继离世了。而张季鸾的母亲王氏,是一位可敬的坚强女性，其夫去世后，很多人劝王氏留在山东生活，但她坚持要将亡夫的灵柩运回老家。1901年，王氏带着十三岁的少年季鸾和两个幼女到沂水辞别娘家，母子四人千里扶柩，"一路风雪向榆林"，第一次回到了自己的祖籍。怎知祸不单行，到家中即发生经济问题，其一个妹妹及母亲先后离世。张季鸾1934年所写的《归乡记》中，对这段经历有过简短记载：

> 先母王太夫人是继配，是一位极慈祥平和的女性。母家住山东沂水县，先父去世后，一贫如洗，多劝她就住在山东，先母不肯，一定要扶柩归葬。领着我们小兄妹三人，到沂水拜别了先外祖父母。辛丑冬，带全家回榆林，一路的困难，不必说了。到家即发生生活问题。全家箱箧中，只有几只元宝。有一处伙开的商业，被人干没，成了讼案。先母自己上堂，而命我早出游学，艰难家计一身承当。又死了我一个妹妹，先母身心憔悴，遂以不寿。我最后见面，是清光绪三十年正月。我又要到三原宏道学堂，临行拜别，先母倚窗相送，面有笑容，谁知即此成了永诀！到校两月，即接到讣闻，待我奔丧到家，只见到寺中停寄的薄棺一口！先母死年，才三十七岁，今年若在，不过六十七岁，这尤是我终天大恨，三十年来，时时想起，不由得感到无可如何的悲哀！①

这次回故乡的经历，可以看作是"天将降大任于斯人也，必先苦其心志"的开始，多种挫折、困苦磨炼着少年张季鸾的意志，艰难的生活让他更加体恤母亲的辛劳，而在困境中他也确立起自己的人生态度——心怀感恩。

（二）少年求学，师从大儒

正如张季鸾所言，他的母亲王氏是一位"慈祥平和"的女性，她性格坚韧，自己料理家中事务，让十三四岁有谋生能力的张季鸾去读书。这种选择，不论对她还是对张季鸾，都是意义重大的。在旧社会，男孩子到了十三四岁就该选择前途职业了，一般来说有读书和习业两种选择。读书不仅要看孩子的资质、兴趣，还要看家境：选择读书，不仅要请老师教授，而且家中还要有书可读；另外读书人要"十年寒窗"，家中有稳定的收入，可以栽培得起。特别是一些贫寒子弟，一人读书，背后必定有一个家庭甚至一个家族的牺牲、支持和帮衬。而

---

① 张季鸾：《归乡记》(1934年12月25日)，中国人民政治协商会议陕西省榆林市委员会编：《张季鸾先生纪念文集》，陕西人民教育出版社1991年版，第136页。

更多的贫寒子弟则会选择习业,到个小作坊,从学徒做起,学一门手艺,熬个两三年就可以有薪水赚,进而养家糊口了。张季鸾的母亲下决心让儿子去读书,是艰难却有远见的决定。少年时的张季鸾聪敏好学,父亲还在世时常教他读书,他过目不忘,十岁左右,文章已能成篇,词意超群;同时还表现出对国家大事的关心,时常翻看父亲收藏的顾炎武、黄宗羲、王夫之的著作,为父亲所钟爱。现在,母亲下此决心,也有不想辜负先夫对儿子期许,以抚先夫在天之灵的意思。

1902年初,到家乡过了春节后,张季鸾即奉母命进了当地的榆阳中学堂,师从名儒田善堂先生就读。此时的张季鸾已经熟读"四书五经",乃至《战国策》《国语》等,亦能对答如流,延榆绥道陈兆璜很赏识他的文采,又同情他家境贫困,于是把他召入道署,与自己的儿子陈燮共读。1902年秋,张季鸾与陈燮同往烟霞草堂学习。此时的烟霞草堂,即"复幽学社",在这里,张季鸾遇到了对他学识、品性、人生影响巨大的恩师刘古愚。

刘光蕡,号古愚,是一位和北宋儒学大师张载志趣学行相仿的"关学"传人,关学学派的基本特点是"学贵于有用",比较注意观察、研究与国计民生有关的问题。陕西近现代的文化名人,很多都接受过刘古愚的教育:民国时期著名的"陕西三杰"——于右任、张季鸾、李仪祉,前两位都是他的学生。他们都深受老师的影响:对人生社会持进取态度,处板荡之世则谈兵论剑,由改良而趋于革命。由于受到刘古愚的教育和培养,张季鸾虽身处偏狭闭塞的西北,却并没有脱离历史前进的步伐。他接受的是既不同于为科举做准备的旧式私塾教育,又不同于新式学校教育,而是以张载的"为万世开太平""学贵于有用"为宗旨的"关学"教育,即教育以修己爱人为出发点,教学的内容不仅包括识字,而且包括农事甚至工业,在振兴工业方面重视桑蚕织棉;同时认为应遍设乡团,举国皆兵,和平时期大家务农并发展各种手工业,战争时期则能拿起武器保卫祖国。刘古愚设立的"乡学",是中国最基础的"政教兵农工合一"的教育模式,在教育救国理念的指导下,他亲自创办义务私塾数百所,虽耗资无数,自己的生活一直处于困窘之中而在所不惜。这种紧密联系现实、经世致用的教育思想,使他的名声在大西北不胫而走。

烟霞草堂坐落在野外,安静清幽,近有古墓,甚至有狼群出没,在《烟霞草堂从学记》中,张季鸾对当时的学习环境有所描述:"烟霞草堂为庚子后所建,在唐昭陵之阳,负山面野,深谷怀抱,唐诸名将墓皆在指顾间,地极清幽,去市廛十里,群狼出没,常杀人。"①虽身处草野,刘古愚却时时不忘对家国大事的关注,真正是身无半文,心怀天下。"先生酒后谈国事,往往涕哭。常纵论鸦片战役以来至甲午后之外患,尤悲愤不胜。此外喜谈明末诸儒逸事,尤乐道亭林、二曲两先生。"②老师对国家命运前途关注至此,自然会在潜移默化中影响自己的学生。

张季鸾在刘古愚那里接受了深厚的国学教育。刘古愚学习孔子因材施教的方式,弟子数十人,根据每个人的兴趣、爱好、秉性教授不同的学习内容。当时,张季鸾被指导阅读的书目有《明通鉴》《文献通考》,并抄读《文献通考序》《方舆纪要序》。张季鸾回忆说:"先生曰:'读史应先近代,阅《通考》则知历代制度、典章之得失,而货币尤宜先。《方舆纪要》为沿革形势所必读,其书浩瀚,读序可也。'"③刘古愚认为"救世外无学问,致用外无经术",这种思想对张季鸾影响很大,他后来执笔办报,纵横时事,所秉持的原则就是"救世""国家至上,民族至上",为此不惜得罪权贵,甚至不惜违背"群众舆论"。

刘古愚还通过言传身教的方式传递给学生"士大夫"的世界观和价值观。在国家危难关头,排满情绪高涨时,他认为解救中国应"重外患而轻政体",认为帝国主义侵略是最重要的矛盾,满族人对汉族人的统治则为次要矛盾;对于西北少数民族问题,主张回、汉融合,同施教化。这种观点突破了狭隘的民族主义和种族观念,在当时实属可贵。更难得的是,他为国家和民族大义,不顾年老体弱,前往甘肃普及教育:"时陇中甫兴学,风气固陋,道险且艰,门人以师年衰,劝勿往,先生叹曰:'汉回为西北隐忧,吾将期以三五年,教化回民子弟,此关陇大计,非吾莫属。'"④"士不立品者,必无文章",一个文人,没有好的品德,也就写不出好文章,做不出好学问,干不成大事业。刘古愚不是把读书作为当官往上爬的敲门砖,因而其性情不因学问大而扭曲。张季鸾回忆,在刘古愚那里学习的半年中,"未尝闻一语及私","独居则友千古,教人则善天下。光风霁月,一片纯诚"⑤。

刘古愚以天下为己任、谦虚正直的高尚品德,经世致用、立言于天下的风范,对张季鸾以后从事记者职业、文章报国影响深远。

---

① 张季鸾:《烟霞草堂从学记》,《张季鸾先生纪念文集》,第128—129页。
② 张季鸾:《烟霞草堂从学记》,《张季鸾先生纪念文集》,第130页。
③ 张季鸾:《烟霞草堂从学记》,《张季鸾先生纪念文集》,第129页。
④ 张季鸾:《烟霞草堂从学记》,《张季鸾先生纪念文集》,第132页。
⑤ 张季鸾:《烟霞草堂从学记》,《张季鸾先生纪念文集》,第131页。

1903年初，刘古愚前往兰州任甘肃大学堂（今兰州大学前身）总习，当时学生们都争着与老师同去，但刘古愚只准两人同行，其中就有张季鸾。张季鸾非常高兴，请示母亲，却适逢三妹夭亡，痛心伤感之下，转读三原宏道学堂。

1903年农历八月十三日，恩师刘古愚病逝于兰州，而转年春天，年仅三十七岁的母亲也离开了张季鸾。这时的他，仅是一个十六七岁的少年。但这"终天大恨"和"无可如何的悲哀"并没有使他意志消沉、萎靡不振，反而激励他发奋学习、刻苦求知。他没有倒下、颓废、堕落，反而更加坚强、上进。他回榆林料理丧事后，强忍悲痛之情，继续刻苦求学。在三原宏道学堂学习的两年多时间里，他结识了后来在辛亥革命期间崭露头角的一大批陕西革命志士。

后来，张季鸾赴省会西安应试，受到陕西省学台沈卫的器重。沈卫是后来大名鼎鼎的民主人士沈钧儒的叔父，时任陕西提学使，负责选拔秀才，当时已经中了进士的沈钧儒做他的助手。据沈钧儒回忆，大约在1904年，"陕西考试全省士子，入闱的炮声已经响过了，忽然有一个年轻的童生，提着考篮匆匆赶来，要求入闱应试。监考的说他已误了'卯'，不放进去；童生则一再说为家务耽误，昼夜兼程赶到西安，要求格外通融，放他进去"。这姗姗来迟的考生便是张季鸾。沈卫很爱才，问张季鸾觉得自己哪一方面造诣最深，张季鸾回答："对一般的经史，我已经熟读，特别对边关的形势和历史沿革，曾下过功夫。"沈卫听他这样答，便说："这样吧，你把长城各口的形势，马上写出一个大概的情况和你个人的认识，如果写得好，我就破例让你入闱参加考试。"桌上放着文房四宝，张季鸾坐下去，不假思索，一口气写了好几张纸，他把从嘉峪关到山海关以及内长城各险要关口的形势，按次序写得很清楚，还提出了自己的意见。沈卫看后很满意，准他参加考试，后来考出的成绩果然不错①。

1905年，清政府命令各省选派学生赴日留学，张季鸾入选陕西当局派遣赴日官费留学生。于是，张季鸾开始了其东渡日本的求学之路。

（三）东渡扶桑，意属革命

1905年9月2日，农历八月初四，清政府废除科举制度。当年10月，陕西高等学堂发出"地方筹备经费、选派学生详请出洋游学文"，提出"各府厅州县

---

① 徐铸成：《报人张季鸾先生传》，生活·读书·新知三联书店2018年版，第20—21页。

均有造士之责"①，各地应积极设法筹备经费，选派生员出洋游学，并鼓励殷实之家绅士自备资斧留学日本学习教育管理。发文后，各地积极响应，最终选定来自三原宏道学堂、省城关中大学堂和陕西师范学堂的三十一人作为官费生，另有自费生十七人，东渡日本留学，张季鸾位列官费生之中。四川举人徐炯为监督，率领张季鸾等前往日本留学。在同期《秦中官报》中，对于学生生活费用有明确的记载：陕西三十一名官费生，"每名学费、宿膳一切每年约三百两，以后每年分两次，上半年正月十六、下半年七月十六从陕西汇去，学生川费每人约九十两"②。每位赴日留学的官费生，每年可获得包括住宿、膳食等各项费用共三百两，另外每人可获得九十两的路费。在当时，这是一笔较为可观的数目，足够一位普通的中国学生在日本的正常开销。

当年陕西官方最终选定的三十一名官费生中，张季鸾年龄最小，却是仅有的两名监生之一，其他人多为资格稍低的廪生、附生。10月，张季鸾来到东京，先入东京经纬学堂，后入东京第一高等学校攻读政治经济学，留日期间，他笃信"勉学报国"，勤奋刻苦。初到之时，他学习日语进步最速，四五个月后即能用日语交谈，为同侪所不及，甚至被传"会背日本的百科全书"。"语言关"打通后，张季鸾便逐步接触了在当时较为先进的西方政治经济学知识，对西方近代文明有所了解。同时，经同窗、同乡等介绍，他的人际交往范围进一步扩大，结识了不少留日学生及社会各界人士，并与其中志同道合之人结下了深厚的友谊，这些人对他今后事业发展至关重要。比如井勿幕和康心孚、康心之、康心如兄弟，此外还有李根源（云南人）、李书城（湖北人）、程克（河南人）、景梅九（陕西人）等。

1906年秋天，陕西的留日学生在东京成立了同盟会陕西分会，张季鸾经好友井勿幕和赵世钰等人介绍，谒见孙中山先生，投身资产阶级民主革命运动，但是他始终没有加入同盟会。陕西同乡、三原宏道学堂的同学井勿幕是陕西留学生中最早加入同盟会者，也是陕西旅日同盟会的建立者之一，其在日留学的同时积极进行革命宣传，在与张季鸾谈话中，谈到孙中山先生的革命主张，盛赞其气度恢宏，革命意志坚决，也谈到黄兴等同盟会的骨干，劝张季鸾也加

---

① 《高等学堂札饬各属各就地方筹备经费选派学生详请出洋游学文》，《秦中官报》乙巳年九月（1905年10月）第1期。
② 《高等学堂详明请领留学考查各经费酌拟开支数目详请立案文（附清折）》，《秦中官报》乙巳年九月（1905年10月）第1期。

入同盟会。对此,张季鸾回复说:"中山的人格和革命救国的思想,我是早就钦敬的,但有关同盟会的文告,我一个字还没看过;加入一个组织,是一辈子的事情,如何可草草决定呢?再说,我这百无一用的书生,加入了,也未必能有所贡献。"①

同时,据康心孚回忆,他也曾劝张加入同盟会。但张执意"不肯加入",并表示"实学方能致用,对于政治不感兴趣"。其实,张季鸾并非对政治不感兴趣,作为一位自小受教于中国传统文化的文人,张季鸾对政治时局的变化必定是关切而敏锐的。他之所以多次推辞好友邀请,不肯加入革命党,更多的是出于对党派政治和派系之争的反感,而当他后来决定以报人为自己的终身职业时,就坚决不再参加政党活动,坚持独立精神,以自由身份游走于各政党、官贵之间,做一个纯粹而负责任的报人。正如他自己所言:"做记者的人最好要超然于党派之外,这样,说话可以不受拘束,宣传一种主张,也易于发挥自己的才能,更容易为广大读者所接受。"②这种独立于党派之外的思想,在一定程度上受到了其恩师刘古愚的影响:当时陕西地处闭塞,思想落后,刘古愚作为陕西改良派的精神领袖,思想较为新潮,时人称刘古愚乃康梁一党,刘古愚对此极不认同,回之"康梁乃吾党也"。刘古愚这种超然的立场,把国家和民族置于党派、个人利益争夺之上,对张季鸾影响颇大,成为多年之后新记《大公报》"四不"方针中"不党"思想的真实写照。

1907年8月,陕西留日学生同乡会召集在东京的陕西、甘肃两省留学生,共同创办了《秦陇》杂志,但只出了一期。1908年2月2日,在《秦陇》的基础上,陕甘学生再创办《关陇》杂志,但也只出了三期即告停刊。2月26日,陕西留日学生杨铭源、赵世钰等在东京创办《夏声》月刊,到第二年9月25日停刊,共出版一年零七个月。张季鸾担任该杂志的编辑,并开始使用"少白""一苇"等笔名积极为刊物撰稿,由此开始了他毕生从事且忠诚热爱的新闻职业生涯,走上"言论救国"的道路。

"少白"是张季鸾开始在报刊上发表文章时所用的第一个笔名。张季鸾使用这一笔名在《夏声》杂志上撰写文章,在该杂志共计出版的九期中,除了第三、八、九三期杂志外,每期都刊有他的文章。"少白"意即"少年白头",当时张

---

① 徐铸成:《报人张季鸾先生传》,第31页。
② 徐铸成:《报人张季鸾先生传》,第34页。

季鸾二十岁左右,却已生白发,同时他也是在用"莫等闲,白了少年头,空悲切"来激励自己珍惜年少时光,努力奋斗,含有自勉之意。之后,他还将此名用于《民立报》《民信日报》等刊物。

这时的张季鸾还没有走出恩师刘古愚的思想影响,"教育救国"在他的思想中占据了重要的地位,他在《夏声》上发表的文章多是关于教育方面的文章,如《参观日本千代田小学校记并书后》《忠告陕西小学教育家》《日本教育发达史论》等。

1908年,为了完成其亡母王氏为其定下的婚事,张季鸾短暂回国,与高云轩结婚。高氏家族是当时榆林县另一有进士及第的家族,曾有族人在福建当过官。由于门当户对,两家很早就定下了亲事。

短暂回国期间,张季鸾在榆林府中学讲了几次课,同时尽量劝说家乡有志青年共赴日本留学。他的侄子张阜生就是这次被他带去日本的。他还劝年龄比他大很多的同乡、国画家王军余去日本,张季鸾对王分析:"榆林地处边陲,风气闭塞,又没有好的学校可读,青年人多半守在家中,荒废终身。况且你的天资聪慧,留滞家乡,不很可惜吗?为地方开通风气,为社会革新事业,都是我们青年应负的大责任,幸勿迟疑自误,将来后悔莫及。"①听了他的劝说,王军余凑足钱后,说服家人来到日本。张季鸾亲自到车站迎接,从生活到思想等诸多方面帮助他。

张季鸾在日本留学六年,除了中间短暂回国,大部分时间在日本度过。其间,张季鸾对日本的历史、政治、思想、文化,尤其是明治维新以后日本的变化,以及该国社会思潮、风俗人情,都作了深入的调查和研究。这段留学经历使得张季鸾在后来的抗战中,对日本问题分析得透彻深入,常常能触到日本人的要害之处。因此,不仅是中国政要,连日本人也不能忽视张季鸾本人和《大公报》的言论——日本方面有言论称张季鸾是"中国第一等名记者,他的一枝笔,是以中日邦交的立场来说话的"②;王芸生也回忆道:"吴鼎昌、胡政之、张季鸾三人都是日本留学生,又同日本军政文化各方面人士经常有接触,比较熟悉日本的情况,属于以后张群所说的'知日派'一类人物。"③

---

① 王军余:《追念同学张季鸾君》,《传记文学》1962年第1卷第7期,第41—42页。
② 沈雪崖译:《中国的亲日家与排日家》,《三民主义月刊》1935年第5卷.4期。
③ 王芸生、曹谷冰:《1926至1949的旧大公报(续一)》,《文史资料选辑》第26辑,文史资料出版社1962年版,第200页。

二、抽身政坛,初入报界

(一)学成归国,短暂从政

1911年10月国内武昌首义打响后,张季鸾学成启程归国。张季鸾回国后,进入同乡于右任创办的《民立报》任编辑。与之前断续为报纸写稿不同,这是张季鸾首次正式担任报纸的编辑工作,可以视为其报业生涯的重要里程碑。《民立报》是资产阶级革命派报刊,是同盟会在上海的重要言论机关,也是同盟会在上海的秘密联络点。该报革命色彩浓厚,随着革命形势的发展,言论逐渐由温和转向激烈,称清政府官吏为"民贼",并设计专门刊登贪官污吏罪行的"民贼小传"专栏,痛斥清政府为"倒行逆施之政府",公开支持四川的"保路"风潮,详尽报道广州黄花岗起义,大胆揭露日、美等侵略中国的狼子野心。此时的《民立报》影响很大,毛泽东曾评价说:"那是一个民族革命的报刊,刊载着广州起义和七十二烈士殉难的消息……《民立报》充满了激动人心的材料。"①而对于这一时期张季鸾在《民立报》的工作,于右任以"英思卓识,天宇开张"②八字作出高度评价。

值得一提的是,张季鸾回国不久,在上海康心孚家中初识胡政之,此时的他们未曾想到,之后两人会成为合作多年的挚友,办一份闻名中外的大报。

1912年元旦,南京临时政府成立,孙中山就任中华民国临时大总统,于右任保荐张季鸾为临时大总统府秘书(同时任秘书的还有杨杏佛、任鸿隽等青年才俊)。在此期间,张季鸾曾参与起草孙中山的《临时大总统就职宣言》。

张季鸾曾对朋友说,平生有三大得意之事:第一件事就是任临时大总统府秘书,为孙中山草拟大总统就职文告;第二件事是续办《大公报》,使之荣获密苏里大学新闻学院奖章;第三件事就是五十得子。张季鸾之所以对第一件事感到得意,虽有事件重大,为中华民国之缔造者、当时众望所归的孙中山起草可留于史册的文书,自己的名字也可以随之名垂千古的缘故,同时从其自身而言,他以二十四岁的年龄和阅历,能在如此复杂的政治环境中正确理解孙中山

---

① 毛泽东:《毛泽东自述》,人民出版社1993年版,第17页。
② 于右任:《悼张季鸾先生》,《张季鸾先生纪念文集》,第28页。

的主张和见解，文告分寸拿捏如此得当，文字醇厚、老练，言辞恳切，对稳定中国时局起到重要作用，不论是给当时的各路军阀作一宣誓，为持观望或反对态度的外国势力作一宣言，为普通国民作一呼唤，还是为历史与后人树一丰碑，都是极为妥当的。

孙中山就职时，张季鸾曾向《民立报》拍发新闻电报，报道临时政府成立和大总统就职的情况，这也是民国时期报纸第一次刊登新闻专电，为民国报纸有新闻专电的开始。

1912年2月13日，孙中山辞去临时大总统之位，张季鸾也随之离去，结束了他短暂的政界生涯。

(二) 投身报界，反袁勇士

张季鸾离开南京，回到上海后与于右任、胡政之、曹成甫等人合作创办了民立图书公司。1913年初，张季鸾与曹成甫又在北京合作创办北京《民立报》，自任主笔。曾任《大公报》记者的徐铸成认为，这是张季鸾独立从事新闻事业的开始①。这时，张季鸾年仅二十五周岁，北京《民立报》发刊不久，即以消息灵通、言论犀利受到各方重视。与此同时，张季鸾还兼任于右任经营的上海《民立报》驻北京通信记者。

是年3月，宋教仁被刺一案轰动一时，国民党及革命报刊纷纷调查报道此事，矛头直指临时大总统袁世凯，张季鸾也愤然在报纸上为宋案慷慨执言。不久，袁世凯为取得帝国主义的支持，又以办理善后改革为名，未经国会同意，秘密向英、法、美、日、俄五国银行团暗中接洽两千五百万英镑的"善后借款"，时称"大借款"。张季鸾获得消息内幕后，在给上海《民立报》的通信中揭发此事，引起轩然大波，全国震动，成为"二次革命"的导火索之一。当天晚上，军警包围北京《民立报》社。该报被查封，张季鸾和曹成甫被逮捕。三个多月后，经李根源等好友多方营救，张季鸾才得以出狱，曹成甫却瘐死狱中。

张季鸾获释后被驱逐出京，回到上海后写下《铁窗百日记》，发表在康心孚主编的《稚言》月刊上，揭露袁党的黑暗统治。这一时期，应《大共和日报》总编辑胡政之邀请，张季鸾担任该报国际版的主编，经常译载一些日本报刊的时论文章，同时兼任上海吴淞中国公学教师，教授日本语和外国史。

---

① 徐铸成：《报人张季鸾先生传》，第50页。

1913年是中国新闻史上的黑暗时刻,袁世凯当局对全国多家报纸进行查禁和"整顿",大量报纸被查禁或关闭,全国报刊数量由1912年顶峰时期的五百多家骤降至一百三十九家,北京上百家报纸只剩二十余家,史称"癸丑报灾"。

1915年12月12日,袁世凯复辟称帝,国内反袁声浪高涨,国民党系统的报刊以大量篇幅声讨袁世凯,如广州创办了《讨袁报》,还有一些报纸出版了反袁专刊。就连一些原来拥袁、亲袁的报纸和报人,也在全国人民强烈反对帝制的震撼呼声下,转而加入了反袁的行列。同年12月25日,张季鸾与曾通一、康心如在上海创办《民信日报》,张季鸾担任总编辑,曾通一任总理,该报几乎每天发表抨击袁党罪行的文章。

1916年袁世凯死后,张季鸾重回北京,受上海《新闻报》聘请任该报驻北京特约记者。当时,《新闻报》是全国发行最广的报纸。张季鸾的"一苇"通信和《申报》记者邵飘萍的"飘萍"通讯、《时报》记者徐凌霄的"彬彬"通信并列,一时间脍炙人口。

1912年至1916年,张季鸾先后为北京《民立报》、上海《大共和日报》、上海《民信日报》、北京《中华新报》、上海《中华新报》撰稿,时而北京,时而上海,南北漂泊不定。而张季鸾此时的心境,可以从其使用的笔名"一苇"中看出:"一苇"即"一叶苇草",古人也用"一苇"代指小船,如苏轼语"纵一苇之所如,凌万顷之茫然",表达了人在浩渺宇宙间茫然失措之感。有学者认为,笔名"一苇"反映了张季鸾在这一段时期落拓无聊的彷徨思想,也多少流露出他怀才不遇及自悲自叹的感情①。其实,"一苇"的笔名,也有积极意义,如中国古代诗歌典籍《诗经》有云"谁谓河广,一苇杭之",就表达了心宽天地阔之感。

(三)再度入狱,人生低谷

1916年袁世凯死后,黎元洪继任大总统,段祺瑞为总理并掌握实权。黎氏恢复旧国会,并表示遵守《临时约法》。在一片共和再造的环境中,党派活动又活跃起来,并且创办起各自的机关报。政学会的机关报为《中华新报》,在社会上颇为活跃。该报有一个松散的报系,在上海、北京、武汉、广州等地均设报馆,但各自为政。《中华新报》最早于1915年10月10日创立于上海,创办者为

---

① 牛济:《张季鸾笔名轶事》,《新闻知识》1994年第2期。

政学会的中坚人物——谷钟秀、杨永泰。该报为反袁而创立,因而在11月3日,袁世凯政府的内务部即对该报实行了禁邮处罚,禁止其在租界以外的地区"出卖散布"。12月20日,该报又以"言论悖谬"被查禁。1916年9月1日,北京《中华新报》创刊,由张季鸾等主持,到第二年6月4日,该报以"时局濒危,纵言不益"宣布自动停刊。1917年秋复刊。1918年,政学会要员张耀曾、谷钟秀等参与《中华新报》,张耀曾任社长,张季鸾应邀担任总编辑。

当时,《中华新报》的报道立场就是反对段祺瑞,并特别针对他的对德宣战政策。1918年9月23日,北京新闻交通通讯社发通讯稿《呜呼三大借款》,抨击段祺瑞政府擅举外债。包括《中华新报》等八家报纸转载该消息,舆论为之沸腾,段祺瑞震怒。24日,这八家报纸及通讯社同时被查封,张季鸾因此再一次陷入囹圄之灾,在首都警察厅被拘押半个多月,经国会抗议、张耀曾等多方营救才获自由。

张季鸾出狱后,北京的《中华新报》未再复刊。他回到上海,于1919年出任上海《中华新报》总编辑,该报由沈钧儒任主笔,曹谷冰等任编辑。张季鸾在《中华新报》工作了五年,直至1924年冬,该报因经营不善,经济拮据而停刊。民国时期著名新闻记者邵飘萍对此评价说:"《中华新报》为政学会之机关报,近亦注意于营业,其执笔之张一苇君,头脑极为明晰,评论亦多中肯;勤勤恳恳,忠于其职,不失为贤明之记者,且自身殊少党派之偏见。唯该报营业方面,似未得法,故销数仍未大增。"①

随着京、沪《中华新报》的相继停刊,张季鸾与政学会的关系也到此结束。失业后的张季鸾,这时与主办《国闻周报》的胡政之同住在上海成都路一条里弄里,胡政之邀请他到《国闻周报》主持笔政。张季鸾以"一苇"的笔名写了几篇时论,便不再继续,因为"一星期写一篇文章,不过我的瘾"②。

1925年,张季鸾的同乡兼好友胡景翼任河南军务督办,经由胡景翼的推荐,张季鸾被北洋军阀张绍曾内阁任命为陇海铁路会办,这是有名的"肥差",可张季鸾到任不到一月就挂冠而去,说:"不干这个劳什子,还是当我的穷记者去。"他矢志办报,却无法展足,彷徨无所依靠。1926年初,再度失业的张季鸾为了觅职而滞留天津,住在息游别墅,间或访些新闻、写点稿子,投到上海报

---

① 邵飘萍:《邵飘萍新闻学论集》,北京大学出版社2008年版,第193页。
② 徐铸成:《报人张季鸾先生传》,第78页。

社。这是张季鸾人生的低谷时期。

人生就是这样奇妙：张季鸾在人生的低谷时，再次遇见了后半生最重要的伙伴胡政之。胡政之也曾经留学日本，两人相识于回国之后，并有过几次短期共事，相互之间比较了解。此时的胡政之因《大公报》停刊转而主持国闻通信社及《国闻周报》，常往来于京津，在天津时就住在日租界内的熙来饭店。由于熙来饭店和张季鸾下榻的息游别墅相距较近，两人因此几乎天天会面，茶余饭后，海阔天空，高谈一番。他们住的地方，恰好离《大公报》社不远，每天看着报社人去楼空，大门紧闭，景象萧条，便抚案追昔，对这份拥有二十四年历史的著名报纸感慨不已，张季鸾劝说胡政之"收回老巢"，胡政之当然也"怦然心动"。二人经过多次商谈，决定使这份报纸起死回生。

三、珠联璧合，文章报国

（一）接办《大公报》

胡政之、张季鸾有了续刊《大公报》的想法后，为了解决办报经费，便找到吴鼎昌。吴鼎昌亦曾留学日本，专攻经济学，回国后沉浮于财政两界，时为盐业银行总经理。三人一拍即合，决定由吴鼎昌出资五万元，胡政之与张季鸾以劳力入股，组成新记股份公司续刊出版《大公报》。1926年9月1日，《大公报》以全新姿态续刊，只是老报头上有如下新注："本馆创始自前清光绪二十八年，即西历一千九百零二年。"当日刊号接续旧《大公报》停刊号，为"8316号"，显示其历史悠久。

在吴鼎昌、胡政之、张季鸾协商续办《大公报》的过程中，曾经"约法三章"，达成以下共识：

第一，资金方面，由吴鼎昌一人筹措，不向任何方面募款。吴鼎昌认为，民国以来，一般报馆办不好，主要是因为资金不足，因而滥拉政治关系、拿政客的津贴，政局一有波动，报就垮了。所以办报首先要自筹足够的资金。于是吴鼎昌从"四行储备会"的"经济研究经费"中筹措五万元资金，给《大公报》用，若经营得好，继续扩展事业，若经营不好，关门了事，不以营利为目的。吴鼎昌出资的五万元中，其中一万元用于从王郅隆的儿子王景杭手中买下《大公报》的房产、设备、招牌，还有一万元用于订购白报纸、添补设备等开办费，其余三万元存银行备补贴。

第二，待遇方面，三人专心办报，三年之内不得担任有俸给的公职。既做报人，就要专心办报，把报纸当作事业来做。为保证胡政之、张季鸾专心办报，吴鼎昌提议：自己有资产，不在报馆支薪水，胡、张每人每月领取薪水三百元。

第三，企业性质方面，《大公报》是股份公司性质。吴鼎昌募集资金，胡政之和张季鸾虽不出钱，但以劳力入股，每届年终，由报馆送给相当股额的股票。公司的名字叫做《大公报》新记公司。

第四，职务分工上，根据各自所长，三人职务分配如下：吴鼎昌任社长，胡政之任经理兼副总编辑，张季鸾任总编辑兼副经理。

第五，言论方面，三人共组社评委员会研究时事问题，商榷意见，决定主张，文字分担。如有不同意见，服从多数，若三人各不相同，由张季鸾决定。

这五条被视为新记《大公报》创办经营的"宪法"，三人严格贯彻遵守。

在新记《大公报》第一期一版上，刊登了由张季鸾起草，署名"记者"的《本社同人之志趣》，宣布实行"不党、不卖、不私、不盲"的办报方针，被国人称之为"四不主义"：

"不党"，即"纯以公民之地位发表意见，此外无成见、无背景，凡其行为利于国者，吾人拥护之，其害国者，纠弹之"；

"不卖"，即"声明不以言论作交易，换言之，不受一切带有政治性质之金钱辅助，且不接收政治方面之入股投资是也，是以吾人之言论或不免囿于智识及感情，而断不为金钱所左右"；

"不私"，即"本社同人除愿忠于报纸固有之职务外并无私图，易言之，对于报纸并无私用，愿向全国开放，使为公众喉舌"；

"不盲"，即"随声附和，是谓盲从；一知半解，是谓盲信；感情冲动，不事详求，是谓盲动；评诋激烈，昧于事实，是谓盲争。吾人诚不明，而不愿自陷于盲"[①]。

张季鸾起草的"四不主义"精髓，即在于文人论政，不受约束。此后的《大公报》，坚持言论独立，不依靠任何财阀、政党，这也正是其取信于民、体现专业精神之所在。"四不主义"的提出，表明了中国职业报人独立意识的觉醒，中国报纸开始摆脱政党报刊身份，跳出纯粹商业目的，进入更高的独立报纸阶段，

---

① 《本社同人之志趣》，《大公报》1926年9月1日。

这是中国报业现代化过程中重要的里程碑。

(二) 从津沪到汉渝的坚守

新记《大公报》创刊后,在吴鼎昌、胡政之、张季鸾三人的精诚合作下,逐渐发展成为在京津乃至全国有影响力的报纸。对于三人之间的合作关系,胡政之后来回忆说:

> 中国人向来最不容易合作,而"文人相轻",尤为"自古已然";吴张两位先生同我都是各有个性,都可说是文人,当结合之初,许多朋友都认为未必能够长久水乳,但是我们合作了多年,精诚友爱,出乎通常友谊,所以然者,各人都能尊重个性,也就能够发挥个性。吴先生长于计画,我们每有重大兴革,一定要尽量地问他的意见。我是负责经营,张先生绝对的信赖我,让我能够事权统一,放手办事。张先生长于交际,思想与文字都好,我们也都是让他尽量发挥他的能力。这样在互相尊重的中间,所以在二十年间,才能够由一个地方报办成一个全国性的报,而且在国际上多少得了一点地位。这都不是偶然侥幸的。①

新记《大公报》初发行时不足两千份,到第二年5月,发行数上升到六千多份,广告逐渐多起来,收支达到平衡;1927年底,发行数已达一万两千余份,广告收入达到每月三千两百元,开始有了盈利;到1936年,新记公司积累资本达到五十万元,与最初的五万元相比,增加了九倍。

1931年9月18日,日军炮轰中国东北军北大营,制造了震惊中外的九一八事变,至1932年春,东三省沦陷。张季鸾意识到日本全面侵华的野心,认为平津危在旦夕,必须未雨绸缪,做好迁移报馆的准备。

1935年张季鸾在《国闻周报》上发表《我们有甚么面子?》一文,对于办报事业予以反思:

> 近来从心坎里想骂人,但有条件,是从自己骂起。譬如就我们说:自民国以来做新闻记者,这多年在天津做报,朋辈们都说是成功,报纸销得,也受重视,在社会各方庇护之下,何尝不俨然是中国大报之一;但在九一八后之中国,清夜自思,事前有何补救?事后有何挽回?到现在四省沉

---

① 政之:《追念张季鸾先生》,《大公报》(津版)1946年9月6日。

沦，而大报馆还是大报馆，老记者还是老记者，依然照常的做所谓舆论的指导，要用《春秋》论断，除恬不知耻四字而外，恐怕任何批评皆不适宜……这样推论下去，必然要达到惟一的结论，就是在国家现状下，一切事业，都算无基础，一切生命财产，都是不可靠。北方有句俗话：不能混。国家现状就是这样，中国人不能混了。以四万万人的大国，落到这种不能混的地步；而我们这样，赖国家栽培受过若干教育，仗社会优待，吃过多年饱饭的人，一面束手无策，一面依旧写些一知半解的文字，号称做舆论的工作。不细想则已，细想起来，焉能不羞愧欲死！①

由此可见，张季鸾意识到国家战乱之际，无论做什么，都"不能混"，《大公报》也不能在天津"混"下去了。因此，他提议创立上海《大公报》。但胡政之认为，上海报业发达，北方报纸要挤进上海实在困难，最好不要轻举妄动。这是张季鸾一生中与胡政之的唯一一次激烈冲突，最严重之时他竟想到要离开《大公报》另立门户：他离开天津，到重庆老朋友康心之处，透露他与胡政之关于再创报纸的矛盾，决定重振精神，来重庆办一份报。他希望康心之像吴鼎昌一样拿出五万元作为办报资本，自任社长，他来担任总编辑，重新创办一份文人论政的报纸。康欣然应允，并将这份未来的报纸命名为"国民公报"。而这时，情况发生了变化，1935年7月，北平军分会的何应钦与日方代表梅津美治郎交涉，被迫接受了日方条件，签订了"何梅协定"，国民政府实际上放弃了华北主权，为日本发动全面侵华战争打开了方便之门。吴鼎昌、胡政之意识到，在这种情况下，作为一张民营报纸的《大公报》要想在天津租界里苟安，势必不可能。

于是，《大公报》的几位领袖终于统一了以上海接应天津危难的意见，立即做迁沪准备，电嘱驻沪办事处主任李子宽立即寻觅适当的房子，并和各方接洽，以便及早成立上海版。天津版则仍照常出版，尽量维持多些时日，以便在经济上多支援沪馆。《大公报》上海馆筹备时间紧迫，但还是比较顺利的，馆址设在法租界爱多亚路（今延安东路）上一幢三层楼的店面房。

1936年4月1日，《大公报》上海版创刊，张季鸾执笔的《今后之〈大公报〉》"社评"，向读者说明了津沪同刊的原因：既不是为了扩张事业，也不是避北就南，而是迫于时势紧急的需要，同时也为了沟通南北新闻，为全国的读者提供

---

① 季鸾：《我们有甚么面子？》，《国闻周报》1935年第12卷第2期。

便利。同时，文章重申了"四不主义"精神，指出《大公报》的"自立之本"："本报将继续贯彻其十年前在津续刊时声明之主旨，使其事业永为中国公民之独立言论机关，忠于民国，尽其职分。同人尊重中华民国开国者孙中山先生之教训，而不隶籍政党，除服从法律外，精神上不受任何拘束。本报经济独立，专赖合法营业之收入，不接受政府官厅或私人之津贴补助。同人等不兼任政治上有给之职。本报言论纪载不作交易，亦不挟成见，在法令所许范围，力期公正，苟有错误，愿随时纠正之。"[①]胡政之和张季鸾来上海没多久，天津《大公报》便因为时局紧张面临关闭，上海馆暂时成为工作重心，为胡政之和张季鸾所看重，而吴鼎昌因出任南京政府实业部部长，已于1935年12月辞去《大公报》社长一职。

1937年，抗战全面爆发。7月28日，日军进攻北平南苑，由于交通断绝，天津《大公报》发行范围缩小到市内。上海《大公报》随即发表声明称，假如天津政府被日军或汉奸机关取代，天津《大公报》将自动停刊。苦撑四天之后，天津落入敌手，胡、张两人悲愤交加，相继坐镇上海，继续声援抗战。11月上海沦陷。在上海沦陷之前，二人就意识到，上海也非久守之地，上海《大公报》将像天津《大公报》一样，必为抗战而牺牲。为给《大公报》留有退路，他们决定沿长江西去，创办汉口《大公报》。随后，《大公报》主要人员陆续抵达武汉。张季鸾亦于1937年8月17日离开上海，一路颠簸，9月初到达武汉。胡政之曾回忆张季鸾临行前的情景："咳咳呛呛，正在患病，但力疾而行，绝不躲闪。我送他出门，伤感的和他说道：'《大公报》已与国家镕成一片了，我相信中国的抗战，免不了毁灭一下，但是，毁灭之后，一定能复兴，本报亦然。'"[②]

1937年9月18日为国耻六周年纪念日，当日，《大公报》汉口版创刊发行，社址位于汉口特三区湖北街宝润里二号，业务上由张季鸾亲自挂帅。实际上，《大公报》汉口版从创刊到停刊仅有一年零一个月，但这一年时间却是张季鸾最紧张、最辛苦的岁月：白天要出外应酬、了解时事，晚上回到报社撰文编报，还要兼顾经理部。但这个时期又是他最兴奋的时候：作为一名报人，乱世反而成就了他的事业，社会公众舆论基本上以《大公报》马首是瞻。这一时期，蒋介石坐镇武汉，显示出一定的抗战决心，因此深受张季鸾的敬佩。他经常出入蒋

---

① 《社评·今后之〈大公报〉》，《大公报》（沪版）1936年4月1日。
② 胡政之：《回首一十七年》，《大公报》（沪版）1949年4月15日。

介石的府邸，直接与之探讨国家大事，蒋也问及他本人对于欧洲战局和世界趋势的看法与判断。一个报人和他的报纸对社会和国家有如此影响，正是张季鸾等中国报人梦寐以求的事情。从王韬、梁启超到张季鸾，无不将英国的《泰晤士报》作为榜样，认为人们对它的景仰如泰山北斗一样，国家如有大事，都以它的言论为准则，报纸主笔所持有的标准也是人心所向。而当时《大公报》之于中国，也如《泰晤士报》之于英国了。

1938年武汉会战爆发后，国民政府命令武汉报刊立即撤离。1938年除夕，曹谷冰奉命到重庆筹备渝馆，经过三个月的紧张工作，建馆事宜就绪。然而一方面由于香港版的筹建，人力财力均不允许，因此起初只在重庆设办事处，9月9日起开始发行航空版；另一方面由于撤离时交通工具不足，弃置了不少办公用品，勉强送上船的纸张和器材又在宜昌附近江面遭到日机轰炸，造成重大损失，导致《大公报》在渝的出版日期拖到12月1日。

《大公报》重庆馆馆址位于重庆新丰街19号（后迁到李子坝），营业部设在中山一路96号，每天出一大张。报馆由张季鸾主持，曹谷冰任经理。重庆《大公报》贡献给读者最多的就是对于抗战的决心和信心。在这里，它自己曾身经六次轰炸，馆舍被毁而毫不退缩。1938年2月至1943年8月，日军先后出动九千多架次战机对重庆进行两百多次空袭，累计投弹二十多万枚，造成近三万人伤亡和两万幢房屋被毁，史称"重庆大轰炸"。在这场持续达数年之久的大轰炸中，重庆《大公报》馆曾六次被炸。第一次被炸是1939年5月，日军以国民党军委为目标，大规模轰炸重庆闹市区，储奇门码头有两千百姓陈尸江边，重庆报业十分之九严重受损，《大公报》馆自不例外，几乎被夷为平地。

而此时的张季鸾病情已经恶化，正在走向生命的终点，笔政交给了王芸生，除了节日或重大问题仍亲自主笔外，一般社论皆由王芸生执笔。胡政之也从香港赶来重庆，分担张的压力。他争分夺秒，在近郊李子坝选定新址，投入大量人力财力，重新营建重庆《大公报》社。

从天津到上海、武汉再到重庆，《大公报》馆一路南迁。虽然社址随着战乱辗转迁移，但《大公报》从未因此妥协。张季鸾亦是如此，他也随着报馆的迁移而不断转变自己的工作重心，即使在生命的最后时刻，已身患重疾之时，他仍坚持笔耕不辍。常被大家提到的两篇著名社论《苏联波兰欧局与远东》《我们在割稻子》，就是在"绝地"上做文章，被认为是张季鸾对《大公报》"社评""最后的指导"。

其中,第一篇《苏联波兰欧局与远东》1939年9月19日发表于《大公报》重庆版。1939年9月17日,苏联突然出兵波兰,世界舆论为之一惊。早先苏联曾与波兰签订条约,承诺互不侵犯,友好相处。此变一出,当时《大公报》言论主笔王芸生一时感觉为难,因为当时苏联与中国交好,如何立论成为难题。正在王芸生苦思冥想时,张季鸾一语点破玄机:"芸生!你今天就写这篇文章,专骂波兰。骂他不忠、不智、不义。"[①]王芸生得到启发,写下"社评",立意有三:(1)波兰的失败是咎由自取,波兰由国际联盟而复国,却不忠于国际联盟;靠条约生存,而不忠于条约;趁希特勒东进而打劫,愚而不智,贪而不义,是个"不忠不智不义的国家"。(2)苏联出兵波兰为的是保卫自己的侨民同族,这样做对欧洲的局势有明朗化的作用。(3)中苏友好,中国最守条约、最尊国联,亲苏抗日,苏联不会负我[②]。文章一出,蒋介石即指示国民党各报均以此作为立论基调。

另一篇《我们在割稻子!》发表于1941年8月19日,正是日军对陪都重庆发动大规模轰炸的艰难时刻。"社评"发表前一天,王芸生去探望已病入膏肓的张季鸾,与他谈起敌机轰炸的事。张季鸾说:"芸生!你尽管唉声叹气有什么用?我们应该想一个说法打击敌人!"王芸生回问:"敌机来了毫无抵抗,我们怎么可以用空言安慰国人打击敌人呢?"

突然间,本已极度虚弱的张季鸾拥被坐起,兴奋地说:"今天就写文章,题目叫'我们在割稻子'。就说:在最近的十天晴明而敌机连连来袭之际,我们的农人,在万里田畴间,割下了黄金之稻……抗战到今天,割稻子是我们的第一等大事,有了粮食,就能战斗!"[③]

于是,《大公报》次日发表了王芸生撰写的"社评"《我们在割稻子!》。文中说:"就在最近的十天晴明而敌机连连来袭之际,我们的农人,在万里田畴间,割下了黄金之稻!"文章最后说:"话说回来,让无聊的敌机来肆扰吧!我们还是在割稻子,因为这是我们的第一等大事。食足了,兵也足;有了粮食,就能战斗,就能战斗到敌寇彻底失败的那一天。"[④]在纪念抗战胜利五十周年之际,当年《大公报》的老记者唐振常著文说:"'割稻子'是一象征用语,代表了中国人

---

① 王芸生:《季鸾先生的风格与文境》,《大公报》(沪版)1946年9月6日。
② 《社评·苏联波兰欧局与远东》,《大公报》(渝版)1939年9月19日。
③ 王芸生:《季鸾先生的风格与文境》,《大公报》(沪版)1946年9月6日。
④ 《社评·我们在割稻子!》,《大公报》(渝版)1941年8月19日。

民的坚毅精神,代表了中国知识分子不苟的气节。张、王两位先生和《大公报》抓住了这一点,形象地表现了这种精神与气节。"①然而,《我们在割稻子》竟成为"绝唱",文章刊出十八天后,张季鸾逝世。

从总编《民立报》到主持《大公报》笔政,三十年间张季鸾写的评论不下三千篇。其中,《大公报》"社评"最引人注目,影响也最为深远。张季鸾说报纸文章没有长久的生命力,生平写文章不留底,他去世后,胡政之编的《季鸾文存》也只是选取了他的部分文章。所谓"文如其人,人如其文",张季鸾为人与为文,正是如此。

(三)为人宽厚,待人真诚

自小受到的国学教育对张季鸾影响深远,使得他笃信中国传统知识分子应坚守的价值观,他轻财好友,待人忠厚,与人谋,抱一个"信"字;与朋友交,守一个"忠"字。例如,同业曹成甫与他因报道袁世凯卖国恶行同时被捕,曹死在狱中,张季鸾出狱后,毅然担负起教养烈士遗孤的责任,与于右任等人一起培养其子曹谷冰。他在天津,自己生活困难,一年年关,要给曹成甫妻子送的生活费仍无着落,他便不顾数九寒天,将身穿的仅有一件皮袍送进当铺,将典押所得及时送到曹家,使曹家母子得以欢度春节,方才安心②。后送曹谷冰至德国留学,其学成回国后,又由张季鸾介绍进入新记《大公报》,以《大公报》特派员身份赴苏联进行考察,发表《苏俄视察记》,并曾担任《大公报》社的副经理、总经理,成为新记《大公报》第二代领导人之一。

前文提到,张季鸾"人生三大得意之事"中有一件,便是"五十得子"③。孩子出生时,很多人送来金银锁片,时值抗战时期,张季鸾要将这些财物全部捐献出去,他对妻子陈孝侠说,这几天敌机天天轰炸,租界里挤满了难民,无衣无食,生活艰难,都捐赠给难胞吧。陈氏深明大义,但想留下一两件作个纪念,张季鸾安慰她说:"你爱镐弟(张儿的乳名),感到孩子可爱、漂亮、聪明,你可知道,比镐弟更可爱、更聪明、更漂亮的许多孩子,天天被敌人惨杀,或者父母牺牲成为孤儿,无依无靠,你不感到心痛?他们正企望着救助,你看应该怎么

---

① 唐振常:《"我们在割稻子"》,唐明、饶玲一编:《唐振常文集》第五卷,上海社会科学院出版社2013年版,第181页。
② 张士基:《我的父亲张季鸾》,《联合报》1987年5月17日。
③ 张季鸾一生共娶过三位夫人。除高夫人外,还有范氏夫人和陈氏夫人。其中陈氏孝侠(曾用名陈筱侠)1934年与张季鸾结婚,1937年生下儿子张士基。

办?"夫人被说服了,将这些金银礼品全部捐献出来①。

张季鸾对待志同道合、同为记者的邵飘萍也是真诚、热情,他们先后在日本留学,又曾同在北京写了大量的新闻通讯,被称为新闻界的"一时瑜亮"。虽然几乎没有人听他说起和邵飘萍的私交,但张季鸾对邵飘萍的情谊却甚为深厚。1919年五四运动后,邵飘萍因发表支持学生的言论被当局通缉,生活处于困境之中。这时的张季鸾虽担任了上海《中华新报》的总编辑,但这份报纸经营不善,举步维艰。就在此时,张接到了日本当时最畅销的报纸《朝日新闻》聘请他去工作的消息,这是个难得的机会。但张季鸾为了帮助困境中的邵飘萍,自己放弃,介绍邵飘萍前往《朝日新闻》,不久后,张又把邵飘萍的夫人祝文秀送到了日本,让其夫妻团聚。祝文秀后来回忆,邵飘萍遇难后,张季鸾一直关注祝文秀和她母亲的生活状况,接她们到天津居住,每月馈赠生活费一百元,每星期都请她们母女吃一次饭,还经常送戏票给她们看,让她们散心。1926—1929年,祝文秀母女在天津住了三年多,这期间,每逢邵飘萍的忌日,张季鸾都要前来慰问,并写祭文在邵飘萍的遗像前流泪朗读,读完焚烧以为祭奠②。

对待同事,张季鸾一样宽厚热心。徐铸成曾回忆说:"季鸾先生对工作一样要求严,平时对人则完全是另一种风格,和蔼、平易近人……他平时了解人,同事、朋友有什么困难向他开口,他总倾囊予以接济,亲友向他写信求援的,他总尽力满足其要求。"③

张季鸾的老搭档胡政之与他共事最久,了解最为深入,胡政之曾评价张季鸾道:

> 季鸾为人,外和易而内刚正,与人交辄出肺腑相示,新知旧好,对之皆能言无不尽。而其与人亦能处处为人打算,所以很能得人信赖。采访所得,常可达到问题之症结。尤其生活兴趣极为广泛,无论任何场合,皆能参加深入,然而中有所主,却又决不轻于动摇。生活看起来似乎很随便,而实际负责认真,决没有文人一般毛病。在编辑时往往为题目一字修改,绕室彷徨到半小时,重要社评无论他写的或我写的,都要反复检讨,一字不苟。重要新闻如排错一字,他可以顿足慨叹,终日不欢。这种精神实在

---

① 张士基:《我的父亲张季鸾》,《联合报》1987年5月17日。
② 牛济:《张季鸾与邵飘萍》,《张季鸾先生纪念文集》,第77—79页。
③ 徐铸成:《报人张季鸾先生传》,第82页。

应该为后来同人取法。①

《新闻报》的主编李浩然与张季鸾是同乡、朋友，同受教于刘古愚门下。他回忆说："季鸾先生自小就是热情宽厚……是一位仁厚长者。同他接触过的人没有一个不喜欢他。他对每一个人都有热情，对每一件事都有兴趣，只有吸收，没有拒绝，极少疾言厉色，绝无同任何人结下不可解的冤仇的例子，流风余韵恒为知好所称道，而他的言行，遂能支持着《大公报》政策的推进。"②

（四）为文严谨，掷地有声

李侠文曾说，"季鸾先生为文和他为学、为人是分不开的"。的确，文如其人，张季鸾首先是在做人上赢得了大家的尊重，几乎所有回忆他的文章，无不赞扬他的人品，将他的文章与他的品德修养联系在一起。

新记《大公报》续刊之时，吴鼎昌、胡政之、张季鸾就定了一条规则："社评"由主笔撰写，但不署名，他们认为，拿笔杆子的人，要他不好利可以做到，但要他做到不好名很难，因此"社评"都不署名，要为后辈树立一个榜样，既不求利，也不求名。所有以"社评"面目出现的言论，都由报社负责。在张季鸾主持《大公报》时期，"看完大样写社评"成为他的日常工作。

张季鸾撰写"社评"用的是"眼观六路，耳听八方"的观察方法，上承韩愈以至梁启超的风格，朴实犀利，以理服人，以情动人。《大公报》第二代主笔王芸生曾评价他的"社评"，如同一杯新泡的龙井茶，清新而有热情③。

新记《大公报》初期的"社评"，全部由吴、胡、张三位分写，统归张最后润色，以保持文风和观点上的一致性。张季鸾的工作时间主要如下：下午两点左右来到报馆，首先看当天送来的经济行情，因为那时的公债涨落、外汇升降最能反映国内政局的变化；其次是翻阅日文、英文报纸，对本市及平、沪出版的其他报纸也颇加批阅；到三点钟，各方宾客接踵而至，有时他还特地函邀一些读者来馆谈话，直到晚饭前他一直忙于接待来访者，会客室几乎由他独用；到晚上，大约九点上班，第二、三张的大、小样陆续送到他的桌上，本、外埠发来的稿件以及外国通讯社的电讯稿也纷纷送来，他先把电稿剪裁分类，并关照编辑如

---

① 政之：《追念张季鸾先生》，《大公报》（津版）1946年9月6日。
② 许君远：《以简单肃穆的仪式来纪念季鸾先生》，《张季鸾先生纪念文集》，第65页。
③ 王芸生：《季鸾先生的风格与文境》，《张季鸾先生纪念文集》，第31页。

何处理——次要的先标题付排,重要新闻则决定发二三栏或四栏,题目留待他自己最后标制;到十一点,他才动笔写"社评",或修改、润色吴鼎昌、胡政之两人写的社评稿。因为到那时,当天重要新闻的发展情况,他已了然于胸了。

徐铸成总结张季鸾激扬文字、挥毫写"社评"的出色能力,说他有这样两套功夫:一是无论编辑部工作多么繁杂,外面的市声无论怎么喧嚣——窗外就是日租界的中心闹市旭街,人车终日喧闹,对面又是一家乌烟瘴气的德义楼饭店,他都能够全神贯注写他的稿子。二是写稿能长能短。当时,《大公报》的社评是在第二版下部,广告多了,版面就会被挤缩。他动笔前,先问排字房留下多大版面。有两千他就写足两千,一千二就写一千二,不用加"条"或抽"条"等凑合版面的办法。遇大问题,字数少了,他也能"畅所欲言";小问题而篇幅大,他也能旁征博引,句句扎实,不使人有勉强拉长的印象。有时写到一半,忽然来了更重要的新闻,决定易题重写。为了抢时间、争速度,他写好一段,裁下来先付排,接着写下去,边写边付排。全篇付排后,到小样打来再加润色。若最后来了新闻,"社评"必须修改、补充时,他能划去一段,补上一段,划去几个字,补上几个字。排字房不须硬挤,不会影响行数,还可准时打版、付印①。

张季鸾之所以能够做到如此游刃有余,不仅与其天资聪颖、脑筋灵活有关,更重要的是他对时事了如指掌,具有深厚的积淀,掌握了丰富的知识——不论是古代的还是当代的,他都牢记于胸,如春秋哪年开始,唐太宗的大臣有哪几位,戊戌政变、巴尔干战争发生于何时,《九国公约》有哪几项主要条款等,他都能够熟记而引证毫无错误。周恩来曾评价说:做总编辑要像张季鸾那样,有优哉游哉的气概,如腾龙跃虎,游刃有余②。

张季鸾为人、为文是厚道的,但绝非没有原则。为了社会公义,认为必须批评时,他的笔锋又是很锐利的。如他曾经撰写过三篇被人们称为"三骂"的"社评"《跌霸》《呜呼领袖欲之罪恶》《蒋介石之人生观》,在当时引起舆论响应。

第一篇《跌霸》骂吴佩孚"有气力而无知识",发表于《大公报》1926年12月4日:

> 吴佩孚独霸一时,为迷信武力统一之一人。中国之应统一,与统一之有待于武力,夫谁曰不然。特吴氏所恃者唯其本身或其一系之武力,又除

---

① 徐铸成:《报人张季鸾先生传》,第92—93页。
② 徐铸成:《报人张季鸾先生传》,第93页。

> 武力外更无所事。故终于一蹶不可复振。……
>
> 综论吴氏之为人,一言以蔽之,曰有气力而无知识,今则并力无之,但有气耳。天下真有气之人,亦自不可多得。古今所谓气概,所谓气节,惟人之倔强者能之。吴氏诚乏知识,然今之知识出吴氏下者何限。特自其曩日不托庇于租界、不亡命于外国之行径观之,吴氏晚节,或将有异于人,则吾人于此弥留之际,不得不表相当之敬意,而望其格外自重者也。
>
> 呜呼,吴氏已矣,曩日之武力安在?曩日为之效命者又安在?而沉迷于一人一系之武力统一,与夫指天画日以效死自托于人者,其亦可以瞿然而悟,废然而已乎?呜呼讨贼军总司令。①

1926年北伐战争开始后,吴佩孚连遭惨败。10月,北伐军攻破武汉三镇,吴佩孚主力被歼灭,从此一蹶不振。这篇文章以"跌霸"为题,精辟地分析了曾经独霸一时而今大势已去的吴佩孚缘何至此,进而指出沉迷于武力统一中国的人应早日觉醒。

第二篇《呜呼领袖欲之罪恶》骂汪精卫的"领袖欲之罪恶",发表于1927年11月4日,该文直斥汪精卫作为政客的丑恶嘴脸,忽而"联共",忽而"清共""分共",因"好为人上",便可以牺牲国家利益、地方治安、人民生命财产,并且一针见血地指出,中国十余年军阀混战、政局动荡的原因,是"领袖欲与支配欲为之祟耳"。

第三篇骂蒋介石之"人生观"。1927年冬,蒋介石宣布与原配毛福梅离婚,与陈、姚两位侍妾解除关系,而与宋美龄结为夫妻。12月1日,在与宋美龄结婚前夕,蒋介石公开发表结婚通告《我们的今日》一文,称:"确信今日结婚后,革命工作必有进步,即从此始可安心尽革命责任。彼深信人生若无美满姻缘,一切皆无意味,故革命当从家庭始。"②次日,张季鸾即发表《蒋介石之人生观》,把蒋介石骂得体无完肤:

> 离妻再娶,弃妾新婚,皆社会中所偶见,独蒋介石事,诟者最多,以其地位故也。然蒋犹不谨,前日特发表一文,一则谓深信人生若无美满姻缘,一切皆无意味,再则谓确信自今日结婚后,革命工作必有进步,反翘其浅陋无识之言以眩社会。吾人至此,为国民道德计,诚不能不加以相当之批评,俾天下青年知蒋氏人生观之谬误。……

---

① 《社评·跌霸》,《大公报》1926年12月4日。
② 蒋介石、宋美龄:《我们的今日》,《大公报》1927年12月1日。

或曰：天下滔滔,何严责蒋氏？曰：果将氏自承为军阀,为官僚,则一字不论,其事亦不载。而蒋氏若自此销声匿迹于恋爱神圣之乡,亦将不加以任何公开之批评。今之不得不论者,以蒋氏尚言革命之故耳。吾人诚不能埋没古今天下志士仁人之人生观,而任令一国民党要人,既自误而复误青年耳,岂有他哉？①

这篇"社评"脍炙人口,嬉笑怒骂,传诵多时,并被后人认为是张季鸾的代表作。细读此文,与《跌霸》《呜呼领袖欲之罪恶》相比,明显能感觉到文风犀利,遣词造句多带强烈的感情色彩,不似前文平和厚重。其实,此文不足以代表张季鸾的文风和水平,这种讥讽嘲笑的文章在他后来的"社评"中也很少见到,因为他的"社评"是以真挚礼貌的评论为主、以理服人为重,而不是图一时之快、逞一时之能。这篇文章基于道德的立场,将中国现代史上最具政治意义的联姻看成是普通百姓间的喜新厌旧、弃妻再娶,并没有触及蒋的婚姻中真正让人诟病的政治交易的关键,因此蒋后来的"不计较"也是情理之中的。

四、团结抗战,功在国家

（一）西安事变中的张季鸾

1936年12月7日,蒋介石飞抵西安,调集三十万陆军、空军,部署围攻陕甘宁根据地。在民族正义和抗日激情驱使下,张学良、杨虎城于12日发动兵谏,扣押蒋介石,震惊中外的"西安事变"由此发生。

12月12日下午,张季鸾便听闻西安"有事",西安方面与各方都中断了联络。后来,张季鸾接到张学良的电报和张、杨联名的"通电",证实了蒋介石被扣的消息。当时的情形,据《大公报》老人许君远回忆,1936年12月12日,蒋介石西安蒙难,张季鸾接到了这个消息,便很沉郁地坐在编辑桌旁,只吸烟,不讲话。电话铃不停地响,都是探询事件"真相"的。他不发表任何意见,只是等待比较可靠的报告。晚上收到张学良打给他的专电,详列"叛军"的几项主张,他看了颜色凄黯,在屋里绕了几个圈子,却仍然一语不发。"在我的印象中,这

---

① 《社评·蒋介石之人生观》,《大公报》1927年12月2日。

是编辑部里最沉郁的一天，大家肃然无哗，谁都在注意着季鸾先生的举动。"①

张季鸾此时陷入深深的矛盾和思考中，他认为，如此争斗下去，中国一定大乱，而内战纷起，受益的只会是日本人；为了国家的统一和暂时的团结，此时必须保证蒋介石的安全，恢复他的人身自由，团结全国力量一致抗日。12月13日，《大公报》在要闻版头条刊登《张学良竟率部叛变，蒋委员长被留西安》的新闻消息。"叛变"一词可以看出作为总编辑的张季鸾对事件的认识和定性。当时，南京方面对于西安事变的处理态度有救蒋生还派和讨伐派，以汪精卫、何应钦为首的讨伐派欲置蒋介石于死地，乘机发动大规模内战。从大局出发，出于对国家前途与命运的关注，张季鸾坚定地支持救蒋生还。

12月14日，《大公报》发表"社评"《西安事变之善后》，这篇"社评"在"电讯不通，莫知详情。各界惊忧，达于极点"的情况下，开宗明义地指出："解决时局，避免分崩，以恢复蒋委员长自由为第一义。"文章指出，国家必须统一，统一必须有领袖，蒋介石是经历数十年风雨形成的领袖，所以"公私各方应迅速努力于恢复蒋委员长之自由，倘其有济，则劝政府必须宽大处理，一概不咎，国家问题，从长计议"②。事变刚刚发生即以"善后"为标题，这表明张季鸾有对事件和平解决的期望和想法。

15日，张季鸾听说南京当局内定何应钦为"讨逆总司令"，准备对张学良下讨伐令。当日《大公报》上海版发表"社评"《再论西安事变》，16日《大公报》天津版予以转载。"社评"开门见山："西安事变，迄昨犹毫无好转之倾向，全国各界在焦忧镇定中，又渡一日。虽然，事既至此，必须集中社会公意，为国家前途努力为最善之解决。"文中指出，西安市民目前受到切肤之祸，在京陕籍人士应"向中央请愿，顾全地方，非至最后无途径时，务应避免战事，尤请求勿轰炸。同时应设法与西安通信，邀同西安各界领袖，共同劝告张杨，速复主帅自由，以免人民战祸"③。

18日，第三篇"社评"《给西安军界的公开信》发表。这是张季鸾在事变后发表的力作。在张季鸾看来，解决这一事件的出发点，首先是保证中国团结，保住蒋介石的性命，而又不能伤害急于抗日的东北军的感情，同时提醒各方当事人，日本会借此事扩大对华侵略。在见报之前，宋子文、宋美龄兄妹是看过

---

① 转引自李满星：《张季鸾与民国社会》，百花文艺出版社2011年版，第136页。
② 《社评·西安事变之善后》，《大公报》(津版)1936年12月14日。
③ 《社评·再论西安事变》，《大公报》(沪版)1936年12月15日。

这篇"社评"的。南京政府把 18 日的《大公报》加印了数十万份,用飞机空投到西安市区①。

12 月 26 日,张学良送蒋介石回南京。西安事变和平解决后,《大公报》发表针对此事的第四篇"社评"《国民良知的大胜利》,文章指出:"我们何以有此逢凶化吉的信念,就是信任中国人都有爱国的良知。这共同的良知有伟大不可思议的力量,什么凶都可以化除,我们因此相信参加西安事变的人们,他们的良知必然同全国同胞一样。他们虽然触犯了军纪,但他们的良知一定还存在着,这就是希望逢凶化吉的基础。"②这其实是在为张学良等人说话,希望蒋介石能够以国事为重,对他们宽大处理。事变后,张季鸾与王芸生有过一次长谈,他们认为,张学良并不是罪不可赦的,目前蒋正在积极准备对日全面作战,正需要像张学良这样的抗日杀敌虎将。据王芸生之子王芝琛说,后来,张季鸾趁蒋介石庐山避暑时,曾前往庐山。蒋介石在"美庐"会见了张季鸾,当他得知张季鸾是为张学良说情而来时,满脸严肃,面无表情,而当张季鸾谈到张学良悔过是真诚的时候,略见蒋的面部稍稍有点变化,但很快又恢复了如前之态。张季鸾动情地说:"千军易得,一将难求啊!"但蒋不动声色。张季鸾已经明白,他是不可能说服蒋介石的,仅停留一日多,张季鸾就匆匆地离开了庐山,离别时他深深地为张学良的命运和前途而悲哀③。

(二)张季鸾的密使身份

张季鸾还曾担任过蒋介石与日本方面谈判的密使,胡政之也参与过与日本方面的接触谈判。这使得张季鸾和《大公报》在当时社会和中国近代历史上又多了一层神秘色彩。

胡政之、张季鸾在日本有较深厚的人际关系,对中日问题亦有深入见解,因此颇受日本人注意。胡政之曾说:我们"认识的国外同业,尤其是日本同业最多。因为我们都曾在日本读过书,对于日本事情,平常相当知道,为了职业的关系,同日本报界有二十年以上的接触,所以对于日本政治军事情形也不十

---

① 1988 年,台湾举办张季鸾百年诞辰纪念活动,张学良及张季鸾的儿子张士基应邀参加。据说其间张学良与张士基会面时,在张士基面前背诵了《给西安军界的公开信》一文,畅如流水,毫无错误。参见王芝琛:《〈大公报〉与西安事变》,冯克力主编:《老照片》(第 42 辑),山东画报出版社 2009 年版,第 42—43 页。
② 《社评·国民良知的大胜利》,《大公报》(津版)1936 年 12 月 26 日。
③ 王芝琛:《张季鸾庐山三谏蒋介石》,《读书文摘》2008 年第 5 期。

分隔膜。在'九一八'前后，关于日本问题，我们发言最多。日本人认为颇能抓住他的痒处，因此对我们报特别重视。"①

目前仅从中国第二历史档案馆馆藏的文件看，张季鸾介入蒋介石当局与日本接触的时间是1937年11月，即"陶德曼谈判"时。就是因为他深入了解其中内幕，并深知蒋介石的底牌，所以在12月5日和8日相继于《大公报》发表《德国调停之声》《最低调的和战论》两篇著名社论，在社会上影响巨大。

1938年5月，宇垣一成担任日本外相，派《朝日新闻》主笔绪方竹虎及该报社编辑局顾问神尾茂负责与中国方面联系，中国方面则派张季鸾、胡政之为代表进行接洽，这一联系路线被称为"张季鸾路线"（当时中日间有很多秘密联系路线）。双方于1938年7月20日在香港首次接洽，由神尾茂和胡政之会面。从8月9日到23日，张季鸾和神尾茂在香港进行了几次谈判。

在胡政之与神尾茂的谈判中，胡开门见山地表示，这次抗战中，中国全国民族抗敌情绪之高昂，国民政府根基之巩固，全国上下一致团结的精神，都是史无前例的，在刚刚结束的国民参政会上，凡是少年气盛者站在最先，但出席此次会议的却全是长者，平均年龄五十岁。又如广大农民，他们所受的剥削和压迫及生活的贫困并不见得全是日本的侵略造成，但现在他们都将所有的怨仇集中到日本人身上，同仇敌忾。胡政之的意思其实很明显，日本想无条件迫使国民政府投降，或在中国建立傀儡政府是绝对不可能的。

当时正是武汉会战前期，日军调动频繁。胡政之向神尾茂表示，如果日本攻下武汉，迫使中国做长期战争的准备，不仅对中国不利，对日本也是大有害处的。

张季鸾在接下来的谈判中也紧紧抓住这一关键。日本人打算利用战场上的优势进行敲诈，但张季鸾并不买账。他几次指出，中国在抗战中的有利之处是国民政府维护主权、领土完整的态度受到全国人民的一致支持，谁都知道，对日本侵略，除了坚决的抵抗别无他途，而中国国民为此将毫不退缩，并将打算付出任何牺牲。战争对中国造成巨大伤害，但日本国力的损耗是巨大的，一年的军费在五十亿，如此下去，"谁能保证日俄不战？"

谈判初期，日方态度强硬，尤其在蒋介石下野问题上不肯让步。但此时由于日军在张鼓峰地区与苏军发生冲突并被苏军击败，使日本军方在与中国方

---

① 政之：《追念张季鸾先生》，《大公报》（津版）1946年9月6日。

面讲和的必要性上有了新的认识。在此基础上,谈判达成了如下协议:(1)两国都有结束战争、恢复和平的决心;(2)日本停止侵略,中国制止抗日活动,实现两国停战。媾和的方法是在极其秘密的状态下与对方联络,派密使与之达成谅解,然后在日英会谈时由日本向英国表达停战之意,让英国调停,以此为契机,中日进入直接交涉。但此次谈判因9月29日宇垣辞职而告终①。

1939年5月6日,日方派小川平吉到港,蒋介石再派张季鸾与之接洽,此次日方谈判的要点在"排共"上,但张回答:"迄今为止,共产党一直在和蒋介石抗战,要蒋立即讨共实难做到。"1940年夏,中国抗战面临一个紧要关头,由于印支通道和滇缅路的陆续关闭,中国获取国际援助的主要通道被切断,中国抗战处于困难时期。而日本为了获得战争急需的石油和橡胶资源,欲乘英法在欧洲战败之机,向东南亚以及南太平洋各岛推进,因此急于将重兵从中国战场上抽出。7—8月间,日方通过各种渠道向重庆中枢传来愿意撤兵议和的信息,当时正在香港活动的张季鸾于7月2日向蒋去函,告知日本人和知鹰二表示日本已有撤兵停战决心,蒋在日记中对此还颇表疑惑,暗自下决心"应暂置不理"。几天后,蒋即改变态度,进一步研究了张季鸾的函件,考虑"应嘱季鸾以最低限度转示之"。

进入7月中以后,张季鸾再次向蒋呈送情报,说明日方谋和已不择手段。这一消息在温毓庆、胡鄂公、张治平、何世桢等向蒋的情报中都得到证实。而与张直接联系的和知鹰二又转托希腊商人上书蒋,态度谦卑至极,而条件最为宽松,蒋介石称之为"乞和"(但到目前为止,并没有发现这份"乞和"文件的原件和附件)。8月3日蒋在日记中提到,与张季鸾谈到此事,和知托希腊商人上书,表示诚心和敬意,"而其内容,无异乞和,为从来所未有,乃知敌求和之急,盖迫不及待也。我今趁敌南进野心猖狂之时,如谋于我有利条件之下与之媾和,可乎?"②

对于日方媾和的"诚恳"态度,蒋介石动心了,想利用这一时机试试看。

但此时蒋在很多场合还是大谈抗日的,其表现出的决心与意志还是坚定的。《大公报》的"社评"也没有丝毫软化。8月10日的"社评"《暴日谋侵越南愈急》指出:"暴日侵略越南,绝非为解决对华战争……那完全是为了抢富源,

---

① 卫金桂:《张季鸾与抗战时期的中日和谈》,《民国春秋》1997年第5期。
② 《困勉记初稿》卷61,1939年8月3日条。转引自王建朗:《尘封之下的历史真相:解读蒋介石亲自修改的一组对日议和文件》,《新华文摘》2004年第15期。

占住战略地位,以便继续南进……迄现在止,暴日图侵越南,其姿态尽管急迫,而它仍是想巧取,非至图穷匕首见之时,是不肯下本钱的。"①这种见解深入而准确,提醒人们对日本南侵本质的认识。8月13日,《大公报》再发蒋介石告民众书,勉谕沦陷区同胞,配合国军作战促敌早溃。从报道上可以看出,报纸的报道方针并没有因此而有改变,张的活动基本上可以认定没有影响报社言论导向。

8月下旬,蒋对议和的态度转趋积极。张群、陈布雷、张季鸾在蒋的授意之下,开始起草有关议和的若干文件。8月27日,蒋在与张季鸾谈论正在拟议中的议和文件时指出三点:(甲)以基本条件为标准;(乙)以不失时机为要旨;(丙)以期待国际为下策。所谓"基本条件",即幕僚们在文件中所拟定的条件,对此蒋在谈话中强调了三个要点:(甲)打破敌国侵略灭华政策;(乙)消灭敌人优越奴华心理;(丙)恢复中国独立自由地位。"以不失时机为要旨"则表明,蒋期望能利用目前日本急于求和的心理,立即展开有关行动,不致错失难得的良机。至于过去所一直奉行的期待国际形势发生有利于中国的变化的政策,蒋以下策而视之,表明它在此时已不占重要地位。所谓期待国际,实质是期待英美。鉴于欧洲战场上英法的失利,而英国在远东竟在日本的压力下关闭滇缅路,蒋对国际援助的期待自是大打折扣。故而蒋认为坐等国际变化为下策,不如现在就采取行动,与日本达成解决办法。

张群、陈布雷、张季鸾等根据蒋意,于8月下旬分别起草了《中国恢复和平基本办法》《处理敌我关系之基本纲领》《中日和平协定》《中日恢复和平协定要点说明》等多个重要文件,经蒋修改并共同讨论后,形成一项文字,交张季鸾带往香港。

8月23日,蒋嘱咐张季鸾在与日方交涉时,"应持坚决态度,不可稍有迁就"②。8月27日,蒋再度与张季鸾讨论文件细节,并详细说明和战方针及其政策依据,为张鼓气,要求张交涉时务必坚持所议之原则,不可稍有迁就。29日,蒋再度召见张季鸾及陈布雷,再商文件措辞,详细叮嘱各项要点,再次提醒张对所拟条件不可让步,可见蒋对此次交涉极其重视。

1940年8月31日,张季鸾携带蒋亲自改定之和平条件飞去香港。然而出

---

① 《暴日谋侵越南愈急》,《大公报》(渝版)1940年8月10日。
② 《困勉记初稿》卷61,1939年8月23日条。转引自王建朗:《尘封之下的历史真相:解读蒋介石亲自修改的一组对日议和文件》,《新华文摘》2004年第15期。

乎张季鸾意料的是,已另有人打着蒋介石的旗号与日本人在私下接洽,形成所谓议和之骗局,即著名的"宋子良事件"。于是在9月2日和3日,张季鸾发电报给蒋介石,电称:"板垣现正期待九月十五日以前与我委员长会于长沙,而先由张岳军先生到汉口,然后伴板垣赴长沙。""敌方何以相信此事,则因:一、最初接洽之人携有委员长之委任状'研究对日问题咨议'。二、相信宋子良先生之有力量。三、华方交涉人张某、陈某中间曾要求板垣来信,板垣果来一信,向华方示阅。而数星期后华方交涉人得到委员长回信,示交日方阅看,日方将此信照像片带回。此为板垣相信此事之最大原因。"张明确认为,一方面,对宋子良"宜嘱其特别谨慎";另一方面,"有人竟敢伪造委员长之信,此显为重大犯罪行为,应加彻查"。而"问题中心为张治平。敌方谓张为留英学生,而与宋熟识,故宋君若系受利用影射,恐皆张治平之故"。"是否可令张治平来渝,即禁其离开,而从容询查之。""真正纠查恐须取得物证,最好由敌方将假信照片索来,此事似亦可能。"①

张季鸾来电显然使蒋大为震怒,将香港大学教授张治平以"招摇撞骗""有反间重大嫌疑"的罪名软禁,并调查"宋子良事件"。而张季鸾此时发现,自己这个身负"特殊使命"的"真佛",竟无法引来"香客",敌人所有注意力几乎都集中在宋子良身上,并积极准备在9月15日前实现板垣与蒋介石的长沙会谈。如果此时插入其中,并提出在重庆商定的诸种条件,又不能公开说明蒋在背后指导,明显得不到敌人的重视。所以张急忙致电蒋介石彻查"宋子良事件",釜底抽薪;同时通过何世桢向和知鹰二揭露所谓长沙会谈纯属子虚乌有。但和知很快因事离港返日,张在香港全无施展余地,反而惹起众多猜测和是非,如有情报宣称,张因见不到和知,不惜公然表示到港前曾十次见过蒋介石,且多次单独召见,欲"夸大宣传其身份,以冀引起和知之重视云"②。军人出身的蒋介石觉得有失颜面,愈加懊恼,在日记中直骂"季鸾多事","为可叹也"③。

9月20日,蒋下令陈布雷电告张不可在港久候,以免自招其侮,且今后断

---

① 《炽章致布雷先生电》,1940年9月2—3日,"特交档案-中日战争"030卷,第45538、35539件,转引自杨奎松:《蒋介石抗日态度之研究——以抗战前期中日秘密交涉为例》,《抗日战争研究》2000年第4期。
② 《情报》,1940年9月16日,"特交档案-中日战争"031卷,第45626件。转引自杨奎松:《蒋介石抗日态度之研究——以抗战前期中日秘密交涉为例》,《抗日战争研究》2000年第4期。
③ 《困勉记初稿》卷62,1940年9月22日条。转引自王建朗:《尘封之下的历史真相:解读蒋介石亲自修改的一组对日议和文件》,《新华文摘》2004年第15期。

不可再与和知等人来往,因其纯为欺骗也。对此,张则极力为和知辩解,称和知向与今井、铃木等人立于明争暗斗之地位,且和知一向反对利用汪精卫,是日方少有的坚持必须与重庆对话的重要官员,不可轻易断此渠道。他并且强调说:"现在抗战全局,除非站在共产党之立场,断不能无条件乐观。是则对敌诱导之工作,个人可以封锁,国家不容封锁,现留此一线,自是有益无损。"①然而蒋态度已定,坚持要张回重庆。蒋介石自抗战以来唯一一次正式筹划、再三准备的秘密议和,竟因此胎死腹中。9月22日,蒋介石与张季鸾谈道:"倭寇军人之愚拙无方,比我国尤甚。而其幼稚欺诈,则非常情所能想象。若与理会,必受无妄之祸。"②张季鸾的对日交涉活动由此便告夭折。

张季鸾的这次活动,在很多《大公报》旧人回忆中都有语焉不详的模糊记录,如李侠文在《我所认识的张季鸾、胡政之两先生》里提到:"我于1938年初进报馆时,他和政之先生还住在香港,后来才携眷赴渝定居,但仍时常来港。外间传他来往渝港之间,每次都'负有任务',被人问及,他总是说,'我们有一家报馆在港,我来港自然有任务了'。"③王芸生、曹谷冰合写的《1926至1949的旧大公报》中说,"在蒋介石与陶德曼会晤之际,蒋介石特邀张季鸾到南京,参与了这一秘密外交","张季鸾是否直接参加了蒋介石与陶德曼之间的谈判,不得而知,至少蒋介石与张季鸾商议了此事"④。周雨的《〈大公报〉史》中也说,"抗战时,关于张参加秘密外交活动的传闻不少,说他逝世前几度从重庆去香港,名为探亲治病,实则负有使命"⑤。

这件事是否影响了张的报人生涯,是否影响了《大公报》的舆论方向呢?从现在的研究看不出有什么影响。

首先,在对日和谈的问题上,张的态度(或者说是他所代表的蒋的态度)是尽力维护中国利益,将抗战的损失降低到最小,而不是对日投降。这与张季鸾和《大公报》平时的主张是一致的。

其次,《大公报》在1939年迁渝后,张季鸾的身体状况就已经很差,"社评"

---

① 《炽章致布雷先生电》,1940年9月25日,"特交档案-中日战争"030卷,第45550件。转引自杨奎松:《蒋介石抗日态度之研究——以抗战前期中日秘密交涉为例》,《抗日战争研究》2000年第4期。
② 《困勉记初稿》卷61,1939年9月22日条。转引自王建朗:《尘封之下的历史真相:解读蒋介石亲自修改的一组对日议和文件》,《新华文摘》2004年第15期。
③ 周雨编:《大公报人忆旧》,中国文史出版社1991年版,第257页。
④ 王芸生、曹谷冰:《1926至1949的旧大公报(续一)》,《文史资料选辑》第26辑,第200页。
⑤ 周雨:《〈大公报〉史》,江苏古籍出版社1993年版,第238页。

工作基本交王芸生负责。而他的指导又很少,只有在遇到难题时才提出建议,如前述对苏联出兵波兰,《我们在割稻子》等"社评"的诞生就是得到张的指点。也就是说,这时的《大公报》已基本上是王芸生在负责了。

张季鸾做蒋介石的密使,从另一角度看,应该认为是他的另一个重要社会角色。这种社会活动家之角色并不和报人的角色相冲突。古往今来很多职业报人都以社会活动家身份自居,也以社会活动家的身份为荣,如斯诺、爱泼斯坦等。当时在中日秘密交涉中,打着各种谋求"中日和平"的名目活跃于日本人圈子中的中国人实在不少,有政客、学者,也有商人、报人等。

一次与同事徐铸成的谈话,直接流露出张季鸾对此事的态度。徐对他说:"我们以超然的民间报标榜,张先生这样直接地参与政治,似乎有损先生的身份。"张季鸾含笑回答道:"铸成,你把记者的作用看得太轻了,成熟的记者应该是第一等的政治家,美国的总统候选人不是有许多曾做过记者的吗!"说到后来,他还忘情地说:"将来胜利后,如我能恢复健康,报馆由你们去办,我还想当驻朝鲜大使呢!"①

1938年6月,张季鸾在《战时新闻工作》上发表《无我与无私》一文说:"我们报人不可妄自菲薄,报人的修养与政治家的修养实在是一样,而报人感觉之锐敏,注意之广泛或过之。"一般来说,一个报人越接近政治家的眼光,越熟悉政治家的脉搏,那么他的言论就能很好地和政治互动,不论是用赞同的目光还是用批评的语言,于社会的作用力都越大。也许正是基于这样的认识,张季鸾不仅不排斥做蒋的密使参与对日的"媾和",而且认为这是一个报人影响社会和历史的重要机遇。

其实,张季鸾内心对蒋介石是独立而有所保留的,他曾叹息着对徐铸成说:"我的中心思想,是要抗战建国,必须要有一个国家中心。蒋先生有很多地方也不尽如人意。但强敌当前,而且已侵入内地了,没有时间容许我们再另外建立一个中心,而没有中心,打仗是要失败的。所以,我近几年,千方百计,委曲求全,总要全力维护国家这个中心……当然,我仍希望蒋先生从党派的圈子里跳出来,真正成为民族的领袖。建国大业如果在他手里一手完成,可以顺理成章,省事得多。但那时我们要坚持一个口号,即国家至上,民主第一,以此号

---

① 徐铸成:《报人张季鸾先生传》,第165页。

召全国合作,会得到读者的同感。"①

由此可以看出,无论担任的是社会活动家还是报人角色,张季鸾首要考虑的是国家的利益。终其一生,他都是无党无派一报人,至少在他生前,《大公报》与蒋介石、国民党从没发生过任何经济关系,没有违背"四不"方针、丧失民间报纸的独立性。

(三)张季鸾与蒋介石

作为一名成功的报人,张季鸾与当政者蒋介石之间保持着一种"默契"的关系。其实,报人与政客保持联系是很常见的。一般做记者编辑的,不论国内国外、过去现在,大多不能离开政客,不仅政客的活动、言论成为大家竞相报道的重点,更关键的是一些很有价值的内幕或独家报道就是由政客提供的。因此报人和政客的亲密接触,于情于理都是需要的。但重要的是报人在这种接触中要保持独立性、出入自由,这才是成熟、理性的现代报人的作为。张季鸾与蒋介石的交往便是如此。在两人交往的十几年中,有恩怨、矛盾,也有共识。张季鸾作为一个"国家中心论"者,对"政治领袖"蒋介石带领中国取得国家的独立、民主满怀希望,并通过新闻舆论的方式为其提供积极的支持;蒋介石则看重张季鸾作为民营报纸总编辑、持有中立立场的身份,视其为"国士",甚至不计较张季鸾对其的批评与责难。

张季鸾与蒋介石初次会面于1928年的河南郑州。当年6月,北伐军已攻至京津,张季鸾于22日到河南辉县百泉采访冯玉祥将军,得知蒋介石沿京汉路专车北上,张即随冯于7月1日凌晨赶到郑州迎接。与蒋介石同行的还有国民革命军总司令部秘书长邵力子、秘书陈布雷和总参谋张群。邵力子、陈布雷是张季鸾在新闻界的至交,张群则是他留日时就熟识的老朋友。经过介绍,张季鸾与蒋介石"悦然面晤"②。其实,两人都曾在日本读书,但并未见面相识。张季鸾在日本主编《夏声》杂志、声名初露时,蒋介石就有所知闻。而在两人见面之前的1927年,张季鸾就已写过两篇批评蒋介石的文章。

第一篇《党祸》针对"四一二政变"发声:"吾人姑不论政策,而论蒋介石之责任。孙中山末年之联俄容共,孰倡之?蒋倡之。孰行之?蒋行之。故共产

---

① 徐铸成:《报人张季鸾先生传》,第164—165页。
② 田斌:《张季鸾与蒋介石的恩怨》,《炎黄春秋》2004年第4期。

党之发展,蒋实为第一责任人。然爱之则加诸膝,恶之则投诸渊,前后之间,判若两人……无论事实上理由如何,道德上不能免其罪也。"①文章指责蒋介石前后不一,抨击他残害进步青年的行为。第二篇就是前文已经提到的"三骂"之一《蒋介石之人生观》,在蒋介石事业初成、头角崭露、新婚燕尔之际,张季鸾将蒋介石"离婚再娶"的行为说成是"蒋氏人生观之谬误",把蒋介石骂得体无完肤。

郑州会面为双方彼此留下较好的印象。蒋介石对《大公报》的嘱望日渐加深,他每日必看《大公报》,在他的办公室、公馆、餐厅各放一份,以备随时查阅。1929年12月27日,蒋介石以国民政府主席的身份通电全国报馆,发出求言文书,电文的抬头为"《大公报》并转全国各报馆钧鉴",由此以官方态度明确肯定了《大公报》在全国报馆的舆论权威地位。1931年5月22日,在纪念《大公报》发行一万期时,蒋介石送来亲笔题写的"收获与耕耘"贺词,称该报"改组以来,赖今社中诸君之不断努力,声光蔚起,大改昔观,曾不五年,一跃为中国第一流之新闻纸"②。

1934年夏天,蒋介石在南京大宴百官,紧靠蒋左边就座的便是一介布衣的张季鸾,蒋介石不时给张季鸾斟酒布菜,二人谈笑风生。1938年,正值国家抗战之际,蒋介石仍未忘记这年农历二月初八是张季鸾五十寿辰,特向正在汉口的张季鸾祝贺,并派人送礼慰问③。

从此,张季鸾参与国民政府的最高决策、内政外交。蒋的"文胆"陈布雷曾说过:蒋介石对张季鸾的器重,除因张的文采出众、人品端正、操守清廉外,还是蒋"爱屋及乌"的结果。蒋介石对陕西人印象颇好,他曾对人说:"陕人是龙不是虫。"他在黄埔军校培养出来的学生,如关麟征、杜聿明、董钊,以及张耀明、刘玉章、胡琏、高吉人、张灵甫等陕籍将领,都"卓著才干",追随他鞍前马后,南北征战,"忠心不二"④。

张季鸾对于蒋介石也是礼遇有加。蒋介石以"国士"待他,他则以"国士"报之⑤。如前文所提到的,在西安事变中,张季鸾接连发表四篇"社评",为事变和平解决创造了有利的舆论环境,字里行间显示了对于作为国家领袖的蒋介

---

① 《社评·党祸》,《大公报》1927年4月29日。
② 蒋介石:《收获与耕耘:为大公报一万号纪念作》,《大公报》1931年5月22日。
③ 田斌:《张季鸾与蒋介石的恩怨》,《炎黄春秋》2004年第4期。
④ 刘宪阁、山石、王敏芝编著:《报界宗师张季鸾》,陕西师范大学出版社2015年版,第101页。
⑤ 周雨编:《大公报人忆旧》,第259页。

石的尊重和关心。

从《大公报》汉口版时期开始,张季鸾发表了许多坚持抗战、鼓舞斗志的文章,大都从维护国民政府利益、团结各方抗日这一基调出发,使蒋介石深感张季鸾的忠直和新闻舆论的重要。而实际上报纸的"社评"基调是受蒋介石抗日态度影响的,自南京保卫战后,《大公报》"社评"立足点的前后变化,由"缓抗,等待国际外交努力"到"团结一致,抗战到底",直接反映了蒋介石对抗日的态度。

张季鸾与蒋介石之间的关系并不是简单的相互利用关系。张季鸾也并未因为与蒋介石交好而放弃自己中立客观的立场。《大公报》记者汪松年曾回忆,张季鸾向他解释写出《给西安军界的公开信》的原因:"老蒋在这个时候是死不得的。他如果死了,中国就会完了;因为蒋死以后,就会出现三个集团,一为白色的集团,由蒋系军人结合而成;一为黑色的集团,由日本扶植的汉奸组成;一为共产党领导的红色集团。这三个集团必然互争雄长,各不相下,日本人趁机大举南侵,中国不就完了吗?"①

张季鸾还曾经拒绝过国民政府的收买:某日凌晨一时许,《大公报》总务主任到张季鸾办公室,递上一张十五万元的交通银行即期汇票,收款人是张季鸾,汇款人是国民政府文官处,意在请《大公报》撰写评论的时候有所注意。当时张季鸾把还没下班的编辑部人员统统叫到总编室,拿着这张汇票侃侃而谈,在讲了"文人要穷,文穷而后工""文人就是不能发财,否则文章写不出来""《大公报》要坚持十二字办报方针"等言论之后,命总务主任将汇票退回②。

除此之外,"七君子事件"中张季鸾的态度,也是其保持中立立场的有力佐证。

1936年11月23日,全国各界救国联合会的七位领袖人物,即沈钧儒、章乃器、李公朴、王造时、史良、沙千里、邹韬奋,因反对国民党的独裁统治被捕,被尊称为"七君子"。他们被捕后,张季鸾对此事极为重视,每天关注这方面的消息,并两次到南京奔走呼吁。当时江苏高等法院以莫须有的罪证拼凑了漏洞百出的起诉书,"七君子"随即起草了针锋相对、有理有据、义正词严的答辩状,把起诉书驳得体无完肤。而上海各家报纸由于受到国民党新闻检查的压

---

① 汪松年:《张季鸾为蒋介石卖力的缘故》,《炎黄纵横》2006年第4期。
② 王正元:《监听专员见闻录》,上海书店出版社1998年版,第164页。

力,仅刊载"起诉书",却拒不登答辩状。胡子婴于是找到张季鸾,希望《大公报》能发表这篇答辩状,张季鸾直截了当地说"不发表"。胡子婴很不满:"你们的报纸号称大公,但是你们只登官方一面之词,算得上什么大公……"张季鸾不慌不忙地说:"我不发表你们的答辩状,因为我不愿意陪同你们做戏。《大公报》也不准备做你们演戏的舞台。"原来,张季鸾刚从庐山回来,他在那里见到蒋介石、叶楚伧、陈布雷等人。他亲耳听到当时国民党宣传部长叶楚伧等人为解决"七君子事件"精心策划了一个诱降计划,即让江苏高等法院审讯一下他们,然后押到南京反省院,再由杜月笙保释出来,送到庐山开抗日会议。

但实际情况是七君子根本没有理睬这个诱降计划,并坚决抵制国民党的阴谋。了解真相后,张季鸾当即打电话给编辑部,决定马上发排《答辩状》,不必送审。1937年6月8日,《大公报》沪版在头版刊登了《沈钧儒等答辩状》,"七君子事件"由此真相大白①。

由此可以看出,张季鸾对于蒋介石的支持,并不是为国民政府宣传鼓动,成为其统治工具,而是出于"民族至上,国家至上""抗战第一,胜利第一"的爱国思想,因此与其说张季鸾是支持蒋介石的,不如说张季鸾是支持抗战的,或者不论是谁在抗战,他都是支持的。这正是张季鸾"国家中心论"思想的体现。"国家中心论"也是张季鸾"报恩主义"思想中"报国恩"的具体表现。张季鸾青年时留学日本,回国后短暂从政,又两度因言获罪,锒铛入狱。这些亲身经历再加上国家所处的内忧外患,使他认识到必须有一个强有力的政府、领袖领导中国走向独立自主。而在当时,张季鸾认为蒋介石就是这样一个强有力的领导人。因此,张季鸾的"拥蒋"是其抗日和爱国的具体表现,而不是拥护蒋介石个人。

(四)张季鸾对共产党的态度

张季鸾对于共产党的态度是复杂而分层次、不断变化的,不能简单地用一个尺度衡量。

早年的张季鸾发表过不少文章,如《党祸》《回头是岸》《军阀与党祸》《明耻》《党治与人权》等。基本可以认定的是,他反对苏俄式的革命,尤其反对共

---

① 胡子婴:《"七君子"狱中反诱降的斗争》,全国政协文史资料委员会编:《从国内战争到共同抗日》,安徽人民出版社2000年版,第473—474页。

产主义和社会主义,但同时提出要研究马克思主义和社会主义学说。此外,他反对"赤化",但更反对杀害共产党人。

1927年4月12日,蒋介石发动"四一二"政变,大肆屠杀共产党人,张季鸾等虽反对共产革命,但更反对蒋介石等滥杀共产党员。4月29日,张季鸾在"社评"《党祸》中说:"夫新中国之建设,终须赖全国有志青年奋斗,而非自私自利之寄生阶级所能办。则对于各方杀机之开,势不能不大声疾呼,极端抗议。"他认为"青年血气方刚,不论其思想为左倾为右倾,凡能如其主张敢于冒险力行者,概属民族之精英,非投机取巧者可比,轻加杀戮,无异残害民族之精锐,将成为国之罪人!"① 张季鸾并未信奉共产主义,但他在文章中对国民党滥杀共产党人予以抨击,是出于一颗爱国的公心,他认为参加中国共产党的这些青年都是对国家前途有热情的人,都是"有志青年",而中国的独立富强需要这些人的奋斗,而不是"自私自利的寄生阶级",因此"极端抗议"滥杀青年。

从1930年早春开始,蒋介石连续三次"围剿"红军,而《大公报》在追踪报道中,虽一直支持蒋介石的"剿"共政策,却也不乏肯定红军的一系列文章。如1930年4月11日,《大公报》刊登了"红军纪律甚严"和"吃民间饭,每人还给五百钱"等消息。不仅如此,1931年3月,张季鸾派《大公报》记者曹谷冰到苏联采访,撰写了二十余篇通讯,介绍苏联的建设成就,后《大公报》将通讯结集成册,出版了《苏俄视察记》一书。曹谷冰因此成为中苏恢复外交关系前后第一位连续报道苏联建设成就的中国记者。

20世纪50年代,张学良在回忆西安事变时说:"我同共产党在陕北的会谈,张季鸾是知晓的。这是因为一位过去的共产党,在我部中服务的政训处副处长黎天才,曾经告诉我,张季鸾是同情共产党的,他曾派记者到莫斯科,写过颂扬苏联的文章,共产党看张季鸾和戈公振是一样的人物。所以在当时,我征求他对'停止剿匪,联合抗日'的意见,他十分赞成,认为蒋公到来,我应当破釜沉舟,痛切陈述。"②

西安事变中,张季鸾为营救蒋介石殚精竭虑、费尽心血,但两个月后,又于1937年2月15日在《大公报》沪版上发表范长江的《动荡中之西北大局》(2月16日发表于津版),当时正值国民党三中全会召开,这篇报道普遍被认为是"负责

---

① 《社评·党祸》,《大公报》1927年4月29日。
② 转引自王鹏:《张季鸾论西安事变》,《团结报》2006年3月29日。

任"的报纸刊登的关于西北局势和共产党纲领的真相,与蒋介石发表的关于中国西北形势的讲话完全不一样,无疑对蒋的权威是一个打击。

抗战进入相持阶段后,国共摩擦不断出现,1941年1月发生震惊中外的"皖南事变"。事变发生后蒋介石发出命令,宣布新四军为"叛军",取消其番号,将军长叶挺"革职",交"军法审判",并要求各报馆刊登国民党军委的"通令"。中共方面则向包括《大公报》在内的几家同情中共的报馆说明了真相,表明中国共产党为了国家民族的利益,坚持团结抗战,尽力防止分裂,希望朋友们支持正义,抵制中央社歪曲事实、污蔑中共的言论。21日,《大公报》发表"社评",一方面重申"一个军队""一个军令"的老调,表态拥护蒋介石,另一方面指出,"中国共产党在西安事变时的表现,是极合乎国家民族利益之公的,我们敢信中共现时必仍然信守国家至上民族至上的原则,在信守国家至上民族至上的原则之下,任何党派的政治主张,容或因求治之急而近于激,非但可谅,亦且可敬……"①文章通篇不见"叛军""叛变"的字样。最后还替共产党说了几句好话,请求宽大处理叶挺。有人评价《大公报》的这篇评论是"圆滑的",采取的是"临时应付的态度"。其实这正说明了它对中共的同情态度,而这种同情态度的由来不是对共产主义的信仰,而是对共产党坚决抗日的认可,爱国抗日是《大公报》此时的基调。

1941年5月,日本侵略者为了尽快逼迫蒋介石投降,调集重兵向山西南部黄河北岸的中条山地区发动进攻。但蒋介石对积极调动的日军不作防备,导致国民党军队大败,三周内不仅阵地全失,而且阵亡四万人、被俘三万余人。日军以极小的代价占领了中条山地区,他们叫嚣:"这是事变以来罕见的战果。"中条山战役失败后,国民党当局为了掩人耳目,放出谣言说晋南战事的失败是因为八路军在一边袖手旁观的结果。而日本人为了分裂中国,也制造了此类谣言。对此,王芸生在5月写了一篇"社评",题目是"为晋南战事作一种呼吁":"晋南的战事,迄目前止,是敌人占了些便宜,于是它便作种种的夸大宣传,不是说我军死伤重大,就是说某某军官被俘,这已经我事事发言人予以驳斥。尤其离奇的,是它对于第十八集团军的种种说法……这些说法,固然大部出自敌人的捏造,惟继播之中外,其事实真相,自为中外人士尤其我们忠良军民各界所亟愿闻知,因此我们热诚希望第十八集团军能给这些说法以有力的

---

① 《社评·关于新四军事件》,《大公报》(渝版)1941年1月21日。

反证。第十八集团军要反证这些说法，最有力的方法，就是会同中央各友军一致对敌人作战，共同保卫我们的中条山，粉碎敌人的'扫荡'！"①

此时正在重庆的周恩来看到这篇"社评"后，感到事关真伪曲直，需要认真对待，因为当时《大公报》在读者眼中的分量他是清楚的，蒋介石之所以要《大公报》出来说话，其原因亦基于此。为此，周恩来当夜疾书一封长信给《大公报》的张季鸾、王芸生，说明晋南战事真相，用事实给予"反证"。信中说："季鸾、芸生两先生：读贵报今日社评《为晋南战事作一种呼吁》，爱国之情，溢于言表，矧在当事，能不感奋？"接下来，周恩来一方面驳斥敌寇的谣言，另一方面历陈八路军的抗战业绩和共产党团结抗战的诚意。最后提出希望："敌所欲者我不为，敌所不欲者我为之……我信贵报此文是善意的督责，但事实不容抹杀。贵报当能一本大公，将此信公诸读者，使贵报的希望得到回应，敌人的谣言从此揭穿。"②

接到周恩来的信，《大公报》负责人张季鸾、王芸生也很重视，他们不顾重庆一边倒的舆论氛围，毅然接受了周恩来提出的"将此信公诸读者"的建议，于5月23日在《大公报》渝版上全文刊登了周恩来的来信，并配发"社评"《读周恩来先生的信》，再次呼吁国共合作，团结抗战。周恩来的信发表以后，在国统区引起反响，起到了澄清事实、纠正谬误的作用。这篇《读周恩来先生的信》是张季鸾扶病撰写的，他在"社评"中说："读周先生的来信，关于此点得到圆满答复，就是十八集团军一定协同作战。我们知道周先生这几年对于促成团结抗战，尽力之处特多。在现时，几于是政府与延安间惟一有力的联系。此次给本报的信，我们不但相信其有根据、有权威，并且相信他正为此事而努力。""社评"还重点提出了对处理好国共关系的希望："最好藉此次在晋协同作战为起点，对于统帅部与十八集团军之间的许多应妥善处理的事情，都协商解决，从新再建团结的壁垒。""社评"最后说："最好毛泽东先生能来重庆，与蒋委员长澈底讨论几天，只要中共对于国家前途的基本认识能真实成立一致的谅解，则其他小的问题皆不足障碍合作，而这种团结抗战的新示威，其打击敌人的力量，比甚么都伟大。在此意义上，盼周恩来先生今后更多多尽力。"③

从以上《大公报》及张季鸾对待与共产党有关事件的态度中，可以看出，张

---

① 《社评·为晋南战事作一种呼吁》，《大公报》（渝版）1941年5月21日。
② "敌所欲者我不为，敌所不欲者我为之"——周恩来先生致本报的信》，《大公报》（渝版）1941年5月23日。
③ 《社评·读周恩来先生的信》，《大公报》（渝版）1941年5月23日。

季鸾作为独立报人，不信仰共产主义，不加入任何党派，但他对于共产党在抗战中的言行都是比较肯定和关注的。这仍是出自他"民族至上，国家至上"的爱国思想，中国共产党坚持抗日民族统一战线，一致对外，争取民族的独立与自主，而这正是作为知识分子的张季鸾的最大期盼。

五、文坛巨擘，报界宗师

（一）斯人已逝，幽思长存

1941年5月，《大公报》迎来美国密苏里大学新闻学院"最佳新闻服务奖"的殊荣。这一奖项在国际新闻界享有很高的声誉，在此之前，亚洲地区只有日本的《朝日新闻》和印度的《时报》得到过这个殊荣，这是中国报纸第一次也是唯一一次获得该奖。对于当时已重病缠身的该报总编辑张季鸾而言，这无疑是对他三十年报人生涯的最高褒奖。在《大公报》获奖后举行的庆祝会上，张季鸾带病到会，并发表演讲。5月15日，《大公报》发表"社评"《本社同人的声明》，即获奖感言：

> 若专就本报而言，则对于米苏里奖章，根本不应接受，对于今天的庆祝会，更不敢当。因为深切自省多年来并未能善尽报人应尽的责任；尤其在抗战四年中，对国家社会甚少贡献。论冒险，断不及上海同业；论劳瘁，则不如前线工作者；至于宣扬抗战建国之大义，则不过勉随全国同业之后，同心同德，亦步亦趋；此外，并无特长。事实如此，何能独受国际的赞扬？更何敢劳同业的庆祝？但最后我们的结论，知道此事的意义，并非这样小。我们想：今天的庆祝会，其意义应当不是庆祝本报，而是庆祝中国报界在国际上得到同情的认识，及将来在国际上可以增进与各国报界，尤其美国报界的合作。照这样讲，则本社同人不但不必辞谢庆祝，并应当参加庆祝。
>
> ……
>
> 何以说中国报人自有特色？中国报，有一点与各国不同，就是各国的报是作为一种大的实业经营；而中国报原则上是文人论政的机关，不是实业机关；这一点，可以说中国落后，但也可以说是特长。民国以来，中国报

> 也有商业化的趋向,但程度还很淡;以本报为例,假若本报尚有渺小的价值,就在于虽按着商业经营,而仍能保持文人论政的本来面目。本社最初股本只五万元,可谓极少;当初决定失败关门,不招股本,不受投资,不要社外任何补助。五万元刚用完,而营业收支正达平衡。就这样继续经营,欣然发展,而在战前,加上劳力股,也不过仅仅成为五十万元一个小公司。我们自信,《大公报》的惟一好处,就在股本小,性质简单,没有干预言论的股东,也不受社外任何势力的支配。①

这一声明重申了《大公报》的办报立场与宗旨,将《大公报》的特点归结为"文人论政",张季鸾所强调的"渺小的价值",也正是对《大公报》报名"忘己之为大,无私之为公"和其"四不"原则的最好诠释。对于"文人论政",新闻史学家方汉奇先生有一个精到的总结:所谓"文人论政",就是知识分子以匡扶时世为己任,将"天下兴亡,匹夫有责"的忧患意识贯穿到言论当中,力图以言论来指引国家的走向②。张季鸾主笔《大公报》时期,确实以此作为自己的职业准则,为国家前途命运呼唤呐喊,以求实现民族之独立、国家之富强,在病榻之上仍坚持发声,可谓鞠躬尽瘁,死而后已。

四个月后的1941年9月6日,一代报人张季鸾走完了他淡泊宁静而跌宕传奇的人生历程,在重庆与世长辞,终年五十三岁。

9月8日,《大公报》发表王芸生撰写的"社评"《敬悼季鸾先生》,对张季鸾一生的功绩予以高度评价:

> 先生为本报创办人之一,十五年来始终主持笔政,先生之于本报,实一而二二而一,精神事业,两不可分。本报同人与先生或为三十余年之契友,少亦十年左右之同事,兹于先生之逝,事业失所领率,同人丧其导师,悲痛曷极!先生一代报人,遽尔殂谢,识与不识,莫不同悲,本报同人岂可无一言以述哀思?
>
> 先生从事报业,历三十年,自辛亥归国,历任《民立报》《中华新报》《民信日报》之笔政,自民国十五年接办本报,以迄于今。先生一生志趣在新闻事业,以做报为终身事业,故立志不作官。先生曾于民初拒受国会议员

---

① 《社评·本社同人的声明》,《大公报》(港版)1941年5月15日。
② 方汉奇等:《〈大公报〉百年史:1902.06.17—2002.06.17》,中国人民大学出版社2004年版,第2—3页。

之选,接办本报之时复与本报总经理胡政之先生相约不作官。此非故为清高,殆师太史公"戴盆何能望天"之意,盖新闻记者之言论纪载,皆政治范围内事,若身亲政治,即失立言自由。先生之志如此,综其一生事业,除民元曾一度任临时大总统孙公之秘书及民三曾一度任教中国公学外,三十年来,始终做报,澈底做到终身做报之志。

王芸生认为,张季鸾先生"以一身系国家三十年舆论之重,继往开来,堪当中国报界之一代大师"。

张季鸾逝世后,蒋介石立即致《大公报》社唁函,函曰:"季鸾先生,一代论宗,精诚爱国,忘劬积瘁,致耗其躯。握手犹温,遽闻殂谢。斯人不作,天下所悲。"各国政要、大使、官员、知识分子、重要的外国媒体亦纷纷发来唁电表示慰问,国民政府发布褒奖令,称赞张季鸾是"学识渊博、志行高洁","以南董之直笔,作社会之导师",他的文章"能淬砺奋发,宣扬正谊,增进世界同情,博得国际称誉"。

中国共产党方面,毛泽东等特致唁电:"季鸾先生在历次参政会内坚持团结抗战,功在国家,惊闻逝世,悼念同深。"中共驻重庆办事处代表周恩来、董必武、邓颖超发出唁电:"季鸾先生,文坛巨擘,报界宗师。谋国之忠,立言之达,尤为士林所矜式。不意积劳成疾,遽归道山。音响已沉,切劘不再。天才限于中寿,痛悼何堪!"

9月26日,《大公报》社暨中国新闻学会和重庆各报联合会举行公祭张季鸾大会,蒋介石率孔祥熙、宋子文、张群、张治中、于右任、陈布雷等人吊唁。中共方面,周恩来、董必武、邓颖超等也前往吊唁。张季鸾的灵堂布满鲜花挽联,吊唁者从清晨到夜晚,川流不息。灵堂中央摆放着蒋介石写的挽联:"天下慕正声,千秋不朽;崇朝嗟永诀,四海同悲。"

同日,中国共产党方面主办的《新华日报》发表了短评《季鸾先生对报业的贡献》,其中提到:"先生之足为报人楷模,在其不以办报为猎官捷径,自誓终身不服官。这种视办报为终身事业的精神确是值得钦佩的,然这不是说办报能超然于政治之外,而是说其坚持一种政治立场,通过言论以推动政治。先生的立场则为团结御侮,跻中国于民主国家之林。他这种政治主张,表现在言论上始终很明确。这是他所以蜚声海外的基因。"[1]

---

[1] 《季鸾先生对报业的贡献》,《新华日报》1941年9月26日。

次年4月29日，张季鸾灵柩归陕，陕西各界三千多人在西安西郊迎接。9月5日，在兴善寺举行公祭张季鸾大会，蒋介石再次亲临大会致祭。蒋很少出席这样的祭奠仪式，这次特地由川到陕，更说明二人非同一般的关系。这一天，西安全市下半旗志哀。

（二）报人楷模，精神永续

张季鸾从小受到国学教育，青年时在日本留学又受到西方思想的浸润，使其在从事新闻职业时表现出传统中国士大夫与西方职业报人融合的精神。

张季鸾总体的办报思想可以用《大公报》续刊号提出的"四不主义"即"不党""不卖""不私""不盲"来概括，"不党"和"不卖"可以视作对独立报格的追求，而"不私"和"不盲"则提出了对报人的要求。

其实，张季鸾对于新闻之独立与自由的认识，也随着国家形势的变化，经历了一个转变的过程：如果说抗战之前张季鸾的办报理念，可用"自由主义职业报刊"的思想来形容；抗战之时，他的理念则出现了一些变化，这一时期张季鸾基于爱国主义的"文章报国"理念更为明显。我们可以从1939年张季鸾为《大公报》写的"社评"《抗战与报人》中看出：

> 中国报人，本来以英美式的自由主义为理想，是自由职业者的一门。其信仰是言论自由，而职业独立。对政治，贵敢言，对新闻，贵争快。从消极的说，是反统制，反干涉。近多年来，报纸逐渐商业化，循着资本主义的原则而进展。其结果，只有大规模经营的报纸，能以发达，已不是清末报业初期文人办报的简陋情形。此种商业性质，其本身限制了言论自由，但因经济雄厚之故，对于报人职业的独立，却增加了保障。所以从大体上说，中国报业是走着英美路线，而在近年已具有相当规模，在社会上确已成为一种大的力量。

这段话可以看作是张季鸾抗战之前的新闻理念，概言之，便是"言论自由，思想独立"。商业性质的报纸实力雄厚，因此可保障报人职业的独立。然而，此文到此话锋一转：

> 以上所述，是过去的话，抗战以来，却完全改变了。先从报的本身说：自×（原文如此，应为"日"——笔者注）军大举来犯，报的商业性，受了打击。规模愈大者，损害愈多。报的生命线在交通，而交通阻塞了，或者破

坏了。自从抗战,已没有能达到全国的报纸。除过上海租界,尚能做商业的经营之外,广大内地的报纸,都失了经济基础。本来,任何私人事业,与国家命运不可分,报纸亦然。自从抗战,证明了离开国家就不能存在,更说不到言论自由。在平时,报纸要争新闻,这是为着事业,也为着兴味,但在这国家危辱关头,这些问题,全不成问题了。所以本来信仰自由主义的报业,到此时乃根本变更了性质。就是,抗战以来的内地报纸,仅为着一种任务而存在,而努力,这就是为抗战建国而宣传。所以现在的报,已不应是具有自由主义色彩的私人言论机关,而都是严格受政府统制的公共宣传机关。国家作战,必需宣传,因为宣传战是作战的一部分,而报纸本是向公众做宣传的,当然义不容辞的要接受这任务。国家今天有权要求任何人民去上前线,去效死,有权要求人民献产或毁产。那么,做报的人,起码当然贡献一张报于国家,听其统制而使用。①

以上便是抗战后张季鸾所坚持的新闻理念:国家战乱,报纸的功能转而以宣传为主,为抗战建国而宣传。在特殊时期,张季鸾提出这一理念是可以理解的。在那个战乱的年代,国家的独立与自强是国人最大的追求,是百姓最深切的呼声,新闻报纸等媒介作为一种人们普遍接触的大众传播工具,有义务和责任服务于国家大局。因此,张季鸾提出将国家利益置于第一位,是无可厚非的。

其实,这正是张季鸾"报恩主义"思想的体现。在其唯一存世的有关自身经历的《归乡记》中,他写道:"家庭种种的不幸,常常使我感到对先世对父母的重大责任。我的人生观,很迂浅的。简言之,可称为报恩主义。就是报亲恩,报国恩,报一切恩!我以为如此立志,一切只有责任问题,无权利问题,心安理得,省多少烦恼。不过我并无理论,不是得诸注入的智识,是从孤儿的孺慕,感到亲恩应报,国恩更不可忘。全社会皆对我有恩,都应该报。现在中国民族的共同祖先正需要我们报恩报国,免教万代子孙作奴隶,人民若常常这样想着,似乎易于避免堕落,这是我的思想。"②这种报恩主义思想,深入张季鸾的骨髓,伴随着其一生,他对家庭、社会、国家,时刻怀有一种责任与担当,以一颗拳拳之心待之。正如蒋荫恩评价张季鸾道:"他爱国家,甚于爱自己,所以连年虽在

---

① 《社评·抗战与报人》,《大公报》(港版)1939年5月5日。
② 张季鸾:《归乡记》(1934年12月25日),《张季鸾先生纪念文集》,第136页。

病中，但尚有一份力尽一份力，绝不偷闲偷懒。他的唯一愿望，就是能看到抗战胜利后的新中国。"①

基于对报纸功能和报人职业操守认识的转变，张季鸾明确提出一个真正的报人必须具备"公""诚""忠""勇"的品质修养。所谓"公"是指动机要公，即"不私"，竭力将"我"撇开，记事立言必须客观公正。《大公报》在答谢获得美国密苏里大学新闻学院奖章的"社评"《本社同人的声明》中指出："言论独立，良心泰然，而我们同人，都是职业报人，毫无政治上、事业上甚至名望上的野心，就是不求权，不求财，并且不求名。"②所谓"诚"是指旨意要诚，即报纸须以对国家高度负责的精神和实事求是的态度来发表诚心为国的言论，诚心必须与责任同在，"言论界人自身时时须作为负国家实际责任者，倘使我为全军统帅，为外交当局时，我应如何主张，应作何打算，此即所谓责任观念也"③。所谓"忠"是指忠于真理、忠于自己的见解。所谓"勇"是指勇于发表，无论遇到何种阻力，都要以大无畏的精神，将其发表出来。1941年5月，张季鸾在重庆新闻界集会上致辞时曾说："须时时准备失败，方能做到勇字。报纸失败有两种可能：一为与政府或当地官厅冲突结果而失败，一为与社会空气冲突致销路跌落而失败。"以时时准备失败的精神来保证言论的自主与独立，《大公报》可谓将一个"勇"字演绎到了令人感佩的境地。

张季鸾将自己的身心完全贡献给了《大公报》，并且通过报纸完全贡献给了社会和国家。他的新闻思想与他的人生观、价值观有着最密切的联系。他是一个热情洋溢的报人、真诚质朴的智者，他更是一个忠诚爱国的"中国脊梁"。他"文章报国"的理想与追求激励着一代又一代新闻人在职业道路上不懈进取，他"以天下为己任"的名士风度激励着后辈继往开来，为国之繁荣昌盛而努力奋斗。

---

① 蒋荫恩：《一颗报界巨星的陨落——悼念季鸾先生的长辞》，《张季鸾先生纪念文集》，第59页。
② 《社评·本社同人的声明》，《大公报》（港版）1941年5月15日。
③ 《社评·论言论自由》，《大公报》（津版）1937年2月18日。

第二编

新记『少帅』

季鸾传人：王芸生[*]

王芸生（1901—1980），著名爱国报人，政论家，中日关系史研究专家，社会活动家。本名王德鹏，原籍河北静海（今天津静海区），1901年9月26日（农历八月十四日）生于天津城西佟家楼村。王芸生幼时受过八年私塾教育，后因家贫无法继续求学，为了生计，十三岁起就在茶叶店、布店、木材店当学徒。1925年五卅运动中，天津发起组织"天津洋务华员工会"，王芸生担任宣传部长，之后他创办了《民力报》，成为天津有名的反帝活动分子。国共合作期间，他先后加入国共两党，不久又脱党。1928年任天津《商报》总编辑，后辞职；1929年8月加入《大公报》，至1966年为止，共在《大公报》连续工作三十七年。

1929年王芸生加入《大公报》后，先任地方新闻编辑。1930年任《国闻周报》编辑。九一八事变后，王芸生开始撰写《六十年来中国与日本》，连载在《国闻周报》上，在中国社会引起巨大反响。1935年王芸生正式任《大公报》天津版编辑主任，1936年调任《大公报》上海版编辑主任。

全面抗战爆发后，王芸生先任《大公报》汉口版编辑主任，1938年10月抵达重庆后，开始代替张季鸾主持《大公报》编辑业务。1941年张季鸾去世后，王芸生接任《大公报》总编辑，正式主持报馆言论。抗战期间，王芸生主持报社笔政，写下大量充满爱国感情的文章。抗战胜利后，《大公报》上海版、天津版先后复刊，王芸生亦于1946年返回上海，继续主持《大公报》笔政。解放战争中，王芸生同情学生运动，反对内战，遭到国民党当局的言论围攻。至1948年，在中共地下党员的争取下，王芸生思想发生转向，离沪经台湾至香港，并于1949年随解放军返回上海，发表《〈大公报〉新生宣言》，任"新生"后的《大公报》社长兼总编辑。

中华人民共和国成立后，天津《进步日报》与上海《大公报》合并成新的《大

---

* 本文撰稿人：王雪驹，北京工商大学传媒与设计学院讲师。

公报》并迁往北京,王芸生任社长,但不再主持编辑事务。在"文革"期间,王芸生一度被打倒,1972年复出后多参与一些外事活动,至1980年5月30日因病去世。其所著八卷本《六十年来中国与日本》成为后世研究近代中日关系史的经典著作。

一、先投政治,后入报界

王芸生排行老五,有两个哥哥和两个姐姐,是家中幼子,深得父母宠爱。王家家境贫寒,王芸生父亲从小就从静海至天津城谋生,后成为一名厨工,得以养家糊口。1906年,王芸生开始入私塾读书,至1914年时已经读了八年私塾。他的理想是考入南开中学,但由于家境贫寒,实在难以支撑继续求学的高昂学费,王芸生从此走上了一条彻底的自学成才之路。

1914年,王芸生至一家茶叶店当学徒,他白天在店里干活,晚上就"乱读书",读了很多古典小说。在茶叶店里,王芸生第一次接触到了报纸——《天津白话午报》。1917年,王芸生进入布店做学徒,后因夜晚苦读被辞退。所幸天无绝人之路,王芸生的大哥在天津禅臣洋行的林总经理的公馆当厨师,林家在天津海河北面的意大利租界开了一家规模很大的中国北方木行,离开布店后的王芸生经哥哥做保于1918年到木行当学徒。这家木行有间阅报室,他得以在阅报室里如饥似渴地阅读"北京、上海、天津的各家大报纸",及时地了解国内外各类新闻事件①。王芸生就是通过阅报处和自购等方式广泛地阅读近代报刊,广泛地接受新知与新闻时事,自学了各种知识。

1919年五四运动爆发后,天津诸家报刊均参与了报道,其中《益世报》表现尤甚。与大多数年轻人一样,王芸生也投身到运动的潮流之中。

王芸生从报刊上既读到了西方各种社会思潮,也读到了陈独秀、李大钊、瞿秋白的文章;既喜读鲁迅小说,也爱看胡适白话。他还参加过声势浩大的游行②。王芸生本人多次坦陈五四运动对自己的重大影响,正如他事后所言:

> 我是五四时代的青年。五四开始启迪了我的爱国心,五四使我接触

---

① 王芝琛:《一代报人王芸生》,长江文艺出版社2004年版,第7页。
② 王芝琛:《一代报人王芸生》,第7页。

了新文化,五四给我的恩惠是深厚的。尽管许多先辈轻视五四,我却绝不心服。这或许是我的偏见,我的固执,但无论如何,五四在我的心灵上的影响是终生不可磨灭的。①

1947年重思"五四",王芸生自称为"五四时代的青年","五四"带给他的恩惠是"爱国心"和"新文化",在"心灵上产生了不可磨灭的影响","五四运动给我打下一个做人的基础"②。也就是说,通过五四新文化运动,王芸生接受了民主与科学的启蒙理念及爱国主义主导下的救亡理念,并成为五四时期新青年中的一员。创造新秩序、新生活的理想,是王芸生后来能较为坦然、积极地投身国民革命的思想根源。

在木行工作时,王芸生能接触到一些英文函牍文件,他于是报名商务印书馆函授学校,学习英文。经过一段时间的刻苦学习,王芸生便能阅读一些英文书报;他又交费参加天津新青年会英文补习夜校,学习英文发音,由此打下了一定的英文基础,能帮木行翻译处理一些问题。为了更进一步,王芸生还报名参加了英文打字班,学会了打字后,他承接了英文文牍事务。凭借英文能力,王芸生脱颖而出,于五四运动后转正成为木行的正式职工,月薪三十元。

三十元的月薪,对王芸生来说十分可观。他把三十元一分为三:一半交给母亲,五元交给大姐(是大姐在他最困难的时候伸出了援手),剩下的十元自己生活开支用,但大部分都买了书报。后来,经母亲同意,王芸生娶了天津杨柳青镇一位冯姓老农的女儿。这位冯姑娘出身农民,憨厚老实,比王芸生小两岁,王芸生母亲也非常满意。王芸生当时或许以为这位冯姑娘文化水平不高,不是很情愿,他自己说"成全这门婚事,多半是为母亲"。1924年秋,按照传统婚礼习俗,王芸生与冯姑娘正式结婚。婚后,王芸生给妻子取名冯玉文。妻子勤劳贤惠,把家庭料理得井井有条。夫妇二人共养育三子二女,长子王芝光、长女王芝芙、二女儿王芝慕、二子王芝秋、三子王芝琛。

虽经过五四运动的激荡,中国社会的半殖民地半封建性质仍没有发生改变,随着时代危局深入与剧烈现实斗争的紧压,政治救亡全面压倒了思想启蒙渐成为时代主题。经过五四运动洗礼的进步知识青年,极易认同政党的革命口号,继而支持革命,成为大革命时期的革命青年。

---

① 《五四重新使我感到不安》,《大公报》(津版)1947年5月4日。
② 王芸生:《芸生文存·自序》,《芸生文存》(第一集),《大公报》馆1937年版,第6页。

1925年上海五卅运动爆发，天津各界积极响应，声援上海工人运动，各洋行的青年员工成立了天津洋务华员工会，王芸生被推选为工会的宣传部长。他先是主编工会的一份油印的周刊，之后又积极筹划创办了日报《民力报》，原六开，后改为通行的四开版面。《民力报》借用国民党报纸《民意报》原社址和设备，于1926年元旦出版，王芸生任主编。此外，在天津《救国日报》筹备复刊时，王芸生也曾短暂编辑过几天时间，后离开《救国日报》，专心筹备《民力报》。"据其他朋友说，芸生对新闻事业极有兴趣，他辞掉洋行工作，以仅有的一点积蓄，加上友人们资助，创办此报；并说他聪明能干，笔下不错，相信他的报必能成功。"①

《民力报》因"有许多文化界朋友义务帮忙，或任编辑，或写稿件，加上芸生对时事的犀利批判，虽是一张小报，倒也生机勃勃"。王芸生在《民力报》上发表了大量反帝、反军阀的文章，同情国民革命，对这份报纸倾注了全部精力，"芸生的才能也在这张小报上充分显露"②，这是王芸生报刊实践活动的正式起步。

王芸生事后写文回忆："五卅运动又使我认识了自己的国家。民族的血曾鼓舞着我的青年的心，使我走上民国十五六年的革命战场。"在大革命的浪潮中，王芸生加入了国民党，据其回忆，他于1925年底或1926年初加入国民党，成为一名"革命青年"③。

从1926年3月上旬起，张宗昌的直鲁联军与冯玉祥的国民军在天津以南作拉锯战，3月21日国民军撤出天津，奉系军阀褚玉璞控制天津，成为新任直隶督办。慑于国民大革命的迅猛声势，褚玉璞大肆搜捕革命青年。4月19日，褚氏在天津成立"直鲁联军密探处"；紧接着，天津市警察厅取缔"宣传赤化"的报纸，严防革命势力的活动。

奉系军阀褚玉璞占领天津后，王芸生遭到褚氏的通缉追捕。1926年3月22日，王芸生因躲避军阀追捕而仓皇离开天津。他事后回忆道："我那时还在报馆里睡觉，朋友跑来送信，我遂不得不将那与朋友们合资经营的小报馆（即《民力报》）撂掉。大概就是那天的深夜吧，家人朋友皆不知道，只我二哥一个

---

① 李秋生：《我所知道的王芸生》，《传记文学》1981年第38卷第2期，第76页。
② 李秋生：《我所知道的王芸生》，《传记文学》1981年第38卷第2期，第76页。
③ 周雨：《王芸生》，人民日报出版社1995年版，第7页。

人把我送上了招商局的一只轮船。"①

3月22日深夜,王芸生坐船离津赴沪,投奔设在上海陶尔斐斯路(今南昌路)由中共党员和国民党左派负责的国民党上海特别市党部。党部时任秘书长是中共党员梅电龙,王芸生任副秘书长。"他(王芸生)工作相当卖力,大显才能,与梅电龙很能配合,那是他首次在较大的工作场合中表现得出人头地。"②值得一提的是,此时博古也在国民党上海特别市党部做宣传工作,王芸生对博古的印象是"思想激进,口才出色,文笔也好"③。王芸生在上海滞留不满一年,生活较为凄苦;但大革命时期的上海,英杰辈出、龙蛇混杂,能结识梅电龙、博古等当时的风云人物,故而王芸生又认为"那一年的生活,大体来说,是烈烈轰轰的,终日所接触的都是热血蓬勃的人物"④。1926年上半年,王芸生在博古的影响下,由博古、彭述之两人介绍加入中国共产党,成为一名国共跨党党员。

1927年春节前夕,因母亲病重,家人急电王芸生北归,他遂于春节期间赶回天津。当时王芸生应是受中国共产党派遣,以中共地下党员的身份在国民党天津市党部任宣传干部。回津后,王芸生对外则为天津《华北新闻》撰写社论——《华北新闻》于1921年4月创办,1922年7月由周拂尘任社长后,报格为之一变,与国共两党的关系匪浅。

1927年4月,蒋介石在上海发动了"四一二"反革命政变,实行"清党"。王芸生身不在沪,幸免于难,但是他结识的一些朋友则杳无音信,他事后回忆还心有余悸:"在剧烈的党潮中,朋友们分了友敌。我到现在还窃幸未曾卷入那旋涡,但同时却摧毁了我的家庭。"⑤

"四一二"政变后,天津的时局也异常凶险,褚玉璞到处搜捕共产党员,包括天津在内的北方中共党组织遭到极大破坏。王芸生不但不能继续为《华北新闻》写社论,自身安全也成为棘手问题,只得"在朋友的掩护下,他躲进了法租界,基本上不能回家,受冻挨饿吃尽了苦头"⑥。祸不单行,王芸生的二哥此时受牵连入狱,母亲更是担惊受怕一病不起。"二哥替我坐了半年褚玉璞的牢

---

① 王芸生:《重来上海》,《芸生文存》(第一集),第344页。
② 李秋生:《我所知道的王芸生》,《传记文学》1981年第38卷第2期,第76页。
③ 王芝琛:《一代报人王芸生》,第14页。
④ 王芸生:《重来上海》,《芸生文存》(第一集),第346页。
⑤ 王芸生:《重来上海》,《芸生文存》(第一集),第347页。
⑥ 王芝琛:《一代报人王芸生》,第15页。

狱,母亲因悲伤二哥的灾难,担心我的安全,竟一病不起将她的爱儿丢下了!"①王芸生当时在躲避搜捕,无法与母亲得见,母亲的撒手人寰让他悔恨终生,"每念及此,惭泪交并"②。

家庭的变故,国共的分裂,军阀的猖狂,一连串的灾祸接踵而至,王芸生东躲西藏,这一切让他对政治心灰意冷,故而脱党。王芸生事后对此行为解释道,"革命的火焰曾使我的生命发光,而革命阵营中的腐败现象也确曾伤过我的心。我从那时起开始有了一种觉悟,觉悟自己不是一个一手回天的英雄,遂摒绝一切政治的辔辂,安心来过一个新闻记者的生活"③。周雨在《王芸生传》中亦写道,"据王芸生临终前回忆往事的录音:当时看到的是黑暗一片,加上党内纷争日烈,感到灰心失望了,决心脱离一切党派,专心做新闻工作,以文章报国"④。据王芝琛、周雨的记载,1927年6月2日,王芸生以王德鹏的名义在《大公报》公布启事,宣布脱党⑤。

脱党断绝了政治生涯,王芸生开始另觅他途。自青年时代以来的报刊阅读经验与大革命时期的报刊实践活动,使他积累了一定的新闻知识和从业经验;当时天津新闻业的迅猛发展也为他提供了当新闻记者的便利条件;加之王芸生在人际关系上就已与天津许多家报社和报人有过联系:天津《救国日报》的李秋生、著名报人周拂尘、《益世报》的吴云心,乃至后来《大公报》的张季鸾,都是王芸生在天津新闻界多次辗转腾挪中所建构的人际关系网。因此,他基于1928年至1937年天津新闻事业的盛况和自身条件,立志专门做一名新闻记者,投身新闻界也是职业上合乎时势的现实稳妥之路。

王芸生离开了《华北新闻》后即开始另谋下家,加入了1928年创办的天津《商报》,担任总编辑。王芸生在布店当学徒时,认识了天津一家大绸布店老板李善人,此时《商报》正招兵买马,筹备出版,李善人遂将他举荐给了《商报》老板叶庸方。"王芸生"就是李善人向《商报》推荐时灵机一动所起的新名字。就

---

① 王芸生:《重来上海》,《芸生文存》(第一集),第347页。
② 王芸生:《重来上海》,《芸生文存》(第一集),第347页。
③ 王芸生:《芸生文存·自序》,《芸生文存》(第一集),第7页。
④ 周雨:《王芸生》,第7页。
⑤ 王芝琛的《一代报人王芸生》与周雨《王芸生》中记载王芸生于1927年6月2日《大公报》第一版登出"王德鹏启事":"鄙人因感触时变,早已与一切政团不发生关系,谢绝政治活动,惟从事著述,谋以糊口,恐各方师友不察,宣布脱党。"笔者翻阅1927年6月2日及当月的《大公报》原件,没有发现涉及王芸生的任何声明,因此对这一记述需要进一步查证。

这样，天津《商报》创刊伊始，经商人李善人介绍，王芸生被聘为了总编辑。王芸生把新闻记者的职业当作毕生事业来看待，对《商报》的编辑极为用心，事必亲力亲为。这给《商报》同人、后来成为天津《益世报》副刊《语林》主编的吴云心留下了深刻印象，"那时王芸生先生是总编辑，每天要编发要闻版、写社论，还要翻译电报。这种工作精神，至今仍然给他(吴云心)留着深刻的印象"①。

在《商报》工作期间，王芸生终于尽显他的新闻编写才能，"芸生的撰写和编辑才能，从彼时才充分发挥"②。王芸生在天津《商报》工作一年有余，"因与报馆老板在观点上的争执，愤而辞职"③。据李秋生记载，因"渐与王镂冰(《商报》总经理)意见不合"④，1929年8月，王芸生在《商报》登出辞职启事，正式离开《商报》报社⑤。

二、初入《大公报》

王芸生和《商报》分道扬镳后，因得到张季鸾赏识，于1929年8月进入《大公报》。其中的渊源，周雨称之为"一场笔战为张季鸾赏识"⑥，吴廷俊教授也指出，王芸生"因屡次评说《大公报》社评之论点，为张季鸾看中而揽入《大公报》"⑦。进入《大公报》后，王芸生首先任《大公报》各地新闻版编辑⑧。

王芸生加入《大公报》的具体情况是，1927年3月北伐军攻下南京，乱军之中发生了外国领馆遭劫、侨民死伤的情况，停泊在下关江面的英、美、日、法、意等国军舰为进行报复，不分青红皂白地对南京城进行炮击，造成大量中国军民伤亡，史称"南京惨案"。对此事件，天津《大公报》于1927年4月1日刊登张季鸾所写的《躬自厚》，称："东方道德所以为人类交际之规范者殊夥，其中一义曰，躬自厚而薄责于人。人与人如是，社会和平矣；国与国如是，世界和平矣。

---

① 立言：《天津采访学习记》，《新闻研究资料》1980年第3期，第171页。
② 李秋生：《我所知道的王芸生》，《传记文学》1981年第38卷第2期，第77页。
③ 周雨：《王芸生》，第10页；王芝琛：《一代报人王芸生》，第20页。
④ 李秋生：《我所知道的王芸生》，《传记文学》1981年第38卷第2期，第77页。
⑤ 笔者在国家图书馆查阅《商报》缩微胶卷，遗憾的是，1929年8—12月的《商报》资料缺失，无法印证李秋生的记载。故王芸生具体何时脱离《商报》尚待进一步考察。
⑥ 周雨：《王芸生》，第10页。
⑦ 吴廷俊：《新记〈大公报〉史稿》，武汉出版社2002年版，第109页。
⑧ 徐铸成：《报人张季鸾先生传》，生活·读书·新知三联书店1986年版，第87页。

今之中外关系亦然。苟其咎在我者，我应自责之，所谓躬自厚也，而为外人者，亦应自省其过去或现在之咎责，同时承认我国民一般之友谊。盖虽不敢望其自厚，而不得不劝其勿专责人也。"①文章主张用这种"躬自厚薄责于人"的原则解决"南京惨案"，王芸生看到后感到不当，于 4 月 2 日在《华北新闻》刊文《中国国民革命之根本观》，对张季鸾的言论进行反驳。他在文中指出，"被侵略者对侵略者无所谓'躬自厚'的问题。中国国民革命的根本任务，不仅对内要打倒军阀，对外还要取消一切不平等条约，把帝国主义的特权铲除净尽！"②经过这次笔战，王芸生进入张季鸾的视野，张遂生招揽之意——1926 年，吴鼎昌、胡政之、张季鸾以新记公司复办业已停刊的王郅隆《大公报》，是为新记《大公报》。新记《大公报》提出"不党、不卖、不私、不盲"的"四不"口号，锐意改革，逐渐成为北方乃至全国舆论代言者。此时是新记《大公报》发展的最初几年，正处于招兵买马的阶段，急需注入新鲜血液，"为了适应日益扩展的业务，吴鼎昌、胡政之、张季鸾十分注重引进人才，建设队伍，健全机构"③，而"《大公报》那时正在物色人才，于是他（王芸生）便是被选中者之一"④。王芸生离开《商报》后，张季鸾爱才心切，便邀请他到《大公报》就职。由此，从严格意义上讲，自 1929 年 8 月起，王芸生正式开启了长达三十七年（1929—1966 年）的稳定而持续的新闻职业生涯⑤。

1929 年 8 月，王芸生加入《大公报》任地方新闻版编辑。自此，他的人生和《大公报》紧密联系在一起。1930 年，王芸生任《大公报》附属事业《国闻周报》的编辑。这段时间他处于锻炼期，没有直接参加《大公报》的关键工作。转机发生于九一八事变后，当时张季鸾、胡政之召开编辑会议，制定新的编辑方针，即为"明耻教战"。所谓"明耻教战"，即切实了解中国内外环境，弄清国耻之由来，研究雪耻之方案，下定决心卧薪尝胆、一雪国耻，将侵略者赶出中国。为此，报社采取了一系列相应举措，其中就有指派王芸生和汪松年编辑甲午以来

---

① 《躬自厚》，《大公报》1927 年 4 月 1 日。
② 王芝琛：《一代报人王芸生》，第 18 页。
③ 方汉奇：《〈大公报〉百年史：1902.06.17—2002.06.17》，中国人民大学出版社 2004 年版，第 178 页。
④ 陈纪滢：《报人张季鸾》，台北文友出版社 1967 年版，第 45 页。
⑤ 周雨、王芝琛均指出，王芸生于 1929 年 8 月 22 日在天津《大公报》十一版登出启事："芸生已于本月初辞去天津《商报》职务，此后友戚投函，请寄日租界《大公报》社收转可也。"见王芝琛：《一代报人王芸生》，第 21 页；周雨：《王芸生》，第 10 页。但是笔者查阅 1929 年 8 月 22 日《大公报》原件，没有发现王芸生的声明。故笔者推测，这个声明很可能发表在 1929 年 8 月的《商报》上。

日本侵华史和中国对日屈辱史,这一工作后来由王芸生单独完成,即著名的《六十年来中国与日本》。

王芸生为写这段历史,从1931年10月起奔走于平津之间,遍查故宫博物院和北京各图书馆所藏史料和文献,并请教多位历史学者、外交工作者以及清朝的遗老遗少,耗费了巨大心血。

经过紧张有序的准备和写作,《六十年来中国与日本》从1932年1月11日起在《大公报》第三版"本报特辑"专栏连载,每日讲述一段中日关系史料,连载长达两年多。其内容从1871年《中日修好条约》签订起,到1919年止,共记述了四十八年的中日关系史。后《大公报》出版部将已载文字编辑出版,仍定名为《六十年来中国与日本》,并由总编辑张季鸾作序。"序言"说道:"吾侪厕身报界,激刺尤重,瞻念前途,焦忧如焚。以为救国之道,必须国民全体先真耻真奋,是则历史之回顾,当较任何教训为深切。因亟纂辑中日通商以后之重要史实,载诸报端,欲使读本报者抚今追昔,慨然生救国雪耻之决心。"①

《六十年来中国与日本》成为当时研究中日关系史的重要著作,王芸生由此一举成名,成为报社第二代的核心人物,愈发被张季鸾器重。1935年,因许萱伯身体每况愈下,王芸生正式接替许氏成为天津《大公报》编辑主任。

这期间王芸生在《国闻周报》上发表了大量中日关系史的政论文章,主要批判日本帝国主义的侵略野心,唤醒民众的爱国热情,奋起抗战。他对国民政府九一八事变后的不抵抗政策十分不满,经常通过发文、演讲批判政府对日本的退让行径。

由于对日本问题的独到见解,尤其是他因《六十年来中国与日本》声名鹊起,王芸生被视作中日问题专家。而随着局势的发展,中日问题成为中国外交面临的首要问题,各方政要齐集庐山商讨国是。1934年8月,总编辑张季鸾安排王芸生赴江西庐山采访,与众多政要、名人见面会谈中日问题。王芸生8月8日从天津出发至庐山,9月9日回天津,在庐山牯岭住了二十四天。在庐山期间,他见到了蒋介石、汪精卫等重要政治人物。

8月13日晚七点,王芸生在熊式辉住宅与汪精卫见面,谈话三十多分钟,多谈外交问题。"大体中央对目前的外交局面均极注意,至于如何应付,则视

---

① 《张序》,王芸生:《六十年来中国与日本》第1卷,生活·读书·新知三联书店1979年版,第14页。

环境的推移而定。"①14日,王芸生拜见前北洋政要段祺瑞;17日,又拜见国民政府主席林森。在庐山牯岭期间,王芸生两次拜见了蒋介石。第一次是8月23日上午,这次见面是礼节性拜访,蒋介石希望下次见面时,王芸生能给他讲"三国干涉还辽"。9月3日,王芸生再次与蒋介石见面,详细给蒋介石讲甲午战后"三国干涉还辽"的内情。蒋介石在日记中对第二次会面也有记载,"听王芸生讲陆奥宗光与丰臣秀吉历史,'不觉令人感想千万'"②。

九一八事变后,日本咄咄逼人,垂涎关内。1935年华北形势愈发严峻,《大公报》不能局限于天津一隅,决心在上海另辟阵地。1936年4月1日,《大公报》在上海创办沪版,正式在天津、上海两地同时刊行,成为一家名副其实的全国性大报。沪版也逐渐成为报社工作的重心,由胡政之、张季鸾直接指挥,经理是李子宽,编辑主任是张琴南,要闻版编辑徐铸成、许君远,各地版编辑吴砚农,本市版编辑兼外勤课主任王文彬,副刊编辑萧乾,可谓人才济济。但是张琴南的表现不能使胡政之、张季鸾十分满意。于是在1936年9月,《大公报》复刊十周年纪念活动结束之后,报社便将王芸生与张琴南对调,王芸生成为《大公报》沪版的编辑主任。

1936年9月16日,王芸生带领家人离津赴沪,二哥来车站送别,此时王芸生真的是拖家带口,已经有二子二女。距离上一次来上海已过去十年,他在《重回上海》一文中感叹:"这十年的光阴,无论在国家历史上,或个人经历上,都经过重大的变迁;现在再来看看上海,除了几处建筑物长高了一些之外,却还是那么乱糟糟的不见什么进步。"③王芸生一家抵达上海后,入住上海法租界吕班路(今上海重庆南路)万一坊一所二层的弄堂房。

担任沪版编辑主任期间,王芸生要经常写"社评",也要看报纸清样。此时,华北局势日益严峻,日本觊觎平津,华北学生运动也风起云涌。针对学潮,王芸生在1936年12月至1937年5月期间,在《国闻周报》上连续发表六篇《寄北方青年》的公开信④,主张"学生不党论"和"读书第一"。文章主要劝说学生要以读书学习为重,要理智,不可过多介入政治。在《六寄北方青年》里,王芸

---

① 王芸生:《赣行杂记》,《由统一到抗战》(《芸生文存》第二集),《大公报》馆1937年版,第362—363页。
② 黄自进、潘光哲编:《蒋中正总统五记·学记》,台北"国史馆"2011年版,第71页。
③ 王芸生:《重回上海》,《芸生文存》(第一集),第343页。
④ 寄给北方青年的六封信,都收入《由统一到抗战》(《芸生文存》第二集)。

生说道：

> "读书与救国"的问题，人们对于它的答复好像鸡生蛋或蛋生鸡那样费踌躇，我的答复很简单，便是"读书第一"。读书是学生的本分，政治运动则是偶然的触发。我不反对学生参加政治运动，但要纯真，像五四和一二九，在国家当前的大问题爆发的时候，青年学生起来做卫护祖国的呐喊，纯洁真挚，那是万分应该的。但一流于形式化，经常的做党派斗争，那便坠入魔道了。像今年纪念五四时，北平新旧学联竟大动其武，无论如何，是使人万分伤心的。据报载，当时会场中有人高唱"马德里保卫曲"。如实有其事，那就太费解了。请问亲爱的同学们，你们愿意我们的国家做西班牙第二吗？这是我不敢，也不忍，相信的。①

王芸生虽然从党派中脱身，但是对政治并非冷淡，只是采取了中间立场。所以他对学生运动并不支持，寄给北方青年的六封信也引起了其他学者和知名人士的不满和反对。不过，王芸生的观点主要是学生不能为党派所利用，甚至为之流血，由此"错过读书的光阴，成为学术的低能儿。这对于我们民族国家的损失太大了"。这种认识，与他在大革命中的悲痛遭遇相关。王芝琛也记载了王芸生在临终前回忆起寄北方青年的六封信，仍坚持"读书第一论"②。

三、王芸生与抗战时期的《大公报》

1937年七七事变爆发，作为《大公报》沪版编辑主任的王芸生此时写了大量的社评，意在鼓舞全国人民抗战的决心和勇气。1937年8月19日，王芸生在《大公报》沪版"社评"栏发表《第一次全国对外战争》，高声呼喊"中国的儿女！我们应该庆幸，更应该骄傲，生长这个大时代里！我们祖宗所未见到的全国对外战争，我们见到了而且参加了，这是何等的光荣！何等的幸运！"

1937年8月25日，王芸生在《大公报》沪版发表《东亚大时代》，对中日两国两千年来的交往作了精辟的梳理，指出唯有坚决抗战，方有和平出路，更谈到自己要投入抗争中去：

---

① 《六寄北方青年》，《由统一到抗战》(《芸生文存》第二集)，大公报馆1937年版，第170页。
② 王芝琛：《一代报人王芸生》，第38页。

现在就到了整个坏的时候了。邦交坏到极点惟有打仗,打倒了日本军阀,打倒了日本帝国主义,我们才可以和日本国民握手,恢复两千年来的深厚旧交,出现一个中日两大民族整个好的局面。大时代来了,中国要努力做这大时代的主人。这将是东亚历史的空前一章。现在是东亚大时代的起点,为了我们祖宗的光荣,为了我们子孙的幸福,凡是中国的儿女,都要献身给这个大时代,都要朝着这个大时代的火焰前进,我们甘愿做这火焰的燃料,以延续我们中华民族的光荣!东亚大时代降临了,我们应该用十足的勇气去迎接它!

1937年9月13日,上海八一三事变一个月后,王芸生发表"社评"《勖中国男儿》,他大声疾呼,给中国人鼓劲:

我们都是中华民族的孽子孽孙,我们都应该以孤臣孽子的悲悔,奋颠沛流离的忠勇,续祖宗的光荣,赎己身的罪过,造子孙的幸福。奋勇吧!前进吧!目前就是我们血洗河山重光祖业的时候。进!进!进!打!打!打!进到我们的失土!打倒我们的敌人!直到打倒日本军阀之后,我们四万万五千万中国儿女,释枪解刃,大家抱头痛哭一场。这一哭,要哭尽我们的悲悔,哭尽我们的辛酸。先哭敌人,是我们的没出息害了他们;再哭自己,是我们不长进,醉生梦死了四十多年,才欠下这样一笔血债!债偿清了,泪抹干了,中国的儿女呵!从此我们要长志气,好做人,给祖宗续光荣,给人类造幸福!

总之,抗战初期的王芸生,秉承着《大公报》的爱国主张,完全投入到抗战宣传中去,为全国人民打气、鼓劲,力主抗战到底。但是在日寇的紧逼下,此时的上海已不再安全。为给《大公报》留后路,张季鸾率领孔昭恺、李清芳等人前往武汉开辟《大公报》汉口馆,上海馆由总经理胡政之坐镇,编辑部具体事务由王芸生负责。此时《大公报》津版已于1937年8月停刊,只有上海这一个阵地,王芸生负责编辑业务,他每天要写"社评"、看大样,安排重要新闻。战地记者范长江、张篷舟、高元礼、徐盈、孟秋江、陆诒,以及战地摄影记者小方(方大曾),每晚从战场打来战报电话,都由王芸生处理,他都要收到最后一条消息才截稿。王芸生的身体并不好,有流鼻血的毛病,但是他依然坚守在报社的第一线。

1937年8月17日,王芸生在《大公报》沪版第三版发表"短评"《在大时代中翻身!》，报道了当时上海战时的情况：

> 昨天是沪战的第四日，连朝风雨，乍转晴朗，在业业浓云中露出阳光。这阳光照耀着天空的飞机，照耀着地上的血迹。大时代中的大上海，一面展开热烈的民族战争，一面描绘凄凉的都会惨景：在机影炮声之下，人们紧张焦急，心头眼里，都似有重大的期待。偌大市场，家家商店紧闭着大门；摩天楼下转徙着无告的流民。夜的马路，比死还静，惨亮的路灯，照不见一个人影；一道闪电，一个轰雷，是炮声追逐着火线。中国的儿女！敌人已把我们拖入大时代，我们便应该勇敢坚决的使我们的民族国家在大时代中翻身！

鉴于国家和报馆在经济上的困难，王芸生倡议报社职工改支"国难薪"，只发一半工资。这个提议得到了胡政之的赞同后，报社正式实施。

1937年11月12日，在中日于上海拉锯三个月、中国军队付出了惨烈的牺牲后，上海除租界外皆被日军占领，成为世人眼中的"孤岛"。慑于日军的压力，上海租界工部局提醒租界内出版的中文报纸要谨慎，不可刺激日本。但《大公报》等中文报纸依然刊登着惊心动魄的抗战新闻和激烈的爱国言论。12月13日南京沦陷后，上海的日军通知各租界报纸自15日起必须送检，租界当局也通知各报照办。当晚，总经理胡政之召集王芸生、张琴南、李子宽等主要人员商议对策。大家一致认为：《大公报》作为中国报纸，决不接受日本侵略军的检查。王芸生将早就写好的一篇"社评"《不投降论》拿给胡政之看，胡政之当即决定，《大公报》沪版次日停刊。

1937年12月14日，《大公报》沪版头版刊登了王芸生的两篇"社评"《暂别上海读者》和《不投降论》。在《暂别上海读者》中，他总结了沪版在上海沦陷后刊行一个月中的原则、经过和停版的原因：

> 国军是在上月十二日完全退出了上海，摆在我们报人面前的有两条路：一是随国军的退却而停版，另一是在艰难的环境下继续撑持下去，尽可能的为我们上海的三百万同胞服务一天算一天，一直尽了我们的最后的力量为止。但有一个牢固的信条，便是：我们是中国人，办的是中国报，一不投降，二不受辱。那一天，环境上不容许中国人在这里办中国报了，便算是我们为上海三百万同胞服务到了暂时的最后一天。国军退出后的上海，完全成了一个孤岛，我们在这孤岛上又撑持了三十多天。在这三十

多天内，我们继续记载南北各战场的战迹，继续鼓舞国人抗战的决心，关于上海的一切，尤充满了沉痛的篇幅。特殊势力的气焰一天天的增高，租界内中国人的生命财产也一再受到非常的侵犯，我们这个中国人办的中国报，自然也渐渐的不能与特殊势力并存了。特殊势力先接收了我们的新闻检查所，成立了他们的新闻检查机关。这个机关要求我们送报，我们未送；昨天又来"通告"，说："自十二月十五日须送小样子检查，而不经检查之新闻一概不准登载，故……须小样子各二份送到……以资检查。"我们是奉中华民国正朔的，自然不受异族干涉；我们是中华子孙，服膺祖宗的明训，我们的报及我们的人，义不受辱。我们在不受干涉不受辱的前提之下，昨天的"通告"使我们决定与上海读者暂时告别。

这篇"社评"悲壮有力，表现出爱国报纸的勇气和风格，这就是《大公报》的报格。"社评"《不投降论》则表达了爱国主义的精神和决心："我们是报人，生平深怀文章报国之志，在平时，我们对国家无所赞襄，对同胞无所贡献，深感惭愧。到今天，我们所能自勉，兼为同胞勉者，惟有这三个字——不投降。"

在王芸生两篇铿锵有力的"社评"鼓舞下，也伴随着报社同人的不舍，《大公报》沪版正式停刊。12月15日，胡政之对原上海版的报社成员做了最后安排，王芸生率编辑部少数同人自沪经港赴汉，与汉口版同人汇合，充实《大公报》汉馆的力量。随着沪版的停刊，《大公报》附属刊物《国闻周报》也于12月27日停刊。

张季鸾等人自1937年8月17日由上海启程经南京前往武汉，9月初抵达武汉。9月18日，《大公报》汉口版创刊，由张季鸾主持，许萱伯任经理，后由曹谷冰接任。1938年1月5日，王芸生等人抵达武汉。一直虚位以待的汉口版编辑主任才由他正式担任。在王芸生抵汉之前，张季鸾操持汉口版创刊出版事务，"社评"由他一人执笔，繁重的工作令张氏精疲力竭、心力交瘁。王芸生来汉后接替了张季鸾的许多工作，挑起了大梁。汉口版馆址设在汉口特三区湖北街宝润里二号，王芸生拖家带口，将家安在宝利润里，这时的他已经是五个子女的父亲。

汉版的任务集中于抗战报道，以不断鼓舞国民士气，并且还经常发起救济受伤将士运动，募捐款项，支援前线战事。徐州会战时，中国军队取得了台儿庄战役的胜利，这极大地振奋了全国人民的抗日热情和决心。台儿庄初战告捷后的1938年4月2日,王芸生在《大公报》汉版发表"社评"《北方健儿吐气!》,盛赞北方军民的抗战热情和勇敢牺牲精神,文章说:

> 津浦线上的大战,是第二期抗战以来的最烈战,而参加作战的全体部队无不勇敢效命,其中如孙连仲、关麟征、张自忠、庞炳勋、孙桐轩、曹福林等部,军官大都籍隶北方,士兵多是冀鲁豫健儿,他们都是奋勇直前,迭著战功,再如平汉线的商震、冯治安、刘汝明等部,山西战场上的各军,其将士也多是籍隶北省。这些军人都是黄河、淮河两大流域的健儿,而正奋战于抗敌卫国的神圣战场之上!
>
> 努力吧! 北方健儿,光荣的胜利已降落在你们面前!

台儿庄战役决战之前,报社委派战地记者范长江赴前线采访,他与《新华日报》记者陆诒4月4日赶到徐州,先后采访了李宗仁、孙连仲,还在战场的最前沿采访了池峰城师长。7日,战役刚结束,范长江便随池峰城进入战斗现场,下午就给《大公报》发来详尽战场专电,报道战役胜利的消息。《大公报》前线记者们发来的战地专电、通讯为报社赢得了巨大声誉。台儿庄战役胜利后的4月8日,王芸生兴奋地在《大公报》汉口版二版发表"社评"《台儿庄胜利之后》:

> 此役的胜利,怎样来的?根本上说,是出于四万万同胞共同的决心,及真正的觉悟。其决心与觉悟为何?就是认定不胜利则亡国,不救国则灭种!历史上战争之事多矣,但绝对没有如日本军阀这样残,这样酷。大家今天祝捷之时,要记着:只南京市我们多少非战斗员同胞被暴敌残害!其确实数字虽不能得,但慈善界计算,至少不下十万。大家同时要想到在广大的被占领区域,多少女性同胞,被敌人杀辱!这个数字也不能统计了,但合南北各地而论,要有几十万遇害者。现时在沪在杭在苏在京在其他地方,不知有多少青年妇女,其中且不知有多少受教育的闺秀,被敌人监禁,视为营娼,正过着暗无天日求死不得的悲苦日月!穷凶的日本军阀,忘了二千余年来我们祖先怎样教导日本,脱野蛮而习文化,仗着半世纪工业的占先,竟忘恩负义,悍然欲灭亡我国家,奴隶我人民,这九个月,随时随地,充分发挥残虐的兽行。我们军队,我们人民,在此存亡主奴的关头,当然壮烈决心,绝对奋斗,今年以来各战线形势的进步,就是以这种至哀至壮的心理为背景的。此次鲁南之役,业已激战月余,我们每一个部队,都尽了任务,每一个士兵,都受了辛苦,且不惜任何牺牲,争着尽忠卫国。

1937年底至1938年的武汉是中国抗战的政治中心,也成了中国的文化中心。除了日常的新闻报道,《大公报》社还发起救济受伤将士的募捐运动,所募款项转送红十字会应用。为此,在张季鸾主持下,报社创办了"大公剧团",团长是唐纳。唐纳用三个月时间就编写完《中国万岁》剧本。5月12日开排前,王芸生与张季鸾、曹谷冰在汉口普海春餐厅举行茶会,招待戏剧界在汉的知名人士田汉、洪深、阳翰笙、孙师毅、马彦祥等六十余人。张季鸾这时候和大家阐述发起救济伤员募款公演的缘由和倡办"大公剧团"的意义。演出售出座位券,也推出了"荣誉券",售价国币一百元。

1938年6月16日,《中国万岁》举行了首演。晚上八时整,王芸生致开幕词,指出此次公演的目的,一是募捐救护伤兵,二是为了扩大对抗日的同情与拥护。王芸生致词后,时任国民政府军事委员会第三厅厅长郭沫若发表讲话,对"大公剧团"和话剧《中国万岁》表示极大的欣慰。6月19日是"大公剧团"演出的最后一天,共演日夜两场,场场观众爆满。在晚场音乐节目前,由王芸生致闭幕词。他除了简要地总结演出情况外,还以"马革裹尸还"的精神激励在场观众乃至全中国儿女。王芸生的致词不断被鼓掌声、口号声打断,整个维多利亚纪念堂响彻"打倒日本强盗!""中国万岁!"的口号声。

第二天,王芸生为《大公报》汉版二版撰写《敬致谢意!》,进一步表述了"大公剧团"支持抗战的想法。"大公剧团"此次公演从6月16日至6月19日四天之内共演出七场,门票收入一万四千余元,全部购买药品分送给武汉各伤兵医院,演出费用三千元则由报社捐助。

1938年3月30日,张季鸾和王芸生还出席了由范长江召集成立的中国青年记者学会。1938年9月1日,在汉口举行的记者节聚餐会上,王芸生向记者同行发出呼吁,"记者应该影响政治,应该参加抗战","现在是记者利用笔来杀伐敌人的时候!"与会者中不少人被他慷慨激昂的讲话感动得泪下。所以张季鸾常对人说,王芸生不仅文章写得好,而且极富演说才能。

王芸生严于律己,洁身自爱,他立志做一位独立于党派的新闻记者,对于官职、金钱并不在意,他更不想介入政治。在汉口期间,他曾经两次拒绝国民政府的官职聘任。他说:"我服从司马迁的一句话,'戴盆何能望天'! 意思是头上已戴了新闻记者这个盆子,便看不见别的了。"①

---

① 王芝琛:《一代报人王芸生》,第64页。

1938年秋，日军步步紧逼，武汉会战开始，《大公报》汉口馆准备迁至重庆。10月17日，王芸生在汉版二版上刊登的"社评"《本报移渝出版》中说：

> 我们的报，在津在沪，经多年经营，有相当基础。但自经暴敌进攻，我们的事业财产，已大抵随国权以俱沦。所以在汉出版，实际只是几个人，此外毫无所有。而这些人之可能贡献国家者，只是几枝笔与几条命。我们这一年多，实在无成绩，但自誓绝对效忠国家，以文字并以其生命，献诸国家，听国家为最有效率的使用。

10月18日，汉版宣布停版，迁往重庆。《大公报》渝馆早已在准备中，1937年除夕，曹谷冰、李清芳先后奉命到重庆筹备此事，经过三个月的紧张工作，建馆事宜结束。汉馆西迁，报社大部分器材提前装船由李清芳先行押运到宜昌，然后转入四川。18日，王芸生率领全馆人员乘"江华"轮溯江而上，张季鸾一人则于21日飞渝。曹谷冰留下处理善后，于10月24日搭乘最后离汉的飞机前往成都。

王芸生一行人在迁往重庆的途中遇到很大困难，一度滞留宜昌。后来几经周折，搞到两张10月27日的机票，王芸生、孔昭恺先行飞往重庆，其余人等及器材于11月中旬才陆续到达。

《大公报》渝馆地址在下城新丰街19号，即原先的汉版航空版办事处，另在中山一路96号设营业部。王芸生的家就在离报馆不远的白象街的一个小寓所里。渝市下城新丰街是重庆人口密集、商业繁盛的区域，报馆很多，《时事新报》《新蜀报》《商务日报》等都在这里。《大公报》渝馆由张季鸾主持，经理为曹谷冰，王芸生任总编辑。分馆设总编辑之制即始于渝馆。馆内经理部主要成员有李清芳、袁光中等人，编辑部主要成员有孔昭恺、赵恩源等人，外勤记者主要是徐盈、彭子冈等人，基本上是汉馆的原班人马。

1938年12月1日，《大公报》渝版创刊出版。渝版创刊后，张季鸾因身体健康状况恶化，基本上退居二线，遂由王芸生主持笔政。报纸"社评"，除重大节日或碰到重大问题由张季鸾亲自执笔外，一般都由王芸生撰写或审定。只有出现王芸生、曹谷冰难以处理的问题，张季鸾才会到馆处理。可以说，《大公报》从渝版、港版开始，第一代领导人胡政之、张季鸾就处于超脱地位，第二代领导人王芸生、曹谷冰、金诚夫、徐铸成正式挑起大梁。

《大公报》渝版创刊不久，正碰上日机对重庆实行大轰炸。尤其是在1939

年5月3日、4日的两次轰炸中，报馆损失惨重，工友王凤山在轰炸中身亡。王芸生在重庆白象街的家也蒙难，房屋被震倒一半。王芸生既不在家也没在报馆，幸免于难。长子王芝光与长女王芝芙各自在学校，夫人冯玉文怀里抱着小儿子王芝琛，手里牵着二儿子王芝秋，躲在楼梯间，方才捡回了命。二女儿王芝慕则在一个写字桌下躲着，被埋于废墟中，事过半个多小时才被挖出，可谓惊心动魄。

"五三"轰炸后，《大公报》当晚借用《国民公报》社编辑部办公，并承该社工厂代印，于5月4日照常出报，只是减少篇幅，出半张两个版。5月4日"社评"《血火中奋斗》由王芸生撰写，其中说："本报社址在下城新丰街，正是敌机轰炸最烈的地方。特告慰我们的读者，我们虽遭受了损失，但在艰难的情况之下，我们仍照常出版，以表示我们不折不挠、奋斗不屈的精神，真令人感激落泪。尤其可感的是社外朋友更表现了'被发缨冠'的义侠精神……血火中的奋斗，最足锻炼钢铁意志；危难中的友情，更表现同胞爱的伟大。"

然而5月4日敌机又来空袭，重庆军民遭损巨大。于是国民政府军事委员会下令，重庆十家损失惨重的报纸自5月5日起改出联合版，组织联合委员会主持其事，王芸生被公推为编辑委员会主任委员。8月13日联合版停止发行，《大公报》当日在重庆李子坝新址复刊。老报人贺善徽对此回忆说：

> 《大公报》的防空洞就筑在报社附近……洞修得很好，敌机在山顶投弹轰隆、轰隆地响，洞内却安然无恙。所以，王芸生曾经风趣地说："各人守着自己的洞。警报一响，我们就进洞。"敌人空袭一般是在白天，我们在洞内一呆就是几小时。到下午解除警报，回到办公室，各机关、团体就此下班，而报社编辑部人员上夜班，却正是一天工作的开始。重庆是有名的"火炉子"，夏季骄阳如火，晚间的温度也并不降低，办公桌上的玻璃板都热得发烫。又因电线被炸断而经常停电，每个编辑面前都放着一盏煤油灯，宛如伴着一个小火炉，挥汗工作。而且，并不是下班就可以安睡了，往往到天明下班的时候，只听一声轻脆的四川话"又挂起了"（放警报以前如果有情况，便在山上挂个红球），就得拖着疲乏的身子再奔防空洞。有时空袭夜以继日，所谓"疲劳轰炸"，同人不能回编辑部工作，便在防空洞内编报。到1940年，将防空洞扩大，印刷机也搬进洞内。当时还没有轮转机，只有几部平板机，比较轻便。于是在这个防空洞内印报，敌机虽然逞

凶,《大公报》却照常出报。在防空洞内编报印报,这在中国报业史上,大概既是空前,也是绝后吧。①

《大公报》渝馆于1940年8月30日、9月15日,1941年7月10日、7月30日又相继四次被炸。一次日机空袭,王芸生在巷坪街附近的防空洞内躲警报,因疲劳过度当场昏倒,所幸被《新华日报》同人认出,将王芸生护送回《大公报》编辑部。最危险的一次是1941年6月"重庆防空壕大惨案",王芸生就在洞中,他是得到一位难友给了两粒人丹和一小块八卦丹含在嘴里,才幸免于难。

1941年8月18日,张季鸾身体愈发恶化,王芸生到南岸汪山探望张季鸾。王与张谈到了敌机的疲劳轰炸。张说:"芸生!你尽管唉声叹气有什么用?我们应该想一个说法打击敌人!"王芸生回答:"敌机来了毫无抵抗,我们怎么可以用空言安慰国人打击敌人呢?"突然,张季鸾拥被坐起,很兴奋地说:"今天就写文章,题目叫'我们在割稻子'。就说:在最近的十天晴明而敌机连连来袭之际,我们的农人,在万里田畴间,割下了黄金之稻!敌机尽管卖大力气,也只能威胁我们的少数城市,并不能奈何我广大的农村。况且我少数城市所受的物质损害,较之广大农村的割稻收获,数字悬殊,何啻霄壤?让敌机尽管来吧,让你来看我们割稻子!抗战到今天,割稻子是我们的第一等大事,有了粮食,就能战斗!"②

8月19日,《大公报》二版发表了王芸生撰写的著名"社评"《我们在割稻子!》,表达了中国大后方人民的乐观精神,以及中国人民坚持抗战的坚毅精神和中国知识分子坚贞的民族气节。文章最后说道:

> 残暴而无耻的敌人,你所给与我们的损害不过如此而已!至于一般壮汉,他们谁也未曾少做了一丝半点的工作。三年来的经验,已使重庆人学会怎样在敌机空袭中生活,人们既不曾因空袭而停止呼吸,而许多工业照样能在防空洞中从事生产。就拿本报的情形来说,在我们的防空洞内,编辑照常挥笔,工友照常排版,机器照常印报,我们何尝少卖了一份报?
>
> 话说回来,让无聊的敌机来肆扰吧!我们还是在割稻子,因为这是我们的第一等大事。食足了,兵也足;有了粮食,就能战斗,就能战斗到敌寇彻底失败的那一天!

---

① 转引自王芝琛:《一代报人王芸生》,第71页。
② 王芸生:《季鸾先生的风格与文境》,《大公报》(沪版)1946年9月6日。

在重庆各报中，《大公报》的发行量一直处于领先地位。1941年4月，胡政之收到美国密苏里大学新闻学院教务长马丁的信函，告知《大公报》获得密苏里大学新闻学院荣誉奖章。胡政之和张季鸾商量后，决定请中央社驻美办事处主任卢祺新代表前往参加，并代为领奖。5月15日密苏里大学新闻学院荣誉奖章正式颁赠，《大公报》渝、港、桂三馆内都充满了喜庆之气，渝馆更是热闹非凡。张季鸾精神焕发，胡政之也特意赶到重庆主持各项庆典活动。从曹谷冰、王芸生到每一个职员、工友、杂役，都是面带春风，极为骄傲。一些知名人士、政府要员、社会团体、新闻界同人都发来了贺电贺信。《新华日报》的贺联写为"养天地正气，法古今完人"，又一条幅上写"同心协力"四个大字；山东新闻界送条幅"报界之光"；华北战地服务团团长何冰如送条幅"誉荣中外"。陈布雷的贺函写道："《大公报》之耕耘未尝一日或辍，国难以来，流离转徙，社内同人，备历危难，而守此岗位，锲而不舍，精神益奋，宜其十年以后，获此稀有之荣誉。"①

值得一提的是，在重庆时期，王芸生和周恩来打上了交道。1941年5月，国民党军队在中条山战役中惨败，日军中先散布着"共军不真心抗日"的传言，之前在4月15日，《大公报》二版发表了王芸生的"社评"《苏日中立条约》，表达了对苏日签订中立条约的忧虑和对苏联的疑虑。在此情况下，王芸生在5月21日的《大公报》二版发表"社评"《为晋南战事作一种呼吁》，谈到了有关八路军的种种传言，希望八路军能支援中条山，抗击日寇，消除不利谣言。

正在重庆的周恩来看到《大公报》"社评"后十分重视。当晚亲笔给张季鸾和王芸生写了一封长信，信中除了驳斥日寇的谣言外，还一层层解释《大公报》对八路军的误会，进一步阐明了八路军的抗战业绩和中共团结抗战的诚意。

他首先说："季鸾、芸生两先生：读贵报今日社评《为晋南战事作一种呼吁》，爱国之情，溢于言表，矧在当事，能不感奋?!惟贵报所引传说，既泰半为敌人谣言，一部又为《华盛顿明星报》之毫无根据的社评，不仅贵报'不愿相信'，即全国同胞亦皆不能置信。"

周恩来在列举十八集团军在晋南、华北和江南作战的事实后说道："我们可负责向贵报及全国军民同胞声明，只要和日寇打仗，十八集团军永远不会放弃配合友军作战的任务，并且会给敌人以致命的打击的。"最后提出希望："敌

---

① 吴廷俊：《新记〈大公报〉史稿》，第235页。

所欲者我不为,敌所不欲者我为之,四五年来常持此语自励励人。今敌欲于积极准备南进之际,先给我以重击,并以封锁各方困我。力不足则辅之以挑拨流言,和平空气。我虑友邦人士不察,易中敌谣,故曾向美国通讯社作负责声明,已蒙其十九日在上海广播,不图今日在此复须作又一次声明。我信贵报此文是善意的督责,但事实不容抹杀,贵报当能一本大公,将此信公诸读者,使贵报的希望得到回应,敌人的谣言从此揭穿。"[1]

张季鸾和王芸生收到周恩来的来信后同样十分重视。养病期间的张季鸾专门来到报社与王芸生商议如何回复周恩来的信。王芸生在《季鸾先生的风格与文境》中回忆当时的情况——季鸾先生说:"我们轻易不碰共产党问题,要说话就必须透彻嘹亮。不认识《大公报》的人,以为我们滑头,闪躲取巧。其实绝对不然。我们说话绝不吞吞吐吐,模棱两可。我们说话必出自真诚,而负责任。周恩来先生的信给他发表,同时我再写一篇社评答复他。"[2]

5月23日,《大公报》二版以"敌所欲者我不为,敌所不欲者我为之"作为眉题,全文发表了周恩来的来信《周恩来先生致本报的信》,并在二版发表了张季鸾撰写的长篇"社评"《读周恩来先生的信》。王芸生后来说,"季鸾先生在那篇社评中,以诚恳庄严的态度,所有对中共所要讲的话差不多都讲了,同时还气盛言宜地讲了一段拥护国家中心以争取抗战胜利的大道理"[3]。

1941年9月6日,《大公报》主笔张季鸾逝世于重庆中央医院,一代报界文豪就此陨落。张季鸾临终前留有遗嘱,为感念中国抗战大业未竟,感念《大公报》事业,立此遗嘱,证明人共计十八人,其中就有王芸生。1941年9月8日,王芸生饱含深情撰写"社评"《敬悼季鸾先生》,对张季鸾一生的功绩予以高度评价,表达了自己和报社同人对张季鸾这位恩师的敬仰之情,称张季鸾的病逝"在本报为塌天之祸事,在国家亦为巨大之损失"。

张季鸾的逝世令王芸生万分悲痛。在张季鸾逝世两周年忌日,王芸生写下了一篇《季鸾先生的风格与文境》,后来在张季鸾五周年忌日时于《大公报》沪版发表。文中说:"我与季鸾先生相识十四年,同事十二年,高攀些说,可算得'平生风仪兼师友';但我自忖,还不够给季鸾先生写评传的资格,因为我所

---

[1] 《"敌所欲者我不为,敌所不欲者我为之"——周恩来先生致本报的信》,《大公报》(渝版)1941年5月23日。
[2] 王芸生:《季鸾先生的风格与文境》,《大公报》(沪版)1946年9月6日。
[3] 王芸生:《季鸾先生的风格与文境》,《大公报》(沪版)1946年9月6日。

认识的季鸾先生还仅仅是他人格与事业的一部分。"①尽管如此，王芸生始终没有忘记张季鸾先生的嘱托，尤其是致力于不断搜集张季鸾早年的资料，为世人还原一个真实的张季鸾。

张季鸾逝世后，《大公报》的内部机构也随之发生了变化。9月15日，胡政之宣布成立董监事联合办事处，综揽全社事务，胡政之、李子宽、王芸生为董事，曹谷冰、金诚夫为监事，五人组成委员会，由胡政之任主任委员。同时还宣布成立社评委员会，以胡政之、王芸生、曹谷冰、李纯青、孔昭恺、赵恩源、金诚夫、徐铸成、杨历樵、蒋荫恩、王文彬为委员，王芸生为主任委员。

张季鸾去世后，《大公报》的笔政重担就完全落在了王芸生肩上。随着抗战的深入，国民政府在后方也出现了一些严重的腐败问题，王芸生以书生愤世嫉俗之情，以激烈的笔触抨击这些问题，这就发生了《大公报》多次"碰蒋"事件。最具代表性的是"修明政治案""看重庆，念中原"和"爱、悔、恨"运动。

1941年12月8日太平洋战争爆发后，胡政之陷于香港，王芸生找到陈布雷请其设法接出胡政之，陈布雷回复说蒋介石已作安排。报社随即派人到机场守候迎接，但是12月9日香港飞重庆的最后一班飞机降落时，胡政之并未到，接机众人反而看到了大批箱笼、几条洋狗和老妈子，王芸生认为这是孔家二小姐孔令伟的物品，对此极为气愤。12月22日，他写下"社评"《拥护修明政治案》，揭露了"飞机洋狗事件"和"某部长轶事丑闻"。这篇社论影响极大，爱国学生发起游行示威运动，抗议"飞机洋狗事件"。1942年1月，王芸生得知《拥护修明政治案》一文系误报事件：胡政之未能同机返渝，是因为香港岛与九龙间交通断绝，电话亦因轰炸不通导致无法通知；"大批箱笼"乃是中央银行公物，而"洋狗"则是美籍机师所携带，与孔家毫无关系。他遂在1942年1月22日的《大公报》发表《青年与政治》，作为补救之文。文章指出："（本报）立言之意，全本爱国赤诚，阐明修明政治的必要，偶凭所闻，列举一二事例，并非立论之中心，且关于飞机载狗之事，已经交通部张部长来函声述，据确切查明系外籍机师所为，已严予申儆，箱笼等件是中央银行的公物。本报既于上月三十日揭载于报端，而此函又为中央政府主管官吏的负责文件，则社会自能明察真相之所在。"②王芸生算是承认了报道错误，但是通过这件事看得出他对蒋政府的

---

① 王芸生：《季鸾先生的风格与文境》，《大公报》（沪版）1946年9月6日。
② 《社评·青年与政治》，《大公报》（渝版）1942年1月22日。

腐败早已不满。

第二件是关于1942年夏秋河南饥灾的报道。1943年2月1日，《大公报》刊登记者张高峰发自河南的通讯《豫灾实录》，揭露了惨绝人寰的灾荒实况。次日，《大公报》发表"社评"《看重庆，念中原！》，对比重庆的灯红酒绿，将不顾灾区百姓死活的国民党官员比作"石壕吏"，引得国民党当局震怒，勒令《大公报》停刊三天。

第三件就是王芸生等人发起的"爱、悔、恨"运动。1942年下半年，重庆发起劳军运动，但是捐款有限，收效甚微。1943年3月，王芸生约经济学家谷春帆和西南联大教授林同济来家里餐叙，他们商定以"爱、悔、恨"三字作文，以振奋人心。3月29日，王芸生发表"社评"《我们还需要加点劲！》，正式发起"爱、悔、恨"运动。"社评"指出："我们或许需要一种运动，把沉闷萎疲的人心加以激荡，给要努力做事且要做好的人们加些勇气。这一种运动，就是我们需要加点劲！大凡一种运动，皆不是凭空而来的，都有其必备的客观环境，而在心理上的动力则有两种：一是由于大恨，恨之极，能够形成运动：那如同马克斯的社会革命运动，是恨腐败社会；我们国父的辛亥革命运动，是恨恶浊的满清。一是由于大爱，爱之极，也能够形成运动：那如同佛陀的大慈大悲，耶稣的博爱牺牲，都是极爱众生，极爱人类，发生了动力。"文章提出运动的精神元素"爱、悔、恨"，认为："我们要爱，爱国，爱族，爱人，爱事，爱理；凡我所爱，生死以之，爱护到底！我们要恨，恨敌人，恨汉奸，恨一切口是心非，损人利己，对人无同情，对国无热爱，贪赃枉法，以及作事不尽职的人！我们要悔，要忏悔自己，上自各位领袖，下至庶民，人人都要低首于自己的良心面前，忏悔三天！省察自己的言行，检视自己的内心，痛切忏悔自己的大小一切的过失！"①

之后王芸生又陆续发表了系列文章，主要表达对贪官污吏的恨，领袖至庶民都要忏悔。王芸生本想通过"爱、悔、恨"运动，激荡沉迷的人心，但是国民党当局对此很不满，自5月10日起，《大公报》便不再刊登这类文章了，"爱、悔、恨"运动就此结束。

抗战即将胜利之时，王芸生发表了一系列"社评"，为国民政府不能打出去参加最后的反攻、只能捡到个"不像样的胜利"而着急，为国共摩擦不能及时顺利解决而着急，为抗战胜利之后国共可能爆发内战而担忧，表达了自己拳拳爱国之心。

---

① 《社评·我们还需要加点劲！》，《大公报》(渝版)1943年3月29日。

四、王芸生与抗战胜利后的《大公报》

1945年8月15日,日本宣布无条件投降,抗战终于胜利。王芸生请刻字工人刻了五个特大号的字"日本投降矣",刊在报纸二版。8月16日,王芸生发表了著名"社评"《日本投降了!》,表达了抗战胜利的喜悦,并在文中透露了蒋介石将邀请毛泽东赴重庆谈判的信息。8月28日,毛泽东一行人抵达重庆,报社派记者彭子冈前往机场采访。子冈的报道《毛泽东先生到重庆》和王芸生的"社评"《毛泽东先生来了!》一同刊登在8月29日的《大公报》上。

9月1日,在中苏文化协会为庆祝《中苏友好同盟条约》签订而举行的鸡尾酒会上,王芸生拜会了毛泽东。9月5日下午,在红岩新村中共中央南方局办事处,毛泽东会见了《大公报》社总编辑王芸生、编辑主任孔昭恺、采访主任王文彬,谈话共进行了三个小时。王芸生回忆道:"毛泽东很健谈,谈话时好像旁若无人似的。"毛泽东特意将三人留下吃便饭,在座的还有周恩来与王若飞。饭后,毛泽东亲自安排车把王芸生等送回报馆。次日,《大公报》在第二版以大标题"毛泽东对本报记者谈 愿团结商谈早获结果"发表报道:"毛泽东氏昨日午后接见本报记者称:来渝五日,与中央谈商团结问题,目前尚未可能有确切之结果以慰国人,可以说者仅为内战决可避免。我国政令军令如果再不统一,的确为不得了之事体,然统一之政令军令必需建于民主政治之基础上。只有包括各党各派无党无派代表人士之政治会议,始能解决当前国是,民主统一之联合政府始能带给全国人民以幸福。"①

9月20日,仍然在红岩新村中共中央南方局办事处,毛泽东再次会见了王芸生等三人,并又一次进行了长时间的谈话。王芸生希望国共双方以团结为重,共同建国,不要把国共联合的局面丢掉。毛对此频频点头表示赞同,并反复强调"和为贵"。对中共提出的"和平、民主、团结"的口号,彼此也都谈了看法。返回报馆后,王芸生以《大公报》名义发出请柬,在李子坝报馆设宴招待以毛泽东为首的中共代表团。毛泽东、周恩来、王若飞应邀出席。宴会进行中,王芸生向毛泽东提出:"共产党不要另起炉灶。"毛泽东答道:"不是我们要另起

---

① 《毛泽东对本报记者谈 愿团结商谈早获结果》,《大公报》(渝版)1945年9月6日。

炉灶,而是国民党灶里不许我们造饭。"

这段"共产党不要另起炉灶"的对话,后来被好事之徒加以渲染,成了毛泽东对王芸生的"怒斥""驳斥"。然而据王芝琛记载,王芸生在多年后回忆此事道:"其实不是那么回事嘛!当时气氛是很友好的,毛泽东回答时还带有几分幽默的口吻。""毛主席当时是作为贵宾出席《大公报》宴会的,当时我与他已有好几次交往,自始至终,十分友好,毫无嫌隙。"王芸生还自辩道:"这些写文章的人,不知是否考虑到,毛当时是在重庆,而不是在延安,他来到重庆是冒很大风险的。试想:在那种情况下,他老人家怎么会对我'大动干戈'而加以'怒斥'呢?""作者都众口一词骂我'反动透顶'。但请想想,毛泽东到重庆干什么来了?不是为了和平嘛。""我不会在解放军百万雄师过大江之时,那么不知趣去劝毛泽东不要'另起炉灶',而那时正值抗日战争胜利不几天嘛!""大家都冷静下来好好想一想,也许我没那么'反动'!"①

抗战胜利后,《大公报》沪版、津版先后复刊,1946 年 4 月 13 日,王芸生率领部分同人自渝返沪,报社的言论中心亦转移回了上海,沪馆成为总馆。7 月 13 日,董事会开会通过了胡政之草拟的《〈大公报〉社总管理处规程》并宣布实施,在新的总管理处中,胡政之任总经理,王芸生任总编辑。

1947 年 2 月 27 日至 3 月 15 日,王芸生作为知名中日问题专家、政论家,应美国麦克阿瑟元帅邀请,参加了中国赴日记者团,对投降后的日本进行考察。记者团一行十人,同行的计有陈博生、陈训悆、牛若望、王云槐、俞大酉、崔万秋、陆铿、宋越伦、范厚勤。半个月的时间里,记者团到了箱根、京都、广岛、大阪、神户,接触了日本政界、金融界、新闻界、文学界的著名人士,对战后日本的政治、经济、文化、教育、科学作了广泛了解。

回国后,王芸生把所见所闻写成《日本半月》,共十二篇文章,发表于 3 月 22 日至 4 月 15 日的《大公报》上。这一系列文章以眼见的事实述说麦克阿瑟为了反苏而扶植日本重走战争冒险的道路。文章指出:"日本人几乎是全国一致的在走着一条路。这条路,是服从美国,甘做反苏的一只棋子。他们这样做,可以讨得强大美国的欢心,可以在盟军管制下受到宽待,讨些便宜,以便投机复兴。这投机,是极冒险的,可能走向另一悲剧。"②

---

① 王芝琛:《一代报人王芸生》,第 114 页。
② 王芸生:《日本半月(十二)·一串感想》,《大公报》(沪版)1947 年 4 月 15 日。

解放战争时期,王芸生出于"国家中心论"的观点作祟,在《大公报》上发表《质中共》《可耻的长春之战》,站在蒋介石的立场上质问中共,被《新华日报》斥为"法西斯的有力帮凶"。同时,随着对国民政府的腐败和专制的不满和憎恶,王芸生本人和《大公报》从1947年开始亦发表了一些支持与同情学生运动、反对内战的文章,尤其是12月29日《大公报》沪版刊出了李纯青的《何必防闲学生活动?——评教部修正学生自治会规则》,国民党《中央日报》为此发表文章《爱护学校,爱护自己》,攻击《大公报》为"淆乱是非,颠倒黑白,危害青年,破坏学术研究",并点名王芸生,称"其主义为民族失败主义,其方略为国家分裂主义",这引起了王芸生的极度不满。1948年7月8日,国民政府援引《出版法》勒令南京《新民报》永久停刊。10日,王芸生在《大公报》沪版发表"社评"《由新民报停刊谈出版法》,对查封《新民报》表示义愤,并抨击国民政府的专制统治,着重要求取消钳制人民言论自由的《出版法》。16日,《中央日报》又针锋相对地发表《在野党的特权》,骂王芸生是"新华社广播的应声虫"。《中央日报》甚至发起了"三查王芸生"运动,向王芸生猛烈开火,查出所谓王芸生的一系列罪名——"致力于国际干涉运动,为莫斯科会议作准备""响应……新华社的广播,为共产国际策动的反美扶日运动努力的罪行",并等着瞧王芸生发表谴责南斯拉夫的文章,以"作为他效忠共产国际的证明"。总之,王芸生和《大公报》虽秉承"第三条道路",力求在国共之间寻求平衡,结果却是两边都不讨好,最后"第三条道路"也彻底破产。而王芸生同情学生运动,反对内战的行为,《中央日报》对王芸生的屡次发难开火,也从反面证明了王芸生在国共内战中思想烦闷、苦求出路的状态下,已经有了新的转变。

1948年,王芸生深感蒋介石政权覆灭在即,但又苦于和蒋政府的纠葛关系,一时陷入苦闷与彷徨之中。受党组织委派,中共党员杨刚亲自拜访王芸生并与其交谈,劝说王芸生与《大公报》转向人民阵营。与此同时,李纯青也同王芸生交谈,做他的思想转化工作,以解开其心中的疑虑。李纯青向王芸生转达了毛泽东的口头通知,邀请他参加新政协会议,并给予《大公报》继续出版的保证。王芸生听后很感动,并决定"跟着共产党走"。

在党组织的安排下,李纯青和王芸生进行了一系列的工作:1948年11月5日,王芸生以休假旅游为名携夫人及幼女从上海启程取道台湾,于11月8日到达香港。10日,王芸生在《大公报》港版发表"社评"《和平无望》,抨击蒋介石的内战政策,支持中国共产党的解放战争,争取持久和平,这表达了《大公报》

与蒋政权的彻底决裂。

1949年2月27日,王芸生与中国文化界的其他知名人士陈叔通、柳亚子、叶圣陶、郑振铎、马寅初、曹禺等,在中共的组织安排下,从香港登上"华中轮"启程北归。临行前,王芸生获悉《大公报》津版已经改名《进步日报》,心中不免有些懊丧。3月18日到达北平后,周恩来告诉王芸生,上海《大公报》不改名,并让王随军南下,继续主持作为民间报纸的上海《大公报》。

5月27日,王芸生和杨刚随同解放军进入上海。6月17日,《大公报》沪版发表了王芸生写的著名"社评"《〈大公报〉新生宣言》,文章首先阐述上海解放的意义,紧接着检讨《大公报》的历史及政治属性,反思过去,开拓未来,指出"今后的《大公报》,从经济观点说,是私营企业,而在精神上,是属于人民的"。《〈大公报〉新生宣言》标志着《大公报》彻底抛弃以前的民族资产阶级民间报纸的立场,转向人民阵营,求得新生。王芸生的希望实现了,那就是保住《大公报》这个牌子。

《大公报》沪版宣布新生后得以继续出版,王芸生任社长,曹谷冰任经理,李纯青任总编辑。但是报社不可避免地遇到了经营和定位的许多实际问题:解放后,民营报纸在与官方报纸的竞争中处于下风,《大公报》发行量和广告收入都在不断下降,以致最后难以为继。无奈之下,王芸生亲赴北京找到中共中央宣传部长陆定一汇报报社困难,并请求中央帮助解决。同时,王芸生还给毛泽东写了一封长信托陆定一转呈。鉴于当时的经济建设形势,中宣部根据毛泽东的指示拟定了上海《大公报》与天津《进步日报》合并,出版新的《大公报》的方案。毛泽东电召王芸生进京,向他表明了中央的《大公报》合并方案;合并后的新《大公报》由中宣部领导,成为以财经、国际宣传为重点的全国性大报[1]。毛泽东还向王芸生笑称:"大公王,恭喜你收复失地了啊!"[2]

五、王芸生在中华人民共和国成立后

1953年元旦,上海《大公报》与天津《进步日报》合并,出版新的《大公报》,

---

[1] 吴廷俊:《新记〈大公报〉史稿》,第410—411页。
[2] 王芝芙:《老报人王芸生——回忆我的父亲》,《文史资料选辑》第97辑,文史资料出版社1985年版,第81页。

暂时在天津出版。报社建立党组，孟秋江为党组书记，社长王芸生，副社长孟秋江、李纯青，总编辑张琴南，经理曹谷冰。1956年10月1日，《大公报》迁到北京新馆办公。

两报合并后，王芸生也于同年将家搬到北京，安置在东城椿树胡同35号一个小四合院。1956年北京《大公报》的馆舍盖起来后，王芸生一家又搬到南城永安路南三楼《大公报》的职工宿舍中，住在南三楼甲楼202号，包括两个套间、一个厨房和一个卫生间，地板为洋灰地，条件不错。

事实上，自两报合并后，王芸生已很少直接管理社务，他只任社长，不再主持编辑业务，在报社内部的工作负担是减轻了，社会活动却很频繁。从1959底开始，王芸生开始撰写《大公报》史，与曹谷冰一起花了两年时间查阅《大公报》，写了《英敛之时期的旧大公报》和《1926至1949的旧大公报》两篇长文。旧《大公报》史终于在1962年底全部完稿，并分期登载在由全国政协文史资料研究委员会编的《文史资料选辑》上。这两篇长文史实详尽，许多地方却上纲上线，并将《大公报》定性为"大资产阶级的报纸"①。据说当王芸生看到正式出版物后，竟不由自主地感叹道："想不到《大公报》还是由我盖棺定论。"②

20世纪60年代初，王芸生开始做一些学术研究，写了几篇人物传记，还做了一些有关台湾问题的研究，撰写了介绍台湾历史的《台湾史话》。"文革"开始后，王芸生、曹谷冰、金诚夫被一并"打倒"。为了避祸，他强忍悲痛，私下把四十年的日记付之一炬，这成为人生的一大痛事。

1971年9月25日，日本首相田中角荣访华。在准备接待时，毛泽东让秘书找来王芸生编著的1934年版《六十年来中国与日本》作为参考材料阅读。26日，在接见田中首相时，毛泽东曾两次提到王芸生的这部书，并向在场的周恩来说：应让王芸生也参加接待活动。趁着这个机会，周恩来便指示有关部门尽快做两件事：一是安排王芸生参加9月30日的"国庆招待会"，二是在对日友好交往活动中适当安排王芸生参加。

此后，王芸生重获生活待遇和医疗保健条件。1973年4月，王芸生以全国政协常委的身份参加以廖承志为团长的中日友好访日代表团，后又被任命为中日友好协会副会长，并于1973年访问了日本。自此以后，王芸生曾一度"活

---

① 参见王芸生、曹谷冰：《1926至1949的旧大公报》，《文史资料选辑》第25辑，中国文史出版社1962年版，第1—61页。
② 王芝琛：《一代报人王芸生》，第220页。

跃"于中日外交场合,对此他后来曾幽默地说:"我这么个一辈子干报纸的人,一下子成了'外交家'啦。"①

晚年,王芸生的主要精力放在了修订《六十年来中国与日本》上。重新整理1934年版的旧作,其缘起是1957年6月周恩来在一次见到王芸生时的嘱咐。当时,王芸生曾经专访中国社科院近代史研究所副所长、知名历史学者刘大年,征询他对修订此书的意见后,决定对此书进行"中改"。因为"大改"会有许多困难,而"小改"意义又不大。王芸生花了很大力气,工作相当认真,他广泛搜罗战后新出的史料,在极端困难的条件下修改了第一、二卷。1966年"文革"爆发后,王芸生迫不得已搁笔。

"复出"后,他抓紧重启了这项工作。1979年,王芸生已患有肝硬化多年,他自感体力不支,便主动要求住院,以便能找一个清净之地安心修订《六十年来中国与日本》。1980年3月,王芸生终于在病榻上见到了修订后的新版《六十年来中国与日本》八卷本第一卷的样书,至1982年,新版《六十年来中国与日本》(八卷本)全部出齐。

然而从1980年4月起,王芸生便已经常处于昏迷状态,清醒的时间愈来愈短。1980年5月30日,王芸生与世长辞,享年七十九岁。王芸生去世后,各大报都发布了讣告,称他为"我国卓越的老一辈新闻工作者,著名的无党派爱国人士",这是对王芸生十分公允的评价。赵朴初先生写下一首挽诗,较好地展现了他坎坷的一生。挽诗曰:

> 少年苦学历荆榛,终作浮天击水鲲。
> 人海燃犀尝烛鬼,论坛主笔仰扶轮。
> 朝宗百折溪流志,报国千端老病身。
> 十载论文风雨共,泪挥遗著勉重温。②

---

① 王芝琛:《一代报人王芸生》,第234页。
② 王芝琛:《一代报人王芸生》,第251页。

最后的总经理：曹谷冰*

曹谷冰（1895—1977），上海川沙人，新记《大公报》最后一任总经理。曹谷冰之所以从事新闻工作，从担任几家新闻社的自由撰稿人到就职于新记《大公报》，以至于成为一位终身的新闻工作者，与其父曹成甫的革命生涯有直接关系①，受到曹成甫和新记《大公报》创业巨头张季鸾、胡政之之间的交往与友谊的深刻影响。而他作为曹成甫的遗孤，最终成长为新记《大公报》的第二代领头人，也得益于张季鸾、胡政之等父亲旧友的奖掖与扶持。

一

曹谷冰的父亲曹成甫，名锡圭，以经营矿产为业。1905年参加同盟会，以家财为军需，并积极联络两湖、浙江等地的革命势力。1911年10月辛亥革命爆发，曹成甫尽散家财，购买武器装备武装矿工，率军从湘西沿江东下，积极响应武昌起义。11月，曹成甫与黄汉湘、黎天才攻克南京。1912年2月，又在上海与于右任、张季鸾等创立民立图书馆，胡政之也曾在该公司工作。1913年，曹成甫与张季鸾北上，创办北京《民立报》。"宋教仁案"发生后，舆论哗然。北京《民立报》为"宋案"慷慨直言，并披露了袁世凯与英、法、德、日、俄等五国银行团签订的《善后借款合同》，引发轩然大波，成为"二次革命"的导火线。"二次革命"爆发后，曹成甫召集旧部，在南京与李烈钧、柏文蔚等宣告讨袁。1913年7月，袁世凯查封北京《民立报》，逮捕了张季鸾、曹成甫。曹氏瘐死狱中，张季鸾则经多方营救后出狱。

---

* 本文撰稿人：阳海洪，湖南工业大学文学与新闻传播学院教授。
① 陈骞：《曹右元的奋斗》，《中国公路》1999年第10期。

曹谷冰1912年进入同济大学附中学习。父亲死后,他在同济附中的学业曾一度中断,后得于右任、张季鸾等父亲好友的接济帮助才完成学业。中学毕业后,曹谷冰考入同济大学,学习医学。在校学习期间,他表现活跃,曾以同济大学学生会代表身份参加五四运动。1919年,曹谷冰二十四岁,张季鸾将其揽入《中华新报》担任编辑,开启了他的职业生涯。

《中华新报》是谷钟秀、杨永泰等原国民党议员为反对袁世凯复辟而创办的。1916年11月政学会成立后,该报成为政学会的机关报,张季鸾任总编辑。《中华新报》反袁态度坚决,创刊后即与筹安会就国体问题展开激烈论战,并且对护国军的反袁军事斗争进行了详细报道。曹谷冰从《中华新报》开启新闻职业生涯,也是对父亲曹成甫反袁、反封建精神的继承。

1922年11月13日,爱因斯坦在访日途中于上海短暂停留,时任职于《中华新报》的曹谷冰即在现场,并与总编辑张季鸾出席了爱因斯坦在上海的欢迎晚宴。

1923年2月,曹谷冰辞去《中华新报》的工作赴欧留学,在德国柏林大学攻读政治经济学,这为他以后从事报业经营管理打下了理论基础。

1927年5月曹谷冰回国,作为张季鸾在《中华新报》的旧部和故友之子,被张招进《大公报》担任天津市新闻版编辑,兼编《体育周刊》。值得一提的是,新记《大公报》早期骨干成员主要来自胡政之的国闻通信社和《国闻周报》班底。随着业务扩展,许多(如曹谷冰这样)有抱负、有才华的年轻人走进《大公报》馆,并被逐步培养为报社的重要骨干。

曹谷冰进入《大公报》馆后,被张季鸾着意加以栽培。1928年傅作义任天津警备司令,张季鸾与西北军政要人关系紧密,曹谷冰作为张与傅之间的中间人,经常与傅作义联系,并采写相关新闻。从入职到抗战全面爆发前的十年间,曹谷冰主要做编辑采访工作,先后担任本市新闻编辑、驻北京特派员、要闻编辑、编辑总务、驻南京特派员等职务①,迅速在新闻界崭露头角。1928年国民政府定都南京后,《大公报》决定设立南京办事处,由原北京办事处主任金诚夫负责。1929年3月,曹谷冰顶替金诚夫成为《大公报》驻北京办事处主任,跻身《大公报》业务骨干。

《大公报》的原始资本由社长吴鼎昌筹措,胡政之、张季鸾则以劳力入股,

---

① 周雨:《〈大公报〉史(1902—1949)》,江苏古籍出版社1993年版,第255页。

年终"由报馆送与相当股额之股票"。随着报社声誉日隆、事业日兴,《大公报》兑现年终赠股之约。1927年年终,胡政之、张季鸾开始得到报馆赠予之股票。1928年年底,曹谷冰与李子宽、金诚夫等一批重要干部亦首次获得报馆赠予的劳绩股权,以表彰他们为报社发展所做出的贡献。

1931年5月22日,《大公报》发满一万号,特出增刊三大张纪念。在《一万号编辑余谈》中,张季鸾对《大公报》团队"个个奋斗"的敬业苦干精神做了高度肯定,并叙述了许萱伯、曹谷冰、杜协民、王芸生、金诚夫、李子宽等人的辛勤劳动,其中对曹谷冰的评语是:"还有现在苏联的曹君谷冰,也是很辛苦的。"①

《大公报》一万号庆典曹谷冰无缘参加,此时他正远在苏联进行采访。1931年3月22日,曹谷冰以《大公报》特派员身份随中苏外交谈判代表莫德惠赴苏。他从满洲里出发,乘列车经西伯利亚赴莫斯科,开展了为期近四个月的采访征程,成为南京国民政府与苏联恢复外交前后第一位连续报道苏联成就的中国记者。

1928年,苏联第一个五年计划(1928—1932)开始实施。在人类历史上,这既是第一次按照预先编制的详细计划建设的开端,也是大规模社会主义现代化建设事业的开端,因而吸引了全世界的目光,并在中国掀起了"苏联热",人们希望借鉴苏联建设经验改造贫困落后的中国,推进中国的经济建设。1929年"中东路事件"爆发后,《大公报》力主和平解决,决定利用中苏谈判机会派遣记者赴苏采访,了解苏联"一五"计划执行的实际情况,并将此事委托负责中苏交涉的蔡运升安排。曹谷冰因留学德国,精通德语,且具政治经济学功底,成为赴苏采访的合适人选。

曹谷冰的访苏活动,以莫斯科和列宁格勒(今圣彼得堡)为中心,并进入周边地区进行调查考察,撰写了大量新闻报道,对苏联政经体制和"一五"计划进行了全面介绍。

莫斯科是苏联首都,也是曹谷冰访苏考察的重点。在这里他采访苏联政府官员,了解苏联工农业建设、对外贸易、生产生活和财政收入情况;访问莫斯科锤镰钢铁工厂、莫斯科电业制造厂,考察苏联"一五"计划的工业建设情况;还赴莫斯科郊外的布高罗特司科,参观托儿所、幼稚园和小学,考察其儿童

---

① 张季鸾:《一万号编辑余谈》,《大公报》1931年5月22日。

教育情况；深入工人住宅、农民会馆和济良所、教养院、反省院等社会机构，了解其社会福利政策；观看苏联的电影、话剧，参观反宗教博物院，了解苏联的文化、宗教政策；访问《消息报》《真理报》等苏联党报机关，并与报社官员交流，了解苏联新闻事业情况；采访外交人民委员部官员加拉罕，了解苏联对华政策。同时，访苏期间正值"五一国际劳动节"，曹谷冰还受邀参加了红场阅兵，并向中国读者做了全程报道。自高加索地区返回莫斯科后，曹谷冰还随全权代表莫德惠赴离莫斯科不远的科洛姆纳采访集体农庄，并与农场工人交谈，亲身感受农民对苏联农业政策的态度。

列宁格勒是苏联第二大城市和水陆枢纽。在这里，曹谷冰访问了列宁格勒发电机制造厂、胶皮厂、造纸厂、面包厂等厂矿企业，了解了其航运事业和港口建设情况，参观了图书馆和"全世界出版物陈列所"，对其文教情况有了基本了解。此外，曹谷冰还深入乌克兰和高加索地区进行了深入采访。在乌克兰首府哈尔科夫，曹谷冰访问了实业宫、电机厂、医院、俱乐部、旅馆和书店，并重点考察了第聂伯河水电站（即《苏俄视察记》所说之"兑起卡斯"，后改名为第聂伯罗斯特罗伊），并由莫斯科经罗斯托夫、巴库、第比利斯、巴统、敖德萨、基辅，沿里海之滨游历高加索地区，进行新闻采访。在采访途中，"麦苗甫秀，碧浪常波"的田园景象，"森林畅茂，一碧无际"的崇山峻岭，"渔舟竞逐，沙鸥翔集"的里海风光，"街道整洁，市况繁盛"的城市景观，凡此种种，都让曹谷冰感叹苏联建设成就的伟大。在巴库，他考察码头工程，游览海滨公园，感受苏维埃人民的日常生活；在第比利斯，他乘缆车登上台维斯山，俯瞰全城，欣赏山水形胜，领略历史文化。在参观游览的同时，曹谷冰不忘使命在身，重点考察了"一五"计划在地方的执行情况，如巴库是里海沿岸的重要商港和石油产区，曹谷冰便深入巴库石油中心区，考察其石油开采技术；在第比利斯，曹谷冰参观纺织厂和锰化铁试验所；在巴统，则造访咖啡馆；在敖德萨，赴港政局调查航运业情况，采访当地政府官员，了解五年计划的完成情况。由于乌克兰为苏联农业最为发达之区，在敖德萨、基辅等地，曹谷冰还重点考察了私有化改造和集体农庄情况，并专门调查农产品分配和农民收入情况。

好新闻都是跑出来的，扎实的调查采访使曹谷冰掌握了第一手材料，为报道的成功奠定了基础。旅苏期间，曹谷冰除了向《大公报》拍发电讯外，还撰写了几十篇新闻通讯，访苏通讯除在《大公报》刊载外，还由《国闻周报》转载。1931年7月15日，曹谷冰从苏联回国后，将访苏通讯汇编成《苏俄视察记》单行本,由于右任作序,通过《大公报》社出版。《大公报》社为《苏俄视察记》的发行做了大量宣传工作,称颂该书对于"苏联五年计划过程中之工业生产、国防军备以视察之所得,忠实记述","关于苏俄一般设施记述亦详,读之如身置其境,无异躬游苏俄也",想要了解苏联的读者"不可不读"[①]。《苏俄视察记》出版后,以其全面真实的报道和深刻独到的专业分析,广受读者欢迎,曾六次再版,累计发行十万余册,对于时人了解和观察苏联影响很大。曹谷冰的《苏俄视察记》,在《大公报》开采访苏联、报道国际共产主义运动之先河,《大公报》也成为20世纪30年代"苏联热"的重要舆论阵地。据统计,《大公报》在30年代讨论苏联的文章有十九篇,还把《苏联五年计划成功史》誉为"记者不可不读"之书[②],并敦促国民政府"审度国势",效法苏联计划经济体制,"自拟一博大深宏之整个统制经济计划,昭示民众,征求合作,一脱向来琐碎支离之建设计划窠臼"[③]。连《大公报》社长吴鼎昌都以笔名"前溪"在《国闻周报》上刊发文章,主张"物质文明发达之结果,当然是需要统制经济的,因为自由经济,实不足应付物质文明构成之环境也"[④]。在这种氛围中,尔后乃有范长江的《西北通讯》与《中国西北角》,徐盈、子冈对江西苏区的采访与《巨变中的江西农村妇女》,以及20世纪40年代孔昭恺访问延安与《西北纪行》等新闻名篇问世。

  1935年12月,吴鼎昌辞去《大公报》社长一职,出任南京政府实业部长。赴任之际,他将擅长交际、与政界要人多有交往的《大公报》驻南京办事处主任金诚夫带走,担任其机要秘书,金留下的空缺由曹谷冰从北平来接替,而曹的北平办事处主任一职则由报社老记者汪松年担任。在南京期间,曹谷冰与中央社的萧同兹、陈博生,法新社的潘勍昂等人,"常聚饮于夫子庙酒肆"[⑤],以挖掘新闻线索,积累人脉资源。西安事变期间,以何应钦为首的亲日派调兵遣将,扬言"血洗长安"。而《大公报》从维护国家统一的角度出发,力主和平解决。时任南京办事处主任的曹谷冰利用身处首都的优势,将采访到的政治内情用电报密码和长途电话传到上海报馆,再由编辑部高元礼翻译后交给张季鸾,为当时

---

① 王鹏:《〈苏俄视察记〉出版前后》,《新闻记者》2002年第7期。
② 郑大华、张英:《论苏联"一五计划"对20世纪30年代初中国知识界的影响》,《世界历史》2009年第2期。
③ 《美国统制经济的难关》,《大公报》1933年10月2日。
④ 前溪:《统制经济问题》,《国闻周报》1933年第10卷第39期。
⑤ 孔昭恺:《旧大公报坐科记》,中国文史出版社1991年版,第64页。

《大公报》判断国内外局势与西安事变的发展走向提供了参考和依据。

二

1937年7月7日,卢沟桥事变爆发。8月1日,天津沦陷,《大公报》津版于8月4日停刊。至8月13日淞沪会战爆发,沪版也岌岌可危。在这种情势下,《大公报》领导层决定迅速创办汉口版。8月14日,胡政之一方面电令南京,命《大公报》驻南京办事处主任曹谷冰火速赶往武汉,着手筹备创办汉版事宜;一方面电令天津,命原天津分馆经理许萱伯率领原津馆部分员工南下武汉。曹谷冰接到指示后随即赴汉,因行程匆忙,只得将妻小留在上海。1941年太平洋战争爆发后,曹即与家人失去了联系,彼此不通音信,家人也失去生活来源,妻子只好带着三个年幼的孩子从市区搬到郊区,靠种地维持生计,生活竭蹶艰难。直到抗战胜利后,一家人才得团聚。

8月17日,张季鸾亲率孔昭恺、李清芳等人由上海启程赴汉口,经南京渡江北上,转陇海、平汉铁路,于9月初抵达汉口。张季鸾抵汉之时,得力于陈纪滢、赵惜梦的帮助,曹谷冰筹建汉馆事已基本就绪,馆址在汉口特三区湖北街宝利润里二号。1937年9月18日,时值"国耻"六周年纪念日,汉口版正式创刊发行。汉馆由张季鸾主持,许萱伯任经理,次年6月许赴港治病后,由曹谷冰继任此职,编辑主任空缺。他和其他编辑记者一样,组稿、看稿、编版、印刷、发行,什么业务都干。1938年1月沪版停刊后,王芸生率沪馆人员抵汉,并充任编辑主任,战地采访的外勤人员统归汉馆指挥,汉馆人员方才充实。在张季鸾、王芸生、曹谷冰及全体同人的共同努力下,《大公报》汉版在短时间内即初具规模,迅速投入服务抗战事业的工作。曹谷冰曾如此评述此段办报岁月:

> 汉版发刊之始,人员极少,社评仅季鸾先生一人执笔。除阐述战事性质,为争取国族生存,不断鼓舞军心民气外,余更强调意志集中力量集中之必要,长期抗战遂成国是,并有次年第一届国民参政会之召集。迨淞沪及首都相继撤守,上海本报自动停刊,王芸生兄于二十七年春偕沪馆一部分同人经香港抵汉,汉馆人力因以充实。乃于经常业务之外,发起救济受

伤将士运动,并代收捐款,随时转送红十字会应用,一面在报端披露微信。是年夏,又主办《中国万岁》话剧之公演,售票所入,全部拨作救济受伤将士之需。是时本报以得社会之同情与信任,销数竟达53 000余份,创武汉报业史上发行最高之纪录。①

1938年10月18日,《大公报》汉版奉命西迁重庆,至停刊时共刊行一年零一个月。在此期间,曹谷冰从筹办到担任汉馆经理,惨淡经营,贡献甚巨。

早在汉版停刊之前,《大公报》对撤离武汉一事便早有筹划。1937年除夕,曹谷冰与李清芳奉命赶到重庆,筹备渝馆事宜。经过三个月的紧张筹备工作,建馆事宜就绪,在重庆下新丰街设立《大公报》驻渝办事处,并于1938年9月9日起发行重庆航空版。汉馆西迁重庆时,曹谷冰留下处理善后事宜,并于10月24日搭乘最后离汉的飞机径飞成都。1938年12月1日,《大公报》重庆版创刊出版,署号继汉版,为《大公报》在抗战期间建立了大本营。渝馆仍由张季鸾主持,曹谷冰任经理,王芸生任编辑主任,基本上是汉馆原班人马。渝版创刊后不久,正碰上日机对重庆实行大轰炸。《大公报》馆地处新丰街闹市区,遇敌机投弹,首当其冲,在1939年"五三""五四"两次轰炸中损失惨重。5月5日,《大公报》与其他九家报纸出"重庆各报联合版"。为保证"联合版"的正常出版发行,"联合版"成立了重庆各报联合委员会,设办事处于《时事新报》社,由委员会主持各项业务工作。委员会由《中央日报》社社长程沧波任主任委员,下设经理、编辑两个分委员会。编辑委员会由各报总编辑充任,公推《大公报》的王芸生为主任委员;经理委员会则由各报负责人充任,公推《时事新报》的黄天鹏为主任委员,作为《大公报》渝馆经理的曹谷冰为经理委员会委员。联合委员会"每周开一次全体例会,讨论办报事宜"②。8月12日,联合版停刊,8月15日,委员会召开最后一次也即第十五次例会。最后一次例会由曹谷冰召集,并由曹谷冰、程沧波和崔唯吾起草决议,交由会议讨论。

为防敌机空袭,曹谷冰反复考察重庆地形,最后在李子坝找到一块场地,陆续将办公场所与职工宿舍房子盖好,并把排字房和机器安置在山洞里,维持了《大公报》的正常出版发行。张季鸾是职业报人,以"文人论政""文章报国"为己任,交游满天下,文名倾海内,但对于编务以外的事情很少过问。自抗战

---

① 曹谷冰、金诚夫:《抗战时期的大公报》,周雨编:《大公报人忆旧》,中国文史出版社1991年版,第13页。
② 向菊梅:《〈重庆各报联合版〉研究》,天津师范大学2013年硕士学位论文,第14页。

军兴以来,张季鸾与胡政之在上海分手,《大公报》辗转播迁,相继创办了汉馆、渝馆、港馆和桂馆,张主持汉、渝两馆,胡主持港、桂两馆。而张季鸾主持的汉、渝两馆,经营事务全赖曹谷冰维持。渝馆创设之后,张季鸾因健康状况恶化,长期在长江南岸的汪山养病,笔政交由王芸生主持,经营和行政则由曹谷冰负责,张季鸾只是偶尔到馆指导。因当时渝馆人手少,没有成立"社评"委员会,曹谷冰在负责行政管理事务的同时,有时还需撰写"社评"。1941年9月6日,张季鸾逝世,《大公报》举行隆重悼念活动,发起成立"季鸾新闻学奖金",倡议得到了社会各界的积极响应。曹谷冰在捐款的同时,还积极动员社会力量支持。张季鸾逝世后,为改变抗战以来汉渝与港桂之间俨然两个系统的局面,胡政之经与吴鼎昌商量,于1941年9月15日决定改组《大公报》的组织机构。由胡政之、李子宽、王芸生组成董事会,曹谷冰、金诚夫组成监事会,成立董监事联合办事处,对渝、港、桂三馆实行集体领导,"期以协力同心共同负责的精神,经营本报业务,善尽本报的使命"。胡政之任联合办事处主任委员,掌控全局。同时,报社还成立"社评"委员会,曹谷冰为"社评"委员会成员。联合办事处成立后,相继颁布了《〈大公报〉社各馆组织规则》(1942年4月6日制定)、《〈大公报〉社各馆采购材料规则》(1942年4月6日制定)、《〈大公报〉馆校对员工奖励暂行规则》(1943年2月16日制定)等规章制度,建立了比较规范的现代企业管理体系,使报社权责明确、运转有序高效。

为了使渝、港、桂三馆同人增进了解,交流感情,加强团结。1943年5月,董监事联合办事处决定创办同人半月刊《大公园地》(出至1944年8月20日第十五期停刊),登载报社情况及同人动态,曹谷冰特为之撰写了《〈大公园地〉发刊词》。他在叙述了新记《大公报》自1926年天津续刊到抗战以来四处迁徙的经过后说:"以上经过,因为我同人之所熟知,兹琐琐述之者,亦以见抗战以来,本社牺牲之重大,与夫本社机构变动之剧烈,并见创办人诸公经历之艰辛,应付之匪易。而就我同人之关系言,由最初十年之'有若家人'经过六年来之迭次搬迁,尤不禁有'兄弟离散'之感,近年交通日益不便,一般情绪,又复迥异畴昔,欲如向日之保持密切联络,复不可得,是则藉本社内部读物《大公园地》刊行,以报道各馆之情况,并沟通同人之情愫,殆亦有其必要矣。"①1944年9月1

---

① 曹谷冰:《〈大公园地〉发刊词》,转引自吴廷俊:《新记〈大公报〉史稿》,武汉出版社2002年版,第245页。

日,《大公报》发行渝版《大公晚报》,曹谷冰负责新闻,李子宽负责副刊。曹谷冰和李子宽都是编辑记者出身,喜欢文字工作,将《大公晚报》办得颇有声色。后来受战争影响,桂林版于1944年9月12日停刊,桂馆人员来渝后,改由徐铸成主持《大公晚报》,但曹谷冰、李子宽还是不时会过问《大公晚报》的编辑事务。

抗战期间,《大公报》为更好地团结在重庆的新闻界同人,共同做好抗敌宣传,发起成立了中国新闻学会。为筹建学会,曹谷冰找各家报社联系并征求意见,还通过《大公报》驻各地办事处联络各省新闻同人。张季鸾亲自为"学会"撰写了《中国新闻学会宣言》。1941年3月16日中国新闻学会在重庆上清寺广播大厦举行成立大会。中国新闻学会汇聚了当时中国大部分新闻精英,旨在"研究新闻学术,促进新闻业的发展"。经过认真讨论,大会一致通过了张季鸾起草的《中国新闻学会宣言》,并选举了学会领导成员,曹谷冰作为《大公报》代表当选为学会理事和秘书长[①]。中国新闻学会成立后,创办了研究新闻事业与新闻学的大型学术刊物《新闻战线》(月刊)和《中国新闻学会年刊》,其中不少文章代表了当时国统区新闻学研究的最高水平。尽管这是一个由国民党控制和"指导"的新闻团体,但曹谷冰及其在中国新闻学会的工作,以全国性新闻组织的身份,团结同人,宣传抗战,为加强新闻学术研究,促进新闻事业发展,做出了贡献。抗战胜利后,中国新闻学会完成了抗日宣传任务,自动停止了活动。

"芳林新叶催陈叶,流水前波让后波。"随着《大公报》事业的发展与吴鼎昌、张季鸾和胡政之等创业"三巨头"的相继辞职、凋零和老去,王芸生、曹谷冰逐渐成为该报的第二代领头人:王芸生继承张季鸾衣钵,"社评"犀利老辣,以文名擅长;而曹谷冰除早年《苏俄视察记》外,鲜有佳作名篇行世,其文名自然不如王芸生之盛,甚至不如范长江、徐盈、张高峰等《大公报》记者,但他在人才济济的《大公报》中冉冉升起,除了作为张季鸾旧人而得到扶持重用之外,也自有其过人之处。

第一,曹谷冰编、经通用,尤以经营为长,因而更多以"实业家"身份为人所熟知。吴、胡、张都曾留学日本,都是"知日派"。《大公报》的组织架构、分配形式与人事管理都效法日本报业模式,坚持唯才是举、编经通用的用人之道,即副经理、经理都选用编辑部骨干担任,编经两部都能彼此沟通,互相了解。曹

[①] 王鹏:《〈大公报〉与抗战期间的中国新闻学会》,香港《大公报》2002年6月12日。

谷冰、李子宽、金诚夫等报社领导干部,都是从编辑部选拔出来当经理的。曹谷冰自入职以来,从记者、编辑干起,逐渐升为编辑主任、经理。张季鸾和胡政之于抗战爆发后在上海分手,张季鸾领导汉渝两馆,胡政之则领导港桂两馆,彼此虽通声气,但俨然两个系统,汉渝两馆的人事调配、行政管理、筹划经营等事务都压在了曹谷冰的肩上,"即使到他(胡政之)移家重庆以后,也不大管渝馆的事"①。曹谷冰在编辑部、经理部都屡经历练,编经两业都颇为擅长。《大公报》创办于天津,逐步由华北走向全国,与国家民族休戚与共,风雨同舟,随国家抗战而颠沛流离。沪、汉、渝、桂、港各馆在各地逐步开设,后又因战争而逐个撤退,遭受了巨大经济损失。"《大公报》是一个私营企业……就经济利益言,丢掉一个报馆,重新建立一个报馆,建立之后,又丢掉一个报馆,是极不容易的。《大公报》在抗战中蒙受经济损失而志不馁,不能说没有办报救国或文章报国之志向。"②《大公报》屡仆屡起,既与其坚持"四不"方针,以新闻真实、健全舆论为己任有关,也与胡政之、曹谷冰等颇谙经营之道,长于擘画有关。曹谷冰认为,《大公报》"所以能够成为在经济上发展企业、在政治上传播影响,并且经过战时辗转播迁成为一家全国性的大报,它是有一套办法的"③。曹谷冰父亲曹成甫为老同盟会员,与许多国民党元老有着千丝万缕的关系,但曹谷冰束身自爱,从不参与国民党事务,也谢绝过重庆市参议员的提名。"《大公报》人事问题实行经理责任制"④,自1938年重庆版开始,曹谷冰握有《大公报》的用人大权,始终坚持《大公报》的"四不"方针,但凡是有党籍的人(包括国民党员与共产党员)都不录用,始终保持职业报人与民间报纸的底色,而以发行、广告为经营本业。在战时环境下,曹谷冰为了办好《大公报》,殚精竭虑,想了很多办法:(1)节俭办报,缓解"纸荒"。在日军围困下,重庆进口的"白报纸"价格昂贵,且极其紧张,"纸荒"使战时新闻事业发展极其艰难。曹谷冰坚持勤俭节约的办报精神,采用四川夹江造的"土纸平板机"印刷,价格比进口纸低廉三分之一左右,即使在发行量达到十万份的情况下,《大公报》的"版面还是相当精致"。(2)利用汇率差价,赚取利润。曹谷冰根据纸张油墨为报业大宗支出的特点,利用《大公报》的人脉关系,经常与中国、交通、金城等银行接洽,拆借短

---

① 徐铸成:《报海旧闻》,生活·读书·新知三联书店2010年版,第85页。
② 李纯青:《为评价大公报提供史实》,周雨编:《大公报人忆旧》,第305页。
③ 王芸生、曹谷冰:《1926至1949的旧大公报》,《文史资料选辑》第25辑,中华书局1962年版。
④ 张刃:《闲话大公报》,人民出版社2016年版,第14页。

期贷款,存储纸张、油墨及其他业务上所需要的物资,始终保持半年以上用量的仓库储存。当时重庆金融市场,三个月借款利息约为21%—24%,而同期物价却上涨一倍。重庆各报联合委员会根据市场物价情形,每年调整报价数次。每次调整报价时,《大公报》一面使用早期储存的纸张油墨印刷,一面按新的报价收费。如此循环往复,重庆《大公报》营业发达,"是相当赚钱的"①。在通货膨胀、物价飞涨的战争条件下,《大公报》依靠广告与发行,实现了经济自给的目标,维持了职工薪酬与行政运转,为言论独立奠定了坚实基础。在《大公报》迭经世变,事业进退盈缩之时,曹谷冰坚守岗位,周旋应对,或独当一面,或参与筹划。得力于其擘画周至和经营得法,《大公报》在颠沛流离中不但没有萎缩,反而事业稳步发展,发行量达到九万七千余份,成为执舆论界之牛耳的全国性大报,在弘扬民族精神、鼓舞人心士气、支持抗战到底等方面发挥了重要作用。

第二,曹谷冰宽厚爱人,关心、体谅职工,颇具长者风范,深孚众望。1937年淞沪会战爆发后,《大公报》鉴于国家进入战时状态,报社面临困难,倡议职工领"国难薪",薪酬对折。但到了抗战中期,重庆物价渐涨,职工生活甚为艰苦,特别是低薪职工,生活更是艰难。曹谷冰与王芸生向胡政之反复申说,要求为员工提高薪酬。报社在事业发展后,在薪酬之外,努力改善职工福利待遇,并为职工提供恤养金、退职赡养金、子女教育补助费、医药补助费和婚丧补助费等各项福利。1943年10月,《大公报》还成立了福利委员会,孔昭恺在大会报告中认为报馆在提高薪酬待遇、改善工作生活条件等方面,成就卓越,"就报业言,我们知道,福利事业之推进,能与本报比肩者不多","目前本报两馆福利设施,在曹经理、金经理擘画之下,已颇见规模"②,充分肯定了《大公报》的福利事业与曹谷冰、金诚夫等人的贡献。

第三,曹谷冰具有大局意识,能够团结同人、凝聚人心。张季鸾与胡政之两人,志趣相投,共同创业,友谊深厚。胡政之的"国闻"团队和经营管理才能、张季鸾的文笔是《大公报》发展的强劲动力,但彼此之间也难免有龃龉抵牾之处。但曹谷冰作为张季鸾的旧部,却能从《大公报》事业大局出发,和衷共济,共度时艰。在港桂渝三馆中,渝馆因地处陪都重庆,经营状况最好。香港、桂

---

① 孔昭恺:《旧大公报坐科记》,第315页。
② 孔昭恺:《谈本馆福利事业》,转引自吴廷俊:《新记〈大公报〉史稿》,第246页。

林沦陷后,港桂两馆员工汇聚重庆,员工工资与生活福利都靠渝馆维持。抗战胜利后,津馆、沪馆和港馆又逐个恢复,所需资金浩繁,都依赖渝馆资金挹注,事务繁多,但曹谷冰依然竭力维持。同时,渝馆还向报馆同人赠送了一笔复员费用,从而有力地稳定了员工队伍,凝聚了人心。

1945年8月22日,《大公报》发行一万五千号,当天下午,全社同人在大礼堂举办纪念会。时值日本宣布无条件投降后一个星期,会场充满喜悦气氛。吴鼎昌出席纪念大会并致辞,胡政之因赴美出席联合国成立大会而无法参加,会议由曹谷冰主持,这是对曹谷冰第二代领导人地位的肯定。

抗战胜利后,《大公报》即着手旧产接收与津馆、沪馆的恢复工作。曹谷冰衔命与孔昭恺、徐盈、彭子冈、曹世瑛等部分同人北上,恢复天津《大公报》。孔昭恺、徐盈先期抵达天津,即与国民党天津当局交涉,接收原《大公报》津馆资产。曹谷冰抵达天津时,津馆恢复事宜已大体就绪。12月1日,《大公报》津版恢复出版,馆址设在第一特区罗斯福路241号。津馆由曹谷冰任经理,孔昭恺为编辑主任。津版复刊号发表了题为"重见北方父老"的"社评",第二版发表了《由抗战到胜利八年来之本报》,叙述了《大公报》全面抗战八年间的主要经历。1945年11月,胡政之由美回国,在沪馆、津馆相继恢复后,决定撤销董监事联合办事处,以沪馆为总馆,成立《大公报》社总管理处,全面领导津馆、沪馆、渝馆的工作,试图将《大公报》建设成为"报业托拉斯"与"中国报界盟主"。1946年,《大公报》社总管理处成立,并通过了《大公报社总管理处规程》。按照规程,总经理全面主持总管理处的工作。总管理处成立后,曹谷冰由津调沪,担任副总经理,协助总经理胡政之主持工作,津馆经理则由金诚夫兼任。1947年5月5日,《大公报》社根据形势发展,复刊同人读物《大公园地》,曹谷冰特为之撰写《复刊词》,阐述复刊《大公园地》的宗旨与目标。曹谷冰指出,当初在重庆创办《大公园地》,旨在实现如下任务:"(1)对各地同人报道社务;(2)谋各地同人互通消息;而最主要的则是(3)便各地同人利用这个刊物相互切磋,以求本社事业和同人德业的不断进步。"但后来因日寇紧逼,桂馆撤退,同人几乎都集中在重庆,且渝馆又有读书会承担内部交流的任务,故无继续创办《大公园地》的必要,但现在《大公报》各馆已次第恢复,重心虽在上海,但同人散处国内和世界各地,且报业竞争日趋激烈,经营日益艰难。"因此,复刊'大公园地',以继续其最初的任务——对同人报道社务,谋同人互通消息,使同人相互切磋——是很有必要的。"文章最后,曹谷冰希望同人能够好好利用这个内部刊物,使其顺利完成自身的任务①。曹谷冰对《大公园地》殷殷致意,正是看到了内部刊物在凝聚同人力量、提升管理水平、构建和谐关系和推进报社事业发展等方面的作用,这是曹谷冰主持《大公报》社时期的历史经验和鲜明特点。至1948年3月港版复刊后,新记《大公报》已有沪、津、渝、港四版同时发行,总销数达每日二十余万份。然而1948年4月,总经理胡政之积劳成疾,病情爆发。鉴于胡的病情险恶,难以痊愈,为报社发展大业计,1948年5月下旬,新记公司董事会根据吴鼎昌的建议,推举曹谷冰代理总经理,主持总管理处工作。

此时国共内战的天平已发生倾斜,人民解放军在各个战场捷报频传,国民党政权濒临崩溃,国共两党在军事和政治上的对决日益临近。夹在国共之间的《大公报》左支右绌,两面挨批,也面临着最后抉择,这是《大公报》处境最为艰危的时期。随着形势的变化,《大公报》"国家中心论"的言论方针也在发生变化。由此,《中央日报》接连发表社评,指控《大公报》是"新华社的应声虫",向《大公报》进行政治攻击。就在《大公报》犹豫彷徨时,共产党伸出了友谊之手。在共产党的关怀引导下,《大公报》决心投奔共产党,走向新生。这一时期,总编辑王芸生北上参加政协会议,其总编辑职务由曹谷冰兼任,曹氏得以全面主持沪馆工作。1949年3月,人民解放军饮马长江,即将发起渡江战役,王芸生接受中共之托,在香港《大公报》发表《社评》《和平无望》,站到了拥护中国共产党的立场上。这使蒋介石非常愤怒。曾任国民政府外交部长的王世杰去奉化拜见"引退"了的蒋介石后回到上海,特别约请曹谷冰谈话,传达蒋介石的意思,说国共和谈不会有什么结果,国民党政府还有力量抵抗中共的进攻,国事尚有可为,要求曹谷冰与《大公报》继续效忠蒋介石与国民党。同时,蒋介石命令国民党中央宣传部向曹谷冰施加压力,要求《大公报》转变态度,纠正港版的"错误言论"。代表国民党中央宣传部驻沪管理新闻出版业的方治更为凶恶,在每星期召开的宣传指导会议中,肆意责骂、威胁曹谷冰,威胁称"《大公报》如不马上改正过来,我就枪毙你!""你们报馆有共产党,你们要给我查出来",扬言要封《大公报》的门、抓《大公报》的人。在国民党即将败退大陆之际,作为知名人士,曹谷冰也成为国民党的"保护对象",要求他离沪跟国民党去台湾。面对国民党的威胁,曹谷冰凛然不惧,向国民党严正声明他无意离开上海,称"目前时局的归趋,并非《大公报》所能左右。留着《大公报》,固未必增加

---

① 谷冰:《复刊词》,《大公园地》复刊第1期,1947年5月5日。

多少危害,毁掉了它也绝不能就告安定"。同时,曹谷冰对方治的无礼态度表示严正抗议,要求他不要欺人太甚。上海解放后,《大公报》于6月17日发表《〈大公报〉新生宣言》,回到了人民的怀抱①。在曹谷冰、王芸生等《大公报》高层的影响下,《大公报》津、沪、渝、港四馆的骨干记者编辑,没有一个人随国民党去台湾,而是选择"留下来",和全国人民一起建设新中国。

三

新中国成立后,上海《大公报》没有改名,人员也没有变动,《大公报》社总管理处也没有宣布解散,曹谷冰依然担任总经理兼"社评"委员。但此时办报环境已发生巨大变化,私营报纸经营艰难,每况愈下,《大公报》也不例外。为改善《大公报》的经营状况,曹谷冰作为《大公报》社总管理处代总经理,积极推动《大公报》改组。1950年底,曹谷冰与李纯青到重庆与中共西南局和重庆市委商量,决定渝馆先行公私合营。1951年12月1日,曹谷冰代表《大公报》社总管理处宣布,即日起渝馆脱离《大公报》,改名为《重庆日报》,与中共重庆市委联合经营,成为重庆市委机关报。同时,中共中央决定将上海《大公报》北迁,与天津《进步日报》(《进步日报》即原来《大公报》津版改组而来)合并,正式公私合营,仍然沿用"大公报"名称,在天津出版。1953年1月1日,新的《大公报》正式出刊。1956年10月1日,《大公报》迁址北京,成为报道财经和国际问题的全国性的专业报纸。在此期间,曹谷冰一直担任总经理兼社务委员,直到"文革"爆发后《大公报》终刊方止。上海《大公报》在北迁以前,根据不同情况,对股份进行了相应处理,曹谷冰与王芸生、金诚夫、李子宽等报社高级干部自愿交出共计一万六千股"劳绩股",其中曹谷冰两千股②,从而有力推动了上海《大公报》的改造进程。

自1927年入职《大公报》,曹谷冰的一生命运沉浮,都始终与《大公报》紧密关联在一起,为《大公报》的发展倾注了无数心血,他对《大公报》也有着深厚的感情。1957年末,担任全国政协常委的王芸生与全国政协委员曹谷冰,响应

---

① 王芸生、曹谷冰:《新记公司大公报的经营(1926年—1949年)》,周雨编:《大公报人忆旧》,第9—10页。
② 郑宇丹:《建国初期报纸行业的公私合营与股息分配》,《新闻与传播研究》2016年第4期。

周恩来总理向政协委员提出的撰写文史资料的号召,开始着手编写《大公报》史。但撰写报史首先得有全套的报纸,早在此前,曹世瑛、曹谷冰等《大公报》人就为保存报纸付出了努力。抗战胜利后,曹谷冰、曹世瑛回到天津复刊津版。一位李先生来到报社,声称自己收藏了一套完整的旧《大公报》,但被日本人强买过去。如能要回,他愿意捐赠给《大公报》馆。曹世瑛经过多方调查,才知晓报纸藏在日本居留民团图书馆内,但这个图书馆作为敌产,已被国民党机关查封,收回旧报非常棘手。曹谷冰得知此事后,亲自致电南京,向时任行政院抗战损失赔偿调查委员会委员的朱家骅求援,结果没有回音。后得时任天津市长张廷谔的帮助,报纸才璧还《大公报》社,曹谷冰还因此向提供旧报的李先生赠送了二两黄金为酬①。为编写好《大公报》史,报社特派时任资料室主任的张篷舟协助王芸生、曹谷冰搜集、整理旧报。经过多方搜寻,才把缺张和残页补齐,成为一套完整的《大公报》。在此基础上,王芸生与曹谷冰花了两年时间,回顾和整理《大公报》的档案材料和发展历程,撰写了《英敛之时期的大公报》《1926至1949的旧大公报》和《新记公司大公报的经营(1926年—1949年)》,并与金诚夫合作完成了《抗战时期的〈大公报〉》等历史文献。这些文献对《大公报》的办报宗旨、言论方针和经营管理做了一次系统梳理,尽管从今天的历史眼光来看,这些长文囿于时代语境,对《大公报》的评价不够客观公正,但作者以"局中人"身份,全面系统地总结了《大公报》的发展历史,也为后人研究留下了一份带有时代烙印的史料。在长期合作中,王芸生深深钦佩曹谷冰"正直与诚恳"的品德,"深感他几十年中为报社花费的心血无法估量,确是一位具有长者风度的实业家"②。

作为中国人民政治协商会议全国委员会第二、三、四届委员,曹谷冰还利用自己长期经营管理报业的经验,积极参加国家经济建设,在建国初期曾两次上书毛主席,就财政经济问题建言献策,毛主席亦两次亲笔复信,充分肯定了他的建议。"文革"期间,与许多民营报人一样,曹谷冰受到了冲击,但他始终信赖党和政府,热爱社会主义祖国,坚信党一定会带领全国人民走上正确道路。他反复告诫儿子:"改变中国的命运,只有靠科学。你们必须好好读书,长大以后,以科技报效祖国,为我们民族的振兴尽到自己的一份责任。"③其所生

---

① 曹世瑛:《旧大公报璧还记》,《新闻研究资料》1980年第2期。
② 王芝芙:《忆父亲王芸生》,周雨编:《大公报人忆旧》,第302页。
③ 陈骞:《曹右元的奋斗》,《中国公路》1999年第10期。

子女九人,俱都成才。从1963年开始,曹谷冰还利用自己曾经留学德国、通晓德语的一技之长,曾多次参与校译《共产党宣言》,所提修改意见大部分为中央编译局所采用①,为《共产党宣言》的翻译和传播做出了卓越贡献。

1977年2月4日,曹谷冰逝世于北京,享年八十二岁。

---

① 曹右安:《写在〈苏俄视察记〉重印的时候》,曹谷冰:《苏俄视察记》,湖南人民出版社1984年版,第7页。

第三编

采编精英

一、"强将"

第一个称职主笔：刘孟扬*

天津的报业工作者、历史研究学者都知道清末民初有"报业三刘"，即刘孟扬(字伯年)、刘髯公(字仲儒)、刘霁岚(字云岫)，此三刘为同宗。其中，刘孟扬(1877—1943)，字伯年，又字静安，祖籍直隶(今河北沧州孟村西赵河)。1903年受聘为《大公报》的主笔，在之后的数年中，刘孟扬算得上除了英敛之以外，《大公报》馆最重要的主持笔政之人。

一、早年经历

刘孟扬出生于天津城内冰窖胡同，1901年搬至小伙巷栅栏口东街，辛亥后又搬至严翰林胡同。他于1898年参加院试，中案首，后因参加兴中会而放弃了再求功名之机。

1900年八国联军攻陷天津后烧杀抢掠，无恶不作，当时天津未遭毁坏的只有督、道等几处衙门，其余衙门尽皆被毁，夷为平地。刘孟扬之父本就因习武伤了身体，见此情况忧愤交加，至庚子之乱后于1901年去世，至此刘孟扬立誓：定将清廷之腐败、八国强盗无理霸道、义和拳之愚昧，留记历史，让后人永记庚子辛丑之耻。庚子之年的经历，为他后期撰写《天津拳匪变乱纪事》奠定了坚实的资料基础。

此外，1899年刘孟扬参加了孙中山先生组织的兴中会，他赞成中山先生提

---

* 本文撰稿人：刘远，刘孟扬曾孙，天津建工局退休职工；於渊渊，安徽大学新闻传播学院讲师。

出的"驱除鞑虏,恢复中华,创立合众政府"之号召,对康、梁保皇改良派思想有了新的认识,同时也开启了他爱国家、忧民生的人生新阶段。

在此期间刘孟扬还结识了赵元礼。赵元礼(1868—1939),字体仁,又字幼梅、藏斋,天津人,1918年当选直隶省参议员,与严修、华世奎、丁子良等人为文交挚友,为津门四大书法家之一,刘孟扬在与他们的交往中受益匪浅,形成亦师亦友的关系,在对社会发展、使中华国富民强等方面增加了理解。

二、助力《大公报》

1902年,刘孟扬开始为《大公报》供稿,并在当年年底受英敛之邀进入《大公报》馆。1903年5月,刘正式担任《大公报》第二任主笔。

1903年盛夏,英敛之和刘孟扬在闲谈时发奇想:把《大公报》刊登的白话文章每天记下来,然后加上报馆的看法,作为附张向购报者逐日附送,再把每日的附张积存,然后或一月或一季攒成一册发行,既可增加报业经营范围及收入,又能提升报馆的知名度(当时《大公报》的日发行量不足六千份)。两人随即商定,购报者附赠,另购者每张铜元一枚,购月册者小洋三角,并在第二天就登报告知。此附张如成月册,每册文章约三十至四十篇,二人约定,间天每人一篇,其余由丁子良等人来写(其实英敛之写得最多,约占五成多至六成)。该附张成刊后取名为"敝帚千金",由严修作序,英敛之作自序,于1904年4月16日正式订册出售,几千册旋即售罄。一个月后,第二集又出,仍是供不应求。

《敝帚千金》为"家有敝帚,享之千金"之意,也可解作"敝帚自珍"。英、刘等人以此典自嘲白话文当时尚不受重视,但他们的这项工作也实际上开启了晚清白话文运动的先河。《敝帚千金》一书主要包含开智、辟邪、合群、劝戒缠足、寓言等五类内容。归纳起来,有着如下几个特点:

其一,内容上,开启民智。所载白话文章的核心议题是启迪国民,令其懂得如何合群爱国。

是所谓"若民智不开,任凭你办什么,都不会好的"[①]。而如何开智?最重要的就是"四万万人民,个个都能够知道要强","个个都能够懂得自立,还愁我

[①] 《敝帚千金第二集序》,《敝帚千金》1904年第2期,第2页。

们中国强胜不起来吗"①。正是因为爱国精神的淡漠,国家才到了"危机存亡之秋,艰难忧殷之日"②。而追根溯源,中国人没有爱国思想主要源于"中国人的脑筋,他不知道甚么叫做国",这一点不像欧西各国,"他们能够爱国的缘故,是因为他们外国,开通很早,时常这国人和那国能来往,各国强弱的形势,不断两下里比较,便不断两下里竞争,因此就生出爱国心来了"。相反,中国历经的各朝各代,都是关门过活,和那强大的外国交通的时候很少,纵然有时候和各国来往,多半都是归服自己的属国,"没有比较强弱的心,便没有竞争的心,既没有竞争心,那能够有爱国心,这是我们中国人,不知道爱国的根由"③。

因此,在英、刘等人看来,要想培养民众的爱国心,先要让他们了解国与民的关系,以及国对于民的意义。对此,他们可谓煞费苦心。

其二,形式上,以白话式的文字,对民众动之以情,晓之以理。

这样的劝导多处可见:"咱们现在有国家的,还不想法子保国家吗?这国家谁可以保呢?我说人人都可以保,人人要是都知道爱国家,那国家就可以保住了。"又如,"人要是没有国家,也便和这水面浮萍一样了。"④

1905年4月13日,《大公报》发满千号,报馆举行了相关的纪念与祝贺活动。与"大公主人"英敛之撰写的《〈大公报〉千号祝辞》相并列,报纸刊登了刘孟扬所撰《〈大公报〉千号贺辞》,这无疑昭显了刘孟扬在《大公报》中特殊的地位。

1905年年中,一场轰轰烈烈的抵制美货运动从南至北响彻全国。而这时,英敛之正应日本友人邀请,赴日游历参观。《大公报》在刘孟扬的主持之下,成为北方提倡抵制美货的重要舆论阵地:该报于1905年5月23日登载上海商会发起抵制美货通电,从30日起又开辟了"抵制美约要闻"专栏,后又声明该报不登美商告白。6月9日,刘孟扬写下一篇《现在正是实验我们中国人团体的时候》:

> 国家的强弱,只看民气的强弱。民气的强弱怎么看呢?只看他有团

---

① 《爱国合群》,《敝帚千金》1906年第14期,第16—17页。
② 《奉告报界诸君》,《敝帚千金》1906年第11期,第43页。
③ 《爱国心是自强的根子》,《敝帚千金》1906年第15期,第49—50页。当然,论者也认为,这一点在甲午之后稍有改变:甲午战败之后,土地割让加之巨额赔款,国人义愤填膺,"也算是爱国心的苗头儿"。
④ 《愿意爱国家的人请看》,《敝帚千金》1906年第12期,第25—26页。

体没有团体。民要是能结成团体，合大家的力量，成为一个力量，这股子力量必大。力既然大，气自然强；民气既强，国没有不强的，这是一定的道理。我们中国自来软弱，任着外人欺负，说要土地，就给地土；说要便宜，就给便宜；要虐待民人，就任着他们虐待，绝没有敢跟他们抵抗的。虽然都气不平，无奈心不齐，这个怕碰钉子，那个怕闹吵子，个个着急，个个可不出头。即或有一两个出头的，也是无济于事，这就是吃了没有团体的亏了。现在美国要续订禁止华工的条约，上海所有中国各省的绅商，会议出主义抵制，所出的主义，全须仗着国民的团体，才可以实行。①

之后，《大公报》陆续登载抵制美货相关"论说"三十篇。直隶总督袁世凯大怒，一方面以"有碍邦交、妨害和平"之名，下令禁邮禁阅《大公报》，一方面将刘孟扬传唤到衙门欲以刑拘。但刘孟扬有功名在身，袁只能斥责其"扰乱"国家大事，望今后好自为之，别给自己和家中惹事。英敛之7月底回津，8月17日便与刘孟扬登联名启事：

> 抵制美约之事，倡于上海，各省风应，凡华字报，无一无之，敝报当仁岂能独让？故随君子之后，亦尽国民之一分之天职，诚以此举关系中国前途者既远且大也。今不幸敝报独触当道之怒，严禁士人购阅，不准邮局递寄，为不封之封。②

刘孟扬在《说公德》一文中对专制政治、"当权作官的人"的恣意妄为进行了批判，在某种程度上也可看作是对抵制美约之事的一种回应。他说，几千年以来，由于威权统治，把中国人"急公好义的心、慷慨侠烈的气，久已抛到东洋大海去了。所以，拿着我们地球上堂堂一个大国，降在三等野蛮上去，叫万国随便的轻慢凌辱，有时候受人的看待不如畜类。……难道真是如同今人所说的，上天无亲，惟强是佑么？细想起来，这却大大的不然"。又说："你们岂不知孟子说的么？人必自侮，然后人侮之；国必自伐，然后人伐之。又古人说过，木必先腐，而后虫生。""我们如今遇见这个时代，该当齐心努力的爱国爱群，尽心的求学问，竭力的重公德。若是人人这样，然后国可以存，种可以保。倘或但顾己私，终归一同流到牛马奴隶的地步，后代子孙就永无出头之望了。"③

---

① 《附件·现在正是试验我们中国人团体的时候》，《大公报》1905年6月9日。
② 《特白》，《大公报》1905年8月17日。
③ 刘孟扬：《说公德》，《敝帚千金》第二册，1905年9月，第1—3页。

1905年9月，刘孟扬向英敛之请辞报馆主笔而进入警局工作。刘孟扬说，自入报以来，英氏夫妇对他照顾颇多，英敛之本人对他是"启智之人"。二人立约，将来无论哪位有难作之事，必须相互提携，不得观望。刘孟扬亦答应不定期为《大公报》撰写文章。

刘孟扬在警局工作时间不长，但其才干深受上司赞赏，所写《警察条例》沿用了二十余年。在警局供职期间，刘曾兼任天津商会所办《商报》经理。1907年初辞掉警局工作后，刘孟扬再入《大公报》任主笔，但次年又为"赴民政部侍郎赵公秉钧之约，入京在其私寓参办机务"，同时亦为"普及教育之一助"以完成《中国音标字书》的写作，而再次离开《大公报》①。在《大公报》的历练，为他今后独自办报打下了坚实的基础。

三、著书立说，开展公益

刘孟扬在《大公报》做主笔期间，就参与了大量的公益活动。1903年，刘孟扬在天津创办独立天足社，宣传废除妇女缠足陋俗。该会后更名为公益天足社，取"于公众有益"之意。刘孟扬还撰写《不缠足妇女的装束可以随便》等文，针对人们认为放足后"愁不知道按照怎么个样式打扮"的观点开导说："打扮可以随便，不必发愁。"以破除妇女心中的疑虑和困惑，鼓励她们与陋俗坚决分离。在其公益天足社的章程中写道："不缠足之妇女，其装束或按照北京妇女服饰，或按照湖南省妇女服饰，悉听随便。"鼓励放足的妇女真正从思想观念上放开顾虑，选择多种多样的、自己喜爱的新生活模式。

1905年5月31日，刘孟扬刊文《公益天足社刘孟扬敬告众社友》于《大公报》，其文曰：

> （公益天足社）虽然名为天足社，实在不够社会的资格，这实是对不住众社友的一件事。但是其中也有个缘故，众位社友也当原谅。鄙人本是个寒士，向来在钱财上最为清白，为的是保全名誉。要是开一次会，必须要有些个费用，请问这项费用从那里出。……假如因开会捐敛钱文，或有说我是借此图利的。还有一节，要是向社友捐钱，以后也就没有人肯为社

---

① 刘孟扬：《梦影录》，华北治安总署1942年版，第2页。

友了。故此鄙人自从创立天足社以来，自己花过几块钱，还有一两位社友送给过几块钱，全印了《劝戒缠足浅说》的单子使用，此外才没向人捐过钱。至于劝戒缠足的方法，专仗着众社友们转相劝导，也就不必开会了……喜欢的是天足风气已逐渐开通，跟五六年前已有天渊之别。鄙人刚成立天足社的时候，外边都说我是邪魔外道，如今就连说我邪魔外道的，也都没有话了，这不是一件极可喜欢的事吗？①

不难看出，公益天足社完全是靠社友自发自觉传播，或由刘孟扬本人去其他活动场所演讲进行宣传。这个公益组织并未制定相关的监督措施，其传播形式更多地源自大家自发劝导，使天足风气得到很多人理解与支持，亦得到社会推崇。在各界人士密切配合、支持下，公益天足社更新了人们的思想观念，改变了人们的行为习惯，为推进移风易俗贡献了力量。

在创办独立天足社之外，刘孟扬还积极提倡女权和女学。在《大公报》做主笔期间，刘孟扬就写出了自己平生第一本书《女界慈航》。书中所写之人即是《大公报》的第一位女编辑吕碧城。吕碧城除了曾发表一系列立意非凡的诗词之外，还在《大公报》连续发表一系列提倡女权与女学的文章，譬如《论提倡女学之宗旨》《敬告中国女同胞》《论中国当以遍兴蒙学女学为先务》等。她在《论提倡女学之宗旨》一文中写道：

> 女学之倡，其宗旨总不外普助国家之公益，激发个人之权利二端。国家之公益者，合群也；个人之权利者，独立也。然非具独立之气，无以收合群之效……②

刘孟扬看后感慨道：

> 以女子论女学，故亲切有味，耐人深思，至理名言，非同肤泛……吾敬碧城女史，因而不敢轻视中国之二万万女子焉。果有闻女史之言而兴起者，则女学昌明，女权大振，家庭中有好教育，国民中自有大英雄，尚虑国家不能强哉？吕兰清天下奇女，年虽轻见识过人，诚如所言，除了男人之外、中国再出几十万女秀才、女翰林、女洋学生强人，谁敢轻视我国？真做到实则、实功、实效，这是官府与国人应共举力大助的。须知勤者无贫、智

---

① 刘孟扬：《公益天足社刘孟扬敬告众社友》，《大公报》1905年5月31日。
② 《论提倡女学之宗旨》，《大公报》1904年5月20日。

者无惑的道理,男女平权共学,当为国家强盛之根本。①

除此之外,刘孟扬还撰写了多篇白话提倡女学女权,这些文章部分被收入《敝帚千金》。

1907年9月,清廷颁布了"禁烟"上谕:"自鸦片弛禁以来,流毒几遍中国……着定限十年以内,将洋土药之害一律革除净尽。"1909年2月1日,中、美、英、法、德、日等十三个国家的代表参加的万国禁烟会在上海召开,但各国对于鸦片贸易有着各种不同的利益,代表之间充斥着激烈的辩论和争斗,导致会议所通过的决议对与会各国并无约束力。

刘孟扬认为清廷虽腐败,但禁烟本身却是好事。外国人同意与否并不重要,关键是要中国人自己不种烟、不吸烟。于铲除几十年来吸食鸦片的陋习,推进民生健康而言,"禁烟令"无疑是好的举措。刘孟扬除了自己撰写多篇文章,从各个角度宣传吸食鸦片对个人及社会的毒害之外,还积极开展社会活动,与丁子良、张伯苓等社会知名人士相约成立了中国近代史上第一个"恢复禁烟主权会"(后更名为"中国国民禁烟会顺直分会")。刘孟扬又力荐丁子良担任随后成立的国民求废烟协会会长,请他以医生身份向民众阐述吸食鸦片对身体的毒害;以报人的身份②说明吸食鸦片对家庭及对社会的危害,以警示国人:若再不制止吸食鸦片,中国必将国之不国。他们还共赴北京请愿,为废除使鸦片贸易合法化的《中英天津条约》而奔走。

除了积极参与公益活动外,刘孟扬的名字在当时的语言学界也颇有分量,被后人誉为"汉语拼音先驱"。1892—1910年,全国提出切音字方案二十多种,大多是汉字笔画式,刘孟扬的拼音方案则于1908年以专著的形式(《中国音标字书》)出版面世。他从实际出发,大胆突破洋人的体系,起用b、d、g来代表酷似浊辅音的不送气辅音,这为后来汉语拼音字母的选定提供了先例。他的方案还有一先进之处,就是以词为单位来书写,即汉语拼音方案中的"分词连写法"——直到半世纪前的文字改革高潮中,刘孟扬的方案还被频频提及,他的《中国音标字书》也于1957年由出版社重印,其影响之深远可见一斑。

同时,在潜心研究音标之外,刘孟扬对西方发达的科技知识也十分关注。他认真钻研科学知识,著有《宇宙之大疑问》一书。此书1922年暮春刊行,所

---

① 刘孟扬:《女界慈航》,手抄本。家人手抄,藏于刘孟扬家中。
② 丁子良在医生身份之外,经常撰写政论和白话,向各大报刊投稿。

涉范围极广,天文地理、哲学宗教、物种起源……都是他平日里思索的内容。"吾人生当其间,既不肯随俗浮沉,尤愿以黜虚崇实之微言,唤醒世人之迷梦,因发为种种大疑问,俾世人得以自觉焉。"①正是怀着这样的想法,他"以有涯之生,治无涯之知"②,完成了这样一本趣味盎然的书。

刘孟扬还写有《天津拳匪变乱纪事》一书,是后人研究义和团运动弥足珍贵的历史材料。他在此书序言中写出自己心声:

《天津拳匪变乱纪事》,何为而刊行乎?志国耻也。国耻何为而志乎?以知耻近乎勇,勇则奋发自立,求雪国耻也。国耻将如何雪耻乎?在求知识,励学问,共图己国之富强,使各国无敢再为蔑视者,耻斯雪矣!③

此书的内容从1910年6月18日(外寇破城日,被刘孟扬视为国耻日)始连载于《民兴报》,后结集出版时,初版印刷1 900册,"1 900"意为莫忘庚子、辛丑之耻。

四、其他报刊实践

事实上,前面所言及的连载《天津拳匪变乱纪事》的《民兴报》,正是刘孟扬1909年接手续办的报纸。该报于1909年3月7日出版,当时所刊广告云"本报以正民德、开民智、达民隐、作民气为宗旨。议论公正,词义浅显,新闻精确,小说新奇"④。这份报纸"多方面批评讽刺当时的反动官吏,为读者所喜闻乐见,宣传方法比较巧妙,对以后天津的旧报有影响"⑤。

1909年,刘孟扬在二弟刘夒扬、三弟刘乃扬先后入社后,将报社的工作交由二人主持,自己则与好友经常在一起议论文章、社会及报业发展方向。1911年底,他考虑在维持原有报纸发行的基础上创办新的晚报。后来兄弟三人商定,以白话文办晚报,并直接命名为《白话晚报》,计划使该报文字浅显、直白、

---

① 刘孟扬:《宇宙之大疑问》,吴海鹰编:《回族典藏丛书》第118册,甘肃文化出版社2008年版,第454页。
② 李文权:《宇宙之大疑问·序》,吴海鹰编:《回族典藏丛书》第118册,第449页。
③ 中国史学会主编:《义和团二》,《中国近代史资料丛书》,上海人民出版社1957年版,第3页。
④ 白润生主编:《中国少数民族新闻传播通史》上,中央民族大学出版社2008年版,第59页。
⑤ 刘志强、张利民主编:《天津史研究论文选辑》,天津古籍出版社2009年版,第525页。

通俗,和口语一般无二,让文化低、识字少的大众也能看明白。又确定了版面为四开,一版为要闻及部分地方主要新闻,二版为天津部分新闻及投稿,三版、四版为社会趣闻及游艺和商、工告白,并登载讽刺清廷愚昧、官吏腐败的文章及漫画,以壮《白话晚报》声威。

1912年4月,《白话晚报》正式开馆发行,同年12月又有《白话晨报》问世,四年之后的1916年,刘孟扬还进一步创办了《白话午报》,至此晨、午、晚三报成鼎足之势,成为了天津乃至全国报业之佳话。三份报皆有自己的社论栏目,晨报为"晨钟",午报为"午炮",晚报为"暮鼓",三者中尤以午报的"午炮"最受欢迎,它敢于登载社会上官僚的不良言行,敢于登载地痞流氓的恶霸行为,使用口语一样的语言进行谴责,最得广大读者的欢迎。

此外,刘孟扬在警厅任职期间,受商会邀请代表当时政府接管了《商报》。《商报》一因管理不善而难以为继,二因内部人员关系不睦而停刊。但当时《商报》有半官方背景,政府不愿就此将该报关门,就派刘孟扬前去接管暂代社长之职,刘提出只代管一年。但未到期满刘孟扬即被省府调任磁县任县长,他走后不久,《商报》即又停刊,直到1928年才复刊。

五、结语

在英敛之主政《大公报》的十五年之中,前后换了多位主笔,而刘孟扬是其中英敛之最为倚重的一位。如前所述,1905年4月13日《大公报》发满千号,报馆举行了相关的纪念与祝贺活动。与英敛之撰写的《〈大公报〉千号祝辞》相并列,报纸刊登了刘孟扬所撰《〈大公报〉千号贺辞》。他陪伴并助力英敛之走过《大公报》初创期的艰辛,也见证了《大公报》逐渐走向"北方清议之望"[①]的辉煌。如果说英敛之是"大公"的缔造者,那么刘孟扬即是"大公"的助力者。而离开《大公报》之后,不管是著书立说,提倡公益,接办报纸,还是步入政界,刘孟扬都秉持着一份爱国之心、一腔爱国热情,从不同的层面续写"大公"精神。

---

① 《英敛之先生日记遗稿》,第981页。

附　代表作赏析

兴女学宜用音标字说

（原载《大公报》1902年9月21日）

　　吾华女学之不兴，其害可胜言哉？我国民何为不能速进于文明？我中国何为不能日趋于强盛？我黄人声价何为不能媲美于白人？君子曰：皆女学不兴之故也。故海内有志之士倡为兴学之议者，皆以女学为汲汲，非故为是不急之务也。盖女学不兴，有最足阻新学之进步者，姑就予所身经者述之。予有一十余龄之学生，每当与之讲解西学大意，伊辄诧为闻所未闻，告以地系圆体，伊则曰：吾母亲不谓然也。告以风雨之理，伊则曰：吾母亲不谓然也。甚且曰：吾乳母尝如何说法，吾仆妇尝如何说法，吾聆先生说，若将信将疑也。噫，殆矣。夫凡事皆以先入者为主，男子之始生也，亲母育之，乳母抚之，仆妇随之，行动言语皆学之于妇人也，知识好尚皆习之于妇人也。入于耳而印于心者，无非妇人之言谈；习之惯而成自然者，无非妇人之见解。其顽谬之病已中于未尝学问之前，及一旦入书塾讲新学，闻业师之议论在在与之相左：吾母与乳母、仆妇皆谓地本方而平也，胡为先生谓其圆？吾母与乳母、仆妇皆谓风雨有神也，胡为先生独不信？其信业师之心反不如其信妇人、女子之心坚，业师虽舌敝唇焦，奈其已先有一一成不变之见何。即此一端，已可见女学不兴之害矣。但今之言兴女学者，多希望以最高之程度。予谓欲破其已成之弊病，欲浚其既塞之灵源，当由浅而入深，不宜遽望以难能之事。即如中国之文字，其为数四万有余，其间音无定音、义无定义者，尤令人不能尽识。今欲驱冥顽之女子，使从事于高等之学业，即单字只义已难竟学，必何时乃可使其智慧大开、文明日进哉？虽南方风气所开独早，颇不乏聪颖之女子、知书之妇人，然试问其全省之妇人、女子有尽能读书识字者乎？泰西妇女皆能识字，其切音字易通也，字易通则无论何书皆可读；日本妇女亦皆识字，其假名字易习也，字易习则无论何事皆可知。独我中国文字太繁、字体太杂，一字一音，一音一义，欲尽识其音义，必经十余年之功，而后可既识其音，既识其义犹必习其文。而况中国文无定法，尤不易尽通，令妇女学之，其不畏难者，几希矣。故予谓当用由浅入深之法教之。由浅入深之法，莫如用音标字。予曾殚数月之功，仿东西文切音之法，撰有《天籁痕》一书。其法敏快，十余日已能竟学。无论何字何音，皆可用此字写出；即口所能言,笔所不能达之字,亦可用此字传出。推之各省之土语、各国之方言亦无不可以曲曲传出。学成后,用此字将一切紧要事件演成白话,令其阅之,自能一览而知其功用,直与全识文字者等。或用此字编撰书籍,或将文字用此字注定其音义,令其学习,则事半而功倍,省无限之精力,便能增无限之见识,可以凿破浑沌之窍,使之渐达于最高之程度,其获益不殊多哉。难者曰:女学堂不立,女学焉能兴?女学不兴,子之音标字将何所用?予曰:能立学堂固妙,否则尽可由全国读书之人同发其热力,用音标字教自己家人之妇女,以树先声,学堂不立,女学亦可兴也,而况近已有倡议立女学堂者乎?难者曰:子一人所撰音标字,安能传遍一国?予曰:不难也,一传十,十传百,由一县传一府,由一府传一省,由一省传各省,不过一年,全国皆可有新字之迹,特恐吾津人无心学之耳,特恐既学之后无心转教他人耳,苟有愿学者,虽踏破吾门限,抛弃吾事业,吾不嫌也。有兴女学之志者,其果能降心以相从否?

【赏析】

晚清时期,民族危机不断加深,西学传入,新旧思想交替,面对内忧外患的社会情境,不少仁人志士意识到革新教育的急迫性。在教育革新的近代思潮当中,"兴女学,开女智"成为一面鲜明的旗帜。《大公报》则成为树立这面旗帜的重要阵地之一。

刘孟扬曾撰写多篇论说和白话,提倡女学女权;作为"汉语拼音先驱",他亦亲撰著述讨论音标改革方案。《兴女学宜用音标字说》一文则关联了他提倡兴盛女学的思想以及推进音标改革的愿望。故而这篇发表于1902年9月21日《大公报》头版、署名"清醒居士"的文章,可被视为刘孟扬早期论说的重要代表作。

文章在开头便以"我国民何为不能速进于文明""我中国何为不能日趋于强盛"这两问,直指国家兴衰、民族存亡与"女学之不兴"之间的密切关系。在阐明"妇女无知于国于民之害"的观点之后,刘孟扬紧接着提出,女学发展的困境在于不能贴合实际——推行女学应当由浅至深,而在此循序渐进的路径中,学习音标不失为妇女识字之重要一途,是所谓"令其学习,则事半而功倍,省无限之精力,便能增无限之见识,可以凿破浑沌之窍,使之渐达于最高之程度,其获益不殊多哉"。接下来,作者又以循循善诱之法,倡导读书人对家中妇女进行音标教学,他笃信,沿此一途,即使女子不入女学堂,女学也会兴盛,并蔚然成风。正所谓"一传十,十传百,由一县传一府,由一府传一省,由一省传各省",从家宅之中,到全国各地。只需一年之期,"全国皆可有新字之迹"。文章最后,"虽踏破吾门限,抛弃吾事业,吾不嫌也"等寥寥数语,揭示了刘孟扬愿以个人之力,殚精竭虑,兴盛女学,推广音标的决心。

此文以问题为导向,从实际出发,探讨女学推行的重点与难点,明确音标法对于妇女学习的裨益,并在此基础之上,明确提出切实可行的推行方案,深刻表达了作者对于女学普及的关切与思考。言辞恳切,发人深省。

传承英华笔政：唐梦幻*

唐梦幻（1865—1919），原名唐祖绳，字莲孙，别号梦幻。唐梦幻出生于上海漕河泾一户书香世家，年少时跟随身为上海名宿的叔父研读四书五经，表现出了超越同龄人的聪颖睿智，以至于不及弱冠便"名噪一郡"。年少时期，恰逢清末乱世，身处上海的唐梦幻一方面看到西方列强对中国的践踏，一方面又感受到了进步思想文化的新风，于是开始攻读西学。学有所成后，唐梦幻先后在上海文报局和《苏报》工作，1903年"苏报案"发生后，他北上天津避祸，先任职于《北洋官报》，1910年转至《大公报》并主持笔政三年。1913年，唐梦幻因病返回上海，供职于两所女校。由于钟爱新闻事业，唐于1915年应刚刚兴办的天津《益世报》之邀约再度远赴津门，主持该报笔政，最终于1919年因感染疾病去世。唐梦幻将其短暂的一生贡献给了天津近代两份最知名的报刊，他为《大公报》和《益世报》所做出的贡献值得后人永远追思与铭记。

一

唐梦幻青年时期恰逢清末文风衰败腐朽之时。在当时的科举考试中，总能看到借助陈旧腐朽的八股和毫无意义的经典来博取功名进而踏上仕途的案例。但唐梦幻对诸如此类借助华丽的辞藻来包装空虚内核的文字嗤之以鼻，在他的文字中充满了当时少有的风骨文风和精神内涵。虽然这种独立于世的义风和理念在当时的文坛中备受孤立，但唐氏始终保持着自己的操守，"弗肯易其趋步"①。

---

* 本文撰稿人：冯帆，天津师范大学新闻与传播学院讲师。
① 董郁青：《唐梦幻先生行述》，《益世报》1919年2月9日。

《南京条约》签订后,上海成为我国近代第一批被迫开埠的沿海城市,外国商人、政客、传教士云集。列强入侵虽然在很大程度上破坏了我国的主权完整,但也在客观上推动了上海这座城市的近代化进程。在这样的背景下,上海成为当时中国最为现代化的城市,包括电车、轨道、汽灯等都已成为生活中常见的事物。而借由器物上更新带动的,更是当时上海民众观念上的进步。

这种进步的思想观念自然也体现在了当时的青年唐梦幻身上。面对清末国家的危亡和社会的苦难,唐氏哀叹过去书生终其一生追求的儒家经典和科举功名已经无法作为拯救国家的武器,因此他抖擞精神,提出"学以实用为贵"。在他看来,当时的文人学者还想像先前一样抱着四书五经,每日伏案写作考取功名、成就大业已无可能,而这时更重要的是为国为民,以笔报国:"若无裨于人心时政,虽下笔万言,不过如好鸟鸣春、飘风过耳,曾何济于事实哉?"①在这种救国救民思想的感召下,唐梦幻毅然抛弃了自己先前苦苦积累的书籍和八股文章,开始从头学习政治、法律、艺术等各种介绍西方近现代知识体系的新知。在大量阅读和坚持学习的过程中,唐氏逐渐将西方法政艺术知识等新学与中国原有的知识融会贯通,扎实的文史积累和博古通今、融汇中西的知识构成,成为后来唐梦幻蜚声报刊言论界的根基。

起初,唐梦幻进入上海文报局工作。因有出众学识得到了时任文报局局长的信任和青睐,并将其视为自己的左膀右臂。但是,文报局尝试对唐梦幻的工作采用小时聘任方式,这引起了唐氏极大的不满:在唐看来,这种聘任方式是一种非常不尊重人的表现,"是佣我,非聘我也"。于是工作不久,唐梦幻即毅然辞去上海文报局的工作,转而应聘《苏报》,开始踏进报界。唐到《苏报》后,文报局局长还前往找他,表示自他走后,文报局事务繁乱,继任者不能胜任,文件"积尺余,纷如乱丝",希望他能够重新回归文报局。唐梦幻感到"旧谊不可去",便应允局长的要求,一面在上海文报局工作,一面则继续为《苏报》撰稿②。

此时的《苏报》早已从前期的媚俗小报变成了在章士钊、章太炎主笔撰稿下的进步革命报刊。而在章太炎《康有为与觉罗君之关系》一文发表后,《苏报》及其主笔即遭遇厄运:1903年6月底,清政府勾结上海租界当局查封《苏报》,并抓捕了章太炎等人,而后《革命军》作者邹容也主动投案。这就是中国

---

① 董郁青:《唐梦幻先生行述》,《益世报》1919年2月9日。
② 董郁青:《唐梦幻先生行述》,《益世报》1919年2月9日。

新闻史上著名的"苏报案"。

"苏报案"牵涉极广,唐梦幻因身有嫌疑不得不离开上海远遁津门,从此开启了他人生的崭新阶段和与天津报坛的一生之缘。

二

初到天津的唐梦幻供职于《北洋官报》,由于其具有扎实的文字功底和办报经历,不久便成为报馆骨干,受到官报总办张孝谦的器重。张孝谦是进士出身,且长期从事经济方面的工作,对办报和编辑等事务毫无头绪。每每看到唐梦幻能够将各项工作进行得有条不紊,他便心生佩服,遂引为倚重。后来张孝谦离任,唐梦幻与继任总办不和,便离开官报社,并于1910年被英敛之引入《大公报》。

《大公报》作为当时天津最知名的报刊之一,成为了唐梦幻发挥自己抱负的最佳平台。在这里他协助创办人英敛之主持笔政,主要负责"闲评"专栏。1912年,英敛之归隐香山后,唐梦幻与樊子鎔主持《大公报》笔政,他除了继续负责"闲评"栏外,还在"言论"栏发表文章,倡导改革、启发民众。翻阅当时的《大公报》可知,作为英敛之退隐后主持《大公报》笔政者之一,唐梦幻在1910年至1913年间共以"梦幻"之名发表言论文章二百零一篇。其中1910年十篇,1911年九十二篇,1912年五十六篇,1913年四十三篇,可谓多产。这些文章大多针对当时社会热点和国家政事国际大局而作。如政治方面,有发表于1910年5月12日的《论官制与人才》、1911年1月1日的《论政府对于人民之现象》、1911年4月22日的《论国民不可放弃应有责任》、1912年3月7日的《敢问政府何以回复北方秩序》、1913年3月31日的《对于大总统职权之平议》等;在经济方面,则有诸如1911年3月18日的《论划分国家税地方税之标准》、1911年10月28日的《论上海市面之扰乱》、1912年6月12日的《论钱价与物价之比例》等;在社会民生方面,则有1911年1月19日的《对于天津防疫之感言》、1911年6月14日的《论皖北水灾之关系》、1912年7月7日的《论今日人才缺乏之原因》、1912年11月12日的《论保障人民之必要》等;在外交方面,他也曾发表了诸如《论中国外交之趋势》《预测中俄交涉蒙事之结果》等文章;军事上,唐梦幻亦曾多次发文涉及,包括《论本年大操之关系》《呜呼国民军》《抚蒙剿藏私议》等。从这二百余篇文章中可以看出,唐梦幻作为当时主持《大公报》笔政的主要承担者之一，其涉猎范围颇为广泛，从政治、经济、社会民生到外交、军事、教育，甚至他还曾在1912年8月1日撰文论述婚姻自由与宗教信仰之间的关系。

唐氏受益于早年间博古通今、融汇中西的阅读和积累，他的文章言简意赅又尖锐深刻，经常以看似诙谐的文字反映出其对民众的同情和对改革的倡导以及对当权者懒政怠政的不满。在对晚清混乱政局的分析中，他以笔为刀，敏锐地察觉朝廷人才稀缺和立宪改革迟缓的背后，最根本的原因在于清政府并非真要实行改革，改革只不过是其拖延时间，妄图继续对民众实行封建统治的借口。而在错综复杂的清末社会中敢于在报纸上公开发表揭露清廷乱局、与政府对立的观点，唐梦幻的报人风骨由此可见一斑。

除了对政府进行严格的监督和批评外，唐梦幻还借助纸笔表达着对普通民众的同情和关注。这其中他于1911年京津地区鼠疫流行期间的几篇言论文章最具代表性。在当时，作为《大公报》主笔的唐梦幻曾多次发表文章，针砭时弊，直面疫情。从1911年1月18日到24日，唐梦幻在当时他主持的"闲评""言论"等栏目上刊发多篇社评文章，一方面批评朝廷官员应对疫情不利，另一方面也通过文字启发民智，号召民众移风易俗，重视卫生防控。

唐氏在《大公报》主持笔政三年，工作夜以继日，逐渐积劳成疾，开始不断出现各种咯血症状。为了治疗疾病、休养身体，加之离家日久怀念亲友，唐梦幻满怀无奈地于1913年辞去了《大公报》主笔的职务，回到上海养病。当时听闻唐氏辞去《大公报》主笔回乡的很多读者都表达了惋惜和遗憾之情，一时间"《大公报》之销数遂因之暴减"，足可见当时读者对其文章言论的喜爱①。

三

因病回到上海后，唐梦幻度过了一段安静的居家修养时光，身体亦逐渐康复。在此期间，唐氏也曾短暂担任过几所学校的教师。他的教学工作受到学生欢迎和好评，他也热爱教师这份职业。但是一个机会的出现，又唤起他内心的办报兴趣：1915年，《益世报》由比利时籍天主教传教士雷鸣远创办于天津。

---

① 董郁青：《唐梦幻先生行述》，《益世报》1919年2月9日。

创刊之初,苦于难以寻觅合适的编辑人才。而当时作为报社副总经理的杜竹轩则立刻想到了唐梦幻。在杜氏看来,唐是《益世报》总编辑的不二人选。于是报社派人携钱款前往上海聘请唐梦幻重新出山,而唐梦幻此时身体早已调理无恙,于是便再次来到津门,开启报业第二春。

唐氏担任《益世报》总编辑的时期,恰是民国确立未稳,袁世凯妄图复辟称帝的危难时期。他与正副总经理刘俊卿、杜竹轩一道为报社的发展呕心沥血,终日伏案写作。当唐氏看到袁世凯洪宪复辟丑剧上演时,他苦于自己无法以笔墨为武器;而当袁世凯复辟帝制的野心被现实击破,民国重焕生机之时,唐氏又通过笔墨力谏各路军阀枭雄能以民众百姓为念。在《益世报》工作期间,唐梦幻将自己的言论对准了纷繁变幻的时局,他把一腔热血投入针砭时弊,为民请命的笔耕之中。而也是因为他的耿直和敢言,唐氏自己和报社多次陷入危机之中,但他却毫不畏惧,坚持以笔为刀,针砭时弊。

1918年9月,天津又一次遭遇瘟疫流行。而已经直面多次疫病灾害的唐梦幻此时却不幸染疾。加之长期的辛苦写作,使得他咯血旧疾复发。但即使如此,唐氏仍坚持到报社主持笔政。报社同人看到手扶拐杖艰难支撑的唐梦幻,都劝说他多加休息,但他却表示"吾职也,虽有疾敢不勉乎!"①长期的疾病最终打垮了唐梦幻的身体,虽然报社聘请了当时天津知名中西大夫为他诊治,但终于宣告不治,于1919年正月初一下午五时去世。《益世报》在1919年2月9日发布的讣告中高度评价了唐梦幻的为人和文字:"愤时嫉俗发为文章,一论一言政府奉为导师,社会亦尊为圭臬","兹者少微星陨,不独言论界失一南针,亦且文坛中失一北斗"②。

附　作品赏析

对于天津防疫之感言

(原载《大公报》1911年1月19日)

泰西文明各国其人民各有普通政治知识、普通道德知识,故其自治之能力

---

① 董郁青:《唐梦幻先生行述(续)》,《益世报》1919年2月10日。
② 《本报启事》,《益世报》1919年2月9日。

之热心常处于优胜之地。而卫生实为自治中之一要素,防疫又为卫生中之一要素,有学问以研究之,有理想以发明之,又有种种筹备以补救之。一物之微,必费多方之试验;一事之细,必经实地之研求。论者谓进化国之人民气体强而疾疫少,盖其得力于卫生者非浅鲜也。中国人民平日于卫生之学绝未讲求,一遇疾疫发生,非坐视死亡,即张皇失措,虽有官吏之督饬、法令之颁行,而既不能消弭于事前,又不知慎防于临事。此东三省之鼠疫所以蔓延而不可收拾也。

查东三省鼠疫发见于满洲里,未几而延及哈尔滨,又未几而延及奉天,今闻奉天以西亦有传染者。其蔓延之广,传染之速,为中国近年来所未见。天津中西官场为先事预防之计,京奉铁路之交通暂行停止,复派员随带西医至山海关一带查验,以防阑入,并在天津颁布戒严令。观其所订防疫章程及火车验疫章程,种种设防可谓不遗余力矣,乃起视吾民房屋之污秽如故,饮食之疏忽如故,一若行所无事者,既不知个人卫生之道,则所谓公众卫生者更无论已。试推其理,盖有两大原因。

一由于公德心之缺乏也。中国人民自私自利之心重,往往一乡有事仅顾其家,一家有事仅顾其身,凡事皆然,不特防疫一事而已也。如此而欲其富者出资,贫者出力,以谋地方之幸福,以求公众之安宁,千百中殆无一二矣。岂知疫疠流行,一乡受害势必及于其家,一家受害势必及于其身,则何若及其未发共图消灭之为愈乎?虽近日地方自治逐渐进行,人民始稍稍知有公益,然少数人之提倡究不如多数人之合群。吾是以因防疫一事,而叹人民之不可无公德心也。

一由于迷信心之胶执也。自新学发明,一二开通之士皆能破除迷信之见,然中等社会以下愚夫妇之沉迷如故也。故当疾疫盛行之际,非设坛建醮,即赛会迎神,以为如此即可以禳疫。而师巫邪教遂得乘机而起,借书符念咒之事以惑众敛钱者。即有稍知义理之人,亦且以死生有命,诿之不可知之气数。而一切防疫之方法漫不经心,甚或疑为骚扰。如近日上海人民因西人检疫之举,几酿莫大之风潮,其明证也。虽经中西各报说明鼠疫理由,终不能开其锢蔽。吾是以因防疫一事,而叹人民之不可有迷信心也。

有此二原因,无怪乎日言防疫,而人民之以染疫死者岁不可以数计也。然人民之所以无公德心、有迷信心者,尚有一总原因,则以社会之程度未能发达、学堂之教育未能普及有以致之也。吾愿天津人民于公众卫生之道三致意焉。

【赏析】

1910年到1911年间,我国北方遭遇了严重的疫情袭扰。爆发于东北的肺鼠疫不仅肆虐关外,也波及了当时的京津等多个地区。据《天津通志·卫生志》记载,1910年至1911年东三省鼠疫流入天津后,共有111人因此死亡。面对严重的疫情,天津地区采取了较为严密的防疫措施,除了政府层面的管控外,媒体也在尽己所能引导舆论,提醒民众提高警惕。

《大公报》作为当时天津最重要的媒体之一,通过不断的发声提醒民众防范疫情。当时,作为报纸主笔的唐梦幻曾多次发表文章,针砭时弊、直面疫情。从1911年1月18日到24日,唐梦幻借助当时他主持的"闲评"和"言论"栏目,刊发多篇社评文章,一方面批评清朝官员应对不利,一方面提醒公众移风易俗,重视防控疫情。

在这篇发表于1911年1月19日的文章中,唐梦幻结合当时大津疫情防控的实际,提出了"人民之染疫死者岁不可以数计也"的原因,直击当时疫情防控的要害。文章开端,他首先以西方各国"气体强而疾疫少"的原因入手,开宗明义指出中国人"平日于卫生之学绝未讲求"。紧接着,结合当时东北肺鼠疫蔓延范围广、传染速度快的特点指出了两大原因,其一为"公德心缺乏",其二为"迷信心胶执",两个原因可谓一针见血,点明了当时天津地区乃至全国防疫的短板。在文章最后,唐梦幻对当时天津民众表现出的"无公德心、有迷信心"这一现象作出了更深层次的剖析,他认为上述两原因的根源在于"社会之程度未能发达、学堂之教育未能普及"。

整篇言论逻辑清晰,层层深入,观点鲜明,发人深省。作者从中外对比的角度出发,结合当时肺鼠疫防控实际点明问题,进而表达出对社会发展和教育普及的期盼,展现了其作为《大公报》主笔扎实的文字功底和洞悉社会的不凡能力。无怪乎当时人们称唐氏及他的文章"政府奉为导师,社会亦尊为圭臬"。

主笔十四载：樊子镕*

樊子镕（生卒年不详），天津近代知名报人。曾在《大公报》创办初期辅佐英敛之，从事笔政。英氏退隐后，樊亦曾与唐梦幻等一同管理报馆，数年后因病离任；继而在天津另一份大报《益世报》担任总编辑，后又因病离任。任职《大公报》期间，樊子镕主持"时评"等专栏，在1910年至1922年期间笔耕不辍，撰文超过三千七百篇，称得上名副其实的"文章等身"。

一

1912年2月，清帝退位，袁世凯出任中华民国临时大总统，中国从此走出帝制时代。清王朝的落幕却让创办了《大公报》并一直以其作为宣传君主立宪重要阵地的英敛之黯然神伤：英敛之虽然受到西方资产阶级思想的影响，但作为满洲正红旗人氏，他自始至终都是保皇立宪的坚定支持者。当看到自己朝思暮想的君主立宪已成泡影、大清王朝已成为明日黄花之后，英敛之主持《大公报》的兴趣便一下子淡了下来。

1912年2月23日，《大公报》报头上已经看不到延续十年的清帝年号纪年，取而代之的则是民国年号。而除此之外，另一条"告白"虽看似普通，却在后来成为《大公报》改弦易辙的先声。这条"告白"中写道："本馆总理英敛之外出，凡赐信者俟归时再行答复。""告白"一登就是连续十二天，而英敛之也就此归隐北京香山静宜园，开始从事宗教、教育、慈善等工作。

英敛之退隐后，《大公报》的日常笔政开始由唐梦幻和樊子镕共同主持。唐梦幻祖居上海，先前曾在包括《苏报》《北洋官报》等多家知名报纸撰写文章，

* 本文撰稿人：冯帆，天津师范大学新闻与传播学院讲师。

1910年被英敛之引进《大公报》,并担任"闲评""言论"等专栏的主笔直至1913年因病离津返沪。

与短暂结缘《大公报》的唐梦幻不同,另一位主持报馆笔政的樊子镕则可以说是《大公报》的"股肱之臣":樊氏自1908年便进入报社,1910年起以"无妄"为笔名在包括"闲评""言论""时评""论坛""社说""杂俎""代论""小言"等多个专栏发表文字,成为了英敛之离开后《大公报》社内最重要的笔杆子之一。从1908年初入《大公报》社到1922年因病离开,在前后长达十四年的时间中,樊子镕共在各种专栏发表言论文章三千七百余篇,其中有很多已成为反映民国早期军阀混战乱局和动荡社会的重要文章。

樊子镕在英敛之退隐后与报社同人共同支撑笔政,用他的话来讲是因为"英先生翩然隐去,记者规随于后,兢兢焉未遑自逸"。但即便如此,报纸虽曾因在1915年反对"二十一条"的签署而赢得一定口碑,但整体营业却日渐退步,樊氏也曾撰文表示自己"才疏学浅,未足以阐发精理,喝当头之棒,振清夜之钟"。

二

从1912年接管报社笔政开始,樊子镕在他主持的"闲评""言论""时评"等栏目中激扬文字,发表观点。此后在王郅隆时期,胡政之代表报社赴法国采访巴黎和会期间,樊子镕还曾短暂主持过报纸的编辑工作。他发表文章几乎达到了每天一篇的程度,其敬业精神可见一斑。署名"无妄"的这些文字,几乎囊括了当时社会大转折之中的方方面面,从政治到军事,从经济到外交,从司法到教育……樊子镕以自己的笔耕不辍支撑起了正在低谷时期的《大公报》言论。

在他所撰述的言论中,既可以看到如《论革命事业之真际》《论共和后之社会》等对辛亥革命胜利后的政局和社会发展进行分析的文字,也可以看到诸如《筹安会之建议君主问题也》《君主复活与专制复活》等坚决反对袁世凯倒行逆施复辟帝制的文字。在张勋复辟之时,樊子镕撰写《此之谓硬劲》《出风头》等言论进行抨击;天津遭遇水患之际,他也以《津埠水患亟矣》《津其为沼乎》等言论呼唤政府重视水患,以民为重。几乎每日一篇的言论文字都成为了《大公报》黯淡时期的一点星光。

在胡政之离任后,樊子镕还要负责打点报馆上下事务,长期持续的高强度劳作也伤害了他的健康。1922年6月7日,天津《益世报》刊登了一则"无妄启事":樊子镕在其中表明自己因身体原因辞去《大公报》社主笔一职。在启事中他写道,自己担任《大公报》主笔十四年,"迭经风波,艰苦维持,实已心力交瘁","自六月一日起与《大公报》即行脱离"。樊子镕离任后,《大公报》报馆经营和报纸发行也日渐衰落,以至于年年亏损,到1925年年底终于宣告停刊。

离开《大公报》后,樊子镕还曾供职于当时天津的另一份大报《益世报》。1919年,曾与他共同主持《大公报》笔政的唐梦幻因咳血于《益世报》总编辑岗位上病故。唐氏病故后,樊子镕曾在董郁青等人之后短暂出任《益世报》社总编辑一职,并于1924年代表《益世报》参加了日本众议院议员、前大阪《朝日新闻》记者神田正雄在天津设立的宴会,讨论中日两国关系和中国人民对日倾向等问题。但他并未在《益世报》总编辑岗位上工作多久,便于1925年8月3日发布启事,表明因精力衰弱、不胜繁剧,已经将总编辑职务辞退。

在先后担任了津门两大报刊的主笔和总编辑等职务后,樊子镕因身体原因逐渐远离了打拼多年的报刊事业。其后,据传樊氏携家眷远赴上海,并曾于1943年4月在上海《新闻报》为其二子樊兆珑刊发订婚启事,而之后经历则鲜为人知。

附 代表作赏析

推广阅报社之益

(原载《大公报》1910年4月2日)

世之热心志士,愤在上者之阻遏宪政,动藉口于国民程度不足也,辄嚣嚣然号于众曰:非亟谋普及教育不可。非亟谋普及教育不可说诚是也,然试思中国土地之广、人民之众,蚩蚩者泯安其居、乐其业,素不识学问为何事。一旦欲增进其程度,悉驱而纳诸学校之中,靡论经费之无从出也,校舍之不能容也,而彼不识不知者流能曲谅至成之意而相率听命乎?筹备清单虽有严限,识字国民逐年递增,其数之文而其果能依限呈效与否尚在不可预必之数。况学部所编辑颁发之所谓简易课本,仅适于教授幼童,而于年长失学及稍通文义而无普通知识之中流社会,胥无当也。然则欲开通民智而徒求诸教育,其途既甚狭,其效又甚缓,恐九年期限转瞬即届,而普及之目的终未易达焉。是乌可不择夫成立较易、收效较捷者为急切造就之图,以补教育力之所不逮耶?

大抵开通民智之难,莫难于使之自愿,故强迫不可也,劝导无效也。使之自愿之道殊无过于广设阅报社。阅报社之设置甚易,只须择公有地方数处,略备椅桌,购置各种日报而已。津邑旧有阅报社三所,均由董事会承办,兹闻有王君者陈请于议事会,请推广阅报社,添设一所于河北甘露寺,王君诚知觉民之先务哉。特是阅报社一事,非惟城邑所不可少,乡镇之间亦宜同时举办。但乡民识字者少,识字而能阅报者尤少,非有人焉为之明白讲解,则阅报社亦同饩羊之虚设。为开通乡民计,自以广立讲报社尤为切实而有效。试观东西各国都市乡村,均有阅报所之设,每藉入所阅报之人数,以觇一方文化之程度,彼文化已盛之国犹诱掖不遑如是,我国民智方塞,百端待理,其可视此为缓图乎?

至若阅报讲报之益,世之论者众矣。要而言之,一可知世界变迁之大局及各地各国之要事,一可见政府官吏及地方士绅之规画,自能化其固陋暗昧之旧见,而晓然于国家发号施令之原由。则后此关于宪政事项之施行,庶皆舞蹈而欢迎之,不致因误会而妄生阻挠乎。否则非常之原黎民惧焉。各省之因新政而起风潮酿民变者已屡有所闻,虽半由奉行者之不善,要亦未始非民智不开之现征也。然则藉报纸以开通民智,实为今日之要图,而亦为唯一之捷径。植是以为之基,以进谋夫普及教育,亦自成迎刃而解之势。虽然,此固不独地方绅士之责,为民上者亦与有责焉。

【赏析】

本文是樊子镕在《大公报》的早期作品。樊氏以"无妄"为笔名发表的作品,多半偏重于政治、外交、军事、经济等,而谈论近代报刊之功用的文章相对较少,本文正是其中之一。作为清末君主立宪政体的支持者,英敛之借助《大公报》的平台表达其观点,作为主笔之一的樊子镕自然也贯彻了英氏的观点和主张。

在清末乱世中,随着西方近代报刊的引入,进步的中国人愈发看到了报刊之于社会开蒙的重要作用。以康有为、梁启超、谭嗣同、严复等为代表的维新派将近代报刊的作用进行总结,进而形成了以"上通下达,开启民智"等为代表的新闻思想。具体到本文,樊子镕在文中所倡导的正是这种新闻思想的具体体现。

樊氏在文章开头便点明了民智开通与教育普及的关系,同时也通过具体的呈现表明了当时国内通过普及教育进而实现开蒙的不易。在这种情况下,作者提出:开通民智应源于自愿,强迫不可,劝导无效。而自愿的最便捷的渠道便是通过读报。因为通过读报,"一可知世界变迁之大局及各地各国之要事,一可见政府官吏及地方士绅之规画,自能化其固陋暗昧之旧见,而晓然于国家发号施令之原由"。由此可见,在樊氏看来,劝导民众进行读报是提升民众素养、开阔视野见识的最直接的方法。当然,文中樊氏也表明了他的目的,即当通过读报使民众增进见识后,便能够实现"关于宪政事项之施行,庶皆舞蹈而欢迎之,不致因误会而妄生阻挠"的目的。

文章深入浅出,层层递进,清晰阐明了君主立宪与普及教育、开通民智与近代报刊之间的密切关系,表现了作者进步的新闻思想和期待当权者能迅速实施立宪政治的主张。

"翻译圣手":杨历樵*

徐铸成曾说,在旧中国报界,大家都知道有两位"翻译圣手",一位是原《申报》的伍特公先生,另一位就是《大公报》的杨历樵先生。杨的稿子译得忠实通顺,真正能达到"信、达、雅"的程度;而其翻译效率亦颇高,在国外通讯社或记者发来电报时,他不用等电员译成英文,就可以把收下的电码直接译出①。

杨历樵,字宗庄,江苏无锡人,生于清光绪二十三年(1897)。1920年毕业于上海圣约翰大学英国文学系,毕业后在天津南开大学任教。1927年进入了天津《大公报》,此后跟随《大公报》几经辗转,主要负责翻译,兼评时事,为《大公报》奉献了一生。正如他自己所说:"我那时在天津南开教书,承先生相邀入馆。……因为受了政之先生的感召,所以后来虽然有几次他就的机会,可是我从未考虑到离开这个职位。"②

一

刚进入《大公报》时,杨历樵在馆内除负责英文翻译外,兼编《国闻周报》。1931年"九一八"后,杨开始执笔写有关国际问题的"社评",成为第一个打破"社评"由张季鸾、胡政之、吴鼎昌"包办"局面的人③。当时他主要负责"纯国际问题"——不涉及中国和远东的评稿。1936年《大公报》沪版创刊,他奉命调任上海馆翻译主任,依旧兼写"社评",同时还主编《国闻周报》。

1937年"八一三"淞沪会战爆发,上海沦陷成为"孤岛",《大公报》沪版自动

---

* 本文撰稿人:刘文倩,山东大学新闻传播学院2019级硕士研究生。
① 徐铸成:《怀念两老友》,《报海旧闻》,生活·读书·新知三联书店2010年版,第172页。
② 杨历樵:《政之先生精神不死》,胡玫、王瑾编:《回忆胡政之》,天津人民出版社2009年版,第32—33页。
③ 吴廷俊:《新记〈大公报〉史稿》,武汉出版社2002年版,第55页。

停刊,以示抗议。胡政之因此遣散了一大批同人,其中就包含杨历樵。遣散后,徐铸成在《文汇报》编写社论,杨历樵则应徐铸成的邀请,每月给《文汇报》写十篇有关国际问题的社论①。

到1938年,《大公报》港版发刊在即,杨历樵被胡政之召回,赴香港任《大公报》港版编辑主任。1941年12月,日军偷袭美国珍珠港,美、英等对日宣战,太平洋战争爆发,香港亦在日军进攻下于1941年12月25日沦陷。此时,《大公报》已于1941年3月15日在桂林出版,香港《大公报》馆的一批人物就退到了桂林。为合理安排日渐增加的报馆人员,《大公报》又另外出版了一份晚刊,四开一张,由从香港来桂林的杨历樵、马廷栋负责②。杨历樵就开始在《大公报》桂版主持编译,兼写"社评"以评述时局。

1944年由于桂林面临战事威胁,他又随《大公报》迁往重庆。抗战胜利后,杨历樵于1945年秋从重庆回到上海,协助筹备《大公报》沪版复刊工作,任编译室主任,兼编国际要闻,还要写"社评"。1947年,《大公报》馆鉴于杨历樵的贡献,赠予股份,以资勉励③。

在工作上,杨历樵才华横溢。他通晓英、德、俄、日诸种文字,并曾说:"我们不能承认某人对于某种外国文字的修养好,就一定能译述该国文字的任何著作。譬如:一位对经济学没有甚深研究的人,不论他的德文怎样好,他是不配译马克思的著作的;又如一位对英国古代文学和社会状况没有精到的认识的人,尽管他说得一口流利的英语,也不配去译乔叟或莎士比亚的诗词。"④因此,作为一个译者,他视野广阔,工作之余以读书消遣,经常翻阅外国报刊,对西方历史、政治、文学都深有研究,在思想方面并不拘谨:"我平时常常觉得,我们这文明古国被礼教束缚了几千年,民族性是太古板了。外国人初到中国,常奇怪中国人面部的表情为什么这样的呆板。《大公报》一向是自由主义的温床,但他却一向带有一种面孔古板的传统。"⑤

杨历樵作品众多,在他翻译的文章里面,最受好评的是有关体育的电讯翻译:他平常就很了解体育,熟记各项比赛记录,所以有关重大的世界体育电讯

---

① 徐铸成:《民国记事:徐铸成回忆录》,广西人民出版社2015年版,第167页。
② 《广西文史资料选辑》第11辑,内部资料,1981年,第15页。
③ 沈克民:《纪念新闻界前辈杨历樵》,《无锡县文史资料》第10辑《台港及海外人物专辑》,内部资料,1992年,第77页。
④ 《新中国记者手册》,智源书局1949年版,第66—67页。
⑤ 许君远:《读书与怀人》,中国长安出版社2010年版,第242页。

多由他翻译①。萧乾先生就曾经提到:"过去《大公报》有位国际版编辑杨历樵,每场足球比赛写得活龙活现,使人如临其境,很受读者欢迎。"②

除了在《大公报》上发表文章外,杨历樵还编译了《国际问题辞汇》,代表性译著则有辛克莱·路易斯(Sinclair Lewis)的诺贝尔得奖作品《大街》、约翰·根室(John Gunther)的《亚洲内幕》以及《英国内幕》《苏俄内幕》,还有白华德(H. C. Bywater)的《日美太平洋大战》等多种。

他对待工作极为认真,经常自觉地负责核对、润色其他译员的稿件,因为他认为"一位新闻翻译工作者在具备上述的经验和技巧以外,他还应该对于他的任务,抱有认真的态度,工作的热情,和严肃的责任感,然后他方才能够做好"③。梁厚甫曾提到:"进了《大公报》,我的顶头上司是杨历樵先生,他和我,真可以说是欢喜冤家。他经常对我说:'你翻的东西,真是给我为难。不能说你有错,但是并不精确。你的翻译,如果说不中听的话,就是浮光掠影。如果改,差不多要我全部改写,不给你来改,负不起责任。'"④就这样,他在《大公报》任职期间培养出了大批翻译人才,其中甚至还包括一代武侠小说大师金庸⑤。

在性格方面,可以说"杨兄(杨历樵)的性格一直谨慎而胆小"⑥。在被徐铸成邀请为《文汇报》写社评的时候,嗅觉灵敏的胡政之看了几天,就看出社论是徐铸成和杨历樵写的,特地让李子宽去问杨历樵:"《文汇报》社论的风格,很像《大公报》,你知道是谁写的吗?"杨红着脸说:"我不知道。"⑦

同时杨历樵还是一个忠厚而平和的人,在《文汇报》被敌伪勾结租界当局封闭,徐铸成受邀重回《大公报》,赴香港做编辑主任时,"'论资排辈',年龄、性格、经验远比我高的历樵兄,不仅泰然工作,而且我有时在他写的评稿上稍加改动(他写稿很严谨,文字也极好,改动的情况是很少的),他也从不介意"⑧。

老实、忠厚、谨慎,对待工作一丝不苟,默默奉献,这就是杨历樵一贯的作风。很多同事都评价说他资历老、待人宽厚,他埋头工作,从不炫耀自己,缺什

---

① 尹韵公主编:《中国新闻界人物》,中国人事出版社2002年版,第544页。
② 白庆祥主编:《新闻论语》,北京广播学院出版社2002年版,第640页。
③ 《新中国记者手册》,第69页。
④ 《梁厚甫与〈大公报〉》,周雨编:《大公报人忆旧》,中国文史出版社1991年版,第331页。
⑤ 傅国涌:《金庸传》,北京十月文艺出版社2003年版,第103页。
⑥ 徐铸成:《民国记事:徐铸成回忆录》,第167页。
⑦ 《文汇报》报史研究室编:《从风雨中走来:文汇报回忆录1》,文汇出版社1993年版,第5页。
⑧ 徐铸成:《民国记事:徐铸成回忆录》,第167页。

么角色就扮演什么角色，从不计较名誉、地位，因此被徐铸成比作"鲍叔牙"，同事们也都尊称他为"老令公"①。

1948年，杨历樵奉命再度赴港，协助胡政之复刊《大公报》港版，并任副总编辑，此后便一直留在香港《大公报》兢兢业业地工作。解放后，杨历樵作为团长曾率领香港新闻出版界代表团共二十二人回国参加首都"五一"观礼，并受到了中央领导同志的亲切接见②。1967年12月20日，杨历樵先生在香港因心脏病复发不幸逝世，终年七十岁，新闻界的一颗明星就此陨落。徐铸成评价他："以毕生精力献身中国新闻事业，勤勤恳恳在《大公报》工作了一辈子，不愧是《大公报》的开国功臣。"③

二

根据对杨历樵翻译作品的分析可知，他翻译的作品来源广泛，涵盖报纸、杂志、个人著作及一些小册子。比如报纸有《美国国会公报》《外交季报》《泰晤士报》《明星报》《纽约时报》《字林西报》等；杂志有《现代评论》《现代史料》《现代日本》《十九世纪》等；个人著作包括美国哈门所著的《全世界金额问题》、美航空专家芬德莱所著的《三十年来美国航空事业》、英海军专家白华德所著的《欧洲海战秘闻》、德国斯本格勒所著的《西方文化发颓》（即《西方的没落》）等杰作；此外还有伦敦独立研究机关民主管理联合会发表的《秘密的国际》、巴黎自由派青年共和会发表的 *L'Acier contre la Paixo* 等小册子。而且他翻译的体裁也多样，有消息、评论、通讯及人物小传，报道内容涉及各国政治、军事、经济、文化等多方面。笔者基于其翻译作品，分析出以下特点。

1. 选文视野广阔

据其作品可知，杨历樵在选材方面毫无偏颇，涵盖不同角度、不同身份、不同国家，通晓各国语言的他没有局限自己的视野，力求报道的真实性和客观性。20世纪二三十年代，国际形势波谲云诡，世界各地都多有动荡，站在历史

---

① 徐铸成：《报海旧闻》，第174页。
② 山东省人民政府外事办公室编：《山东外事大事记（1840—1988）》，内部资料，1990年，第291页。
③ 徐铸成：《民国记事：徐铸成回忆录》，第166页。

前头的《大公报》做到了放眼世界,文章都具有宏大格局。

杨历樵赞同杜文思的话:"我们办报的旨趣,不仅是在政治上要办成有远见、有主张,能代表舆论,尤其是经济方面,要有见地、有特色、是权威,准确地反映情况,指出症结所在和前途瞻望。"①因此,作为"翻译圣手",其翻译作品选材丰富、视野广阔并且饶有深度。在来源方面,涵括美、日、英、德、意等主要国家,诸如《墨索里尼的法西斯主义论》《美国竞选运动观测》《苏俄青年军事训练》《欧局与裁军》等各国、各方面的文章都有所涉及,作品内容不仅包括一些各国自身政策、领导人演词、小传,还包括经济走势、政治形势、历史重大战争事件剖析等方面。在翻译方面,译文严谨,内容分析都鞭辟入里,可供时人参考。他的作品体现出了《大公报》人能够坚持扩大视野,及时捕捉对中国现代化有利的信息,并不拘意识形态、政治观点的分野,一律给予介绍引荐的优秀办报精神②。

2. 注重文章质量

杨历樵非常注重选文质量,通过分析他的文章,可以发现其所翻译的作品一般立场都比较客观,分析都非常深入。

首先是选文的角度客观、公正。在具体的办报活动中,《大公报》人始终坚持对时局进行尽可能公正、客观的报道和评论,遵守"不党、不卖、不私、不盲"的四不主义办报方针。这种客观、公正也是杨历樵在翻译时一贯秉持的原则。

譬如,他会在引荐时强调文中观点独立、表达客观的立场。在《太平洋空气紧张中美国海军之需要》中即提到:"因著者此文发抒的意见关系重大,该刊为免除误会起见,特声明此文为著者个人的观点,并非代表美国海军部的立场。"③在有的文章翻译中,杨历樵还会将偏激之处进行删节,仅译客观事实,避免引发重大舆论,比如在《希忒拉(希特勒)的特写》一文中介绍道:"最近美国《芝加哥报》驻英记者庚赛尔氏(John Gunther)著有《希忒拉》一文,描绘希氏的人格,生活种种……活跃跃地写在纸上,实是一篇不多见的传记文字。现在把

---

① 杜文思:《胡、张对〈大公报〉研究部的设想》,周雨编:《大公报人忆旧》,第57页。
② 贾晓慧:《〈大公报〉新论——20世纪30年代〈大公报〉与中国现代化》,天津人民出版社2002年版,第191页。
③ 历樵:《太平洋空气紧张中美国海军之需要(见五月一日〈大公报〉)》,《海军杂志》1933年第5卷第9期,第7—14页。

它译出,献给读者。文中间有偏激之处,已由译者删节。"①

除公正客观外,杨历樵的选文还都是分析深入的上乘好文,这对于时人认清国际形势有重大帮助。譬如,他在介绍欧洲国际形势时选了《法国黄金外交之胜利与欧洲国际关系之近势》一文,并写道:"此文对于近顷欧洲国际形势之症结,洞若观火,洵堪供研究也。"②这篇文章从法国黄金外交政策入手探讨欧洲国际形势,整篇文章分析透彻。在分析远东战争时,他则从苏联角度入手来选文,说:"文中对于日阀侵占东北之动机,列强对东北事件之态度,以及苏俄的立场,均有精深之讨论与分析。其对于美方立论,犹耐玩味,洵为现前极佳之参考材料。"③这篇文章看似探讨远东战争,其实还分析了苏联、日本、美国几大国之间微妙的关系,鞭辟入里,发人深思。

3. 深怀爱国之心

20世纪三四十年代,中华民族蒙受了巨大的屈辱。扩大国人视野、引导国人关注时事以救亡图存是杨历樵很多作品中体现出来的思想。通过分析他的翻译作品可以发现,他不仅通过选材的方式来促进国人扩大视野、紧跟世界潮流,还经常运用导读语来倡导国人奋发图强。

比如在太平洋战事爆发后,杨历樵认为,"交通梗阻,吾人对国外舆论潮流,每多隔膜"。因此选取了威廉·姜司东所著、刊载在美国《远东观测报》上的文章,力图给国人介绍当时美国一部分人对战后解决日本问题的看法,希望国人加以了解。"他们受了德国'地空政治学'的影响,发为偏激之论,其说数难未必为美国一般舆论所赞同,但吾人在研究太平洋战后问题时,对于这种说数的发现,不能不加以认识与注意。"④

除通过选材来启发民智,引导我国读者对于世界舆论潮流、格局的关注与思考外,杨历樵还会在导读语中直抒胸臆地表达自己的倡议。"我们从里面,可以看出苏俄踏实建设的精神,工业国防的准备,确可钦佩,确可做救亡的药饵,现在把那篇记载,介绍在下面,皆以唤起同胞,快快醒觉,须知救国不在空

---

① 历樵:《希忒拉的特写》,《大公报》(沪版)1936年4月21日。
② 历樵:《法国黄金外交之胜利与欧洲国际关系之近势》,《大公报》1931年10月10日。
③ 历樵:《远东战争之苏俄观点 日本掠夺东三省之三大原因》,《大公报》1932年7月16日。
④ 历樵:《怎样解决日本? 美国地空政治学的抬头 强权外交不能自圆其说》,《大公报》(桂版)1943年4月17日。

谈,而在实行!"①这是杨历樵在《苏俄惊人的国防工业建设 全世界第一大钢铁厂:麦尼笃哥斯克》一文导语中提出的倡议。同样发自肺腑的倡议还体现在《苏俄军事训练 东亚大国独我无国防》中:"国人们,请看苏俄的榜样,请看下面杜本金氏(Elias Tobenkin)在《斯丹林的梯阶》(Stalin's Ladder)一书里叙述的苏俄军事训练!奋发呵,全中国四万万五千万的国民!准备呵,七年之病,何难求三年之艾?"②这两篇文章通过对苏俄国防建设的分析,痛心疾首地指出了中国加快国防建设的必要性。

三

杨历樵曾说:"新闻翻译工作者所做的这份工作,就好像在开有轨电车。他工作的线路已经被固定的铁轨限住了,不容他有分寸的轶出,但这项工作并不是不需要经验和技巧,相反的,他所需要的翻译和技巧,或许较比一般所想像的来得更为高度。"③他对新闻翻译工作有极高的评价,并一直怀有热情和责任感。

翻译是两种文化相互碰撞的重要场所,因此翻译过程就是两种文化的协商过程④。传统翻译观中有诸多关于翻译的理想标准,除了"信、达、雅"外,影响较大的是"化境论",即译作读起来与原作别无二致而达至"化境",作品"不因语言语文习惯的差异而露出生硬牵强的痕迹,又能完全保存原有的风味"⑤。杨历樵就担得起这样的评价,他将中外文化融会贯通,做到了选材与解读的客观中立,语言顺滑生动、文采斐然。

同时,杨历樵认真做事、踏实工作、老实忠厚,自1927年进入《大公报》后,他一生与《大公报》相伴,作品一直都能够坚持《大公报》的办报方针和思想立

---

① 历樵:《苏俄惊人的工业国防建设(一) 全世界第一大炼钢厂:麦尼笃哥斯克》,《大公报》1932年8月3日。
② 历樵:《苏俄军事训练 东亚大国独我无国防》,《大公报》1933年4月24日。
③ 《新中国记者手册》,第66页。
④ 查明建、田雨:《论译者主体性——从译者文化地位的边缘化谈起》,《中国翻译》2003年第1期,第21—26页。
⑤ 廖晶、朱献珑:《论译者身份——从翻译理念的演变谈起》,《中国翻译》2005第3期,第14—19页。

场,为我国民国年间报业的发展、民众思想精神的开化做出了重大贡献。

附　代表作赏析

巴黎和会的难课题

(原载于《大公报》[沪版]1946年7月29日)

今天在巴黎盛大开幕的二十一国和平会议,是二十七年前的凡尔赛和会的复演。抚今思昔,不禁令人感慨。

这一次大会,虽有王世杰外长率领的中国代表团出席,但会议的主要课题却是关系四万万欧洲人民命运的合约的正式签字,而成败的关键尤系于美苏英法对于隔离德国占领区的铁幕,是否能够打开。现在的欧陆是一个政治脱节,经济破产和思想摩擦的饥荒病苦的地狱。这次合约的签定将正式决定若干战败国家的版图,不问原则上公平不公平,各个弱小国家能不能满意,和会的开成,终是一个安定的因素。

多谢联合国家的合作,战争的胜利是在一九四五年内赢得了,但在和会开幕的今天,和平的胜利仍然是十分的渺茫。战后的列强像几个顽皮的大孩子,暂时虽疲倦的抛下了棍棒,但他们一股子淘气的劲儿,却丝毫没有止息。所以今天拿真正和平的尺度来衡量这次的和会,恐怕分数断不能及格。现在世界上有许多战败和战乱的国土,都是国际间的"真空",列强的势力,有意或无意地都向这些"真空"推进。他们使用争竞代替合作,排他代替利他的手段,结果就免不了摩擦与冲突……美国有一位军事观察人以为从纯粹的军事观点来看,世界还能有二十五年的喘息期,我们很盼望他的这个观察正确。我们不能希望这次的和会产生甚么奇迹。但我们若把现前的和平,看作是一种持久的休战期,也许可以较为适合吧。

欧洲一幅新地图

因为和平缔造的艰难,平心而论,巴黎四外长会议不能说是没有些微的成就。按照和约的蓝本,战败国国疆的厘订,除特里雅斯特港以外,已有了下列的规定:

(一)在上次欧战后爬得最高而这次跌得最重的是罗马尼亚。罗国除掉北境的贝沙拉比亚和布库交那已经重划入苏联的版图外,南疆的多布鲁雅也割归了保加里亚。她惟一的补偿是得了一向为泗克勃,马格雅,斯瓦比亚,犹太和罗马尼亚民族聚居的北特朗锡尔凡尼亚。后者是匈牙利的领土。

（三）对于这次合约的缔结,义大利人民最怀着满腔的愤恨。特里雅斯特港既不能光复故物,而查拉和阜姆两港又不能不拱手让给南斯拉夫。在法义边界上,她又丧失了布里加和坦达。在小亚细亚沿岸的都德甘尼斯群岛又被希腊所攫夺,更大的损失是义国在里比亚,伊里特利亚和索马利兰的非洲殖民地。她惟一可以宽慰的地方,就是南泰罗尔的统治权还得侥幸保存。

以上这一些规定,已经得到了四强的裁可,和约的草案是绝少改变的可能的。这一种强制的办法,根本上是说不到甚么民族自决的原则的,所以像芬兰最近的企求收回贝萨摩,恐怕终将成为不识时务的要求罢了。

铁幕和打开的方策

这次和会的召集,倘使只为了替四外长会议的决定,来作一番尽押的工夫,那可以说是毫无意义的。我们对这次和会的希望,是要它能够解决些和平的大问题,换一句话说,就是要打开欧洲的"铁幕"。为欧洲和平症结的德国问题,在四外长会议将近闭幕的几天,方才提出了讨论,四强的态度过于草率,我们所希望的就是这一个大问题,能在这次和会中,得到一个结论。

德国的经济应该维持统一性,这是波茨坦会议中的协定。但时至今日,这一个协定已经被完全抹煞。这问题的症结何在,是需要一些解释的。

在美苏英法四个占领区当中,唯有苏联的占领区得天独厚。它可以供给苏联以充分的工业生产品。波兰合并的希莱西亚区有的是煤和钢铁,再加上迁移到境内的工厂建备,所以区内的工业生产已经不成问题。而且德国的东部是农业地带,公粮更不虑匮乏,因此它可以成为一个自给自足的单位。

法国的占领区也勉强可以自给,但该区人民的生活费用却不能不因此急剧增加。法国拒绝德国经济统一和成立中央政权的理由是大家所熟知的。法外长皮杜尔氏曾经声明过,在德国中央政府设立以前,必须规定了德国的西边国境,这意思就是说,法国在经济上要保持萨尔,要使鲁尔国际化,甚至要使莱因地脱离德国的统治。法国反对德国经济统一,完全是根据着政治的理由,但结果对于法方是为利为害,现在还不容断言。

美军在德国的占领区是属于巴伐利亚风景遒美的地带。它所用的煤须取给于英法苏各占领区,它所需的食粮更是惟苏联的占领区是赖,美国为了要维持这占领区,不能不自己掏荷包出来维持。美国纵然已经是一位阔少,久而久之，对此也是不会愿意当冤大头的。

英国的占领区是德国工业集中地的鲁尔。英方要谋这占领区的自给，只有一个方法，就是停止把鲁尔的煤去供给法国和东欧，而埋头从事于工业的生产，拿它输出的工业品来换取粮食，维持占领区的生存。这一种办法，第一将使法国的经济吃到大亏，其次，将使德国的输出又参加了贸易市场，这是英政府所不愿意做的。

从上述我们不难看出德国问题解决困难的经纬，苏联所处的地位好，她在应付上又头头是道，所以她对问题的解决，并不十分着急。法国为了安全的理由，态度十分坚持，但坚决的影响，未必能使她完全有利。英国的地位是进退两难的，她很有力不从心之感。美国又因为仔肩过重，急愿获一个解决的办法。尤其在德国赔偿问题方面，她已经为了损失太重，不得不把境内的工业设备，停止运送出境。总之这一个欧洲"铁幕"打开的方策是值得审慎考虑的。

赔偿问题的棘手

说到美国对占领德国的负担，它在物质上的数量，已经是十分可惊。从德国无条件投降日起，到本年五月一日止，德国的收入总额估计值美金一万万元，大半是取给于美国，而她的输出却只有美金七百五十万元。美国输德的物资内，包括公粮五十万吨，军用卡车七千辆，和汽油四百万美元。

美国认为尤其难堪的是赔偿问题。本年三月二十六日美苏英法四国的代表曾经在柏林举行了一次会议，目的是为了决定德国平时的经济的需要。当时成立协定的主要先决条件之一就是要把德国看做一个经济的整体。

协定主要的内容，规定要把一九四九年德国工业的生产量减低到一九三八年的水准的百分之五十到五十五。这将使德国人民的生活程度减低约百分之三十，和一九三二年德国人民的生活水准平等。德国从此将被禁止制造一切军用的器材以及飞机和航海的巨轮。钢铁，非铁属金类，化学品，机器，货车，和药品的制造，也在限制之列。不受限制的生产只有家具，赛璐璐，煤和生产品等等，剩余的生产就用做赔偿。这一个协定的目的就是要把德国一九四九年的输出入额均衡在美金三十万万元上。

根据这一个协定，在德国西部三个占领区内将有六百六十一个工厂被当作偿付赔款的用途。在美国的占领区内就有这种工厂一百八十五所。按照波茨坦的协定先期运往苏联领区的工厂已经有球轴承厂，化学工厂，飞机引擎制造厂和造船厂等等在内。但是在另一方面，把德国看做一个经济整体的协定，迄今还没有实现。美国得不到工业制造的原料如人造汽油,橡皮,球轴承和人造亚摩尼亚等等,因此美国占领军不得不暂时把境内的工厂设备停止运出。我们试看美占领区中二月份贸易的数字,对英占领区的贸易约占三分之二,对法占领区占百分之二十七,而对苏联占领区只占百分之六,美方对此,当然不能不感到失望。德国问题的不易解决,由此也可见一斑了。

不过我们鉴于四外长会议过去的成就,所以我们对于今天在巴黎开幕的和会是并不失望的。与会的国家只要大家能够坦白,忍耐,和互相容让,相信和平的胜利的赢得,将不是一件不可能的奇迹。

【赏析】

通过对杨历樵个人作品的分析,可以发现他较倾向于写人物小传和对一些重大政治事件的评论。通读这些作品,能够看出杨历樵本人广阔的国际视野、细致的观察力、深厚的知识储备和长远的战略眼光。

本篇选自1946年7月29日的《大公报》(沪版)。当天,巴黎和会在法国巴黎卢森堡宫开幕,正式参加会议的有21个国家,包括苏联、美国、英国、中国、法国、澳大利亚、比利时、白俄罗斯、巴西、加拿大等。该会议是在第二次世界大战结束后,反法西斯同盟国家对意、罗、保、匈、芬5国缔结和平条约的国际会议,完全公开进行,在会议程序方面也完全按照新成立的联合国议事机构所确立的模式进行。在会议前还召开了法、英、苏、美四国外长会议,就合约内容的一些主要问题达成协议①。杨历樵这篇文章在当天发出,足以体现其作为一个新闻人的敏锐度。

文章名为"巴黎和会的难课题",属于三段式的长评论,主要围绕当天举办的巴黎和会进行探讨,聚焦于欧洲问题的症结——德国问题。事实上,通过梳理杨历樵的翻译作品便可以发现,他对国际纠纷关注甚多,德国方面的有关问题也一直是他关注并报道的焦点。二战结束后,德国无条件投降,苏、美、英、法四国巨头商议,分区占领之,东区由苏联占领,西北区由英国占领,西南区由美国占领,西区由法国占领。至于处在苏联占领区内的德国首都柏林,亦由上述四国分区占领,并由四国驻军司令组成同盟国管制委员会,负责统一管理。

---

① [美]汉斯·J.摩根索:《国家间的政治——为权力与和平而斗争》(第5版),商务印书馆1993年版,第656页。

不难想见，这四个国家占领德国之后的行为必定不同，一定会产生很多问题，而这次会议上人们也并未看到解决这些问题的希望。

纵观全文，杨历樵持论理性客观，文风沉稳收敛。在这篇文章中，作者开篇就点出了主题，并奠定了全文基调："……是二十七年前凡尔赛和会的复演。抚今思昔，不禁令人感慨。"他认为"在和会开幕的今天，和平的胜利仍然是十分的渺茫"，随后进行了论证："欧洲一幅新地图"具体描述了欧洲领土再分割后的版图。"铁幕和打开的方策"具体说明了德国问题解决的困难所在，在这个部分中，作者分析了美、苏、英、法四大巨头的占领区，并得出结论："苏联所处的地位好，她在应付上又头头是道，所以她对问题的解决，并不十分着急。法国为了安全的理由，态度十分坚持，但……未必能使她完全有利。英国的地位是进退两难的，她很有力不从心之感。美国又因为仔肩过重，急愿获一个解决的办法。"最后一部分"赔偿问题的棘手"，则通过对赔偿问题的分析，又引出了德国问题的难解之处。但是在文章最后，作者还是对和平寄予希望，认为，"与会的国家只要大家能够坦白、忍耐，和互相容让，相信和平的胜利的赢得，将不是一件不可能的奇迹"。整篇文章层层递进，基于当时的国际形势，给予了精确而具体的判断，此外还在一定程度上传达了各大巨头会议上相互妥协、战后却分崩离析、和平难以维持的信号。

事实证明，杨历樵的评价是中肯的，德国分区占领产生的问题一直都没有得到妥善解决，并最终导致了该国的彻底分裂：1948年2月，美、英、法、比、荷、卢六国在伦敦举行会议，决定原来英美已经合并的双占区与法占区协调经济政策，共同管制对外贸易，在西部区建立了一个半独立国家。为了抗议英美的做法，苏联在3月份宣布退出委员会，还采取了封锁柏林的极端措施。到1949年9月21日，英美等正式宣布在西区成立德意志联邦共和国；10月7日，苏联宣布在东区成立德意志民主共和国。

从写作手法上来看，作为一篇对政治事件的评论，作者的文风并不严肃沉闷，反而带有诙谐活泼之感："战后的列强像几个顽皮的大孩子，暂时虽疲倦的抛下了棍棒，但他们一股子淘气的劲儿，却丝毫没有止息。所以今天拿真正和平的尺度来衡量这次的和会，恐怕分数断不能及格。""美国纵然已经是一位阔少，久而久之，对此也是不会愿意当冤大头的。"比喻、拟人等修辞手法在本文中比比皆是，增强了文章的可读性，提升了文章对读者的吸引力。而且通篇流利通畅，令读者阅读下来毫不费力。

编辑工作一把好手：孔昭恺*

孔昭恺(1911—1990)，笔名乐吾、心敏等，1911年6月生于天津，1928年9月进入《大公报》做练习生，三年之后成为《大公报》正式记者，历任《大公报》津版要闻编辑、津版和沪版编辑主任、南京《大公报》办事处主任等，曾参加《大公报》汉口、重庆等版的创刊工作，解放后任《大公报》副总编辑。

一

1928年夏，孔昭恺从天津河北省立第一中学毕业①，由于父亲失业，家庭没有财力支撑其继续升学，他转而去应聘《大公报》编辑部练习生。一轮面试后，孔昭恺顺利进入《大公报》，由此开始他的报人生活。孔昭恺认为，以他当时的学历能够进入《大公报》实在是意外，很是欢喜。后来《大公报》编辑部招考主试人许萱伯告诉孔昭恺：他身体好也是被录取的一个原因。

初进《大公报》，孔昭恺的工作内容以练习翻译中文电报为主。那时，《大公报》每天会收到很多驻上海、南京几个大城市的记者发过来的新闻电报，也有国民党中央通讯社发来的新闻电，新闻电报经电报局送到报馆时都是阿拉伯数字，要按照电报局编的电码本译成汉字。为了使新闻能尽快见报，新闻电报需要随到随译。除此之外，编辑部每天还要给上海、汉口、沈阳、哈尔滨等地的国闻通信社发新闻电。为了避免电报局耽搁，这些新闻电不由电报局翻译，而是在《大公报》编辑部翻译成电码后再送电报局拍发。

翻译电报是个苦差事，不仅工作量大，而且需要值夜班，往往第二天凌晨

---

* 本文撰写人：郝红菊，中国人民大学新闻学院2019级硕士研究生。
① 王鹏：《〈大公报〉举足轻重的人物孔昭恺》，《世纪》2012年第6期，第68—71页。

两三点才能下班。孔昭恺进入报馆工作之前,一般黎明起床;进入报馆工作之后,黎明才能睡觉。生活变动让其很不习惯。当时他家住城西北接近郊区的地方,离报馆很远,为了工作方便就住在报馆里。报馆宿舍靠近马路,电车经过仿佛地动山摇,巨大的噪声经常影响他白天休息。

在《大公报》,翻电报是"基本功",不管是去外地采访还是在夜班做要闻编辑,这个"基本功"都可以派上用场:如果熟悉电码,在外地采访给报馆发新闻电可以自己翻成电码再送到电报局立即拍发,不需要等待耽搁;《大公报》要闻版专电多,有时一版全是专电,做要闻编辑看新闻电稿,如果有电码功底很容易看出错字的原字,不需要琢磨猜测,能节约不少时间。据孔昭恺回忆,他刚上手翻译电报时每译一个字就要查看一次电码本,很是费事。但日积月累,再加上勤学苦练,他很快就记熟了电码,到 1929 年春天,翻译一段一百来字的新闻电已经用不着查看几次电码本了。

1930 年秋天,河南开封举行华北运动会,报馆派孔昭恺前去采访。受益于翻译电报这个基本功,他采写的新闻能够在当天自己翻译成电码送到电报局,令电报局优先拍发,新闻在第二天就可以见报,比天津当时多数大报都早了一天,使《大公报》抢占了报道先机。

上手翻译电报工作不久,总编辑张季鸾开始给练习生分派其他工作,他让孔昭恺除了译电报之外还去跑法院新闻,即去法院旁听记录审讯情况。当时孔昭恺听了有点上火,对着张季鸾抱怨:晚上翻译一夜的电报,白天还睡不好觉,已经很累了。张季鸾听后没有生气,但也没有改变自己的安排,坚持让他跑新闻,并鼓励他好好干。后来孔昭恺非常感激张季鸾的这一安排,认为张氏这样做其实是想让他多练习,快点成长,而不止于翻电报。

跑法院新闻是孔昭恺做新闻记者的开端。刚开始操作,主要是学习积累,用他自己的话说:"初试此道,只是记录而已。"跑一段时间法院新闻后,孔昭恺开始扩大自己采访的范围,接触更多的新闻类型,比如报道火灾、抢劫案一类的突发性社会新闻。孔昭恺工作非常刻苦,不论白天、黑夜随时准备跑到新闻现场,生怕漏掉什么重要信息。对于当时所做的新闻报道,他很是谦虚,认为:"水平很低,'客观报道'就这样稀里糊涂地开了头。"[①]

---

① 孔昭恺:《旧大公报坐科记》,中国文史出版社 1991 年版,第 6 页。

二

1929年春天,《大公报》总经理胡政之见孔昭恺吃苦肯干,采访能力也在不断提升,便调他去北平国闻通信社做外勤记者,负责在北平给《大公报》找特讯和独家新闻。临行前,胡政之给孔昭恺介绍了北平国闻社的情况,还指导他如何写新闻:"你现在写新闻就是记,看到了什么,听某人说了什么,记下来,要'客观记事'。"①孔昭恺将这些教诲记于心间,并践行于北平的采访工作中。

当时的北平国闻通信社主任兼《大公报》驻北平办事处主任是曹谷冰,办事处有两位记者,分别是徐铸成和李天织。孔昭恺调往北平办事处时,徐铸成也几乎同时调往天津编辑部。北平国闻社还有个英文部,负责人是孙瑞芹。总的来说,该办事处人手较少但事务繁多,工作任务比较繁重。

来到北平国闻社,孔昭恺开始涉足政治新闻。政治新闻经常是《大公报》头版新闻,有时甚至是头版头条,其重要性不言而喻,但采访起来难度比社会新闻大,十分考验记者的业务水平和钻研能力。当时新闻界有一个说法:跑要闻,既要腿勤,又要"嗅觉灵"或者说"鼻子灵"②。孔昭恺采访政治新闻是从采访火车站新闻开始的:当时的平汉铁路贯穿南北,陇海铁路穿过郑州,形成中原交通大动脉;前门火车站又是来往军阀政客们的必经之处,于是各大报纸、通讯社记者们将其视为采访政治新闻的重要阵地之一。在火车站上下车的军政要人照例有人迎送,容易辨识,有时还能跟踪到政要住所进行续谈;有的记者甚至跑到丰台等待火车,趁着火车停经丰台登车采访,与采访对象一直谈到北平。

跑火车站新闻,需要有可靠的线索。线索有的从采访中获得,有的通过看报得知,还有一个重要渠道就是火车站警务人员。1930年蒋冯阎中原大战爆发时,北平政治风云变幻,社会动荡,新闻也就多,国闻社记者格外忙碌。当时胡政之会从天津到北平为国闻社助力,经常指导孔昭恺的工作。胡政之给孔昭恺介绍了一些朋友,以便他可以从多方打听新闻消息,其中有一位叫鲍午

---

① 孔昭恺:《旧大公报坐科记》,第9页。
② 孔昭恺:《旧大公报坐科记》,第12—13页。

桥,时任平汉铁路局警务处处长。孔昭恺抓住鲍午桥这位"线人",采访到很多及时、准确、详细的独家新闻。因这次军事采访表现优秀,孔昭恺受到了胡政之的嘉奖,但孔则谦虚地认为这些成绩应该属于胡政之。

1931年5月22日,《大公报》出版一万号。据孔昭恺回忆,这个一万号办得有声有色,《大公报》借此机会着实宣传了一番。一万号上刊登了报馆内部的组织人事情况,附图片加文字说明,孔昭恺的照片也刊登在上面,照片下面配字是"驻平办事处记者"。对此,孔昭恺很是惊喜,因为此时距他进入《大公报》做练习生仅仅两年多,能够"榜上有名"着实不易。

虽然是练习生,孔昭恺在《大公报》每个月的收入也相当可观。调北平之前已经开始拿工资,调北平后加过几次薪,《大公报》刊登一万号时,他每个月的收入已超过六十元。在20世纪二三十年代,一个月薪水四十元就可以养活一家四口人。孔昭恺觉得,对于一个中学毕业刚进入社会不久的青年来说,这个收入是不菲的,很是满意。

三

1931年下半年,孔昭恺做练习生满三年后正式成为《大公报》记者,报馆还替他印了名片,头衔是"《大公报》记者"。升任正式记者后,孔昭恺的待遇也随之提高,除工资外每月另发二十元包车费(在《大公报》,包月车是正式记者才享有的待遇)。

从1931年冬到1933年冬这两年,曹谷冰调往天津,后李天织调往天津转而去新疆采访却意外遭软禁,以至于在这期间国闻社和北平办事处许多工作都由孔昭恺一人承担。此时跑要闻仍是他的主要职责,每天早上起来就出去跑,有时一个上午跑好几个地方,忙时好多天都吃不上一顿早饭。为了写出独家新闻、获得消息线索,孔昭恺常常忙于各方应酬。孔自己在回忆录中写道:"两年间工作勤勉严谨,神经一直紧绷,没有漏掉大新闻。"[①]当然,报馆也一再给他加薪,到1933年月工资已达一百四十元。在《大公报》薪水过百的记者不止孔昭恺一个,有的记者比孔昭恺薪水拿得还高,但这样的薪资水平在北平、

---

① 孔昭恺:《旧大公报坐科记》,第40—41页。

天津大报中已算是高的,即使与上海的大报比起来也不低。《大公报》大老板吴鼎昌认为:"编辑部的薪水就是要比经理部高,报纸靠编辑、记者。"吴鼎昌、胡政之和张季鸾的新记公司规定,胡政之和张季鸾的工资是每月三百元,不许他们在外兼职,也不许他们拿其他的钱。孔昭恺刚到北平做外勤记者时,胡政之也告诫他不许拿外边的钱。当时新闻记者行业风气不佳,社会对新闻记者的评价也不佳,有些人打着记者的名号乱收钱甚至敲竹杠,《大公报》的记者、编辑却能够洁身自好、不乱收钱,这与《大公报》的高薪政策是分不开的。

四

1933年冬天,《大公报》馆调孔昭恺回天津编辑部。回到天津后,孔昭恺干了一段时间通信课工作,随即就被调到要闻版做编辑。要闻版编辑需要上夜班,由于之前有翻电报的经历,夜班对孔昭恺来说不是件难事;再加上他熟悉电码,看电稿、改电稿都比较节约时间。刚开始做要闻编辑时,孔昭恺只编一些比较小的题目,边学边练,再慢慢上手做较大的标题。

孔昭恺工作中喜欢动脑筋,工作一丝不苟、很是好学。一次王芸生拿出几篇北平寄过来的《文学周刊》稿件给他看,周刊严肃认真的编辑排版给孔昭恺留下了深刻的印象,在以后的版面编辑工作中,他一直以此为师,坚持输出高质量作品。在要闻版做编辑期间,一有空闲他就会琢磨编辑主任们做的标题和编排,吸取别人的经验,学习别人好的操作方法,逐渐修炼了一身编辑本领,标题制作越来越出色,成为《大公报》编辑工作的一把好手。同事评价说,他不辞劳苦,工作严谨,常为一个字反复推敲,他能抓住独家新闻,善作标题,常有精彩之笔[1];他安排版面独具匠心,长期在《大公报》从事编辑工作,对《大公报》形成具有特殊风格的版面起到很大作用[2]。

1936年4月,《大公报》沪版出刊,不久之后孔昭恺被调往上海编辑部任职,负责编要闻版。时任编辑主任王芸生对编辑工作比较放手,多让编辑自己发挥,有时头条的大标题都交给编辑自己拟定,然后他再过目把关。这段时间,孔昭恺

---

[1] 方蒙:《忆孔昭恺》,孔昭恺:《旧大公报坐科记》,第156页。
[2] 贺善徵:《怀念昭恺同志》,孔昭恺:《旧大公报坐科记》,第160—163页。

在编辑岗位上大展身手,得到不少锻炼,业务能力也进一步提高。

1937年"八一三"抗战打响后,报馆决定由张季鸾亲自赴汉口创办《大公报》汉版,并决定孔昭恺随去。孔二话没说便回到家准备。此时,他的妻子王敏贞正怀二胎,即将分娩(王毕业于天津河北省立第一女子师范,是南开小学教师。王敏贞在校期间当过篮排球选手和田赛选手,孔昭恺跑体育新闻时与她相识。两人于1934年9月9日结为夫妇),但她明事理,紧缩家中用度,搬至一间小屋居住,支持孔去汉口筹备出版事宜。

8月17日清晨,张季鸾、孔昭恺一行乘一辆随时可能抛锚的"老爷车",冒着遭遇空袭的危险,出上海经青浦到无锡,然后从金坛、溧水到南京换乘火车,于8月下旬到达汉口。

《大公报》汉版于1937年9月18日发刊,旨在告诫国民不忘国耻。当天的报纸除了发表《大公报》在汉口出版的声明外,还发表了张季鸾写的长篇"社评"《九一八纪念日论抗战的前途》以表示抗战的决心。

汉口的编辑部与上海、天津相比,具体而微,以张季鸾为首的汉口版夜班编辑部只有八个人,孔昭恺依然负责编辑要闻版,每天忙完工作,天已经快大亮了。同人靠一种精神,把《大公报》汉版办得"声光依然,有增无减"[①]。

对于孔昭恺而言,汉口经历还有一个特殊意义,那就是开始写"社评"。一天,张季鸾突然让孔昭恺写一篇"社论",孔回忆当时的情形:"我听了有点冒汗,我这个材料怎么能写社评呢?"[②]在张季鸾的指导和鼓励下,孔写了一篇小一千字的评论,顺利见报,转天还收到十元"社评"稿费。《大公报》比较重视"社评",写"社评"的记者比一般编辑、记者层次要高。对写"社评",孔昭恺有向往之心,但一直自谦,没有尝试。这一次经历之后,孔昭恺对自己有了信心,后来到重庆时,在王芸生的帮助下已慢慢可以放开笔写了。

五

1938年12月1日,《大公报》渝版创刊。重庆报馆和汉口报馆一样都由张季鸾

---

① 孔昭恺:《旧大公报坐科记》,第79—80页。
② 孔昭恺:《旧大公报坐科记》,第87页。

主持,但此时张季鸾身体状况已经每况愈下,很多工作实际上都是王芸生在主持。

王芸生之于孔昭恺,亦师亦友,他不仅教给孔昭恺很多编报纸、写"社评"的方法,还介绍自己的人脉给孔昭恺认识。孔后来说他受教于王芸生的地方很多,并敬称王芸生为"王先生"。

《大公报》渝版在版面安排上有所变化,开辟了一些别出心裁的栏目,比如"渝市点滴"栏目,能够在短短十几、二十几个字中间透露一些还没有发表的消息。报纸头条消息尽量压缩,腾出空间以容纳更多的内容。虽然报纸印刷用的是土纸,但版面依然非常精致。抗战期间,重庆《大公报》日销量最高能达到十万份,在当时算得上销量最高的报纸,对此孔昭恺功不可没。

1941年,美国密苏里大学新闻学院把它的荣誉奖章送给《大公报》,5月15日举行赠予仪式。重庆新闻界等在重庆举办庆祝宴会,《大公报》同人受到宴请,孔昭恺也在其中。下午张季鸾发表了讲话,孔昭恺见张先生已经"瘦骨嶙峋",为他的健康担忧。9月6日,张季鸾在重庆病逝。张季鸾逝世之后,胡政之决定成立董监事联合办事处管理《大公报》的各个报馆,孔昭恺任联合办事处书记和渝版编辑主任。

六

1944年春天,美国记者要求赴延安参观,国民党政府只得应允,同时让一些国内记者一同前往。这个由中外记者共同构成的参访团叫"中外记者参观团",孔昭恺代表《大公报》参加。

1944年5月下旬,中外记者参观团从重庆出发,坐飞机到宝鸡,经宝鸡坐汽车到西安,再转道去延安。6月12日,"中外记者参观团"一行到达延安,下午,毛泽东在中央大礼堂后的客厅接见了他们,并于当晚在边区政府大礼堂举行欢迎宴会。会上,毛主席坚持让孔昭恺坐在首席,并举杯对孔昭恺说:"只有你们《大公报》拿我们共产党当人。"①端午节那天,周总理夫妇在他们住的窑洞里宴请孔昭恺,与他谈国共合作形势、抗战军事等事宜。回到重庆之后,孔昭恺写了题为"西北纪行"的长篇通讯,介绍延安经济上取得的成就和政治上的清明。

---

① 孔昭恺:《旧大公报坐科记》,第101页。

七

抗战胜利之后，孔昭恺负责《大公报》津版的恢复出版工作。1945年12月1日，津版恢复出版，孔昭恺担任编辑主任，主持编辑事务。1946年春天，孔昭恺又前往上海代理了一段时间沪版的编辑主任。在蒋介石破坏国共和谈、发动反动内战的时候，孔昭恺又去南京做了办事处主任。

1948年10月底，王芸生离开上海南下前，调孔昭恺到上海主持沪版编辑部的工作，总揽《大公报》编辑部全局，苦撑待变①。王芸生到达香港之后，领导香港《大公报》改变了政治态度，转向共产党，这让还处于国民党反动派手中的《大公报》沪版陷入危局，每天都面临被封报的危险。保住报社、迎接解放的重任压在了曹谷冰、孔昭恺等人的身上。就在上海解放前几天，一些国民党反动派的溃军突然敲击《大公报》编辑部大门，威胁说如果不开门就开枪，情况十分危急，孔昭恺临危不乱，请他们进编辑部，一番周旋后终于避免了一场灾难②。从1948年10月底人民解放军进入上海，《大公报》没有停刊一天，顺利渡过难关，迎来解放。

解放后，孔昭恺任《大公报》副总编辑。"文革"期间，《大公报》受到冲击，承受巨大压力，但他依然寝食如常，处变不惊③。"文革"结束后，孔昭恺担任北京市政协文史资料研究委员会副主任，在新的岗位上继续做出了贡献。

附　代表作赏析

西北纪行之八：中共·十八集团军与陕甘宁边区（节选）

（原载《大公报》[渝版]1944年7月29日—8月6日）

国民革命军第十八集团军的前身是中共红军。民国二十六年抗日战事发

---

① 贺善徽：《怀念昭恺同志》，孔昭恺：《旧大公报坐科记》，第162页。
② 贺善徽：《怀念昭恺同志》，孔昭恺：《旧大公报坐科记》，第162页。
③ 贺善徽：《怀念昭恺同志》，孔昭恺：《旧大公报坐科记》，第162页。

生,中共宣言共赴国难拥护蒋委员长领导抗战以后,红军改归国民政府军事委员会统辖,正式建制,一直到现在,实际上还是中共在领导,在指挥。

十八集团军叶参谋长剑英六月二十二日对记者团发表:红军改编的是四万五千人,发表三个师的番号,计一一五师,一二〇师,一二九师。同年十二月红军游击军一万二千人编为国民革命军新编第四军。

七年来,十八集团军从事的抗日战争,主要的是游击战。朱德总司令对记者团谈:"我们武器不如敌人,只有打游击战。在抗战初期,以运动战为主,游击战为辅;后来是以游击战为主,运动战为辅。"在日寇不断对国军正面深入进攻情形下,十八集团军若干部队转入敌后,游击作战,现在活动地区比以前大,人数也比以前多。

七年来,十八集团军人数增加超出军委会规定的数额。在编制上,十八集团军的师与团之间还有旅。由凉水崖至延安途中,驻防的是一二〇师三五九旅。十八集团军总司令部招待中外记者团在陕北参观的军队就是这一旅。这一旅三团,总数一万多人。陕甘宁边区驻防的十八集团军除了一二〇师的部队外,还有一个留守兵团的组织。兵团下面是旅为单位。一二〇师贺师长龙兼任留守兵团的司令员,在这两个大单位上面有一个国防司令部的组织,司令员也是贺师长。

十八集团军现在游击的地区,他们名之曰根据地,据发表,计有:晋察冀、晋绥、冀鲁豫、山东、晋冀豫、苏北、苏中、淮北、淮南、苏南、皖中、鄂豫皖、浙东、东江、琼崖十五个根据地,前面十二个连陕甘宁边区计算在内,他们称为"十三个军区",后面三个是游击纵队的活动的地区。十五个根据地中十八集团军所占城市,并没有多少,根据今年七月七日他们发表是:河北的阜平、任邱、肃宁、涉县、清丰;河南的林县、内黄;山西的沁水、黎城、榆社、平顺、兴县、岢岚、河曲、临县、偏关、保德;山东的范县、濮县、朝城、观县、海阳二十二个城市,全在北方。

叶参谋长讲:"十八集团军及其兵源与性质,大致是这样的:㈠ 正规军:即十八集团军,为主力军,名义上为脱离生产部队,实际是作战生产的军队。㈡ 游击队:为脱离生产地方性之武装,帮助正规军作战,保卫家乡,作战时可以得到民兵的配合。㈢ 民兵:人民自卫队中的精壮组织起来的,是不脱离生产的人民自卫武装,作战时由人民自卫队代耕代劳。㈣ 人民自卫队:为农民普遍的自卫组织,十八岁以上男女皆须加入此项组织,任务是维持地方治安,作战时协助运输。在作战上,这四部武装相互结合,组织上则相互转化,即民兵转成游击队,游击队转成正规军,正规军也可转化为游击队,转化为民兵,一切视环境需要而定"。

据叶参谋长讲:"十八集团军人枪的比例是五比三,即五人三枪。"枪支的来源,据称:"大部是缴自敌人或伪军。"记者团陕北之行,只参观过第三五九旅,看到士兵的枪枝中有日本枪,也有国内造的枪,还有几门日本的炮和国内造的炮。若干军官告诉记者团说,因为缴来枪枝种类相当多,造子弹相当麻烦,而且子弹的原料来源不易,自己虽能造一些,还不能大量的造。手榴弹的器材较丰富,现在大量造手榴弹,以补步枪子弹之不足。三五九旅王旅长震告诉记者团关于三五九旅的作战能力:"步枪放射,包括官兵以至伙伕,一百米直径内成绩百分之九十五。刺杀方面,百分之九十六强,一分钟内,一百五十米,五个障碍,七个目标,三个手榴弹。前进投掷手榴弹平均三十九米。"在陕甘宁边区的军队近年因为自己开荒生产,士兵饮食相当的好。王旅长说:"三五九旅前年每人每月两斤猪肉,去年起改为三斤。"记者看到的三五九旅的官兵气色不坏,他们手上全是□茧或是血泡结成的疤,说明他们大量开荒种地的事实。陕甘宁边区军队生产成绩,三五九旅是第一名。

国内战场大反攻的时候,十八集团军如何与国军配合作战?这是国人一致关心的问题,朱总司令,叶参谋长对记者团说过:"我们经常准备着,等待着战略反攻之到来。"周恩来先生也表示:"即照目前情形继续下去,我们在大反攻的时候,一定配合作战。"叶参谋长并且说:"如果有一天统帅部下令实行战略反攻,十八集团军在平津,在武汉,在上海,在南京,马上便可看到我们战斗的旗帜。"十八集团军目前主要的战术是游击战术,在大反攻的时候,游击战自仍有其效用,但有时也难免须要攻坚,由游击战转为正规战,在朱总司令观察,不是很简单的事。他说:"打惯了游击战的军队改作阵地战,武装须加改造,战术重新训练,需要一年的时间。"

十八集团军中的政治工作是具有权威而且深入的。组织方面:十八集团军有总政治部之设,部主任由中共中央委派。师旅设政治部,团设政治处,各有主任,另派政治委员,其人选由上级共同决定,报由总政治部核准。政治委员指导政治部处,政治部处有若干政治委员之办公厅。师旅团一切命令须由师旅长(部队长)政治委员共同签署,否则无效。师旅团并有党务委员会之组织,负责者为书记。部队长、政治委员、政治部主任、书记、参谋长经常有一会议,商决本部队之重要问题。经部队长政治委员签署之命令,属政治工作者交政治部或处主任办理,属军事者交参谋长办理。团以下组织之政治工作,在营设教导员,连设指导员,由团政治处委派;连内设有党支部及军人俱乐部,支部书记与指导员多半是兼职。连部进行战斗计画或生产计画,必须通知党支部,据团政治部副主任谭政氏谈这个作用是:"党员可鼓舞非党员更热心的工作,同时党员的工作可发生积极作用与楷模作用。"政治部或处下面皆设四个部门,计:宣传、组织、对敌工作、锄奸。以上所述的政治工作,不仅限于正规军,游击队及人民武装组织也不例外。从这里看,中共对它的军队的控制是相当有力的。谭政氏所讲:"我们军队必须完全绝对的、无条件的放在共产党及其领导机关政治指导之下,不能闹独立性。"足以说明其军与党的关系。

【赏析】

孔昭恺参访延安回重庆之后,随即写出长篇通讯《西北纪行》在《大公报》上连载。《西北纪行》全文共九个部分,以参访期间考察所得材料为依据,较为真实、全面、客观地展示了延安在经济建设上取得的成就和政治上的清明。本文选取了其中一段描写陕甘宁边区军队建设的文字,这段文字主要描述当时十八集团军的组织建设、政治建设、战略战术及军队参与生产等情况,内容翔实,采访充分,对当时解放区外的民众了解延安及今天的历史研究都有重要的参考价值。

基于参访见闻写出的《西北纪行》在《大公报》上连载,在当时具有重要意义。自从抗战进入相持阶段以来,国民党不仅在政治上、军事上对中共各个根据地进行严格的封锁,在新闻宣传方面也实施严格控制,严禁解放区相关新闻宣传材料传播,把各党各派各阶级的政治声音压制到最低;同时国民党方面对解放区进行歪曲宣传,抹黑解放区的形象,致使国统区民众及国外方面对延安知之甚少,甚至有所误解。《大公报》作为当时颇具影响力的大报,连载客观介绍延安经济、政治、军事、社会等方面建设的通讯文章,对解放区以外的人更全面地了解延安、重新思考中国的未来有重要意义。

辗转六地，贡献卓著：徐铸成[*]

徐铸成（1907—1991）作为一代报人，其新闻生涯的黄金时代是在《文汇报》时期。然而他又与《大公报》有着很深的渊源：他从《大公报》开始走上新闻道路，前后工作了共有十八年之久，对发现和培养他的张季鸾与胡政之两人感念殊深。大体上而言，徐铸成跟《大公报》同人均属自由主义报人群体，但政治立场上的差异，最终导致他和《大公报》分道扬镳，但总体上来说，徐铸成是认同《大公报》"文人论政"的精神的。

一

1928年春，尚在北京师范大学读书的徐铸成经国闻通信社编辑、舅父朱幼珊介绍，进入该社担任抄写员。这年4月，华北球类比赛在清华学校（今清华大学）举行，徐事先做充分准备，亲往采访，作现场报道，在国闻社发稿。不久后，正式进入《大公报》，任体育新闻编辑。作为《大公报》记者，对于徐铸成的首次采访，他本人前后有两种不同说法。1981年出版的《报海旧闻》中说首次采访的是北平市总工会，工会的主持人中有一个是他在北师大的高班同学，采访比较容易入手，他还是由易到难。而在1987年出版的《徐铸成回忆录》中则说是胡政之让他去采访晏阳初在定县所办的平民教育促进会。二说均不确，后者尤其如此。徐铸成称他采写的关于定县平民教育促进会的报道由《国闻周报》1928年1月号转载。然而经查《大公报》，《定县平教村治参观记》刊登于《大公报》1930年1月8日至12日，《国闻周报》转载是在1930年第4期。所以本文暂以1929年4月华北球类比赛作为徐铸成在《大公报》采访活动的开端。

---

[*] 本文撰稿者：高海波，华中师范大学新闻传播学院教授。

这一年的华北球类比赛在太原举行,前一年在北京清华学校举办的华北球类比赛徐铸成已经做过报道,对报道体育赛事已有相当经验,故1929年华北球类比赛每场赛事结束后他均能迅速发出赛况报道,在激烈的新闻竞争中脱颖而出。当年6月,华北运动会在沈阳召开,徐铸成不仅发回大量及时的赛况报道,更有事先准备好的比赛获胜者照片,图文并茂,《大公报》得以在赛事期间每天推出一整版特刊,大受读者欢迎。徐铸成由此受到胡政之和张季鸾的青睐,被委以政治新闻的采访任务。

1929年6月华北运动会结束后不久,张季鸾、胡政之派徐铸成前往太原探明冯玉祥行踪。当时冯玉祥在蒋冯之战失利后宣布下野,晋系军阀阎锡山趁机邀其到山西共商国是,冯去后行踪不明,蒋介石则抓紧部署讨冯。徐铸成在太原探明冯玉祥的下落后,发回多篇报道,张季鸾大为快慰,发专函称:"自兄到并(即太原)后,所盼消息、电讯应有尽有,殊深佩慰,足见贤能。希继续努力,并盼珍重。"①1929年12月,徐铸成再赴太原,成功采访到了被阎锡山软禁在五台山建安村的冯玉祥。1930年2月,蒋介石又决定联冯反阎,徐铸成再一次受命探访冯玉祥的行踪。3月10日,徐铸成探知冯玉祥潜至潼关,以截击蒋军,于是立即发回一条专电:"此间各干部要人,鱼(六日)、羊(七日)、齐(八日)俱有重要会议,冯自返并,除表示一切与阎一致外,避谈时事,青(九日)起,谢绝宾客,凡往傅公祠进谒者均未得见。此间连日关于阎冯出洋之声浪转微。"②这表明蒋的联冯意图宣告失败。徐铸成在严密的监控之下,仍能发出绝密军事情报,他自称其为生平最得意的采访。此即新闻史上著名的"二鸟真晚西逝"电的来历。

进入《大公报》之后,徐铸成的业务能力很快得到了胡政之和张季鸾的认可,而胡、张二人也对徐着力培养。徐铸成在1986年出版的《报人张季鸾先生传》一书中回忆道:"1929年到天津《大公报》工作,安家落户逾两年半,跟张季鸾、胡政之学习,仿佛艺徒正式坐科班,学采访、编辑,学写作评论,在这'富连成'中,生、旦、净、末、丑,唱、做、念、打,文武场,都打下了一点根底。"③

---

① 徐铸成:《徐铸成回忆录》,生活·读书·新知三联书店1998年版,第43页。
② 《府令准阎辞职出洋 济南陆续到军队石部续开新乡 太原连日议善后出洋声浪转微》,《大公报》1930年3月11日。
③ 徐铸成:《报人张季鸾先生传》,生活·读书·新知三联书店1986年版,第96页。

1932年初春,徐铸成被派往汉口担任特派记者兼汉口办事处主任。其间,徐铸成为自己定下了"三不主义":一、不跑机关;二、不参加任何招待会;三、不接受任何礼物,坚守新闻职业伦理,洁身自好。1934年,大公报两湖分馆成立,亦由徐铸成主持。从汉口时期起,徐铸成开始了独当一面的阶段,为他后来主持报纸工作准备了条件。

1935年9月,徐铸成接到胡政之的指示,立即结束汉口工作,到上海参加筹备沪版。徐铸成因事耽搁,1936年1月上旬始赴任。

1936年4月1日,《大公报》沪版创刊。张琴南任编辑部主任,徐铸成与许君远同编要闻版,章丹枫任国际新闻助编,吴砚农编各地新闻,王文彬编本地新闻,萧乾编副刊。不久,《大公报》当局认为张琴南所编题目、版面太过于花哨,将张琴南调津,王芸生调沪。王芸生和徐铸成均被视作张季鸾的接班人,文章风格、笔调逼肖张氏,二人同处一室,又存在竞争关系,不免有所嫌隙,为徐铸成后来离开《大公报》埋下伏笔,当然这是后话。半年后《大公报》沪版发行量就上升到五万份,在上海站稳了脚跟。

1937年8月,淞沪会战爆发,11月上海弃守,上海公共租界工部局要求所有华商报纸必须接受日本军方机关的事先检查。为了表示"宁为玉碎,不为瓦全"的抗争决心,12月14日,《大公报》沪版宣布停刊,除少量留守人员外,徐铸成、许君远、杨历樵、王文彬、萧乾等均在遣散之列。第二年2月,应《文汇报》创办人严宝礼的邀请,徐铸成担任了该报主笔。在徐铸成的主持下,《文汇报》以勇敢无畏的笔调,坚持民族大义,宣传抗战救国,成为上海"孤岛"时期新闻战线上的一面旗帜。

二

1939年5月,《文汇报》被迫停刊,张季鸾和胡政之在香港得到消息后立即电促徐铸成来港,重返《大公报》。1939年8月,徐抵港,被委以港版编辑主任职务。

港版创刊于1938年8月13日,馆址设在皇后大道中33号,日出两大张,主要人员均为从前津版或沪版旧部。王芸生认为港版的创办,是胡政之与张季鸾二人矛盾的体现:"胡政之想把香港作为他的事业的基地",从而与张季鸾分庭抗礼①。此说似有过甚其辞之嫌。从战局发展的角度考虑,沪版停刊后虽有汉口版,但此地朝夕不保,须有退步之地。同时新的馆址最好是临近战区,交通便利,易于对外联络,这样才能对抗战事业产生最为有力的影响。而淞沪会战开战时,日本与英国尚未宣战,于是香港便成为理想之选。

港版一开始由汉版调任的许萱伯担任经理及编辑主任,惜未几病逝,继而由金诚夫接任。徐铸成到任后,金诚夫专任经理,编务由徐全面负责。一开始徐铸成所写的社论还要经过胡政之过目,不久后胡政之完全放手,不仅徐铸成所写的稿子不需要交给胡审阅,其他人所写的文章也由徐铸成修改润色。这样一来,徐铸成既管编务,也管言论,成了实际上的版面总负责人。

从1938年8月到1941年12月,在徐铸成主持港版两年半的时间里,他撰写了大量鼓舞士气、号召团结抗战的社论和短评,大胆揭露日军野蛮侵略行径,鼓舞深处战火中的海外侨胞发扬爱国主义精神,尽力保持民族气节,将抗战进行到底。如《日本的"双簧"》一文中,徐铸成强烈呼吁:"日本侵略者是我们的死敌,不论它今后南进北进,不论它向英美或向苏联挑战,而最后清算它命运的,还是我们中国。我们一刻不能放松它,非把它的侵略铁蹄完全斩断,我们的奋斗便永远不能松弛!"②这样慷慨激越的言论,在当局的严密审查制度下,殊为不易。据徐铸成事后回忆,根据当时政府的言论审查制度,报纸上不许出现"抗日"字样,更不许有"抗敌",就连"帝国主义"之类的词语亦在禁止之列,所以港版社评栏中经常有成串成串的"天窗",有时社评甚至完全空白,注明"全文被扣"。但徐铸成和港版同事们并没有被严密的文网束缚住手脚,而是勇敢、机智地与之周旋斗争。张季鸾经常称托付得人。

徐铸成主持港版期间,最有国际影响力的事件当为披露汪精卫与日本政府签订的卖国条约《日支新关系调整纲要》。这份秘密文件由汪精卫曾经的得力干将高宗武、陶希圣二人携港,决定将之公诸报端,史称"高陶事件"。张季鸾和胡政之获得日汪密约后立即决定全文发表,由徐铸成撰写社论《揭露亡国的"和平条件"》。第二天,《大公报》港版和渝版同时发布"高陶事件"独家新闻,引起各方强烈反响,给汪伪集团和日本侵略者以沉重打击。国民党中央社

---

① 王芸生、曹谷冰:《1926至1949的旧大公报》,《文史资料选辑》第25辑,中华书局1962年版,第1—62页。
② 《日本的"双簧"》,《大公报》(港版)1941年5月11日。

公布这份密约的时间,比《大公报》晚了整整三天。

在徐铸成主持港版期间,张季鸾的主要任务虽然是负责重庆版,但因肺病发展到了晚期,隔几个月就要来港就医,徐铸成因此有了更多与张近距离接触的机会。每次张季鸾到香港疗养,一住数月,只要有空,必约徐铸成到他的旅馆长谈。谈话内容从办报经历到人生体验,从文字技巧到布局谋篇,无所不包,无所不谈。张季鸾感到自己已经时日无多,对徐铸成倾囊相授,循循善诱,希望徐能尽快成长起来。徐铸成在《报人张季鸾先生传》中充满感激地说:"他的心情是可以理解的,他知道来日苦短,而事业要后继有人,他显然是希望王芸生兄和我能成为他的'传人'——接班人的。"①很显然,徐铸成是很看重"张季鸾传人"这一身份的。不幸的是,1941年9月6日,张季鸾在重庆因病去世。噩耗传来,徐铸成悲痛不已,一星期内不饮酒,不参加应酬,以示哀悼。9月26日港版推出《敬悼季鸾先生专刊》,上面就有徐铸成在紧张工作之余含泪赶写的长篇纪念文章《悼念季鸾先生》及《季鸾先生年表》。

1941年12月8日,太平洋战争爆发,香港迅即沦陷。12月13日,港版宣布休刊,徐铸成发表社评《暂别读者》,勉励香港同胞在艰难困苦之中、在存亡绝续之际,保持中华民族的爱国精神,深明大义,不屈不挠,丹心长在,正气永存!12月25日香港总督宣布投降,第二天日军立即要求《大公报》复刊,徐铸成以人手不足为由借故拖延。1942年2月初,徐铸成与港版经理金诚夫、编辑郭根、外勤记者黄致华一起化装成难民,逃亡广州,辗转至广西桂林,与先期抵达的胡政之会合,续出桂版《大公报》。

港版《大公报》不仅在《大公报》的历史上,而且在中国新闻史上,均有其独特地位。首先是培养了一批优秀的新闻人才,杨刚、李侠文、马廷栋等人皆从港版起步而后成为报社骨干;其次是扩大了《大公报》在海外的影响,港版销行南洋各岛,提升了它的国际地位;再次是为战后港版复刊奠定了基础,令其至今仍能一脉尚存。而王芸生所说的港版"营业始终亏损",最终"资产全部损失"②,并非实情。事实上,早在香港陷落前的1940年,胡政之就已经用港版积余资金在桂林租地建房、购买印刷设备,于1941年初创办了桂林版,为港版预留了后路。

---

① 徐铸成:《报人张季鸾先生传》,第2页。
② 王芸生、曹谷冰:《1926至1949的旧大公报》,《文史资料选辑》第25辑,第1—62页。

三

桂林版馆址设在星子岩,这是七星岩后侧的一座独立小山,山有岩洞,可以安放排版设备、印刷机器,也可以作为报社员工躲避空袭的藏身之处。桂林版初创时,编辑部仅蒋荫恩、何毓昌、李侠文、张篷舟四人,人手严重不足。港版人员大部撤来桂林后,采编和经营的力量大大加强。

张季鸾病逝后,1942年2月,《大公报》当局董监会决定,任王芸生为渝版总编辑,曹谷冰为经理;任徐铸成为桂林版总编辑,金诚夫为经理,王文彬为发行人兼副经理,马廷栋为编辑部副主任。一开始,编辑部主任蒋荫恩主持版面,徐铸成只负责言论。不久,蒋受聘为燕京大学新闻学系主任,赴成都任教,徐铸成兼顾编辑工作。同时设立两个总编辑,这在《大公报》此前的历史上是没有过的。而王芸生和徐铸成二人同时担任分馆总编辑职务,说明他们已经被正式确定为《大公报》事业的接班人了。

抗战时期的广西依旧由桂系军阀掌控,不同于蒋介石的高压统治政策,白崇禧、李宗仁等在文化上相对宽松,这使得桂林成为继重庆之后华南地区政治、经济、文化和军事上的中心,号称"中国文化城"。各党军政机关纷纷在桂设立办事处,不少工厂企业也迁移至此,1942年至1944年桂林人口猛增至五十万左右,一时人物荟萃,文化、艺术空前繁荣。针对桂林独特的政治环境,徐铸成在征得胡政之同意之后,为桂林版确立了力主自由民主的言论方针,政治上与重庆版保持距离,一般不转载重庆版社评,保持独立思考。

桂林版有两大特色,一个是徐铸成的评论,另一个是彭子冈的"重庆航讯"。在新闻评论上,徐铸成一向敢说敢言。在国际问题上,他的评论往往从大处着眼,高屋建瓴,纵横捭阖,冷静透辟。如《实施宪政的必要条件》一文中,针对陪都重庆言论界回避国内问题和困难,转而趋于国际时事问题,致使国内问题的讨论程度和质量远低于国际问题的"内轻外重"的局面,徐铸成直言不讳地提出批评,认为"此一种风气,在政府及文化界本身,实在应该彻底检讨,设法纠正"[①]。在国内问题上,徐铸成首先将目标对准官吏贪污枉法案件,《论

---

① 《实施宪政的必要条件》,《大公报》(桂版)1943年9月23日。

贪污案》一文毫不隐讳地批评道："及抗战军兴,政府各级官员,能守法奉公者,固然甚多,而凭借职位权势,经营非法买卖,大发国难财者,亦所在皆是,尤其是办理统制运输、税收检查等部门的人员,在贪婪环境内,耳濡目染,苟非洁身自爱,廉介自持,即易流于贪婪的一途。迄于今日,已有积重难返,举世滔滔之感,我们盱衡全局,认为此种恶习,倘不能集全国上下之力,从事扑灭,势将影响及于抗建大业,我们如骨鲠在喉,必须大声疾呼,以警戒国人。"①《论养廉》一文揭露各地方税务官吏及行政机关司员,需索商旅,肆行榨取,甚至有某省税务机关负责人半年内即获资千万之巨,一些偏僻地方税务机关也因经费过少干起勒索勾当。这些评论登出后,各有关方面百般威胁、恫吓,某当局数度亲临《大公报》,指名要抓人,但都被徐铸成抵挡过去。他说那些文章就是本人写的,如果要抓,就请抓他,结果对方不敢下手。

《大公报》重庆版女记者彭子冈的通讯,文笔犀利,语言泼辣,很受读者欢迎,但由于这些通讯大多揭露国民政府的黑幕,往往使重庆中央政府大为恼火,在重庆版上无法发表,于是她便以"重庆航讯"的方式转投桂林版,成为抗战时期《大公报》桂林版的一大特色。从1941年到1944年,彭子冈连续为桂林版采写了近百篇"重庆航讯",勇敢揭露、曝光重庆官场的腐败内幕,传达底层人民的痛苦与呼声,被新闻界誉为"重庆百笺"。有的论者认为,彭子冈的重庆通讯完全可以与范长江的《中国的西北角》相提并论,同为中国新闻史上的名篇佳作,足以流传后世。

桂林版同时还出版《大公晚报》。该报创刊于1942年4月1日,日出对开半张,两版,正面是新闻版,背面是副刊《小公园》。新闻版由杨历樵主持,副刊编辑始为郭根,后改为罗承勋(即罗孚)。徐铸成经常以"根丝"为笔名,为《大公晚报》写杂文。

在桂林版工作期间是徐铸成在《大公报》最辉煌的时期,该报发行总数达到6万份,是桂林其他各报的总和,不仅畅销桂、湘、粤等地,在云南、贵州等距离较远的省份也有市场。当时在陕北的毛泽东也注意到了这份报纸,在1941年5月给重庆办事处关于购买书报的电报中指出:"云南出版的书报及桂版《大公报》,这里亦缺,请订购,各种书报订购至少一年为限。"②从香港到桂林一

---

① 《论贪污案》,《大公报》(桂版)1942年8月20日。
② 《毛泽东等关于订购书报的七封信》,《党的文献》2012年第2期,第3—6页。

直追随徐铸成的《大公报》记者郭根在评价桂林作为战时中国文化城的地位时，特别强调了徐铸成的贡献："这个文化城的造成，建筑师应该说是由香港内移的文化人，而报人又是其中最重要的主力，那个时候，桂林新闻界的蓬蓬勃勃，虽不敢说绝后，但确已是空前。领导群伦的是《大公报》，主持《大公报》桂林版笔政的就是徐氏。"①

1944年4月，日寇发动豫湘桂战役，6月长沙失陷，8月衡阳弃守，桂林门户洞开。9月13日，桂林版被迫停刊，徐铸成在社论《敬告读者》中写道："我们相信，八桂健儿，必能努力保持她的圣洁。广西表里山河，四面足以拒敌；二十八年敌人曾侵至南宁一带，终经我军合力之战，使敌寇不得不狼狈撤退。这个光荣的历史，我们相信必能永久保持……"②5天后，桂林陷落。

四

1944年10月，徐铸成抵达重庆。为安置桂林版人员，胡政之特地创办了重庆《大公晚报》，徐铸成任主编，徐盈任要闻版编辑，罗承勋任副刊编辑。据徐铸成回忆，胡政之将桂林版人员比作倾家荡产了的二房前来投靠长房，要善于"以小事大"，处处忍让。根据报社当局规定，晚报不设社论，所以徐铸成除了埋头编晚报、每周为日报写一到两篇社评之外，其余百事不问。这种寄人篱下的滋味很不好受，徐铸成觉得重庆时期是"生平最闲散的生活"，又说是"半冻结的日子"。从香港版到桂林版再到重庆版，一直追随徐铸成的《大公报》记者郭根说："再等到逃到了抗战大本营的重庆之后，像是从一场春梦里惊了醒来，桂林时代成了记忆中的好日子，让苦难的桂林人在秋雨连绵的雾重庆想念着，追思着。"③这是郭根在重庆版的感受，也不妨看作是徐铸成这一时期苦闷心情的真实写照。

1945年8月10日，日本天皇宣布无条件投降。消息传到重庆，满城沸腾。《大公报》董监事会迅速决议，派徐铸成和李子宽赴沪，尽速筹备上海版。9月

---

① 郭根：《记徐铸成——我所知道的一个自由主义者的报人》，《知识与生活》1947年第12期，第26—29页。
② 《敬告读者》，《大公报》（桂版）1944年9月13日。
③ 郭根：《记徐铸成——我所知道的一个自由主义者的报人》，《知识与生活》1947年第12期，第26—29页。

2日，徐铸成与重庆新闻界一行10人参加在南京举行的受降典礼，离开之际，他不由得想起两句京剧唱词"踏破铁笼飞翠凤，挣开金锁走蛟龙"。用同事多年的郭根的话来说就是"胜利把徐铸成解放了"。

当徐铸成到达上海时，《文汇报》已经复刊，严宝礼希望徐铸成回社主持，徐铸成以《大公报》复刊任务重，未予答应，但同意兼为《文汇报》写社评。1945年11月1日，《大公报》（上海版）复刊。徐铸成主持编辑和言论，杨历樵任翻译主任兼编国际新闻，朱启平任要闻版编辑，整个编辑部总共不到二十人。鉴于抗战已经结束，"抗战第一"的口号不能继续沿用，徐铸成为上海版制定了争取民主、反对内战的言论方针，态度鲜明，立场坚定，受到读者普遍欢迎，数月后发行量很快就突破10万份。

1945年12月1日，国民党昆明特务和军人向参加反战民主运动的教师、学生投掷炸弹，4人死难，29人重伤，造成震惊中外的"一二·一"昆明惨案。因国民党政府严密封锁消息，当时全国各地报纸无只字报道。第二天，徐铸成接到一名自称是《扫荡报》记者送来的新闻稿，立即冒险决定刊出。12月3日《大公报》上海版头版头条以醒目标题"昆明发生屠杀惨案"予以披露，震惊一时。直到第三天，中央社才发表歪曲事实、掩盖真相的报道，说是两派学生内讧。

1946年1月、2月重庆相继发生沧白堂事件、校场口事件，国民党特务破坏政协会议现场，殴打政协代表和群众，企图撕毁政协会议决议。重庆《大公报》记者彭子冈、徐盈、曾敏之、高集等人采写的相关报道被重庆版扣发，于是他们发电致沪。徐铸成为国民党顽固派公然破坏和平、撕毁政协决议的倒行逆施深感愤慨，立即决定将这些披露事件真相的报道以显著标题刊出，并配发社论对反动分子的丑恶行径进行强烈谴责。

沪版《大公报》的鲜明反战倾向，引起了国民党政府的干涉。1946年2月间，胡政之飞抵上海，面告徐铸成，说他一手拉着《文汇报》不放手，一面极力推着《大公报》向"左"转，这是有政治企图的证明。徐铸成则表示上海版的言论态度，并没有越出民间报纸应守的范围，自认问心无愧。3月初，王芸生由渝抵沪，徐即致信胡政之恳请辞去上海版职务。虽经胡政之极力挽留，但徐铸成去意已坚，毫不动摇。他向胡政之表示，《大公报》的事业由吴、胡、张等人艰辛开创，自己无权冒险尝试，而《文汇报》则是凭着自己一支笔写出来的，成毁在己，于心亦安。至此，徐铸成离开了他前后工作了将近十八年的《大公报》。

附 代表作赏析

论 养 廉

（原载于《大公报》[桂版]1943年8月21日）

昨天本报载，湘省府薛主席鉴于公务人员生活清苦，为鼓励守法奉公之风尚起见，特设法抽提各项盈余二千万元，拨作全省公务员养廉奖励金。此项设施未来的成效，虽犹难逆料，而其挽回颓风，整肃官常的用心，洵堪寄予同情。我们愿乘此机会，一抒对于清廉政治的感想。

中国数千年来，以廉介为尚；《礼记》载"临财毋苟得"，《论语》称"子罕言利"，都是古时圣贤，嫉恶财利，提倡清廉的意思。孟子既见梁惠王，王曰："叟，不远千里而来，亦将有以利吾国乎？"孟子立刻就发脾气说："王何必曰利，亦有仁义而已矣。王曰何以利吾国，大夫曰何以利吾家，士庶人曰何以利吾身，上下交征利，而国危矣。"当时大家以言利为耻，梁惠王一提到利字，他就勃然变色，教训了梁惠王一顿，所以我国传统的道德，历代圣贤相戒，都重清廉，视财利有如洪水猛兽，后来功利主义渐生，贪欲斯盛，然而还是暮夜怀金之类，不敢公然授受，所以有"三代以下惟恐不好名"的话。

中国历代圣贤，不特对个人方面，提倡清廉，对于统治阶级也以聚敛掊克为大戒，《论语》载，哀公问于有若曰：年饥用不足，如之何？有若对曰：盍彻乎！曰：二吾犹不足，如之何其彻也。对曰：百姓足，君孰与不足？百姓不足，君孰与足？此一段话，意在戒统治阶级的贪念，而另一方面，就是培养人民元气，所谓"财散民聚，财聚民散"，都是同样的古训。近几年来，一般人竞尚功利，举世滔滔，狡黠者不择手段，不计利害，惟以达成个人贪欲是务，忠实者犹知畏法避嫌，洁身自守，而生活清苦，贫富悬殊。故设若政府对此二者，无奖惩，无是非，则人人将群趋于贪官，以解决其个人生活问题，中国虽大，官员虽众，亦将无人甘为廉吏。

我们所感欣幸的就是中央及地方高级长官，莫不秉承领袖意旨，兢兢业业，克尽厥职，他们在政治上负有重责，对整饬纪纲，转移颓风，更多所献替，建树不少。现在为世诟病的是各地方的税务官吏，以及若干行政机关的员司，需索商旅，肆行榨取，尝听见某省某税务机关负责人，半年内获资千余万元，又有某偏僻地方税务机关，如何勒索等情事。本来此类事例，非中国所独有，但我们不敢相信,今世税务机关,竟无一奉公守法,廉介自持的人员,但也不敢说税务机关以外人员,即悉为清廉不污的官吏,因为其间尽有国法所未及,监察所未周之处。而修养有素、一介不苟的人,以中国之大,断乎不是没有。

湘省府以奖励金办法,来移转政治风尚,改革官场习气,用意甚正大,在事实上也需要做一番。惟执行此办法,有一个原则,就是既称有奖则必有惩,而且罚得更要严厉一点,才能增加提倡廉洁的效力。因立法本意,在于鼓励公务员清廉,杜绝贪污。其实此乃走上政治清明的最起码条件,假使严肃一点说,凡是公务员都有守法不贪的义务,故一个公务员做到清廉,并不是一桩特别值得赞扬的事,因为依照国家法令,本来应该如此。而现在需要筹拨巨款,以为奖励之资,一方面可见清廉者之少,另一方面也可见当局求治之亟,我们衷心期待此项办法,能有圆满的收获。

还有奖励的决定,不外在平时的监察与年终的考绩,此中斟酌损益,纵有一部分系凭诸成绩,但甚易涉及私人的爱憎,万一有之,则办法纵好,即不免有徒成具文之虞。因此,推行之始,不可不立定基础,执行奖惩者,必须超越个人情感,而惟一秉至公至正精神,做到受者心悦诚服,被拥者也无异议。但是并非简单易行,主管者不可独察,而要兼察,不可偏听,而要兼听,简言之,"综核名实,信赏必罚",要切切实实做到,才能无枉无纵,才能收挽救颓风之效,我们盼望湘省当局认真办理,彻底执行。

抑近年各地机关人员,贪污案件,所以层出不穷,其中也不免夹有经济问题的因素在内。或者待遇低,生活高,不足以仰事俯畜,或者经费过少,上级机关不予增加,以至不能维持,迫得自求生路。凡此种种,均足为易受利诱的主因,人非圣贤,孰能无惑。然而颓风日张,要非国家之福,甚愿关系各方,憬然省悟,痛改前非,大家一致回到清廉之途,不胜厚幸。

【赏析】

徐铸成的新闻评论作品,向以笔锋犀利著称,对于凶残的侵略者更是善作怒目金刚式的严词厉斥。而《论养廉》一文,则因论述对象不同,尽显醇厚之旨,曲折反复,可谓苦口婆心,循循善诱。

文章首先从湖南省政府主席薛岳设立公务员养廉奖励金这一新闻事实出发,既对政策用意表示同情,又对施政效果感到不能乐观,显示了一种矛盾复杂的态度。

第二段回顾了中国远古时期言义不言利的政治传统,强调了社会风气对贪欲的制约作用,为后文批判行政机关公然敲诈勒索做了铺垫。

第三段对比了功利主义普遍盛行的环境下忠实守法的官员生活清苦,与狡黠不法的官吏腰囊俱满、贫富悬殊的鲜明反差,指出政策应当有奖有惩,以防止公务员群趋于贪敛,而无人甘守清廉的局面,表明了赞成养廉金制度的理由,也为指出其不足打下基础。

第四段列举了行政机关需索商旅、肆意榨取的各种事实,同时又很有分寸地指出,唯贪是务虽在政府官员中并非普遍现象,却是必须正视的客观现象,需要从制度建设和个人修养两个方面同时努力。

第五段强调必须奖惩并举,而不能只奖不惩,才能真正起到提倡清廉的作用,并指出养廉金政策的不足。这是对政策效果的第一重担忧。

第六段提出清廉奖励办法要发挥效力,必须做好监察考核工作,真正体现"综核名实,信赏必罚",以免徒成具文。这是对政策效果的第二重担忧。

最后一段指出不少贪污案件存在经济因素,即有些行政机关经费过少、待遇过低,显示了养廉金的必要性,也避免了让评论流于简单的喊口号、唱高调。

总之,《论养廉》这篇评论,切口小而主题大,论之肃而存意厚,立意深而笔法活,文字少而虑事周,尺幅千里,迂回往复,一唱三叹,功力不凡,虽为急就之章,却足以垂之久远,值得效法借鉴。

第一位科班出身的编辑：赵恩源*

赵恩源(1909—1980)，出生于直隶通县(今北京市通州区)，1930年自燕京大学新闻学系毕业后进入新记《大公报》，是《大公报》第一位新闻科班出身的编辑。抗战期间，他随报社辗转于汉口、昆明、香港、重庆等地，为《大公报》在战时的编辑出版做出了重要贡献。抗战胜利后，赵恩源担任天津《大公报》编辑主任。1949年后，任改组后的《进步日报》副总编辑。1979年离职休养，次年4月7日于北京逝世。

赵恩源曾就读于育英中学，1926年进入燕京大学。1929年，燕京大学新闻学系在密苏里大学新闻学院的支持下恢复重建、正式设系，被认为是当时最完善的一个新闻学系。赵恩源是燕京大学新闻学系自1929年复办以来的第一届毕业生，该届正式毕业生仅他一人。在校期间，赵恩源参与了燕京大学新闻学会的筹备，作为起草委员参与了会章的制定工作，并负责新闻学会的文书出版。1930年寒假，燕京大学新闻学系派遣学生至各大报馆实习，成绩优秀，实习结束后燕大新闻学系宴请报界，赵恩源亦在座，并致谢辞。甫一毕业，赵恩源便经胡政之约请，进入《大公报》工作，成为《大公报》第一位新闻科班出身的编辑。燕京大学新闻学系与《大公报》建有联系，常送学生来《大公报》实习，毕业生亦尽先选拔推荐给《大公报》，赵恩源是第一批。

进入报馆工作后，赵恩源先任外勤记者，次年编辑国际新闻、通讯及担任翻译。1932年，赵恩源与杨历樵、马全鳌合译的《日美太平洋大战》由大公报社出版发行。1933年3月21日，赵恩源受报馆派遣，前往通县采访伤兵情况，并携物资慰问前线将士。赵恩源在《大公报》升迁顺利，历任助理编辑、编辑、驻北平办事处主任。1934年，赵恩源与徐文兰在天津结婚。

---

* 本文撰稿人：邓绍根，中国人民大学新闻学院教授；游丹怡，中国人民大学新闻学院2021级博士研究生。

七七事变后，日军大举进攻平津，《大公报》天津版于1937年8月5日停刊。津版停刊后，根据胡政之的指示，津馆部分员工就地遣散，少数编辑同人调往上海。而平津陷落后，日军制造虹桥事件，借此进攻上海。面对"沪馆必将继津版而牺牲"的情势，《大公报》采取了诸多应变措施，其中一项便是开办《大公报》汉口版。1937年9月18日，张季鸾主持的《大公报》汉口版发刊，日出一大张，曹谷冰、许萱伯任经理，孔昭恺、赵恩源、陈纪滢（客座）等任编辑。汉口馆的编辑部相比津沪具体而微，人员亦极为精简。孔昭恺编第二版要闻，赵恩源负责编辑第三版国际新闻、本市新闻及其他。报纸的一、四版中广告居多，不受时间限制，大量工作集中在二、三版，且集中在夜间，两版编辑工作完成付印时常常已近天亮。汉口版一直出版到武汉沦陷前的1938年10月18日。

1938年9月9日，《大公报》开始发行重庆航空版。同年12月1日，《大公报》重庆版正式出版，编号续汉口版，人员也基本是汉口版原班人马。赵恩源随张季鸾、王芸生、曹谷冰等到重庆版工作，1938年底又被派往昆明，主持昆明航空版的工作。1939年1月开始，日机对重庆的轰炸愈发猛烈，"五三""五四"大轰炸造成重庆市中心大火两日，《大公报》馆地处新丰街闹市，首当其冲，损失惨重。在这种严峻的形势下，昆明航空版停止发行，赵恩源又回到重庆。1941年9月6日，张季鸾在渝病逝。张季鸾逝世后，《大公报》内部机构进行调整，成立董监事联合办事处，同时成立社评委员会，赵恩源是委员之一。

在创办汉口馆的同时，《大公报》香港版的筹备工作也在开展中。1938年3月，胡政之亲赴香港领导港馆的筹建工作。1938年8月13日，即上海抗战一周年纪念日，《大公报》香港版正式出版。赵恩源妻女俱在香港，多次向胡政之请求将赵恩源调任港馆。1941年12月，赵恩源被调任香港，主编要闻，到任仅一个星期，即遇"一二·七"日军偷袭珍珠港，香港陷入空袭及炸弹威胁中。在此种恐怖氛围下，《大公报》仍照常出版，赵恩源、徐铸成等港馆编辑每日摸黑下山，坚持上班编报。1941年12月25日，香港沦陷。1942年1月7日，赵恩源夫妇与胡政之、金诚夫等人一同冒险乘舢板渡海，偷渡至九龙，步行到惠州，经老隆至韶关入桂。《大公报》港馆同人陆续撤退到达桂林，多数留在桂馆，赵恩源等少数被派往渝馆。

赵恩源担任编辑，在处理稿件时十分谨慎，极有耐心，具有一种容忍的态度。例如《大公报》知名记者彭子冈的字，常写得龙飞凤舞，横竖不成行，使人难以辨认。赵恩源看她的稿子很费劲,也很耐心,一个字一个字地反复辨认,仔细揣摩。他以一种宽容的态度对待别人的稿子,为保持各人的文章风格,从不随意改动。《大公报》的人才注重编采两用,记者要做一段时间的编辑工作,编辑中有条件的也派出做记者。赵恩源在《大公报》主要任编辑,也曾临时接受过重大采访的任务。他曾作为《大公报》特派员,随中国妇女慰劳抗战将士总会滇缅作战将士慰劳团赴昆明及滇缅前线采访。1945年4月10日开始,他的《滇缅劳军纪行》陆续在《大公报》重庆版上发表,记叙了他的滇缅之行中的所见所闻。

1944年9月12日,《大公报》桂林版停刊,港、桂、渝三馆人员于重庆会合,渝馆一时人满为患。报馆一边在嘉陵江边修建宿舍,一边将编辑人员分为两组,轮班工作,每组工作一周、休整一周,由孔昭恺、赵恩源分任编辑主任。此外,《大公报》还尽量扩大业务范围,于1944年9月1日开始发行渝版《大公晚报》,风格比较活泼。1945年7月26日至29日,《大公晚报》发表赵恩源编译的《战时发明与生活前途》,"这里从美国杂志上选译了三篇短文,都是讨论战时发明和人类生活前途的",内容涉及战时美国在医药、运输、电子科技方面的进步。日本败局已定,战争胜利的曙光已经到来,编译此文,"最大的希望是能得到一点知识和教训"。

抗战结束后,1945年12月1日,《大公报》天津版复刊,编辑主任起初为孔昭恺。1946年春,孔昭恺调南京任办事处主任,赵恩源接任天津《大公报》编辑主任。1946年8月,新记《大公报》在二十周年纪念时,向"服务自八九年至十八年不等,向著成绩,抗战期间,尤为辛劳"的十一人赠与股权。赵恩源自1930年入职《大公报》,为报馆效力十六年,不曾中断,在此次股权赠与中获赠"荣誉股"二百五十股。1948年1月24日,赵恩源又得增赠"荣誉股"二百股。

1949年后,天津《大公报》改组为《进步日报》。在《进步日报》的创刊号上,刊载了赵恩源、张琴南、杨刚等人共同签名的《进步日报职工同人宣言》(代发刊词)以及《进步日报是如何产生的》。赵恩源担任了《进步日报》的副总编辑、研究部主任、经理、党组书记等职务。1951年,赵恩源参加中国民主同盟。1953年元旦,《大公报》上海版北迁,与《进步日报》合并出版,并于1956年9月迁至北京,赵恩源任北京《大公报》副总编辑。1957年的反右斗争中,赵恩源受到错误处理,"文革"中又受到冲击。1979年离职休养,1980年4月7日于北京逝世。

附　代表作赏析

中国新战力的成长——滇缅劳军纪行之一

（原载于《大公报》[渝版]1945年4月10日）

我们老早就期待着盟军在欧洲的彻底胜利，我们随时都切盼着盟军在太平洋上的大举进攻，我们更无时不在祈祷着驱逐敌人，光复国土，重建家邦。

中国抗战八年，国土残破，军队更多损失；现在欧洲盟军胜利即将到临，太平洋美军亦已逼近敌土，就在这个时机，我们更迫不及待，必须及时配合盟军的攻势，才能提早达成胜利。我们早已体认到这个事实，盟国友邦对于我们也真有这样的期许。

谁也不否认中国军人素质的优良，但是谁也知道由于各种条件的欠缺，由于装备武器的窳劣，军人的战斗能力打了一个不小的折扣。我们不愿也不必讳言拿中国以往的军队配合盟军反攻，难免自惭形秽，但是在迟早必将来临的大反攻中，中国军队势又必须负起相当重大的任务，怎样使国军负起这种不容退让的任务，怎样使国军担当配合盟军消灭敌人侵略的神圣使命，这就是中国陆军总司令部成立的意义所在了。

敌人在海上业已宣告失败，敌人本土也有随时被美军登陆的可能，但是困兽犹斗，它在中国大陆，东南亚以及荷印一带仍保有相当实力的陆军。他们野蛮而顽强，他们可能企图在中国大陆决战，失败之余，他们更要设法将这些残余的军队撤退，我们必须准备与它在中国战场决战，我们必须准备防止阻挠它残余部队自中国撤退，这种准备的工作，就正在由中国陆军总司令部承担着。

记者随中国妇女慰劳抗敌将士总会滇缅作战将士慰劳团来昆，连日访问各军事机关，虽尚未能拜访所有将领官佐，惟对于新战斗力的成长已有概括的认识，所惜大部属于军事机密，不便公开发表，不过有一点可以告慰于国人的，就是这中美合力培育起来的孩子们体格魁梧，极其壮健，发育迅速，聪明而有责任感，他们虽然分散在各地，有些吸着山地丛林的空气，有些过着平原的生活，但是都接受着平等的抚爱与适当的教养。负责教养这些孩子们的中美师长都异常满意而兴奋，认为这是中国新生之机，攻击敌人的主力，将来建军的基干。

中国陆军总司令部的历史还没有多久，不过是去年十二月二十五日才成立的,经过三个多月的努力,居然有了目前的成绩,我们自然不是认为以往的成就已经满意,然而以上下二百余人的机构,每月一千万元的经费,在昆明物价高涨的现状之下,主持这种重大而艰巨的指挥作战的工作,实在也不能令人有丝毫不满的表示。

总部虽然设在昆明某学校,然而校园以内弦歌不辍,总部的办公厅只占校舍楼房的一层半,不必要留在办公厅的官员,都必须跑一两里的路程上班,负责守卫的士兵和勤务,只好在校园的一角搭起帐篷来居住。他们的待遇和生活并不比旁的队伍优裕,但是他们的责任重大,工作繁忙,他们照例每天工作八小时,开起会来有时要到十二个小时,而且星期日也只有半天的例假,自何总司令起都是如此,工作的情绪紧张,他们彻底做到了当天事当天办完的地步。

谈到这一点,就连素讲工作效能的美国军人也不能不佩服他们。原来在总部成立之初,美国军人由于一贯的成见,对于中国陆军总部难免偶尔稍有不满的表示,现在虽然不敢担保这种不满的情绪已完全扫除,但是中美合作的精神已有意想不到的长足进步。同时这种坦白合作的精神,更促进了办事的效能。

总部的工作繁多,他们必须经常与美国军部洽商,他们必须与党政各界接触,他们更必须随时与所属部队联络。总部的工作由研究计划一直到下令执行,没有一件事不需要他们自己动手。过去一个月内,何总司令应钦就曾亲自飞到八莫与印缅战区美军总司令索尔登协商国军移防问题,这个问题决定之后,他又匆匆飞往重庆,向蒋委员长有所报告,并请示,他刚刚从重庆回来,又陪同中国战区美军总部参谋长麦克鲁出发滇南前线,检阅军队,最近才从前线回来。就是在昆明的期间,他要接见美国各方面的军事领袖,接见部队的长官,筹划各部队的装备训练与驻防的问题,而最重要的,他要随时提防敌人的进犯企图,计划反攻的策略。

据记者的观察,总部所属的官员以至部队长官,虽然都在极清苦的环境中过日子,但是他们都有新的精神,他们认为苦战大战的日子快要到来,他们没有被日常生活的苦难所折□,他们不因前途的艰巨而稍存畏惧,他们知道敌人依然顽强而且具有野心,但是他们有决心,要以兴奋的态度迎接这个关系将来子孙万代的日子。

中国的新力量正在顺利的成长中,这使所有直接有关和明了内幕的人士大大的振奋。就是不十分明了内幕情形的昆明人士以及中印公路和西南公路的沿途住民,看见大□□车队满载而过,看见银色飞机成群的在昆明起落,大约也应当明白其中的奥妙了。

有的孩子们已经长大成人,有的还正在接受新式的教育,有的正等待着穿上新装,接受新的任务。那些长大成人的孩子们自然有些着急,等待那些尚未打扮停当的弟弟们,那些正在受教正在上装的弟弟们当然也以焦虑的心情,责备那些负责的长者,问他们为什么偏袒了哥哥而使一群弟弟们落了后,但是那些负责的长者又何尝不是同样的焦急呢?看吧,银色的铁鸟照耀得满天发亮,公路线上充斥着汽车的吼声,焦急的心情就要缓弛下来了。

总部的电话机不断的在响,主官们在谈商在苦想,一班书记们在挥笔直书,打字员们的两手似乎在跳舞,记者和参谋处的某副处长站在远东大地图的前面,讨论中美军联合进攻的可能路线,当时记者心里盘算,硫磺岛不过是八方英里的小岛,敌军将两万以上的兵力摆在那里死拼,尚且不保,中国东南两壁沿海是那样长,有那样多的据点,敌军能有多少兵力死守而抗拒美军登陆?

东南亚以及荷印一带,估计尚有敌军三数十万,这的确是个令人费些心思的问题,一般人民有如此感想,负责的军事当局更不会忽略了它的重要性,我们不敢担保敌人不致使用这支难逃必死的孤军对我作孤注一掷,然而敌人也自有它内在的困难,如同由陆上供应弹械的交通问题,如同它军需生产的摧毁,以及它失败后的军心涣散等,都是使它消失作战力的因素,但是这都属于消极的性质,在积极的对策上,记者不便深入探询,这里更不便多所揣测,但是何总司令曾向记者表示,这个问题并不是不值得注意,然而却不值得过于忧虑。

总部的官员正准备接受中国妇女慰劳抗战将士总会滇缅作战将士慰劳团的慰劳。他们虽然不在前线,但是他们是前线将士的保姆,他们是作战的司令台,他们将要随着战局的进展而向前推进。他们目前的工作不久就要完成,但是真正艰巨的工作尚待展开。他们不肯也不便于宣传,脚踏实地的贯彻他们的任务乃是他们的天职。不过后方的民众也应当知道,一个孩子的长成并不是一件轻易能够完成的工作,中国这一支新的力量正在中美的联合培育之下逐渐长成,但是我们也应当自己探讨一下我们的社会经济交通以至政治的进步,是否配合得上这个孩子的需要?(四月一日寄)

【赏析】

1945年春季,滇缅反攻大捷,滇缅公路重新打通,这是抗战以来正面战场唯一获得彻底胜利的大规模进攻作战,不仅打通了中国与盟国间的陆上交通线,而且揭开了亚洲战场盟军向日军反攻的序幕。胜利消息传来,举国欢庆,中国妇女慰劳抗战将士总会单独组织慰劳团,于3、4月间前往滇缅慰劳。赵恩源作为《大公报》特派员跟随慰劳团前往滇缅采访。这篇文章便是此次采访完成的系列通讯的第一篇(共四篇)①。

这篇通讯的主要内容是赵恩源随慰劳团在中国陆军总司令部的见闻。中国陆军总司令部成立于1944年冬,魏德迈就任中国战区参谋长不久,为迅速整编、补充在豫湘桂战役中失利的国民党部队,以保卫贵阳和昆明,并达到控制的目的,帮助国民政府在昆明成立了陆军总司令部。赵恩源前往采访时,陆军总司令部刚成立三个月,耗资不菲,而外界知之甚少。通讯内容主要涉及陆军总司令部成立缘由、目前成绩、工作状态等,描写细腻具体,议论点到为止,行文流畅,逻辑通顺。其他三篇则重点写美国军队及在八莫、腊戌两地的见闻,这一系列通讯的选题从不同角度展开,又互相呼应,在策划上颇下功夫。

---

① 分别为《中国新战力的成长》(1945年4月10日)、《异国朋友们的辛劳》(1945年4月12日)、《八莫见闻》(1945年5月28日)、《腊戌一瞥》(1945年5月29日)。

与时俱进：张琴南*

张琴南(1900—1956)，直隶束鹿人(今属河北)，又名维周，别号怀沙、棘野。1923年北京大学经济系毕业后，随即投身新闻界，先后供职于北京《京报》、天津《庸报》、《大公报》、《中央日报》等多家报馆。尤其作为《大公报》人，他跟随报馆辗转多地，既为《大公报》的拓展、改革和存续付诸心血，也通过这份报纸实践着自己忧患余生、言论报国的理想。从抗日战争到解放战争，张琴南的思想与时俱进，见证并促进了《大公报》津版向《进步日报》的改组。

一

1917年，张琴南进入北京大学预科学习，两年后，转入北京大学经济系学习。其间，参与组织北京学生联合会，参加李大钊组织的民权运动大同盟和邓中夏主持的马克思学说研究会，他是一个热心学生活动的进步青年。因为关心时政并且经常投稿，他在校时即被北京《晨报》聘为编辑。1923年大学毕业后，进入邵飘萍主持的北京《京报》，担任编辑主任；1926年邵飘萍被害，张琴南应天津《庸报》经理蒋光堂之邀担任该报总编辑。该报是当时天津除《大公报》和《益世报》之外的"第三大报"，社长是董显光。此时《庸报》刚刚接受史量才的资助完成人员改组，报纸急需在内容、编排和副刊方面做出改革，张琴南此前积累的办报经验得以施展。内容方面，张琴南主撰社论，但政治路线要与《申报》保持一致；重视体育新闻，专门开辟"体育版"，并且经常能约到体育界名流的采访，深受广大学生欢迎；编排方面，效仿上海《时报》的标题及排版，摒弃过去把社论和广告放在第一版的固定格式，改为把时事要闻放在头版，这是

---

* 本文撰写人：常峥，中国人民大学新闻学院2019级博士研究生。

华北报界的首创；副刊方面，张琴南利用与文教界的密切关系，约到一些知名作家的稿件，使得副刊内容新颖、生动，让读者耳目一新。

后因该报被日本特务机关"茂川公馆"收买，沦为日本侵略华北的舆论工具，蒋光堂、张琴南等报人相继离职。

二

1932年，赋闲在家的张琴南被胡政之揽入《大公报》，并担任编辑主任。他每天下午和晚上到报馆上班，编稿、审稿，他编报也很有风格。1936年4月1日上海《大公报》正式创刊，张琴南南下担任沪版编辑主任。徐铸成曾回忆道，"张琴南兄工作极卖力，稿子每经其手，必仔细审阅，并在题目上加以花哨，使读者看了，有不像《大公报》之感"①。例如，在报道宋子文到达杭州的消息时，新闻标题拟作"杏花沾雨时节 冠盖集西子湖"②，却未点明新闻事件的关键人物，其文学性盖过新闻性；在报道某银团召开常委会时，标题为了对仗工整而采用两个名词性词组——"春茧放款银团 今日联席会议"③，未使用动词连接两者并阐明关系，有违新闻报道清晰、准确的原则……虽然张琴南对待编辑工作事无巨细，但过于鲜明的个人风格使稿件失去"大公特色"，自然不被报馆提倡，加之此时上海已是舆论重镇，《大公报》迫切需要占领市场，所以应由更契合报纸风格的人来主持版面。1936年9月《大公报》沪、津两馆主任互换，天津的王芸生南下上海任沪版编辑主任，张琴南被调回天津。唐振常曾以京派和海派的文化差异视角对此事进行评论。他说，张琴南属于典型的京派风格——实在、厚重、一丝不苟，但创新精神略逊于海派④。张琴南为靠拢海派风格而采取的"花哨尝试"难免给人刻意之感。

从《大公报》对张琴南的调动以及唐振常对于此事的评论可以看出，当时京派、海派的文化差异在新闻界也有所反映。当时的知识分子普遍认为，京派扎根于北方悠久的历史传统，与政治关系密切，是"大家闺秀"一般的存在；而

---

① 徐铸成：《报人张季鸾先生传》，生活·读书·新知三联书店2018年版，第141页。
② 《杏花沾雨时节 冠盖集西子湖》，《大公报》（沪版）1936年4月10日。
③ 《春茧放款银团 今日联席会议》，《大公报》（沪版）1936年5月5日。
④ 《唐振常文集》（第四卷），上海社会科学院出版社2013年版，第154页。

海派深受西方文明影响,与商贸密不可分,可比作时髦的"摩登女郎"。张琴南生于北方、学于北方,以及不太富裕的家境磨炼了他稳重、坚韧、吃苦耐劳的品性。但到上海后,为了适应环境,模仿当地报纸,无意中丢失本报风格。胡政之、张季鸾从因人施用的原则出发,将他调回天津,是对他的爱护。对于胡、张的苦心,张琴南是能体会得到的。

张琴南回到天津时,北方正处于日军严密监视之下,战争一触即发,张琴南带领津馆同人密切关注时局。西安事变后,上海《大公报》连日发表长篇社论《给西安军界的公开信》等,呼吁东北军"精诚团结,一致的拥护祖国"①,态度鲜明、感情强烈;而津版则以短评为主,消息类报道居多,旨在告知民众国内外势力的对峙情况,较少激烈地表达立场。虽然报道类型和内容各有侧重,但津版和沪版均要求恢复蒋介石的自由,并号召民众信任政府、拥护蒋介石,甚至将西安事变定性为"西安叛变"②。值得一提的是,范长江于1937年2月在天津《大公报》发表的长篇通讯《动荡中之西北大局》介绍了共产党"统一的民族阵线"主张③,对于广大读者了解工农红军和中国共产党起到重要作用,津版和沪版于一周后同时刊发社论《今后之内政外交》,强调为达救国之目的必须要团结致力④,对共产党的敌意也大大消解。

在津馆建立之初,《大公报》为更好地实现言论报国,专门开辟农村调查通讯、旅行通讯等专栏,反映社会基层的真实生活。即使在北方人心不稳的情况下,张琴南仍将这一设置很好地落实下来,体育版、文艺版始终保持相对活泼的风格,报馆内部的工作气氛也是如此。据杨克武回忆:在报馆里,畅所欲言,无所顾忌,思想无比活跃⑤。

三

1937年7月底,天津几近沦陷。《大公报》津版于8月5日宣布停刊,大部

---

① 《给西安军界的公开信》,《大公报》(沪版)1936年12月18日。
② 《全国新闻界发表对时局共同宣言》,《大公报》(津版)1936年12月16日。
③ 长江:《动荡中之西北大局》,《大公报》(津版)1937年2月16日。
④ 《今后之内政外交》,《大公报》(津版、沪版)1937年2月22日。
⑤ 杨克武:《天津大公报的资料工作及其他》,周雨编:《大公报人忆旧》,中国文史出版社1991年版,第237页。

分员工就地遣散，张琴南等少数编辑转往沪馆工作。沪版停刊后，张琴南于1938年返回天津，次年到成都，任《中央日报》总编辑，同时，通过蒋荫恩的介绍兼任迁校至此的燕京大学新闻学系教授。1941年皖南事变发生后，张琴南辞去《中央日报》的职务，到燕大任专职教授。

张琴南认为："受过严格训练的人材的需要很急迫，一方面报纸扩充，感觉人材缺乏；新创报纸亦须找受过新闻教育的人材去担当。现在供不应求，将来的需要自必更大。新闻教育的成功是可以适应这个要求。新闻教育的重要是当然的了。"①所以，他全身心地投入新闻教育。张琴南在燕大新闻学系讲授"新闻编辑""社论写作""中国报业史"三门课程。据学生刘洪升回忆，张琴南的社论写作课只略讲要点，主要让学生动手写作，老师出题给学生定期练习，然后再详细批改。为增强学生对记者工作的认知，让他们尽早接触报业实践，张琴南曾力邀张明炜来校开设"报业管理"课，还邀请《新民报》总编辑赵超构、重庆《新华日报》社长潘梓年到校演讲，尤其在国民党统治严密、特务遍布的情况下，他仍坚守本心，与共产党报人保持友好关系。

授课之余，张琴南还辅导燕大新闻系学生编辑实习报纸《燕京新闻》，与学生交往密切。当时系里要求《燕京新闻》完全按照正规报纸来办，不仅内容应有新闻价值，文字力求简洁，标题精练醒目，不能有错字漏字，更要保证准时出版。系主任蒋荫恩和指导老师张琴南对同学们交的每篇稿件和拟写的每个标题，都亲自过目并给予指导。在二人的悉心引导下，学生的写作热情高涨，对记者工作充满向往。

张琴南还担任多名学生毕业论文的指导老师，其中唐振常、张锡焕、张占元等人后来成为颇有名气的记者。唐振常的毕业论文题目为"论新闻自由"，他经常就此向张琴南请教，两人交往颇深。唐振常评价张琴南"是新闻界前辈，一位忠厚长者，以多年的实践经验转而教学，每多傥论"②。

张琴南丝毫没有教授和前辈的架子，他试图通过每节课、每份《燕京新闻》和每次论文指导来潜移默化地影响学生。毕业于燕大新闻学系、后留校任助教的陈嘉祥回忆道，"张先生风骨清高，容止闲雅，道德文章为时所重。新闻系同学从张先生讲课中，不仅学到很多新闻学方面的理论知识与实际经验，更在

---

① 张琴南：《中国新闻事业与新闻教育》，燕京大学新闻学系1937年5月刊印，第5页。
② 唐振常：《当代学者自选文库·唐振常卷》，安徽教育出版社1999年版，第693页。

个人修养方面获得很大教益"①。不仅如此,张琴南还积极为学生联系实习机会,为报界输送了一大批优秀人才。后来天津《大公报》复刊,燕大新闻学系的刘洪升、张馨保、谭文瑞等人追随张琴南到津馆工作,壮大了报馆的力量。

四

日本战败投降后,《大公报》津版于1945年12月1日复刊。次年6月,张琴南以《大公报》总馆副总编辑的身份领导津馆言论和编辑工作,1948年1月24日,获《大公报》赠予的"荣誉股"股票三百股。

张琴南的思想发生了重大变化。早在1941年皖南事变发生时,张琴南已表露出对国民党当局的强烈不满,他辞去《中央日报》的工作即是划清界限的表现。抗战胜利后,他不满国民党发动内战,也不满国民党政权的腐败和政治黑暗,对共产党给予更多同情和支持。张琴南思想的变化导致《大公报》津版言论的进步,相继刊载《打仗一年经济怎了》《略论北平市政》《劫收勒索吞没公款 单县卸任县长被押》②等文章揭露国民政府经济崩溃、官吏腐败的状况。其中,《略论北平市政》一文就物价暴涨、住房紧张、车辆肇祸频繁、防疫失职等关乎国计民生的问题质问政府,严厉批评市政官员的不作为③,体现了《大公报》的敢言和善言。

同时,天津《大公报》积极支持学生的爱国活动,这一立场在王芸生发表《我看学潮》之后尤为明晰。"五二〇血案"发生后,上海《大公报》言论矛盾混乱,报纸将学生运动比喻为"小孩玩火",并为国民党辩解,正在天津的王芸生看到后立即撰文《我看学潮》寄往上海,文章指出"反内战、反饥饿"的吼声不单是青年学生的要求,也是全国善良人民的共同呼声,停止内战、促成和平是跳出"烂泥坑"的希望所在④。王芸生以自己的所见所感客观记录了天津学生运动的过程,表达对学生的支持和同情。这篇可以代表总馆立场的社评极大地鼓励了张琴南,他随后在津版编发大量具有民主进步倾向的社论、专文和新闻

---

① 陈嘉祥:《见证百年》,百花文艺出版社2012年版,第34页。
② 分别刊登于《大公报》(津版)1947年1月1日、5月29日和6月11日。
③ 《略论北平市政》,《大公报》(津版)1947年5月29日。
④ 王芸生:《我看学潮》,《大公报》(沪版)1947年5月22日。

报道。例如,《大学教授和平运动》一文称燕大等校师生呼吁停战的运动是"顺乎人心、应乎需要的一个庄严而迫切的运动",是"国运民命的一线生机"①。同期第三版以几乎整版的篇幅报道各地的罢课抗议活动,声援学界。

天津《大公报》自复刊以来的进步言论遭到国民党当局的严厉抵制。1947年6月1日,天津当局实行"苛细绝伦,无理可说"的新闻检查,《大公报》津馆的大部分专电、特稿被检扣。津馆的正常报道和经营秩序被严重破坏,张琴南在6月8日写给王芸生的信中提及当时稿件被审的情况,"因为检查,闹得全编辑部人人头痛,个个灰心。兄撰'检查新闻'一评,连送二次(第二次是用'改头换面'方式送去的)都指定缓登。并注'不便删改,至乞缓登'。弟撰评中'内战'都被改为'内乱'……又兄评送去被扣,弟即易一社评,该处于此新社评稿上特注'谢谢'二字,真令人啼笑皆非"②。好在两日之后新闻检查即宣告停止,天津《大公报》随即发表社论,强调"民主政治的起码条件,是尊重人权,保障人民的基本自由,并尊重舆论。……专就捕记者一事说,显然是与保障自由尊重舆论背道而驰。……为了国家的荣誉,也为了新闻界的职业自由,我们郑重要求政府从速恢复被捕记者的自由,并永不再让新闻检查的办法复活"③。无论该文来自上海总馆还是出自张琴南之手,都可以代表整个津馆和张琴南争取言论自由的态度。

重回《大公报》的张琴南仍保持此前一丝不苟的工作态度。"每晚在编辑部坐夜班……夜宵之后,外勤先退,内勤等候一二三校,而张先生要等到最后看大样,总在凌晨三四点钟才最后离去。常年如此,从未间断。"④他不仅严格要求自己,还注重提携后辈。记者胡邦定曾回忆自己在《大公报》被编辑修改稿子的经历,他认为编辑李纯青和刘克林由于自身才华横溢,所以能将稿子改得相当漂亮,但对被改者的帮助不一定大;相比之下,张琴南注重从思想和方法上启发记者,让记者自己有所领悟,进而快速提高业务能力⑤。

随着解放战争的节节胜利,国内局势日趋明朗,蒋介石自知失势,遂于1948年11月派飞机接北方学者前往南京,对知识分子进行转移,张琴南在社

---

① 《大学教授和平运动》,《大公报》(津版)1947年5月23日。
② 张琴南:《检查处的态度》,《大公园地》1947年复刊第4期,第3页。
③ 《论逮捕记者》,《大公报》(津版)1947年6月11日。
④ 中国人民政治协商会议天津市委员会文史资料委员会编:《近代天津十二大报人》,天津人民出版社2001年版,第145页。
⑤ 《人民政协报》编:《谈艺问源》,生活·读书·新知三联书店2015年版,第259页。

评《送文教界名流南飞》中引用庄子名言,"君其涉于江而浮于海,望之而不见其崖,愈往而不知其所穷。送君者皆自崖而返,君自此远矣",为南去学者送行,并建议他们"江南小住,粤东漫游,试一嗅硝烟弥漫中究竟还保有几分文化气息?更放眼看在学术领域中究竟还有几分展布经纶的余地?"①文章实则有惋惜和批评之意,同时也赞颂了即将到来的新时代。不同于南下学者的选择,张琴南曾表示:"我是坚决不走的",要与报社全体同人一道迎接解放②。

天津临近解放时,《大公报》津馆副经理严仁颖坚持请长假赴美,经理部无人负责,于是张琴南被推举出任临时馆务委员会主任,管理津馆全部事务。虽然需要操心的琐碎事情增多,但张琴南仍未放松对稿件的审核。天津工商业联合会会长李烛尘曾想在《大公报》发表一篇保护民族工商业的文章,文中希望国共两党的军队都撤离天津,实有偏袒国民党、阻碍共产党的嫌疑③。稿子最终转到张琴南手中,他深知此文可能引发质疑解放战争的舆论,最终决定不予发表。

此时天津处于过渡时期,《大公报》馆的铸字铜模已被运走,纸张也不再运来,报纸的正常出版遭遇困难。张琴南带领员工坚持出报,并组成护厂队保护报社财产。1948年11月16日,报纸由对开一张半缩减为一大张,销量从两万份跌到4 000份;12月19日起只出半张,如此维持到了最后一期。

1949年1月14日天津解放当日,张琴南与李光诒、于效谦等人驻守报馆,以便及时报道天津局势。在获知解放的消息后,张琴南为最后一期报纸撰写社评《火光中局势开朗》来安抚受困月余的民众情绪,并建议人们各安所业,维护社会秩序稳定,增强对新生活的信心④。次日,张琴南亲自在报馆门前散发报纸⑤,为民国时期的天津《大公报》画上句号。

五

天津解放后,天津《大公报》停刊整顿,二百余名职工的生活陷入困顿,张

---

① 《送文教界名流南飞》,《大公报》(津版)1948年12月29日。
② 王凯捷:《天津方式》,中共党史出版社2007年版,第257页。
③ 陈德仁编著:《天津战役研究》,天津古籍出版社2003年版,第148页。
④ 《火光中局势开朗》,《大公报》(津版)1949年1月15日。
⑤ 张玮瑛等主编:《燕京大学史稿:1919—1952》,人民中国出版社1999年版,第780页。

琴南与军管会协调后争取到代印《论联合政府》《新民主主义论》等著作的机会，报馆全员参与装订工作，得以暂时维持生计。随后，杨刚、孟秋江等人到报馆传达了中共中央关于改组天津《大公报》的决定。自1949年2月3日起，报馆编辑人员以联谊会或分组的形式学习共产党的政策，批判旧《大公报》的政治立场和宣传手段，这一过程以"《进步日报》是如何产生的——大变革中的一个故事"为题公开发表①。

19日，报社召开临时职工大会，通过四项决议：（一）将天津《大公报》易名为《进步日报》；（二）通过"同人宣言"；（三）通过相关章程；（四）选举张琴南、杨刚、宦乡、徐盈、孟秋江、李纯青、高集、李光诒、彭子冈等九人组成临时管理委员会，作为报社最高权力机关，同时设立报社党组织。其中，张琴南担任临时管理委员会副主任和总编辑，他的思想跟随时代进步，很好地接纳并融入新生政权中。

中华人民共和国成立前后，张琴南以开放的态度活跃于新闻界和政界。1949年11月15日，新闻工作者协会天津分会筹委会成立，选出王亢之、张琴南、范瑾、孟秋江等十七人为筹备委员，张琴南担任副主任②，服务和管理天津地区的新闻工作者。1950年，张琴南加入中国民主同盟，1956年3月21日病逝于天津。

附 代表作赏析

送文教界名流南飞

（原载于《大公报》[津版]1948年12月29日）

北平文化教育界巨头名流，将于日内飘然南飞：这是昨日北平电话所报道，而名单不详。

清者自清，浊者自浊；留者自留，飞者自飞。南京预计要由平撤出三四百人，然以事实多所限制，观点亦各不同，究竟所谓文教界名流中，飞者若干，留

---

① 张刃：《大公报：从民办到"官媒"的转变》，《炎黄春秋》2016年第5期，第62页。
② 天津社会科学院历史研究所编：《天津历史资料》第8期，内部资料，1980年，第27页。

者几何？现在无须加以推算。

也许有人要问：此时此际，假设这些文教界巨头名流们各襥被远走，或尽室南行，是否足以动摇旧都这个学术文化的重镇？

要回答这一问题，须先察事实：北平多年来远离市朝，学术思想比较保有几分自由，三五学府还吹拂着一阵阵独立自由的清风，荡漾着一丝丝活泼新鲜的空气。争名者于朝，争利者于市，争学术自由的人们则萃集北平，钻研讲习。而也正因这文化界斗士大群的坚贞支撑，所以万流仰镜，四方来学，蔚为风气，示范全国。而更寻根究底的追问，这学术方面的一些业绩，一点果实，其实却与今朝急急南飞的所谓文教界名流巨头无甚关涉。责有人负，美不可掠：这在名流自己，心坎里当然分明。

这次南撤的文教界人士，共有下列四种：一、若干院校馆会的首长；二、中央研究院院士；三、与教育当轴有关的文教人士；四、学术界有贡献人士。按上所列举，第四种人士似为陪衬，不足深论，且亦难有公平客观的标准。至于就前三种人物择尤撤退，其事固早在意料中，而倘着眼现实，此举也不见得就使北平学术界减重量，失光彩。

以近年情势论，高踞虎皮太师椅的国立院校馆会若干首长，论工作，华而不实；对职掌，包而不办。此辈以及上所列举的第三种人物，虽可被看做廊庙重器，却不必是民族瑰宝。平日浮沉求容，哗世取宠，现在炮火逼来，正可乘风飞去。至于中研院院士，推选之际，实嫌过采虚声，未能拔擢新进，所以多少耆宿达官，显宦名流，一榜及第，点缀升平。究其实，若干院士早与学术绝缘，尸居余气，徒拥名号，以视欧洲如法兰西诸国崇敬生龙活虎般的致力科学工作之青年斗士，倚为学术研究机构的支柱，阵容整肃，朝气充沛，其相去岂可以道里计？中国学术界新陈代谢的作用几乎停顿，学术安得不趋于萎缩枯槁？故如今年中研院院士会议，尚须赖七十高龄的张菊生氏正色发言，语惊四座，以润色中央研究院历史之一页。济济多士，能无惭色？由是而言，则纵令干窃时誉的若干院士，被抢救搭机南飞，然由一种角度看，亦徒资粉饰，无裨文化学术。而似此胶柱鼓瑟以求，还难免买椟还珠之诮。

"伯乐一过，而冀北之马群遂空。"然而就今日学术界看，惜乎尚无伯乐其人，所以旧京人海，学者辐凑，正如大海之滨，"乘雁集不为之多，双凫飞不为之少"，这北平文化城的壮大阵容，深信就在群彦南飞声中，尚未必遽感落寞。谨向准备南飞诸君特道珍重！尤望诸君江南小住，粤东漫游，试一嗅硝烟弥漫中究竟还保有几分文化气息？更放眼看在学术领域中究竟还有几分展布经纶的余地？"一路顺风"，敬以为祝！

此日诸君翘首云天，束装待发，谨以北方人民的立场，窃附于临别赠言之义，愿举庄周所述市南子的几句话为欢送之辞："君其涉于江而浮于海，望之而不见其崖，愈往而不知其所穷。送君者皆自崖而返，君自此远矣！"

【赏析】

1948 年末，随着人民解放战争的节节胜利，国内局势日趋明朗，蒋介石自知大势已去，开始执行撤退台湾的计划。由于知识分子的去留影响到整个社会对新旧政权的态度，所以蒋介石费尽心机地与共产党争夺人才，制定并实施孤注一掷的"抢救大陆学人计划"，企图为日后反攻大陆做打算。自 1948 年 12 月起，国民党陆续派专机运送平津地区的学者南下，知识界面临"向左走，向右走"的关键选择。胡适、傅斯年等人由于种种原因离开北平，造成一定程度的社会震动。《送文教界名流南飞》一文即是在此时局背景下发表的，文章不仅及时表明《大公报》人的立场，还通过揭露南撤学者的"真实面目"，借以批评国民政府统治内部的腐败和衰颓，对于稳定民心、声援解放军起到重要作用。

该篇社评有如下特点：

其一，立场鲜明，措辞犀利。文章首先明确了南撤学者的范围，并以"干窃时誉"形容这些接受蒋介石安排的名流，作者通过否定"计划"的对象进而全盘否定"计划"本身，意在维持平津地区的稳定。

其二，以小见大，立意深远。在作者看来，北平的文化氛围不会因为部分学者南下而"遽感落寞"，言外之意是文化所依托的社会生活也将同样如此，字里行间饱含对未来生活的期待，增强了广大民众支持和迎接共产党的信心。

其三，引经据典，耐人寻味。文章多次引用庄子、韩愈等人的名句，含蓄表达对南撤学者的惋惜，文学色彩浓厚，极易对知识分子形成触动。

其四，作为评论文体，不仅重在内容，刊发时间也同样关键。该文正发表于"计划"全面铺开、知识分子踌躇、民众应声而动之际，对于知识界的选择起到良好的引导作用。

一辈子的新闻人：蒋荫恩*

蒋荫恩(1910—1968)，著名新闻记者和编辑、新闻教育家。为追求新闻救国的理想，蒋荫恩从燕京大学社会学系转学新闻学系，攻读新闻专业；毕业后，他辞去新闻学系助教工作，在《大公报》沪版、港版、桂版做记者，当编辑，撰写大量新闻、通讯和评论，宣传抗日救亡，成为出色的《大公报》人；当燕京大学新闻学系在成都恢复成立之际，他毅然投身新闻教育事业，从此二十年如一日地在新闻教育领域辛勤耕耘，成为一名卓有贡献的新闻学者和新闻教育家。有人赞誉说："1990年我国出版的《中国大百科全书》新闻出版卷中收录的'中国新闻界人物'仅105人，其中集记者、报刊主编、新闻教育家于一身的更是寥若晨星。蒋荫恩是这些佼佼者中的一位。"①

一、求学燕大新闻学系

蒋荫恩祖籍浙江慈溪，1910年8月14日出生于江苏淮安。1931年，蒋荫恩进入燕京大学社会学系学习。次年9月，蒋荫恩抱着新闻救国理想，转至新闻学系攻读新闻专业。当时燕京大学进入全盛时期，在美丽的未名湖畔建立新校园。新闻学系隶属于文学院，被认为是当时"远东方面最新式而设备最完全的新闻学校"，素有"小密苏里"之称。密苏里大学新闻学院通过承认燕大学分、募集资金、交换研究生、互派师资、提供图书资料等五项措施，给予燕大新闻学系"学术和行政上的指导"，极大地支持和帮助了燕大新闻学系的崛起和发展②。

---

* 本文撰稿人：邓绍根，中国人民大学新闻学院教授；游丹怡，中国人民大学新闻学院2021级博士研究生。
① 燕京研究院编：《燕京大学人物志》第1辑，北京大学出版社2001年版，第375页。
② 邓绍根：《中美新闻教育交流的历史友谊——密苏里新闻学院支持燕大新闻学系建设的过程和措施探析》，《国际新闻界》2012年第6期，第57页。

在燕大读书期间,蒋荫恩成为燕大新闻学系崛起的见证者和受益人。他认真学习新闻学知识的同时,积极投身新闻实践。1932年7月,他向《生活周刊》投稿《开什么把戏》,锻炼文笔,提高写作水平;他翻译新闻学英文论文《美国的新闻道德规律》,发表在《报学季刊》第1卷第3期,介绍美国新闻伦理道德发展历史,为国内新闻界研究者提供了国外学术资料。1933年,燕大新闻学系派三人前往河南、山西等地调查黄河灾情,蒋荫恩亦在列①。他积极参加新闻学系其他活动,如《平西报》新闻工作和新闻学讨论周等。1935年5月,蒋荫恩撰写完成学士论文《中国画报研究》,顺利毕业。因其成绩优异,被新闻学系留校任助理。

二、从上海《大公报》到桂林《大公报》

1936年4月1日,《大公报》上海版创刊,急需扩充人员。蒋荫恩为追求新闻救国的理想,辞去燕大新闻学系助教工作,前往上海大公报社,担任外交记者,负责《大公报》沪版的外事采访和本市新闻的编辑。蒋荫恩在《大公报》上海版除担任外交记者外,还兼任英文秘书及翻译。"好像事情多得不得了,其实也不见得怎么忙。"他每日十一时起身,晚上两点才睡,白天在外跑新闻,若没有新闻就晚上在家准备特别栏的稿子。比起在燕京大学编辑《燕京新闻》及办《报人世界》,初至《大公报》的蒋荫恩首要的体会是出稿要快,尤其是译稿,难度更大,"好在我有相当的经验,不致临时'抓瞎'"②。蒋荫恩在《大公报》成绩卓越,颇受器重。报馆曾有意派他前往莫斯科,随同蒋廷黻大使作为特派通讯员,可惜当时蒋荫恩因病未能成行③。1937年4月16日,蒋荫恩与梁绮梅女士在上海结婚。

七七事变爆发后,1937年8月12日早晨,蒋荫恩得悉吴淞口新到了20多艘日本军舰来上海增兵,与同事一起赶往现场采访。一到外白渡桥,就见人潮从北四川路拥过来,四川路两边的商店都关了门,到处人心惶惶。他们转到了

---

① 《黄河灾区调查员:张德生、马绍强、蒋荫恩日内即将首途》,《燕大周刊》1933年第10期,第19页。
② 《一个刚出大学门的新闻记者的生活:上海大公报的情形》,《燕京新闻》1936年5月5日。
③ 《蒋荫恩校友派遣赴苏》,《燕京新闻》1936年9月25日;《蒋荫恩暂缓赴苏》,《燕京新闻》1936年9月29日。

虬江路,路口已堆起沙袋,戴钢盔、穿黄军装的保安队全副武装占领了阵地,原先竖着许多广告牌的宝山路拐弯处,露出了钢筋水泥的机关枪工事。第二天上午9点多,闸北打响了第一枪,"八一三"的序幕在这里拉开。蒋荫恩撰写了消息和通讯,及时报道战地消息①。

"八一三"一声炮响,租界虽然基本上是"隔岸观火",但也遭受过流弹的惊吓。1937年8月14日下午,大世界十字路口坠落两颗炸弹,伤亡数百人。当天蒋荫恩坐了报社的汽车赴沪西某地采访,行经大世界时,正好对面亮起红灯,幸亏司机阿四一向开车很猛,不顾一切开足马力冲过去了。刚开到大世界以西不到一百米的南京大戏院附近,就听到后面一声巨响,他们没有停车,继续西驶,蒋荫恩神话般地幸免于难②。

1937年12月13日,日军占领上海后,实行严格的新闻检查。14日,《大公报》沪版发表社论《暂别上海读者》后宣布停版。《大公报》沪版停刊后,部分人员自沪经港赴汉,其余人员发给三个月薪水就地遣散。蒋荫恩随后任上海《大美晚报》新闻翻译兼文艺副刊编辑。

1938年8月13日,《大公报》创办香港版。港馆创设之初,干部和骨干尤缺,胡政之电邀蒋荫恩等旧部赴港工作。蒋荫恩在《大公报》香港版任翻译兼编国际新闻。他工作勤恳用心,在香港编国际新闻时,每条新闻凡有疑难处,就翻字典或查年鉴,一定要弄得清清楚楚③。

1941年1月,胡政之为给香港《大公报》人员提供退路,决定创办《大公报》桂林版。他从香港《大公报》抽调蒋荫恩等人前往桂林开辟新战场。3月15日,桂林《大公报》正式出版,蒋荫恩任编辑主任,全权负责把握桂林版言论和版面。《大公报》桂林版创办伊始,职工极少,编辑部只有4个人:编辑主任蒋荫恩,国内要闻版编辑何毓昌,国际要闻版编辑李侠文,地方版编辑兼外勤主任张篷舟(后又兼编文艺副刊)。蒋荫恩写评、看稿、发稿、撰写专栏,往往从下午四点一直工作到第二天早上六七点钟④。发行人兼副经理王文彬回忆桂林《大公报》工作时说:《大公报》桂林版的言论,主要采用渝版和港版的社评,"需要补充的社评,每周只有一两篇。蒋荫恩写得多些,我写得少些"⑤。

---

① 王鹏:《蒋荫恩其人其事》,《炎黄春秋》2013年第4期,第78页。
② 徐铸成:《旧闻杂忆》,生活·读书·新知三联书店2009年版,第176页。
③ 慎夫:《做报有前途——蒋荫恩先生谈话琐记》,《革命日报》1942年9月1日。
④ 慎夫:《做报有前途——蒋荫恩先生谈话琐记》,《革命日报》1942年9月1日。
⑤ 王文彬:《桂林大公报记事》,《新闻研究资料》1981年第2期,第166页。

据研究者谢振声统计,蒋荫恩先生在《大公报》期间,撰写并翻译大量新闻、通讯、评论,仅主编《大公报》桂林版期间,撰写的社论就达一百多篇。他撰写的社论能够言读者所欲言,因此脍炙人口,深受读者的青睐。有不少文章成为推动时代进步的著名评论和社评,不仅蜚声于时,在国际上也有一定影响①。蒋荫恩成为《大公报》的骨干力量、杰出代表人物。

三、抗战期间重返燕京大学新闻学系

1941年12月8日,太平洋战争爆发,燕大遭日军封闭,新闻学系停办。1942年4月,燕大校董会决定在成都复校。8月,燕大在成都和重庆两地招生,报考新闻学系的学生非常踊跃。但北平燕大新闻学系原有的老师没有一人来到成都参与复校,燕京大学积极物色新闻学系主任人选。蒋荫恩成为不二人选,他不仅是燕大新闻学系毕业生,也担任过新闻学系助理,熟悉新闻教育;而且他是当时出色的《大公报》人,在战时大后方具有广泛的社会影响。于是,燕京大学召唤他回归母校,主持新闻学系工作。9月,蒋荫恩抵达成都燕京大学,正式出任新闻学系主任,开始从一名在新闻前线冲锋陷阵的战士向新闻教育家转型,新闻教育成为他为之奋斗的终身事业。他自己曾说,他脱离报馆进入新闻教育岗位后,立即为此新的工作所吸引,热望终身从事之。

1948年9月,蒋荫恩受学校委派,前往美国密苏里大学新闻学院进修学习,考察研究美国新闻事业。北平解放后,他毅然中断在美的研究,启程回国报效祖国。1949年10月1日,蒋荫恩重返燕京大学,出任新闻学系教授兼系主任。在他的领导下,新闻学系创造了一个新局面。1952年7月,高校院系调整后,燕京大学被取消,新闻学系并入北京大学中文系为编辑专业(后改称新闻专业)。他到北大后,担任总务长,后任北大办公室主任。1958年6月,北大中文系新闻专业并入中国人民大学新闻系,蒋荫恩自愿放弃北大的领导职务和花园洋房的优越生活条件,任该系副主任和教授,重返教学岗位,给学生讲授新闻理论、报纸编辑、新闻采访与写作、广告学等方面的课程。"文革"爆发

---

① 王洁:《著名新闻教育家蒋荫恩》,《中国新闻传媒人物志》第七辑,长城出版社2014年版,第250页。

后,蒋荫恩受到迫害。1968年4月6日,不幸逝世,终年58岁。1978年粉碎"四人帮"后,中国人民大学复校,校方为蒋荫恩平反昭雪,并在八宝山举行隆重的追悼大会。

蒋荫恩,学新闻,干新闻,教新闻,一辈子的新闻人。

附 代表作赏析

一颗报界巨星的殒落——悼念季鸾先生的长辞

（原载于《大公报》[桂版]1941年9月8日）

百十个青年围坐在燕京大学临湖轩的大厅上,除掉阳光透过树叶射到地板上的一点闪烁外,空气静肃得几乎听到各人的呼吸。大家似乎在等待什么。忽然,门呀的一声,走进一个人,矮小,瘦弱,不使人感觉什么。坐下了,开口了,可不同哪,健谈,渊博,诚恳,而且精神焕发,态度闲逸。五十几分钟的话,大家听完了还想听;可是,门呀的一声,这位矮小、瘦弱的人,又走出去了。

这是我第一次看见季鸾先生。从此,他的神逸、潇洒的丰度,精邃、风趣的谈话,就深深地刻划在我们印象上了。

* * *

季鸾先生是个富于热情的人,不论对事业,对朋友,都寄与无限的热情。他常说,做报是件吃力不讨好的事,如果报人自身对事业没有信仰和热情,是不会成功的,报也绝对做不好。这句话,我加入大公报之初,在天津法租界报馆的会客室里,他对我说过;八个月前,我离港来桂时,在九龙雅兰亭大酒店里,他也曾叮咛过。还记得那是一个晴朗的下午,天气和暖得像春天一样,除掉季鸾先生和我以外,参加的还有港馆同事徐铸成君。我们坐在洋台上,左边是汪洋的海,右边是秀丽的山,他特地叫了三客午茶,一面吃茶抽烟,一面听他滔滔不绝地谈。他将如何处理一个报纸的言论和新闻,以至做报的人应该彻底明了的国内外大势,都解说得很详细,听他这一席话,真是胜读十年书。时间过了三小时,他丝毫没有倦意,我们倒有点不安,因为他那时正在养病呢。

季鸾先生写文章,通篇热情横溢,而用字造句则甚严谨。他常常对我们说,写文章立意固要不落俗套,而字句尤须推敲妥贴,绝不能留一点漏洞,而为他人所乘。他的文章就是这样无懈可击。近年来文字力求通俗,所以读来似乎平常,而要学他则不容易。

他对处理新闻的态度,是"正确"与"忠实",而尤注重微小的地方。譬如说,一般报纸上都用"汪精卫",而他则主张用"汪兆铭",因为对这种汉奸,应该直呼其名,而不用客气的。他看报很仔细,有不妥当的地方,他随时予以指示;尤其每当国内外忽有突发的大事件时,他立刻会告诉你这件事的来龙去脉,以及如何处理新闻,如何撰述社评。想的快,知的多,尤其能够把握大势,这是他的长处,而为人所不及的。

他这个人,似乎是为了国家社会而生存,而完全忘了他自己的存在。一天到晚,他无论跟谁谈话,开口便是国家大事,国际问题,绝不涉及一句私人的事情。而且除了睡眠以外,他的脑子绝没有停止思索的时候,想的也都是国家大事,国际问题。甚至深夜睡在床上,忽然偶有所得,连忙披衣而起,搦管疾书,转眼便是一篇好文章。他不但想得快,而且想得多,想得到。有很多问题,在别人脑子里还没有影子,他已经注意到,专心的讲给你听,条理清楚,层次分明,如果你照着写下来,就是一篇好文章。所以在他指导之下,写文章不但得到许多便利,而且容易进步。

他干了三十几年的新闻记者生涯,也写了三十几年的文章,由清末而民国,由统一到抗战,他算是历尽世故的人,而他的文章在每个时代中也都发生很大的影响。抗战以后,他时时刻刻希望中国的胜利。他的唯一理想,是中、美、英、苏四强的联合,共同制裁日本。最近四年来,他不断的鼓吹,虽然有时大局坏得和他的理想完全背道而驰,但他毫不灰心,还是鼓着满腔热情,继续用他的笔向各友邦陈述利害。本年六月二十二日德国攻苏以后,世界形势为之一变,中、美、英、苏四强合作的局面,已经形成,这在他是多年宿愿,一旦得偿,该是如何高兴!今年"七七"四周年本报那篇献辞,是他的得意之作,只看末了那十一条口号,就可知道当时他写这篇文章时心情的兴奋。这是他最后的一篇遗作,不久就病倒了。

他爱国家甚于爱自己,所以连年虽在病中,但尚有一分力尽一分力,绝不偷闲偷懒。他的唯一愿望,就是能看到抗战胜利后的□中国;现在胜利虽然在望,但他却抵不过病魔的侵袭,而长眠不起了;然而,抗战是必胜的,他虽先胜利而死,却可以瞑目于地下!

* * *

季鸾先生为人宽厚宏大,轻财仗义,好朋友,爱青年,而且待人以诚,感人以真,毫无一点虚伪。今年一月在我离港来桂前,他住在九龙雅兰亭大酒店养病。雅兰亭西餐做的相当好,他不时召我们去吃饭;吃得次数太多,他怕我们不好意思再去,故意找出一些问题,藉此叫我们去,结果还是吃了他的西餐。他说:"你们就要到内地去,好的西餐是吃不到了,现在不妨在我这里痛痛快快地吃上几天。"他请客,你不能不去,也不能少吃,不去他不高兴,少吃他也不喜欢。而且他是好热闹的人,愿意人人都和他亲近,他还想出方法来陪你们玩。譬如晚饭时有谁说某一张片子好,他立刻提议去看电影,虽然他自己不大爱看电影,却愿意陪你在漆黑的场子里坐上两个钟头。

我离港来桂前,他也在香港。一天下午满面笑容地走进编辑部,我们就知道他必定有事,果然还没坐下,就高兴地说:"我告诉你们一个好消息,今天医生检查的结果,说我痰里已经没有菌了。"我们听了也都高兴,认为他的肺疾渐渐转好,健康也可恢复。我们都劝他在香港多休养些时日,可是他一心惦着陪都,他说在香港什么也不知道,重庆生活纵然苦得多,与他的身体也不宜,可是却不至于感到新闻窒息的痛苦,所以我走了,不久他也回重庆,这是他最后一次离开香港,也是我和他见面的最后一次。

本年一月四日,是我们离开香港的日子,一早他就由对海赶到轮船码头上送我们。人是那么多,事是那么忙,没有空闲来招待他,请他回去休息又不肯,在码头对面小客栈门首枯坐三四小时,直到我们的船离开了码头很远,他还拿了那顶褪了色的灰呢帽在向我们招呢。

当我上船之前,对他说:"季鸾先生,希望你能到桂林来玩。"

"我一定来,"他说,"不过时间说不定,大约要过了夏天。听说桂林馆里的地方很大,希望你们自己多种些青菜,到时我一定来吃"。

桂林版创刊以后,发展很快,他听了非常高兴,写信来也常提起来桂林小住的话。可是一来夏天到了,气候不相宜,二来七月以后他就病倒,一再迁延。这一份最新的事业,他竟没有亲眼看到,这个缺憾,是无法弥补的了。

这一颗报界的巨星是陨落了,但他的精神则是永生永存,永远领着我们向前进。

香港德辅道码头上我看到的他那最后的慈祥的笑容和鼓励青年奋斗的热情,将永远印在我心头,永远,永远……

* * *

最后，我有一个建议，就是由大公报渝港桂三馆同人即日发起，为季鸾先生募集一个奖学基金，同时联合季鸾先生生前的亲友，大家共同出力。一俟募有成数，再由各方共同推举代表组织"纪念张季鸾先生奖学基金委员会"，以负保管之责。并决定在国内著名大学新闻学系中，设立一个或两个奖学金名额，使季鸾先生在报界奋斗三十余年的精神，得以永垂不朽！

【赏析】

1941年9月6日，新记《大公报》创始人之一、总编辑张季鸾逝世，年仅54岁。蒋荫恩时任《大公报》桂林版编辑主任，他于9月8日在《大公报》桂林版上发表了这篇署名的悼念文章。在《大公报》任职期间，蒋荫恩主要从事编辑工作，或撰写社论，但署名文章很少，这篇悼念文章是他少有的署名文章之一。

进入《大公报》工作之前，蒋荫恩在燕京大学新闻学系就已经听过张季鸾的讲座，讲座的时间虽然不到一个小时，但彼时张季鸾之风采依然给蒋荫恩留下了深刻的印象。这篇文章便是以这次印象深刻的初见作为开头。全文主要从事业与交谊两个层面展开，通过丰富的细节描写，凸显出一代报界宗师张季鸾的热情、敬业、爱国、无私，以及作为报界前辈对年轻人的耐心教诲、提携与鼓励。蒋荫恩十分敬佩张季鸾这位"报界的巨星"，他对于细节的充分把握以及真挚的感情使得文章细腻动人、情感深挚。

在文章的最后，蒋荫恩提议《大公报》同人为张季鸾先生募集一个奖学基金，在国内著名大学新闻系中设立奖学金名额，将张季鸾的精神传递下去。这一建议得到积极响应，9月17日张季鸾生前好友于右任即发起成立"季鸾新闻学奖学金"，胡政之、曹谷冰、王芸生、蒋荫恩等许多《大公报》人纷纷捐款，至次年6月，捐款已达10万余元。蒋荫恩主持复办燕大新闻学系时，争取到"季鸾新闻学奖学金"的资助，这也成为《大公报》热心新闻教育、与燕京大学新闻学系之间情谊深厚的又一例证。

"兴趣主义"者：许君远*

许君远(1902—1962)，原名汝骥，笔名西夷，直隶安国(今属河北)人，1928年毕业于北京大学英国文学系，20世纪二三十年代，在北平文艺界较为活跃，被一些史家称为"京派代表人物"之一①。后转入报界，1936年加入上海《大公报》，1945年曾以天主教于斌主教秘书和《益世报》记者身份参加联合国成立大会，1946年至1953年，担任上海《大公报》编辑主任、资料组长。

许君远出身于一个耕读世家，其曾祖父许荆山是位秀才，后来是当地著名的医生。其祖父许衔华也是位秀才，以教书为业，开过学馆。其父亲曾任河北省议会议员、天津法政专门学校教授。许君远16岁就读于河北省第六中学(保定一中前身)，此时开始写作，所写的文章常在夏云僧先生主事的校刊上发表。1922年，许君远进入北京大学读预科，他开始大量投稿，立志成为一名作家，本科就读于英文系，同时选修许多国文系课程，这为他日后成为新闻记者奠定了基础。从许君远整个生命轨迹来看，他不是一个革命斗争型的知识分子，也不是一个消极避世或纯粹兴趣主义的知识分子，而是一个自由主义知识分子。因此，他不是很显露，也不是很保守。对于自己的人生和所处的时代，许君远有着清醒的认识。他在《谈新闻生涯》一文中用自嘲式的文字表达了不从政及不做学者的原因："如果不幸做官，恐怕不只丢官，还许坐牢枪毙。再如做了学者，在故纸堆中钻牛犄角，像我这样的天资，不一定会有什么成就，到头还是白白地把大把春光在寒窗下断送。既然如此，我还是做新闻记者妥当……新闻记者不必敷衍权要，新闻记者更不必捧着作品向出版社磕头。"②

---

* 本文撰稿人：魏晶晶，华中科技大学新闻与信息传播学院2019级硕士研究生。
① 京派是20世纪30年代前后新文学中心南移上海后继续留在北京活动的一个自由主义作家群的文学流派，主要成员有周作人、废名、沈从文、汪曾祺、李健吾、朱光潜等。称之为"京派"，是因为这些作家在当时的京津两地进行文学活动，他们关注人生，但和政治斗争保持距离，强调艺术的独特品格。
② 许君远：《谈新闻生涯》，眉睫、许乃玲编：《读书与怀人》，中国长安出版社2010年版，第62页。

许君远形容自己是糊里糊涂地进入了新闻界。在校友张琴南的介绍下，1927年8月，他与李子扔一同担任《北京晨报》的编辑，《晨报》给了许君远一个试验能力的机会，为他打下了工作基础。他曾说："我采访表面上的社会新闻，并访问学术或慈善机关，写为报告式的'白描'，最初原是一种试验，不意《世界日报》《小实报》也竞起模仿。在抗战军兴以前，'特写'文章遂蔚成风气，始作俑者应该是我。"[1]1931年，因他编的栏目揭发关麟征在西山强奸女学生，攻击北平市教育局长周学昌、工务局长汪申，他被迫辞职。辞职后，在中国大学、上海新闻学校、暨南大学等担任讲师、教授。

1935年冬，正当许君远决心专门写作读书之时，受到胡政之的邀请，次年担任上海《大公报》的要闻编辑。抗日战争时期《大公报》沪版被迫停刊，许君远与沪版同人辗转香港，在《大公报》香港版任国际新闻编辑。港版发行国内，同时遍及南洋各岛及泰国、越南。1941年，他离开《大公报》出任《中央日报》副总编辑。1942年，到重庆美国新闻处任英文翻译。1945年4月，作为天主教于斌主教的秘书和《益世报》的记者，随于斌出席在旧金山举行的第一届联合国大会。其间，他每天都给《益世报》写一篇通讯或拍电报告知会议内容。会后，于斌很欣赏许君远的才能，劝他加入天主教，并希望他在战争结束后主持《益世报》，许君远对这一切只是一笑置之。

1946年7月，许君远答应胡政之及王芸生的邀请，由美国回到上海任《大公报》编辑室主任。许君远曾自述："4月间突接胡政之、王芸生自重庆来电，邀我回上海《大公报》。胡政之也曾参加旧金山会议，在旧金山力主我回《大公报》，我未立即答应，我说我要在美多住几年，研究研究。不料他一回重庆，战争即告结束，上海馆需人主持，于是便又旧话重提。我不忍重拂他们好意，而杨刚、章丹枫也劝我结束美国之游，我便于五月初离开纽约飞旧金山，候轮返国。"[2]

《大公园地》是大公报社同人创办的半月刊，是内部刊物，各馆职员可利用这块园地，交流办报业务和管理经验，增进感情联系和互相了解。然而，报社同人们并不关心《大公园地》，投稿文章较少，《大公园地》经常"稿荒"。许君远还是接手了《大公园地》，他在《大公园地又脱期了》这篇文章中提到："我的工

---

[1] 许君远：《糊里糊涂地进了新闻界》，眉睫、许乃玲编：《读书与怀人》，第198页。
[2] 眉睫：《许君远年表》，《黄冈师范学院学报》2009年第5期，第70—76页。

作不允许我全副精神为园地服务,我却找不出替身,实在我也不忍这份破烂责任委托给任何人,我不入地狱,谁入地狱?明知力不从心,也要挣扎到底……敬请大家原谅,快快赐稿。"①在许君远的努力下,《大公园地》坚持到1949年1月26日出版第25期后停刊。

许君远非常重视人才的培养,他认为《大公报》居于报界领袖地位的原因在于有一批得力干将:"大公报社在培养人才上下过功夫,十五六年'研究院',造就了几十位得力而有经验的干部,一般人尽管批评《大公报》,但是谁有超过《大公报》的办法?经济力量雄厚,固然是办报不可或少的条件,有经验的干部才是报纸成功的资本。"②所以,他兼任上海暨南大学③新闻系教授。为了培养学生,他常拿出自己微薄的薪金给学生们买书报杂志,并向各大报馆招募广告,作为他们实习刊物——《暨大新闻》的基金;他还利用寒暑假,替学生安排实践采访的机会,同时支给他们车马费。他与学生的关系十分友好,他的学生王浩天曾这样回忆道:"多年以后,我们几个一直在《大公报》工作的同班同学有时聚在一起,回忆起暨大几年的学习生活,非常一致的看法就是觉得收获不少,而最大收获乃属许君远先生执教的'新闻编辑'课。他使我们增长了专业知识和技能,为我们提供了很多岗前锻炼机会,还着意为我们培养良好的职业道德和敬业精神,使我们终生受益不浅。"④

许君远对同事也是友好相待,要是报社来了新人,他甚至可以把手相教,遇到有才华的青年更是不遗余力地提拔或推荐。1947年,金庸来《大公报》面试电讯翻译一职,许君远为主考官,他非常欣赏金庸的才华,并极力举荐金庸,使其顺利进入《大公报》。金庸先生后来怀着感激的心情说,许君远对他有"提携教导之恩"。1948年10月金庸与杜冶芬结婚,因为杜冶芬是上海人,所以由香港返沪举行婚礼,特请许君远为其证婚,可见二人交往之深。金庸的发展以及后来取得的成就,与许君远的赏识提携不无关系。

许君远热爱体育活动。在他的努力下,《大公报》成立了大公篮球队和大

---

① 原载于《大公园地》1948年5月5日,后被编入《许君远文集》(下),百花文艺出版社2007年版,第388页。
② 许君远:《谈新闻生涯》,眉睫、许乃玲编:《读书与怀人》,第63页。
③ 暨南大学前身是1906年清政府创立于南京的暨南学堂。后迁至上海,1927年更名为国立暨南大学。抗日战争期间,迁至福建建阳。1946年迁回上海,1949年8月与复旦大学、交通大学等高校合并。新中国成立后,暨南大学于1958年在广州重建,"文革"期间一度停办,1978年在广州复办。
④ 王浩天:《怀念先师许君远先生》,眉睫、许乃玲编:《读书与怀人》,第257页。

公乒乓球队。1947年11月底，大公篮球队首场对Y·Green的友谊赛，一炮打响，名声大振，该队成立了半年，共进行了三四十场比赛，其中九场由曹谷冰、费彝民和许君远带队到南京、扬州、镇江和杭州等地进行了赈灾义赛和访问比赛。1950年初，许君远挑选了七名乒乓球技术水平较高的职员，组成了大公乒乓球队，乒乓球队没有训练场地，就在宿舍楼底层的大厅里置办了球桌和球网。许君远常组织员工进行乒乓球赛，有时自己也挥拍上阵。他的低水平球技常引来哄堂大笑，可他还是不服输，非要和对手一较高下，不然就不上楼休息。

许君远的好友杨历樵曾在《关于开玩笑的故事》一文中这样评价他："君远先生在新闻界是一位'昆乱不挡'，样样精通的全才，尤其难得的是他的多方面兴趣。……他会开有分寸的玩笑，实在是人生一种可宝贵的资产，这也是君远兄人缘特别好的原因。《大公报》一向是自由主义的温床，但它一向带有一种面孔古板的传统，有时常会引起一般人对它的误会，所以我认为君远兄开玩笑的精神，倒很值得提倡一下。"[1]许君远的作品中，很少有强烈激越的言辞，也很少有横眉怒目的姿态。在不确定的年代，许君远身上有着一种极为难得的安静气息，他没有卷入政治纷争，也没有随波逐流，许君远在自传中写道："在北大读英国文学，成天钻在'象牙塔'里读小说，写小说，只想成为作家，做教授。除了文学以外，不知道还有另外的天地，这便是我忽视政治的原因。便是在报馆，我还是'兴趣主义'，总是注意有刺激性的社会新闻，忽视关键性的政治新闻。"[2]"我本人由于不关心政治，总是站在中间偏左（即《大公报》路线）的地位上面，这种政治态度受胡政之、张季鸾的影响最深。"[3]这正是他作为一个自由主义知识分子最真诚、最具自知之明的总结。许君远没有刻意标榜自己，多么激进、多么"左"；也没有刻意矮化自己，多么"反动"，多么保守。

许君远终其一生是一个正直、善良、勤奋的自由主义知识分子。虽然他没有磅礴的思想、一流的文学作品和能够藏之名山的学术著作，但是他作为跨几个时代的知识分子，关于知识分子与时代的关系说出许多真诚的见解，也能激发我们以新的视角展开新的思索。

---

[1] 原载于《大公园地》1947年6月20日第4期，后被编入《读书与怀人》，第242页。
[2] 许君远：《自传（节选）》，眉睫、许乃玲编：《读书与怀人》，第224页。
[3] 许君远：《自传（节选）》，眉睫、许乃玲编：《读书与怀人》，第223页。

附　代表作赏析

车站上所见到的骗局——保护穷苦旅客是路局的责任

（原载于《大公报》[沪版]1948年5月27日）

廿四日下午七时，记者到北站迎接从南京来沪的两位朋友。京沪特快车定七时廿五分到站，因为时间尚早，我便在站内慢步巡游。候车的人三五成群地靠在木椅上休息，有的则把行李堆置在地上闲话。售票窗口冷冷清清，开往南京或杭州的班车还没有开始售票。

一个小小圈子，包围两个年约十七八岁的乡下姑娘，她们是从杭州来，工作没有找到，又要转回杭州。上海工厂虽多，但没有这两个乡下姑娘插足的地方。她们失望了，川资用罄，于是她们借了路费，提着两件破烂行李，准备坐火车回家。

她们为什么哭的眼睛红肿的？旁观者七嘴八舌，有的责怪她们粗心，有的劝她们回市内找朋友，借旅费。

记者仔细追问，才知道她们被一匪窃把身边仅有的四十六万旅费骗去了。"你们为什么把钱交给一个不相识的人呢？"她们瞪瞪眼睛，嘴里咕噜也说不出一个理由，而那满口的杭州土腔，也委实令人难以听懂。

一个在哭，另一个走出站门想把那个匪徒找到。（那怎么可能呢？）人声嘈杂成一片，但是大家把看笑话的意思转为悯恻和同情。

于是其中一位建议：在场的人为她们凑足票款。一位穿黑色学生装的善士取出了十万，另一位穿大褂的取出了六万，我也让太太打开皮包拿出二十万，还是不够，而另外的人全是军人，他们自然感到心有余而力不足。妻便再掏出十万，补成四十六万之数，吩咐她们把钱收好，别再上当。

她们揉了揉眼睛，望了望钞票，连数目都不曾点清，便痴笨地装在怀里。

路警向着我们笑了笑，他说："像这样的事情才多呢！"仿佛丢钱是应该，凑钱是多事。但是我却以为：假使两个孩子回不去家，流落在人海茫茫的上海，不是行乞，便是流为娼妓，那才害死了她们那倚门倚闾的父母！故乡虽苦，但是还有她们尚未拿尽的家庭温情。

因为京沪车到了，我不及为两个姑娘妥善布置，我应该把她们交给路局，我应该把车票替她们买好，我应该再给她们一些零钱……妻怪我过虑，实际谁能保证她们能够安全地返回家园？

好事做了一半，夜里还为两个孩子的前途萦心。

上海的罪恶花样真够多，但是像这样的事，如果路局稍□注意一点，我不相信不能够防患于未然。路警把在入口，只是注意秩序，却不管旅客的安全，是很不妥当的。路警看到奸人行骗，便应该直接干涉，假如不干涉，那便错了。也许有的人受了骗忍一口气，因为赶路要紧不及报警，（实际报警有什么用处呢？）如果遇到像我所目睹的事实，受害人只有作穷途之哭，等待好心人怜悯了。

谁去改善这样可怕的骗风，路局应该不应该负起这个责任？

我觉得中国文盲太多，他们关于旅行的知识非常欠缺，路局应该添设为民众服务的部门，指引他们买票的地方，为他们解释行车的时间。两路局好多方面都有进步，但是对穷人的服务尚感不周。站门入口有专为美军服务的一间房，事实上那是多余，服务应该放眼于一般普通人民。

【赏析】

许君远在《北平晨报》任职期间，就开创了"报告式"的"白描"写法，后进入《大公报》工作，仍沿用"速写"与"报告"体。此篇文章属于一则社会新闻，文中许君远同情车站姑娘的遭遇，并予以钱财相助，体现他关注社会弱者、至情至性的人格特质。他在《猫的故事》一文中写道："从北平去乡下读书，见到父亲第一句话是问猫的情况而不问祖母健康，后来过年回家，父亲笑着传播这个故事，惹得老人一起解颐，说'这个孩子长大了一定多情'（这句话注定了我半生的命运！）。"[1]许君远是一个重情之人，他的新闻报道注重细节描写，立论阐微，关注"人"本身的发展，常能引发读者的思考。此篇报道以小见大，指出路局警察失职之处，表达作者对他们没有真正为民服务，只是浮于表面、应付差事的批评之意。

通读全文，可见许君远笔墨酣畅，文情并茂。他的学生曾回忆道："有时版子拼好了，却发现还有一块千八百字的空白。先生二话不说，奋笔疾书，边写边排，立马齐活。"[2]许君远的写作常常一气呵成，其"速写"之快离不开他的文

---

[1] 许君远：《猫的故事》，《许君远文集》（上），百花文艺出版社2007年版，第88页。
[2] 王浩天：《怀念先师许君远先生》，眉睫、许乃玲编：《读书与怀人》，第258页。

学修养。他在北京大学读的是英国文学系,同时还选了许多国文系课程,如黄节的"诗经""曹子建诗",刘毓盘的"词",单不庵的"宋元学案",林损的"诸子百家",刘文典的"汉魏六朝文",鲁迅的"中国小说史略"等,可谓中西贯通。如果没有这些积累,在写作中,对一堆零乱材料的处理不会恰到好处,漫然执笔,容易导致无味的记账或堆砌。

丰富经历，卓越贡献：顾建平*

顾建平(1908—1982)，常用笔名郭桐，浙江宁波镇海县（今镇海区）人。他致力于新闻工作50年，不仅是《大公报》的一名优秀编辑，更是战时西南"无报区"的破冰者。他宣传抗日，以笔报国，度过了极不平凡的一生。

顾建平的父亲曾在北洋政府财政部担任小职员。顾建平儿时曾在北京的贫民小学读书，后来回到镇海。13岁小学毕业后，他得到在北京读书时的启蒙老师李泽南的资助，进入北京香山慈幼院中等职业学校学习农科。两年半之后，在李泽南的帮助下，顺利地考入了北大预科。但由于恩师病故，顾建平不得不肄业停学。

1932年，经友人介绍，24岁的顾建平前往张家口，在《国民新报》任编辑，进行救亡宣传，也由此开启了他长达半个世纪的新闻生涯。次年，他加入冯玉祥领导的抗日同盟军，成为总务处秘书。1935年，顾建平又来到北平，在汤修慧主持的《京报》编辑副刊。

1936年4月，《大公报》上海版刊行，原天津版的外勤课主任兼平津新闻版编辑王文彬调往上海版工作，经其介绍，顾建平接任天津《大公报》采访主任兼"本市新闻"编辑。

七七事变后，日军占领天津，天津《大公报》宣告停刊，同人解散。陷入失业状态的顾建平勇敢地承担起了抗战宣传的责任，联合原《大公报》记者林墨农、孔效儒和原《益世报》记者程华，创办了一份地下报纸——《纪事报》，以"高仲明"个人名义秘密发行。

《纪事报》开办之初，费用只有1.8元，用的是简易的油印设备，编辑和油印都是在位于法租界三十号路天德里14号的顾建平家中进行的。担心被人发现，顾建平将两层苇席钉在窗上。但即便如此，仍然出了几次乱子。最危险的一次是

---

* 本文撰稿人：李若竹，华中科技大学新闻与信息传播学院2019级硕士研究生。

《纪事报》刊登蒋介石《告国民书》当天,该报遭到英国工部局的搜查,顾建平被捕。好在这次抓捕行动中没有日本人参与,顾建平在交了一笔保证金后就被驱逐。随后,他返回法租界,建了一个小制药厂做掩护,继续《纪事报》的编辑印刷工作。

1939年9月28日,日军闯入英法租界大肆搜捕,《纪事报》再也无法继续出版,几位爱国记者只得各奔前程。《纪事报》停刊后,顾建平辗转到了重庆,见到了胡政之,表示希望回到报社,胡政之建议他到中央通讯社工作。1940年初,顾建平进入中央通讯社任编辑。

1941年,顾建平辞去了在中央通讯社的工作,经前天津《商报》经理王镂冰的介绍,到云南弥渡县筹备创建滇缅铁路印刷厂。8月,顾建平办起了一份名为《简明新闻》的油印小报,内部发行,虽然印刷质量不佳,但内容丰富,刻写清晰,颇受读者欢迎。随着发行量的不断增加,《简明新闻》更名为《滇缅日报》,开始公开发行。当时滇西报业发展落后,报社连铅印设备都没有,只能采用当地的石印方式,靠手写字完成印刷发行。

1942年5月,日军侵入滇西。为阻止日寇继续西侵,国民政府炸毁了横跨怒江的惠通桥,切断了滇缅公路,滇缅铁路工程半途而废,滇缅铁路督办公署随之撤销,《滇缅日报》因此停办。1942年6月,应时任云贵监察使李根源之邀,顾建平带着《滇缅日报》的原班人马,秉承《滇缅日报》的办报宗旨,到大理创办了《滇西日报》,这份报纸成了云南西部报业的先驱。

《滇西日报》于1943年1月正式公开发行,顾建平任社长,程寒华任总编辑。报社设置在大理天主教堂内,经费由地方和驻军共同资助。《滇西日报》继承《大公报》的传统,每天发表社评一篇,由顾建平和程寒华轮流执笔,新闻来源主要是收听广播,也有少量本地消息。顾建平除负责报纸的编辑、印刷业务外,还兼任重庆《大公报》驻滇西特派记者,事必躬亲,有条不紊。顾建平每到一地,都会在当地招考练习生,让他们学习新闻采访、编排、印刷、报务(包括接收新闻电讯、破译电码)等业务技能,按照练习生的资历深浅分配工作任务。顾建平为滇西报业发展做出了不可磨灭的贡献,他也成了滇西地区报业的拓荒者。

但到了1945年夏天,顾建平因为报馆与驻军的龃龉,不堪其扰,避走昆明,改任《中央日报》副刊编辑,同时仍兼任《大公报》驻云南特派员。《滇西日报》于1945年8月日本投降后而停办。

1945年8月,顾建平以《大公报》特派员身份飞往湘西芷江,采访并报道日军代表今井武夫等签字投降的新闻。10月,顾建平调回重庆《大公报》任编辑,后来升任副编辑主任、主任。

1947年6月,国民党以防范中共暴动为名,在重庆大举逮捕学生、教师、民主人士和新闻记者。顾建平当时已经是编辑主任,他因病住院而幸免于难。当局的暴行并没有吓倒他,反而更激发了他的正义之心,他把抄收到的延安新华电台的广播,以"本报上海专电""旧金山电讯""伦敦广播"等形式编发,使西南读者了解国内战争的真相。

1949年5月27日晚,国民党重庆警备司令部突然包围大公报社,进行搜查。次日凌晨,顾建平以"泄露军事机密"和"通共"罪名被逮捕,监禁于石灰市监狱,后又被关押在重庆渣滓洞,几经辗转囚禁,顾建平被送进了中美合作所的"白公馆"监狱。

顾建平被囚禁在"白公馆"监狱期间,黄显声将军由息烽监狱转来。顾建平了解到黄将军的为人,悄悄将自己的真实姓名和职业告诉了他。黄将军为营救顾建平,将其写好的信装在自己写给妻子黄彤光的信中,让关系较好的看守宋惠宽带出监狱交给黄彤光。黄彤光通过她在重庆《国民公报》当记者的同学夏在汶,将顾建平的亲笔信送到李子坝《大公报》段经理家中。大公报馆多方设法营救,并披露顾建平被囚于白公馆监狱的消息,南开大学校长张伯苓联合数十位知名人士保释,重庆文化界、新闻界也提出了抗议。

历经140多天的狱中生活,10月8日,顾建平终于假释回家,但仍受到监视。在狱中的140多天正是重庆的酷夏,顾建平受尽苦难,健康遭到严重损害。11月30日,重庆解放,顾建平重回重庆《大公报》主持编辑工作。12月1日,重庆《大公报》刊发了顾建平撰写的社评《重庆解放了》。

1950年初,出于健康考虑,顾建平调往香港《大公报》,历任要闻编辑、编委会秘书、副编辑主任,主编要闻版,从事台湾问题研究,兼编《台湾内外》周刊。顾建平在香港《大公报》工作了30多年,1982年病逝于香港。

附　代表作赏析

芷江观光

(原载于《大公报》[渝版]1945年8月25日)

昆明记者一行,二十一日下午以两小时的飞航赶到湘西的芷江。飞机抵达机场时,将近日暮,第一眼看到的,便是机场靠东的一边已经停着一架绘有旭日旗徽的中型飞机。

其时,天阴,雷雨忽作,我们正在避雨,看见有吉普车四辆结队驰来,上插一尺见方的白旗,在我宪兵监视保护之下驶至敌机旁边,我们以为他们将要起飞离境,冒雨跑去看看这一群接洽投降代表的神色嘴脸,盟军多人亦跑来"观光",询问以后,才知道他们当晚将宿于芷江,不拟飞回,特来把飞机内外照料一下。他们最后拿出三大块浅绿色的油布,蒙盖飞机的发动机部分。在蒙蒙细雨之中,爬上爬下工作着,任我们将他们摄成照片与电影。

敌机为绿色,从油漆的痕迹中很明显的可以看出原来是银色,临时加以涂饰,前部两面各用黑色写着"元力式"的日文。翼下系着宽一寸的红绸长条。但只余左翼的一条,尾部右翼的红绸均被美军剪去,大约分作纪念品。这几个日本人身穿旧的草绿色日本军服,足踏黄色五成新的长统皮靴。其中两人蓄着道地日本式的小胡子,黄昏时分,他们在雨中仍乘坐插着白旗的吉普车,驶回在空军总站为他们特设的宿舍。

芷江,是敌军三个月以前对中国发动最后攻势的目标,想不到三个月以后的今天,这雪峰山西麓的边城,"终于发现了敌人",而这八名"皇军"却不是来"占领中国空军重要基地",乃是代表全部在华的日军向中国接洽无条件投降!

八个日本人,今井武夫少将,桥岛芳雄中佐,松原喜八少佐,前川国雄少佐等,昨晚向我们表示,日本虽被中国战败,但并不仇恨中国;中日是"同文同种""都是亚洲人"。他们把"中日亲善"的旧套重新搬出来,背得那么熟练,说得那么甜蜜而肉麻,叫人听来又那么可怕。他们说:"日本的陆军没有战败,打败仗的是海军、空军和工业的无法追上美国,美国的原子弹尤其不讲人道。"他们又说,驻华日本的武器可以完全而且完整的向中国缴出,决不破坏,可惜精锐的武器多不在中国云云。

他们临睡以前,问我方有没有给他们预备拖鞋,他们都没有带蚊帐,要求借几顶,免得回去打摆子。但是我们事先并没有为战败国的日本代表想得这么周到。

湘西的军民,像是因为在三个月前打个关键全局的胜仗而骄傲荣耀,同时也因为在三个月后的今日看到日本代表到此地投降而兴奋喜悦,濒依沅水的芷江,热闹繁荣,据说为空前未有。县城门口有一红色对联,写着"庆五千年未有之胜利""开亿万世永久之和平",字大如斗。商店家家结彩,户户升旗,劈劈拍拍的鞭炮,还没有放得尽兴。我们在街上巡视一周,除了看到拥塞的各型汽车以外,便是红红绿绿的联语,其中很多采用"日本投降了,天下太平矣"两句简单明了的现成白话。

中国新闻记者,来自重庆、贵阳、昆明,及湘西各县,总共有二十余人,有四分之一是以前在东三省、北平、天津的报人,大家都从心里笑出来,说明"九一八""塘沽协定""七七",一切耻辱的场面,都曾身经目睹,来到后方以后,也无一人不饱尝种种痛苦,所以这次都赶来想亲眼看看日本人怎样向我们中国屈膝,看看在投降进押之前的见面礼。

军事当局为中国记者团腾出东亚旅馆全部,作为宿址,拨四辆吉普作为专车,并特由交通部设一临时电报局,供各方拍发电报之用,记者们都在推测中国陆军总部将移设在南京还是上海,还是更远更重要的地方。(二十二日正午寄)

【赏析】

1945年8月15日,日本政府宣布无条件投降。8月21日,日军代表今井武夫等人来到芷江七里桥,向指挥所设于此的中国陆军总司令何应钦将军投降。芷江受降不仅是自鸦片战争以来全国各族人民团结一致抵抗外侮取得第一次完全胜利的历史丰碑,更是世界反法西斯战争取得胜利的重要历史见证。这一重大历史事件吸引了100余名中外记者云集芷江,国内外许多大小报刊均将其作为头条新闻予以报道。顾建平在对芷江受降进行报道时,并未着重描写受降仪式的庄严场面,而是以"观光"为题,以昆明记者的第一视角记述了其飞抵芷江机场后的所见所闻。

首先,本文在写作时善于以小见大,以事实细节为支撑进行叙事。"芷江受降"历时三天五十二小时才完成了接受日本投降的全部实质性程序。顾建平并未选择记述受降的具体经过,而是将目光聚焦于芷江机场停机坪上临时涂饰为绿色的敌机,从"尾部右翼的红绸均被美军剪去"这一细节中反映出日军战败后军事实力被大大削弱的现实处境。受降当日湘西军民"劈劈拍拍的鞭炮"和"红红绿绿的联语"这些典型细节的描写,更是渲染出中国人民雪洗百年耻辱的喜悦与激动,为突出抗战胜利的宣传主旨起到了重要作用。

其次,顾建平以第一视角记录了自己抵达芷江后的亲历、亲见、亲闻,增强了通讯的证史性。日本代表在同中国政府讨论投降具体细节的前一晚,仍未真正承认被中国战败,并询问中方是否为其预备了拖鞋。日方代表的所言所为,由顾建平这一亲身经历者记录下来,使日本侵略者的形象在人们心中更加具象化,警醒民众时刻铭记历史。

最后,此文融思想性、艺术性于一体,在抗日战争胜利之时起到了凝心聚力、鼓舞士气、彰显民族尊严的重要作用。日军全面侵华战争"始于宛平卢沟桥,终于芷江七里桥",芷江见证了日军的失败和投降,《芷江观光》以新闻通讯特有的方式,向世人宣告了这场旷日持久的抗日战争是中国人民以弱胜强、团结抗敌的历史性胜利,日本侵略者终于在芷江向中国人民低下了他们傲慢的头颅。在文章结尾,顾建平又将视角转向了宿于东亚旅馆的中国记者团,引发对于抗战胜利后中国未来将走向何方的思考,其拳拳爱国之心也在这短短的发问中体现得淋漓尽致。

侠骨文心：李侠文[*]

李侠文（1914—2010），生于广东中山石岐，就读于广州岭南大学，后转往北平清华大学，主修政治学，1937年以优等成绩毕业。抗战爆发后南下香港，1938年加入香港《大公报》，先后在香港、桂林、重庆、上海等馆工作，历任翻译、编辑主任、社评委员等职。太平洋战争爆发后，李侠文经桂赴渝，十余年间，先后编译《世界各国概况》《世界在革命中》《伦敦、华盛顿、莫斯科——和平的伙伴？》《台湾经济生活》《暹罗》等十余种书籍，发表大量时事评论。1948年随胡政之先生赴港参与《大公报》复刊，并任职总编辑，从此扎根香港。1988年出任香港《大公报》董事长，1992年转任《大公报》名誉董事长，历任第五届至第九届全国政协委员等职务。"侠骨文心"可概括李先生的传奇一生。

李侠文中学毕业后成绩优异，获奖学金升读岭南大学，后转往北平清华大学，主修政治学，行有余力，曾为《独立评论》《宇宙风》等刊物撰文，由是初露头角。1937年以优等成绩毕业，本有意继续进修，晋身学术界，惟其时抗日战争爆发，家境日趋窘迫，遂被迫放弃赴美计划，改为南下香港。翌年投考新记《大公报》，蒙被录取，自是投身新闻事业，决定了此后超过半个世纪的报人生涯。

在《大公报》港馆期间，李侠文始而从事翻译，继而撰写社评，获胡政之赏识，被委以编辑要闻的责任，因得熟悉报馆各核心部门工作，为他后期担任编辑主任、总编辑等职务奠定了坚实的基础。在"要闻"版块，李侠文主要负责国际要闻，他自1939年起翻译了大量国际新闻，其时国际形势风云变幻，且国内正值抗日战争之际，更需要关注国际局势，看清国民所处的位置，是以国际要闻版的重要性不言而喻。战争期间，李侠文密切关注日本动态，在日军侵华一段时间后，引国际对日状况的评价，"日本军人不明白困难之不断增加，并不是

---

[*] 本文撰稿人：廖雨涵，华中科技大学新闻与信息传播学院2020级硕士研究生。

日本的经济,而是他们自己造成的军事局面"①。在华中地区沦陷之时,他在译文中将华中统治区内日本政府所设立的"华中振兴公司"比作日本商业的"章鱼",提醒人们警惕"南京的傀儡同意把中国人民,置于日人工商业的机构下,使他们万劫不得翻身,显然把国家送给日本帝国做殖民地"②。同时,李侠文密切关注世界战场的局势,在此期间,他翻译了如《从德军侵波到英法宣战——关于欧战的外交文件》《苏联插足在东欧》以及数篇关于苏日关系的国际新闻,表明其国际视野之广阔。

1941年,太平洋战争爆发,李侠文依据调令经桂赴渝,备尝战时重庆的艰苦。在战火纷飞的年代,李侠文亲身经历了多个历史时刻,耳闻目击大量政要名人言行,从而开阔视野,恢宏见识,成为大时代锻炼出来的新闻界中坚人物。李侠文是《大公报》桂馆成立之初的编辑之一,他将在港馆要闻版的风格承袭到了桂版,仍旧负责国际要闻版的相关工作。李侠文对于新闻与文章的选择与时局密切相关,他关注太平洋战争中各个国家与日本的战况,译文生动反映缅甸战场、菲律宾战场、泰国战场等局势,被卷入这场战争的美国的国内状况及其与苏日之间的关系。对于缅甸战场,他的译文"缅甸已经沦陷。日本的魔手现正控制着足以将中国与印度完全隔离的一片土。日人在菲律宾得手后,其在中国沿海及本国领海的交通线,亦已因而趋于紧凑"表明战局之紧迫③。他关注美国战时国内经济状况,同时反省自身,"所有这些消灭或减少失业,改良经济生产低微的区域,和提高消费,并将其导入更有效的方向等等之经济的基本问题,都是战后世界所必须设法应付的。这些问题向全人类的勇气和创造天才挑战"④。对苏联,他译文中写道,"如果我们能在苏联的东方获得军事基地,我们可以在对日主要攻势发动六个月内,将日寇击溃。从我们现在所知道的空中战争及其可怖的效力,以及我们对日握有空中的优势说,这是必然的事实。如果我们不能在苏维埃亚洲获得出路,我们或将需要两年的时间,才可以完成同一工作,而且我们人力物力的牺牲也许要多出几倍"⑤。表明了他作为报人对国际态势的关心。

---

① John Ahlers 著,李侠文译:《日本打穷了》,《大公报》(港版)1939年10月24日。
② 李侠文译:《日人扬言开放长江下游声中　华中沦陷区内独占情形剖视》(下),《大公报》(港版)1940年1月8日。
③ 李侠文译:《亚洲民主战》,《大公报》(桂版)1942年9月9日。
④ 李侠文译:《战后经济》(二),《大公报》(桂版)1942年10月15日。
⑤ Edgar Snow 著,李侠文译:《苏联将对日寇作战?》,《大公报》(桂版)1944年3月20日。

除了翻译国际新闻,李侠文在社评上也下了苦功。"我进来工作的第一个晚上,他(胡政之)站在我的桌子旁边,看我逐句逐字翻译外电,没有几天他叫我到坚道他的寓所去,出题目叫我学习写写社评"①,就这样开始钻研评论。李侠文的社评独具个人风格,颇能看出其深厚的政治学功底,且他一如既往保持对国际局势的关注。李侠文在战争初期心系日本在东亚及东南亚地区的战局,他在1940年期间出书《暹罗内幕》,同时在报纸上发表评论,"暹罗要是想挽救自己的命运,先得把远东现在和未来的局势看清楚,同时要把可靠和不可靠的邻国认清楚。中国三四年来的抗战,已奠定东亚未来安全秩序的基础,今后能够帮忙南洋各地的国家,只有一个中国。日本的南进,只是侵略者的回光反照而已"②。李侠文评论的一大特点是从国际问题谈及本国情况,在《谈地方自治》中,他从英德两国地方自治状况出发,提出国内缺少严密自治的土壤,人民也未有足够的政治素养,是以形式主义的政策未能起到作用。李侠文写评论擅长引经据典,尤其是政治学界诸多较为先进的观点,他总能与实际状况结合,对其提出独到的见解,条理清晰,语句简洁,颇有学士之风。

1944年,国内战局到了最后阶段,桂林版宣布停刊,李侠文也随桂林版同人前往重庆,在特殊时期,担任了渝馆的编辑主任一职。1945年抗战胜利后,李侠文赴沪,后回港负责复刊工作,一度担任香港新记《大公报》编辑主任,随后于1949年报社改组后擢升总编辑兼副社长,主持报馆编务及行政,同时筹办《新晚报》。1988年出任《大公报》董事长,正可谓英才俊发,众望所归。

李侠文年轻时便投身爱国新闻事业,在《大公报》服务的半个世纪中,不论环境如何困难复杂,爱国立场始终不变,为宣传祖国建设成就、团结香港各界人士起到了重要作用。在报馆期间,他与著名小说家金庸结下了深厚的友谊,他们曾在沪版与港版《大公报》两度共事,金庸曾回忆称:"那时,我任翻译、编辑,侠老是编辑主任,是我的上司。我把稿件标好题后给他看,他有时会修改一下,侠老的水平是很高的。"③现任《大公报》社长姜在忠表示,侠老的一生是爱国爱港的一生。"在《大公报》服务逾半个世纪,侠老秉文人论政之笔,抒文章报国之志,无论环境如何艰难困苦,始终坚守爱国爱港立场,不改爱国报人

---

① 李侠文:《精神·事业·做人——敬悼政之先生》,《大公报》(港版)1949年4月21日。
② 李侠文:《南海大风暴前 暹罗的命运》,《大公报》(港版)1940年8月17日。
③ 《金庸抱病出席李侠文追悼会 忆当年共事岁月》,中国新闻网,2010-02-04,http://news.ifeng.com/hongkong/201002/0204_19_1537038.shtml。

本色。"他说,侠老学养深厚,学识渊博,笔下千钧而又文采斐然,侠老精通翰墨,颇多收藏。但他不喜为"身外之物"羁绊,晚年将藏品悉数捐赠香港中文大学文物馆①。足以说明他人如其名,侠骨文心。

附 代表作赏析

谈地方自治(节选)

(原载《大公报》[桂版]1944年5月27日、28日)

现行地方自治制度未能建立成功,原因不一而足。事权划分不清,自治经费不足,机构不健全,人才缺乏……都是。关于这些原因,近人论之已□,不待多赘。我们愿提一点来说,就是太重虚文,忽略实际。今日全国许多政治措施,都蹈此覆辙,不止地方自治为然,不过地方自治的推行是一件非常实际的工作,犯此毛病,尤觉严重。

现代政治的特质在实事求是。麦克威利(N. Machiavell)虽然倡言"只求达到目的,不计手段",但他把法律与道德分家,高踞了近代政治学鼻祖的宝座。法律是最实际的,凡不能实行的东西,都不应见诸法律。现代行政就是老老实实去执行法律。本来高谈理论,只可在在野竞选时为了取悦民众,不妨偶一为之,一负上实际政治责任,便应注重"行",而不必多"言"。这种为政的道理,古今中外并无二致。在我国古代的政治家功业的成败中,这种道理表现得最清楚。曾国藩生平做事用人,一味注重平实。他的看家本领,无非孔家□里一些旧东西,他就凭这一点笃行实践的手法,替清室建立了中兴大业,把爱新觉罗氏当时的厄运挽回了。王安石至今被人誉为历史上有数的政治改革家,但他的新政,无论其本身真正的价值如何,却完全失败了,甚至引起后来的党祸,替宋代造成了不可收拾的局面。王氏的失败,正失败在□忽略了实际的环境,只求急功近效,用人不当,法令如毛,以致遭遇了重大的阻力。

言归正传,我们今日谈政治的人,正因为喜欢漂亮的法律条文,反使许多

---

① 《香港各界追悼李侠文先生:侠骨文心永难忘》,中国新闻网,2010-02-04,http://news.sohu.com/20100204/n270040190.shtml。

政治设施变得有骨无肉。地方自治的远景既如此高崇丰丽,自然就不能一蹴而几。政治固不能不有一种理想,但达成理想的方法与步骤,却不能不讲求。我们过去地方自治的工作,大部分系在法律条文上做工夫,清末、洪宪,以至民十七年以前的情形固不必论,即新体制开始实行以后,地方政治还是未能脚踏实地。例如县以下各级组织,共有县、区、乡镇、保甲几级。除区的一级外,每级都有公民会议,实行选举、创制、复决、罢免等权,今日老百姓中能明了创制、复决、罢免等权为何物者究有多少?而各级经管事务不一,何级应管何者,恐怕连基层行政人员本身也弄不清楚。各地情形不一,举办的事业,应以"因地制宜"的原则,给予斟酌回旋的余裕,譬如教育较为发达的地方,不必再以全力去设立学校。交通便利的地方,自可将其筑路的人力财力去做另一项急切的工作。法令既划一规定,有时便不免扞格难行或轻重不分了。大家以为把各级机构设立起来,便算功德圆满,那真是大错。机构不过是一部机器,地方自治事务的发展才是出品,如无出品,何贵乎有机器?我们的政治机关,愈高级愈不必做实际执行的工作,只须一纸命令,层层转下去便够了,但是经费却最多。基层机构执行实际工作,接到层层转下来的命令,却不名一钱,束手无策。现在地方自治单位的财政收入,虽经法令规定,但事实上不易执行,每层设一个机构,养活一批人,所谓自治经费也许只够养活这一批人,根本谈不到推进事务。正如一家商店,只有一笔资金养活几个伙伴,再无余力去采购货物,跟人家做交易一样,这算不得是商业的。再说,清查户口、规定地价等等工作,必须做得精确,丝毫不容马虎,如非点滴努力,老实做去,决不易有成绩。今日国内教育未普遍,基层行政人才难得,若随便找一个人集管教养卫工作于一身,自难胜任愉快。过去国人缺乏政治教育,又少急公好义的精神,各级民意组织,草率设立,纵不为不肖分子操纵把持,恐亦不易达成本身任务。近年政治上弥漫粉饰虚伪的风气,大家"应付"法令,填报告,造表册,只求敷衍过去,再不问实际效果如何,这不特是地方自治前途的魔障,也是一切政治建设的隐忧。今后我们从事改革,必须一洗这种恶习,才有希望。Politics is the science of the second best,是一句名言。诗人 Pope 也说过:形式不足贵,争辩尤愚鲁,只要治理好,便为好政府。

注重实际,只是推进地方自治的一种应有手段或态度,并不是一个方案或办法。近人对于改进地方自治,已发表过不少意见,如训练人才、增拨经费、健全机构等等。这次全国行政会议也会有一套改进的办法。我国地方自治,系由上而下,经过训政一个阶段而推行,与其他民主国家循着经济的发展,由下而上地产生的过程,各有特色,不尽相同。正因此故,我国地方自治的进度,受全国政治制度、作风、效率……的影响甚大。例如县以上各高级机关的机构重复,政令繁多,事权不一,均足以影响地方自治工作的推行。说起改革,节错根盘,不易周备。我们试再以中庸本一元以摄万物的方法,略论其一端:

我们感觉地方自治未能完成,最根本的原因,在于地方太贫。贫的坏处,一言难尽。人民生计无着则礼义不兴,甚至铤而走险,为非作歹,任何道德宣传都不易加以阻遏。地方建设如办学校,造产,筑路无一不要钱。实行征工,鼓励人民服役,也有一定的限度,如果贫苦的老百姓家无隔宿之粮,每日凭双手觅食赡家,被征去工作的时间过长,就影响其全家的生活。近年农村经济窘困,粮价高涨,而农民本身蒙其害不见其利,土地兼并风炽,高利贷流行,人民纵不散之四方,转死沟壑,而在生存线上挣扎,那里还有心情去开公民大会,实行创制、复决?反过来说,地方富裕,则学校可以普遍设立,政治教育藉以推行,其他建设水到渠成,不难举办。我们的自治法规以自治单位为"一经济组织",依照国父遗训,确有独到之处。地方自治实在要建立在现代经济制度的基础上。我们知道民主政治的发展,尤其地方自治的发展,与工业革命有不可分的关系。人民的经济的地位随工业的发达而提高,人民不特要自己管理本身的事务,且进而要求参预政治。从英国的历史言,地方自治就是人民向君主争取自由的成果。我国建国工作,宪政与工业化双管齐下,是有道理的。今后我们地方自治工作的进行,当然不止一端,而从根本着想,我们则必须特别注重经济。地方自治贵能"因地制宜",每一地的经济,必有其特点。各地订定"中心工作"时,应针对其特点,加以发展。例如广东、福建两省必须注重侨汇,其他的省份是不必要的;湖北必须注意防水,这在云南、贵州却是不必要的。景德的瓷器是著名的,但江西以前也有日本瓷器流入;中山县沙田以万顷计,而境内有时也闹粮荒。美国Sunkist的种子据说是由中国传入的,而今它已成为我们富人享受的珍品,新会的"老树甜橙"以及湖南境内所产的橙子竟相形失色。南雄的纸业,据说去年的产量比前年多了许多,今年预料又将比去年为少,现在纸张如此宝贵,生产反日形退缩,令人莫明其妙。我们有的是双手,地下有的是财富,我们在叹穷,岂非由于我们太不努力?我们以为各地方今后订定计划时,一定要入一项本地特殊的经济工作,切切实实去做,积极开发地方富源,苏生地方经济。消极方面,我们要剔除积弊,任何设施,必须在执行时对人事及技术具有充分把握,然后才好开始,万一流于苛扰,便违背维护地方经济的原旨了。

建国大业,必须点滴努力,不能拔苗助长。我们整天在法令或机构上费精神,不肯从根本想办法,则国父描画出来的典丽丰皇的远景,还是距离我们很长远的。

【赏析】

1944年5月,国民党五届二中全会在重庆举行,会议探讨了促进宪政实施的问题,而地方自治作为一个老议题又呈现在了国人面前。面对地方自治实行状况并不理想的现实,作为一名政治学出身的报人,李侠文在会议开始不久,就在《大公报》桂林版发表了自己的见解。

李侠文的国文与政治学素养极高,本文引经据典,横纵对比,文字简明扼要,重在发掘问题,提出解决方法。他认为,地方自治是政治最根本的所在,因此尤为重要。李侠文从英德两国之地方自治情况谈起,说明地方自治与人民政治素养密切相关,言及过去,中国未有过严密的地方自治制度,因而我国缺少地方自治的经验,人民也未能形成足够高的政治素养,出现政策下达而成效未明的状况也在情理之中,因而需要下足功夫,发现其中的问题。其中一点,便是政策的实施不注重实际,机构被形式主义所制,不能实现"因地制宜"的原则。最根本的一点,在于地方太贫,因此应该注重经济,他在文中对如何根据地方状况发展经济进行了诸多论述,显现出了一个文人当时的政治洞见。然而当时国内战争尚未结束,国民党提出"宪政"也并未能如期实行,他的这一番言论在当时也无法落地生根,取得成效。

李侠文在《大公报》时,重在翻译国际新闻,将更多精力放在国际事务之中,他对于国内状况的报道与评论数量不多,但字字精辟。作为一名爱国报人,他用自己独有的眼光关注国内制度的发展,了解人民的生活,在时代的淬炼之下,他的爱国之心与专业精神也铸就了他鲜明的个人风格,独树一帜。

二、"精兵"

拓荒的"园丁":何心冷*

何心冷,生于1898年6月,原籍江苏苏州,少失怙恃,立志求学,天资聪颖,肄业于北平民大,"继父业,服务于财部,既工且读"①。后受新文化运动的影响,1916年从北平到苏州二中参演爱国救亡新剧,被留聘为常州兰陵女师教员。1919年赴沪,后执教于上海寰球中国学生会。1922年到常熟任教,经由李子宽介绍,延聘至上海国闻通信社,正式进入报刊界。此后陆续在《妇女杂志》《民国日报》《觉悟》《国闻周报》等发表作品。1924年辅助胡政之创办《国闻周报》,负责文艺编辑工作和撰稿工作。1926年由沪至津,襄助创办《大公报》,同时"能照顾到《国闻周报》,不但管编辑部事,还管理到发行印刷"②。后因疏于事务,专职内勤工作,以"园丁"名义精编《小公园》副刊。1931年初因病南归,在沪特约通讯。1932年春返津再主持《小公园》。1933年10月28日病逝于天津,时人多称其病因与"案牍劳形、烟癖伤身"等有关③。

一、"拓荒的园丁":从《国闻周报》到《大公报》

1933年10月31日,即何心冷离世三日后,《小公园》刊发纪念文章,称其"是本园最初的拓荒者,并且是本园最努力和忠实的护士。六七年来他几乎把

---

* 本文撰稿人:程磊,山东大学新闻传播学院2019级博士研究生。
① 李微一:《哭心冷》,《大公报·小公园》1933年11月12日。
② 胡政之:《十二年的转变:悼何心冷先生》,《大公报·小公园》1933年11月12日。
③ 天壤:《何心冷修文地下》,《晶报》1933年11月5日。

整个灵魂都寄托在这一块园地里"①。可见,"园丁"是何心冷在《大公报》时期最重要的身份和职责;而且他在1926年9月新记《大公报》组建后,领着副刊"杀出了一条血路",这条路由"艺林""铜锣"而成长为"小公园",凝聚着"他大部分的辛勤血汗"。

其实何心冷的副刊编辑才华以及电影评论的天赋,早在《国闻周报》时期就展露出来了,也颇得胡政之的欣赏。1924年8月3日,《国闻周报》出版创刊号,何心冷几乎包办了封面题字、广告撰文以至报内的补白和打杂零活。"在《周报》第一、二卷中,几乎每期都有他的著作、小说、电影评论、时装小志,花样翻新,心思百出。"②如"中国影片新评"系列之《松柏缘》《弃妇》《前途》《春闺梦里人》等,以及评论《利市十倍之大学投机事业》;并因目睹上海"五卅惨案",与胡政之等写出长文《南京路之血》。及至新记《大公报》诞生前,何心冷北上天津参与筹备工作,负责副刊编辑事务。"正式出版的前一礼拜,大家商量社务时,他的建议无一件不被同人采行。8月30日试版时,他编稿子、到排字房看工友排版、到营业部画广告样,整宿不睡觉"③,饱满的激情可见一斑。

此前旧《大公报》副刊是名副其实的"报屁股","只有游艺性质的专栏附在报纸的最末一张,占有小到四分之一的版面,除了连载长篇小说外,基本上只刊载一些戏剧、游艺广告性质的文字"④。何心冷主持的新记《大公报》副刊《艺林》另辟蹊径,突破了上述内容范畴,而成为刊载小说、诗词、笔记、戏剧电影评论、流行时装、社会写真等文体的综合性副刊。虽然起初"外边投稿的人太少,除小说系特约的外,差不多其他的短篇稿子都是何一个人化名作的",据统计,《大公报》1926年9月、10月、11月刊登何心冷独立撰写(译)、参写(译)的稿件分别有55篇、61篇、43篇;但仅一个月以后,《艺林》就"得到多数读者的爱护,供给了不少的材料",版面也发展为一整页。这取决于其新旧文学作品兼收并蓄、提携新进青年作者、尊重读者意见和需求的编辑思维。同年10月下旬,给《艺林》投稿的读者众多,何心冷公开回复"目下积稿极多,容当陆续刊布"。1927年春,何心冷"觉得《艺林》所登的作品,还不太能使读者兴奋",于是一方面换换口味,登些讽刺社会的短隽小品文,创办具有现实指向的《铜锣》,寓意

---

① 己滢:《悼心冷》,《大公报·小公园》1933年10月31日。
② 胡政之:《十二年的转变:悼何心冷先生》,《大公报·小公园》1933年11月12日。
③ 协:《悼心冷》,《大公报》1933年11月12日。
④ 李秀云:《何心冷的副刊编辑生涯》,《新闻知识》2010年第1期。

"唤醒民众关注现实生活",与20世纪二三十年代中国社会政治动荡的现实状况同频;另一方面创办《电影》专刊,开始出现综合性副刊和专刊共存的局面。1927年2月15日创办的《电影》初为旬刊,后改为周刊、半月刊,开设"通讯""代邮""海外影讯""电影界消息""明星小史""新都影讯"等栏目,注重电影批评,力求提升读者观众的观影素养。如陆续刊登"电影常识"系列,组织"电影院问题讨论号",普及电影基础知识和商讨电影院改良的策略。同时他也在《铜锣》上开"东南西北"专栏,发表指涉时事的揶揄性小品文。

此后副刊的格局再次变动。1927年9月1日,《艺林》改名《副刊一》,刊载小说、诗文。《铜锣》改名为《副刊二》,刊登时事性稿件。同年11月9日《儿童周刊》创刊,定位为"全国小朋友开心闹玩儿学本事、得知识和研究、讨论的一个机关",让小朋友们先引起"看报的兴趣,由看报多认几个字,多增长点知识,以至学好,成人"。何心冷以"大孩子"的名义与小朋友交流,所编稿件注重情感教化,深受儿童喜爱。1928年元旦,《副刊一》与《副刊二》合并成《小公园》。何心冷在《小公园》第1号发表《我们的公园》,宣称"为需要精神上得到安慰的人们而设",经常在《镰刀》《仙人掌》《蜂尾》《马后炮》《吗啡针》等栏目刊发精练的讽刺性短文。1月6日,《体育》周刊创刊,不仅报道运动赛事、关注体育新闻,还邀请体育专家讲解运动知识,增强民众体育素养,号召民众从事户外活动。至此《大公报》拥有5个周刊、1个周二刊,每周在第9版出刊:周一《文学》,周二《电影》周刊,周三《戏剧》周刊,周四《家庭与妇女》(从第9期更名《妇女与家庭》),周五《体育》,周六和周日《儿童》。同年9月1日专刊移到第10版,撤去《体育》,增添《公开评论》和《艺术》,《儿童》改为周刊。1930年11月30日《摩登》创刊后,何心冷主持了前10期。摩登之设,"解一般青年们消愁解闷,多少给一些精神上的安慰、物质上的帮助"①。

1931年初,何心冷身体欠安,接受妻子的劝导休养南归,在沪特约通信,《小公园》暂由戏剧家徐彬彬接手,总体风格保持一致。数月后,徐称"自铜锣以至公园,名目屡更,内容亦常换,而态度始终不亢不卑站在水平线上,所以就大体而论无根本改动之必要"。1932年初徐彬彬文事愈忙,屡促何北上;何也因薪资较薄,生计颇艰,便回津再主《小公园》。

何心冷随着《大公报》风行全国而名气日盛,当时畅销的《上海画报》称"园

---

① 《告亲爱的读者》,《大公报》1931年1月18日。

丁"何心冷"文采斐然，声誉卓著"。1933年10月何病逝后，11月12日《大公报》出版追悼专号，表示"其对于新记《大公报》综合性文艺副刊的开拓之功无人能够取代"。此后《小公园》编辑历经更迭，至1935年7月由萧乾接手。另外，何心冷性情和平、待人宽厚、任事勤奋，与经理、编辑部同人、工友相处融洽。他在《小公园》辛勤耕耘，在副刊领域开拓出新天地。

二、"园丁"的作品：文艺审美的现实转向

何心冷不但擅长日常的编务管理，而且还积极耕耘创作。从1922年至1933年，何心冷的作品主调有显著变化：从纯文艺的诗歌、散文等表达内心情感的作品，到聚焦电影审美的影评、偏重时政论说的小品文以及少部分新闻通讯，显示出其作为文人和报人的现实转向。

1924年以前，他的作品有鸳鸯蝴蝶派的意味①。如在《民国日报》上发表的《明月》《留恋》，在《妇女杂志》发表的《月光之下》《心之悲哀》等，流露出都市男女的情爱、思念和痴怨。他常常阅读《语丝》，开始写小品文，渐有了观照现实生活的思想。小品文以时事、哲理、生活等议论为主，皆出自他的个人专栏。如1926年9月的"随便谈谈""灯下闲谈"。前者包括"太太奶奶小姐应该爱国""惨痛的国耻"等，讽刺自1926年以来"国内的战争、国外的交涉，从正月起到十二月止添出了许多纪念日。假使大家只是希图在纪念日休息，那么……一年三百六十五日中恐怕没有一天不是纪念日"②。"灯下闲谈"涉及教育界、饥荒、军阀、政党、革命等，如感慨"不幸的中国每年要发生一回惨案。今年的万县案比去年的五卅案如何？可我们总觉得国民依旧和从前那样，并没有受到多大刺激"③。1926年11月何心冷将"随便谈谈"改为"马后炮"，意思是局势所迫，"有些事情没法子，只得暂时避避锋头，过后再说"④，以这种方式讽刺不健康的北京教育界。1927年3月推出"厥辞""屁话""东南西北"等个人专栏。1928年6月和9月又设"蜂尾""三言两语"个人专栏，鞭挞不良社会现象。如

---

① 李秀云：《〈大公报〉专刊研究》，新华出版社2007年版，第88页。
② 何心冷：《请太太奶奶小姐爱国》，《大公报》1926年9月20日；《滑稽的痛语》，《大公报》1926年10月4日。
③ 《灯下闲谈》，《大公报》1926年9月29日。
④ 《马后炮：为什么放马后炮》，《大公报》1926年11月1日。

"蜂尾(六)"感叹"民国成立了十七年了,向社会间婚丧的仪仗,除掉前面打两面五色旗,中间夹几十个军乐队,稍微有些民国色彩以外,其余整个儿是前清的老套儿,可以算是国民不长进的明证"①;"三言两语"就国家统一这一现实议题提出意见:从前军阀时代的北方,别看张作霖坐镇北京,其实哪一处不是各自为谋?现在有许多事应该听命于南京中央来摆布的,别又像从前那样的自作主张。这一步能做到方才能说是统一。不然革命革到民国一千年也是白费②。1932年,他又在《小公园》开设"吗啡针""闲话""发牢骚"专栏,愈发扎根现实世界。如关于为何以"吗啡针"命名,其反问"请你各处瞧瞧,谁不是昏昏沉沉糊里糊涂?为要救急起见,使他精神兴奋,只得暂时扎上一下"③。在"闲话"中,他倡言"第一桩要紧事还是在提倡国产品,同时政府和社会都得奖励与扶助;千万别拿这种捐那种税的去增加国货的负担"④。小品文产生了较大影响力。徐冽曾在"追悼何心冷先生专号"上指出:"马后炮"放得震天的响,"吗啡针"扎得疼人,"冷话"说得俏皮,"镰刀""蜂尾"让人感到震撼——这是近几年读《小公园》的人共同的感触⑤。

  电影评论是何心冷的另一创作领域。在五年的副刊编辑生涯中,其影评从单纯的审美艺术取向,转向了关注现实的旨归。在1926年的《评〈女侠李飞飞〉》《〈传家宝〉杂评》《〈少奶奶的扇子〉如何》中,何心冷关注的是从电影的情节安排、布景及摄影艺术、表演技巧是否细腻入微等艺术维度去评价;在同年的《天津电影业之调查》《做中国影戏的困难》《中国影戏界的一个难关》中,也谈到电影占据天津娱乐事业重要位置的原因、中国影戏中的许多谬误、商人在上海戏曲界的投机性投资造成的电影院市场混乱,颇具现实意义。同时他对影戏院的看法也逐渐成熟:电影院的主要功能是娱乐消遣,但入院时要看成一个学校,坚持守秩序的信条。1927年8月2日何心冷主编出版《明星画报》,提升了他在影评界的影响力,《现世报》上出现了有人擅自盗用其名字发文的现象。1928年初,他提醒影评界,"我们平常要讨论研究电影问题的人,老是盲人瞎马、任其所之,结果话等于白说,实际对于电影界一点没有贡献"⑥;并主编

---

① 《蜂尾》,《大公报》1928年6月6日。
② 《三言两语》,《大公报》1928年9月11日。
③ 《吗啡针》,《大公报》1932年7月1日。
④ 《闲话》,《大公报》1932年8月25日。
⑤ 徐冽:《永远不能会面了!——悼何君心冷》,《大公报》1933年10月31日。
⑥ 《我总算又实验了一次》,《大公报》1928年1月3日。

"电影专号",讨论的话题从新闻影片的摄制等技术问题深入到"影片的审查问题",认为检查电影委员会行使权力时应注意两点:一是对外国输入的影片,应当禁止含有侮辱中华国民性质的在国内开演;二是对本国电影制造业,当将一个影片剪接完竣公映以前,应施以一定的检查——叫有艺术的眼光者鉴定,可操作性强。在经营现状上,何心冷提醒电影院"应当以低廉的价格吸收多数观众"①。1932年其影评中的现实价值取向进一步凸显,《电影》成为"津门电影乃至中国电影实施舆论批评的主阵地"②。

此外何心冷还有少数新闻通讯,是在他南归养病、担任上海特约通讯时写的。如《南归杂记》系列,表现对南北城市差异及江浙消费主义流行的思考;又如1932年对"一·二八事变"后十日局势的报道,详记暴日蒙蔽世人,使上海顿成死市的经过和国军将士抗争的史实。

总之,《小公园》和小品文、影评创作给何心冷带来了名誉。至1933年,天津《艺文报》等仍存在盗用其名作文的现象。1946年《大公报》副刊进行舆情测验,结果仍显示"希望园丁像战前《小公园》何心冷先生那样每天说几句冷语,替老百姓说几句要说的话"③,足见其影响力。

附　代表作赏析

"肉感"与广告术

(原载于《大公报·电影周刊》1929年5月7日)

广告的效力,当然是希望能够引动大多数人,然后商家的生意,才会得兴隆发达;因此,在这种商战时代,除了几家老古板的老店,还是玩着那"请即惠顾,方知言之不谬也"的老调以外,其余的商店,多少总能玩些新鲜花样出来。

在天津市上讲,会登广告的要算电影院了;肯舍得钱登广告的,也数电影院了。不过在最近这半年来,他们唯一的广告术,就是用那"肉感"等等的名词,来耸动一般意志薄弱的青年。再不然就用曾在某处禁止儿童参观的反面

---

① 《忠告天津电影界》,《大公报》1929年9月10日。
② 李秀云:《〈大公报〉专刊研究》,第88页。
③ 王继英:《本园舆情测验结果(一续)》,《大公报》(津版)1946年12月29日。

广告,来显出这影片的富于"肉"味。

而我们反对用这种"肉感"的名称,以及不赞成多少带着性的戟刺的文字做广告,并不是同老先生们戴着礼教眼镜那样的看法。只是觉得这一样的广告术,徒然是有识者觉得流于"浅薄",而实际反而使影片的真正价值都被"肉感"所抹杀了。

就我们所知道的,无论那一国,对于电影摄制都规定有取缔的办法,凡是足以戟刺青年,足以使他们引起一种不良观感的情节,都在审查的时候就剪掉了。而中国人所说的"肉感",只不过是"裸体"以及"热烈的爱的表情"而已。这种地方,本来不是影片的极峰点,尤其是在西洋人的普通习惯中,更不足为奇;谁知一到中国,就会闹得天花乱坠。

在繁华都市里的社会心理,当然是趋于放荡的、浪漫的途径上去的;我们并不希望电影院摆出"道学先生"的面孔,只希望电影院不要随着社会的心理而愈趋愈下就行。

【赏析】

何心冷最重要的代表作即小品文与电影评论。其中,他又对电影有种难以言说的好感:"我没有旁的嗜好。只是喜欢看电影。在这一个月间,除了三不管的上权仙、上平安(注:电影院名称)两处不曾去过。其余的差不多都参观过了。"[1]在对电影的长期欣赏和关注中,他对电影院、电影业、电影规制的理解也十分深刻。

首先让我们回到何心冷所处的20世纪二三十年代的津沪两地。当时京沪津等城市的消费群体壮大,商业文化市场繁荣发展,电影公司(电影院)激增,但也遇到了很多问题:一方面外国影片大量涌入,挤占国产影片的市场空间;另一方面在资本投机竞争的情况下,国产影片质量较低劣,庸俗片泛滥成灾,对社会造成不良影响。何心冷既看到了电影的审美娱乐功能,又看到了它在世道衰微语境下"易俗移风,藉资观感"方面的作用,更看到了电影用"肉感""禁售童票"等广告诱引顾客和招徕顾客等庸俗广告术的泛滥。于是他在编辑《电影》周刊时,表明希望读者不要"捧",而是欢迎批评指正。其间他始终关注着电影界的方方面面,不但刊登了大量关于电影界的观察、调查、评价类的读

---

[1] 《电影院的比较》,《大公报·随便谈谈》1926年10月18日。

者来稿,还亲自撰写了大量对电影界的批评性文章,如《电影公司的自杀政策》《现在的中国电影界不需要打吗啡针》《为什么出专号》《"肉感"与广告术》《敬告津市影界》等。

《"肉感"与广告术》从影院广告的社会责任入手,批评电影院广告"肉感"泛滥问题。开篇指出广告的目的在于吸引消费者,而最舍得花钱登广告的便是电影院;再从天津电影界的现实生态入手,指出当前电影界广告存在的最大问题便是:用"肉感"刺激青年人或是用"禁止儿童参观"的标语来反衬这种"肉感"的暧昧。这样的操作直接导致了影片流于浅薄庸俗,也抹杀了影视作品的真实价值。于是作者认为鉴于东西方文化接受的差异,实行影视审查制度极为必要。

但文末作者持相对宽容的态度,指出繁华的城市经济需要一种宽容的社会心理,影视追求和表达的是一种浪漫和放松的生活节奏,实行影视审查制度不是用道学先生的面孔来反对一切浪漫,但影视行业不能逃避社会责任,不能引导社会心理日趋下行,应当保有道德底线。

这篇影评反映了何心冷的电影功能观、广告功能观——他既不赞成"要将影戏当作教科书,影戏院当作学校"的"太嫌正经与古板的"提法,又主张政府牵头、以专家为主体对电影的内容进行适度审查以及电影院要有"学校的秩序"。文章在部分电影机构中产生了反响。同年5月14日的《大公报·电影周刊》发表了华北公司编译部的《〈"肉感"与广告术〉的影响》一文,力言"此等广告绝非敝公司所属平安皇宫光明三院之所曾有。……其目的在提倡艺术,辅助教育……凡诲淫诲盗败坏社会之影片,必遭审查委员会之取缔",称赞何心冷和《大公报·电影周刊》敢发愤慨之言,"愧我同业之不自爱……《电影周刊》素为同业所式瞻,此论一出或可稍戢颓风"[1]。总之,何心冷高度关注电影与社会发展之间的关系,强调电影的艺术价值和社会责任并举,时至今日仍对影视行业的发展具有警醒意义。

---

[1] 华北公司编译部:《"肉感"与广告术的影响》,《大公报·电影周刊》1929年5月14日。

全能报人：杜协民*

杜协民(1902—1962)①，贵州大定府(今大方县)人，其弟为中国老一代优秀的石油地质学家杜博民，其夫人为著名收藏家傅增湘的侄女傅成谟。作为南开大学第一届商学院毕业生，杜协民师从著名经济学家何廉先生，具有扎实的经济学功底。大学毕业后，担任南开大学校友会常委。1926年，新记《大公报》创刊之初，他与王佩之、李子宽、金诚夫、何心冷并称"五虎大将"，成为新记《大公报》的元老之一。在编辑部期间，杜协民发挥专业优势，对经济建设和金融领域进行透彻分析，又十分重视编辑体育新闻，为《大公报》的经济和体育报道做出重要贡献。在经理部工作时，他将经营管理活动处理得井井有条，掌握报馆的经济运行方式。编、经两部的工作经历，把杜协民锻炼成为《大公报》报馆的全能型人才。

一

杜协民在南开大学读书时，就参与了学校校刊的编辑工作。1921年1月，南开大学举行第一次香山会议出版委员会，决议改《校风》为《南开周刊》，成立大学部、中学部两部师生合组的出版委员会，管理校刊事宜，由杜协民任编辑代表。太平洋会议中国失败后，津埠各界表示要开展运动，借以唤醒国人。为开展活动，南开大学大学部通过组织讨论会，先由主席宣告开会宗旨，后即有同学发表意见，有提议全体同学举行示威活动，有提议组织讨论会，讨论结果是大学部与中学部同学共同游行。由公众推杜协民诸君令议办法，并起草

---

* 本文撰稿人：方佳辰，中共天津市委党校马克思主义学院教师。
① 据《贵州省黄平民族中学校史》记载，杜协民在中学做教员时，年龄为50岁，工作时间为1952—1962年，备注"病逝"。据此推算，杜协民于1962年逝世。

章程。

在《南开周刊》担任编辑代表期间，杜协民相继发表一些文章。《学生自治问题》一文指出："学生自治是养成各个的至善至美的能力来改良学校"[1]，提倡学校应给予学生更多的权利。《中国史学之改造家》认为，梁启超是中国历史的改造家，呼吁读者"最好请参看梁先生所讲的《中国历史研究法》"[2]，以学会改造和发扬中国文化的光彩。还有一些文章和科学息息相关，如《学校应当有日晷》和《化学变化之理论》，对科学的解释和叙述也反映出杜协民严谨的学习态度。在《南开周刊》的编辑工作经历为杜协民之后进入大公报馆工作奠定业务基础。

二

1924年，杜协民经人介绍进入胡政之主持的国闻通信社北京分社，从事编辑工作。这一时期，东三省留日学生在天津总商会招待本埠新闻界及各团体代表，杜协民作为新闻界代表参加招待会。

1926年，新记《大公报》复刊，杜协民被胡政之从北京调来参加续刊筹备工作。《大公报》创刊初期，报馆规模小，资本少，编辑部只有张季鸾、何心冷和杜协民，三个人都在30岁左右，报社的练习生习惯地称呼他们为先生。张季鸾负责撰写社评及兼发要闻稿，何心冷负责副刊和本埠新闻，杜协民负责经济新闻。在筹备出版第1号时，由于报馆人手较少，他们只能"一会儿手忙脚乱的发稿子，一会儿跑到排字房里去"[3]，不断跑楼梯，一直忙到天亮，直到第1号正式出版。

在经济新闻编辑方面，杜协民发挥专业优势，撰写大量关于经济建设与金融方面的文章，将中国与世界其他国家作比较，阐明全新的见解以启发读者。《交易所之研究》是连载文章，从1927年2月8日至3月31日，共刊登19期，分别介绍了交易所的组织、功用，伦敦证券交易所和纽约证券交易所的交易流程等，指出"值此世界商业竞争剧烈之际，国货之发达与否，实为一国富力消长

---

[1] 杜协民：《学生自治问题》，《南开周刊》1921年第1期。
[2] 杜协民：《中国史学之改造家》，《南开周刊》1921年第26期。
[3] 何心冷：《开始工作的一晚》，《大公报》1931年5月22日。

所关。欧美各国之能称雄于世,即为其工商业发达之所致也,我国人其可忽诸"①。《建设与统计》比较了俄国、英国和美国的建设情况,提出统计对于建设的重要性。为了促进经济发展,劳工统计局可以"调查劳工之生活状态,编为工资指数,比较其收入能否维持其生活,而政府据之以促资本家之注意。工人生活既安,乃专心工作,而生产量乃能增加,国力之富,盖有由来矣"②。《产业合理化运动》分析了美国和德国两国的产业合理化运动,认为"欧美盛倡之产业合理化运动,能否适宜于今日之中国,此诚为一大可研究之问题"③。因为国民革命成功,促进今日中国的产业发展,但如何发展和发展程度却没有得到精确的统计和论证,需要向欧美国家学习。

1927年,天津协和贸易公司突然倒闭,其所欠债务牵动各大银行,造成天津金融的恐慌。杜协民撰文呼吁:"今若银行间只知各人自固,不谋共同解决之方,诚恐将来结果,金融恐慌,势必益形扩大,而银行业将益不能自保。故为今计,在银行公会应速起联合维持,不宜漠然坐视"④,他还针对银行公会之间的联合协作提出具体要求,如"银行界应于最短期内,用联合保证方法,救济紧迫之同业"⑤。同时,杜协民认为协和倒闭与外商在我国设立商业机关,以不平等条约为护符有紧密联系,外商对于组织若何,资本账目若何,营业范围地位如何,经理人之信用若何等从未过问,致使华人受到损失。因此,杜协民认为通过协和事件,"益觉中国商人应速团结,要求政府制定法律限制外商之必要也"⑥。杜协民精辟的观点使他成为经济领域的行家,中华教育文化基金董事会与社会调查部派专员到天津调查经济状况时,在南市华楼茶社招待津埠各报经济记者,杜协民代表《大公报》参加招待会,表示"愿尽力帮忙,并愿代为收集材料"⑦。

除了编辑经济新闻,杜协民还兼编体育新闻。近代以来,中国国势衰微,有识之士不断寻求民族自强的有效途径,体育运动就是《大公报》人的一种选择⑧。清末,西洋体育传入中国之初,《大公报》就大力倡导体育运动。"五四"

---

① 协民:《交易所之研究》,《大公报》1927年2月8日。
② 杜协民:《建设与统计》,《大公报》1928年7月2日。
③ 杜协民:《产业合理化运动》,《大公报》1928年7月16日。
④ 协民:《金融界应镇静》,《大公报》1927年7月14日。
⑤ 协民:《金融界应镇静》,《大公报》1927年7月14日。
⑥ 协民:《外商在中国之地位》,《大公报》1927年7月15日。
⑦ 《中华教育基金会调查津埠四种农产物状况》,《大公报》1927年5月18日。
⑧ 李秀云:《〈大公报〉专刊研究》,新华出版社2007年版,第101页。

运动以前,《大公报》一直是"兵式体操"的积极倡导者与坚决拥护者,但并未开辟体育专栏。为掌握体育活动的开展情况,杜协民邀请南开大学学生彭善承担任特约记者,在报上随时写一些关于学校的体育活动情况。1928年1月6日,《大公报》的《体育》专刊正式出版,实际主持者为杜协民①。《体育》专刊第1号指出:"我们这个体育周刊,注重是为给青年们和有子弟的家长们看的……中国青年比外国太差多了。外国——尤其是欧战以后——无一不极力提倡体育。男女青年们一半的生涯,都在户外运动上费去。无论什么气候,无论什么地点,都找出适当的运动游戏。登山入海,走马操舟,以及各种球类的游戏,和健身的体操,一个青年,至少有一两种运动的嗜好。课余业余,乐此不疲,这是欧美日本比中国好的第一个长处。"②可见,《体育》专刊主要针对的读者是中国青年,而青年又与国势息息相关。"一个国的强弱,大都和他的国民身体的强健与否成正比例。所以国家要想强盛,非有强健的国民不可。怎样才能使国民强健呢? 唯一的方法,便是提倡运动,普及体育常识。"③由此可以体现出杜协民在编辑《体育》专刊时,十分注重从学理上阐述科学运动的方法,鼓励青年参与体育活动,也反映出《大公报·体育》专刊深切认识到发展社会体育的重要意义:第一,强国保种的需要。第二,改良社会风俗的需要。《体育》专刊除阐述发展社会体育的重要意义,还对发展社会体育进行了理论思考与探索,如"设立公共体育场、改进学校体育、提倡儿童体育、倡导女子体育、普及体育科学常识"④。虽然《体育》专刊存在的时间不长,只有短暂的半年时间,但每期都有讲解体育知识的文章,不仅对网球、足球、篮球、武术、短跑、水上运动、自行车运动等的科学练习方法进行了细致讲解,而且对中外运动名家的经验进行了介绍。在杜协民的带领下,《大公报》人运用舆论呐喊与宣传,作出切合实际的努力,使全民体育运动观念深入人心。

在《大公报·体育》专刊倡导下,青年学生开始积极投入体育运动。1928年,华北篮球比赛在山西太原举行。复赛结果是北京师大篮球队和南开大学篮球队争夺冠军,这场比赛尤其引人关注。天津各大学、中学部派学生组织三

---

① 薛文婷:《中国近代体育新闻传播史论:1840—1949》,北京体育大学出版社2010年版,第133页。
② 《本刊的旨趣》,《大公报》1928年1月6日。
③ 可伦:《普及体育常识几个方法》,《大公报》1928年4月27日。
④ 李秀云:《〈大公报·体育〉专刊的社会体育观》,《体育文化导刊》2008年第5期,第114—116页。

队,分赴大公报馆、庸报馆、益世报馆守候消息。《大公报》记者徐铸成在得知南开大学篮球队获胜后,第一时间将球队获胜情况和比分以加急电方式发回报社,"直到午夜一时许,《大公报》才收到加急电,赶上了版面"①。杜协民不辞辛苦进行编辑,以确保《大公报》在第一时间出报。"留守大公报馆的学生等到第一批出版,买了五百份,骑车飞奔回校,把同学一个个叫醒,到大礼堂开庆祝会。而在其他两报馆守候的同学,最后都失望地回校了"②,这也使很多原本订阅《庸报》《益世报》的南开学生纷纷改订阅《大公报》。《大公报》从此在爱好体育的平津学生中,初步建立了声誉。

三

1929年底,杜协民由编辑部调往经理部任会计主任。会计主任是大公报馆中的重要岗位,掌握整个报馆内的经济机密,一般由可靠的骨干担任。大公报馆当时已形成一套不成文的规章制度,对一般职工,只要能尽职而又忠于职守,一般给以长期雇用的保证,特别是要闻版或驻外特派记者,每年择优升级或加薪。在报馆内从事管理的人员,都要从编辑部选调,可以沟通编辑部和经理部,相互支持,避免隔阂,起到应有作用,使编辑部随时了解业务情况和经济情况,并使编辑部的意图在经营中得到贯彻。总之,这体现出大公报馆层级分明的组织结构和人事制度。从编辑岗位调入会计科,杜协民"并不感到委屈"③,愉快地接任,从事经营管理工作,做事勤勤恳恳,兢兢业业。他经手的账目清清楚楚,很有条理④。又由于当时报馆人手少,杜协民需要"白天作会计,夜里发新闻"⑤。那时报馆还没有周休制度,他常与许君远、曹谷冰、周作恭打麻将,自由支配夜班人员八小时之外的时间。

杜协民做事认真负责,不仅表现在编辑和经营管理工作,还体现在十分重视《大公报》人之间的情谊。一方面,他保存了很多从东北寄来的邮件。这些邮件是"九一八"事变后日本侵略东北的情况下,特派记者陈纪滢深入战地采访而发回

---

① 徐铸成:《旧闻杂忆》,生活·读书·新知三联书店2009年版,第52页。
② 徐铸成:《报海旧闻》,上海人民出版社1981年版,第143—144页。
③ 徐铸成:《报人张季鸾先生传》,生活·读书·新知三联书店1986年版,第191页。
④ 《大公报》一百周年报庆丛书编委会:《我与〈大公报〉》,复旦大学出版社2002年版,第356页。
⑤ 季鸾:《一万号编辑余谈》,《大公报》1931年5月22日。

的宝贵材料。杜协民把这些材料锁在保险箱里不让任何人看。这让陈纪滢心中萦绕无限感激之情:"前辈报人深深了解一个年轻新闻工作人员的辛苦,点点心血都付予相当体谅与重视。"①这种妥善安排,足为后人借鉴。另一方面,他关心同事,助人为乐,比如帮助同事徐铸成谋求工作。1937 年 12 月 14 日,《大公报》上海版因抵制日本实施报纸检查而自行停刊,总经理胡政之宣布遣散人员名单,徐铸成也在其列。徐铸成初尝失业滋味时,杜协民已经担任重庆《国民公报》第一任总编辑。他得知徐铸成陷入困难之中,便及时写信邀请徐铸成担任《国民公报》驻沪记者,每月工资 40 元,"数虽戋戋,可以赖此延长数米度日之时间矣"②,解燃眉之急,不啻雪中送炭。另外,《大公报》副经理许萱伯病殁,远在重庆的杜协民深夜来电表示极度悲恸之情,"其平日对同事感情之厚,可以想见"③。

四

1936 年初,杜协民以《大公报》特派记者身份来到四川。同年,在张季鸾的推荐下,担任重庆《国民公报》第一任总编辑。杜协民认为,担任总编辑,是一个特殊的升格,更吸引他的是,去重庆工作,离家乡贵州近了,也是一个有利条件。由于《国民公报》系金融界集资所办,旨在"把报纸办成代表重庆金融界说话的喉舌"④,杜协民对经济和金融领域的编辑工作十分熟悉,非常契合办报"经济新闻纸"的要求。由于他来自《大公报》,《大公报》在抗日战争时期又迁到重庆,两报关系密切,这也直接决定了《国民公报》的许多新闻消息大多是由《大公报》转传而来,其对时局的看法、基调与《大公报》几近一律⑤,但同时又能恪守"经济新闻纸"的定位,没有完全成为"言论纸"。

《国民公报》创办初期,采访记者、特约记者、通讯员、校对员等都由总编辑杜协民领导。1936 年 11 月初,编辑部收到一份上海专电,大意是上海外滩又有一日人被打死。当时几近天明。按照新闻检查所规定,外埠加急电如在深夜 12 时才收到,可以先登,事后补检。杜协民主张持重,认为如果中央社没有

---

① 陈纪滢:《陈纪滢文存》,华龄出版社 2011 年版,第 21—22 页。
② 徐铸成:《徐铸成回忆录》(修订版),生活·读书·新知三联书店 2018 年版,第 69—70 页。
③ 《本报副经理许萱伯病殁》,《大公报》(港版)1938 年 10 月 1 日。
④ 四川省地方志编纂委员会:《四川省志·报业志》,四川人民出版社 1996 年版,第 24 页。
⑤ 杨钟岫、文世昌:《风雨传媒》,重庆出版社 2006 年版,第 21 页。

续电证实此事,不可以贸然刊载。而几个年轻编辑却认为如此重要的新闻绝不会出错,坚持要登载。几番争执之后,杜协民只好同意刊发。第二天得知误登消息,报馆接受停刊三天的处罚。虽然这是一段"小插曲",但足以表明杜协民小心谨慎的工作态度。

1937年5月29日至6月2日,杜协民还将家乡贵州灾荒情况发回《大公报》。因为财政部派黔灾查赈专员路过重庆,杜协民乘此机会作为《大公报》特派记者同行。通过走访当地村民,得知地方的绅商并没有组织资助,农民只好等候赈款的散放,杜协民通过舆论力量"希望中央和外省人士,能够对贵州灾荒加以更深切的注意"①。这不仅体现了一位报人的新闻职业操守,也表现出强烈的社会责任感。

五

1938年底,根据行政院的任免事项,杜协民到贵州任临时参议会秘书长,同时还是《国民公报》总编,继续代表国民公报馆参与各大新闻活动。

当时,吴鼎昌任贵州省政府主席,筹备成立贵州省临时参议会,从全省推举参议员及正、副议长,平刚被公推为议长。照常例,参议员之提案与质询,常处于省政府之对立面,若相互之间形成隔阂,不易推行政令。吴鼎昌考虑及此,遂介绍杜协民与平刚相联络。杜协民为人踏实,颇获平之信赖,议会与政府间之摩擦减少或冲淡,与此不无关系。

1941年3月16日,中国新闻学会在重庆上清寺广播大厦举行成立大会,共有会员116人,杜协民成为七大候补理事之一。6月,杜协民和曹谷冰等为明了晋南战役之实际战况,提出应由新闻界组织团体,前往观察,"俾对社会多多报道"②,请求发起组织晋南视察团。1942年的"九一"记者节,中国新闻学会在重庆广播大厦举行首届年会。9月4日,新闻学会举行第二届理监事就职礼,杜协民作为到职理事之一参会。

1944年,应当时国内省内形势,贵州省参议员谢六逸等人开始酝酿,决定

---

① 《黔行印象》(四),《大公报》(津版)1937年6月2日。
② 《渝报界拟组晋南视察团》,《大公报》(渝版)1941年6月5日。

创办一种既可以反映民意，又可收到互通情报、加强联系之效的刊物。这一建议得到与会议员赞同，并将刊物定名为《贵州民意月刊》，杜协民成为编委成员之一。同年，贵州省成立经济建设促进会，杜协民加入并成为理事之一。

1952—1962年，杜协民在贵州省黄平中学担任语文教师，直至病逝。

附 代表作赏析

产业合理化运动

（原载于《大公报》1928年7月16日）

　　国民革命成功，训政实施之期近，农矿部新颁之施政纲领，亦知注意于奖励产业发达与改善农村经济之重要。惟吾人所欲言者，今日中国产业，蕴藏丰富，富在何处，富有若干，恐无人敢举证一精详之答复，欧美盛倡之产业合理化运动，能否适宜于今日之中国，此诚为一大可研究之问题。言乎工业，尚未脱手工时期，言乎农业，无一年不闹饥荒，至于矿业，几尽入外人之手。国内大工业如纱厂外商占四十六，华商占七十二，而资本与生产量之比较，华商几受其排斥，救济棉业之呼声已久，成效何在？至于华商自办之矿，非遭军阀之蹂躏，即受资本缺乏经营不力之影响。故吾人今日所亟欲言者，是在初期之产业合理化运动。此种运动，固非政府提倡之力所及，是须赖于国内实业界之自觉。犹忆去年冬北方实业界有生产协会之组织，惜不久即成过眼云烟。又若此次上海所开之全国经济会议，提案虽有一百一十二件之多，然无一关于整个的具体的如何发展产业之提案，而关于产业之提案虽有一二件，其目的不过请政府维持保护，遑论发展耶？

　　兹将美德二国之产业合理化运动略述于后，藉资我实业界之参考。

　　（一）美国

　　自一千八百九十年制定禁止托辣斯法案后，一千九百十四年格兰多条例修正法出，于是由独占的制度一变而为企业之大合并。盖合力经营某种事业免去竞争之弊病，生产费之减少，生产量之增加，原料之用得其当，不至发生囤积过剩与不足之虞也。资本充足，生产量增，工资增高，劳动时间减少，工人得修（休）养余力以从事其工作，雇主获利，因亦丰厚，故劳资争议事件，不易发生。总而言之，美国对于生产目标在如何而使劳工工资提高，生产费用减少，

出产品增加,故其结果,工资增高,物价低廉。兹列工资与物价指数表如左:

	工资	物价
一九一三	一〇〇	一〇〇
一九二〇	一九九	二二六
一九二二	一九三	一四九
一九二四	二二八	一五〇
一九二六	二三八	一五〇

至若工厂管理法之改善,奖励专门人才之研究,统计调查之编制,更为吾人所足取法者也。

(二)德国

自战后国内经济破坏殆尽,益以马克膨胀之结果,协约各国之压迫,孰知年来经济恢复之迅速,震动世界耳目。其法亦即在如何使生产费小而生产量增加,设立委员会,研究计画全国生产业之消用原料及其生产费,务使规格统一,不生竞争之弊。至关于时间之研究,作业训练调查统计等,非短文所能尽述。一言以蔽之,德国经济之复兴,全国一致努力而善于利用科学方法故也。中国今日之实业界如纱厂业、矿业等能否提倡联合一致运动,尚待研究。惟吾人所欲言者,际兹外受于帝国主义者之压迫,内受军事未终之影响,兼有劳资争议之迭起,为今之计,第一步,政府应设立统计机关,着手调查,全国实业界应速联合一致从事研究改善之方法。至如何整理,如何计划,容当专篇论之。

【赏析】

1928年1月开始,以何廉为首的南开经济学人创办了《大公报·统计周报》,在国内外享有很高的声誉,产生广泛而深远的影响。作为何廉的学生,杜协民发挥专业所长,专攻统计研究,发表《产业合理化运动》一文,成为其经济论文的代表作,具有十分重要的意义。其一,文章不仅注重经济统计及成果的公布,而且呈现中国产业发展受到阻碍的成因,向读者提供经济运行的真实情况。其二,文章细致呈现美国与德国产业现状,并将其发展经验与中国国情和中国社会经济发展现状相结合,对于中国实业界存在的现实问题提出切实可行的对策,强调统计机关设立的重要性及全国实业界联合统一的必要性。其三,文章蕴含作者的深刻思考,理性分析中国实业界发展趋势,也充分显现出《大公报》公众服务的职能。

记录梨园盛事：徐凌霄*

徐凌霄，原名徐仁锦，字云甫，斋名凌霄汉阁，笔名彬彬、凌霄、凌霄汉阁、老宵、老汉、阁、宵、汉、烛尘、一尘等。原籍江苏宜兴，因祖父徐家杰应顺天府乡试而寄籍宛平。徐凌霄出生于1886年，其家族原是江苏宜兴的望族，自清朝中叶以后，族中数人在朝为官，其家乘《繁衍集》中描述"祖孙父子叔侄兄弟同登科""一时同堂五进士""父子三翰林""三代十科十二举人"，以此形容徐氏家族在科举中的成就。

一

徐凌霄的祖父徐家杰与洋务派领导人李鸿章为至交，思想上倾向于洋务派。其叔父徐致靖曾任山东学台，后任户部侍郎①，为维新派重要人物，曾举荐康、梁。可以看出，清末徐氏家族中的一些重要成员已经体现出了新派思想。这样的思想影响着徐凌霄，到了徐凌霄这一代开始接受较为新式的教育，徐与其弟两人就读于济南的山东高等学堂，国学、外语、现代科学知识并重，后经学部考试，取得举人出身②。

徐凌霄投身报业的契机源于一次意外之行。当时，徐凌霄就读于京师大学堂，学习土木工程，原本决心学习工程设计的他在一次考察长江桥梁工程时，亲身经历其间腐败，愤而向上海《民生报》投稿，疾呼应当培养能够应用西方引进技术的新式人才以此兴国，文章一发立即引起社会反响，随后上海、北平、天津的大报《时报》《申报》《大公报》相继向徐凌霄约稿，徐凌霄因此开始报业生涯。

---

* 本文撰稿人：李易扬，湖南师范大学新闻与传播学院2019级硕士研究生。
① 徐铸成：《报海旧闻》，上海人民出版社1981年版，第49页。
② 王学泰：《从徐致靖谈到〈古城返照记〉》，《博览群书》2003年第5期。

二

在新闻界,徐凌霄是知名记者,同时在梨园界,徐凌霄作为剧评人在当时也有着一定地位。徐凌霄自幼便表现出了对于戏剧的热爱,其父在山东地方任县令时,徐凌霄在当地看到了不少民间戏曲演出,有县衙内演出的喜庆戏,还有城乡各处绅董们筹组的各种酬神戏,包括梆子、二簧、昆腔、高腔等剧种,因父亲喜欢听高腔和梆子,所以县衙经常延请高腔、梆子戏班。后来在山东高等学堂读书时,在省城戏园子里徐凌霄不仅看到了山东本地京剧和梆子名伶的擅长剧目,还看到了来自北京、天津、上海等地的名角演出。后去北京求学,直至毕业,徐凌霄又领略了京师更多京剧名角和地方戏名角的风采。从民间到省城再到京师,徐凌霄观剧的阅历日益丰富,这给他的戏剧理论创作提供了厚实的感性材料和经验[1]。在1933年的《剧学月刊》中,徐凌霄曾发表《我与中国戏剧》,自称是"民间看戏的戏迷"。

1926年,张季鸾、吴鼎昌、胡政之续刊《大公报》。徐凌霄受聘编辑《戏剧》副刊。《戏剧》于1927年9月13日创刊,初为不定期刊,至1927年11月26日共出版6期。1928年1月4日正式出版《戏剧周刊》,至1930年12月31日加尾声号,其间共出151期。该刊着重讲解有关戏剧的知识和欣赏戏剧的常识[2],刊有旧剧剧本、编辑艺术、剧史、伶艺表演艺术等内容[3]。

徐凌霄主编《戏剧周刊》时,有时整版只登他一篇文章,有时一篇长文分期刊登,比如他写的有关《打渔杀家》的剧评,长达一万二千字,分三期刊登毕,给读者以深刻印象。他的文章署名多为"凌霄汉阁主",有时也用"彬彬"或是单字"阁""霄"。与当时剧界大多数的"剧评家"不同,徐凌霄并不吹捧名角,其文章主要在于剧情分析和对京剧规律的探讨[4]。1931年1月,徐凌霄又受聘担任文艺部主任,接编《小公园》副刊。5日,《大公报》在二版《本报特别启事》中说,本报现已聘请徐凌霄先生为文艺部主任,除继续负责《戏剧周刊》外,还要

---

[1] 赵海霞:《近代报刊剧评研究(1872—1919)》,齐鲁书社2017年版,第268页。
[2] 马艺:《天津新闻史》,天津人民出版社2015年版,第199页。
[3] 《中国戏曲志》编辑委员会编:《中国戏曲志·天津卷》,文化艺术出版社1990年版,第367页。
[4] 徐铸成:《报海旧闻》,第49页。

撰述一切有关学术研究及富于兴趣的文字,以及负责副刊《小公园》园丁任务,任务大大增加。当日第九版《小公园》栏上刊登何心冷的《且别读者,介绍新的园丁登台》,在介绍新园丁时说:"提起此人,大大的有名,就是以前的《戏剧周刊》的编者徐凌霄先生,他不但装满了一肚子戏的学问,就是世间一切,也无不用戏剧的眼光来观察解剖。这一点,我深信,《小公园》此后一定会增加出不少浓厚的趣味。"

徐凌霄在《大公报》的工作,给读者印象最深的还是《戏剧周刊》的编辑工作,尤其是他写的剧评。徐氏的剧评,自成系统,具有很高的学术水准,是研究戏剧史、戏剧理论史不可或缺的宝贵资料,对于研究戏剧原理、艺术规律也具有很高的借鉴价值。即就单篇而言,不乏精品。阅读这些作品可知,徐凌霄对于戏剧领域的专业知识掌握得极为扎实,其国文知识也十分充足,在文章中引经据典,以此充实文章内容。除此之外,文章思路清晰,蕴含思想,具有自己的观点,引发读者思考。

附　代表作赏析

丑 扮 孔 子

(原载于《大公报》1929 年 7 月 26 日)

关于孔子入剧之事,本刊第四十一二期曾有贺贺孔老夫子,希望有孔戏,及孔夫子的脸谱诸篇。良以孔子在昔日居最高神圣之地位,毁固不可,誉亦无从。今则降为较平凡的一个古代哲人,只要不成心作践,则为戏剧中添一甚有分量之人物,亦大佳事也。

近日山东曲阜有丑扮孔子之风波,双方各执一词,(见上星期三回本报)控者一方面曰,扮孔用丑,剧为《子见南子》,所唱桑中词,如《小寡妇上坟》。果如所言则扮相或如吴道子所画之小胡,或如斯密司所扮之四进士的刑名师爷模样矣。辩者一方面曰否,所扮孔子实系衣深衣,冠冕疏,貌极庄严,则又似甚正大光明之正生老生。又谓子见南子,系《奔流月刊》旧编之剧,南子见于《论语》,桑中载在《诗经》,或为门人所记,或为孔子不删,未足为罪云云。各执一词,吾人未经目睹,不知演时果是何种情形,编者演者果是何种用意,故于此剧不能加以具体之批评。惟孔子事迹甚多，何须独编子路不悦之《子见南子》一幕。葩经不乏乐而不淫之句，何乃独取桑中之篇，此亦颇须审虑者也。

至于孔子之扮相，若依真质实像，则孔顶若盂，故名丘，本象形以立名，又孔氏裔孙应鳌（明嘉靖陕督学）所跋吴道子画，据子思语谓孔子生而无须，元儒黄四如亦谓除宗庙小影外，偶塑多美髯长髭未审何据。则孔子之真貌固甚不雅观也。

然一切庙塑画像之美髯长髭，亦自有深意，盖为表现精神上的孔子，以起人敬重之观念，固不便照真容直写也。以此见中国戏之脸谱方法，实有不容一概看轻之理由云。

本刊前发表希望有孔戏一文，原以发扬孔子之真实的人格事迹为希望之标的。今思此事可以从缓。因孔子甫由极端之崇拜而入于较平凡的尊重纪念之时期，在孔子本身可谓已做了隐士式的偶像。社会对之似亦以暂为冷静为宜也。

【赏析】

"丑扮孔子"风波当时也称为"子见南子"风波。其导火索是1929年7月曲阜省立第二师范学校举办游艺会期间表演了《子见南子》一剧。该剧目受到孔氏传人孔传堉控告。孔传堉称在该剧目中"学生抹作孔子丑末脚色，女教员装成南子冶艳出神，其扮子路者具有绿林气概，而南子所唱歌词，则《诗经·鄘风·桑中篇》也，丑态百出，亵渎备至"[1]。

其实此事件早在1928年便埋下引子，当时，正值北伐成功，国民政府为统一思想文化提出"尊孔复古"，然而由于五四运动余波未止，"新文化"与"复古"之间的冲突在文坛仍有讨论。同年11月，林语堂在《奔流》月刊第1卷第6号发表了独幕话剧《子见南子》。在剧中，孔子脱离了圣人形象，被塑造成一个生动且幽默的角色，而南子在剧中也不再是刻板印象中的"坏人"。

时隔一年后，曲阜省立第二师范学校在游艺会上排演《子见南子》一事成为"丑扮孔子"风波的导火索，又一次引发了文坛对此的热烈讨论。鲁迅在《在中国现代的孔夫子》中写道："因为公演的地点，恰巧是孔夫子的故乡，在那地方，圣裔们繁殖得非常多，成着使释迦牟尼和苏格拉第都自愧弗如的特权阶级。然而，那也许又正是使那里的非圣裔的青年们，不禁特地要演《子见南子》

---

[1] 《丑扮孔子引起风波》，《大公报》1929年7月16日第5版。

的原因罢。"①

1929年7月26日，随着"丑扮孔子"风波不断发酵，《大公报》"大公戏剧"版发表徐凌霄所撰的剧评《丑扮孔子》。文章的开头便清晰明了地讲述了作者对此事的态度："良以孔子在昔日居最高神望之地位，毁固不可，誉亦无从。今则降为较平凡的一个古代哲人，只要不成心作践，则为戏剧中添一甚有分量之人物，亦大佳事也。"作者认为孔子的地位与以往相比已发生了改变，作为众多古代哲人中的其中之一，被写进戏文并无不妥。

文章的第二段回顾了这场风波聚焦的争议点。"控者一方面曰，扮孔用丑，剧为《子见南子》所唱桑中词，如《小寡妇上坟》。"孔子后人认为该剧丑化了孔子的形象，将这出《子见南子》与《小寡妇上坟》类比，《小寡妇上坟》是淮剧经典剧目，整出戏主要由小寡妇与推车人海周佬沿途发生的种种幽默诙谐的笑料组成，语言风趣，动作细腻，唱腔富有乡土风味②。这样的类比可见孔子后人对此事的不满。

对此，辩者提出了异议：一是该剧没有丑化孔子形象，"所扮孔子实系衣深衣，冠冕旒，貌极庄严，则又似甚正大光明之正生老生"；二是剧目并非生造，是有根据、有来源的，"系《奔流月刊》旧编之剧，南子见于《论语》，《桑中》载在《诗经》，或为门人所记，或为孔子不删"。作者则对这出孔戏选题提出质疑，认为在孔子的诸多事迹中有比《子见南子》更值得排演的事迹。

文章的第三段对控者关于孔子脸谱丑化的控诉作了回应。作者指出，吴道子所画孔子画像也并非全有根据，因孔子的嫡孙子思说孔子没有胡须，作者认为："然一切庙塑画像之美髯长髭，亦自有深意，盖为表现精神上的孔子，以起人敬重之观念，固不便照真容直写也。"戏剧中的孔子脸谱传达也不应受此"丑化"之诟病。

文章的最后一段，作者点明对于"丑扮孔子"风波的观点："因孔子甫由极端之崇拜而入于较平凡的尊重纪念之时期，在孔子本身可谓已做了隐士式的偶像。社会对之似亦以暂为冷静为宜也。"可以看出，作者的态度较为温和，在全文中并没有强烈地指责任何一方。在这场引起众文人争执的风波中，作为一位影响力较大的大报记者，作者并没有利用舆论为某一方说话，而是坚守了客观的信条，运用专业的戏剧知识，以事实为依据阐述了自己的观点。

---

① 《鲁迅选集》第四卷，人民文学出版社1983年版，第170页。
② 《中国戏曲志》编辑委员会编：《中国戏曲志·上海卷》，中国ISBN中心1996年版，第169页。

采访到"最后消息":汪松年*

汪松年,生卒年不详,1928年至抗战时供职于新记《大公报》①。1935年调任北平办事处主任,1936年南下担任《大公报》驻汉口特派员,1938年5月赴西安担任《大公报》驻西安特派员。

汪松年在进入报界之前是军人出身,他"在北伐时期还拿着枪杆,打到北京以后,脱下了号褂就拿起了笔杆"②。1924年,汪松年加入国闻通信社,在北京办事处任记者。国闻通信社是由后来新记《大公报》的三驾马车之一的胡政之于1921年9月创办的,总部设在上海。1926年新记公司成立后,国闻通信社和《国闻周报》便实际成为《大公报》的附属机构,所有人员由胡政之统一调动安排。汪松年也随之在许萱伯介绍下调入新记《大公报》,担任外勤记者兼摄影记者,也到外地采访,写旅行通讯。当时的《大公报》提出"事业前进,个人后退",发表文字时不署真名,只准以笔名代替,用正文同样的字体缀于文尾,仅供识别。汪松年署的笔名是木公。

汪松年首先报道了"九一八"事变。1931年9月19日,天津《大公报》要闻版左下角刊登一条"最后消息"③,在国内各报中最先报道"九一八"事变。日军进攻后即切断关内的一切交通线,别的报纸没有得到消息,这条"最后消息"成为汪松年采到的独家新闻。汪松年与北宁路局长高纪毅相熟,在18日白天得到消息,沈阳来电,日军调动频繁,景象异常,可能要出事。于是汪松年一直守

---

* 本文撰稿人:邓绍根,中国人民大学新闻学院教授;游丹怡,中国人民大学新闻学院2021级博士研究生。

① 汪松年离开《大公报》的时间,在王鹏《不应被忘记的汪松年》一文中为"一九四二年,汪松年脱离《大公报》,准备自己在西安创办一份报纸"[见《大公报》(港版)2012年6月9日];但是在汪松年的一篇回忆文章中,他写道:"我1928年参加《大公报》工作,至1940年退出。"见汪松年:《〈大公报〉在天津》,《文史资料存稿选编(全26卷)》第23卷,中国文史出版社2002年版,第1页。

② 汪松年:《我怎样做记者》,《浙江记者》1948年第1卷第5/6期,第14页。

③ "今晨四时消息,据交通方面得到报告,昨夜十一时许,有某国兵在沈阳演习夜战,城内炮声突起,居民颇不安,铁路之老叉道口,亦有某国兵甚多,因此夜半应行通过该处之平吉通车,当时为慎重起见,亦未能开行云。"

在路局，在凌晨1点钟，路局接到了电话说日军开火了。汪松年马上给《大公报》编辑部打电话，当时要闻版早已截稿拼版，但这条消息十分紧要，于是连忙抽掉一小段，补进一条"最后消息"①。

"九一八"事变后的第三天，《大公报》召开全体编辑会议。在会上，总编辑张季鸾宣布"明耻教战"的编辑方针。明耻，是整理明治维新以来日本逐步侵华的历史。张季鸾当场指定由汪松年来主持这项工作，由王芸生来协助收集有关资料。但汪松年领命后不久，感到年老体弱，才力不济，遂"推王君芸生主编之"。教战，则是请著名军事专家蒋百里在《大公报》上编《军事周刊》，向国人介绍军事常识。蒋百里当时在上海，而《大公报》在天津，这中间的种种串联、联络和协调，汪松年做了很多工作。从办《军事周刊》的大致思路到作者的确定，从篇目内容的取舍到稿件的审阅，从稿件的寄送到编辑、校对，都是汪松年在负责。

1932年8月，由陇海铁路局发起组织陕西省实业考察团，汪松年也在约请之列，是考察团南组成员。汪松年在从陕西发回《大公报》的通讯中，详细描叙了途中所见安康、石泉等地苛捐杂税、百业凋敝的情形，农民甚至弃地而逃。对大灾后的灾民，当局也要用押打的方式，逼迫灾民将领到的赈灾款充作田赋上缴。《大公报》将通讯发表后，陕西当局派李志刚带了万元支票来天津赠送给张季鸾。张季鸾向李志刚声明说，《大公报》正为陕西募集赈款，就把这笔钱捐上吧。李志刚大为难堪，但只得同意。李志刚离开后，张季鸾对汪松年说："我们又对陕西灾民做了一件好事情。为了不为已甚，你笔下留情吧，我也认为应该罚而不打。"因此原来预备出版的《陕西实业考察记》被搁置而没有出版。

汪松年还曾在半路上了蒋介石的专车。1933年，蒋介石北上处理张学良下野一事，《大公报》接到蒋介石将在邯郸暂住的消息，派汪松年前去采访。此前汪松年并未采访过蒋介石，因此张季鸾给他写了一封介绍信给蒋的亲信杨永泰。蒋介石乘专车从平汉路北上，汪松年即赶乘快车往南。在宝坻县，汪松年乘坐的火车停了下来②。他听说停在另一月台的是专车，就想到一定是蒋介

---

① 这段记录来自徐铸成的《报海旧闻》（生活·读书·新知三联书店2010年版，第197页）。汪松年在《〈大公报〉在天津》中，对此事的记叙是："九一八事变的当夜，张学良亲以电话告胡消息。开头就是：'政之，我的那一块洋钱丢啦！……'胡复刻明白了这则消息的含意，马上从床上把我叫醒，命我立刻乘赶得上的火车去沈阳采访。"

② 汪松年在1963年撰写的《〈大公报〉在天津》中记录了这件事，但在汪松年1948年登于《浙江记者》的《我怎样做记者》一文中，相关记叙为："社中得到蒋委员长已由汉口乘平汉路专车北上，将驻顺德府召集华北军政首长会议的消息……但是我乘坐的车刚刚到了定县，蒋公的专车就由前面开到……"

石的专车,立刻带着行李,拿着张季鸾的介绍信上了戒备森严的蒋介石专车。在见到杨永泰之前他还被审了一顿,箱子中疑有炸弹,凭着张季鸾的介绍信才过关。数日之后,张季鸾来保定与杨永泰见面后①,回来告知汪松年说,杨永泰评价他"你们那位汪先生真能干,我还不记得有新闻记者能在中途爬上蒋老总的专车!"

1935年,吴鼎昌"入阁",脱离《大公报》。他带走了《大公报》驻南京办事处主任金诚夫,这一空缺由曹谷冰从北平来接替,而曹谷冰的北平办事处主任一职则由汪松年接任。1936年元旦,平津新闻学会成立,汪松年亦是成员之一。同年,为设立《大公报》上海馆的事宜,驻汉口特派员徐铸成被派往上海,汪松年又南下接替徐铸成的职务。1938年5月,汪松年被派往西安,任《大公报》驻西安特派员。

在西安,汪松年脱离了《大公报》,成立正言文化出版公司,募资于1944年创办《正报》,这份报纸"成为西北唯一大报"②。汪松年自认为这与他在《大公报》十余年的工作有密切的关系。他在1943年9月中旬为取得办报的经验和联络四方,到过重庆的大公报馆,他自己形容为"出嫁的姑娘回娘家"。他回忆说:"在兴奋与伤感交织的情绪下,我下了飞机,不顾地方的生疏,就载欣载奔的摸索到了李子坝,投入了栖息十三年的老巢。……编辑部是我做新闻记者的摇篮,我在这里获得用之不竭的嫁妆,对它好像已嫁女儿恋恋于旧时闺阁一样,一直在那里坐到深夜两点,才勉强的去安憩。"③

附 代表作赏析

太行山隘七勇士

(原载于《大公报》[渝版]1939年10月24日)

自抗战军兴,书报所记,我同胞为国牺牲,杀身成仁,舍生取义,忠贞义烈,可歌可泣之事迹多矣。而忠勇不屈之行为,被敌人推为军人模范;慷慨殉职之

---

① 《〈大公报〉在天津》中记的是胡政之来保定,杨永泰请他起草《告东北将士书》。
② 见汪松年:《〈大公报〉在天津》,《文史资料存稿选编(全26卷)》第23卷,第5页。
③ 王鹏:《不应被忘记的汪松年》,《大公报》(港版)2012年6月9日。

义烈,被敌人誉为具有最高武德之完人者,尤无过于在太行山隘殉职之吾七勇士者。敬谨述之,用供同胞景仰。此种至高无上之武德之发扬,求之近代列国战史中,固少见也。我军之愈战愈强,七勇士之英灵,实式凭之矣。(木公谨志)

我军×部,前在太行山隘,布前进阵地,因两翼暴露太多,恐不利于攻守,决将主力引退山阳,以隘路予敌,收诱使深入,设伏夹击之效。决策既定,择军中健儿七人,付机枪一挺,并随身武器及充分弹药,使扼守隘路,负阻截敌军,掩护主力撤入新阵地之任。约束既颁,长官亲与责任艰巨之七勇士握别,告以主力之撤退及展开,需历十二小时,在此时间以内,敌如来犯,君等须尽最大力量,予以阻截,过时听君等撤回本队,在时间以内,任务过于生命,时间未到爱惜生命者,毋来见我。七勇士聆毕目送大军撤入谷口,详察机关枪掩体前面之扇形射界后测准有效射程,踞枪座待敌之来。二小时后,发见由一小队(等于我军一排)组成之敌人前卫尖兵队,向隘口进行。在步枪射程内,向隘口鸣枪叫战。七勇士置若罔闻,只以紧张精神待敌进入射界,敌见叫枪不应,认我军已扫数撤退,遂保持密集队形,径向隘路迈进,我七勇士见敌已以无备态度进抵射界以内,遂摇动机枪,发出最高度之薙射,半百敌兵,于数分钟内全被歼灭。我七勇士相顾满意,更装填已空之弹带,待敌人前卫本队之来。当此顷间,突发现一佩刀敌兵,借岩石掩蔽,蛇行谋逃,我某勇士瞄准射击,敌创后复起,竟被逃入死角,辗转遁去。事后由敌方发表中,知为即与我七勇士最后殉职之一人偕亡之某军曹。该军曹既生还本队,于半小时后,由两中队组成之敌前卫本队,遂用展开之队形,向隘口进攻。步兵炮向我所弃之阵地,逐段射击殆遍,土石飞扬中,敌进入我所弃阵地。四顾茫然不见我军应战痕迹,又始终不见有我军还击,敌酋遂又误信适与其尖兵队应战之我军,已向谷内撤退,遂令其部下缩短间隔,向隘路搜索前进。我七勇士见半密集之敌人,擎枪拽炮进入射界,遂以二人司机枪,五人用步枪,从各种角度向敌人猛射。敌人至此始发觉吾利用隘路设伏,仓皇认出目标,集中火力向吾还击,吾一分钟六百发之机关枪弹,在敌人未及辨识飞来方向之瞬间,已各自觅妥其归宿地,偕半数敌兵作永久休息矣。未死之敌兵,不识我方虚实,既入我射界,被我火网封闭,只有俯伏待毙之一法,其还击之枪弹因仰射不易求准,甚少效力。与我七勇士相持约二小时,此两小队约二百人之敌前卫本队,又被我英勇之七人,扫数歼灭。而敌之大队亦于此际开到,开始向吾四面环攻,以巨炮向隘路所能设伏之地点,作发掘式的猛击,历数小时之久。直至所欲射击之地段,尽被炮弹掘翻,达于虽深藏地下之生物亦不能存活之程度时,敌酋始挥兵试进,历若干时间,冲入其火炮造成之灭绝境界。而映入敌人眼帘者,皆其炮弹掘挖之漏斗孔,依然不见与其争夺隘路之敌人。最后始在一极隐密地点发现一简陋之机关枪巢,枪弹已尽,环枪有伏尸七具,中有数具带有受创后之应急包扎,示其曾数奋余勇,裹创再战也。敌大队长至此始悟歼彼数百部下者,即此含叹长眠之七人,不禁激发其崇拜英雄之观念。乃整队收兵,成列于七勇士之前,向部下颂扬七勇士之忠勇可风,具有军人最高无上之武德,足为世界军人之模范,望部下师法此种忠勇行为,牢记今日之教训,中国军人有此高贵牺牲精神,已不容轻视,武士道有爱敌的精神,我军今日过此,值得钦敬之敌人,应适用武士道精神,以军礼葬其遗体。话毕,令部下搜检七勇士遗物,移尸合葬于其生时共守之机关枪巢内。此际其前卫中仅获生存之某军曹既悲其同伍官兵之惨死,复被大队长颂扬七勇士之训话感动,乃首先出列,亟欲一瞻七勇士之风采。讵知我七勇士中,尚有一人一息未绝,于重伤倒地后,即暗握一手榴弹,谋作最后一击,某军曹检视死者姓名至彼,彼乃奋仅存之知觉将所握之弹向身旁敲发,完成一息尚存不忘杀敌之壮志。某军曹之尸遂伏于其所敬爱之敌人身旁偕归天上。惜其骨灰终被运回,不获长埋太行山岭,与我七勇士交欢地下也。我七勇士之最后一击,虽又夺去敌军同伍一人,而敌人之崇敬心理,反较前更进一层,数百敌兵各捆净土,以虔诚态度合筑一座大冢墓,墓成,由大队长亲书"支那七勇士之墓"之墓表,恭立墓前。最后领导全体官兵整队于墓前,行军人葬礼,静默致敬之时间,历时甚久,多有感极泣下者。此一大队敌人于所奉追击我军之任务,竟未达到,我七勇士之忠勇事迹,则由彼辈传布于大河以北及三岛各报,各级敌酋且每引为激励部下之资料,七勇士既未生还,吾军所知者,亦半得自敌方,惜姓名无考,尝有赖于战史作家之补记也。(双十节日草于西安 时自晨至暮敌机未离市空 计来八十余架也)

【赏析】

抗日战争期间,西安作为西北军事重镇和大后方重要基地,是日军飞机轰炸的重点目标之一。自1937年至1944年,日军对西安七年不断的空袭造成了巨大的伤亡和损失。1939年10月,日军对西安军工厂进行密集轰炸,至10月10日,即武昌起义纪念日、民国时期的"国庆节",八十余架日军飞机于西安市区上空整日盘旋,不曾离去。这篇通讯便是在这样的情形下写就。

通讯内容是七名战士为掩护主力部队撤退,完成阻截敌军的任务,顽强战斗到了生命的最后一刻。他们的英勇牺牲及大无畏精神,甚至让敌人也深为感佩,其事迹在敌军队中广为宣传。通讯在叙事上描写细致,层层铺垫,引人入胜。作为一篇抗战时期的通讯作品,它具有充沛的感情,以中国军队中七位无名战士的英勇事迹,来展示中国军人的顽强精神和抗日决心,十分鼓舞人心。这篇通讯被《复旦文摘》月刊选为1930年战地通讯佳作选的第一篇(共选十篇),抗战胜利后曾被商务印书馆出版的中学语文教科书选用。

《大公报》第一位女外勤记者：蒋逸霄*

蒋逸霄，生卒年不详，江苏无锡人，《大公报》著名的女记者，一生致力于女性解放的宣传，专注于对职业女性的生存和工作现状的调查和采访。在系列报道《津市职业的妇女生活》中，她对55位职业不同的女性进行了采访，披露了职业女性在工作和生活中的种种困难，让人们逐渐认识到职业女性在生活中的弱势地位。蒋逸霄之所以重视女性问题，与她的亲身经历有着紧密的联系。

一、从小山村走出的女记者

蒋逸霄出生在无锡县一个名叫陈塾的小山村里，祖上虽是镇上的大户，但是由于她的父亲不善经营，生意败落，到她十几岁的时候，家庭已经衰落得很凄惨了。蒋逸霄的父亲是一个守旧的知识分子，信奉"女子无才便是德"的固有观念，所以他并不支持蒋逸霄求学读书。值得庆幸的是，作为唯一的女儿，她的母亲非常宠爱她，在她九岁那年就送她去家中的私塾读书，虽然是出于"能识几个字，记一笔日用帐，看懂一封信，免得将来受人欺辱蒙蔽而已"的目的，但也让蒋逸霄获得了良好的基础教育。

在私塾中，蒋逸霄所读的书籍也是"四书五经"、《女孝经》等传统书籍。这时的蒋逸霄对传统的男尊女卑观念已经有了初步的质疑意识，在读到《列女传》时，她曾说，"对于《列女传》里所记述的一般割鼻削发的贞女烈妇，总觉得有些矫揉造作，不很自然，但也钦佩有义勇之气"。此外，她不喜欢班昭的《女诫》，她认为"把女子束缚得简直一点自由也没有"。这时她虽然萌生了一些对

---

* 本文撰稿人：杨俊明，湖南师范大学新闻与传播学院2019级硕士研究生。

女性不平等的反对意识,但是由于年龄和学识的限制,并没有想到如何去改变这种不平等现象。

十一岁时,蒋逸霄的母亲认为她该学习点针线活,准备为人妻母,于是不再送她去私塾学习。但是在私塾的学习,让蒋逸霄对读书有了很大的兴趣,所以常常背着母亲躲在房间里看书,"什么《三国》《岳传》《万年青》《白蛇传》《红楼梦》以及《西厢记》,等等,不管看得懂看不懂,都看的津津有味"。她的母亲看她懒于针线,怕她一无所长,以后没人敢娶,便抱着"你读书自己挣钱,免得乡间的邻居们都要说笑我生了这样一个什么也不会做的女儿"①的心思,在蒋逸霄十二岁那年,送她去无锡县城里的济阳女子高等学校继续读书。对于上学,蒋逸霄自然非常高兴,但是她的父亲和兄嫂却很不高兴,因为她的家庭此刻已经没落,上学的费用,对他们而言是一笔很大的开支。所幸,第二年夏天,蒋逸霄就考上了无锡县县立第二女子师范学校,所需的上学费用都出自官费,她的父兄才无话可说。

1919年,蒋逸霄从师范学校毕业,但是她认为自己"学无所长,将来绝不能在社会上成名立业,所以立定志向要继续升学"。正好中国第一所国立女子大学——北京女子高等师范学校开始招生,蒋逸霄想要把握住这个机会,但却需要一大笔费用,"要向家庭请求供给是绝对的没有希望",于是便瞒着家里人,"向一个知己朋友借了一百块,偷偷地到上海去投考,又偷偷地跟着三个同学到了北平"。所幸,她成功考入北京女子高等师范学校的数理系,等到她的家人得知,她已在千里之外的北平,"虽然舍不得女儿,母亲依然为她筹划费用,按时邮寄"②。在北京女子高等师范学校就读一年之后,因为学校拖欠教师工资,导致罢课,学校停课,于是蒋逸霄又转学到南开大学学习化学。

蒋逸霄和当时很多年轻人一样,想要为这个贫弱的国家而奋斗。她在大学期间选择学习理科是出于自己的认识。她说:"对于文科学习,研究些空虚的理论,写几篇无俾实用的文字,很看不起,觉得那样救不了中国的贫弱。学了化学呢?我要发明多少日用品,开办工厂自己制造,不但自己能获利,而且还可以抵制舶来货,为国家挽回不少外溢的金钱。"蒋逸霄受到了新文化运动中"科学报国"思想的影响,想为社会做一些比较务实的贡献。虽然她专修理

---

① 蒋逸霄:《本报记者的自叙记(一)》,《大公报》1930年11月10日。
② 蒋逸霄:《本报记者的自叙记(二)》,《大公报》1930年11月11日。

科,但对文学非常热爱,她认为"无论是谁,都应在文学、音乐、美术三科中,至少对于一科发生很浓厚的兴味,才可以调和精神上的枯寂,不然,整天在那现实的人生道路上度生活,未免太枯燥"①。值得一提的是,蒋逸霄凭借其文笔的出众,在南开大学期间就在《南开周刊》发稿,并且编导了《和平之神》独幕剧,成为南开大学有名的才女。

从南开大学毕业之后,蒋逸霄并没有找到与专业相关的工作,致使她"科学报国"的梦想也因此破碎。无奈之下,她只得在河北省立水产专科学校和弘德中学任教,但她并不满足于"埋头于粉笔黑板之间"的教学工作。蒋逸霄在事业上不满,只能寄托于文字,在任教期间她曾为《国闻周报》《艺林》等报刊撰稿,主要发表一些文艺作品,包括新诗和散文。随着这些作品的发表,蒋逸霄也逐渐为天津文艺界所熟知,这也为她日后在《大公报》任职打下了基础。

20世纪二三十年代,中国社会风气逐步开化,特别是"五四"运动之后,妇女解放的呼声日益高涨,在这样的背景下,新记《大公报》创办《家庭与妇女》《儿童》等关心妇女儿童的专业性副刊,并聘请女性知识分子加入报社。

1928年,蒋逸霄辞去教学工作,选择了记者这个行业,正式成为《大公报》外勤记者。在当时,女性新闻工作者由于种种原因大多只能从事内勤和编辑工作,女外勤记者少之又少,蒋逸霄凭借着对新闻事业的热爱、好奇的天性和不怕吃苦的性格,成为《大公报》历史上第一位女外勤记者。

1930年,蒋逸霄把注意力放到职业女性这个特殊的群体,采访考察了天津各行各业的55名职业女性,发表了《津市职业的妇女生活》系列报道,在社会上产生了极大的反响,蒋逸霄这个名字也逐渐为人们所熟知。1936年,蒋逸霄到了上海,成为沪版《大公报》的外勤记者,并对上海各阶层的职业女性进行采访,发表了《上海职业妇女访问记》系列报道。

二、职业女性的代言人

"五四"新文化运动前后,妇女解放成为人们争相讨论的热门话题。在男尊女卑思想根深蒂固的中国社会,女性如何求得解放呢?蒋逸霄说道:"所以

---

① 蒋逸霄:《本报记者的自叙记(三)》,《大公报》1930年11月13日。

女子欲谋解放,非先谋经济独立不可。在主张第三阶级论者说起来,女子欲谋经济独立,须在财政上、教育上、职业上,求得平等。"①蒋逸霄认为女性的经济独立及职业独立是女性实现自身解放的重要因素,所以她将关注的焦点聚集在职业女性的生活和工作现状上,并对天津55名处于不同职业的女性进行采访报道,撰写了《津市职业的妇女生活》系列报道,引起社会各界人士对职业女性的关注。

蒋逸霄关注职业女性背后的故事。20世纪二三十年代,在"男主外,女主内"封建思想的影响下,职业女性仍是小众人群,女性外出工作的背后往往有很多的难言之隐,蒋逸霄因此也更加倾向于叙述职业女性背后的故事,考察这些女性选择外出工作的原因。在《津市职业的妇女生活》系列报道中,除了少数女性主动选择工作外,大多都是为生活所迫,不得不靠自己谋生,如在《两重压迫下的佣妇》一文中,蒋逸霄采访了一个境遇悲惨的佣妇,她年幼时便父母双亡,过着"有了朝饭没有晚饭,几天不得一饱"的生活。嫁为人妻之后,本以为能够过上幸福生活,却不承想她的丈夫却"工作寻不到,他一天到晚坐在家里,只有向着我使气。说话声音稍有高低,便把我打得头破血淋"②,过着"欲死不得,求生无路"的生活。最后她的丈夫更是逼迫她当窑姐,她只能携女出逃,在天津妇女协会的帮助下勉强度日。

《一个被迫独立的苦妇女》的主人公马氏,因丈夫有外遇,被丈夫和婆婆算计:"后来我知道,这是他做的圈套,他已经把我卖给同舱的一个男子"③,因此逃离原家庭,不得不寻求妇女救济会的帮助。而《奶娘之痛》的主角王奶妈因为嫁给了一个好赌好吃,"不会种田,只好在家安居坐食"的丈夫,"家境实在困难到了极点",只得将自己刚满月的女儿放在家里,自己出去当奶娘,补贴家用。即使王奶妈这么努力工作,她的丈夫仍不知悔改,"四年之中,积了一百多块,赎了两亩田,一亩多园地,但也终于被那没出息的丈夫卖掉了,弄个精光"④。在蒋逸霄笔下,境遇悲惨、被迫外出谋生的女性还有很多,比如因丈夫早逝,只能工作养女的董妈;受骗被逼为暗娼的鼓妓;丈夫去世,独自一人供孩子上学的清洁工等。对这些职业女性外出工作的背景进行描写,一方面故事

---

① 蒋逸霄:《津市职业的妇女生活·绪言》,《大公报》1930年2月8日。
② 蒋逸霄:《津市职业的妇女生活·两重压迫下的佣妇》,《大公报》1930年2月12日。
③ 蒋逸霄:《津市职业的妇女生活·一个被迫独立的苦妇女》,《大公报》1930年4月17日。
④ 蒋逸霄:《津市职业的妇女生活·奶娘之痛》,《大公报》1930年2月15日。

性的叙述吸引了读者的眼球,增强阅读的有趣性;另一方面也使得职业女性这一角色的形象更加立体,悲惨的生活经历也让读者认识到女性在社会中所处的弱势地位,对女性问题有了更多的关注,进一步推动了妇女解放运动的发展。

此外,职业女性的工作情况也是蒋逸霄关注的重点。蒋逸霄笔下的职业女性按照教育情况可以分为知识女性和非知识女性,受教育情况的不同也决定了这些女性的工作情况。知识女性大多在工作上有更多的主动性,她们的工作也大多是教师、政府机构或者一些企业的文员等,这些知识女性的工作相对来说较为轻松,也较稳定,生活较为富足。如《社会局的女职员》一文中的鲁露西女士,每天的工作仅是批阅一些报纸,每月便能领取 30—40 元的工资;《教育局的女职员》中的女文员,每天处理一些文件,工资高达每月 100 元。这些知识女性,通过自身的学识获得了独立,也让人们更加重视女子教育。而非职业女性更多是被迫外出工作,她们大多从事佣人、小贩、奶妈、售货员、艺妓等工作,相较于知识女性,她们的工作不稳定,工资低,有的甚至没有工资,工作环境也较为恶劣。如《双重压迫下的佣妇》中救济院的佣工,每日在厨房帮厨却没有任何工资,仅仅管食宿而已;《搓搓洗洗,她终日为人忙》中的女洗衣工,一天仅仅有三毛钱;而工作在"这里空气又不好,一到晚上,市场里的游人聚多,空气污浊,几乎使人气都透不出"①的女销售员,每月只能领取十几块钱的工资。即便如此,这些备受压迫的女性也为能够在男性主导的社会中靠自身的努力赚取金钱,或补贴家用,或脱离悲惨的家庭而倍感欣慰。

三、蒋逸霄新闻报道的特点

蒋逸霄一直强调客观报道的理念,在对采访对象进行报道的时候,往往事无巨细地把采访的过程呈现出来。在对职业女性进行报道的时候,她会先将与采访者的认识过程,采访地点,采访者的外在形象比如衣着、长相等描写出来,还会给受访者照相,给读者树立一个立体、生动的受访者形象。而对于报道的重要内容即对受访者的采访,则是以对话录或第一人称自叙的方式呈现出来,力争将受访者的成长经历、文化背景、家庭情况、工作情况、婚姻状况等

---

① 蒋逸霄:《津市职业的妇女生活·女子商店的店员》,《大公报》1930 年 3 月 13 日。

详尽地报道出来。诚然,这种近乎"有闻必录"的报道形式,可能使得报道内容显得有些琐碎,但也让报道内容显得更具真实性,增加文章的可信度。

蒋逸霄认为,在报道的时候不应该进行主观的评论,"把她的生活状况,就我个人见闻所得抱着客观的态度很忠实地写下来,至于从事这种职业的女子的本身有无不合之处,或顾客本身对于那般女子有无不正当的地方,我不必加以主观的批评"①。

但是,在实际的报道中,蒋逸霄对那些境遇悲惨的受访者仍自然地报以同情心,替这些拥有悲惨境遇的女性发声。如《由皮鞭下磨练来的两位卖解女郎》文章的最后,对主人公的遭遇说道"她们所献的身手,在旁观者看来,或者以为十分简单!然而这轻易的身手,却练习在万千皮鞭的殴击下。我看着那两杯贮满的清水,我几如看到了她们在哀哭呼号之中所流的苦泪"②。看到仅仅十四岁的游乐园卖货女孩,就学会利用自己的女性身份来赚取异性的好感,更是忍不住评论道:"好在她年纪还小,绝不能把'性的诱惑''吸引顾客'这种种罪恶加在她身上。她受着环境的驱使,和传统思想的支配,当然不能不遭人这样侮弄。她又何尝敢抵抗,而且她也决没有想到这应当加以抵抗"③。蒋逸霄身为女性,在工作中看到诸如此类的女性的遭遇,不免会有同情之心,并想要为这些女性发声,这也使得文章内容更加生动真实。

蒋逸霄讲求调查报道的科学性。《津市职业的妇女生活》作为调查性报道,样本选取是否全面、合理,对其可信度有很大的影响,蒋逸霄在采访报道中考虑到了这点。首先是样本选取的随机性,蒋逸霄在选取《津市职业的妇女生活》的调查对象的时候,具有较大的随意性,有楼上的邻居,或者经人介绍的,甚至在路上遇到的,这就增加了样本的可信性。其次,《津市职业的妇女生活》中的55名职业女性,她们的工作多样,有文职人员、教师、医生等靠自身学识工作的知识女性;也有商场卖货的女销售员、专门替人接生的接生婆、替人洗衣的洗衣工等靠体力工作的女性。这些职业女性的工作涵盖了服务业、金融业、手工业等多个领域,考察了不同行业中职业女性的生存现状。最后,蒋逸霄对女性进行采访的时候,还注重考察不同阶层的职业女性的工作情况。在她的采访对象中,

---

① 蒋逸霄:《津市职业的妇女生活·游戏场的女职员》,《大公报》1930年4月21日。
② 蒋逸霄:《津市职业的妇女生活·由皮鞭下磨练来的两位卖解女郎》,《大公报》1930年6月16日。
③ 蒋逸霄:《津市职业的妇女生活·游戏场的女职员》,《大公报》1930年4月21日。

既有在大学工作的女硕士、在医院工作的女医生、具有艺术造诣的女雕塑家等高级知识分子，也有靠卖艺为生的鼓妓、在厂做劳工的女工人、靠缝补为生的女裁缝等底层女性。对不同阶层的职业女性的描写，可以看出不同阶层女性的解放程度，也让读者对社会中存在的女性问题有更为深刻的认识。

作为生活在那个年代的女性，蒋逸霄无疑是幸运的，她的父亲虽然对她的求学并不支持，但是由于她母亲的宠爱以及不断开放的外在环境，这个"爱读书"的女生走上了一条不同于传统女性的发展道路，并且成为一名成功的职业女性。同时，蒋逸霄的成功与《大公报》的发展紧密地联系在一起。《大公报》不仅办女性刊物，极力宣传妇女解放，而且招收大量女性职员，支持女性独立。蒋逸霄在这样的背景下进入《大公报》工作，并且不怕困难，每日奔跑在工厂、十字街头进行调查采访，撰写了大量关于女性的报道，为处于弱势群体的职业女性发声。她所写的关于女性，尤其是职业女性的报道，不仅推动了妇女解放运动的发展，而且对研究妇女解放运动的历史具有重要价值。

附　代表作赏析

津市职业的妇女生活——领导孩子的女教师

（原载于《大公报》1930年3月11日）

今天我到日租界竞存小学校去调查了小学教员的生活。去的时候，已在下午四时，各教员都已回家，只有一位陈余馨女士在那儿。陈女士是那里管理员兼教员。她是江苏靖江人，民国元年，毕业于北洋女子师范，后来历任保定第一女校教员，山西太原女师支校监学，吉林宝州女师教员，锦州朱庆澜氏私立女子师范讲习科教员，以及江苏海门尚平女校教员等职。民国十一年就竞存女校教职，迄今已有八载。

"默计陈先生就学之时，尚在二十年前，当时风气未开，女学尚少，想出外求学，未免历几许困难。"我这样向她说。

"可不是，我的家严在我十几岁时去世，家母无论如何，不允许我出外读书，到了十八九岁时候，我自己坚决地非到外面读书不可，先在无锡振英女塾读了半年，又在苏州大同女学读了一年，后来考上了北洋女师，我便只身携装北上。我的家境,本非十分富裕,所以在求学时很感困难,幸而那时的北洋女子师范,除了学膳杂各费不收以外,每月还有几块钱的津贴,因此可以专心问学。"

"这里共有几位同事?每人每星期所任钟点有多少?月薪最高的有多少?最低的有多少?"

"这里连校长陆汉昭先生一共有十二位教职员,每人每星期所任钟点不同,最多的不过二十二小时,最少的有五六时。最高的薪金是四十二元,最低的薪金是八元。平均每上课一小时给薪金五角,若是住处离校较远的,再酌加若干。私立学校的经费比较的困难,所以报酬也比较的少一点。这里共有一百八十多个学生,每年可收学费四千元左右,省教学厅每月津贴一百元,合计每月进款有四百多元,而房租便要去掉一百元,还要除去杂支零用,只剩二百多块钱作为十二位教职员的生活费用。"

"陈先生的月薪有多少?每月是否够用?每日生活状况怎样?"

"我在这里任职已有八年,以前专担任教员,教些算学手工图书之类,月薪有廿五元。到去年,因为陆校长操劳过度,身体常常有病,于是叫我担任管理之责,帮助他分去一部分职务,又加了五元月薪。饭食由学校供给,但现在的生活程度太高,做一件布衣裳就得四五元,有时还要买点衣料或别的物件寄给母亲,聊表儿女之心。所以每月简直剩不下钱来。"

"至于我每天的生活是这样:早上六点钟起身,梳洗后,便到各教室去巡视一下,看看下人收拾干净没有。到下课的时候,在院子里监视学生。他们对于我的感情非常好,一下课,大大小小都围在我的四周,要我同他们做各种游戏,我便领着他们一块儿唱歌,跳绳,有时候还做捉迷藏。儿童的天真活泼的生性,以及他们的真挚无伪的感情,真可以使人感到一种莫大的愉快及安慰。课后,把每天的账目结算一下,晚上批览一些杂志报章,或诗词小说,到九点多钟就睡。我很喜欢图书,因为图书最能消遣寂寞的岁月,调和枯燥的生活。一天天这样度着生活,虽很忙碌,然精神十分愉快,所以我现已四十一岁,而从未感觉到未嫁的苦闷,而需要家庭的安慰。"

"陈先生原来是独身者,所以抱这种思想是基于何种原因?"

"并没有什么原因,我自小便以为女子一进家庭,非常苦恼,一切为人家牺牲,不论抱着怎样伟大的志愿,只好消磨在家务琐屑之中,我既在艰难困苦中奋斗出来,誓当为社会服务,所以不愿埋身在家庭里面。而且,我以为一个人的安慰,随处可以觅得,不一定要得之于家庭之间。我的母亲虽数次对于此事加以劝告,但到了现在,她也无法可想。"

十九年三月十日

【赏析】

这是一篇独具特色的人物专访,真实地报道了一位关爱学生、追求自由独立、富有个性的女教师——陈余馨的事迹。全文只有1 300余字,但内容丰富,为人物专访的写作提供了很好的范本。其主要特色体现在三个方面。

一是记者的采访目的和人物背景介绍言简意赅。记者本来是要到日租界竞存小学去调查了解当时小学教员的生活状况,但"去的时候,已在下午四时,各教员都已回家,只有一位陈余馨女士在那儿"①。于是,记者当即改变主意,由采访小学教员集体变成采访陈余馨老师个人,充分体现了记者采访不能空手而归的专业素养。接着便顺理成章地用极为精练的文字介绍了采访对象的籍贯、学历和八年的职业生涯,不仅为接下来的采访内容奠定了基础,而且为读者理解陈余馨老师的人生追求与个性特征提供了条件。

二是记者在采访中注重提问的技巧。蒋逸霄在这次临时采访中共提了四个问题,每一个问题都反映了记者的良苦用心。第一个问题是为了了解陈老师作为女性在年轻时求学的艰辛。第二个问题是为了了解陈老师所在学校的教师工作和待遇情况。第三个问题切入陈老师个人的收入和生活状况。第四个问题顺延第三个问题,进一步了解陈老师41岁了还单身的思想基础。这四个问题,既有关于当时小学教师整体生活状态的,又有关于陈女士个人经历和生活的,每一个话题都能引起读者浓厚的兴趣。

三是专访的主体内容由被访者的陈述构成,增强了新闻的真实性与可信度。全篇除了第一段陈述性文字外,其他各段都采用一问一答的形式。主要的篇幅都是陈余馨老师的回忆与介绍,而且都加了引号,原话照录,给读者十分亲切和真实的感受。不仅如此,记者的四个提问与被访者的回答,表面看来是一个个具体的对话,但合起来看是一个有机的整体:既反映了当时中国小学教师的整体生存状态,又反映了像陈余馨老师这样,不愿做一个家庭妇女、勇敢追求个性发展的知识女性在当时的历史条件下人生的曲折与艰难。总体上看,这篇专访文笔朴实,言简义丰,不愧为人物专访中的精品佳作。

---

① 蒋逸霄:《津市职业的妇女生活·领导孩子的女教师》,《大公报》1930年3月11日。

与新记共始终：曹世瑛*

曹世瑛(1911—2010)，回族，天津人，《大公报》资深编辑、记者。较之《大公报》诸多出类拔萃的"名记"，他或许没有十分突出的成就，但他的新闻从业经历却几乎与新记《大公报》共始终，且延至其后十年(1928—1959)；他加入《大公报》的时间比后来的总编辑王芸生和元老级的徐铸成还早一年；新记《大公报》先后在六地出版发行，他参加过五地工作；从编译电文起步，他主持过副刊、专刊，也编辑过各类新闻版面，做过外勤采访记者，也负责过部门工作，"从练习生到外勤课主任"，就是他给自己在《大公报》成长历程的"定位"①。在新记《大公报》同人中，如曹世瑛这般丰富经历者，可谓凤毛麟角。

曹世瑛出身于书香门第，其父曹鸿年是天津近代民族教育家、书画家。受家传影响，他自幼即涉猎古文诗词，接受书画启蒙。1928年暑期毕业于河北省立第一中学(今天津铃铛阁中学，当时是四年制完中)，经考试录取为天津《大公报》练习生，与之同时入职者，包括《大公报》最早的中共党员吴砚农(1949年后曾任中共天津市委秘书长、河北省委书记、国家计委副主任)和他的同班同学、后来的《大公报》副总编辑孔昭恺。当时，曹世瑛年仅17岁，从此步入新闻界，除被短期遣散外，在《大公报》工作了31年。

曹世瑛入职《大公报》，正逢新记接手续办两周年，报馆已经走出亏损，开始盈利，有了招兵买马的需要与条件。次年更有了新的发展，王芸生、徐铸成、赵恩源等学历更高或有采编经验者的加入，使新记《大公报》进入了"中兴"时期。

练习生的工作就是翻译电码，这奠定了曹世瑛的外文功底；随后学着采写社会新闻，成稿后请老编辑指点修改，同时学习编辑业务。曹世瑛自认何心冷

---

* 本文撰稿人：张刃，《工人日报》原副总编辑。
① 周雨编：《大公报人忆旧》，中国文史出版社1991年版，第123页。

是自己的启蒙老师。1930年,在胡政之的支持下,他又带职考入南开高中半工半读,以充实和提高自己。1931年发生"九一八"事变,曹世瑛积极投入抗日爱国运动,并被选为南开学校学生自治会执行委员,负责宣传工作,结果被校方通知退学,回到《大公报》。胡政之没有因此责备他,反指校方此举"不是办教育的态度"①(曹世瑛晚年著文批评张伯苓的办学思想,亦与此不无关联)。1933年,经吴砚农介绍,曹世瑛加入了左翼作家联盟,并将"左联"成员的作品在他主编的《大公报》副刊《小公园》上发表,向社会宣传青年人爱国抗日要求和进步思想。

除了副刊,曹世瑛还兼跑体育和本市新闻,并曾一度驻北平国闻社工作。这期间,他认为最值得回忆的是编辑《本市附刊》。这是一个专为招揽天津广告而设,只在天津发行的副刊。其特点是除了广告,还需要刊登一些可读性文章,如有关电影、戏剧、音乐的消息和评论,以及书刊、木刻介绍等,涉及面广,灵活性强。因此,他和吴砚农商议,设法使之发挥更多积极作用,抵制落后的意识形态②。他们拟定的征稿启事,要求稿件内容广泛,目的就是征集有进步意义的作品。

1937年七七事变后,日军占领天津,《大公报》义不受辱,拒绝日寇当局检查,于8月5日宣布停刊。曹世瑛奉命南下上海,参加沪版《大公报》工作。随后淞沪抗战失利,上海《大公报》也于12月14日停刊,绝大部分员工给资遣散。曹世瑛于1938年初到重庆《国民公报》工作。8个月后,香港《大公报》创刊,胡政之电召曹世瑛赴港工作,负责编辑香港《大公报》的日刊国际版和晚刊本港新闻版。

1940年春,日寇南进迹象日益明显,《大公报》未雨绸缪,为港版准备退路,筹备创办桂林版。因报馆需要懂军事的记者,胡政之征得曹世瑛同意,于1941年5月派遣他到桂林,作为中央军校六分校的学员接受军事训练,"穿了两年草鞋,滚了一身虱子"③(曹世瑛语),又在军中工作了一段时间,1944年6月奉调重庆《大公报》。由于种种原因,曹世瑛名为战地记者,实际上没有能够上前线采访,而是做了渝版夜班编辑。

1945年8月15日日本投降,《大公报》积极准备复员。9月中旬,曹世瑛乘

---

① 与张高峰私人通信。
② 周雨编:《大公报人忆旧》,第134页。
③ 与张高峰私人通信。

国民政府安排、战后沿长江东下的复员第一班船"民联轮",经南京转道北平,于28日回到阔别八年的天津。此时,不仅国民党政府接收大员尚未到任,《大公报》津馆负责人孔昭恺、徐盈也在途中。后方各报抵津者,除一位中央社记者外,只有曹世瑛。他说,"这正是我应该发挥作用的时候",因而立即投入采访活动①。10月1日即向重庆发回第一条新闻专电《美军三千续入天津,日军即解除武装》,6日和9日又先后参加了天津、北平两地日军投降仪式的采访报道。

1945年12月1日,天津《大公报》复刊,曹世瑛任外勤课主任兼本市新闻编辑。这期间,他完成了一项本职工作以外的重大任务——成功地找到《大公报》1902年6月17日创刊以来到1937年8月4日为止的全套旧报,为《大公报》,也为中国新闻史保留了一份极其珍贵的历史文献。

事情缘起是一位李先生主动找到《大公报》负责人曹谷冰,他说曾经收藏有一整套旧《大公报》,从创刊号到"七七"事变后停刊,一份不缺,但被日本人强买去。如能找回,他愿意送给大公报馆。这件事立即引起大公报馆的高度重视。1902年至1937年的《大公报》,跨越35年,由于两度易手,加上八年抗战,很多年份的报纸几乎无存,如果能够找到这套旧报,功莫大焉。

曹世瑛负责采访工作,曹谷冰就把寻找这套报纸的任务交给了他。经多方调查,得知这套报纸可能在原日租界"日本居留民团图书馆"内,但该馆已被国民党的四个机关查封。曹世瑛凭着记者的职业机敏,利用图书馆意外开封的机会,以采访为由进入探查,最终在一个地窖里找到了这套落满灰尘的报纸,又通过国民政府天津市长张廷谔的批条,从查封机关手中取了出来。这套报纸共有一万一千多份,用了多辆三轮车才运回报社,经过整理、装订,共四百余册,据说只缺一两份。曹世瑛称,此举可谓"完璧归赵",更可能是硕果仅存的一套。如果不是及时抢救出来,那么不化灰烬,便成纸浆,也可能变成奸商的奇货②。现在,北京国家图书馆能够保存有一套完整的《大公报》,供后人研究,无疑有曹世瑛的一份"汗马功劳"。

1948年秋,解放大军迫近天津,津馆副经理严仁颖辞职赴美,经理部已无人负责。总编辑张琴南组织了馆务委员会支撑局面,曹世瑛作为成员之一,参

---

① 周雨编:《大公报人忆旧》,第146页。
② 天津日报新闻研究室编:《新闻史料》第18辑,1998年。

与了天津《大公报》最后的"收场"。1949年初天津解放后,《大公报》一度更名为《进步日报》,1953年又与上海《大公报》合并,恢复原名,1956年迁京出版,曹世瑛先后任摄影部主任、社长室秘书,及国际组、财经组编辑等职。

1959年,国家急需外语人才,曹世瑛因有英、俄文编辑基础,被调到中国人民解放军外国语学院,从事英语泛读教育。从事新闻工作31年之后,曹世瑛又经历了23年教育生涯。1982年离休时,年已71岁。

曹世瑛年逾古稀,但精力旺盛,晚年尤以回顾历史,特别是《大公报》职业生涯为乐趣,撰写了大量新闻史料和外文译稿。他晚年罹患目疾,经多方治疗亦难痊愈,只能借助放大镜看书、写稿,与朋友通信时,也一再叮嘱"把字写大一点……"充分体现了老一辈新闻人的职业精神。

曹世瑛写新闻史料,不仅有亲历见闻,而且有独到见解,譬如对吴鼎昌、胡政之、张季鸾的评价,对《大公报》、张季鸾与政学系的关系,对新记《大公报》的"四不"方针的演变,对"小骂大帮忙"的辨析,对《大公报》各分馆及不同时期的利弊得失,以及对某些人物、事件等,都曾提出过自己的看法。

2005年以后,曹世瑛体弱多病,卧床不起,于2010年7月12日病逝,享年99岁,是同期《大公报》人中最长寿者。他以丰富的新闻职业生涯入选《近代天津名人丛书·十二大报人》一书。

附　代表作赏析

美军三千续入天津　另一小队在秦皇岛登陆
天津区日军即解除武装

(原载于《大公报》[渝版]1945年10月3日)

【天津一日发专电】美军先头部队第三军军团搭乘第七舰队运输舰及战舰二百余艘,九月三十日清晨在塘沽大沽登陆,计有海军陆战队第三及第六师,该两师曾转战于瓜岛、硫磺岛及琉球本岛等地,颇著战绩。登陆将于三四日内完,然后担任卫戍工作。另有一小部在秦皇岛登陆。第一师系来自琉球本岛,第六师来自关岛。其先头部队一千五百余人,由军团之参谋长瓦顿少将及布朗上校率领,乘火车抵老车站,晚七时半,乘天津汽车同业公会供应之卡车百余辆,进入市区。党政军各界及民众学生与外侨十余万人,皆手执盟国小旗,自清晨即在东站万国桥中街直达旧美兵营一带鹄候,终日准备欢迎,交通为之断绝。及至美军进入市区,小旗飞舞,欢声雷动。卡车缓步前进,市民皆趋前与盟军握手,热情洋溢,亲切异常,至八时,民众始散去。今日下午来自菲岛协助登陆之海军战斗机多架,由大沽口外之军舰起飞,翱翔于津市上空,市民兴奋,仰首欢呼。第三军团指挥官洛基中将于先一日以中英两种文字张贴布告,说明该军来津,系应中国政府之邀请,目的为解除日军武装,恢复合法而无日本势力之地方政府,维护法律与秩序,以恢复人民之和平生活。按华北自日本投降后,驻有日军二十五万人,其他部队三万五千人,散处平津两市附近,冲突时有所闻,民心浮动。今盟军莅临,一般情势已趋安定。惟今日十一时戒严。

【赏析】

这是曹世瑛到天津后给重庆《大公报》发回的第一条专电。由于当时国民党军尚未到防,政府人员亦未到位,美军先头部队就成为第一批受到天津市民欢迎的"接收者"。消息全文仅500余字,内涵丰富,既交代了美军的来历、动向,又描述了天津市民欢庆胜利的场景,并传递了美军接收的依据、任务等信息,最后以"按"语向读者报告了投降后的日军动态及天津的治安措施,是一篇比较典型的新闻专电。

"新闻专电"是《大公报》派驻各地记者通过电报形式向编辑部发回的当日乃至即时新闻,也是《大公报》的特色之一。无线电报是当时最快捷的信息传播方式。报纸通过"专电"迅速、及时地发布最新消息和独家新闻,才能赢得读者和声誉,此即为新闻时效性的价值所在(遇有重要动态新闻,常常一天要发多条。而时效性不强的长篇通讯,则通过邮寄方式发回编辑部)。报社采用电报方式传递新闻,需要政府主管机关的特别批准,由发报人(记者)持电信总局颁发的"收报人付费新闻电报凭照"到电报局发报,并且指定收发报地点(如指定由天津发上海、重庆)。由于电报以字数计算,费用昂贵,因此要求言简意赅,除必备的新闻要素外,容不得八股文式的陈词冗文,从中亦可见当时记者的基本功。

平民画家,写生记者:赵望云*

赵望云(1906—1977),原名赵新国,直隶束鹿(今河北辛集市)人,是我国近代美术史上一位重要的画家,《大公报》特约旅行写生记者,长安画派的创始人。他的绘画作品极具平民风格和时代特色,用朴实的笔墨体现中国农村、农民和西北边塞的风情风貌。抗日战争期间,赵望云以笔为枪进行战斗,揭露了抗战背景下中国农民颠沛流离、贫困潦倒的真相,激发了大众对国家的忧虑和对反动派剥削的不满,是中国近代新闻史上一位卓有成就的写生记者。著名国画家叶浅予先生称赵望云先生是"中国画革新的闯将",郭沫若先生则肯定:"从兹画史中,长留束鹿赵。"①

一、"走出象牙塔",开启农村写生创作之路

赵望云出身于经营皮货的农家。小学毕业后,赵望云被送至皮货店当学徒以期继承父业,父母亡故后终因志趣不同而放弃,转而选择自己感兴趣的绘画事业。1925年,赵望云先后进入私立京华美专、国立艺专,选科国画系求学,打下了扎实的绘画基础。受到当时文艺界要"走出象牙之塔,走向十字街头""提倡民间的表现、十字街头的艺术"新思潮的影响,赵望云开始认识到艺术应该反映现实生活,追求现实的本真,于是创造新国画的志向开始在赵望云心中萌芽。由于没有中学毕业证书,赵望云无法进入国画系三年级正班学习,求学无望的赵望云干脆彻底离开象牙塔。他面对残酷的社会现实,在最熟悉的贫苦农民身上找到了艺术的源泉和心灵共鸣。1927年,他结束了近两年的校园

---

* 本文撰稿人:黄敬茹,湖南师范大学新闻与传播学院2019级博士研究生。
① 赵望云绘,程征著:《赵望云》,河北教育出版社2002年版,第2页。

生活，开始将视野转向乡间、田野、小巷和劳动人民，创作表现农村生活、农民劳动的写生作品，开创了一条反映社会现实、直面生活的艺术创作道路。

1928年，在著名史学家、画家王森然的鼓励与启发下，赵望云彻底走出"象牙塔"，奔向"十字街头"，创作大量反映社会现实和农民疾苦的绘画作品。1928年，王森然主编《大公报·艺术周刊》，他对赵望云极力推举，发表了赵望云8篇文章和27幅农村写生作品，《疲劳》《倦》《郁闷》《雪地民生》《贫与病》等反映农村生活和农民疾苦的现实绘画作品通过《艺术周刊》广为传播，引发了社会强烈反响。因《艺术周刊》的宣传，赵望云开始为世人所熟识，大家尊称他为"平民画家"。

二、《大公报》特约旅行写生记者

1932年，赵望云在天津举办画展，他将报纸刊登的作品汇集成册，制成《田园集》交给大公报社代为发售。1932年，受《大公报》经理胡政之的邀请，赵望云开始以《大公报》"特约旅行写生记者"的名义，为报纸创作纪实写生作品。同年，赵望云开始了冀中农村的写生之旅。1933年2月，赵望云从家乡束鹿县出发，相继游历了束鹿、枣强、冀县、宁晋、赵县等冀南十余县，《大公报》专辟"赵望云农村写生专栏"分15辑连载了他的130余幅农村写生作品，并出版《赵望云农村写生集》，发行数万册。这些作品展示了朴实无华的乡村、田野、农民劳作和困苦生活的真实场景，以朴实的笔墨勾勒出中国农村经济的萧条和劳动人民的困苦，极具生活气息和现实主义风格，体现了赵望云关心百姓疾苦、忧国忧民的人道主义情怀。著名的抗日爱国将领冯玉祥对赵望云的农村写生作品尤为喜爱，专门为每一幅作品题上简洁明了的白话诗句，以期让"泥水匠、瓦匠、木匠、铁匠，以及农夫与劳苦大众们，都能够一听就懂"，"能够唤起农村建设的人们注意，并且能够把最现代化的'农村工业化''工业归还农村'的建设实施起来"[①]。赵望云和冯玉祥的水墨诗句结合，让艺术真正践行了"到民间去"的口号。

1934年春，赵望云再次以《大公报》记者的身份，与记者杨汝泉从唐山出发往西，冒死穿越日军占领区罗文峪、喜峰口，经古北口、八达岭到张家口，然后从大同北上内蒙古草原，开始了历时3个月左右的"塞上写生"。《大公报》分

---

① 赵望云：《赵望云农村写生集·序一》，山东画报出版社1999年版，第2页。

十五辑连载了由杨汝泉配文的赵望云 99 幅塞上写生作品,并出版《赵望云塞上写生集》。赵望云塞上写生作品细致描绘了抗战时期敌占区人民生活困苦、经济萧条、饱受压榨的惨状,刻画出老百姓苦难的生活现状,体现了抗战时期国家和民族面临空前危机的社会现实。

1934 年底,赵望云前往江西黎川写生。1935 年 1 月 1 日起,《大公报》开辟"赵望云江西写生通讯"专栏,刊载其作品 48 幅。1935 年,赵望云与文字记者萧乾到山东南部、江苏北部进行洪灾区实地调查,以写生的方式真实再现了灾区百姓的生活状况,引起社会大众的强烈反响,国人纷纷捐献物资援助受灾民众。随着日军对华北地区侵略的不断加深,1936 年,上海版《大公报》邀请赵望云赴南京、上海、杭州等地进行战时写生报道,一幅幅写生作品由《大公报》刊发,向民众展示了抗战时期百姓水深火热的生活场景,唤起了广大民众的民族意识,共同抵抗帝国主义的侵略。

赵望云的旅行写生不仅让自己声名鹊起,《大公报》也因此扩充了版面,丰富了报纸内容,弥补了文字描写的不足,并产生了广泛的社会影响。"九一八"到七七事变那几年,《大公报》有两个专栏最能吸引读者:一是范长江的"旅行通讯",一是赵望云的"农村写生"。这两个专栏反映了中国的真实面貌和苦难生活,和中国人民的命运息息相关,所以赢得了读者的欢迎①。

三、主编《抗战画刊》,积极投身抗战宣传

1937 年七七事变后,在冯玉祥的支持下,赵望云在武汉主编了一本 32 开的小型旬刊《抗战画刊》。因武汉战局恶化,《抗战画刊》出版 14 期后转到长沙继续出版,不久又经桂林迁到重庆,从旬刊改为月刊,总共出版三十多期,1941 年停办。在重庆,赵望云经常召集汪子美、老舍、高龙生等好友为如何办好《抗战画刊》出谋划策,他希望通过《抗战画刊》现实主义风格的笔墨揭露日军侵略中国的暴行,展现在烽烟四起的年代百姓苦不堪言、民不聊生的真实场景,以激起广大民众的民族义愤。所以在《抗战画刊》中,大量的篇幅都是展现日寇

---

① 鹤坪、姚贺全:《百年望云——中国画大师赵望云述评》,陕西人民美术出版社 2007 年版,第 134 页。

侵华暴行的画面以及敌后民众战斗反抗的景象,起到了良好的宣传效果,每期销量上千份。《抗战画刊》成为抗战时期强有力的战斗武器。

1942年,赵望云响应国家开发西部的号召,开始了他的西部写生之旅。他依旧坚持对中国画的创新路线:面向民众,面向自然,面向生活的现实主义绘画风格。通过他的画笔,那片不为大众所知的西北险峻风光及聚居于西北的少数民族的生活状况展现在大众眼前,一幅幅美术作品饱含了赵望云对国家、民族的身份认同感,赋予了艺术启蒙、救亡的民族责任,增强了中华民族的凝聚力。晚年的赵望云因在"文革"期间被当成"批黑画"的典型,饱受折磨,身体受到极大损伤,只能在病榻上作画。"文革"结束后,因为身体和心境的原因,其画风开始从现实生活转向内心的理想世界,以水墨画的形式,共计完成了一百幅作品,展现了自己超然物外的心境,直至1977年病逝。

四、赵望云写生作品的艺术风格

赵望云是一位真实、朴素而又能强烈把握社会现实的平民艺术家,他的作品极具时代性,开创了以农民、农村为对象的农村旅行写生,通过朴素的笔墨、饱含人情味的画面展现了抗战时期中国农村衰败、农民生活困苦的真实场景以及西北大地独特的风情风貌,体现了赵望云忧国忧民、悲天悯人的爱国情怀。赵望云的写生作品在表现对象、表现手法和创作风格等方面形成了鲜明、独特的艺术特色,这种风格在他担任《大公报》特约旅行写生记者时达到了巅峰。

1. 到民间去,面向大众,面向生活

近代中国社会,黑暗沉闷,支离破碎,家国沦落,群众散涣彷徨,"艺术呢,不过是有钱人家的咖啡针、鸦片烟、椰子酒——醉歌于清高快悦的黄金之宫,逍遥于玲珑神秘的象牙之塔,作睡床茶后的消遣玩意儿,预备着将麻痹的臭肉,一块一块送到坟墓里去"①。所以在20世纪二三十年代,艺术要"走出象牙之塔""走向十字街头"的口号在美术界受到了极大的关注,其中改革国画的一个重要目标就是要改变古人作画脱离现实、脱离生活的问题,让中国画走向民间,贴近现实,真正反映民间疾苦。但因为诸多方面的原因,真正拿起画笔走

---

① 鹤坪、姚贺全:《百年望云——中国画大师赵望云述评》,第107页。

向民间、走向大众的画家还是少数。赵望云就是这极少数身体力行到民间去的艺术家,他突破了传统中国画远离现实、远离社会、远离农村的传统,直接表现民生,真正将艺术的根基深扎于大众之中。他的画笔所触,如老翁、小贩、矿工、流浪者、讨债人、村妇等都是在死亡线上挣扎的典型。赵望云曾说:"'到民间去'的口号,无须再喊,但希望我们生在乡间的人们,走入城市之后,不要忘掉乡间才是。我是乡间人,画自己身历其境的景物,在我感到是一种生活上的责任。此后,我要以这种神圣的责任,作为终生生命之寄托。"①

在农村土生土长,让赵望云具备了农民一般质朴、踏实、敦厚的精神气质,这种精神气质通过他的画笔呈现出来。在担任《大公报》特约旅行写生记者期间,每天他白天就奔波于山间田野细细观察,晚上就开始作画,赵望云说:"'写生通讯'确不是闭门造车得来的,而是终日坐着大车奔波田野,夜宿小店中作成。"②在他的写生作品里,有在大雪中乞讨的老翁,衣衫褴褛、被沉重的农活压得喘不过气的农民,裹脚的乡间妇女,身体瘦弱、饥寒交迫的流亡者……这些农村中真实的生活场景呼之欲出,让人难以忘怀。"我画农民,是由于我生在农村,热爱农村景物,同情劳动生活。"③赵望云通过他的画笔,将那些生活如牛马的农民、破旧衰败的农村淋漓尽致地展现在大众视野,饱含乡土气息和人情味,极具批判现实的社会意义。"在我的画里永远不画不劳动者。""真正的艺术家绝不可能诞生在象牙之塔,而是诞生在十字街头。生活的大门是敞开的,不分贫贱富贵,都欢迎你们。"④赵望云通过深入民间,尖锐地披露现实社会的真相,让读者感受到国破家亡的危机,激发大众的民族斗志。

2. 艺术为群众,体现"战与爱"

著名国画家王森然说:"艺术家之所以可贵,就在于他的倾向、人格,集中起来有一种启发群众的吸引力和刺激性。因为他的性格,是反抗社会的专制,打破承袭的观念,以伟大的人格与道德为中心,以群众的情感与遭遇为基础,一切一切,都建筑在'战和爱'字上。"⑤赵望云就是这样一个为群众作画的艺术家,不仅他的作品对象是群众,他作画的目的也是为了群众,他认为,在中国人民面临国破家亡的危急时刻,"真切地写出劳苦大众的实际生活,才是中国当

---

① 赵望云:《自序》,赵望云:《赵望云农村写生集》,第6页。
② 赵望云:《自序》,赵望云:《赵望云农村写生集》,第6页。
③ 鹤坪、姚贺全:《百年望云——中国画大师赵望云述评》,第162页。
④ 赵望云绘,程征著:《赵望云》,第36页。
⑤ 鹤坪、姚贺全:《百年望云——中国画大师赵望云述评》,第106页。

前急需的艺术"①。在赵望云的写生作品里,我们能看到农村破产、农民苦不堪言的悲惨景象,能看到日本帝国主义在中国惨无人道的暴行,还能看到不堪被奴役的中国人民争相起来反抗的画面,如《疲劳之农夫》中手握着锄头、犁耙的老农挥汗如雨、疲惫不堪的画面,《隆平村野代替牛马的播种人》中饥肠辘辘的播种人生活如牛马的疾苦,《古庙会期烧香妇人联队求佑》中农村烧香求佛的场景,《西郊风尘中的劳动者》中中国矿工饱受压榨的惨状等,一个个真实生动的画面都直指社会的黑暗、愚昧、贫困和悲凉,特别是赵望云在进入日军占领区后所作的画作,描写出国土沦亡后,处于水深火热、横暴淫威之下人民的种种生活惨况,道破屏障尽撤的国防空虚造成的各种危机,刻画出帝国主义压榨下矿工的"生活炼狱"。赵望云试图通过直面社会现实的笔墨,将底层民众真实生活状态刻画出来,以唤醒民众,通过这些纪实性创作向民众真实地反映当下最底层的劳动人民的生活场景,以期唤起大众的关注、社会的同情和民族忧患意识。他一改之前国画只是文人骚客雅致情趣之物的观念,将视角转换为普通民众的生产生活,记录了剧烈变革时代底层社会苍生的生存状态,这些充满"战与爱"的画作,体现了赵望云对这些在死亡线上挣扎的劳动人民深切的同情和关爱,也体现了作者忧国忧民的急迫心境。

3. 直击社会现实,笔墨直观生动

20世纪二三十年代,中国军阀混战,自然灾害频发,农村破败,百姓生活于水深火热之中。面对日益尖锐的民族矛盾和残酷的社会现实,带着对农民阶级的深切同情与强烈的社会责任感,赵望云自觉地树立了为批判社会现实、唤醒民众而艺术的理念。他以笔为枪,将艺术视为战斗的武器和工具,直面社会现实,揭示社会黑暗,引导大众关注社会问题,联合起来战斗,这无疑是当时艺术界的一股清流。

1933年至1936年间,受《大公报》委派,赵望云赴各地旅行写生,冀南农村、陇海沿线、内蒙草原、鲁西灾区……赵望云走到哪里,便画到哪里,通过实地走访调查,他将沿途所见所感用简单的线条进行勾勒,"寥寥几笔,勾画出农村社会中民间风土人情、山乡人家以及劳动人民的生活状况和精神面貌"。他的写生作品,直接面对社会现实,笔墨直观生动,赤裸裸地展现当时社会现实的黑暗。以1934年4月至7月间赴塞上写生为例:赵望云从唐山市往西,穿

---

① 鹤坪、姚贺全:《百年望云——中国画大师赵望云述评》,第112页。

过日军占领区,经占北口到八达岭,后又到达内蒙古草原,在短短三个月间,他作画近百幅,并印成《赵望云塞上写生集》出版。在这近百幅的写生作品中,大致有几种类型:一是对悲苦人物的刻画,例如《广东街之废石山和工人》里形销骨立的矿山工人,《徘徊街市的流浪人》中饥寒交迫的流浪人,《西郊风尘中的劳动者》中瘦骨嶙峋的煤矿工人,《由玉田至遵化从凌源逃回之工人》里悲苦难言、饥肠辘辘的逃命工人。第二类是对破败边塞场景的描绘,如《丰润北门外的黄河桥》中破败不堪却无人修葺的土桥,《由唐山至玉田途中狼烟台》里废弃狼烟台与画面左边的电线形成鲜明对比,《劫后的鸿桥镇荒凉的大街》中瓦砾狼藉、人烟仅存的鸿桥繁华中心的南北大街之一角。第三类是农村生产生活的表现,如《平张途中新保安水田》中水田农人破土插秧的劳作场景,《由张家口至张北县山村妇女之生活》中裹着小脚的家庭妇女赤臂喂猪的画面,《天镇县纺毛线》里三人纯手工纺毛线的场景。

以上三类写生画,都是赵望云在旅行途中的亲眼所见,他用朴实无华的画笔直击社会现实,通过现实生活中的"人""景""物",呈现贫苦的农民、破败的农村、落后的生产方式,直面反映当时的边塞人民悲苦贫困的生活惨状。在担任《大公报》特约旅行写生记者时,为加强宣传效果,赵望云有时还在画作下面附上文字说明,图文结合,更具视觉直观性,他用这种最直观、现实的写生方式和平易、质朴的笔墨实现自己平民画家的艺术追求。

纵观赵望云的一生,其绘画写生都与国家、民族、人民分不开。在《大公报》担任特约旅行写生记者期间,是赵望云艺术创作的巅峰时期。他以旅行考察的方式直接反映最底层民众的苦难、农村的衰败和国家民族危机。抗战时期,赵望云以笔为枪,勇敢揭露日军侵略暴行,宣传民众抗日,鼓舞了士气。后又将笔锋转向中国西北,用朴实的笔墨描绘质朴的西北民众生活。他通过《大公报》的宣传效应,向大众描绘了农村的真实场景、农民生活的困苦不堪,无情地揭露社会的病态和黑暗,强烈震撼了每一个读者的心灵。鲁迅曾说:"美术家固然须有精熟的技工,但尤须有进步的思想与高尚的人格。他的制作,表面上是一张画或一个雕像,其实是他的思想与人格的表现。令我们看了不但欢喜赏玩,尤能发生感动,造成精神上的影响。"① 赵望云将作品与社会生活、国家

---

① 唐俟(鲁迅)、钱玄同:《渡河与引路》,北京大学等主编:《文学运动史料选》(第1册),上海教育出版社1979年版,第112页。

民族的前途命运联系起来,倾注了他对于祖国、对于人民大众无比的关爱之情。这位来自民间又回归民间的群众画家,为中国历史留下了宝贵的精神财富。

附 代表作赏析

村庄内一家大门外之牛与农夫

(原载于《大公报》1933 年 3 月 21 日)

【赏析】

1932 年,被《大公报》聘用为"特约旅行写生记者"之后,赵望云以《大公报》旅行记者的身份,走访了冀南农村、西北边塞等地,创作了大量反映民生疾苦的艺术作品,《村庄内一家大门外之牛与农夫》就是其中典型的一幅作品。

该作品中,农民的辛劳与一旁休息的牛形成了鲜明的对比。冯玉祥曾为这幅画配诗:"牛啊,牛啊,你累了还可以卧下休息,你渴了还有人代你把水汲。

农民饿死无饭吃,疲乏致死也得不到满足的休息!"诗歌将画作的主题进行阐释,企图唤起大众对农民困苦生活的关注和同情。整体上来看,其作品优胜之处主要体现在三个方面:第一,题材新颖。众所周知,在20世纪二三十年代的中国农村,农民生活极其困苦,但具体体现在哪些方面?农民的生活面貌究竟怎样?在《村庄内一家大门外之牛与农夫》中,作者用极其简单的线条勾勒出农村生活的颓败,破旧的房屋上长着杂草,农民双手费力地提着一桶水,和一旁休憩的牛形成鲜明对比,暗示人民生活状态连牲畜都不如。第二,风格质朴。生动朴实是赵望云写生作品的惯常风格,他用朴实无华的笔墨勾勒农民真实的生活场景,让读者在这平凡的生活场景中感悟农民生活的困苦,希望为农村生活带来改善之机。赵望云前期的写生作品,基本上都是反映农村、田间、小巷等不为人关注的生活场景,不做过多修饰,只有最真实、质朴的描绘。第三,构思巧妙。《村庄内一家大门外之牛与农夫》中,作者巧妙运用对比的方式来体现主题,休息的水牛与不停劳作的农民形成鲜明的对比,更体现出当时农民生活的疾苦。

  赵望云以人物生活为主,用朴素的线条、巧妙的构思描绘出当时中国农村衰败的景象,体现农村社会的风土人情、农民的生活百态。在中国新闻绘画史上,赵望云的作品以鲜明的艺术风格和现实主义的表现手法来反映国家、民族苦难的主题,具有特殊的时代意义。

本着那个"诚"字:范长江*

范长江(1909—1970),原名希天,四川内江人。受前清秀才祖父的影响,自幼好学,不甘平庸,养成用世抱负。当大革命的信息传入内江、反帝反封建活动风起云涌时,正在上中学的他很快参与其中,开始了追逐革命浪潮的求索。追逐革命浪潮的探索和一度迷恋的社会思潮与改良方案相继碰壁后,他决定"先投入实际的抗日斗争,在实际斗争中找出路"①,先后参加或组织了一系列社会活动,包括试图发起组织"中国青年西部考察团",以了解作为未来抗战大后方的西部地区真实情况。

考察团活动无果后,为了最终实现其考察未来抗战大后方真实情况的目的,范长江选择以记者身份开始了其赴西部考察的历程,也以此为起点开启了其一生最重要、最辉煌的记者生涯。

得到《大公报》总经理胡政之的赞许,1935年7月,范长江以《大公报》特约通讯员的身份开始了为期十个多月的西北考察活动。范长江考察的最初目标并非西北,而是川康,只是因为到成都后得到了一个随胡宗南部队的参谋团前往松潘的机会,而当时红军正在松潘一带运动,随该参谋团北上一方面可以近距离观察红军动向,另一方面西北地区原本就是他认为的未来抗战大后方的重要地区,察北失陷后更是变成了"国防第一线",因此,他果断改变原定的川康考察计划,从成都出发,开始了其西北考察之旅。他先后经川西的江油、平武、松潘,甘肃的西固、岷县等地,历时两个月到达兰州,继而入青海,到西宁,翻越祁连山,入河西走廊,绕贺兰山,入内蒙古,到临河、五原、包头等地,行程12 000余里,采写了大量考察通讯。

与其考察抗战大后方真实情况和观察红军动向两大目的相应,这些通讯,

---

* 本文撰稿人:樊亚平,兰州大学新闻与传播学院教授。
① 范长江:《我的自述》,沈谱编:《范长江新闻文集》,新华出版社2001年版,第1172页。

一方面对西北地区与未来抗战有关、可能影响未来抗战的各种社会问题的揭示与分析非常全面而广泛,几乎囊括了西北社会的方方面面,如地方政权腐败问题,民族关系紧张问题,老百姓贫弱流离问题,农村破落衰败问题,军队情况与军事布置问题,日本势力在西北的蚕食渗透问题,地理、地形与交通问题等。另一方面对共产党与红军的情况进行了较为客观、公正、全面的呈现和较为深入的报道,字里行间经常显现出对红军的肯定与赞赏,这些报道对当时读者了解红军真实情况、消解国民党诬红军为"匪"之宣传产生了重要作用。

这些通讯在《大公报》陆续发表后引起强烈反响,《大公报》发行量因此陡增。这些通讯中的一部分以《中国的西北角》之名结集出版后,读者抢购,"未及一月,初版数千部已售罄,而续购者仍极踊跃"①,最终连出九版,风行全国。西北考察通讯的强烈反响,使得西北考察未及结束,范长江已开始成为一个为许多读者关注的名记者。1936年5月,西北之行结束回到天津后,范长江立即被《大公报》聘为正式记者。进入《大公报》,成为正式记者,是范长江新闻生涯的重要节点,正如他事后所言:"1934年我正式做了职业新闻记者,自己写的东西已经比较有了固定发表的地方,当然很兴奋。于是,自己内心发生了一个大问题,觉得这个职业关系社会太大,不是普通一个吃饭的事情,因此,我不知道怎样做才对得起这个职务。自己想来想去,得不到解答。于是特别为此事去请教那时在北方的鼎鼎大名的某前辈(指胡政之——引者注)。他当时给我一个法则说:'作新闻记者最重要的是诚。'他说话的态度,很严肃而深沉。我那时浑身发热,高兴得了不得,好像名山访道,如今已得了'一字真传',今后一生当受用不尽。我本着那个'诚'字,一直干了三年。"②

成为《大公报》正式记者不久,1936年8月,范长江很快又奔赴西蒙,历尽艰险,考察日本在西蒙的侵略、渗透情况。10月中旬回到大公报馆后不久,绥远抗战爆发,他又马不停蹄奔赴绥远前线,以满腔热情报道绥远抗战。绥远抗战激发的全国人民抗战热情因西安事变的突然爆发而止息后,为了解西安事变真相,他立即历尽波折经宁夏、兰州"撞"入西安,了解西安事变真相,继而由西安赴延安采访,与毛泽东进行了著名的"竟夜之谈"③。西蒙、绥边之行和为了解西安事变真相而历尽波折赴西安、延安的艰辛曲折过程及其在此过程中

---

① 《中国的西北角》第四版出版广告,《大公报》(天津版)1937年1月7日第6版。
② 范长江:《怎样学做新闻记者》,沈谱编:《范长江新闻文集》,第1056页。
③ 方蒙:《范长江传》,中国新闻出版社1989年版,第174页。

向国人报告的一个又一个引人关注的新闻电讯和通讯，进一步使范长江成为被许多读者热爱的，有着对国家、民族的强烈责任感且具有饱满的新闻职业精神的、名满全国的记者。

范长江从西安、延安回到上海后连夜赶写的《动荡中之西北大局》和之后陆续写出的有关陕北与共产党的一系列通讯诸如《陕北之行》等，对人们了解西安事变真相和共产党抗日民族统一战线等一系列思想主张等产生了重要作用，尤其是《动荡中之西北大局》一文。该文像一枚炮弹，冲破了国民党的新闻封锁，不仅报道了西安事变真相，而且清楚地传达了中国共产党抗日民族统一战线的政策和主张，轰动了朝野。

1937年7月7日，以卢沟桥事变为起点，全面抗战爆发。全面抗战的炮声激起了对抗日救亡一直望眼欲穿的范长江强烈的爱国热情。作为《大公报》记者的他迅速赶往抗战前线，开始了"以笔为枪"、在各大战场间激情飞扬地奔波、穿梭之生活。

卢沟桥事变后，刚刚结束川灾考察的范长江立即赶赴卢沟桥、长辛店等前线采访。在卢沟桥前线，他冒着随时会遭敌机扫射和炮击的危险，考察、采访二十多天，以亲闻亲历的第一手材料，向国人报道了卢沟桥事变的实况。7月底，回到上海。不久，"八一三"抗战爆发，他被任命为通讯课主任，与王文彬共同负责战地记者的组织与协调工作。8月中旬，他再次奔赴华北战场，先后在大同、张家口、怀来、涿鹿、太原等前线深入实地，开展全面考察采访，11月初回到上海。不久，上海开始大撤退。他随撤退人流经南京到达武汉。在武汉未停留太久，1938年1月底2月初，又从武汉出发，奔赴中原战场考察采访。其间，除3月底回武汉主持中国青年新闻记者学会（简称"青记"）成立大会外，直到5月中旬徐州突围为止，他一直奔走于豫南、皖西等前线。5月下旬回到武汉，利用一个多月时间编辑完成《徐州突围》一书后，因马当封锁线被突破，他又立即离开武汉，赴阳新、瑞昌、南昌、长沙等军事吃紧地区采访，直到8月中下旬武汉已处在日军威胁中时才回到武汉。

从卢沟桥事变爆发到1938年10月武汉失守前的一年多时间里，范长江就像一只雄鹰，一刻不停地翱翔在中国人民抗日战争的主战场。在此期间，他先后在《大公报》发表战地报道70多篇，字数将近20万。这些报道，或满怀激情地对相关战事进行报道，或以饱满的热情对前线将士英勇抗敌的精神进行颂赞，或对抗战带来的全国军民团结一心、同仇敌忾的新气象进行描绘，或对政治、军事、民众动员等方面存在的问题进行批评、呈现,或对敌我双方战术与战略意图进行分析,成为抗战初期新闻人"以笔为枪""新闻参战"的典范。这些报道,无论是颂赞、批评,还是理性分析,均显现出他希望以自己的新闻报道促进抗日的强烈目的和渴望"以笔为枪"参与抗战的迫切愿望。

"以笔为枪"参与抗战的同时,范长江的职业角色与理念在不知不觉中发生巨大转变,其职业角色由"纯粹自由职业的新闻记者"转变成了"新闻参战者",其职业理念由自由主义转向"战时新闻学"理念①。这种转变的总的认识基础是,抗战是决定全民族生死存亡的大事,也是荡涤社会污秽、建立美好新中国的良机,同时,抗战又是一项中华民族从未遇到过的异常艰巨的任务,这项任务的艰巨性和重要性决定了必须动员全体国民团结一心、共同奋斗始能获最后胜利;而要动员全体国民共同抗战、建立美好新中国,必须有效发挥新闻工作之作用,同时,新闻工作要想有效服务抗战,履行自己对抗战这一神圣事业的使命,就必须改变过去的工作理念与方式,代之以"新闻参战"性质的战时新闻工作理念及认识。然而,正当范长江满腔热情地以笔抗战的时候,1938年10月,因多方面的原因,他被迫离开了《大公报》,结束了三年多的《大公报》记者生涯。

离开《大公报》后,范长江开始将主要精力放在了"青记"和"国新社"的筹创和事业发展上来。在西北考察中,范长江已经对红军和共产党有了一定了解,西安、延安之行更是让他对共产党产生了强烈的好感。西安、延安之行后的一年多时间中,他与包括共产党领袖人物在内的许多共产党人持续不断地进行思想交流与交往,在此过程中受到了来自共产党人的思想、心理、情感等的全面熏陶。在筹创、拓展"青记""国新社"事业过程中,他也受到来自共产党的无微不至的帮助。因此,当被迫离开《大公报》,意识到只有加入一个坚强的组织,才能避免"孤军奋斗"不得不面临的无力感时,他很快产生了加入共产党的想法。

1939年5月,范长江在重庆经周恩来介绍加入了中国共产党。入党后,党交给他的主要任务是从事党的抗日民族统一战线工作。具体说就是,通过办好"青记""国新社",团结尽可能多的抗日爱国的新闻工作者,扩大新闻界抗日

---

① 樊亚平、李向辉:《从"超然""独立"到"新闻参战"——抗战初期范长江职业身份与新闻思想的转变》,《甘肃社会科学》2018年第2期,第126—132页。

爱国统一战线;以救国会成员身份,通过与各党、各派、各界、各军、各阶层乃至海外侨胞与国际人士广泛接触、交往,影响他们,团结他们,将他们吸引到抗日民族统一战线中来;同时,通过撰写时评、专论、通讯等方式,呼吁团结、抗战、民主、自由,反对妥协、投降、分裂、专制,借以促进抗日民族统一战线的发展与稳固,为抗日民族统一战线的扩大与完善鼓与呼。1941年1月为逃避国民党特务逮捕,范长江飞赴香港筹创《华商报》。

1941年底香港沦陷后,在党的帮助下,他从香港撤回到桂林,继而从桂林一路辗转,于1942年春进入苏北根据地。由此开始到1949年1月北平和平解放,范长江随解放军进入北平接收国民党新闻机构、创建人民新闻事业前的六年多时间里,他一方面以极大的热情"发挥他善于开拓局面的特长"[1],雷厉风行、积极有效地开展与新闻宣传有关的各项工作;另一方面努力学习党的思想、政策、原则、要求,力求使自己的一切工作都能完全符合党的利益和要求,都能全然处于党的指挥和领导下。

中华人民共和国成立后,范长江担任人民日报社社长。1952年6月离开《人民日报》,调往中央人民政府政务院,担任政府部门领导工作。"文革"开始后,被批斗。1970年10月在河南确山"五七"干校含冤而逝。1978年平反昭雪。

附 代表作赏析

张掖的破产,是不是人懒之过?

(原载于《大公报》[津版]1936年6月15日第3版)

许多朋友告诉记者:"河西的人太懒,抽大烟,所以穷得如此厉害。"然而记者经相当研究之后,觉得他们的话还不是正确的看法。人都是愿意生活得更好些的,饥寒交迫的日子,谁也知道不好受的,一两个人的堕落破产,我们还可以说是他自己的"无知""不长进",整个的社会崩溃,却不是由于大家的"懒"

---

[1] 季音:《难忘长江教诲》,胡愈之、夏衍等:《不尽长江滚滚来——范长江纪念文集》,群言出版社2004年版,第192页。

了。难道大家都是天生来就是懒的天性，自己早已自觉的去甘了饥寒吗？如果大家表现了懒的现象，一定有使大家不得不懒的原因。

清代以后，张掖在军事政治上的地位已经没落，新疆与内地交通阻滞以后，张掖向有的"商业过道"的资格也根本取消。陇海路通到西安，西兰公路又畅行以来，原来由包头经草地到张掖，转发兰州各路的货物，也不再走这里，因此张掖的商业地位的没落，乃为不可挽救的事实。但是以张掖土质的肥美，灌溉的便利，出产的丰富，如果有合理的政治与社会组织，张掖的人民尽可以非常优裕地生活下去；现在的事实，张掖的生活不但不优裕，而且没落到饥寒线以下。这里我们不明白使张掖破产的根本原因。

张掖全县只有十万稍多的人口，从军队到县政府区村公所直接向民间所征发的米麦柴炭，我们暂且不谈。建设这个，建设那个，向民间摊的款项和物料，我们也无法统计，虽然这些负担，已经叫民众"叫苦连天"。钱粮赋税，各地都有，张掖也不能算特别，我们只就"烟亩罚款"一项来说，已经使张掖农民非走到破产的道路不可。

甘肃省政府财政厅规定要张掖每年缴将近二十万的"烟亩罚款"，不管你种烟不种烟，政府非要这笔款子不可。并且给作县长一种"提成"的办法，就是县长经收罚款，可以有百分之五的报酬，收得多些，提成的实数也随着大些，自然当县长的乐于努力。我们首先用不合实际的书呆子算法，每年二十万元担在十万人身上，每人每年两元。十万人中有五万是女人，不能生产，于每个男子每年负担四元。又五万男子中有二万五千人是老人和小孩，那每个壮年男子每年要负担八元烟亩罚款了。有许多人不但没有种烟，而且根本连地也没有，这样的烟亩罚款仍然辗转转嫁到他们的身上。事实上亩款负担情形，还不是如此容易推算，黑暗的方面，还不在这里。

亩款的目的，并不在"禁烟"而在"筹款"。我们要首先认识的，而摊亩款的方法，系随粮附征。张掖全年共粮四万石，历年"报荒"之结果，免去了二万七千石，现仅每年一万三千石。因为地方政权在绅士手中，绅士们的地，都是上等地多，他们得了报荒的机会，把自己的好地报了荒地，免了粮赋，而真正荒了田地，却仍然有粮。所以这一万三千石粮，十之六七还是一般贫苦的农民负担。种植鸦片，必须上等地始能成长，而上等地大半在绅士们手中，故绅士们种烟最多，但是无情的烟亩罚款却又随着粮税不合理的把大部分落在贫苦农民身上。拥有二三等土地，种少量鸦片的中等以下的农民，负担亩款的主要部分,则他们每一个男子每年的实际的亩款负担,总在十五元以上。如果从租税负担能力的比例来讲,贫苦农民十五元之负担,往往比绅士们之三十元或六十元还要痛苦。收款的人员就是县区村的"公事人",这些人又是绅士们自己充任。他们在收款时还在农民身上想办法,农民这些额外的当然负担,恐怕连农民自己也算不清楚。

种鸦片该罚,农民不想种烟,当然皆加以赞成。前二三年高台县的农民曾经请求政府,自动禁种鸦片,不再缴那种令人害怕的"烟亩罚款"。然而政府对于这种请求,却没有允许!这桩事情证明农民之不甘堕落,而政府硬要强迫收他们的烟亩罚款,其中道理,颇令人难以明白!

农民的收入,本来不像工商业者那样比较有伸缩性。他们收入既只限于农产品为主要,而收获的季节,又大大地限制了他们。对于这种无情的强力榨取,实在没有支付的能力。但是"提成"制度奖励了县长的狠心,各种严刑重杖,在县政府中毫无顾忌地施用起来!张掖代人受杖一次的代价,是铜元两千文,约合大洋二角六七分。如果被衙门里当时打死,这两千文仍属被代替的人所有!

政府一定要钱,农民没有,没有就打,那只好促成高利贷的产生了。农民最困难的时间是春天,张掖情形,一二三月借账,五六月还账,大致是这样的利息:

1. 借现金者——百分之五十的利率为最轻者!
2. 借鸦片者——百分之三百!
3. 借粮食者——百分之百!

农民在这种毫无希望的高度剥削情况下面,除了抽抽鸦片苟安岁月而外,还有什么力量可以叫他们兴奋地从事工作?

【赏析】

本文为范长江西北之行中从兰州至青海、从青海翻越祁连山进入张掖、酒泉等河西地区考察结束后写的总题为《祁连山北的旅行》之系列通讯中的第二篇。该通讯在该系列通讯的首篇《"金"张掖的破产》对被称为"'金'张掖"的甘肃省张掖地区经济、社会等方面的全面衰败与破落进行客观呈现基础上,对导致张掖"破产"的原因进行了全面、深入的介绍与分析,是体现范长江西北考察通讯所具有的观察社会问题的宏阔视野、研究问题、分析问题的深刻与入木三分的代表性作品之一。

范长江以《大公报》特约通讯员身份考察西北的首要目的是了解作为未来抗战大后方的西北地区政治、经济、社会、民族关系等方面的问题与真实情况,将自己的观察及时告知政府与国人,以引起国人重视,冀以促使政府采取有效措施,及时应对,以使西北能真正成为未来抗战的稳固而有力的大后方。范长江西北考察通讯的绝大多数内容背后都蕴含着这样一个目的和重大主题。《张掖的破产,是不是人懒之过?》也不例外,其对张掖地区经济、社会等各方面的"破产"之"根本原因"所进行的全面而深入的分析,正是基于使国人了解抗战大后方真实情况、促使政府及时应对这一目的。这是该通讯的核心价值之所在。

与范长江西北考察背后蕴含的重要目的和重大主题相应,该通讯的一个重要特色就是,不仅仅满足于现象观察与问题呈现,而是在呈现张掖"破产"之现象与问题基础上,力求探察导致问题产生之原因;在探察导致问题产生之原因的过程中,又能既不盲从盲信于俗常认识,又不浅尝辄止于表层原因,而是在对俗常认识和表层原因进行介绍与辩驳基础上,力求拷问导致张掖"破产"的"根本原因"。在考察"根本原因"过程中,作者视野宏阔,目光深邃,既注意揭示相关事实,又注意对相关情况进行分析、鉴别,在此基础上提出自己的看法。作者所做的分析理性、客观,环环相扣,层层深入,入木三分。

在文艺和新闻之间：萧乾*

萧乾，曾用名萧秉乾、萧炳乾，蒙古族，1910年1月出生于北京城东的贫苦家庭。1921年入基督教会办的崇实小学半工半读。1925年五卅运动爆发，参加北京地区的学生游行。1926年升入崇实高中，同时在北新书局当练习生，开始接触新文艺作品。1929年在燕京大学国文专修班结识杨振声、杨刚，1930年考入辅仁大学英文系，与沈从文、安澜等相交。1933年其基于自身职业考量，从辅仁转学至燕京大学新闻系，选修埃德加·斯诺开设的"特写旅行通讯"等课程，并与杨刚、姚克等协助斯诺编译《活的中国》。1934年，他的文艺作品频繁发表于《大公报》《国闻周报》；同时利用暑假游历了平绥沿线的张家口、大同、归绥、集宁、包头等地，发表第一篇旅行通讯《平绥道上》（原名《平绥琐记》），对罂粟、烟民和娼妓遍地的落后景象表达了不满。《大公报》文艺副刊的编者沈从文、杨振声等对其愈发重视，并组织其翻译代表性的外国作家作品。

1935年夏，萧乾靠着《大公报》给的稿费，完成了燕大的学业，并在沈从文、杨振声的引介下进入《大公报》，负责《小公园》副刊发稿及部分采访工作。当时的《小公园》在何心冷病逝后，变成了一个以传统曲艺及旧闻掌故为主的副刊。该年9月1日《小公园》与《文艺》合并，萧乾开始把《文艺》副刊改革成"社会文化启蒙器"，得到了胡政之的支持。胡从"对中国文化有一点点推进力"的角度看待副刊，嘱咐萧乾"我们并不靠这副刊卖报，你也不必学许多势利编辑专在名流上着眼，你多留意新的没人理睬的"①。1935年7月4日，《大公报》刊发萧乾的《致文艺生产者》，从文章水准、内容与形式、小品与大块三方面畅谈取稿原则。巴金、靳以、凌叔华、叶圣陶、冰心、李健吾等纷纷赐稿，副刊重新焕发生机，转变成为特点鲜明的《文艺》副刊。

---

* 本文撰稿人：程磊，山东大学新闻传播学院2019级博士研究生。
① 萧乾：《一个副刊编者的自白》，《大公报》（港版）1939年9月1日第8版。

副刊也为陌生作者保留发表空间,开设"答辞"栏目,促进内容多样化。针对读者对取稿原则和"熟人来稿占据大部分版面"的质疑,萧乾既强调没有门户之见,耐心解释"每月各方来稿不下三十万字,把能用的文章全刊出实在难办得到",又保证"礼拜三这版完全为陌生作者保留,纵有文艺先辈的好文章也不使这天受侵犯"①,而且为避免埋没佳作,还用"答辞"来补白,以此希望获得读者合作。"答辞"即编者答复各方的来书,该栏创立时,"正当日本压迫最凶、文坛上左右京海打得闹,而全国青年最苦闷的时候"②,萧乾和沈从文同时写答辞,为读者解惑。萧乾的答辞内容涉及青年学生日常生活的方方面面,凝聚了副刊的核心读者群体。

1936年中国的民族危机加剧,沪版《大公报》所处环境更复杂,萧乾兼编津沪副刊,"要揣度检查所的眼色"③。副刊登了陈白尘的抗日色彩独幕剧《演不出的戏》,被日人控告至上海工部局,胡政之、张季鸾出了庭。终因文中"东洋人"的"东"字事先打成了"×",张季鸾发表《中国什么时候承认了"满洲国"呢》严词质问,幸获无罪,为报馆和副刊赢得了声誉。

1937年"八一三"事变后,沪版难继,萧乾流亡,10月为汉口《大公报》副刊撰写"答辞",倡议"南北各地的新知旧交投到颂扬民族解放战争、指出战时社会裂罅、使各阶级人正视抗战的过程";并强调知识分子"支持和利用副刊,使它成为一小颗枪弹"④。但终因版面紧张而被遣散,困顿中的萧乾便随杨振声编写中小学教科书。

1938年8月,萧乾收到胡政之"动乱中遣散同人"的道歉电报和旅费,便前往筹办港版《大公报》⑤。8月13日港版《大公报》出刊,《文艺》既刊登左翼作家作品、介绍延安文学,又在"文艺新闻"栏目开辟"战地书简""作家行踪",报道大后方文艺动态,刊载国际友人支持中国抗战的通讯,打破了原来纯文学的状态,向"综合版"方向发展。

在编辑副刊的同时,萧乾还撰写了大量的旅行通讯。如1938年至1939年陆续发表《港海宝安视察记》《在华北打游击》《潮汕视察记》《滇缅视察记》等,描绘了深圳湾凄惨的流民图、八路军太行山脉抗战景象、岭东基层政治的黑暗

---

① 《答辞:关于本刊种种》,《大公报》1935年11月6日第12版。
② 《重见读者(各地通信)》,《大公报》(沪版)1946年6月25日第7版。
③ 萧乾:《一个副刊编者的自白》,《大公报》(港版)1939年9月1日第8版。
④ 《答辞:关于本刊》,《大公报》(汉版)1937年10月24日第4版。
⑤ 萧乾:《未带地图的旅人》,江苏文艺出版社2010年版,第61页。

面、滇缅及摆夷男女的困苦。

1939年6月在滇缅公路采访期间，萧乾接到旧友于道泉邀请前往伦敦大学东方学院担任讲师的聘书。因差旅费需要自筹，且学校薪金待遇苛刻，萧乾犹豫不决。在港主持《大公报》的胡政之预料欧洲将有大战，愿意出资赞助萧乾赴英的旅费，希望其能借此契机多发通讯回国，旅费用稿费抵销。萧乾欣然同意。由于好友杨刚经常为副刊撰稿，熟谙文艺，且熟悉众多撰稿人，萧乾便推荐杨刚接手副刊，胡政之考虑后应允。

1939年10月萧乾入伦敦大学东方学院担任现代汉语讲师，兼任《大公报》驻英特派记者，采写了《欧洲往哪里去》《战时英国印象》《伦敦日记》《欧战爆发后英国援华现状》等航信、航讯，对马奇诺和齐格菲防线、伦敦居民的战时管制、失业救济情况、英国援华活动等进行描绘。1940年德国空袭伦敦，萧乾发表《暴风雨前的英国》《仲夏夜的噩梦》《轰炸中的伦敦》《空中闪电下的伦敦缩影》等通讯，映射出大战中小人物的命运，同时反思了英法对德国发动战争的轻视和准备不足。

1941年12月珍珠港事件爆发，萧乾的身份从"敌性外侨"转变为"伟大盟邦成员"[1]。英国读者希望了解中国的愿望空前强烈，萧乾选辑了《滇缅公路》《一个爆破大队长的独白》等译成《中国并非华夏》一书，林林总总地呈现战时中国的风貌。此时港版《大公报》停刊，萧乾入剑桥大学国王学院读硕士。1943年12月至1944年1月，中国访英团代表王云五、胡政之等到达伦敦，中英新闻界首次正式接触，萧乾也在场；胡鼓动他做《大公报》特派员，到欧洲战场显身手。1944年4月萧乾接受胡的建议。此时正值诺曼底登陆前夕，萧乾于6月25日在伦敦舰队街组建《大公报》驻英办事处，向重庆拍发电报和邮寄通讯，开展广告业务，同时还在办事处开辟了英国唯一的《大公报》阅报室；连续发表《西欧堡垒观察哨》《英国大选及其政党前途》《旧金山大会昨商议程》等通讯，涉及中国形势与世界格局。不久被调往旧金山，兼任记者和胡政之助手，发表《中国国际地位何以至此》。1945年底收到胡政之来信，胡表达调其回上海大公报社总管理处的意向，萧乾随即应允回国。

1946年6月萧乾返沪，负责沪版《大公报》国际问题社评。6月25日沪版《大公报》发布萧乾执笔的《重见读者》，尽言战后"文艺界相当的和平统一，因

---

[1] 萧乾：《萧乾回忆录》，中国工人出版社2005年版，第102页。

为大家都不满意糟而且乱的现实","因此本刊需要民主地争辩申驳、积极发言献策",反映出对现实政治的关注。9月因"劳绩卓著"获赠《大公报》股权。1947年内战升温、民主运动此起彼伏,萧乾也参与了一些政治活动;并发表《赫胥黎的和平偏方》《吾家有个夜哭郎》,前者高举反战旗帜,反思国家主义;后者将中国喻为五千年又黄又瘦的苦命娃,强调在文盲未扫除,政治教育未普及,农民没有脱离基本生存威胁前,任何选举都谈不上民主,"不是在朝政党训人民,就是读书人训乡下人"①。

进入1948年,萧乾执笔了1月8日沪版《大公报》社评《自由主义者的信念》,站在"第三条道路"上,"赞成民主的多党竞争制,反对任何的一党专政";不久与钱昌照北上北平参组中国社会经济研究会,创办《新路》周刊。然而萧乾又觉得中间路线内部意见不统一,对前景表现出悲观和矛盾的心理,这为他招致了多方批评。《群言》称其为投机主义者②。复旦学生在课内外质询"新第三方面"之情形,并在黑板上大书"公审萧乾"③。香港文协于本年改组后,公开批评朱光潜、梁实秋、沈从文、萧乾等,指责中混合着"新路"的破产,使其难以招架④,加之家庭破裂,其在沪一度甚为消极。

困顿之际,杨刚和李纯青邀请萧乾参加上海《大公报》地下党组织的学习会,使其对国内外形势和中共方针有了一定认识。1948年6月杨刚自美返沪,萧乾对革命的疑惧心理有所降低⑤,并于10月至香港编辑《大公报》副刊。杨刚还为其安排了中共外宣刊物《中国文摘》的改稿工作⑥。当时港版《大公报》处境"左右为难",明确立场的紧迫性不断增强。10月30日王芸生收到毛泽东邀请其参加即将组成的新政协的电报,随即离沪至港。11月10日港版《大公报》发表社评《和平无望》,指出20世纪即将过半,中国仍迟留在剥削重重的农村经济中,政治形态也迟留在家长封主的时代;历陈近代以来各色改革者、革命者探索活动及其不足,影射出现代中国再造已不能再依靠既往和当前的模式。1949年2月天津《大公报》改组为《进步日报》并发表新华社宣言,香港《大公报》全文转载。1949年3月,剑桥大学中文系主任何伦邀请萧乾赴英任教,

---

① 萧乾:《吾家有个夜哭郎》,《大公报》(津版)1947年11月7日第3版。
② 高参:《被指为政治扒手的萧乾》,《群言》1948年7月10日第2版。
③ 里予:《"公审萧乾"》,《时代批评》1948年第5卷第100期,第28—29页。
④ 《香港文协剧新内部决定展开文艺批评》,《大公晚报》1948年9月5日第1版。
⑤ 王嘉良、周健男:《萧乾评传》,国际文化出版公司1990年版,第319页。
⑥ 萧乾:《萧乾回忆录》,第436页。

萧乾经过慎重考虑谢绝了邀请。4月胡政之病逝，萧乾有感于胡对新闻事业的执着和国家统一的维护，写了《我被感动过》予以悼念。

至此，长期在复杂认知矛盾中纠缠的萧乾思想开始转变了。1949年8月15日，他发表《皮尔·金特：一部清算个人主义的诗剧》，称"中国已由民初的以无政府主义为基调的反抗一切、维护个性，走入了有组织有步骤的社会主义。许多知识分子担心赶不上时代，个人改造工作在目前是一样地被重视"①。8月底，在中共地下党的安排下，他和家人经青岛至北京，亲历了新政协和开国大典，写出《我看见了中国的新生》，表达对建设新中国的热忱。10月，担任英文版《人民中国》副总编辑兼社会组组长、《大公报》驻京特派员。1951年包干制改为薪金制后，他辞掉报馆的职务，脱离了有着十几年缘分的《大公报》。1957年以后，他主要从事外文翻译工作，1961年调至人民文学出版社，1979年任中央文史馆馆长，1999年逝世于北京。

萧乾"由文艺而入新闻"，在入《大公报》时自称"需要在所有职业中选定一个接触人生最广泛的。于是选择了新闻事业和旅行记者生涯"②。此后他一边创作文艺和编辑副刊，一边做时代的消息传递者，最终又因环境变化、职业的原因，在1947年后一度踏上了书生论政之路。而其为《大公报》专职和兼差工作期间创作的通讯和时评，都凸显出深耕于文艺、新闻并介入现实的特征。

附 代表作赏析

鲁西流民图：济宁车站之素描（节选）
（原载于《大公报》1935年9月27日）

津浦干线由兖州向鲁西伸出一只短臂直达济宁，这是距灾区最近的一座城。自七月十二日黄水泛滥以来，每天总有五万左右难民，或自己挣扎逃出，或为省船所救，躲来济宁，听凭地方安排。全城七十家馍馍店合力赶制，每天蒸出五万斤黑馍馍，分给这些在水里浸泡多日的空肚难民充饥。火车日夜奔

---

① 萧乾：《皮尔·金特：一部清算个人主义的诗剧》，《大公报》（港版）1949年8月15日第5版。
② 萧乾：《人生采访》，《少年读物》1947年第4卷第2期，第2—3页。

驰,一辆辆空车皮拥挤地填满了无家可归的人,茫然地被载到省府指定的各县。两月余来,这样路过济宁的流民已近二十三万。……

由车站向四周看,济宁可说是整个地浸在汪洋大水里了……用这银亮亮的一片作背景,栖在站台上,栖在铁轨旁、田塍上、郊野坟堆上的是一眼望不到边的难民……饥饿夺去他们奕奕的目光,也夺去他们生存的魄力。大头瘦脸的婴儿抓着松软无乳的奶头……苍老妇人扶着拐杖,阖目想念着她几代创建的家园。八十岁的老翁仰头只是"天哪天哪"的叹息着。……

我走进难民丛中,即刻成为他们无告的眼色的集中点了。一个中年妇人走近就跪在地上,哭啼着说:"大爷,我的号码丢了!"她以为我是放赈的。一个蓬头削瘦的老媪也向我叩头,说她是个绝户老妈,家里房塌了,要我给她找个薄木棺材。铁轨旁一大簇人翘首等着火车。当我走过时,杂乱的声音向我发出:"大爷,车啥时候来呀?"一个老翁伸出颤颤的手指向我说:"你可不准把我们卖给洋人呀!"几百只几千只失了光芒的眼睛向着铁道那端时刻瞭望。他们的希望都寄托在那辽远的铁道尽头。他们想运走以后,一定可以睡在房顶下。……

车站那边有人肩负着白口袋走过,许多难民都尾随在后面跟来。走到一块铺有草席的空地,负白口袋的人驻足了,口袋里倒出来的都是黑馍馍,一袋袋地,不一会儿就成了一座小山。四围的人加厚了,各色苍蝇闻味成群飞来,它们倒抢先伏在馍馍上面了。一声号令,难民的组长依次走近草席。分发馍馍的兵士便一五一十地数着,掷向各个口袋嘴里去。组长睁大了眼睛点着数,难民组员在人丛里也不放松地守着,少了一个馍馍在他们是受不住的一桩损失!

一个新由鱼台逃上来的老媪用破衫前襟领到她的黑馍馍。半月来,她固执着要死守家园。她空肚喝了四天冷水,最后才被人硬拖上船。……即至黑馍馍放到她怀里时,她用枯柴的手牢牢抓着,死命地向嘴里填,胸脯的瘦骨即刻起了挛痉。她恨不一□全都吞下去。旁边有个妇人劝她慢些,她勒紧了衣兜,狠狠地看了那妇人一眼,以为是要抢她的那份。

远远地,走来一个白须老人。许多难民指着说"俺们老爹来了"。老人用铁锹作扁担,一边挑着竹篮,一边是书册。他拈着胡须叹着气,走近难民丛中。他放下了担,用慈祥怜悯的眼光向四下看看,说:"唉,你们夜里冻得够受呵!"然后就打开书册,捧着对难民诵读起来。他诵的是"关帝君血泪救劫文",劝难兄难弟要忍耐,要相亲相爱。我从来没见过这样热烈的宣讲员。他用修长的指甲比划着,用嘎嘶的声音念诵,腿随着头部也颤抖着。他诵到黄水大祸,人畜死亡时,两行老泪就沿着脸上松懈的皮肤淌下来了。他咧着嘴,仰天呜呜地哭起来了。……

一声尖锐的汽笛声,随后一列火车开进站来了。拥挤的灾众,扶老携幼,向那黑色巨物移动了。立时,喊声震天,个个担心被遗落在后面。作娘的一手抱着,一手拢着她的儿女,媳妇挽着婆母,儿子扶着娘,背了长长的席卷,负着粗重的农具(由深水里捞出的唯一家产)向那车口处挤去。

我走近一辆满载的车,地上坐满了静待运送的难民。满足的,怨恨的,信任的,怀疑的眼光一齐射向我来。……宽沿破草帽底下有一张熟悉的脸,我认出那是曾经向我问"车啥时来"的农夫。他像也看我颇熟,就扯着颈头问:"大爷,大爷,给俺运到啥地方去呀?"可怜的流民,像一棵拔了根的水藻,他茫然地在雁难中漂流。

【赏析】

20 世纪 30 年代,因战争、剥削、赋税、灾害等导致的流民现象甚为严重,关于流民的新闻报道也频繁出现在新记《大公报》中。1935 年 7 月鲁西、苏北发生大水灾后,《大公报》8 月初便在《每日画刊》上刊登了高剑虹拍摄的照片《济南灾民收容所中之一部分灾民》。此前国民党山东省政府于 7 月 22 日致电南京,"请赐筹一千五百万以救民命",但截至 8 月 26 日山东黄灾救济会只收到中央赈款 32.8 万元,救灾效果可想而知。

鲁西、鲁西南灾情最重,也是《大公报》严重关切的地区。9 月在胡政之的调配下,萧乾以特派员身份,与画家赵望云同赴鲁西采访。这是他进报社后的首次正式采访,当时铆足了劲"尝试把新闻写得稍有点永久性,待时过境迁后还值得一读"。于是他走入衣衫褴褛、面带菜色的男女老少中,倾听他们悲苦的吐诉。这次经历展示了他的采访能力,胡政之为其发了表扬电报[①]。同时,这次采访经历给他带来了巨大的心灵震撼,使他明确了"写山水固然适合我,这支秃笔却应留给那些在黑暗中挣扎的人们"的创作指向。

这篇《鲁西流民图:济宁车站之素描》完成于 9 月 24 日,刊于 9 月 27 日,是萧乾视察水灾报告《鲁西流民图》的一部分。该报告还包括《山东之赈务》(9

---

① 萧乾:《文学回忆录》,北方文艺出版社 2014 年版,第 222 页。

月28日)、《大明湖畔啼哭声》(10月8日)、《从兖州到济宁》(1936年3月10日)等,是萧乾生动描述和报道现实事件的开端。文章实录了官绅的腐朽生活与流民的苦难,引起了社会各界的重视,《大公报》还组织了募捐活动。该文如水灾悲惨场景的画卷,读者逐字逐句往下看,画卷随之展开并冲击眼帘,展示了萧乾以文学书写新闻、用文字从事素描写生、以艺术剪裁显示镜头的高超水准。

这首先归功于萧乾一贯信奉的"对现社会没有较深刻理解的人,极难写出忠于时代的作品"的创作理念①。他从"我的视角"出发采访,隐藏主体但不让其消失,而将主体所及之处、所见之人、所感之情融为一体,作为"画中人"牵引读者视线去体会一幅幅的速写。

其次,萧乾在写作手法上擅长"抓拍",用形象增强体验感。他在反映灾民凄惨景象的线索下,采用典型人物互见的方式,抓拍了大头瘦脸的婴儿、苍老拄拐的妇人、仰天长叹的老翁、蓬头消瘦的老媪、用破衫前襟领馍馍的老媪、读"关帝君血泪救劫义"的老爹等"众生万象"的镜头,丰富了特写的艺术性,增强了感染力,给人以图像的动态感和心灵的震颤感。

最后,在"抓拍"镜头的基础上,萧乾以映射水灾严重、救灾难度大、灾民极困苦为逻辑,将各种镜头组合起来,以场景互见的方式,描绘难民极差的生活状态、迷茫失措的神情、官员演讲的效用、清点和分发食物的流程、饥民猛食黑馍馍的情况、诵读书册及听读劝慰的现场、不知所往地拥向火车等场景,这些凄惨悲苦的素描组成了一幅流民图,"渗透着强烈的正义感与艺术的震撼力"②。

总之,该文彰显出文艺和新闻对萧乾的有机化合作用:既能聚焦社会事件的情节,又以作家的眼光筛选最能反映实质的细节,通过灾民生活的写照,揭露当局不能拯救流民,使其"像浮萍般茫然地在灾难中漂流"的惨痛境况。因此被学者视为"抗战前描写国人生活状态有广泛影响的报告文学作品"③。

---

① 萧乾:《萧乾选集》第3卷,四川人民出版社1984年版,第283页。
② 严家炎:《史余漫笔》,生活·读书·新知三联书店2009年版,第257页。
③ 张大明、陈学超、李葆琰:《中国现代文学思潮史》(下),北京十月文艺出版社1995年版,第1163页。

专家型记者：章丹枫*

章丹枫(1914—1994)，名巽，字丹枫，浙江金华人，出身于书香之家，自幼受到良好教育，具有坚实的历史和英文基础。1935年至1948年期间，他曾任大公报馆助理编辑、要闻版编辑，但主要还是做记者。由于有历史学的学科背景，所以国内采访时，他撰写了大量有关中国历史地理的文章，属于"专家型记者"。又由于有良好的英语基础，所以担任《大公报》驻美国特派员期间，也能出色完成采访任务。

一

1934年，章丹枫从南京中央大学毕业后，进入天津南开中学任历史教员。任教期间，他经常关注《大公报》报道，对报馆工作产生浓厚兴趣。1935年，章丹枫辞去南开中学教员工作，考入天津《大公报》编辑部，担任各地通讯版助理编辑，从此开启新闻工作生涯。

1936年开始，章丹枫被调到《大公报》上海版工作，担任报馆要闻版编辑，分管国际新闻，负责翻译外电新闻稿。同时作为"中国青年新闻记者协会"（简称"青记"）发起人之一，章丹枫帮助范长江起草了"青记"的章程草案，对"青记"的成立发挥了重要作用。

1937年抗日战争全面爆发，上海日益沦陷，大公报馆一些同人选择离职，还有一些被调往汉口，导致报馆人手十分紧张。在这种情况下，章丹枫仍坚守岗位，时刻关注和研判战况。因为当时传闻日本人与国民党有秘密交往，章丹枫不畏风险，认为有义务搞清楚这些"内幕"，体现一位记者对"天下兴亡"的关

---

* 本文撰稿人：方佳辰，中共天津市委党校马克思主义学院教师。

心之情,同时也展现出强烈的社会责任。这期间,章丹枫连续撰写了《华北国防线》《四川与全局》《北战场大势》等文章,以古观今。他分别以山西、四川和山东为研究重点,通过分析其地理位置和自然条件,进而梳理春秋至今其社会发展情况,得出一个结论:这些区域具有相同的特征,即没有掌握好地理优势而屡屡遭受侵袭,而应该接受历史的教训,不能无所作为,听任外敌侵略,要发动西部和北部战场的攻势战争,保持国族的安全。这些文章对读者来说,具有启发和教育作用。

1938年,《大公报》香港版创办,总经理胡政之邀请章丹枫赴香港工作。欧洲爆发大战后,章丹枫从香港回到上海,改入中华书局任编辑,暂时脱离大公报馆。1941年,太平洋战争爆发后,日军占领上海租界,章丹枫认为上海已不能存身,遂前往重庆,并记录了路途中的经历和感想。在《由上海到重庆》一文中,章丹枫分析了浙东地区日军的进犯路线,认为"浙东多山,如嵊永公路则夹在四明、会稽、天台诸山之间,浙赣铁路则夹在会稽山和太阳岭之间,富春江两岸,也峻石壁立。自此史南进一步,山势史险阻一步,敌军即使能作若干线的渗入,后路定将时时被我切断,必陷全军覆没之绝境"①。为此,章丹枫指出浙东战场居于前哨地位,呼吁政府将其转到重要地位。到达重庆后,章丹枫进入中央大学历史系担任讲师。这期间,他撰写《近百年来中国报纸之发展及其趋势》一书,该书成为中国新闻事业通史研究的重要成果之一。1943年,应《大公报》桂林版需要,章丹枫回到报馆,担任编辑主任。

二

1944年开始,章丹枫赴美留学,进入纽约大学研究院学历史,胡政之为其领取护照,名义上仍是《大公报》驻外记者身份。作为一名驻外记者,章丹枫能够及时为报馆提供消息,满足读者对战时国际新闻的阅读需要。1944年5月,章丹枫途经孟买,听闻印度政府下令无条件释放甘地先生的消息,便更改行程采访圣雄甘地,为《大公报》发回独家新闻素材。通过与印度妇女界最高领袖奈都夫人的谈话,了解到印度对于中国抗日战争的真实评价:"中国全人民为

---

① 丹枫:《由上海到重庆》(下),《大公报》(渝版)1942年5月24日。

争取国家独立自由而对日本法西斯帝国主义者的暴力英勇作战,不但是中国的光荣,也是亚洲的光荣。印度全人民都敬慕中国,愿与中国密切合作。"①章丹枫庆贺甘地先生恢复自由,并为哈里真基金进行捐款,表示中国友人对于甘地先生和印度人民的友情。

到达美国后,章丹枫进入纽约大学进修历史。他利用寒暑假走遍美国各大洲,对美国社会的各个层面作实地探访,获取很多报道材料,发回大公报馆。譬如,章丹枫发回美国前副国务卿威尔斯氏《决定一切的时机》著作的重要性和全书框架,重点介绍了威尔斯氏处理日本及亚洲问题的意见,指出"他的意见足以反映美国政府当局的政策,也足以代表美国多数进步派人士的见解,以中美两国现在和未来关系之密切,威尔斯氏此书,是值得我们特别重视的"②。章丹枫还发回罗斯福总统和丘吉尔首相在魁北克完成的历史性会谈之报道。虽然此次会议,中国未有正式代表参加,若干人士不免感到失望,但章丹枫认为:"美国报纸出版物及一般舆论,则对我国的政治及经济政策,乃至军事形势,评论仍多,大部分则实出于一种友谊和好意"③,这种友情值得国人珍重。这些报道真实反映了美国社会情况及中美两国关系,为国人了解国际现状和未来趋势提供重要消息来源。

1947年,章丹枫回国后,进入《大公报》上海版做编辑。出于对历史研究的浓厚兴趣,1948年8月,章丹枫向总编王芸生提出辞职,从此正式脱离报馆,进入南京中央大学历史系任教授。1956年,章丹枫被调入复旦大学历史系任教授,从此专心致力于历史研究与教学,直到晚年。

附 代表作赏析

华北国防线——一个历史地理学上的解剖

(原载于《大公报》[沪版]1937年10月14日、17日)

(一)河北同山西

国防的意义兼括经济、文化、军备、地形各方面,而在军备比较落后的情势

---

① 丹枫:《访问甘地先生》(上),《大公报》(渝版)1944年7月4日。
② 丹枫:《战后新世界——美国前副国务卿威尔斯氏的建议》(下),《大公报》(渝版)1944年10月4日。
③ 丹枫:《争取胜利争取和平——魁北克会谈的主题》,《大公报》(渝版)1944年11月5日。

下,地形尤足以济其穷,显出特别重要来。海河流域冲积平原是华北经济文化的中心,但是它的本身沃野千里,无险可守,在军事上不能成为一个独立区域。好在海河平原的北边,有一条东西奔放的燕山山脉,从察哈尔南部到山海关间,峰峦起伏,势如波涌,是极其险阻的一道屏障。燕山山脉中间被水流横切成许多河谷,构成南北交通的道路,如冀察间的居庸关南口,如冀热间的古北口喜峰口,以及冀省东北角的冷口九门口都是,这些称为关称为口的,都是军事上的交通要道,易守难攻。长城就是沿燕山筑的。海河平原的西边是南北壁立的太行山脉,与燕山山脉构成一直角,太行山的西面就是山西高原,以吕梁山脉和黄河为其外廓,号称"表里山河",形胜可想。更因中部汾河流域上若干局部平原和地底丰富的矿藏而增加其经济力,成为退可以守进可以攻的优势。海河平原东边是渤海,南边则开放着作为和中原取得联络的道路。

燕山山脉和太行山脉构成一条大弧,来保护平津沧保这些大城市及其附近的地方,因此山西河北两省在国防上是一个区域,难于分开。现今如此,古昔亦然。中国二千年的历史告诉我们,谁能控制山西,即能控制河北;谁能占领冀晋,即能进取中原。历代的开国帝皇,几乎都以冀晋区域,尤其是山西,来做他们征伐创业的基点。

现在日本人走的还是这条老路。他们抢下平津,立即绕攻南口;他们夺下察南,立即进犯山西,其志诚不在小。平津的沦陷,甚至沧保的得失,对于全盘战局所关者尚小。惟有晋北的战事,值得我们万分注意。山西不但是保全华北的焦点,也是中原和西北各省的屏障,同时亦为进谋收回河北恢复内蒙东北的基础。

(二)历史的回顾

当春秋时代,冀晋北部都是戎狄异族所居,居高临下,对于汉族的生存自然是一个极大威胁。公元前第七世纪中叶,齐桓公和管仲首倡攘夷之论,远征戎狄,晋国诸君继起降服异族而同化之,这样,才为汉族子孙减消威胁,扩大疆土,并且增加新鲜的血液,厥功甚大。所以孔子说:"微管仲,吾其被发左衽矣。"到了战国时代,山西大部分和河北西部皆属赵国,其时秦势甚强,惟有赵国能和她匹敌,梁任公说:"终战国之世,能倔强与秦抗者莫如赵,虽曰国有人焉,亦形势然矣。"真是一语破的。所以公元前第三世纪末年,秦王并吞中国的战略,第一步先灭韩(今豫北晋南),以除心腹之患,第二步立即进攻赵国。秦兵行军的路线,避开晋东的太行山脉和晋西的吕梁山脉,而由晋南沿丹河河谷进攻长平(今山西高平县),当时赵兵据险,宜于固守,可惜赵王不能用廉颇之谋,草率出战,卒致大败,兵士四十万人降秦,尽为白起所坑杀,读史至此,可为一叹。可见虽有险要,而无良将,亦复何用！至于赵兵被杀,可为降敌者留做一个前车之鉴,倒无足惜。秦赵的第二度大决战在井陉(今石家庄娘子关之间),当时赵王嬖臣郭开私通秦国,潜杀良将李牧,自坏长城,秦将王翦遂由井陉入晋,而赵国亡。"汉奸"害国,古今一辙。秦兵占领山西高原后,和陕甘打成一片,控制中国的优势已成,于是即以此为轴心,分兵两路,一南灭楚(今鄂湘皖苏诸省),一北灭燕(今河北省东北部及辽宁南部),即以灭燕之兵南面袭齐(今山东),统一宇内,秦始皇成此伟业,其枢机实由于灭赵之功……

(三) 内弧和外弧

历史上的旧迹我们大概已经做过一度鸟瞰了,冀晋区域的重要已如史实所昭示于我们,而燕山山脉和太行山脉实为其北西二方之屏障。但是仅消极的保守这个区域还是不够,而且也仍无安全可言。燕山山脉和太行山脉构成一条内弧,它的外面还有一条外弧,就是北方和燕山山脉平行的阴山山脉及西面和太行山脉平行的贺兰山脉乃至更西的祁连山脉。能保持或控制阴山—贺兰山—祁连这条外弧,燕山和太行山才不受威胁,冀晋区域乃至整个的华北始有安全可言。

因此在我们祖先历史的光荣期,如汉如唐,都以征服塞北区域(今热河察哈尔及外蒙古)、河套领域(今绥远宁夏)、河西区域(今甘肃)为急务。塞北方面,如前汉卫青、霍去病的立功大漠;后汉窦宪的伐北匈奴,登燕然山(今外蒙杭爱山),刻石纪功;唐太宗的征服突厥;河套方面,如秦将蒙恬的取河南(即今河套),辟地千里,因河为塞;汉武帝的在河套立朔方郡,筑城屯戍,通渠置田;以及唐代在后套北所筑的三受降城;河西方面,如汉武帝的辟甘肃,通西域,设武威张掖酒泉敦煌四郡,无一不觉其重要与伟大,照耀千秋。反之,这三区域倘为异族所占,则汉族常受威胁,不能安居,甚且招致亡国之祸,如晋时有五胡乱华,宋有辽夏金元入寇,明亡于满清,都是铁证。

民国成立,五族共和,北方胡马南下的恐怖应该可以根绝了。不幸过去政府的民族政策,容有若干欠妥之处,而野心的日本势力,又由中国的东北角迅速展开,遂形成今日华北的危机。日本的侵略路线,仍然循依历史上的旧轨,尤其是师满清灭明的故智,先从东北到热河,到冀察,再向山西进攻。日本的进攻山西,也仍然北袭雁门宁武,东击井陉娘子,然后会攻太原,它走的都是历史上老路啊,为什么我们不应该早早加强防御,用铁和血将这些天险封锁起来呢？冀鲁边区的战事，日本是不十分注意的，日本作战的主要目的在山西。日本倘占领山西，则居高临下，进退裕如，整个控制华北大局了。山西是我们最后也最重要的防线，我们要死守到底，不能再放弃一寸土；其理由很显明，我们可以再简单归纳如下，以作结论：

第一，山西资源丰富，煤的储量达一百二十七兆吨，号称世界第一；铁砂年产约二十万吨，生铁年产约六万吨；河东盐年产约六十万担；汾河流域农产尤富，岂可让给敌人？

第二，敌人若得山西，消极可以屏障冀察，积极可以沿汾河河谷西进取陕西，南进取河南，居高临下，为势甚易。

第三，敌人若得山西及河南，则华北全失；敌人若得山西及陕西，则西北沦亡，而中国本部与外蒙及苏联之交通联络断绝，将为日本各个击破。

第四，我们要收复河北，夺回察绥，必须以山西高原为根据地，东下井陉诸关，北出雁门大同，逐退敌兵，以谋更进一步取还东北。

第五，守山西击敌兵非难事。日本现时向西进兵，孤军深入，如一楔形物，其后方甚空虚。历史上北方异族入侵中国，多以西伯利亚及外蒙为根据地，而现在则西伯利亚和外蒙均非日本所有，且与日本为敌。我们切不可坐失良机，必须在西战场上加紧抗战！整个国家民族的命运，都在此一掷了！

【赏析】

1937年，日本帝国主义侵占平津，占领了华北平原，又准备对上海发动大规模进攻。章丹枫的这篇《华北国防线——一个历史地理学上的解剖》，以历史、地理的视域对当时中国的军事战况进行细致解剖，凸显了作者作为专家型记者的写作特色及大公报人的职业意识。一方面，文章从历史学和地理学视角回顾自春秋时代至民国时冀晋区域的发展情况，表明山西高原和冀晋区域的历史重要性，强调抗日战争时期的中国军队须加强对山西高原的防御，使燕山和太行山不受威胁，进而保障整个华北得以安全；另一方面，文章体现了大公报人的新闻职业意识。章丹枫秉持"报道真确公正之新闻，铸造稳健切实之舆论"[1]的原则，对抗日战争中的冀晋区域进行深刻而专业的分析，呼吁全民族各方面团结力量以坚守西战场防线，具有明确的现实意义。

---

[1] 王瑾、胡玫编：《胡政之文集》（下），天津人民出版社2007年版，第1030页。

第一个驻美特派员：严仁颖*

严仁颖(1913—1953)，出生于天津，是南开系列学校的创始人之一、被尊为"南开校父"的严修先生的第 10 位孙。严修注重培养其子孙的全面素质。在子孙的文化教育上，严修曾在家中开设书塾，创办严氏女学和敬业中学(后为南开中学)，教授子女的不仅有国学知识，而且还有英语、日文、物理、数学等课程①。同时采用新式教育，其子孙都深受中西方文化的熏陶。严仁颖先生曾先后担任南开大学教师、《大公报》上海版编辑、《大公报》驻纽约记者、《大公报》天津版副经理和代经理等职务，曾代表《大公报》采访美国总统罗斯福的夫人。1948 年赴美生活，1953 年 8 月 9 日在美国因脑溢血去世，年仅 40 岁。

一

早在青年时期，严仁颖就在体育新闻和话剧表演等方面表现出极大的兴趣和天赋。1931 年 9 月 5 日，民国校园第一画刊——《青春画报》在天津创刊，它的编辑部设在南开中学校园，编辑、记者也多为在校学生，内容更是以记录全国各名校教学活动、社会活动、体育运动及教师、学生对时局变幻的反应和看法为主。从第 23 期开设《体育馆》专栏，由严仁颖主编，及时报道华北地区各校重要体育赛事，配以比赛现场图片，撰写各体育名家小传和趣闻轶事②。与此同时，他还是南开话剧团的佼佼者，曾因在 1931 年演出话剧《谁的罪恶》为自己赢得"海怪"的称呼。1935 年严仁颖又在南开话剧团为赈灾筹款排演的

---

* 本文撰稿人：冯帆，天津师范大学新闻传播学院讲师；范雨露，湖南师范大学新闻与传播学院 2017 级硕士研究生。
① 潘国文：《严修家族研究(1830—1930)》，华东师范大学博士学位论文，2010 年。
② 周利成：《中国老画报·天津老画报》，天津古籍出版社 2011 年版，第 83 页。

《上寿》《财狂》等剧中扮演厨子兼马夫。他用喇叭般的嗓子、坛子般的块头、矮矮的个子、滑稽的衣服和装饰,把一个忠厚朴实的仆人演得活灵活现①。此次演出也因《大公报》的专门报道而被誉为"华北文艺界的盛事"②。

青年时期的严仁颖怀揣着强烈的爱国主义情怀。1934年10月,天津举办了第十八届华北运动会。在开幕式上,南开中学啦啦队承担了排字表演的任务,担任总指挥的正是严仁颖。正式表演时,严仁颖指挥啦啦队依次排出了"毋忘国耻""毋忘东北""收复失地""还我河山"16个激动人心的大字,并高呼"十八届华北运动会,开在河北天津卫。众英豪精神焕发,时时不忘山河碎。卧薪尝胆立大志,收复失地靠我辈。待等东北光复日,中华民族万万岁"等振奋人心的唱词。啦啦队的表演赢得了全场观众热烈的掌声和欢呼以及包括张伯苓校长等在内的全体爱国人士的好评。在第二天的天津《大公报》出版的《第十八届华北运动大会特刊》上刊登了题为"泪下沾襟——东北的选手勿忘整队回家"的特写,对啦啦队的爱国行为作了报道。严仁颖的爱国壮举轰动津门。

二

1936年,严仁颖从南开大学政治系毕业后,来到上海,进入《大公报》上海馆,担任体育记者和体育版编辑,正式开启自己的报人生涯。在这期间,德国筹备召开第十一届夏季奥运会,他广泛搜集资料,为报道奥运会做准备。8月下旬,奥运会刚刚闭幕,他就整理出第十一届奥运会的全部资料,包括中国参加历次奥运会的情况,第十一届奥运会开闭幕式情况、竞赛项目、各项比赛成绩、优秀运动员介绍以及这次奥运会的特色等。他将这些材料陆续在《大公报》和《国闻周报》上发表,为后人保存了准确的资料。

上海沦陷后,严仁颖来到重庆担任重庆南开中学的校长室秘书,同时教授高一学生公民课,并兼任学校话剧团体"怒潮社"的辅导老师。在渝期间,除了日常授课外,严仁颖导演了多部话剧,其中既有宣传抗战的《我们的国旗》《重

---

① 周利成:《民国画报人物志》,广西师范大学出版社2017年版,第315—316页。
② 崔国良、夏家善、李丽中:《南开话剧运动史料(1923—1949)》,南开大学出版社1993年版,第109页。

整战袍》等剧目,也有为庆祝1939年南开学校35周年校庆而导演、参演并获得极大成功的著名话剧《日出》。

三

1941年初,严仁颖赴美国留学进修,并以一篇题为"天津市战后计划"的毕业论文获得了纽约大学硕士学位。其间他一方面进修学习,另一方面兼任《大公报》驻美特派记者,而他也是抗战期间《大公报》的第一位驻美特派记者[①]。在美国期间,他热心公益,曾作为"学人血库"(blood bank)的第一批输血者参与献血[②]。与此同时,作为外交使者的他遍访美国各州,采写了大量通讯和专访。其中包括《美国的报纸》(《大公报》1942年3月26日)、《中国学生在美国——孟治博士谈指导援助方针》(《大公报》1942年5月5日)、《赛珍珠女士会见记》(《大公报》1942年8月7日)、《好莱坞的中国热》(《大公报》1942年11月6日)、《罗斯福夫人访问记》(《大公报》1942年12月5日)等文章。严仁颖的文章在《大公报》上陆续发表后,受到国内读者热烈欢迎。

在严仁颖的众多作品中,《罗斯福夫人访问记》无疑最具价值。1942年10月,在国内抗日战争最为艰苦、同时太平洋战争进入到白热化阶段的关键时刻,严仁颖特意从波士顿赶赴华盛顿,在白宫采访了时任美国总统罗斯福的夫人。其间,严仁颖向罗斯福夫人提出了12个问题均得到了一一作答。采访过程中罗斯福夫人的和蔼直率和她对中国人民特别是中国妇女的尊敬慕念让严仁颖印象颇深。采访结束后,严仁颖还将两份重庆版《大公报》交给了总统夫人。当看到两份报纸那粗陋的纸张和印刷后,罗斯福夫人表达了她对《大公报》在艰苦的抗日环境下坚持印刷出版报纸的支持和感动,并表示一定会将两份报纸交给罗斯福总统阅读。《罗斯福夫人访问记》在《大公报》发表后,对鼓舞中国人民的抗战情绪、坚定全国军民战斗到底的信念起到了一定作用。

鉴于严仁颖在美国期间采写的通讯、特写和人物专访广受欢迎、影响巨大,1947年9月《大公报》将严仁颖的这些旅美文章结集成册出版,取名"旅美

[①] 侯杰、冯广烈:《〈大公报〉历史人物》,大公报出版有限公司2002年版,第194—196页。
[②] 林冰:《报界的"海兄"》,《新生晚报》1948年3月17日。

鳞爪"，并由张伯苓先生题写了书名。该书一经出版发行量便达到了两万多册，在国内掀起了一阵浪潮。

四

1944年，严仁颖从美国回国。抗战胜利后，《大公报》复刊天津版，严仁颖出任《大公报》天津馆副经理（后为代经理），主持报社经理部的工作。当时严仁颖年仅32岁，是众多分馆副经理中最年轻的一位。主持《大公报》天津版经营工作期间，严仁颖广泛团结天津报界人士，经常为众多同行仗义执言，给当时天津的部分中小报纸争取印刷纸张份额，因此他在天津赢得了很好的口碑。1948年1月24日，他获得《大公报》馆赠予的"荣誉股"股票200股。凭借在《大公报》工作时积攒的声望，严仁颖被选为第一届天津市"临时参议会"的驻会议员，他在任期间发表了很多意见、建议，也为当时天津民众谋取了很多福利，被人们称为"少壮派的炮手"[①]。

五

1948年天津解放前夕，出于多方面的考虑，严仁颖决定辞去报馆职务再次赴美。到美国后，他在华美协进会工作的同时，还为一些报纸撰写稿件，客串话剧和电视剧。时值壮年的严仁颖在美国生活艰苦，又遭遇中年丧子，因而更加思念故土。中华人民共和国成立后，周恩来总理曾希望这位曾经的校友能够回国，为体育、话剧和新闻事业的发展贡献力量，但此时的严仁颖因脑溢血于1953年8月不幸病逝，年仅40岁。

严仁颖虽然英年早逝，但他短暂的一生却充满光辉。他开创了我国体育史上第一个啦啦队排字活动，为体育赛事表演奠定了基础；他详细报道了中国参加奥运会的情况，为我国体育历史留下了宝贵资料；他以话剧作为抗战宣传的武器，为艰难抗日的学生和民众带来了希望；他在美期间撰写大量新闻稿

---

① 阿黎：《海怪严仁颖》，《新生晚报》1947年3月5日。

件,为苦难中的国人带来了坚持抗战的勇气;他主持经营天津《大公报》,为天津报业的发展贡献了力量……他的贡献,值得人们尊敬并铭记。

附　代表作赏析

罗斯福夫人访问记

(原载于《大公报》[渝版]1942年12月5日)

　　双十节,在美国涌起了中华民族的热潮。记者到剑桥(Cambridge)参加大波士顿中国学生会国庆纪念大会。会后接到白宫的消息,说十四日下午三时罗斯福夫人接见本报记者。十四日清晨,记者在百忙中又提起了旅行的小提包,奔向这第二次世界大战中全世界的政治中心——华盛顿。

　　白宫,这举世注目的政治舞台的一角,并不像我所想像的那样辉煌华丽。一所白色的大楼,被一片片的绿茵所围绕。四周黑色的铁栏杆使我联想到北平长安街的怀仁堂,只是不见了那昂首的大石狮,更没有朱色金环的大门。栏杆外面,有全副武装的兵士在守卫。栏杆里面停着十几部不同颜色的汽车。

　　三时前五分,记者到白宫大门,拿出我的美国新闻记者证以后,两个警士允许我走向白色的巨厦。到了白宫门首,有两个着礼服的侍者开门相迎,替我脱去外衣,接过帽子。另一个穿蓝色便服的人问明我的姓名,便引记者入一间大客厅等候。这里枣红色的地毯和沙发,显得壁上克利夫兰德大总统的油画越发辉煌了。

　　罗总统夫人走进客厅后,那着蓝色便服的人高呼一声"Mr Yen"。我们便握手致候。这位"美国的一品夫人"(First Lady in America)给我的印象是非常和蔼直爽。高高的身材,走起路来更显得紧张。她穿着草绿色便服,没有任何装饰。含笑的面孔上,已经起了些许皱纹,立刻使我想到她确是在度着一种不平凡的生活。

　　三点过两分,我开始访问。我一共准备了十六个问题,但是因为滔滔不绝的回答,我只好问了十二个问题。

　　最先,记者请她对罗斯福总统给一些描写和观感,因为她是接近总统的第一个人。她告诉我:描写自己的丈夫是一件很难的事情,但是她可以告诉我罗总统的个性。她说:"罗总统有极大的自制力,这种自制力是他事业成功大原因。此外,罗总统善于观察,对于各种事都非常小心。这样使他的判断正确而严紧。随着他的善于观察的美德,他并且时时在体会人,同情人,因而又造出了他的另一个美德——愿意接受别人的建议。他每次考察归来,总要带回许多新的意见。所以他常常在快乐中度生活,这也许是他处处成功的一个原因吧。"

记者又问她对于蒋夫人的印象。她说:蒋夫人一定是一位非常能干的夫人,她一面帮助蒋委员长主持战时一切困难的措施,一方面还致力于难童工合一类的有关文化的事业。蒋夫人并有远大的眼光,实在值得赞扬。正如威尔基回来以后所谈的印象:"蒋夫人是一位最精明的人。"

当记者问她是否有意去中国访问的时候,她回答我,实际上,目前到远东去简直是件困难的事情。记者随即问她每天的日常生活。我们都知道这位美国的"一品夫人"对政治极有兴趣。据她讲,她每天大部分的时间要消耗在回答信件和接见客人。在去年一年里,她接到十万书信。虽然和罗总统每天接到四千封信的记录相差还远,但是也足使她的生活趋于纷忙了。她每天要在早晨八点半进早餐后,花一点时间在监督整理家务上,然后她要接见她的秘书和有关的随员。谈完了公事以后,她便开始回答各方信件和接见客人。在中午前后,她要为《世界电信报》(World Telegram)写她的日记(My Way)。由秘书帮她速记,然后由她改正,这种工作,她也要费去不到一小时的时间。

下午,她还要继续写信和接见客人。有时候这种工作还要延长到晚饭后。她告诉我每天的晚饭她常常是同罗总统一起进餐。在这个时候,是他们两位谈话最多的时候。他们要讨论各种政治经济问题。她不承认罗总统受到她的影响,并且她说夫妇之间,应当互相鼓励;在她与罗总统之间,她所得到的鼓励,一定要比较大得多。这也许是她谦虚的话。因为她告诉我她和罗总统常常讨论一个问题,到两个人都认为满意才止。据记者在美国观察,美国一般民众的意见,大都认为罗总统夫人有些地方颇能影响美国的总统。

记者随即问她对于她的四个儿子全去服兵役的感想如何。她讲她的四个儿子现在全在军队里服务,她的感想和美国所有做母亲的人是一般一样。"我们是不喜欢战争的,但是当我们为争取生存与正义时,我们不得不担负起非常的责任。所有的美国做母亲的人都和我一样地期望战争的胜利"。在那严肃的表情中,她微笑了。

在目前,美国妇女都渐渐的离开了家庭,走向社会的各部门,由于大量的男人都已离开自己的职业,所以美国的妇女们已经代替了男子在各种岗位上工作。记者因问罗夫人:在大战以后,这些妇女是否须要走回自己的家庭,重作贤妻良母,还是走向十字街头,和男子相抗衡。她的答案是:"在大战以后,大部分的妇女是要回到家庭里去的,但是有些人如果在职业上已占重要地位,那就要继续维持和男人做一样地工作了。"

记者问她:如果罗斯福总统在一九四四年再被选为总统时,她的观感如何。因为记者曾听见过当罗斯福总统打破美国的宪法当选第三任大总统的时候,罗斯福夫人曾经表示过反对的意见。她告诉我这个问题现在还是言之太早,并且好像不会实现的。当罗总统第三届连任大总统时,已经是件出乎意料的事,那时她曾劝他不要那样做。同时她也想到任何人对于国家都有他真正的责任。关于这个问题,她愿意说如果将来会实现的话,一切的一切,应当由总统自己去决定。

随后我们谈到了日本妇女的地位问题,她说她不能相信日本妇女会甘心愿意牺牲了自己的社会地位,而去为男人工作,侍候,并且顺从男子的一切。她相信世界上的妇女全是相同的,并且是要和男人站在平等的地位。日本妇女这种地位是不会维持长久的,她不相信她们是甘心愿意做男子的奴隶的。

记者问她对于战后的世界和平组织有什么意见。她的意见,记者认为十分正确。她说:在这次大战后的世界新秩序里,有两件不容忽视的事情:第一,是要有公平而合理的国际新组织。这种国际的新组织是要建筑在一种新的精神上,各个国家各个民族都要互相尊敬,互相了解,然后才能有真正的国际组织。如果我们不能放大眼光,为未来的人类真幸福着想,那么任何国际组织都不会发生优良的效能。在这一点上,中美两大民族的携手是非常重要的。第二,是经济问题。在第二次世界大战以后,各国的困苦可想而知。我们必须设法解决各民族的饥饿。我们必须使各国的人民都能有充量的食物。如果在第二次世界大战以后我们仍然看见各国有失业或灾荒的现象,那么就是人类未来的大不幸了。美国工人福利管理委员会(Works Progress Adm,简称"W.P.A.")的救济失业工人办法,是可供各国效仿的,在亚洲也是一样。

在她答完了这个问题以后,记者看到壁上的钟已经指在三点半,记者只好放弃了尚未提出的四个问题,提出最后一个问题,问她对于《大公报》的读者,特别是中国的妇女们有什么话讲或是信息要我代转。在微笑里,她说:"请你告诉中国的妇女们,我时时在慕念着她们的伟大。她们一方面奔波在战争的□境里,帮助国家,帮助她们的父、兄、丈夫去抵抗敌人,去改善战时的艰苦的新环境。在另一方面,她们仍然替政府做着建设的工作,如同教育、看护、作工等,和平时一样。在这双重的责任下,她们把自己全部贡献给国家,这是值得我们赞扬的。"

三点三十五分记者结束了谈话,在握手告辞前,记者拿出两份重庆《大公报》。粗质的纸张和印刷,引起了她很大的兴趣,记者告诉她,这是我们大后方的出品,纸张、油墨、铅字、排版、印刷,我们都是用两只手造出来的。她说:要把这战时大后方的产物送给罗总统看一看,他一定感觉有兴趣。虽然他们两人都不懂中国的文字。

当我走出客厅时,她又回首向我招呼了一下,便登楼去了。侍者过来助我穿衣,随后又推开两扇玻璃门,我便告辞了白宫。在细雨濛濛中,我踏步在本雪文尼亚街上,对于民主国家发生了新的兴趣。

罗静予先生备好了"开末拉",预备为我们的谈话摄制影片,可惜限于白宫的规章,未得如愿。王世雄女士助我把访问的经过简单地用电报打给祖国各报。赵继振女士助我记录,这里,我是要向他们致谢的。(十月十五日于纽约)

【赏析】

《罗斯福夫人访问记》这篇专访作品撰写于1942年10月15日,此时正处于我国抗日战争和世界反法西斯战争进行到最为艰苦的时期。严仁颖在此时作为《大公报》记者乃至作为中国记者访问罗斯福总统夫人,其背后的意义非同寻常。

在文章开头,严仁颖便直接深入主题,表明了他访问罗斯福总统夫人的时空背景,同时给予读者暗示,正在进行艰苦抗战的中国人民已经得到了美国政府和人民的关注。从访谈中,读者可以体会到严仁颖高超的采访技巧和深厚的共情能力。通过短短数个问题,便将跨越大洋的美国第一家庭和美国第一夫人与中国女性、中国人民和全世界所有爱好和平且正在与法西斯势力进行坚决斗争的人们紧紧连在了一起,坚定了全体国人抗战到底的决心和信心。

综观整篇访谈,作者以《大公报》记者的身份采访了当时世界上第一强国的第一夫人,并通过他的问题拉近了中国读者与美国之间的距离。文中通过美国总统夫人之口,让中国民众了解到自己并非孤军奋战,在世界上仍有很多热爱和平的国家和民族正在与其并肩战斗。正如同一时期王芸生撰写的《我们在割稻子》等脍炙人口的作品一样,《罗斯福夫人访问记》不仅给《大公报》带来了荣誉,更给危难之中的中国人民带来了乐观和期冀。

载笔随军，名噪一时：张篷舟*

张篷舟(1904—1991)，原名映璧，笔名杨纪，四川成都人。自学成才，早年从事文学、新闻、摄影和教育工作，大革命时期投笔从戎，参加东征。

张篷舟和《大公报》的关系是从1925年在《国闻周报》第2卷37期发表的新闻摄影作品开始的。1928年起，又长期为国闻通信社义务供稿。《国闻画报》发表过不少张篷舟的短文和新闻照片，《大公报》天津版也登过他的长篇苏北通讯《海滨拾叶录》，因此他和李子宽交上了朋友。

1936年，应李子宽邀请，张篷舟进入上海《大公报》工作，先做江苏省政府所在地镇江通讯员，后做编辑、记者，从此扎根《大公报》，发表了许多著名文章。遍历汉、港、桂、渝4馆，抗战胜利后的沪馆，中华人民共和国成立后沪、津、京馆，直到1965年61岁时，才在北京馆退休，但仍留编辑部帮忙。

张篷舟在《大公报》的经历可以分为以下几个阶段。

第一，在上海馆。

1936年4月1日，张篷舟到《大公报》上海馆当记者。当时，正值上海日本旅行社举办赴日樱花观光团，组织旅游东京以南各大城市的名胜古迹。张篷舟向报馆提出自费参加，为的是看看大阪《每日新闻》的地方通讯和资料工作。4月下旬归来后，他在《大公报》发表了几篇旅日特写，还出版过一本《日本皮相记》。

张篷舟写得最多的是文艺方面的报道，为上海重要的音乐会、画展、话剧演出等都写过特别报道，特别是唐槐秋的中国旅行剧团、应云卫的业务实验剧团、凤子的大学剧人协会，凡有演出，他都写过评介。他在《本市新闻》发表的第一篇特别报道，是《上海的政治犯现状》，从1936年5月19日起，连登5天，这是采访在上海公共租界、法租界、龙华监狱被关押的几十名共产党员的

---

* 撰稿人：胡晶晶，湖南师范大学新闻与传播学院2019级硕士研究生。

报道。

  1936年10月19日凌晨5时许,中国文学巨匠鲁迅先生病逝。当时《大公报》上海版的文教记者张篷舟和文艺编辑萧乾在7时得到消息后,马上赶到鲁迅寓所吊唁、瞻仰先生遗容。他们噙着眼泪在刚装殓起来的鲁迅先生的身边默默地站了好半天,拍摄了遗物,向许广平女士了解了鲁迅先生弥留及病逝的经过,在治丧委员会组成之后,赶回报馆撰写新闻稿,编写鲁迅先生事略,编辑鲁迅先生著译目录,一直忙到深夜。20日,在《大公报》上海版的第4版上,用大半个版的篇幅,刊登了鲁迅逝世的消息。四栏标题:"鲁迅昨在沪逝世 患肺结核重症有年 遗体将葬万国公墓 蔡元培等组治丧委员会","文坛巨子鲁迅(周树人)昨(19日)晨5时25分病逝于本市施高塔路大陆新村9号寓所,年56岁。下午3时半,遗体移入胶州路207号万国殡仪馆。经馆方施行防腐工作后,于6时暂厝于该馆二楼2号房间,受其亲友之吊唁。本日(20日)上午9时至下午5时,明日(21日)上午9时至下午2时,并在礼堂公开陈列遗容,任人瞻仰,3时入殓。定22日上午10时出殡,葬于万国公墓"。并详尽报道了"病逝经过""弥留情形""医生谈话""整理遗物""遗体瞻仰"的具体情况,刊登了《鲁迅事略及其生平译著》、"鲁迅近影""鲁迅遗容"和力群的"鲁迅木刻像",还登有鲁迅亲属许广平、周海婴和周建人的合影(张篷舟摄)①。

  在教育方面,张篷舟开辟了《上海学术团体访问论》《大学印象记》两个特别栏目,写过几十篇特写,又写过上海中学、小学概观,组织过各大学的学生当通讯员,他们随时寄稿或打电话报告学校新闻,每月按稿致酬。

  上海抗战持续了三个月。从8月27日起,张篷舟以战地特派员的名义写过52篇报道,并拍摄大量照片,反映了上海战士浴血抗日事迹。这些报道都登在新闻版头条。他又用"杨纪"笔名写过23篇特别报道,最初的十几篇由《大公报》代办部集结起来印成《上海之战》,三天就卖完了。他还写出了《沪战实录》等书,名噪一时。

  1945年日本投降后,张篷舟由重庆馆调回上海馆工作,最初是当沪、渝两馆的联络员,每天向重庆馆发上海新闻电,后来编过上海版《本市新闻》两个多月,以后一直编《地方通信》兼管通讯课。

  1949年5月27日上海解放后,张篷舟被调为研究室副主任,主动承担起

---

① 王鹏:《〈大公报〉报道鲁迅逝世》,《文化天地》2002年第1期。

了整理资料的工作。首先是编写《人民手册》。1950年上海解放周边时,为报社编印《新上海便览》,5月起又按月编印《大公报要目索引》,并一直出到"文革"为止,这是报纸出《要目索引》的创举。

第二,在汉口馆。

1937年12月,《大公报》上海版停刊。张篷舟被派往香港,为《大公报》汉口馆搬运卷筒纸,并兼发专电。后又参与修改版的筹建工作。

第三,在香港馆。

1937年底到1938年夏,张篷舟一个人在港筹备香港版。在香港版编《地方通信》时,主要有宋白云写的《粤南战事通信》。1939年采访华南六省,行程一万多里,历时三个多月,系统报道粤北会议、长沙大火、南岳会议等。辗转到香港后,将华东采访所得撰写成《南战场之旅》一书,在商务印书馆出版。

第四,在桂林馆。

1941年1月4日,张篷舟和蒋荫恩、李侠文等在胡政之的授意下到桂林。经过分工后,张篷舟任《本市新闻》编辑兼外勤课主任,后又兼编《文艺》副刊。《文艺》版是每星期一、三、五出版,用"桂"字编号,以别于香港版。从3月16日起到离开桂林止,张篷舟共编了150多期,每期一般是半版,与《地方通信》轮换在第四版见报。

第五,在重庆馆。

1942年5月22日,张篷舟奉调至《大公报》重庆馆,任驻成都办事处主任和成都特派员。抗战胜利后,参与《大公报》沪版的恢复工作。上海解放后,任《大公报》上海版研究室副主任,并着手编写《〈大公报〉大事记》。

第六,在天津馆。

1953年1月1日上海《大公报》与天津《进步日报》合并,复称《大公报》,张篷舟任资料组组长。1947年张篷舟写过一篇《参考部——编辑部之编辑部》,发表在报馆同人读物《大公园地》副刊第3期上,主张资料组应扩充为参考部,工作范围定为六种,即图书、资料(剪贴分类报刊)、图片、文件、人名、地名等的调查和编辑。

第七,在北京馆。

1953年10月,《大公报》北京办事处调张篷舟赴京建立资料组,他从天津馆携带一批图书到京,首先改用杜定友分类法把图书改号上架,同时开始用标题式分类法建立剪报资料。天津版于当年9月30日停刊,10月1日迁京出北京版。

1957年整风运动后，北京馆为张篷舟设立资料小组，续编《人民手册》和《大公报要目索引》，并到汉口、重庆、成都、西安收集旧《大公报》。"文革"初期，为保存这套完好的《大公报》，张篷舟挺身而出，给毛主席写了一封信，希望能好好保护这套完整的旧报纸。不久，这套旧报纸被移送至北京的《大公报》资料室里，这样才真正有了一套完整的《大公报》。

1965年，张篷舟退休。退休后，协助王芸生修订《六十年来中国与日本》一书。此书至王芸生逝世时已完成七卷，由张篷舟完成第八卷续编。

附　代表作赏析

鲁迅昨在沪逝世　患肺结核重症有年
遗体将葬万国公墓　蔡元培等组治丧委员会

（原载《大公报》[沪版]1936年10月20日）

文艺界巨子鲁迅（周树人）昨（十九日）晨五时廿五分病逝于本市施高塔路大陆新村九号寓所，年五十六岁。下午三时半遗体移入胶州路二〇七号万国殡仪馆。经馆方施行防腐工作后，于六时暂厝于该馆二楼二号房间，受其亲友之吊唁。本日上午九时至下午五时，明日上午九时至下午二时，并在礼堂公开陈列遗容，任人瞻仰，三时入殓。定二十二日上午十时出殡，葬于万国公墓，据其夫人许遐（广平）女士谈，先生弥留时，因呼吸困难，并无遗言遗嘱，但于九月五日曾写有一文，名《死》，载于《中流》第二期，我们只有照他那文里的意思去办吧。

记者按：该文中除述病状及杂感外，对于自身死后曾规定七事：一、不得因为丧事收受任何人的一文钱，但老朋友的，不在此例；二、赶快收殓、埋掉、拉倒；三、不要做任何关于纪念的事情；四、忘记我，管自己生活，倘不，那就真是糊涂虫；五、孩子长大，倘无才能，可寻点小事情过活，但不可去做空头文学家或美术家；六、别人允许给你的事物，不要当真；七、损着别人的牙眼却反对报复，主张宽容的人，万勿和他接近。现其挚友已组成治丧委员会，处理丧事，兹将各情分志如左。

病逝经过

先生患肺结核重症,已有数年,曾延须藤、松井、石井三医生先后诊治,松井医生于六月十五日曾为之照一次X光,发现其肺部只有极少部分是完好的,当时医生曾说:"这病要是西洋人或日本人,五年前早已死了。"可见他的病根很深,可是最近似乎有点起色,不久以前曾有一度要和他的好友内山完造同赴日本镰仓休养之说,本月十七日下午五点钟许,尚在虹口公园一带散步,时秋风甚紧,即至内山书店与友人谈话三十分钟后,归家病态突然剧变,经须藤医生等诊治,家属及田岛看护妇的严密守护,并用酸素注射复打强心针,均无起色,须藤医生语人:"如两日内无变化,始可脱离险境。"结果不幸即于两日内逝世。

弥留情形

记者昨晨七时,得知先生逝死消息,即赶至其寓所吊问,据其夫人谈:"先生病肺本已很久,过去病状曾入过险境,后来经一度长期调养,总算渐渐的好了起来,其间本拟易地到日本去休养,但因遵医嘱不宜舟车劳顿,所以没有成行,后自十月初起,病体渐见进步,健康大部均见恢复,因之连日来他已和平常一样,看书和写作,余暇时,亦出去找朋友谈天,双十节那天,他还曾到老靶子路上海大剧院去看了一次影戏,即天开映的片子是普希尔原著改编的《复仇艳遇》,所以大家都以为他的健康已有完全恢复的希望了,不想在十七日午后三时他照常到内山书店去访内山氏,谈了半个多钟头出来,遇着一阵冷风,因之在门口着了寒,四点半回到寓所,晚饭时胃口就觉得异样,饭后又因散步过度,当晚就失眠,辗转不能入睡,直至十八日晨一时,稍能入睡,至四时许,寒热交作,继之周身感觉酸痛,并且喘息不停,咳嗽亦烈,到天明六时左右,即电延须藤医院院长须藤五百三氏至寓所诊治,结果认为病势突变,形势不佳,随即注射两针,均无效验,呼吸仍困难,咳嗽仍不止,十八日下午续延福民医院松井石井两医生会同须藤医师诊治,商讨结果,即实行灌注'酸素',期挽救呼吸之迫切状态,但仍无效,群医认为病态已至绝境,当晚复曾加注强心针一次,至十九日清晨四时,天犹未晓时,尚能以极微弱之声音,向我说'要茶'两字,是他逝世前最后之一语。以后即入弥留状态,至五时二十五分呼吸停止而长逝,当弥留时,在床侧者,仅他的胞弟建人,及日籍看护田岛及我等三人。"

医生谈话

据其主治日医须藤五百三谈称:"鲁迅先生素来自知其身体病弱,故即使略为发热,亦不在意,而其本人又系学医出身,对于病症,颇具常识,故余对其治疗，常感困难，渠当谓'如人力不济，则只有听诸天命'。其对生死，颇抱达观，每在注射之时，决不言痛，十八日余因见其状甚危，特为请一看护，渠深以为怪，即问余曰：'我病如是严重乎？'余答谓'因在治疗上实有置一看护之必要'，渠始为释然，其为人方正不喜阿谀，今忽长逝，实深悼惜"云。

整理遗著

据他的夫人在殡仪馆内告诉记者："他生前并无积蓄，每年只有一些版税可抽，也不过是一千多块钱，遗有一子，名海婴，只有七岁多，在施高塔路大陆小学读书，其胞弟周作人，现在北大教书，周建人在本市商务印书馆任编辑，作人处本日已打电通知，关系身后事宜，多承各方友好协助，今后我将致力整理其遗作，尤其是最近而未完的遗作，打算最近期间暂不离沪。"

遗体瞻仰

昨晨十时，周夫人与其老友内山完造先生等，亲至万国殡仪馆接洽寄厝问题，由馆方于下午二时派车将周氏遗体运入馆内，其生平友好闻讯赶到住所及殡仪馆吊唁者，计有：宋庆龄、沈钧儒、胡愈之、李公朴、邹韬奋、赵家璧、巴金、靳以、茅盾、力群、鲁思、姚克、望明、曹白、陆离、新波、白危、马达、陈烟桥、黄慎华、萧乾，及日友内山完造、长谷川三郎、池田幸子等，遗体于六时经过防腐手续后，陈列于该馆二楼二号房间，神采如生，两颊则瘦削异常，身着深咖色绸夹袍，覆以锦被，安置屋之中央，四周有友好致敬之花圈颇多，吊者七时始散，昨晚由黄源先生等十余人陪守，本日上午即将遗体移至该馆楼下礼堂陈列，景仰周氏者，可自由前往致敬。

筹备治丧

昨日下午，其友好经数度商酌，决由蔡元培、马相伯、宋庆龄、内山完造、A.Smedly、沈钧儒、茅盾、萧参等八人，组织治丧委员会，办理一切，并发出讣告云："鲁迅（周树人）先生于一九三六年十月十九日上午五时二十五分病卒于上海寓所，享年五十六岁，即日移至万国殡仪馆，由二十日上午十时至下午五时，为各界人士瞻仰遗容的时间，依先生的遗言：'不得因为丧事收受任何人的一文钱'，除祭奠和表示哀悼的挽词花圈等以外，谢绝一切金钱上的赠送，仅此讣闻。"

【赏析】

这是一篇叙事详细的消息。张篷舟作为当时《大公报》上海版的文教记者，在得到鲁迅逝世的消息后第一时间赶赴现场，对中国文学巨匠鲁迅先生病逝这一新闻进行了采访,迅速、及时、全面地报道了鲁迅逝世的经过及丧事的筹备安排。全文有二千余字,内容丰富,叙事翔实,写法灵活,体现了张篷舟在对特殊人物的特殊事件进行报道时的写作功力。

首先是消息的标题颇具特色。一般说来,消息的标题字数不宜过多,只要突出事件的核心内容即可。例如,新华社著名记者郭玲春1982年撰写的获奖消息——《金山同志追悼会在北京举行》,标题只有12个字。但张篷舟写的这一则消息,标题长达33个字,分为4个内容:一是鲁迅逝世的时间和地点——昨日在沪逝世;二是鲁迅逝世的原因——患肺结核重症有年;三是遗体将安葬的地方——万国公墓;四是治丧委员会成员——蔡元培等组治丧委员会。记者为什么要在标题中突出这4个内容,而不是只有鲁迅先生在上海逝世的单个内容呢?主要是因为鲁迅先生作为"文艺界巨子",他的逝世牵动着众多读者的心,广大群众特别想知道的信息在标题中直接被披露出来,正是对广大群众急切心情的回应,体现了记者对特殊消息在行文上的特殊处理和用心。

其次是在报道内容上,选择与鲁迅病逝密切相关的事进行全面、立体的报道。记者在文中没有直接的赞美与评价,但鲁迅伟岸高大的形象跃然纸上。记者在每一段文字中引用他人的介绍,反映鲁迅去世前的情况和他的精神品格。如鲁迅临终前因呼吸困难,没有留下遗言遗嘱,9月5日写的文章《死》对于自身死后曾规定七事;"病逝经过"中"当时医生曾说:'这病要是西洋人或日本人,五年前早已死了'";"医生谈话"中说,鲁迅"其对生死,颇抱达观,每在注射之时,决不言痛"。在"整理遗著"中,"据他的夫人在殡仪馆内告诉记者:'他生前并无积蓄,每年只有一些版税可抽,也不过是一千多块钱'";"遗体瞻仰"和"筹备治丧"中列出的参与丧事的文化名人等,无不体现鲁迅的精神品格和在中国文化界的崇高地位。

最后是行文上采用并列式结构和小标题的方式,突破了消息常见的"倒金字塔"写法,令人耳目一新。这则消息一共8个自然段,有6个小标题。每个小标题之下陈述一个事实,文字简洁,一目了然。尤其是第一自然段,不仅包含的信息量大,而且数字也很多,但读起来并不厌烦,原因是这些数量词所表达的内容都是读者欲知和应知的。第二段采用"记者按"的写法,将鲁迅的文章《死》中关于死后规定的七事具体陈述出来,这在消息写作中,可谓独具一格。新闻,不仅报道的事实要新,而且写作方法上也要新,这才称得上是好新闻。这篇消息从标题到内容,再到行文结构,都体现了张篷舟对消息写作的突破与创新。

脚步丈量每一寸土地：徐盈*

徐盈(1912—1996)，原名徐绪桓，字奚行，山东德州人。早在北平读中学时，就展现出了优秀的写作才华和关注现实社会的热忱，最终走上了职业新闻人之路。

1929年，在北平大同中学读书的徐盈开始写作生涯，作品发表在《大公报·小公园》、《社会晚报》副刊、《文学月报》、叶圣陶主编的《中学生》上，文章聚焦现实问题，有少年老成的理性风格。徐盈与汪金丁、孙亨斌因投稿而相识，三人用"啸社"的名义主持《社会晚报》文艺副刊，徐绪桓开始使用"徐盈"这一笔名。

1931年，徐盈加入中国左翼作家联盟北方部和北平"左联"。同年，入保定的河北农学院就读于林学系，在校创办左翼小组，开展抗日救亡宣传活动。1932年，徐盈参加《中学生》征文获奖学生的联谊组织，开始与彭子冈通信，谈论文艺、理想和现实问题。同年与汪金丁、师陀在北平创办《尖锐》杂志，显示了浓郁的左翼文学风格。1933年，徐盈转至金陵大学农科学习。在左翼文艺实践遭遇困境时，他开始由文艺领域转向新闻领域，投稿对象越来越侧重于《大公报》。徐盈带着敏锐的目光，用脚步丈量当时中国的城乡社会土地，丰富的社会实践使之从左翼文艺青年成长为一名优秀的业余新闻记者，也与《大公报》结下了不解之缘。

徐盈的写实主义风格、专家型职业素养，得到《大公报》负责人胡政之、王芸生的赏识。1936年底，徐盈进入上海《大公报》，开启了近20年的职业记者生涯。

1936年秋，徐盈、彭子冈在上海结婚。1937年春，他们从上海出发沿浙赣线一路南下采访，上海、天津《大公报》同时连续刊出"本报旅行记者"徐盈的通

---

* 本文撰稿人：王素华，山东大学新闻传播学院2020级博士研究生。

讯。在此次采访中,他们看到了外资入侵导致中国乡村手工业凋零;连年战乱导致农民流离失所,而地方政府不闻不问,加剧了民众对当局的不满。这些作品堪称完整的社会调查报告,在乡村建设和妇女问题领域具有很高的参考价值。徐盈注重观察地理空间与农业经济的关联,选择上海、杭州、江西等地的粮食和经济作物(稻麦、茶)变化,以农业与其他产业的关联为切入点,将农业无法实现产业经营归因到工业和交通的落后,见解独到、深刻。徐盈的通讯还有人物和见闻的描摹。《浙赣的春天》写到了在码头争揽旅客行李的农夫、在船头悠闲品茶的绅士、离乡背井的农村青年、不断抱怨的铁路低级员工,尽显了人间百态和劳动者的辛酸。《瑞金巡礼》《赣州一瞥》等作品则介绍了红军驻扎过的村社在人口流动、经济发展、妇女观念、乡绅自治等方面发生的巨大改变。这趟游历在他的思想信仰上也潜移默化地打上红色烙印。返回上海途中,徐盈转道安徽,重点考察了芜湖的米市、黄山的茶区,连续发表了《京芜途中》《茶在黄山:皖南看茶记》《在茶叶改良场》等通讯,揭露了帝国主义和封建势力对中国农业商品化与民族经济的压榨和摧残。

浙赣旅行结束后,徐盈同彭子冈返回北平短暂探亲。七七事变爆发后,徐盈和彭子冈经天津乘船至烟台,再乘车到济南后两人分开。南下途中,徐盈考察了济宁、邹平等地的农村状况,对农民进行采访,并针对山东战时农业、粮食问题提出思考和建议。《今日的山东》系列通讯记录了山东沿海工业因战争爆发的停滞状态,同时指出农民的现状不利于抗战,表达了对工业生产复原和调整种粮结构的看法。

1937年10月,徐盈被派往山西抗战前线,冒着生命危险游走在战火之中,在五台山八路军总部采访了朱德、任弼时等人,并有机会单独与朱德彻夜长谈,事后发表了通讯《朱德将军在前线》和《战地总动员:西战场上的紧急问题》,报道了八路军的战略战术和群众工作经验,《追话山西》《请看今日之山西》褒扬了抗日根据地军民一心、同甘共苦的作风。这段采访经历也使徐盈对共产党有了更清晰、更直观的认知,感受到他们领导抗战胜利的坚定决心,成为他后来加入共产党的重要驱动因素。之后,徐盈继续西行,考察了当时的"中国复兴根据地"大西北各省城乡政治经济状况、民族宗教问题,写下了《西北战场论》《西北大势》《今日的陕北边区》《后方写照:最近的兰州》《保卫国土》《难民与伤兵》等通讯,报道西北人民和少数民族生活状况的同时,抨击官僚治理的基层衰败使"昔日的塞外江南今成人间地狱"。周恩来曾赞扬他的研究具有珍贵的史料价值①。1938年3月,该系列作品结集为《抗战中的西北》,收录在范长江主编的"抗战中的中国"丛书中。

1938年春,徐盈返回汉口。当时,因上海沦陷,《大公报》已迁至汉口出版。同年秋,徐盈和彭子冈经由胡绳介绍,秘密加入中国共产党,并遵循特殊要求,不交纳党费,不过组织生活,专人单线联系,从此他们的行动有了明确的精神指引。1938年秋,范长江离开《大公报》以后,徐盈则继续留在《大公报》,一边在国统区积极开展中国青年记者学会(今中国记协前身)、国际通讯社的相关活动,一边严格服从组织安排,"不过组织生活,不发展新党员,不交纳党费;只与周恩来、董必武、邓颖超建立起单线联系"②。

1938年10月,武汉沦陷,徐盈和彭子冈随《大公报》到重庆,都做外勤记者。其时,抗战进入相持阶段,国民党政府及大批军民向西南地区转移,徐盈的采访视野也转向重庆、川康及云贵地区。1939年4月,他赴川康开始了大西南风土、矿藏采访之旅,陆续发表《西康途中》《续西康踏入记》《汉夷之间》《汉藏之间》《汉苗之间》等通讯,从国计民生的角度,指出应加紧资源开发,为国家抗战做后备。

由于日军紧逼,为保留中国的工业基础,大批沿海工矿企业内迁。徐盈用笔记录了这一重要历史事件的全过程,进行了追踪式报道,发表了《后方总动员》《川丝的复兴》《未开发的处女地:西康踏入记》《向西康进发》《东北难民工厂参观记》《开发西康重工业区的几个先决条件》《纺织工业的复兴》等。他擅长运用调查性报道记录工业内迁的艰苦过程,并对内迁的主持者、民族实业家及劳动者的抗日热情予以赞扬。从1943年起,徐盈在《大公报》《中国工业》等报纸杂志上发表大量实业界、科技界人物特写和专访,在《新中华》和《客观》刊物上分别开专栏《当代实业人物志》和《中国现代工建人物》。

徐盈的战时报道聚焦于战争局势、宣传动员及前线访谈,一切都为了说明中国抗战的积极性从未下降,鼓励军民继续战斗。如《欧战爆发后的重庆映象》写于两次大轰炸之后,重在描写重庆在废墟上复兴了;重庆的外侨不再是战争的旁观者,也加入反法西斯战争中来,为中国军民抗战带来了盟军;最后以"中国在进步中"终结全篇。这对于当时的投降主义、悲观主义是一个很好

---

① 夏林根主编:《近代中国名记者》,福建人民出版社1990年版,第344页。
② 徐城北:《著名女记者子冈》,《人物》1987年第2期。

的回应。其他如《近东兄弟的友情》《渝郊观秋记》《记孙连仲将军》等报道,呈现了抗战将士浴血奋战及互帮互助的风格。徐盈的报道深入大后方,用脚步丈量每一寸土地,反思抗战现实困境,反映抗战各省区的成就与问题,在实际调研中提出相关对策。其中最著名的是1944年在《中学生》上连载的《抗战中的中国》系列通讯。

1945年抗战胜利后,徐盈北上担任天津《大公报》驻北平办事处主任。他看到了胜利之初北平人民的困苦与对和平的期盼,也见证了国民政府接收大员们的腐败和日渐浓重的内战风云。《北大复员记》《故都初冬》等通讯真实描述了大学教授和学生由于过冬物资匮乏而过着饥寒交迫的生活,以及报刊等精神食粮短缺的现实。国民党劫收北平的乱象被徐盈记录在笔端。《为了京沪的光与热》《煤在湖南》《手工玉碎记》《本溪湖的呜咽》《抚顺沧桑录》《像血一样的油》《在两大化工集团之间》《彩绣的命运》等通讯,反映了国统区的经济衰退;《接收·复工·生产》记录了接收之后,工矿企业如何复工与开展生产规划的境况;《谷雨问棉记》则以"清明早,小满迟,谷雨棉花正当时"的农家谚语开头,论述了棉麻的及时耕作对农民、工人及轻工业的重要性。这些报道展示出一幅战后工农业百废待兴的图画。与此同时,徐盈也把国民政府"安定"北平局面的举措及影响写进了报道里。如《北平学风》一文,描述了当时某些政府官员称北平师生"非是汉奸亦是走狗"的言论,造成了人心惶惶的局面。

1946年初,美国参与国共军调期间,徐盈跟随周恩来、张治中、马歇尔视察各地停战情况,先后飞赴九省区,写了《从张家口说起》《延安的春天》《从济南看山东》《归绥一瞥》等通讯,并被编成《烽火十城》一书出版,书中每篇都是珍贵史料。《和平播种记》介绍了马歇尔、周恩来、张治中的和平斡旋与谈判,以及短暂和平时期各地各界对和平的期盼。《张家口人物速写》介绍了聂荣臻、贺龙、萧克、成仿吾、于力、丁玲、萧三、宋绍文、杨春甫等解放区的将领和文人。《从张家口说起》通过与谢觉哉和徐特立的对话,介绍了解放区的生产贸易、文化教育、经济现状和面临的问题。《延安的春天》更加直接地向国统区读者介绍了中共中央领袖及共产党治理下根据地的风貌。

1945年至1949年,徐盈对中国工商业现状的深入报道,为展现新中国成立前夜国统区的经济状况留下了宝贵的历史实录。《华北交通的接收》《北方交通的接收》《北方的力量》等经济通讯,以国民政府接收日本人经营的华北经济事业为中心,从各个经济部门入手,通过大量研究数据介绍了当局接收中的腐败和无能，也反衬出日本侵略者建设中国北方工业作为战争基地的意图。《老牛及其破车》《盐滩上的花朵》《一个温暖的故事》《为了京沪的光与热》等报道，通过对战争中的城市破坏与建设、天津塘沽新港的初步开发遭遇停滞、唐山开滦煤矿的挖掘、平津路局与开滦煤矿设法运煤等事实的描写，传递出一种无奈和对中国工业在一定的基础上开发重建的渴望。

1948年10月，徐盈受邀赴台湾参加了工程师学会第十五届年会，在天津《大公报》发表了题为"哪里是工程师的用武之地"的通讯，这是徐盈在平津解放前发表的最后一篇通讯，也为徐盈以新闻为武器进行革命斗争的历程画下了圆满的句号。

1949年2月27日，天津《大公报》在杨刚、李纯青、徐盈等的领导下改组为《进步日报》，徐盈一度兼任《进步日报》临时管委会主任、主笔和《大公报》驻北京办事处主任职务，经常往返于北京和天津之间，为新中国的新闻事业做出了新的贡献。1952年，徐盈调任政务院宗教事务管理局副局长，结束了他近20年的记者生涯。1957年被划为"右派"。1962年在全国工商联机关刊物《新工商》工作。1979年任《中国政协报》党组成员，全国政协第六、第七届政协委员，文史资料研究委员会副主任。1996年12月11日，徐盈在北京病逝，享年84岁。

附　代表作赏析

朱德将军在前线——各种问题的综合谈话

（原载于《大公报》[沪版]1937年11月9日）

朱德将军答允了记者的请谒，派人来把记者带到他的战地总司令部去。……坐在会见室内，感到这里丝毫呼吸不到一点严重气氛。这屋子是有一个大炕占据了半个房间，白墙上贴着几幅华北大地图，靠近窗户处是一条覆着白布的长桌和两条板凳。除了隔室的电话铃声频频响得有些紧张外，满院子的少年士兵的哗笑声，顿使人感到有如处在一个温暖的家庭里。

正在和几位英锐的青年官佐杂话时，朱德将军推门进来了。记者第一次能和这伟人握手。今天将军穿了一套青布中山装，戴着青白徽的军帽，黑褐的面色,嘴巴周围有着浓浓的新生出来的黑胡髭。他朴实如农夫,慈和若老妪,但在炯炯目内射出坚定的光线时,则又严肃如钢铁。虽然穿着军服,可是他在举止上完全是工农生产者的姿态:简单,诚实,有决断。

记者首先致敬,因为××军的连日胜利,使各方面的军事顿有转机。将军微笑说,这是民众的胜利,如果再过一个月,各方面的民众发动起来,我们的胜利一定还会更大。他令记者写出几个问题来,便戴上了他的黑边眼镜,一一加以解释。他的声音很低,很沉重,他的句子很短,很简明。这伟人的脸膛上不时地还发出真挚的笑。

对于抗战期间后方应作何事,他是这样回答的——

"我们要动员后方,补充前方!要把后方组织起来。

"说起动员来,最痛心的是华北特殊化,敌人能在那里作组织工作,我们反而不可能,日本在那里不允许我们有所活动。这点教训我们要认识。保定以下,晋绥的情形就不同了,不单不抗敌,不逃跑的里长保长,反而助敌。我们平常只知道绅士们只会办办公事,却没想到他们也会替敌人办办公事,繁峙县的一个公安局长,城陷后却作了县长,许多人为求敌人不杀,出三千元买命,这种种丑事连日本人也称为无耻!

"我们要赶快发动,我们要晓得靠些老官僚救国是不可能。应当要有热血、不求升官发财的人来作。十几年来,各处所组织的民众,是遇到事情就逃,茫无头绪。现在我们发动民众,组织民众,不是怕他们起来,而是欢迎他们起来。青年群众和青年学生最有力量,因为他们敢作,敢打。

"华北群众若是有组织,我们军事失败不会这样快,现在的后方已经和过去不同了,若再有了良好组织,一定会更有力量。

"其次,言论应当解放,要各方面多发表些主张,群策群力,给他们以自由,使群众有能力来担负国家的事,到今天,决不会再有反抗的事了;此外我们要努力生产,这与群众生活有关系,应当设法改善。将来壮丁缺乏,一定要妇女来作农事,可减的税捐都应减免,而广大发动起来,工业也是如此;再有就是抗日不是一天两天的事,我们的永久计划仍然要计划去作,不要靠着现在的一点来应付。

"各种团体应当陆续组织起来,不必怕他。前线上最近才晓得需要群众,××军能够发动群众所以才能打胜仗,这是敢贡献给友军的一点。我们要是有了坚强的后援,前方也就有了把握,小小的后退也没有关系,前方的都不怕,后方还怕什么？我们盼望切勿妥协，妥协一定亡国，我们一致拥护蒋委员长，长久下去，一切都可收复，东三省也可拿回来。

"至于前方的目前需要，是盼望广大群众募寒衣帽子，鞋子，多送一双，多有一双，多送一件，多有一件……"

朱将军燃烧着一支烟，烟氛中，凝神谛视着记者的第二问，记者因为晓得将军正在写一本关于新战术的书籍，所以问题是关于战术之批判及战争之前途。他又缓缓地回答着，当这时一位同志径自爬到炕上，入了睡乡。……

"我们参战已经有两个月，也有了些研究和经验，对于全国一致打敌人很乐观。

"我们损失虽然大，可是日本的损失并不小，也许比我们还大，若按人口比较我们的百分数仍然占优势。我们失掉许多地方，所得的教训是要转变我们的作战技术——我们要发动全国群众作战！敌人有的是武器，我们有的是人员，敌人有的是火力，我们有的是活力。如果我们以活力碰火力，正为日本所希望的，不可能，我们要利用敌人的缺点而改变战术。

……

"过去的战争不会利用山地，不会作侧面战，更没有在敌人后方打精神。其实敌人怕见山，我们要喜欢见山。我们有了山，不可敌的器具也就可敌了，破坏了他的交通，断绝了他的给养，队伍也就没有什么用处了。仅仅是军队就可如此，一月后，群众起来，只要看见人就是他们的敌人，专来打他后方，有了二三十万人，华北都可收复了。我们希望每军都派出点人来打游击战，这是大众的战争，我们万分相信此理。

"我们很乐观最近一周的形势好转，山地战使敌人步兵消灭不少。我们晓得板垣师团是敌人的精锐，可是一共也不过二万人，除了机械驾驶者外，实则步兵不过四千多人，行军就靠这些步兵掩护机械。若是我们消灭了步兵，机械队伍只是一团糟，我东征西打，他们损失一定很大；另外一种经验，就是侧击，十八日夜袭阳明堡的飞机场是成功了。我们是出其不意的用了一营人，我们虽也有伤亡，可是敌机全灭，飞机师死亡，可说是大胜利。

……

"不必太久，群众一起来就有办法。我们这次在平型关作战是一个大战，这次能胜利就是因为有群众，使敌人的侦探走不进来，等到我们绕到敌人后方，直到我们开火之前，他们还不知道，这完全是群众的力量。……

"敌人虽然傲慢,不会爬山,可是精巧,会利用地形,而且死不缴枪,他们大概因为过去的刺激怕杀头,要活的不太容易,过去所谓顽强大概在此,并非是步兵怎样好。我们只需要有游击战、侧面战,不论多少人,来了就敢打。正面我们要守大城、守堡垒,只修飞机洞就可以。他们步兵上来,我们可以用机关枪、手榴弹射击他,驻军多至一团,少至一营都可以。盼望友军有这种自信力:多修工事,少数防守,有枪散给民众。因为我们的前途是群众战,天天破坏,天天消灭,敌人一定要困死。

"我们要在敌人后方支持起来。我们能支持,越持久,越明白,使大家胆壮了,侧面战成功,华北可以保全。我们自己的政治工作使自己团结起来,同时要指出敌人的矛盾,这样抗战前途是乐观的,是胜利!"

夜更深了,勤务进来换第三次的茶,将军依然精神健旺地娓娓谈着,说到警句时,将军欠着身子,锐利的目光从眼镜中透出来,直视对方,"可能?可能!"他常这样地自己问答;到了一个段落,他好意地又令勤务去拿梨子来敬客。

最后的题目是"国共合作之前途",这是个已经不需讨论的问题。

"是的,一天天的好下去。我们不过是用最新的方法创造新的前途,孙中山先生已经采用过,今日的抗战上,也证明并不错:希望解放成为一个新国家,我们竟得一部分工作有一部分力量,这个力量对中华民族好,完全脱了旧日的亡国现象。……

"总之我们要发动全民战争,前后方打成一片,胜利是我们的!"

时间飞速地走着,谈话又转到许多小问题上,良久没有结束。最后朱将军还笑述了一个趣事,就是自从改编为××军后,一些素不认识的朋友或亲戚都来登门求差事了,日来数百信。"中国是这么多的求升官发财人!"大家笑着,记者便辞别出来,踏着月色,满心兴奋回到宿所。

【赏析】

徐盈这篇通讯采写于山西抗战前线,是关于共产党敌后战场的战略战术和群众战争经验较早的公开报道。该文是徐盈在五台山八路军总部随军一段时间中,单独同朱德总司令作彻夜畅谈后写就的。从它的副标题"各种问题的综合谈话"以及正文内容可以看出,这是一个就抗战战略而进行的战地人物访谈;其采访主题和叙事线索为抗战的三大问题,比单纯的战役问题、动员问题等战术性问题更具普遍性和全局性。

开篇的战地总司令部周围环境描写烘托隐秘、温暖氛围,在这种环境中对朱总司令进行细致刻画,从衣着(青布中山装、青白徽军帽)、面容(黑褐面色、新生黑胡子)、目光(炯炯有神、坚定、严肃)等角度入手,展现出一个简单、诚实、有决断的"工农生产者"形象,同时也从侧面反映出八路军战斗生活环境艰苦朴素的现实状况。

正式采访从三个问题入手:(1)抗战期间后方应做何事;(2)关于战术之批判及战争之前途;(3)"国共合作之前途"。朱总司令针对提问侃侃而谈,阐述了坚持抗战要动员后方以补充前方,要把后方组织起来;结合战斗经验详述了游击战、运动战、群众战等战术得失,并表达了对抗战必胜的坚定信念;对当时国共合作,共同构建新中国持乐观态度。

行文中,作者注重对客观细节的深度描摹,如初到战地总司令部时,"满院子的少年士兵的哗笑声,顿使人感到有如处在一个温暖的家庭里",回答记者的第二问时"一位同志径自爬到炕上入了睡乡",以此传出八路军军民一体、没有等级的融洽氛围;在采访中朱总司令"脸膛上不时地还发出真挚的笑""好意地又令勤务去拿梨子来敬客",让读者看到了一个没有架子、平易近人、颇具亲和力的八路军将领形象;"朱将军燃烧着一支烟,烟氛中,凝神谛视着记者的第二问",对总司令的动作和神态的描写,展现出其神态镇定的将领风范。

采访中朱德总司令提出,"我们要动员后方,补充前方,要把后方组织起来",认为后方的建设靠些老官僚救国是不可能的,应当要有热血而不求升官发财的人来做;青年群众和学生应当成为后方主力军,各种社会团体也应当陆续组织起来。徐盈在报道中对此流露出赞许,他公开报道了抗战初期八路军的战略战术和群众工作的经验,褒扬了山西抗日根据地的军民一心、同甘共苦的精神作风。通过此次访问,从共产党及其军队身上,徐盈看到了抗战胜利的曙光和中国的希望。

采访结束,作者辞别后"踏着月色,满心兴奋",如雪泥鸿爪的简略几笔,将一种革命乐观情绪潜移默化地传达给读者,这正是徐盈新闻作品中最常见的写作手法。

穿梭在华北战场：孟秋江*

孟秋江(1910—1967)，原名孟可权，后改名为秋江，并用这个笔名发表新闻通讯。孟秋江是《大公报》著名的战地记者，也是我国抗战期间最杰出的战地记者之一。时人将其与范长江并称"两江"，也常将范长江、陆诒、孟秋江相提并论，称他们为三大外勤记者、"三套马车"。

孟秋江自幼父母离世，家境贫寒，15岁时跟随长兄到上海谋生，做过织袜工、记账员、小学教师、文书等。1933年，几经辗转北上甘肃，成为张掖县的一名小公务员。

1935年冬，身为《大公报》通讯员的范长江途经甘肃张掖，与孟秋江结识。范长江发现孟秋江"有刻苦好学的精神和对社会观察分析的认真态度"[1]，而且两人"都同情工农，痛恨黑暗，而且都有心报道社会的真相，唤起群众"，感到志同道合[2]。

孟秋江向范长江提供政府"情报"，范长江据此写成《中国西北角》中的著名篇章《张掖的破产，是人懒的过？》。不久后，范长江成为《大公报》正式记者，想到孟秋江在甘肃生活过，对西北的状况有所了解，就约他一起行动，共同采访。于是，孟秋江放弃了公务员职位，与范长江一同先后经过宁夏、包头、归绥（今内蒙古呼和浩特）等地采访，开启了记者生涯。1936年夏，范长江在孟秋江的协助下，将西北的所有旅行通讯整理成通讯集出版，即具有里程碑意义的《中国的西北角》一书。

1936年11月，百灵庙战役爆发，孟秋江和范长江最早到达前线，采访了绥远抗战的全过程[3]。此时，孟秋江以上海《新闻报》驻绥远记者的身份刊发战地

---

* 本文撰稿人：张振亭，南昌大学新闻与传播学院教授；杨楠，南昌大学新闻与传播学院2018级硕士研究生。
[1] 任重：《怀念孟秋江同志》，《常州古今》1982年第3辑，第121页。
[2] 胡愈之等：《不尽长江滚滚来：范长江纪念文集》，群言出版社1994年版，第83页。
[3] 陆诒、冯英子主编：《孟秋江文集》，华东师范大学出版社1994年版，第1页。

专电。我国最早的战地新闻报道,是范长江的百灵庙战役报道与孟秋江撰写的南口战役报道。1937年1月,孟秋江与来绥远前线采访的陆诒相识,很快结下深厚的战斗友谊。陆诒评价孟秋江"像一个青年军人",说话豪爽,言出必行,动作敏捷,讲究效率①。

1937年七七事变后,经范长江介绍,孟秋江担任《大公报》记者,正式开始了在该报的记者生涯,穿梭在华北各地采访报道中国军民的抗战情况。孟秋江的记者生涯可以分为两部分:从1937年到1938年,孟秋江作为《大公报》记者,深入战场,记录战争的进程与结果;从1939年到1941年,他任职于《新华日报》,发表的文章更多地倾向于旅行通讯②。

在华北战场,孟秋江先后参加了南口、平型关、潼关、徐州、中条山等战役,深入前线采访报道,刊发了《南口迂回线上》《烽火潼关》《大战平型关》《晋东麈战记》等系列战地通讯,详细记述了战争形势,透彻分析了战局得失的原因。孟秋江这些战地通讯之所以如此生动,广受读者欢迎,是因为他离火线很近,近到敌方的一面小白旗、敌方士兵的短髭、皮靴都看得一清二楚:"一面小白旗向上一举,敌方大炮马上停放,敌方坦克车对我前进,后面跟上一大堆的蓄短髭穿皮靴的倭兵……"③(《南口迂回线上》)可以说,孟秋江是在枪林弹雨中完成的战地通讯。

孟秋江不仅在战地报道方面有着重要的地位,而且在新闻理论方面也有一定的建树。孟秋江在《大战平型关》的通讯中提出,"尊重我们报纸的立场,记者的道德,即尊重国家民族的利益。也就是根据事实说实话的一个原则"④。这赢得了广大抗日将士和读者的赞赏,也是其新闻实践的真实写照和新闻理念的直接体现。

1937年8月,孟秋江全力投入了山西战场的报道,深入正面战场,写出了《退守雁门关》《离开太原的前后》《大战平型关》等通讯,揭露了抗战中存在的种种问题,主张应该把好消息和坏消息都告诉民众。"彻底的民族战争中一切都应该公开。"⑤9月12日,大同失陷,他是最后一位离开的记者;9月28日,

---

① 陆诒:《怀念孟秋江同志》,《新闻研究资料》1980年第2期。
② 胡正强:《论孟秋江战地报道的特色与价值》,《南京理工大学学报(社会科学版)》2012年第1期。
③ 陆诒、冯英子主编:《孟秋江文集》,第5页。
④ 冯英子:《春夜纪事》,花城出版社1986年版,第176页。
⑤ 陆诒、冯英子主编:《孟秋江文集》,第21页。

《大公报》发表了孟秋江以阳明堡电头发的专电,将战况告知民众;11月8日,太原失陷,他又是最后离开的记者之一①。

1937年10月初,孟秋江作为《大公报》记者,从华北战场东渡黄河到西安,在八路军办事处会见了周恩来、萧克和彭雪枫。同年11月29日,经周恩来安排,孟秋江到延安访问了毛泽东,离开时,毛泽东还赠予他不少马列主义著作。结束两天的访问后,孟秋江将此次谈话发往汉口《大公报》,即《毛泽东谈抗日,望大家加倍努力争取胜利》,短短200字左右的内容铿锵有力地表明了中国共产党的抗日决心,极大鼓舞了官兵和群众的士气。

1937年12月11日,孟秋江在《大公报》上发表了《平静的风陵渡》,评述了黄河要津风陵渡口在抗战期间地理和战略的重要性。1938年初,孟秋江参加了徐州会战、中条山战役和潼关炮战,发表了《烽火潼关》《全面游击战的山西》等系列战地报道。

1938年初,孟秋江从西安到了汉口,参加了进步文化界、新闻界的活动。他是"中国青年记者学会"的发起人之一,为团结广大新闻工作者做了大量工作。1938年7月,武汉会战爆发,孟秋江被调至江西担任《大公报》驻南昌记者,负责采访东战场消息,发表了《江西大战的前夕》《庐山脚下的难民》《湘北大捷经过》等专讯。孟秋江在南昌非常活跃,对各方情况都了解很多,"不仅在采访工作上能量很大,而且办事精细,还善于做管理工作"②。他深入战场一线跟踪报道,"用脚底板跑出大新闻",使得全国人民能够通过《大公报》如实了解实时战况,极大地鼓舞了全民斗志。此外,在江西采访报道中,孟秋江发现前线将士缺乏文化生活,便自掏腰包给前线将士们订购报纸。

1938年10月,武汉失守前夕,范长江离开《大公报》,孟秋江随之离开了《大公报》。1939年,经陆诒介绍,孟秋江进入《新华日报》工作。同年,孟秋江从赣南前往桂林,参与筹建国际新闻社(即"国新社"),并任经理,被称为"国新社"的"华西里"③。他和"国新社"的事业"生死与共,值得大书特书",是"国新社"的"顶梁柱",做出了重大贡献④。其间,孟秋江和范长江等合写了《怎样进行采访》等小册子,发放给社员以供学习参考。此外,孟秋江还编写了一些新闻学

---

① 孟秋江:《大战平型关》,《大公报》(汉版)1937年10月7日。
② 陆诒:《怀念孟秋江同志》,《新闻研究资料》1980年第2期。
③ 陆诒、冯英子主编:《孟秋江文集》,第211页。
④ 胡愈之:《怀念无产阶级的新闻战士孟秋江同志》,胡愈之:《胡愈之文集》第6卷,生活·读书·新知三联书店1996年版,第129—131页。

教材,例如《怎样做战地记者》等,并亲自授课,培养了一批年轻新闻工作者。

1941年皖南事变后,桂林"国新社"被迫关闭。孟秋江从桂林到了香港,同年加入中国共产党。1945年,孟秋江在上海参加《文汇报》复刊工作,同时恢复了"国新社"上海办事处,团结文化界人士创办《文萃》杂志,并担任总经理。1948年,孟秋江赴香港参与《文汇报》工作。

中华人民共和国成立后,天津《大公报》改组为《进步日报》,孟秋江曾任经理。1960年,孟秋江调到香港《文汇报》任社长,同时接管原来由廖承志领导的香港《循环日报》。1967年3月16日,孟秋江在"文革"中受迫害而死,时年57岁,1980年得以平反。

附　代表作赏析

南口迂回线上(节选)

(原载于《大公报》[汉版]1937年10月3日、4日)

一、日军迂回进攻

自西北军退守南口之役,南口形势的险要,遂传播于遐迩,中外的军事家莫不以另眼看待。可是日军自大,这回要故作尝试。八月九日的一天,趁我十三军×××师的阵地还未配置就绪,即行真面目的主力总攻击,集中炮兵,紧密放射,飞机协助轰炸,使我棱线阵地内的战士不能抬头还击。同时用阻止射击——炮弹跳越山头,而射落在山背——使我不能增援,然后以唐(坦)克车掩护步兵冲锋,以优良于我军十倍的现代战争利器,七昼夜的猛烈轰炸,除了粉碎南口左右两侧山头,×××师的弟兄有重大牺牲外,阵地还是阵地,没有丝毫动摇。

日军攻南口不下,于是不能不变更战术。八月十五日南口战况突趋和缓,而南口右翼长城线附近锡顶山前黄老院地方已发现敌踪,敌方以昌平县沙河镇西南之西贯市为根据,另外以门头沟为第二军事活动地,向永定河北面进攻。欲利用复杂地形,由山径小道,出我不意,穿过长城口,迂回而入怀来、康庄,取包围姿势,切断我南口联络。这是攻南口失败后,板垣才主张用迂回战法,攻击我南口右翼。

二、横岭城头

担任南口正面战斗任务的是十三军×××师，师长王仲廉先生，右翼是该军×师的战场，师长王万龄先生，军长汤恩伯氏兼前敌指挥官，驻节怀来城内指挥作战。

怀来是平绥路东端的一个县治，距南口百余里远，离右翼横岭城前线最近，不过五十里。地势低洼，南口山脉四周环绕，把它形成一个怀来盆地。在军事上看来，它不相宜设立一个军事中心机关。假使单单指挥汤军的×师人马，康庄是比较相宜，但是在永宁、延庆、赤城、龙关、独石口等地部队，也归汤恩伯先生指挥，他的指挥部放在怀来，是太偏于右前方了。因为×××恐怕汤军夺他地盘，不允许军部设立在宣化，另一方面因为当时战局有全盘胜利希望，稍为不适当的地方，似乎无大关系。

×师师部当初也在怀来城内的，副师长陈大庆先生在横岭城组织临时司令部，用电话指挥前线部队作战，听取敌情，随时遣调布置，同时向后方高级长官报告，或传达上级命令。他对于前方地形相当熟悉，汤军急援南口，×××仅派参议与作形式之联络，对南口方面的地形，还是陈大庆先生自己去摸清楚的。刘汝明未负一点责任。

八月十五日敌军攻入黄老院阵地，炮火的猛密，与攻南口一样的战法，并且逐步向右翼缺口夺进，情况非常严重。师长王万龄先生也到横岭城坐镇，出发时把他的物件，一针之微都嘱勤务兵收拾带走，准备不再回到怀来，他不回怀来的意义有两层，要是把日军打跑了，当然跟踪追击，不幸而失败，则以横岭城为坟墓。

横岭城在怀来东南四十里地方，南口山脉的崇岭间。在地图上看来在长城墙底下，实际上走起来还有十里路，这是通北平的主要山道，所谓道路，仅仅是一条被山水冲刷成的山沟，谈不上什么"道"和"路"。但是，现在成为我们后方军事运输上的要道了，而它在军事上运输上，却异常的不便利。

八月二十日的黄昏，汤恩伯的参谋处长在一间非办公室的炕上，用他幽默而颇有煽动性的语调，谈论前线战况时，忽然停止，伸长耳朵，细听院落里牵牛花叶上的雨声。口角上呈露出新的笑容，即以演说中最紧张的意态诉述他的新感觉："下雨了！我们前线的弟兄又好出去摸他一下了！（摸他，即利用雨夜，乘敌不备，偷袭敌营之意。）"屋子的人对帘外的雨发生特别好感。

第二天的早晨，泥路泞滑不堪，接济前方的弹药，完全改由大车——北方的马车——输送。天晴路好可以用卡车载运。然而它输送路程都只能达于二十里外的山口,再向前,只有借重人力和牲畜。

　　因此这天的运输队,由驴子、大车、挑夫组合成,这条牛走起来还嫌崎岖的路,汽车就用小脚婆走路的方式也难通过了。在这样道路上,毛驴子最骄傲,驮载的重量既不过分,行动可以自由,等驴夫睡倒了,它偷偷的走进田地里,黄的高粱,嫩的黄豆荚,小米子,大胆的吃一饱好东西。庄稼人看见了至多是吁吁赶跑它,不肯像平时拿起长棍来打它一下,因为它也加入战争了。

　　除了输送弹药给养的运输队外,任务最紧要的是增援前方的炮兵连。夜晚上冒着大雨由怀来城开拔,雨水的浇淋,滑而乱的山石,叫他们攀援而上,实在够乏的。太阳光射进山沟时,他们卸去了鞍架上的炮身、炮座、弹箱,把驴子缰绳扣在臂膀上,由它们在可能距离内去充实已空虚的胃囊。而倦了的战士,在比较平坦的乱山石上用各种不同的姿态睡将起来。太阳光的热度和自己的体温,把湿了的草绿色军衣烘干了,可是在身体睡压的一面,因为地下潮湿,还留着一大块潮渍。翻过身来再睡。一等兵刘长胜睡得顶香,几只大蚂蚁爬过他头脖子咬了一口,两手乱抓,把头顶前溅满了泥浆的马灯打到石坡下,他身也不翻地又睡着了。一个工兵背上负着十字镐、铁锹、军毯、防毒面具、伪装网和短枪,这样在山沟里的乱石上睡来是颇成问题,解除了睡又太费事,于是把身子斜伏在山坡上,追寻他的甜梦。

　　轰轰的炮声,在山沟里听来特别的凶猛,也许是拂晓后的第二次攻击,炮声的震荡,惊醒了他们的好梦,一个个爬起来继续前进,比平时吹号集合动作还要迅速整齐。但是险隘而嶙峋的山径,只能一步小心一步地向上登援,假使在平地上他们一定要用最快的跑步冲上前线去!

　　这是南口山脉北面第一个高山,向里走去,山头一个比一个高。明代为防御北方它先,是以南面北的方向,所以长城都建筑极北的山的棱线上,孰知数百年后的今日,我们要从城北向南去驱逐异族,长城于我,完全失去它的作用了。

　　进了长城口,下坡五里地,是板达峪,山沟是这个山村的唯一街道,新由后方增援来的×××师在这里休息,唯恐惊扰百姓,不久又要前进,军需辎重马匹都集合村屋外面,日本飞机不知道这里是我们后方,目前可以省去躲避飞机的麻烦,于行军上还可自由活动。

　　板达峪是怀来与横岭城前线联络的中心地,恰在山下,翻过山来的后方援军,由前方抬回来的和自己走回来的伤兵,都借此处歇脚,休息再走。这个山村在军事上占重要地位,日本飞机是不会忘了它。生力军——×××师——

开走不远,南面山头上飞过来一架敌机,我们的人马在高粱地和松林间隐蔽起来,没有一点目标暴露,伤兵放进屋子里,空盘旋了三周而去。

前面五里路远的横岭城,由这天起,敌机时时来照顾它了。

【赏析】

在孟秋江的战地通讯中,最具代表性的当属《南口迂回线上》。这篇被称为"带硝烟味"的、动人的文章,曾被编入当时的中小学课本,广为人知。

1937年7月底,日寇相继占领北平、天津,并沿津浦、平汉、平绥三线继续侵略。沿平绥路西进,为的是占领山西,进而控制整个华北。著名的南口战役就发生在平绥路上。

南口,位于当时北平城西北45千米燕山余脉与太行山交会处,是居庸关南侧的长城要隘,北平通向大西北的门户,被称为"绥察之前门,平津之后门,华北之咽喉,冀西之心腹",从来都是兵家必争之地。守住了南口,便能阻止日寇占领察哈尔省,继而分兵晋、绥之图谋,保卫察晋绥三省。但这一带地形复杂,崇山峻岭,关隘重叠,堪称天险。敌我双方都部署了雄厚兵力,各为7万和6万人左右。1937年8月8日,战役打响,历时20天左右,战斗之惨烈可想而知。《南口迂回线上》即是对这一重大战役的报道。

战斗打响的第二天,孟秋江就赶到南口山上采访报道。他与前线将士共生死,最终写出了此文,于10月3日、4日发表在汉口版《大公报》上,署名秋江。

这篇通讯约五千字,以战争推进的时间为顺序,分为"日军迂回进攻""横岭城头""在司令部中""横岭城观战""战地夜色"五个部分,再现了南口战役的场景。

首先,以新闻记录历史。"新闻是历史的初稿",用这句话来衡量战地通讯的价值和意义再准确不过了。翻阅关于南口战役历史研究的著述,几乎都把孟秋江的这篇通讯作为重要史料。这当然一方面是因为他深入作战一线亲身观察和采访,是历史的亲历者;另一方面是这篇通讯以事实为依据,叙述平实。这两点使其具备"信史"的特点,成为书写那段历史的"初稿"。孟秋江的战地通讯,也是最早见报的战地新闻报道之一,把日本的侵华战争以及中国人民艰苦卓绝的抗战真相告诉了世界。

其次,"事"与"理"相结合。范长江曾指出,读者需要的战地通讯有两类:第一类是关于战局、重大战役或问题的详细叙述,不但要有具体周全的经过,而且要"反映出成败得失的教训,显示出战事和战事有关的问题之前途"。第二类是战场或人物的描写,"充分描绘,以浓厚的情感,流露若干深沉的宇宙和人生的至理"。《南口迂回线上》可谓融合了上述两类通讯的特点,注重事与理的结合。如在"横岭城观战"中,孟秋江写道:"以四师一个师的兵力防守一二百里的战线,崇叠的山头,错杂的山沟间小道,都要兵去监视,这是很成问题的。"①对于战斗失败,他指出:这样的冲锋,接连三次以后,机枪连仅剩一个战斗兵,一个传令兵,一个伙夫了②。这实际上是在分析原因、总结教训。

最后,采用温情的细节描写。孟秋江非常擅长捕捉和描写细节,读起来令人既能感受到浓浓的人情味,思之却更觉战争之残酷。如写路况的恶劣:"在这样道路上,毛驴子最骄傲,驮载的重量既不过分,行动可以自由,等驴夫睡倒了,它偷偷的走进田地里,黄的高粱,嫩的黄豆荚,小米子,大胆的吃一饱好东西。庄稼人看见了至多是呀呀赶跑它,不肯像平时拿起长棍来打它一下,因为它也加入战争了。"如果不考虑战争的背景,这段生动、细致的描写显得幽默而诙谐,但如果将其置于战争的背景下,其表达渲染出的却是战争的残酷,虽然不乏些许温情。如写汤恩伯的参谋处长,"用他幽默而颇有煽动性的语调,谈论前线战况时,忽然停止,伸长耳朵,细听院落里牵牛花叶上的雨声"。细节的描写和刻画让读者似乎忘记了这是战场,但随即参谋长"口角上呈露出新的笑容,即以演说中最紧张的意态诉述他的新感觉",感叹道:"下雨了!我们前线的弟兄又好出去摸他一下了!""屋子的人对帘外的雨声发生特别好感。"一下子,猝不及防,甚至粗暴地把读者从"小窗听雨"的温情与浪漫拽回到战场"雨夜偷袭"的冰冷与无情。他写疲倦的战士席地而睡,"太阳光的热度和自己的体温,把湿了的草绿色军衣烘干了,可是在身体睡压的一面,因为地下潮湿,还留着一大块潮渍"。没有亲身经历和体验,难以写得如此真实而又不留痕迹。他的描写甚至不乏俏皮,如称"手榴弹是唯一可以对大炮报复一下的东西","掷手榴弹的战士,虽然一批一批的倒下来,第二批马上又跳出战壕去抵抗"③。我军士兵视死如归、不怕牺牲、顽强战斗的气概跃然纸上。他写爱喝酒的伙夫,"今晚凉瑟瑟的风刮起他的酒瘾,他恐怕他们三个人抢他酒喝,跑前几步一个人蹲着大喝起来"。生命力的张扬无处不在,哪怕是在随时可能丧命的战场上。

---

① 陆诒、冯英子主编:《孟秋江文集》,第5页。
② 陆诒、冯英子主编:《孟秋江文集》,第6页。
③ 陆诒、冯英子主编:《孟秋江文集》,第6页。

战火中的记录者：高元礼*

高元礼，生卒年不详，中国青年新闻记者学会会员，"青记"五战区分会发起人之一。全面抗战爆发后，高元礼进入《大公报》馆，在《大公报》工作期间主要以"高公"为笔名①发表战地通讯。自1937年至1940年间，其主要报道了淞沪会战、徐州会战、武汉会战、长沙会战等重要战役的情况。从他的作品中，可以看出他辗转于多地，时刻关注战局，忧心国家与人民。在他的战场通讯中，惯用简练的语句刻画战局态势；在他的旅途通讯中，对国家的情感深深融入所见所闻中。高元礼对报道前线战况秉持着高度的热情，与诸多同人一起出版了《湘北大捷》等作品，在中国战地报道的历史中留下了属于自己的印记。

正如与诸多同人一起编纂《徐州突围》一书时所言，"我们觉得战争胜败的关键，不只决定最后之战争，而尤决定于艰苦过程中进步的经过。记录胜利的事实，固然重要，而记录失败中的进步尤其重要"②。有关高元礼的资料几乎无他，仅见诸报的战地报道而已。记者写下的文字就像一面镜子，如实映出记者本人的模样。从高元礼的笔下，可以窥见一名记者在战争年代目睹自己生活的城市陷落、人民四处流亡、人心四散又重新聚集的景象，以及作为一名记者积极分享战地见闻，既严厉指出现存的不足，又努力鼓舞士气的内容。

作为战地记者，最重要的是传达战场的第一手资料。"综观全局，敌仍希望速战速决，日前我军曾在敌死尸中发现长官命令，谓'如不能攻下徐州，打通津浦，不必回国'云云，证以敌此次来势之猛，仍欲实现其打通津浦之计划，故再集中主力，猛施攻击，实不过徒耗兵力而已。"③《鲁南二期会战》一文中，高元

---

* 本文撰稿人：廖雨涵，华中科技大学新闻与信息传播学院2020级硕士研究生。
① 《范长江任〈大公报〉记者期间发的新闻专电》，参见大公网（2013年9月13日），http://news.takungpao.com/history/dagong/2013-09/1903402.html（2022年3月29日浏览）。
② 《80年前，中国"青记"记者在徐州》，参见荔枝网（2018年11月9日），http://news.jstv.com/a/20181109/1541818827383.shtml（2022年3月29日浏览）。
③ 高公：《鲁南二期会战》，《大公报》（汉版）1938年5月6日。

礼用精简的文字描绘了台儿庄战役之后徐州战场的具体情况。他在访问多名将领之后，结合自己的见闻，对战场状况进行总结，以安民心。战争总是难以避免地带来伤害，"这天的旅行，结束在距离战区不远的一个城市，那里人口，在战事刚发动不久，仅有一半逃亡，后来敌机数次来袭，炸死平民二三十人，于是迁徙更多。到现在只剩下六七千人，大半都是无力逃避，商业是完全停顿，经过三四条大街，遇不着一个人，商店紧闭，大门上锁，油盐柴米，都得下乡采办"①。虽如此，中国人民的抗战情绪越发高涨，"三五十户的村庄，这时拥挤着人群，村的四周，都被哨兵严密的监视着，村民看见我们，都围拢来，直觉地，自动地，告诉我们那里有敌人，那里有战车，四周的道路如何，路程的远近，一方面为我们烧水煮茶，虽然那村里已经没有剩下多余的食粮，但仍尽可能的为我们设法。"②高元礼的报道透露着对军民一心抗战的欣喜，这样的情景也为鼓舞战争士气起到了重要的作用。

除了对于战争本身的记录，奉记者使命，高元礼也不免提出一些自己的见解。高元礼在目睹前线惨烈战况后，提出了解决救护伤兵一事之迫切。"上海战事发生后，因为上海市各界的努力成立了许多的救护团体及伤兵医院，从事于救护工作，但是因为组织欠健全，有的固然努力从公，有的也多少含有出风头的性质。还有救护车的缺乏，也使工作受到相当影响。"③这样的情况下，他认为，"现在假如组织一队输送队，有三至五辆卡车，每天将前方运回在××医院包扎后的伤兵，一律运往××，再由××送到后方，从人道及责任方面来说，实在是刻不容缓的问题"④。提出如此之类的建议，对于处于战争中的人民而言，是紧迫且必要的。

众人皆知战场凶险无比，但高元礼却很少描述自己所经历的危险情境，从其中仅有的少部分文字中，可以看出战地记者所要面对的真实状况。"我们这群人，不用说手枪，连一根棍子都没有，我们装着镇静，右手紧紧的插在口袋里，表示我们有武器，同时绝对的和他走相反的路线，便衣队虽虎视眈眈的望着我们，但他只有一个人，我们有八个人，只好眼送着我们扬长而去。"⑤高元礼更多描写了自己与周围的记者们团结一心、共同协力的场景。"每一个人手拉

---

① 高公：《前线道中——东战场通讯之一》，《大公报》（汉版）1937年10月18日。
② 高公：《离徐记》（三），《大公报》（汉版）1938年5月29日。
③ 高公：《几个重要问题（一）——东战场通讯之三》，《大公报》（沪版）1937年10月29日。
④ 高公：《几个重要问题（一）——东战场通讯之三》，《大公报》（沪版）1937年10月29日。
⑤ 高公：《离徐记》（四），《大公报》（汉版）1938年5月30日。

手的走,都怕万一失掉联络,患难之中,才深深感觉到友谊的重要。"①"在麦田里休息的时候,有几个同伴有些忧愁,都觉得距离死亡的大道不远,生存与否,几小时后就可决定。文小姐为了解消大家的忧虑起见,她为我们唱了一支《快乐的人们》,清脆的歌声,使忧愁的人们展开微笑。"②这样的情景,如画卷般展现了战地记者英勇的面貌。

高元礼颇爱写旅途中所见之景。在战火纷飞的年代,他的家国之爱谨慎又克制地从他笔下的景色中流露出来。"晚间我自己杠了行李,走到码头上船,望见对岸平时的灯烛辉耀的武昌,现在是沉寂得和死城一样,连一丝火光也看不出,黄鹤楼蛇山都在夜色苍茫中消逝了,即汉口江边,亦灯光黯淡,只是江汉关的大钟,还照常无知觉的走着,指示我们最后的时间已到了,十时正,那只五十吨的新升和轮就悄然的别了二十七年前建立中华民国的武汉。迎着长江的洪流,向洞庭湖迈进,船里的人,不约而同的立在船舷上,毫无声息地痴望着黑暗中的武汉。"③在广州失守,放弃武汉之后,高元礼借沉寂的景色与人群描述了家国存亡之际惨淡又肃穆的气氛,也透露出他对故土陷落的痛心。这不仅仅是一名记者简单的报道,更是作为中华儿女对家国深深的爱与关怀。

高元礼将他在《大公报》的记者事业都献给了战场,献给了国家,献给了人民,不负"忘己之为大,无私之谓公"之名。发生在这片土地上的战争已过去经年,后人能从他笔下所记录的文字中更加贴近那段流逝了的真实岁月,记住那群不畏艰险、奔赴前线的战地记者,便是其中最高的价值所在。

附　代表作赏析

湘　北　前　线

(原载于《大公报》[渝版]1939年1月13至14日)

新雨之后,天气骤然变得很冷,在室内的人们,烘着火盆,非有极急要的事

---

① 高公:《离徐记》(三),《大公报》(汉版)1938年5月29日。
② 高公:《离徐记》(三),《大公报》(汉版)1938年5月29日。
③ 高公:《战场谈》(一),《大公报》(渝版)1938年12月2日。

情,再也不想出门,去受那无情的寒风袭击,但前线的英勇将士们仍然在凄风苦雨之下,小心翼翼地执行着他们的卫国的任务。我们又那好意思,躲在屋里烤火呢?

"去汨罗前方吧!"征泮兄问我,"好罢,今天下午二时半,有一次交通车去汨罗,马上走还来得及"。这两天工作很顺利,交通只能到汨罗车站,再不去,以后还要多走几十里。

所谓交通车,仅仅是几辆破货车组织成的,人粪马粪满车都是,而且还久经战地,早已被敌机所投的炸弹,炸得疮痍满身了。然而,上车的人,还特别的拥挤,一半是长沙被火的灾民,领完救济费回乡,一半是沿线各站的小贩。来长沙购盐回去的。箱笼家具堆满车厢,使人无立脚之地。

我们几人在机车上交涉了几个座位,不但可以烘火,而且还有开水可喝。虽比不上客车,实已够舒服了。

在车上,我们几人谈到抗战的前途和长沙的大火,我紧靠着火炉,在那里呆听,偶然想起那天正是十二月十三日,也正是南京失陷的周年纪念日,去年今日,我从南京退出以后,经过芜湖、宣城、宁国、太平、石埭、青阳到达了皖南前线的南陵,仅仅一年的时间,我又转到湘鄂战场来了。一方面感觉有些悲怆,但一方面确又感觉到国家民族的前途是极光明的,现在已露出复兴的曙光。

车行三小时,到达白水,汨罗车站路轨已拆,不能再开,须次晨搭工程车前进,在车站旁小旅社宿一夜,睡梦中为跳蚤所扰,终夜不得安眠,翌晨四时续乘工程车前进,抵汨罗车站扬村外,三十里路程,费去一夜的时间。

在车旁休息时,竟获遇关××将军,关先生于瑞昌磨山之役,坚守二十余日歼灭敌第九师团三联队之众,毙敌联队长二名,使敌不得不改变其循瑞阳公路攻贺胜桥之企图,而趋大别山脉,后又奉保卫岳阳右翼之命,岳阳失陷,汨罗吃紧,长沙动摇,关将军出奇兵西进,将敌阻于××××××之线,稳定湘鄂战局,厥功甚伟。

关将军邀我等于道旁茅舍小坐,纵谈战局,彼谓目前战局完全平稳,我军已获到主动的地位,半月来我前哨部队不时出击,使敌只能招架,而不能还手,殊为可喜现象,继谓由目前起,抗战前途绝对乐观。敌力量有限,到此地步,势非继续战争不可,但所占地区又须广大兵力维持,试阅地图,敌所占要点若干,每一要点,均须驻兵,须多少兵力方足维持,以现在情况□□,敌不但面不能守,线不能守,即点亦不能守,即使能守点,试问仅占一点,又有何用,另一方面,我们试问敌人占我土地,不外乎发展商业,与开发资源。现在既不能守面,资源何能开发,商业何能发展。在敌人多占一地实不啻多掘一坟墓,因此,今后我如能建立起沦陷区的政治机构,发动了大规模真正的游击战,半年以后,敌即将感觉更大的困苦,故此时实可谓我已建立了胜利的基础也。

关将军对于战地政治工作特别注意,在他指挥下的许多男女同志,在寒风凛冽之下,在××河两岸,建立了过去战地看不见的军民合作,因此,我们在前线旅行的途中,亦得到不少同胞的帮助。

十五日清早,我们一行六人,骑着马渡过汨罗江,过河三里,即系三闾大夫墓,坟头高约一丈,疑冢竟有五个之多。据土人云,在平江县境尚有七座,使人真假难分,屈原先生于乱世,以其政策不行,而投江自杀,反观其一种不卑不亢的精神,殊令人钦仰,同人下马展墓,流连片时,始续行前进。

下午三时到达××镇,为岳阳南方五十里之小镇,途中民众见我等行近,俱提壶携碗,以热茶相异,热情可感,而亦战地所仅见的现象也。

在××略事休息,再转访×××军长及其参谋长×××先生。×将军于台儿庄瑞昌两役,大露身手,连防山殉国之高鹏团长,即系将军所部,据语记者,在前方甚为舒适,每日除应付战局外,并有余暇,训练新兵。最近补充兵程度之进步,亦历来所不多见,从前接收之新兵,必须训练三个月至六个月,方能作战,现在则只再训练一月,即可担任勤务,而于新兵籍贯之中,则尤爱护川籍者,盖赋性聪慧,训练容易也。

×氏更为我等述及敌军素质,虽作战一年,不但毫无进步,反有退境,据彼一年战争经验,在台儿庄战役时,敌军尚稍精悍,士兵亦不畏死,但在瑞昌作战以及岳阳现在战场上,我们感觉到敌军已大非昔比,战斗的情绪一天一天地低落,过去我们都觉得我们不如他们,现在我们到(倒)觉得比他们强多了。

最近在前线获到敌人寄回国的信,发信的是敌第九师团第十八旅团第十九联队的士兵,他们的队伍,原驻京沪路上的常州,本年八月间,奉调参加瑞昌战役,最近又到了岳阳。他说,他在瑞昌大激战的时候,他曾想到怕会战死或负伤,单这一句,可以看出敌军畏死不敢牺牲的情形,他信上又说,"当我们由常州出发的时候,想到只要汉口陷落,战事应该可以休息了,而且一面看到汉口陷落的情报,一面还在激战,我们……"以下他不写了,大约怕表露出厌战的语气,会被处罪的吧,由这一段,我们可以看出日本军阀在把陷落武汉就可结束战事来麻醉那些被欺骗的无知士兵,驱使他们到死亡线上去,但是事实胜于宣传,目前的实际情况已将那些欺骗的伎俩完全打破了。可怜的日本士兵,现在明了结束战争的希望还遥远着呢。明天,明年,还结束不了战争,那情绪的低落,和我们士兵抗战情绪的高涨,恰恰是相反的。

他的信上有一段提到我军的英勇,他说:"这一次的战事,敌人非常之多,有时二三百名的敌人攻来,因此我们丧命的非常之多,敌人的勇敢,亦复可怕,我看见我们队伍战死的人和马,伤心落泪。"×将军说:你看见这一段敌人的信,可看出我们士兵如何的勇敢,用不着我们自己宣传,敌人已有深刻的认识了。

十六、十七两天,我们骑马到前线视察,走遍了××等师的正面,我们所经过的地方,全是些山地,遍地都是松林,苍翠可爱,乡民往来各镇的特别的多,交易的情况,比火后的长沙,还热闹些,新熟的稻米,清脆可口的萝卜,嫩甜的红薯,是主要的贸易物品,买主都是部队,乡民换到许多的法币,随时感到有供不应求的可能。

两天的工夫,走遍了××河前线,事实上前线还在××河北岸之××里路的地方,十一月初旬,敌进占岳阳的时候,曾积图前进,一方面经麻塘攻荣家湾,一方面沿岳州到长沙的驿道南进,我守铁道的部队,曾退到汨罗,在铁路以东的×军团,看到情形紧急,立即将他的部队开到铁路线来,占领我们空隙的地带,一方面和敌人死拼,四日的血战,敌人退回去了,我跟踪追到××河岸,敌人再也不敢过河。

在本月初,我们的部队补充整理完毕后,一方面加紧的在战地训练新兵,一方面转到主动地位,派队渡河对敌作小型的攻击,敌人在精疲力尽的当儿,只能招架,不能还手,退到麻塘、新塘、上龙湾桥、乌江桥之线,在那几个据点,建筑工事,每一个工事前前后后,都有三四道的铁丝网防守着,因为他的兵力不够,只能做点的防守,而不能做线的维持,于是在半月来,我们的大部队渡河后,就纵横驰骋于河北岸,我们愿意攻击就攻击,我们愿意休息就休息,随时都是主动,这样的情况,还是开战以来所没有看见过的现象。

现在岳阳一带的敌人是第九师团全部,师团长吉住良辅,辖第六、第十八两旅团,第七、第十九、第三十五、三十六四联队,在前方担任勤务的是第十九联队,联队长人见义则,在岳阳有一旅团兵力,师团部设城外某天主堂,另一联队则在羊楼司。虽然他有一师团之众,但是力量太薄弱,因此岳阳完全被我控制在手里。

以现势观察故实无力进攻湖南,理由很简单,故人行军,素倚赖交通工具,非如我军徒步可比拟。现铁路既被我拆除,桥梁又经我破坏,水道又因湖河水位低落,也不□□用。在兵力方面,据最近情报,敌新由国内调来新编之第一四一、一四五两师团到武汉,但据调查,并非增兵性质,而系补充原据武汉疲惫之师,武昌迄岳阳通城一带,敌兵力不过三个师团,非再增加两师以上兵力,不足以言南进。

十七日晚由前线回到某师部,适逢×××师长召集所部士兵训话,同时并对前线作战负伤不退之数十官兵,给奖金,政治工作人员,即此机会举行军民联欢大会,松林里的草坪,拥挤了××余士兵,和××多乡民,×师长训话后,乡民对负伤的弟兄们报以热烈的喝采,"军民合作"短剧上演后,民众们都深切了解军民合作的真义,暮色苍茫中,盛会闭幕,雄壮的《义勇军进行曲》,传遍了田野,呼兄唤弟的声音,更满山满谷都是,原来这一师里面,岳阳籍的子弟特别多,今日在家乡作战,出征军人的家属都纷来慰问,其一种亲爱的情形,实非笔墨所能形容,老舍先生的"丈夫去当兵"词所形容的情况,在那里,真显露无遗了。

再访问了张××、黄××、梁××诸将军后,策马回汨罗,耳里都听见训练士兵教育士兵的口令,青年的下级干部军官,不厌其详的为新兵讲解新战术,在战地能一面服务一面教育的部队,此次还是初见。

明春大战再起,这枝(支)新国防军,真会气吞云梦泽,波撼岳阳城的。(十二月二十九日寄自长沙)

【赏析】

1939年10月,湘北大捷,高元礼在前线记录了中国军队的胜利,这极大地鼓舞了民心。这篇报道写自湘北大捷约一年前,形象地表现了在长沙会战中军民一心、为接下来战争筹谋的必胜决心。这篇通讯较为明显地表现了高元礼众多战地通讯的一般风格,即从个人视角出发、从自身的所见所感出发来展现前线生活。

此篇通讯写明湘北前线战场之准备情况,实际上,前线的各项条件并不好。天气条件恶劣,"前线的英勇将士们仍然在凄风苦雨之下";交通通行不便,"所谓交通车,仅仅是几辆破货车组织成的,人粪马粪满车都是,而且还久经战地,早已被敌机所投的炸弹,炸得疮痍满身了";生活条件堪忧,"睡梦中为跳蚤所扰,终夜不得安眠"。自途中遇见将军,了解军队情况之后,前线军队的战备状况逐渐呈现在读者面前,"战局完全平稳,我军已获到主动的地位,半月来我前哨部队不时出击,使敌只能招架,而不能还手,殊为可喜现象,继谓由目前起,抗战前途绝对乐观"。"我们愿意攻击就攻击,我们愿意休息就休息,随时都是主动,这样的情况,还是开战以来所没有看见过的现象。"同时,借所截获某一日军寄往家中的书信内容,更加对比出了前线军队团结一致抗战的决心。此时距南京大屠杀已一周年,在这样的苦痛前事下,军民相处和谐、守卫国土的景象怎能不让国民感怀?

高元礼笔下流露的真意对于当时国民的抗战可谓是一种激励,这篇报道中呈现的种种也为之后的湘北大捷埋下了引子。正是奔赴在战争前线的记者,让今人能够重温当日之景,仿若置身其中。

从"流亡者"到战地记者：赵惜梦*

赵惜梦(1899—1956)，原名云鹤，奉天复州(今辽宁瓦房店)人。1923年在《盛京时报》上以笔名"惜梦"发表新诗、小说等数十篇，赢得东北第一代新文学作家的名声。1924年任《哈尔滨晨光报》文艺编辑主任，1927年任《国际协报》副刊主笔，创办综合性副刊《国际公园》。

1932年2月，日军占领哈尔滨后，赵惜梦到北平，兼任《大公报》与《华北日报》外勤记者，多次奉派出关，写作东北通讯，报道"九一八"事变后东北现状，呈现侵略战争给东北经济、社会及人民生活带来的损失及创伤。

1932年7月，赵惜梦等欲经海参崴(符拉迪沃斯托克)绕道回东北，在海参崴被苏联当局拘捕，饱受牢狱之灾。赵惜梦以指为笔，以血为墨，写成血书据理申诉："扶助弱小民族的朋友：这是用我的热血写的，为着表明我要求的急切。我们为着反抗帝国主义者的侵略，没有牺牲在帝国主义者的手里，反而被素以打倒帝国主义者号召的朋友们所拘捕，所监禁，实在是我们作梦也不曾想到的事情……血流得太多，我有些昏迷了，不能够再写下去。"①赵惜梦的抗争得到了苏联当局的回应，一行人被释放回国。赵惜梦有《海参崴拘留记》记录了这段经历。

1932年底，赵惜梦再次前往河北、辽宁和内蒙古交界地带的热河采访，写下六篇《热边视察记》。他走访当地集镇，观察商业现状，与军方、地方人士交谈，提出日军进占热河是迟早的事，决不能因为苟安一时而忽略将来的危险，并呼吁知悉敌人战略，给养热河义军，统一指挥，准备迎战。果然，1933年3月，日军占领了热河。

1933年，《大公报》为纪念"九一八"两周年，派赵惜梦等人到东北了解沦陷

---

* 本文撰稿人：王子姣，天津师范大学新闻传播学院2018级硕士研究生。
① 惜梦：《海参崴拘留记(续)》，《大公报》1932年9月5日。

区情况。9月18日,陈纪滢、赵惜梦等在《大公报》当日增发的纪念特刊发表近三万字的综合报道,连同发表一组东北实地拍摄的照片。报道分三个部分:(一)东省社会民情究竟如何;(二)日本如何建设伪国;(三)关于东省前途的日俄关系如何。其中,《沦陷二年之东北概观》为国人展现大连、沈阳、长春、哈尔滨、满洲里、海拉尔等东北各地的实况,《沦陷半年之热河实况》披露热河省会承德陷落真相,"……乃包围全村而尽歼之。至今血迹斑斑,白骨狼藉,彼曾亲往凭吊,归后,欲募资以掩埋此狼藉之白骨。奈人多逃亡,歉无由集,惟有太息痛恨而已","至此,全城人民始知已成亡国奴矣,宁不痛哉"①。文章还报道了日军占领热河后,热省教育之摧毁、金融紊乱与商业之凋零、电报与邮政之畸形、地方维持会之末路等情形。

《苏俄充实极东军备 日俄对峙形势极紧》《日本攫尽东北路权》《所谓日满经济集团结合强化之事实》《日本对东北经济侵略事实》等报道则对日俄关系进行了详尽分析。

当时,国人对东北沦陷后的情形了解甚少,要收复国土,唯有详确知道东北信息,才能得知如何应对日本,收复失地。《大公报》在刊载陈纪滢、赵惜梦的报道时称,"希望国人能平心静气的来注意这一个足够我们更加惭悚与足够我们警惕的事实,人家是怎样的干?我们是怎样的干法?从精神上来改造我们,从心理上来改造我们,这便是今天我们发行这一个九一八纪念特刊的意义"②,这同样也是"赵惜梦们"采访报道东北沦陷区的意义。

赵惜梦不仅在新闻报道中记录了日军铁蹄下沦陷的东北,其文艺作品亦紧扣这一主题。1933年,《大公报》副刊《小公园》原编辑何心冷病逝,赵惜梦代其职务,并着手改造《小公园》副刊——减少刊登幽默性质的文章,更多发表以国难为主题的作品,如他被拘异乡时曾写成一首小诗《寄我的祖国》:"我是一只羔羊在异国哀鸣,愿意放大我这微细的音声;亲爱的同胞们快些醒醒吧,不要只是温着往日的美梦!"③《羡慕汽车里的小叭狗》中,他借一位来自沈阳的人之口,描述东北惨状:"阔大爷们早就跑进了关,谁还想到这一个活地狱!回头想起来关外无数的苦同胞,那个能有小叭狗这一份福。"④《祭无名英雄》中,他

---

① 《沦陷半年之热河实况》,《大公报》1933年9月18日。
② 惜梦:《九一八纪念特刊前头语》,《大公报》1933年9月18日。
③ 惜梦:《海参崴拘留记(续)》,《大公报》1932年9月5日。
④ 惜梦:《羡慕汽车里的小叭狗》,《大公报》1932年9月14日。

致敬"九一八"事变中死难的英魂:"我不敢回忆那长白山头,那山头有你们白骨的纵横!我不敢回忆那黑龙江畔,那江畔有你们鲜血的殷红!我只有这样的眼泪,我只有这样的热情,今天啊,都把她奉献出来,奠祭你们这无名的英雄。"①《国庆》日,他将读者的目光引向祖国的伤痛:"疮痍已长满了你广阔的体肤,血已染遍了你锦绣的衣襟,分割啊……践踏啊……这些,这些注定了你未来的厄运。武昌城头飘扬的义旗,黄花岗上壮烈的忠魂,于今啊,不必再提起吧!谁的心波上还曾留一点微痕。"②

赵惜梦削弱了副刊的趣味性,受到读者来信批评。他答复说,"九一八"事变后国家危急是《小公园》趣味性减淡的根本原因,希望读者也为国家和民族的痛苦减少个人享乐。"现在的《小公园》已经名不符实了,但这正是她的进步,九一八给她划了个时代。……而况,我又是九一八事变后地地道道的流亡者,国仇家恨,悲愤占据了我整个的情绪,让我怎样的表现幽默,表现兴趣呢?""现在,我们应该豪放起来,我们应该伟大起来,我们应该注意到国家,注意到民族,注意到广大的群众的痛苦,我们应该为这些广大的群众的痛苦而放弃——最低也要减少了我们个人的享乐。与其是强颜微笑,还不如掬泪大哭!与其是曲意低吟,还不如吭喉高喊!我希望用我们的眼泪,我希望用我们的喉咙,多少给我们的读者一点刺激!多少给我们的读者一点兴奋!"③

1934年8月,赵惜梦辞别《大公报》,奔赴武汉。次年,在武汉创办《大光报》。1937年8月,淞沪抗战爆发,上海《大公报》为应变筹办汉口版。恰逢《大光报》停刊,赵惜梦自愿将机器设备和房屋转让给《大公报》,并正式加入《大公报》,成为战地记者。他走访江苏南京、苏州等二十余城,记录令人惊心动魄的战时景象:南京街头挂满抗战杀敌的标语,京沪火车站来往抬送痛苦低吟的伤兵,苏州市内敌机肆意扫射千百难民……

赵惜梦的战地通讯还洋溢着振奋士气的呼吁,因为他认同全面抗战的观点,认为最有效的办法是发动民众:"现在失掉了人性的残暴的敌人,在我们整个的领土里到处侵扰,到处残害,为了抵抗整个民族这一个唯一的敌人,必须整个的起来抗战,所以,我们应该彻底改变怯懦的避难的心理,重新鼓起英勇

---

① 惜梦:《祭无名英雄》,《大公报》1933年9月18日。
② 惜梦:《国庆》,《大公报》1933年10月10日。
③ 惜梦:《留别给作者与读者》,《大公报》1934年8月31日。

的赴难的精神"①,"此次视察苏北,遍历徐海二十余县,民情的激昂,士气的旺盛,处处都在昭示我们抗战前途的光明"②,"我们不只是要收复京沪平津,不只是要收复已经沦陷六年多了的东北,我们还要把我们的琉球,台湾,一切被敌人夺取的领域都收复回来。"③

  赵惜梦的报道注意挖掘塑造抗日典型人物,尤其是英勇无畏的女性人物。《寄后方姊妹——北战场上十二个随军的女性》描写了河北省任邱县(今任丘市)抗敌救国会救护队的十二位女队员:"她们都穿着单薄的黑色的长袍,臂间缠了一个红色的十字,面上虽然都罩了一层风尘的气色,却更显露出一种坚强的活泼的精神。"她们在战场上一面宣传,一面自动参加救护的训练,后编为救护队,专干救护的工作,其中很多人"抛弃了我们的父母,抛弃了我们的家乡,抛弃了我们所有的一切,服侍这些伤兵,随着五十三的军部退出任邱"④。《痛话南通》一文单独提及义勇的张非武小姐:"愿意把她的生命,更有意义的献给国家,献给这一次有关民族存亡的抗战。"⑤此外,还有《徐海风云》中的女子宣传队⑥,《微山湖畔——战区民众的慰问之一》中格外引人注意的武装女团⑦,台儿庄血战中负责宣传联络的"活跃在台儿庄的女服务队"⑧……这些秀丽坚忍的女性,在赵惜梦笔下闪烁着动人的光辉。

  1938年10月,武汉沦陷后,赵惜梦再次告别《大公报》,赴昆明参与《益世报》复刊,并担任总编辑,后又兼任甘肃《西北日报》社长。

  赵惜梦任职《大公报》时间不长,但为《大公报》做出了重要贡献:其一,"九一八"事变后,他以兼职记者身份出关暗访,其作品充实了《大公报》有关日伪统治下东北实况的报道。其二,他以兼职编辑身份改造《大公报·小公园》,削减趣味性,增强严肃性,更符合"九一八"事变后的国家形势。其三,全面抗战爆发后,他以正式战地记者身份勇赴一线,为《大公报》献上了关于抗战的多篇佳作。他的作品都含有三个要素:扎实的文学功底、忠实的事实记录与激流的

---

① 惜梦:《战地一周》,《大公报》(汉版)1937年10月28日。
② 惜梦:《徐海风云(一)》,《大公报》(汉版)1938年3月27日。
③ 惜梦:《起来复仇》,《大公报》(汉版)1938年4月20日。
④ 惜梦:《寄后方姊妹——北战场上十二个随军的女性》,《大公报》(汉版)1937年11月22日。
⑤ 惜梦:《痛话南通》,《大公报》(汉版)1938年5月3日。
⑥ 惜梦:《徐海风云(二)》,《大公报》(汉版)1938年3月29日。
⑦ 惜梦:《微山湖畔——战区民众的慰问之一》,《大公报》(汉版)1938年5月4日。
⑧ 惜梦:《活跃在台儿庄的女服务队》,《大公报》(汉版)1938年4月30日。

情感,这些要素不仅体现了他个人的特质,更促使他在抗日战场上奔波,成长为一名优秀的战地记者。

1949年,赵惜梦去台湾,1956年12月病逝。

附 代表作赏析

痛 话 南 通

(原载于《大公报》[汉版]1938年5月3日)

记者在月前随江苏监察使李世军视察苏北各县,曾一度到过南通。南通的教育实业以及其他一切的建设,在苏北各县,的确是首屈一指,特别是她像一个具有北平风韵的少女,披着海上时髦的外衣,委实是值得我们眷恋。同时,敌人的炮舰不时在天生港外窥察,大小汉奸公然到各处活动,丝毫武力没有的民众,一任命运的摆布,我又深深为她的前途担忧。南通终于是沦陷了,在我离开第五天——三月十七日,敌人的铁蹄便踏进了南通的街市。一位朋友,最近从南通逃到徐州,为我讲述南通沦陷当时的实况,事情虽然已过了一月,但因交通隔绝,报纸上还没有详细的记载,现在写出来,依旧是值得我们悼惜! 悲痛!

一、南通是沦陷在梦里

三月十七日的清晨,时间还不到六点,敌机四架开始盘旋南通领空,好多人都从梦中醒转,有的以为这是惯事,并没有走避,随后一个炸弹的巨响,大家才感到惊惶。但也只以为敌机来轰炸,万想不到大队的敌军,已在飞机掩护下进了南通的市街。这种仓促的事变,不但无辜的民众完全是出乎意外,就是各级机关的人员,也毫不知情。专员公署在城外的南门附近,首当其冲,遭难的人员最多,科长张某,为避飞机,被敌人在地下室里击毙。县政府因为在城里,勉强分由东北两门逃出。当时的骚乱,我们不难由想象得知。在一度骚乱之后,继续是敌人的镇压与汉奸的活动,陈葆初早已准备好了,很快的把伪维持会成立了起来。

南通监狱很大,羁押了犯人约一千二百余名,多系匪盗,凶悍异常,平时有乘机骚动危险,变时有被敌利用可能,我亲自把监狱视察了一周,当时立向县长彭龙骧君提出这一个严重的问题，并另电报告给关系方面，怎奈都没有指出办法。敌人进占南通以后，当天上午就开放了监狱，把这一千二百多犯人，除少数衰老的以外，一部分派定苦工，一部分编入军队，立刻都变成了敌人的爪牙。事后知道敌人是在十七日晨一时，从任港姚港两处登陆，初仅八百余人，以后陆续增至四千左右。当时毫无抵抗，所以竟悄然进城。只有公安局长何润章，在急迫中带走了一部警察和青年，避到城外向敌人游击，直到现在，他们所领导的游击队伍，还不断的向敌人袭击。想不到我所眷恋的这样可爱的南通，在这样可怜的情形下沦陷了！沦陷了！

二、铁蹄下的惨剧

敌人占领每一个地方，首先是残杀我们的青年，在南通当然也不会例外。我在南通的时候，一位小学教员，曾经和我谈过，因为汉奸活动太甚，说不定那一天，很多的青年不知不觉就被汉奸作了敌人的赠礼。那时，我的主张是：能组织就赶快组织，不能组织，可以听凭学生自动的疏散回乡，因为南通的情形太特殊了，这时，伪大道政府正广播准备接收南通的消息，四五天的时光，学生已经很多回乡去。仅有少数中学的学生，还留在南通，成立了一个联合中学。敌军到南通，这一百几十个学生，一点都不知道消息。刚刚知道了消息，敌军已经把学校紧紧的围住，把一百几十个学生逼在一个较大的教室，一排机关枪，结果了他们全体的生命。据当时在场的一个汉奸事后对人说：这些学生在机关枪的响声中，都高喊着"中国万岁！领袖万岁！"情形是非常的壮烈。其他沿户搜查，死于非命的青年，他的数目实在是无法统计。

其次便是奸淫我们的妇女。南通城里的妇女，也是因为伪大道政府那一个广播，多半都逃避到四乡。敌军因为汉奸陈葆初等的跪恳，经过一天彻底的搜查以后，都移住到城外，因为这种关系，他们只有向城外附近的乡村骚扰，三五成群，乘着脚踏的汽车，到各乡村去抢劫妇女。可怜的妇女们，像是被宰的羔羊，被他们一批二批的驼载回来，轮流来泄他们的兽欲。在南通县城附近二十里以内乡村的妇女，都逃不了这一个极尽人间惨事的劫难。

另外有好多私人的工厂，都被敌军强行占领，因此，也有好多人死于敌军的枪下。大生纱厂挂起德国的国旗，屡言已经是出兑德商。敌军进占唐家闸（大生纱厂在此），首先闯入大生纱厂，德国顾问出来拦阻，敌军丝毫不理，结果还是无条件的被他们占领。唐家闸为南通工业区，工人不下五六万人，敌军借口清除不良分子，有好多工人也遭到了意外的不幸。

三、张非武小姐的义勇

张非武小姐是张季直的孙女,张孝若的女儿,和她的妹妹斌武,在南通,在上海都有相当的风头。斌武因为她父亲的惨死,吃了安眠药片,以后的风头,便被非武小姐所独占了。她住在南通南门外的濠南别墅,这在南通是一个惟一富丽的建筑,后院紧靠着南通的博物院。南通被接收的消息传出以后,张家的人们已经陆续的跑开很多。敌军进占南通的早晨,全家的人们都跑光了,惟有非武小姐单独的不动,她有个奶妈,哭着劝她,无论如何,要离开南通。她的表示是:她的妹妹吃安眠药片死了,是太没有意义,现在,国事到了这样的地步,打死一个敌人,也算够本了,所以无论如何,决不离开她的家。

十七日的下午,三个敌军,终于是跑到了濠南别墅,挨屋搜寻,这时非武小姐拿了一枝手枪,藏在一个曲折最多的屋里,虚掩着板门。三个敌军不久搜寻到她这一个屋子,因为是板门虚掩,敌军感觉到心怯,轻轻的把板门向外开,她的第一枪响了,但是没有击中。想接放第二枪的时候,子弹被卡住了。这时,敌军知道屋子里有人,都躲到板门的后边,接着向屋子里打了很多枪。非武小姐,趁着他们躲在门后乱打的时机,急急的跑出了这个小屋,经过了很多的曲折,从别墅后边博物院的旁门逃出去。

她经过了好多的危险,终于是逃出了南通。她自惭连一个敌也没有打死,她觉得这种仇恨比以前更加重了。于是,她决心改变了方针,愿意把她的生命,更有意义的献给国家,献给这一次有关民族存亡的抗战,因而,她辗转的跑到了某处,自动参加缪澄流军常恩多师的义勇宣传队,并且作了义勇宣传队的队长。南通是沦陷在梦里,张非武小姐这样的义勇,不但光荣了张府,也光荣了南通。(四,二七,于徐州)

【赏析】

此文全面展现赵惜梦身为《大公报》战地记者的职业素养:走南闯北的采访经历锻炼出赵惜梦扎实的脚力和笔力。南通被日寇占领后,由于交通阻绝,时隔一月报上仍无详确记载。赵惜梦此时辗转各地随军采访,在徐州考察时偶遇从南通逃来的朋友,得以尽快获取信息,借助《大公报》向国人首度发布南通沦陷后的实况:日寇占领南通后,释放监狱犯人为其所用,凌辱妇女,残杀青年,强占私人工厂,没有武力的民众,一任命运的摆布。赵惜梦行文脉络清晰,笔触动情,令读者仿佛亲历南通惨剧。赵惜梦任《大公报》记者以来洞察世事的眼力亦有体现。在南通沦陷之前,他实地考察了当地的学校和监狱,立即建议县长提前组织或疏散青年和监狱犯人,以防敌人残害青年,买通狱中悍匪,这些提议在后来都被证明是先见之举,可惜当地官员没有贯彻执行,否则可以挽救更多生命。

此文还凸显了赵惜梦战地通讯的个人特点,即关注并挖掘抗战中坚韧的女性之力。赵惜梦此文选取了南通沦陷时义勇的张非武小姐,直接引用她本人生动的语言凸显其坚毅的性格:"国事到了这样的地步,打死一个敌人,也算够本了。"还有张非武独自一人面对日寇时,拿枪藏于屋内的场景和动作描写。此外,还有诸多张非武起伏变化的心理描写:"她自惭连一个敌也没有打死,她觉得这种仇恨比以前更加重了。于是,她决心改变了方针,愿意把她的生命,更有意义的献给国家。"赵惜梦以诸多细节刻画富家千金张非武坚强的性格和非凡的勇气,也从侧面展现南通市民面对敌寇的顽强不屈。

人物专访里手：彭子冈*

彭子冈(1914—1988)，原名彭雪珍，苏州人，出身于书香家庭，父亲彭世芳曾任江苏松江中学校长。彭早在苏州振华女中、松江女中就读期间，便开始给叶圣陶主编的《中学生》杂志投稿，逐步走上了文学道路，乃至成长为新闻人。

1932年，子冈参加了《中学生》征文获奖学生的联谊组织——中学生问题讨论会，开始与徐盈通信谈论文艺问题、理想和现实问题①。同年5月徐盈、汪金丁、师陀等在北平创办左翼文艺杂志《尖锐》，徐写信托子冈在苏州、南京等地代为销售，直至下半年《尖锐》被查封②。1933年春，汪金丁因加入"反帝大同盟"等被投入苏州看守所。时为振华女中高中生的子冈多次前去探监，遭到学校和家长的严厉训斥；事后她以探监体验为素材创作了小说《狱囚》，首次以"子冈"为名发表在1934年1月的《中学生》上。

1934年中学毕业后，子冈考入北平中国大学英语系。半年多后便因难以忍受学校制度的束缚，萌发了退出大学生活、转入社会自学的念头，得到了徐盈的理解和支持(徐考虑其气质上近于作家、诗人，敏锐直放，赞同她去"社会大学"闯荡)③。退学后一度作为自由撰稿人，关注社会现实，发表多篇反映底层社会艰辛的作品。同时，又和徐盈、夏英喆等积极参与北平"左联"的文艺活动④。

1935年下半年，受《妇女生活》杂志主编沈兹九之托，子冈采访了冰心，并

---

* 本文撰稿人：王素华，山东大学新闻传播学院2020级博士研究生。
① 徐城北：《我的母亲彭子冈》，柳萌主编：《人生沉浮录：历史再审判》，四川人民出版社1996年版，第130页。
② 《青春常在：读子冈病中近作有感》，汪乔英、汪雅梅编：《金丁文集》，中国文联出版社2003年版，第453页。
③ 任川：《记子冈》，杨之华主编：《文坛史料》，中华日报社，上海，1944年4月1日，第252—254页。
④ "左联"成立会址恢复办公室编：《中国三十年代文学研究》，上海社会科学院出版社1989年版，第94页。

撰写了《冰心女士访问记》，发表于《妇女生活》第一卷第五期；随后又参加了北平的"一二·九"爱国学生运动①。

1936年初，子冈到上海《妇女生活》杂志社工作，基本上既当编辑又当记者，锻炼了新闻工作能力。同时又因《妇女生活》的稿件和出版工作，结识了生活书店编辑部负责人邹韬奋。同年秋，子冈与徐盈在上海结婚。10月她撰写了鲁迅逝世的纪念性速写《伟大的伴送》，邹韬奋对该文只字未改，刊登在1936年11月1日的《生活星期刊》上，对子冈从事职业新闻工作给予很大鼓舞。时人评价子冈在《妇女生活》能"独当一面"②，这奠定了其在新闻职场上的地位。

1937年春，《妇女生活》记者子冈与《大公报》记者徐盈前往江西原中央"苏区"采访，名义是考察"农村复兴事业"，写作了大量旅行通讯作品发表在《妇女生活》《申报周刊》上，将沿途风貌、社会生活及中共革命思想对当地人和社会产生的影响展现得淋漓尽致，揭露出外资入侵导致的乡村手工业凋零、战乱导致的农民流离失所和地方政府对此不闻不问、欺上瞒下的恶劣行径。

由赣返沪后，正当抗日救亡运动高潮之时，信奉"为了民族独立和自由而献身"③的子冈马不停蹄地赶到苏州看守所，以"堂妹"的名义采访了"七君子事件"中唯一的女性史良，写出了《堂姐史良会见记》。1937年七七事变爆发后，子冈撤退到武汉，在《妇女前哨》、《大公报》（汉口版）进行抗战新闻采访。

初到武汉的子冈，在文艺和新闻界已具知名度。1937年11月的汉口《大公报》称赞子冈"是一位典型的女性：活泼、善谈、能吃苦、富思想，她善于写调查和访问的文字，是一名很好的记者"④。1938年初，子冈任汉口《大公报》外勤记者，同时单枪匹马地主编《妇女前哨》。其首次为《大公报》汉口版撰写《送保育院五百难童到重庆去》，就被冠以"本报特写"的栏目，毫无修改地刊登出来，足见其职业能力得到了《大公报》编辑的认可。随后子冈在炮火和硝烟中穿梭采访，控诉日军惨无人道的行径，赞颂捍卫祖国尊严的抗战英雄，采写了《烟火中的汉阳》《武汉被炸区域之惨案》《难民在端午》《皖北的游击》《中国的奈丁格尔蒋鉴女士》等政治、社会及战地新闻，将视角锁定在战火中落难的妇女儿童身上。其间她还加入了在汉口发起和组织的中国青年新闻记者学会、

---

① 钱小柏、雷群明：《韬奋与出版》，学林出版社1983年版，第169页。
② 黄景钧：《风云岁月——沈兹九与〈妇女生活〉》，原载于《新观察》1983年第18期。
③ 彭子冈：《忆印度女记者》，李清芳：《彭子冈作品选》，新华出版社1984年版，第310页。
④ 《最近来汉的四位女作家缩写》，《大公报》（汉版）1937年11月2日。

中华全国文艺界抗敌协会("文协")等由共产党领导、众多左翼人士组成的组织①。

全面抗战爆发后,中共在武汉建立了办事机构,子冈经常利用采访之便去中共办事处,还与《新华日报》记者并肩采访,聆听周恩来、董必武等的高论。1938年秋,子冈和徐盈在武汉见到了中共中央宣传副部长凯丰,经由胡绳介绍加入中国共产党,并遵循特殊要求:不交纳党费、不过组织生活、专人单线联系②,正式成为《大公报》里的中共地下党员。当时中共对地下记者实行宽松管理与"以个人自保为主"的地下工作政策,坚持"公开工作和秘密工作,上层活动和下层活动严格分开"的原则,力主地下工作的同志应"职业化、社会化",取得合法的身份掩护,基本不干预地下记者的新闻采访③;同时地下记者的新闻工作,也在政策和精神层面受到报社与党组织的双重影响。1938年秋,范长江离开《大公报》,子冈和徐盈意欲与之同进退,遭到范长江劝阻。经此事件后,徐盈和子冈留在国统区工作,不离开《大公报》;同时两人每周都要去一次中共驻武汉办事处,接受精神和政策指示,组织意识得到了强化④。

1938年10月武汉沦陷后,子冈和徐盈随《大公报》来到重庆。由于日军轰炸频繁,徐盈夫妇反复迁居,后来受沈钧儒邀请住进良庄。子冈开始到处"跑"新闻,包括特写、报道,所涉及的领域极为广泛⑤。其采访对象上至抗战将领(马占山、张自忠)、国民党高官(孔祥熙)及宋庆龄、宋美龄等高官眷属,下至普通女佣、战时孤儿、医护人员,将战时重庆社会的方方面面展现在世人面前,反映了军民一体抗战、国民党消极抗日、社会凋敝的情况。此间,《大公报》给子冈提供了发展空间和更多的采访机会,也为其发表批评性报道提供了保护屏障。子冈"档次"的提高,来自总编辑张季鸾在1939年初要求其以记者的身份去采访宋美龄。子冈根据自己的切身感受写下了《蒋夫人访问记》,张读后称赞其"颂而不谀,恰到好处"。这也使子冈有更多的机会去采访政坛女性。可见子冈的成就得益于《大公报》的支撑。记者成长不仅是个人努力的过程,也是报业空间宽裕带来的成果。子冈的作品通常会在开头标明"本报特写"予以

---

① 冯乃超:《武汉撤退前的文协》,《抗战文艺研究》1983年第3期。
② 廖似光:《关于南方局的一些情况》,重庆现代革命史资料丛书编委会:《回忆南方局》(一),重庆出版社1983年版,第14—22页。
③ 重庆现代革命史资料丛书编委会:《回忆南方局》(一),第39—48页。
④ 徐盈:《忆长江的三次谈话》,《新闻研究资料》1979年第3期。
⑤ 徐铸成:《报人张季鸾先生传》(修订版),生活·读书·新知三联书店2018年版,第154页。

强调。子冈与浦熙修、杨刚被时人称为"三剑客"。

进入1939年5月，国民党颁布或修正了一大批新闻检查条例，身处高压漩涡中的子冈的报道遭到了新闻检查官和报馆内部编辑的扣压、删削，即使据理力争，作用也并不大，《大公报》对其还算关照，没有解聘她。尤其是皖南事变之后，报道空间受到更大挤压，于是子冈转战桂林，为徐铸成主持的桂林《大公报》撰写航讯，以揭露重庆的黑暗面，反映底层人民呼声，将真实情况传达给大后方读者。她每周或十天半月写航讯一篇，披露雾都重庆的真相和百姓的真实心声，揭露了国统区民生的贫弱和国民党上层的贪腐现象。从1941年3月至1944年6月在桂林版《大公报》上发表的近百篇"重庆航讯"被称为"重庆百笺"。子冈坚信"有关抗建千言少，粉饰太平一句多"。徐铸成也称"我们几乎每周必刊出一篇子冈通讯。这与社评并成为桂林版的两大特色"①。

1945年8月抗战胜利后，毛泽东到重庆。子冈随妇女团体代表访问毛泽东，撰写了《毛泽东先生到重庆》，发表在《大公报》，用近乎白描的语言勾勒出毛泽东的形象，在国统区引起极大关注。随后子冈被派往北平，任《大公报》北平办事处记者。在从重庆去往北京的途中，路过汉口、苏州、南京，子冈将自己沿途所见整理成通讯发表，反映战后初期存在的伪军变为地下军、汉奸报纸变为华中报等问题②。到达《大公报》驻北平办事处后，她目睹了国民党劫收和社会动荡的现实，还采访了间谍川岛芳子，发表了大量"北平电话"专题热门文章。1946年国共"军调"时期，子冈以《大公报》记者身份常去中共代表住处翠明庄。1946年4月发生"梁家园事件"，国民党军警以漏报户口为由，查封共产党驻北平《解放》三日刊编辑部，抓走总编辑钱俊瑞等人。子冈等以《大公报》为报道平台，配合了中共方面的抗议，揭露国民党的阴谋。迫于舆论压力，被捕人员第二天被释放。此后子冈通过美国新闻处处长孟用潜介绍，与另外三名西方记者乘美方飞机到张家口访问晋察冀边区，短短几天时间她不仅受到了共产党领导聂荣臻、罗瑞卿等的接访，还与众多文化名人欢聚一堂，返回北平之后写了一组通讯《张家口漫步》，连载于北平、上海、香港《大公报》。因稿件中赞美中共的政治设施，被南京《救国日报》社长龚德柏称为共产党的宣传员③。

进入1947年，随着内战的持续以及国民党内部贪腐阶层的存在、统制经

---

① 徐铸成：《徐铸成回忆录》（修订版），生活·读书·新知三联书店2018年版，第102页。
② 《回到了汉口——返乡通讯之一》，《大公报》（渝版）1945年10月7日。
③ 万仁元、方庆秋、王奇生编：《中国抗日战争大辞典》，湖北教育出版社1995年版，第596页。

济对民族工商业的打压，国统区出现了严重的通货膨胀。与文化界有着密切联系、喜欢深入底层进行采访的子冈通过《辛酸国剧界》《东郊棉场看难民》《看内三区领面》《"五四"又要到来了》等报道，记录了经济不景气和物价飞涨使京剧成为"最凋零的一行"，北平行辕开仓放粮时"人如潮涌"①。《桃花扇里看北平》更是通过描写1948年阳历年在北平流行的新平剧《桃花扇》的演出状况和观众们的热烈反响，将明末乱世和内战时局相互对比，昏聩帝王与东林党人、奸臣与忠臣相互对比，委婉地表达出对中共寄托的希望②。1948年12月底，在《大公报》多次被要求解聘徐盈、子冈之后仍拖而不办的情形下，国民党特务搜查了他们的家，并把徐盈关押数日，限制其社会活动③。

1949年天津解放后不久，津版《大公报》改组为《进步日报》；子冈的中共党员身份公开，与张琴南、杨刚、徐盈、高集等共同签署《进步日报职工同人宣言》（代发刊辞）④，并留守北平办事处。后来，由于英文基础好，且自《大公报》重庆时期起就协助过龚澎、乔冠华等向英美记者提供中国抗日的真实情况，对许多国家的新闻界较为熟悉，自1949年夏起子冈先后参加了中国作家代表团、中国青年代表团、中国保卫世界和平代表团和中国妇女代表团，访问过苏联和东欧、北欧国家及印度等近十个国家。1950年出版了《苏匈短笺》，全面介绍社会主义国家的面貌。1953年，调到《人民日报》文艺部负责报道戏曲界动态。其间子冈还在《人民日报》《文汇报》等发表了反映社会主义建设的文章，如《官厅少年》《老邮工》等。1955年子冈任《旅行家》杂志社主编，后在1957年的反右运动中被划为"右派"分子，次年下放到河北劳动改造，旋因腿疾返京，在中国青年出版社印刷厂劳动。1961年，调全国政协文史资料委员会做编辑。1969年，子冈同徐盈一起被下放至湖北沙洋五七干校参加劳动改造。1979年秋冬之交，子冈"右派"问题获得彻底改正，党籍和工资级别得到恢复，《旅行家》杂志复刊，子冈重任主任编委。一年以后突发脑血栓，因医治不及时导致半身瘫痪。瘫痪的六年期间由子冈口述、子冈的儿子整理发表了《记者六题》《人之初》等多篇文章。

---

① 子冈：《辛酸国剧界》，《大公报》（津版）1947年10月8日；子冈：《东郊棉场看难民》，《大公报》（津版）1947年10月23日。
② 子冈：《桃花扇里看北平》，《大公报》（沪版）1948年1月24日。
③ 《为了永不忘却的纪念》，冯克力主编：《老照片》（第17辑），山东画报出版社2001年版，第45—48页。
④ 《进步日报是如何产生的 大变革中的一个故事》，《进步日报》1949年2月27日。

1988年1月9日,子冈在北京病逝。1月23日,《人民日报》发表了题为"握一管神笔、有两只慧眼:著名女记者彭子冈默默离去"的文章纪念她。

附　代表作赏析

毛泽东先生到重庆

(原载于《大公报》[渝版]1945年8月29日)

人们不少有接飞机的经验,然而谁也能说出昨天九龙坡飞机场迎毛泽东先生是一种新的体验。没有口号,没有鲜花,没有仪仗队,几百个爱好民主自由的人士却都知道这是维系中国目前及未来历史和人民幸福的一个喜讯。

这也许可以作为祥和之气的开始罢。

机场上飞机起落无止尽,到三点三十七分,赫尔利大使的专机才回旋到人们的视线以内,草绿的三引擎巨型机,警卫一面维持秩序,一面也没忘了对准了他的快镜头。美国记者们像打仗似的,拼着全力来捕捉这一镜头,中国摄影记者不多,因此倒强调了国际间关心中国团结的比重。塔斯社社长普金科去年曾参加记者团赴延安,他们也在为"老朋友"毛泽东先生留像。昨日下午六时有重庆对莫斯科广播的节目,普金科看看表,慰心的笑了。

第一个出现在飞机门口的是周恩来,他的在渝朋友们鼓起掌来,他还是穿那一套浅蓝的布制服。到毛泽东、赫尔利、张治中一齐出现的时候,掌声与欢笑声齐作。延安来了九个人。

毛泽东先生,五十二岁了,灰色通草帽,灰蓝色的中山装,蓄发,似乎与惯常见过的肖像相似,身材中上,衣服宽大得很,这个在九年前经过四川境的人,今天踏到了抗战首都的土地了。

这里有邵力子、雷震两先生,这里有周至柔将军,这里有张澜先生,这里有沈钧儒先生,这里有郭沫若先生……多少新交故旧,他们都以极大的安定来迎接这个非凡的情景。

"很感谢",他几乎是用陕北口音说这三个字,当记者与他握手时,他仍在重复这三个字,他的手指被香烟烧得焦黄。当他大踏步走下扶梯的时候,我看到他的鞋底还是新的。无疑的,这是他的新装。

频繁的开麦拉镜头阻拦了他们的去路，张治中部长说："好了罢。"赫尔利却与毛泽东、周恩来并肩相立，抚着八字银须说：

"这儿是好来坞！"

于是他们作尽姿态被摄入镜头，这个全世界喜欢看的镜头。

张部长在汽车旁边劝："蒋主席已经预备好黄山及山洞两处住所招待毛先生，很凉快的。"结果决定毛先生还是暂住化龙桥十八集团军办事处，改日去黄山与山洞歇凉。

毛、张、赫、周四人坐了美大使馆二八一九号汽车去张公馆小憩，蒋主席特别拨出一辆二八二三号的篷车给毛先生使用，也随着开回曾家岩五十号了。侍从室组长陈希曾忙得满头大汗。

记者像追着看新嫁娘似的追进了张公馆，郭沫若夫妇也到了。毛先生宽了外衣，又露出里面的簇新白绸衬衫。他打碎了一只盖碗茶杯，广漆地板的客厅里的一切，显然对他很生疏。他完全像一位来自乡野的书生。

他和郭先生仔细谈着苏联之行，记者问他对于中苏盟约的感想时，他说：

"昨天还只看到要点，全文来不及看呢，"他说，我以为他下飞机发的中英文书面谈话甚为原则，因此问他：

"你这谈话里没有提到党派会议与联合政府，这次洽谈是否仍打算在这两件事上谈起呢？"

他指着中文书面谈话说："这一切包括在民主政治里了。还要看蒋先生的意见怎么样。"

对于留渝日期，他说不能预料。他翻看重庆报纸时说："我们在延安也能读到一些。"他盼望有更多的记者可以到延安等地去。

张部长报告蒋主席电话里说：八点半在山洞官邸邀宴毛周诸先生，因此张公馆赶快备办过迟的午宴，想让毛先生等稍事休息后再赴晚宴，作世界所关心的一次胜利与和平的握手。

【赏析】

本文刊发于1945年8月29日重庆《大公报》，与方纪的《挥手之间》并称为姊妹篇。时值抗战胜利初期，蒋介石一个月内三次电邀毛泽东赴重庆进行和平谈判。毛泽东在分析了当时国内局势后，毅然决定"深入虎穴"。1945年8月28日下午，毛泽东在周恩来、王若飞的陪同下抵达重庆九龙坡机场。毛泽东的到来引发国内外各界人士的高度关注,作为当时重庆报界的一面旗帜,《大公报》自然倍加关注这一事件。记者彭子冈跟随妇女团体到机场实地采访,写出这篇轰动国统区各界的新闻报道——《毛泽东先生到重庆》。

彭子冈作为1938年入党的老党员,长期在国统区从事新闻活动,在经历了漫长又热烈的期待之后,她生平第一次终于见到了自己的领袖,在她心底这种复杂的激动之情难以抑制但又必须抑制,因此她只能把热烈情绪倾注于笔端,于是我们便在文章中看到了一个朴素又极具亲和力、散发着和平之光的毛泽东形象。字里行间也能感受到作者洋溢的热情。

文章寥寥千字,将陪都人民对毛泽东到来的热烈期盼、国内外对毛泽东此行的高度关注展现得生动如画。文中对毛泽东的衣着、言行进行了细致描摹,毛主席的发型描写:"蓄发","头戴灰色通草帽";衣着描写:"灰蓝色中山装","衣服宽大得很","簇新白绸衬衫","鞋底还是新的",一身新装;"陕北口音","被香烟烧得焦黄"的手指;尤其是对其新衣、香烟灼黄的手指及崭新的鞋底等细节的刻画极具画面感。灰色、灰蓝色、白色、焦黄等颜色用词对比鲜明,而蓄(发)、宽大、新(装)、烧等动词、形容词将人物状态展现得更加生动。作者善于在场景转换中对人物心态进行描摹。在机场,毛主席大踏步走下扶梯,与周恩来、赫尔利并肩相立,与记者握手,重复"很感谢"三个字,"大踏步"与"并肩相立"可以窥见毛主席不卑不亢的态度,重复"很感谢"的行为就表现出他面对记者、面对外界时的拘谨;至曾家岩五十一号,毛主席敞开外衣,打碎了一只盖碗茶杯,与郭沫若仔细谈苏联之行,回答记者关于中苏盟约的感想,谈话谨慎而又简明扼要。敞开外衣、指着中文书面、翻看重庆报纸给人一种放松之感,但打碎茶杯的紧张又与这种轻松形成对比,对记者提问用简短的几句作答将毛泽东谨慎又不失原则的个性展露无遗。这样生动鲜活的人物形象彻底打破了国统区有些人视中共领导为洪水猛兽的刻板印象。

文章中字里行间透露着对国共和谈结果的忧虑,如赫尔利与毛泽东、周恩来并立道出"这儿是好来坞"之言辞,可以窥见美国对国共和谈作壁上观的态度,而毛泽东对谈判中涉及民主政治内容有赖于蒋介石的意见之回答,以及对留渝日期的不可预料都隐隐传达出对此次谈判能否实现预期和平的担忧。

此外,文中对国民党方面对毛泽东的接待规格及后续活动安排等也做出了细致记录,使历史真实跃然纸上。子冈用"慧眼"观察,用"神笔"勾画,使那段历史历经时光沉淀仍熠熠生辉。

彭子冈在其新闻人物特写作品中，文学笔法游刃有余，善用白描、比喻、排比等修辞手法。这些作品不仅传达出她果断泼辣的性格特征，显现出熟稔高超的职业技能与素养，更浸润着其关注国家命运、民族未来和社会现实的悲悯情怀，这样有思想、有温度的新闻作品历经岁月的洗礼永不褪色，时至今日仍是新闻专业学生学习的优秀范本。

沉潜思辨、标新立异的报刊政论家：李纯青*

李纯青（1908—1990），乳名煊炉，笔名寒飞、吕煊、孔白之、杜微、何家通等，是我国著名政论家。1908年10月13日出生于福建安溪龙涓乡，其祖父、父亲皆从事茶叶生意，常来往于闽台之间，后定居于台北。1918年随父亲移居台北，在台北度过了自己的童年时光。1922年，因不愿臣服于日本侵略者，李纯青拒绝申办台湾户籍，返回福建求学。1925年李纯青考入集美师范学校，在校期间，他开始接受进步思想，积极参加学生运动，并担任校学生会主席。1929年李纯青进入上海大陆大学，后转学到南京中央政治学校（1946年改名为国立政治大学），就读于市政系，1933年毕业。1934年李纯青加入中国共产党，并担任中国民族武装自卫会福建省闽南分会组织部长。同年底，党组织被破坏，他返回台湾。1936年李纯青赴日本留学，入东京的日本大学社会学系就读。

七七事变后，李纯青回到中国，经朋友陈乃昌、同学范长江介绍，胡政之亲自口试、笔试后进入上海《大公报》，任日文翻译。上海沦陷后，因拒绝日伪的新闻检查，上海《大公报》于1937年12月14日宣布停刊。翌年5月，李纯青进入香港《大公报》工作，以研究日本问题专家的身份现身新闻界，负责撰写评论与专栏文章，正如李纯青所说，"八年抗战，我耗费了大部分时间，在研究日本问题，写宣传抗日文章。当时日本每发生一件大事，我差不多都写过介绍或评论。有时一日疾写数篇，彻夜工作"①。李纯青关于日本问题的政论文章，以立意新颖、见解独到见长。1938年8月15日，李纯青在香港《大公报》上发表政论文章《日本兵为谁而战——关于战争利润》，援引列宁的观点"战争是可怕而有暴利的生意"，用事实与数据说话，揭示了日本侵略中国的真正目的。当时有一种论调，认为发动战争的是日本军阀，而日本财阀是温和的，是不要战

---

* 本文撰稿人：张振亭，南昌大学新闻与传播学院教授；彭晶晶，南昌大学新闻与传播学院2019级博士研究生。
① 李纯青：《笔耕五十年》，生活·读书·新知三联书店1994年版，第127页。

争的。李纯青通过列举大量数据分析了历次战争中财阀获得的利润,从而得出结论:战争不是为了天皇,也不是为了军阀,而是为了给资本家猎取利润。文章发表后,引起广泛关注,李纯青一举成名。在此之后不到一周,李纯青于1938年8月21日在香港《大公报》上发表《评日本经济崩溃论》一文,对当时盛行一时的"日本经济崩溃论"观点提出了不同的见解。"日本经济崩溃论"是当时一个热门且流行的观点,有人估计,日本经济不出六个月就会崩溃,也有人认为最多可以维持一年,总之不久就会崩溃。对此,没人敢公开提出异议,怕有长敌人志气之嫌。李纯青却认为:战争经济崩溃,应该以军需物资告罄作为依据,以贸易变动、财政困难、物价飞涨等等作为日本经济崩溃的论据是不足信的。李纯青这篇政论文章,抓住了战时经济的本质与要害,既打击了右倾"恐日病",又清算了左倾"幼稚病",历史事实证明,李纯青的分析是正确的,而当时流行的观点是错误的。

1941年春,李纯青调入重庆《大公报》任社评委员,负责撰写社论。在渝期间,李纯青通过陈乃昌向周恩来转述情况,周恩来指示称"宣传抗日,就是革命,保持目前情况,更为方便"①,并指定专人与其联系。在此期间,李纯青继续在《大公报》上撰写抗日文章,坚持抗日,反对投降,批评国民党弊政,呼吁欧美开辟第二战场。抗日战争后期,他敏锐地捕捉到了当时的国际风向,发表多篇文章驳斥"台湾国际托管论",揭露外国企图占领台湾的意图,呼吁中国必须收复台湾。在《中国必收复台湾——台湾是中国的老沦陷区》(重庆《大公报》社评,1943年4月7日)、《再论关于台湾问题——读〈美国的战后设计〉》(重庆《大公报》社评,1943年5月15日)等社论文章中,李纯青正式昭告全世界:"台湾、澎湖列岛应归还中国。"这些社论掷地有声,及时有力地影响了国际舆论。

日本投降后,1945年10月5日,李纯青以《大公报》记者身份,第一批由重庆回台湾参加光复典礼。10月25日,在台北公会堂李纯青参加了日本受降典礼,目睹了安藤利吉代表日本政府投降的签字仪式,是台湾光复的见证人之一。其后一个多月的时间里,李纯青作为重庆记者团的一员,从新竹出发到台中、嘉义、台南、高雄、屏东东港等地采访,他环游全岛,广泛接触各界人士,撰写了多篇纪实性报道。在《在爱国热潮中访问台湾宝岛》(重庆《大公报》1945

---

① 李纯青:《回顾与思考》,中华全国台湾同胞联谊会编:《台湾同胞抗日五十年纪实》,中国妇女出版社1998年版,第379页。

年12月6日)一文中,李纯青饱含热烈深沉的情感,既描写了日本侵略者对台湾人民的掠夺与欺压,也表现了台湾人民不屈不挠的反抗与斗争,同时以热情洋溢的笔触描写了台湾人民庆祝光复、渴望回归祖国的盛况。1945年12月,李纯青由台返沪,主持上海《大公报》社评,同时主编《时代青年》周刊及在台发行的《台湾评论》。

抗日战争胜利后,国内政治局势日益复杂,上海实力雄厚的原有大报纷纷被国民党接收,作为一张完全民营的报纸,《大公报》秉承坚持和平、反对内战的原则,试图走中间路线,报社内部也起了分化——虽然报社规定"录用新人必须无党无派"[①],但在实际工作中《大公报》领导人知道有些编辑记者左倾,但不追究,仍予信任使用"[②]。因此,采访部记者多数是左派,而"新闻版面,可以说十分之六七是左倾的"[③]。李纯青根据上海地下党策反工作委员会的指示,对王芸生做了深入、细致的工作。他多次登门造访,数次与王芸生推心置腹,在摸清王芸生的思路后,正式告诉王芸生毛泽东主席邀请其参加新政协会议,打开了王芸生对共产党的心结。王芸生向李纯青表示:"甘愿接受共产党的领导,包括我本人和我所能代表的《大公报》。"[④]之后,两人在共产党领导下秘密部署了一系列工作,李纯青辗转来到香港。1948年11月10日,香港《大公报》发表文章,公开拥护中国共产党和中国人民解放军解放全中国,彻底反对国民党政权,予国民党以极大震动。1949年2月,李纯青离开香港,由朝鲜进入沈阳,3月抵达北平,3月14日进入天津《进步日报》(原天津《大公报》),担任副总编辑。

1949年7月,李纯青任上海《大公报》副总编辑,从事报社内部接管与改造工作。1953年1月任天津《大公报》副社长。1954年10月调离《大公报》,任中共中央宣传部国际宣传处及外交部国际关系研究所研究员。1954年6月加入台湾民主自治同盟,担任副主席。同年8月代表"台盟"与国内其他民主党派联合发表《解放台湾宣言》,并在宣言上签字。周恩来总理曾指示,"所有伤害中国利益的世界舆论,都不应忽视,要及时纠正,毫不含糊"[⑤]。在1954年至1957年间,李纯青发表了多篇有关台湾问题的政论文章,持续揭露国际反动势力对台湾的阴谋,与所谓"台湾地位未定""台湾托管""台湾独立""台湾自决"

---

① 李纯青:《笔耕五十年》,第508页。
② 李纯青:《笔耕五十年》,第524页。
③ 李纯青:《笔耕五十年》,第510页。
④ 李纯青:《笔耕五十年》,第533页。
⑤ 李纯青:《李纯青台湾问题论集》,厦门大学出版社1994年版,第318页。

"两个中国"等谬论做不调和的斗争,为驳斥各种奇谈怪论、促进祖国统一做出了积极贡献。

"反右"至"文化大革命"期间,李纯青受到错误批判,被撤销一切职务,由此封笔二十年。1977年11月,李纯青复出,主持"台盟"工作。李纯青曾历任第一届全国人大代表,第二、四、五、六、七届全国政协常委,台湾民主自治同盟总部第一、二、三届副主席,第四届台盟中央评议委员会主席等。晚年的李纯青依然笔耕不辍,结合自身经历写下了《抗战时期的〈大公报〉》《战后〈大公报〉见闻》《为评价〈大公报〉提供史实》等文章,留下了关于《大公报》的珍贵史料。

1990年5月20日,李纯青在北京逝世。新华社电讯称他"工作卓越,学识渊博,光明磊落,为人正直,廉洁奉公以及具有强烈的爱国心"①。

附 代表作赏析

日本的南进与北守

(原载于《大公报》[港版]1940年9月12日)

自从近卫再出,松冈登台,日本的外交,虽然还维持着"不介入"的伪装,而实际是一天一天向德意方面走,尤其它的南进,已成必然的动向,其与英美的利害冲突,更是无可避免。

本来南进政策,也是日本多年的宿望。近来因为欧洲战况的猛酷,太平洋形势的紧张,使得它在利害上感于有扩大掠夺资源的急需,而对华战事之延长与失败,经济枯竭,人心萎敝,益使得它需要在南进政策上赶快作些成绩,期于振奋民心,转移观感,以便强化国内的统制,同时希冀获得若干新资源,因应眉急,以便支撑这遥遥无期的"中国事变"。为着这些目的,所以它先向抵抗力最薄弱的越南下手,借"假道攻华"的口实,企图武力侵入,想在最近期内,把法国在远东的一串珍珠,不劳而获,尽力攫取。照目前看来,日军的势力,已经控制着越南,其进兵不过迟早问题,而事实之是否为攻华抑系占越,想不难即将揭开内幕。抑日本南进,当然决不以此为止境,它把握着越南地盘之后,必然要

---

① 李纯青:《李纯青台湾问题论集》,第319页。

利用和暹罗的友谊,更向英属南洋各地,伸其魔手,而荷属东印度的富源,尤其为日本馋涎欲滴的标的,过去它已屡有多方面的侦察,最近复派大规模的使节团,其欲掠得荷印全境,供彼享用,自毋待论。日本对于此类南进政策的推进,在今天已成不容稍缓的国策,纵或表面上张弛不一,缓急异致,只不过偶然的形态,绝对不是中止或改变。

随着这南进的策动,日本对于北方,自不能不改取守势,其实在现阶段下,日本的北进工作,原本业已到达顶点。它自"九一八"事变,连续占据中国的东四省,三年更又进据察绥,攫获冀晋鲁豫之一大部,昔之拟指华北五省为其支配圈者,迩来显已把河南并入以成六省区。它在华中华南,多已掠取主要资源,或统制战争关系事务,其在华北的统制,却是全部贯注,巨细不捐,范围广大,计划悠久,论其地域之广,规模之大,方面之多,真够侵略者的长期消化,所以它尽可以暂时停止进展,改善现状,而对于外蒙古与苏联东部之觊觎,亦自应及时收敛,姑戢野心。为着这种理由,它对苏联,近乃变对立为友好,易仇视为献媚,期借善邻之面具,求一时的相安,俾便利用时机,集中力量,征服中国,搏击英美,这是因南进而不得不北守的必然因果,缘是竟不惜以著名侵略狂反共热的建川美次,派使苏联,而建川本人亦竟发为亲苏之论,似一反其宿昔所唱(倡)导者,于以见日本军阀急于和苏,故有取于反英美著名之建川,将资为进一步联苏之计,且似更以建川曾驻印度,习于该方情势,或可供苏联关于该方面问题之咨询乎?果尔,则日本于和苏北守之中,实兼寓诱致苏联共作彻底南进排英之计,是则建川今后之活动,殆真值得吾人刮目相看。

虽然,天下事不如人意十八九,日本的南进北守,固若智珠在握,头头是道矣,但中国对日抗战不屈,将终为其南进的致命伤,盖日本纵能巧取越南,不能禁中国不在越境与之厮拼,此其一。荷印侵略,最后不能不准备武力,而陆军深陷中国,海军单独难胜远洋掠地的大任,此其二。英美结合近益坚固,日本逼迫过甚,太平洋必不太平,作始也简,将毕也巨,日阀南进纵令侥幸得手,逆取者决难顺守,此其三。至于北守亲苏,亦非易易,姑无论中国对华北决不放弃,最近反攻,战果卓越,日本欲安然保守,从容消化,在势与理,胥无可能,而苏联当局,高瞻远瞩,其外交宛若天马行空,不可羁勒,日本对苏如是一时利用,决非根本改变,苏联任举一事,要求日本牺牲,皆可测见其所谓亲苏外交的本质,以苏联当轴之老练冷酷,岂日本所可得而欺之?因此,我们敢为大胆的预言:日本的未来,将是南进不成,北守不住,非将中国战事结束,它的任何世界政策,都要"此路不通"!

【赏析】

这篇《日本的南进与北守》写于1940年9月12日。20世纪30年代,日本国内关于战争的构想有两种,一是南进战略,一是北进战略。所谓南进,即海洋战略,企图在占领中国后南下控制东南亚地区,进而控制整个亚洲和太平洋地区;所谓北进,即大陆战略,企图在侵略中国后掉头北攻苏联,进而称霸欧洲。最终,日本奉行的是"南北并进"的战略,在强占我国东三省之后,悍然发动七七事变,挑起全面侵华战争。此时,欧战爆发,1939年9月1日,德国对波兰发动进攻,两天后,英法向德国宣战。欧战的爆发对日本产生极大的影响,日本会不会对英法宣战,从而加入世界大战中?如果加入,日本会选择南进还是北进?这些问题成为战时日本军政高层论争的焦点,也是当时国际关注的热点。当时很多知名人士纷纷发表见解,其中包括一部分国民党军政高层,多数人都倾向于日本会北进苏联,不会南进向美国开战。

时局未明、众议纷纭之际,李纯青在香港《大公报》上发表四篇社论,从战略资源、战时战况、外交关系等方面进行了深入、系统的分析,得出结论:日本一定会南进。《日本的南进与北守》就是其中一篇。这篇社评,洞烛先机、鞭辟入里、分析精当,具有极大的启发意义和参考价值。

首先,观点新颖独到。观点是一篇社评的灵魂,正如李纯青所说,"意见的高明与否决定文章的质量……我所说的意见,指的是思想,也就是一篇文章的主题思想。主题思想是一篇文章的骨干。没有它,这篇文章便站不起来"[①]。在这篇社论中,作者开宗明义、开门见山地揭露日军伪装,提出日本必然会南进的观点,这样的洞见在当时舆论纷扰、时局未明之际实属难能可贵。《大公报》言论向以理性、稳健著称,不迎合流俗,同时亦不刻意哗众取宠,而是保持基于事实的理性和稳健。李纯青的这篇评论是该报言论风格的鲜明体现。

其次,分析、事理结合。观点立不立得起来,关键要看论据是否精当,分析是否合乎逻辑。在第二段与第三段中,作者用事实说话,通过对战争资源、中国对日战况以及日苏外交等事实的挖掘具体分析了日本南进与北守的原因。作者对战争的分析,没有浮于战争表面,而是深挖日本发动侵略战争的原因,

---

① 李纯青:《笔耕五十年》,第547页。

从战时工业与日本经济角度进行分析。他认为日本北进得不到太多经济利益,而南进的最大动力来自"扩大掠夺资源"。南进,有日本急需的战争物资,"对华战事之延长与失败,经济枯竭,人心萎敝,益使得它需要在南进政策上赶快作些成绩,期于振奋民心,转移观感,以便强化国内的统制,同时希冀获得若干新资源,以应眉急"。从经济入手深挖日本帝国主义发动侵略战争的目的,透过现象抓本质,李纯青的分析准确而有预见性。在第三段中,作者分析了随着南进战略的推进,日本对于北方将不得不采取"北守"的策略。其分析同样建立在事实的基础之上。第一,作者认为随着日本在中国华北的扩张,对华北六省的统治将会让其"消化"很长一段时间,故会暂时停止进击。第二,通过分析日本对苏联的外交活动,特别是对建川美次亲苏言行以及政治主张的分析,指出了日本在外交上对苏联"变对立为友好,易仇视为献媚,期借善邻之面具,求一时之相安"的最终目的。

再次,结论融情于理。作者曾说:"是站在中国的立场去观察这个侵略中国的帝国主义国家。我研究的目的是为了要战胜敌人。"① 通过对于日本侵略者南进北守的战略分析,作者得出结论:"日本的未来,将是南进不成,北守不住,不将中国战事结束,它的任何世界政策,都要'此路不通'!"结论铿锵有力,既揭露了日本帝国主义的阴谋,又暗含了作者抗战必胜的信念与决心。结论虽饱含深情,但也是建立在精准的事实分析之上。在文章中,作者对其南进必然失败提出了三点理由:第一,中国对日战争不屈不挠,是日本南进最大的阻力;第二,日本陆军深陷中国战场,其海军无法单独完成远洋掠地之重任;第三,英美联盟日益坚固,日军逼迫过甚,会迫使美国加速进入战争。同时,作者通过分析我国对华北六省的绝不放弃与日苏外交的本质,揭示了日本北守政策也必然会走向失败。

最后,文辞清新洗练。此篇文章仅有四段,但是结构清晰,逻辑分明。在语言上,文辞简洁,语句古朴而有生气,长短句式的运用使得文章汪洋恣肆,让人读来铿锵有声,可见作者文字修养极深。

总之,这篇社评思想深刻,论点鲜明,结构清晰,文辞简练,分析有理有据,结论睿智而又充满了预见性,有力地戳穿了日本帝国主义世界战略的阴谋,用事实坚定了抗战必胜的信心。

---

① 李纯青:《笔耕五十年》,第 59 页。

给副刊披上战袍：杨刚*

杨刚(1905—1957)，女，原名杨季徵，又名杨缤，原籍湖北沔阳，生于江西萍乡，出身名门望族，自幼入家塾学习。1926 年，大革命热潮使正在读中学的杨刚开始接触革命，选定人生方向。1928 年，杨刚入读燕京大学英文系，由此打下深厚的英文功底。同年冬，加入中国共产党。1930 年在"五一"示威游行活动中被捕，出狱后投入北方左翼作家联盟工作。1932 年因工作劳累病倒，停学休养。病愈后与党组织脱离关系，但仍参加革命活动。1936 年，杨刚被聘为《大众知识》编辑，开始从事新闻工作。1938 年，重新加入中国共产党。

1939 年 8 月，在萧乾的推荐下，在文坛崭露头角的杨刚抵达香港，接替萧乾出任香港版《大公报》副刊《文艺》和《学生界》的主编。萧乾认为，杨刚是他接办《文艺》以来最经常的撰稿人，不但了解副刊的传统，也熟悉供稿的所有作家。"不是她接手，摊子可就散了。报馆就会失掉一大批作家的支持。"①

《文艺》副刊由萧乾 1935 年 9 月在天津《大公报》创办。因应形势的发展，香港《大公报》创刊后，萧乾把它引上了抗日宣传的战场，杨刚则使其成为"抗日哨位上的勇士"，"纵横于抗战宣传的战场，洋溢着勃勃生机"②，充满了战斗性和进步性，成为它最辉煌的时期。她在《重申〈文艺〉意旨》一文中说："《文艺》篇幅小，野心却有一个，它要放映这民族囫囵的一整个，从内心腠理到表皮。"杨刚决心要让副刊"披上战袍，环上甲胄"，把《文艺》由"绅士"改造为"战士"③，成为"一只挂着红绸子对着太阳高唱的号筒"④。

在杨刚主持下，《文艺》副刊发表了沙汀的《贺龙将军》、丁玲的《我是怎样

---

* 本文撰稿人：张振亭，南昌大学新闻与传播学院教授；张桂杰，南昌大学新闻与传播学院 2020 级博士研究生。
① 萧乾：《未带地图的旅人——萧乾回忆录》，中国文联出版公司 1991 年版，第 90 页。
② 吴廷俊：《新记〈大公报〉史稿》，武汉出版社 2002 年版，第 342、346、349 页。
③ 《重申〈文艺〉意旨》，《大公报》(港版)1939 年 9 月 4 日第 8 版。
④ 杨刚：《我站在地球中央》，上海文化生活出版社 1940 年版，第 10 页。

来陕北的》、庄栋的《记延安文协代表大会》、何其芳的《我们的历史在奔跳着》等知名进步作家的作品，反映了延安状况和八路军的战地生活。

杨刚注意到《文艺》具有战斗性和进步性，是宣传抗战和爱国的重要阵地。接编后，她阐明了自己的主张，推动《文艺》朝这一方向发展。在《重申〈文艺〉意旨》一文中，她提出："一切有心滚进这个大时代的人，他既肯把耳鼓贴在地层上听了战马的蹄骤，又听见了大地的暗语，就让他把这些语言有心的写出来。"她认为："凡可以称为文章的东西，在《文艺》的哨位上应该是一位击不倒的勇士。他可以明攻，暗袭，奇劫，各中要害。《文艺》一向在抗战上没有躲避宣传，今天也无所谓标榜。"[①]杨刚采取了一些独到办法保证《文艺》的发展方向。她一方面在原有基础上进一步表明自己的革命观点和主张，另一方面勇于揭露社会黑暗，反映百姓的悲惨境遇。杨刚还积极探讨抗战文学的发展方向，引起了广泛的社会反响。在杨刚的主持下，《文艺》的战斗性、进步性、爱国性得到全面提高，成为宣传抗日救亡的重要阵地。

主持《文艺》副刊期间，杨刚发起了两场讨论，意在引导文艺界向着正确方向前进。一是1939年10月开始的"民族文艺"问题的讨论。1939年10月25日，香港《大公报》发表了《〈文艺〉鲁迅纪念座谈会记录》，认为"民族文艺是现阶段和中国文艺的将来所必要的一条路"，应该"利用各种旧形式和外来形式，创造新的民族形式"[②]。该文发表后引起强烈反响，促进了《文艺》办刊方向的转变，普及了副刊不应是"报屁股"的理念，推动了《文艺》由"绅士"变为"战士"，对引导香港文艺向着抗日救亡的方向发展起到了积极作用。二是1940年10月1日，杨刚在《文艺青年》第2期上发表文章《反对新式风花雪月——对香港文艺青年的一个挑战》，引起香港文坛的广泛关注。《文艺》副刊举行了专题讨论，并发表相关文章。这场讨论虽然在对当时香港文艺青年进行批评时存在过火之处，但却在促进青年投入到民族救亡的现实生活及突破自我、超越自我方面起到了积极作用。

《学生界》是一个专门面向青年学生的副刊，旨在沟通全国学生界的思想、情绪、智识，报道他们的生活、组织和工作。杨刚任主编后对该刊进行革新，设立了"大家谈"等几个专栏，引导学生关注社会，提高思考深度，加强思想修养，

---

① 《重申〈文艺〉意旨》，《大公报》(港版)1939年9月4日第8版。
② 《〈文艺〉鲁迅纪念座谈会记录》，《大公报》(港版)1939年10月25日第8版。

锤炼意志。在杨刚的主持下,《学生界》拉近了与青年学生的距离,为引导青年学生走向进步发挥了积极作用。《学生界》还积极编发与抗战相关的文章,如《抗战中的抗日大学》《抗战建国教学团在晋西北》等,进行广泛的抗战宣传。同时还发表了《教育的苦闷》《为苦闷的香港学生呼吁》等文章,关注学生和学校的现实情况。

这一时期,杨刚撰写了不少散文、小说和诗歌。1939 年,散文集《沸腾的梦》出版。同年,小说《公孙鞅》出版。1940 年,诗歌《我站在地球中央》出版。1941 年,小说《恒秀外传》出版。这都反映出其旺盛的创作力。

1942 年 6 月 1 日,桂林《大公报》的《文艺》副刊发表了《归来献辞》,为鼓舞读者团结力量坚决抗战起到了积极作用。文中写道:"我们走过了一条道路,现在,这条路依然是一切真实的写作者,真实地生活在民族战争中的人们所共走的。我们没有理由脱离它,也不能脱离。或者,近在国人的身边,我们将有幸歌颂更多的壮烈和英勇,同时也不能面对着战争所带来的种种灾难和苦痛,闭上眼装着无情。一切的现实,一切的人生需要挖掘的更深、更广,我们走进苦痛的底层,为了能够站在苦痛的上面。"①

1942 年 7 月,杨刚踏上了前往东南战地采访的旅程,深入了解身处战火硝烟中的底层人民和战争实况,撰写了大量真实可贵且独具魅力的战地通讯,如《大战河湖圩》《姚显微之死》《请看日人的"新秩序"》等,展现了我军英勇无畏的战斗精神,揭露了敌人的残暴罪行,反映了社会的黑暗和百姓的痛苦。这些通讯激励了读者坚持抗战的决心,唤起了国人的民族意识和对黑暗势力的抗争,扩大了抗战宣传的影响。后来,这些旅行通讯结集出版,名为"东南行"。据费正清回忆,一位驻华美国武官曾评价《东南行》是其读到的最好报道。同年,杨刚离桂赴渝,主持重庆和桂林两地《大公报》的《文艺》副刊工作,兼做外交记者。

1944 年夏,杨刚赴美国哈佛大学女子学院留学,并于第二年 6 月兼任《大公报》驻美特派员,利用这一公开身份从事国际宣传工作。在此期间,杨刚深入美国各地考察,撰写了大量优秀的新闻通讯,如《日本投降后的美英舆论》《美国的经济复员》《力的歧途》《油灾》《走索上的马歇尔方案》等。这些通讯内容翔实,见解独到,分析深刻,细致入微,形象生动地反映了真实的美国社会,

---

① 《归来献辞》,《大公报》(桂版)1942 年 6 月 1 日第 4 版。

拓宽了国内读者的视野,展现了不同社会的现实问题,不仅有新闻价值,还兼具文学美感和历史意义,引起了强烈的社会反响,《大公报》也因此广受赞誉。1951年,收录了杨刚部分"美国通讯"的《美国札记》出版。

1948年,杨刚回到祖国,为推动《大公报》走向新生,转向人民阵营做出了重大贡献。1949年2月,杨刚担任天津《大公报》(后易名为《进步日报》)副总编辑。1950年以后,先后任外交部政策研究委员会主任秘书、总理办公室主任秘书、中共中央宣传部国际宣传处处长。1954年当选第一届全国人民代表大会代表,1955年调《人民日报》任副总编辑,负责国际宣传。1956年当选中共八大代表。1957年,杨刚不幸离世,终年51岁。

附　代表作赏析

蓓蒂——美国社会问题的缩影(节选)

(原载于《大公报》[津版]1948年9月30日、10月1日)

……第二天早晨朦胧之中听见了无线电的声音,很小,在房间里。那时虽到了美国不久,也晓得他们爱听无线电的习惯,念书写文章都要无线电在耳旁。这使我对于无线电感到厌恶甚至于恐怖。我起始想,是否搬出去以逃避这永不停止的声音。不如和她谈谈。

"蓓蒂。"我大声叫。

"唔!"一个从睡梦里受惊的声音就在隔壁床上答应我。咦,原来她还在睡觉哩。房子黑玄玄的。

我有点不好意思。我说:"奇怪,你在睡,是谁开了无线电?"

"我开的。我天天晚上开着过夜。"蓓蒂好像没有睡好,在床上扭了几下。

我心想真奇怪,连睡觉都要无线电。我问:"你不怕吵吗?"

"啊,"蓓蒂有神无气地说:"早晨醒来有个声音好一点。要不然我怕。"

"怕什么?!"

"你不喜欢你就把它关了吧。夜里没有一点声音睡不着。早晨一醒没有一点声音,叫人心里发抖。"她说这话的时候,墙外乱烘烘尽是声音。可是那些声音对她不存在。

"我们今天去游水吧。"蓓蒂一面起床,一面又说。我告诉她我不会游,而且我有事。蓓蒂不响,去弄东西吃。一杯咖啡,用牛奶泡了一盘干麦粉。过一会她说:"你有事自然去做事。如果我有事我也做事了。但是,现在,海边上多好,有太阳又有人。"

我隐然觉得这个女孩子有点毛病。她对于寂寞这样恐怖,简直是好像一接近寂寞,她的生命会危险一样。什么道理呢?我没问。

这样过了几天。她每天早上出去,到晚上才回来。一回来,就拿出她心爱的威士忌来同我喝,刺刺不休地要和我谈话。她游了水。游水多好,一下水把什么都忘记了。她看了几家招工的广告,都去问过了,但是没有找到一件事做。她每天只吃两顿牛乳泡干麦粉,每天在伙食上只要花两三毛钱就够了。她半饥半饱,可是不能不这样做。她只有一套黑呢短褂和裙子,冬夏都是它出门。她好久没有买帽子。你想,一个美国女人老戴一顶旧帽子出门怎么能见人?而且她还希望有男朋友来看她。她不能不喝酒。她失业已经快五个月了,不喝酒日子怎么过得去?至于她的亲戚呢,她说:"我不愿意找他们。就是我现在受罪,我还要告诉他们我很好,很快活,很有办法。"在她生命的三十年中,她已经丢了好几个男人,都是到刚刚有希望结婚的时候就跑掉了。可是她对于其中一个叫做极美的,还是抱了很大希望,那人有钱,而且没结婚。她心心念念盼那人到了纽约就来找她。她的日子实在过不下去,手里只剩下了二十元光景。她唯一的希望是上次被解雇时,她应该有五百元解雇金,现在应该快来了。但是,五百元不是很快就完了?她也不肯把这间每月要八十元房租的古庙房子退掉。一个人若落到住二三十元的小房子的地步,连客人都不能招待,就没有男朋友会肯跟你好。而且,你知道,他是个受过高等教育的人,不但大学毕业,且有一个硕士学位。未必就可以把自己当白废料看待,去住贫民窟里的小房间?

……

蓓蒂到底找到了一个职业,在一家化妆品工厂里当了一名装配工人。她每星期可以拿回来十六元几毛的工钱。工作时间是从早上八点到下午五点。工厂离我们住的地方只隔二三十条街,算是很近。可是她每天总得七点以前就起床,才来得及在家吃一点东西。晚上早是五点半回家做饭吃,迟时到七点。原因是老板有时要她多做一点。她不愿意,因为多做了并不多拿钱。战时的加工制已经取消了。但是不愿意也还是做。她每日从早到晚为这份工作所花的时间是十小时到十二小时。总共每周以五十至六十小时换十六元几毛。她快活多了。夜里也不开无线电睡觉了,威士忌喝得少了一点。把十六元几毛分做七天吃饭,还买了一顶时新帽子,花了三元多。她戴着这顶帽子在镜子面前把脖子扭了半天。连我也把先前替她担的心事减消了。她的问题是很简单。她没有儿女,离工厂又近。还有那些住在长岛、布朗市、司达屯岛的工人们,每天进城做工,光路上来回就要近两个钟头,回家还要烧饭带孩子,怎么办?蓓蒂告诉我,她的同事们十个有九个是不吃安眠药不能睡觉的人。我不知她是否用这话来证明她自己吃安眠药是人生的常态。

好景不常。蓓蒂慢慢又抱怨起来了。有一次,她到厂报到,晚了两分钟。她一进去那个管报到的女人就狠狠地拿表送到她眼睛底下叫她看,并且叫她明天到厂的时候先看她自己的表。如果是过了八点〇五分,就自己打倒车回家。再过了几天,蓓蒂因为一件事情请了一天假。事实是她觉得那工厂太糟了,常常要她多做工,工头时时暗中窥查工人,像查小偷一样,动不动就板脸骂人。蓓蒂私下在接洽另外一个工厂的事情,只好请假去进行。她请了一天假(请假扣工钱的),没办成功这件事。隔了一天,她又打电话去请假,工头就叫她去算账,不用再来了,而她那个新接头的地方又没有成功。那一天,蓓蒂走出走进,失魂落魄,弄得我也一天没有做好事情。

不过,蓓蒂也有快活的时候。一天,她夜里回来,我交给她一封电报,她打开一看就叫起来:"哎呀,这是极美的。他从芝加哥来了,他叫我给他打电话。他没有打电话来吗?有没有人给我打电话?他的电话是——他现在一定在那个旅馆,我要去打电话。"

电话是在地窖里房东太太的寓房中。已经是夜里十二点多钟了。蓓蒂怕房东太太不高兴,就特意出街去打电话。过了好一会,她回来了。噘着嘴,可是眼睛却在笑,弄得那张本来带点稚气的圆脸很好玩。她说:

"岂有此理?他叫我明天下午六点钟去看他。谁知他什么意思?可是他非常好哇。他一来就打电报给我。他说他打了电话来,不知怎么回事,大约你出去了。我想叫他明天带我去游水。他说他忙。"接着她就不停地和我讲起极美来。总之是这人如何漂亮,如何有钱,是律师,如何能干,他们如何好。但是,他总不求婚。蓓蒂也不知是什么道理。她的好强高傲的神色,令人觉得那斜男人对她的倾心带点游戏性质,她也知道,可是从心底不肯承认。她把那人打电报打电话的事重新又夸张了一番。其实,后来据她自己说,她那一晚没睡觉。

第二天夜里两点钟,我刚洗完身换了睡衣,要睡觉,蓓蒂空通空通地回来了……自言自语地说:"吃了晚饭,他们一大堆人谈话。我无聊,只好跑在他床上睡了一觉。你看,请一个女孩子去,却让她疲倦得自己睡觉!"末尾这两句话重复了好几遍,还眨着眼睛不甘心地望着我。后来又和我研究她为什么要结婚,不结婚就好像永远是在生命的悬崖上。最后又安慰自己说:"唉,我也不知结婚了究竟怎样。这个人有钱,我当然不愁活着了。可是他是很保守的,他假如要我,不过是要我替他招待他的阔朋友。那时候我又怎么办呢?"

那个极美第二天就走了。蓓蒂也没有再看见他,可是一连几天还是谈他。美国女孩子谈男人就和中国人谈做得好吃的菜一样。她天天希望那人打电报或写信,一直到完全失望而且找到了第四件新工作的时候为止。

两个月之间失业了三次之后,蓓蒂又进了一家化妆品工厂。她的工钱,总是在每周十几元之间。这回她对工厂比较满意,说那个管事是一个绅士模样明理的人,对工人的态度也比较好,但是一个月以后,她又失业了。这回失业她始终不知究竟是怪她的同辈工人,还是怪工厂,还是怪自己。

事情是这样的。这工厂比以前的不同,里面有一个相当厉害的工会。蓓蒂说这工会是在共产党手里。但她也不清楚,只是老板和工头都这样说。总之不久这里就有了工潮。一个管工人欺负了一个女工人,骂了不算,还动了手,所以工会闹起来了,要厂方赔罪,并且开除那个管工的人。蓓蒂起初是站在工人一边,并且因为她受过教育,会说话,就代表工人去和大管事谈道理。蓓蒂见了这位大管事发现这人温文尔雅,入情入理,很懂得工人不可以随便欺负,并且把工人对厂方的合作大大捧了一番。接着这人就告诉她这个工会是共产党把持捣乱,数了一大遍过去这些把持者无理取闹,妨碍生产之处。蓓蒂本来对共产党怀了一种复杂的心境,底子里觉得它可怕。她不完全相信大管事,也不完全不相信。但是她觉得大管事是一个君子人,很懂道理,不会做叫工人下不来台的事。她很同情他。跟着她的教育也被大管事看中了,她被大管事在她工余叫去办公室打字。但她还是个工人,还是在工会里开会。她没有出卖什么,也没有做成什么事。可是工人就对她万分怀疑起来,背地里喊喊喳喳俨然好像她是工贼,弄得她自己也觉得她替老板打字就是工贼。

在我搬开那房子的最后几天,蓓蒂简直是有些神经失常,不知道她是把那碗饭保住,还是丢掉好。她直觉的以为她要不跟老板做事,老板或者就说她跟共产党跑了，那是很危险的。做下去呢，在工人里面下不来台。因为美国工人中有种中国所谓的江湖义气，不管谁是谁非，除非你是受了收买，你就不能在老板和工人的争执之间，表示对老板有同情。

蓓蒂再三求我不搬走。一面陪着她，免得生命寂寞可怕，一面分担那八十元的房租。她哭，她说我走了她忍不住她的生活。可是那间古庙房子，加以蓓蒂的种种问题，弄得我实在不能工作，也快疯了。这个女子生活里所反映的几乎是美国的整个社会问题——从精神到物质。我对于她可以说全无用处。

我搬走之前的那个夜里，有一种秋虫一样的声音把我惊醒。睁开眼一看，天还没亮。黑暗里伤惨的唔唔唧唧的声音与极轻的脚在地下拖着的嘘唏声相和，令人寒毛竖起来，好像黑暗里有冤魂在索命一样。我咬住牙根，死命地看。从黑暗里渐渐现出一个灰白人影。肩背弯成球形，头紧缩着，两手抱在胸前，抱得紧紧地在黑暗中来回不断慢慢地走。一种又像低声哭，又像骂，又像诉苦的声音连续不断从那灰白影子发出来。那是蓓蒂。（九月二十五日写于香港）

【赏析】

在杨刚的通讯作品中，最具代表性的是其美国通讯。其中《蓓蒂——美国社会问题的缩影》一文被誉为其最成功的篇章之一。杨刚为这篇通讯加的副标题，反映了美国华丽外衣下的黑暗与悲凉。作为一名思想深邃、忧民疾苦的新闻记者和作家，杨刚十分关注处于社会底层的弱势群体。因而她注重实地考察，深入研究，选取具有代表性的微小题材，通过细致入微的描写来刻画人物，展现社会面貌，揭示表层背后的社会现实。文章不仅对美国女孩蓓蒂的凄惨境遇进行了细致描绘，还对美国社会的真实状况和美国人民的内心世界做了深入考察。

首先，亲身观察，真实记录。对于新闻记者来说，通过亲身观察所掌握的一手资料极为可贵，也是保证新闻真实性的前提和基础。杨刚在美四年，足迹遍及大半个美国。她深入实地，亲身考察，将所见所闻所感汇集成新闻通讯，展现了美国政治、经济、社会、文化的方方面面。《蓓蒂》一文正是源自她对美国社会和普通民众的实地观察。这篇通讯如同显微镜一般，使美国社会的各个角落清晰可见。对于那些在不合理社会中艰难生活的美国人民，杨刚充满同情，运用大量笔墨来展现她所观察到的错综复杂的美国社会。杨刚在这篇通讯中写道："我记得那些人在一个不合理的社会里面的合理与不合理的挣扎。在日常生活里我碰得见他们。他们对于任何人都不是威胁或负担,只有对于自己是苦恼。"

其次,以小见大,见微知著。蓓蒂是与杨刚同室的美国女孩,也是千千万万个美国底层小人物中的一个,她拥有硕士学位,本应该在"一向以自由民主著称"的美国获得一份体面的工作,但事实却非如此。长期以来,她辗转于各个工厂,在社会底层的黑暗漩涡中苦苦挣扎,过着穷困潦倒又痛苦无助的生活。蓓蒂的生活境遇并非个例,在美国底层社会中,许多人过着与蓓蒂相同的生活,甚至比她还糟糕。这些底层人民的凄惨生活与美国自由繁华的外表形成了巨大反差。从宏大时代背景来看,这不仅仅是个人的生存问题,更是美国社会长期存在的病症。正如杨刚所写:"这个女子生活里所反映的几乎是美国的整个社会问题——从精神到物质。我对于她可以说全无用处。"在自由方面,杨刚从蓓蒂身上看到了美国一直宣扬的所谓的自由精神对于人民的麻痹:"她对于她的国家最衷心崇拜的一点是自由。意思说无论如何,她还能够讥讽她所要讥讽的。可是她的讥讽只能在房间里和我讲讲,而别人所谓'自由经济'的功德却可以在全世界的天空和地下大声喊叫。仅仅从言论方面来说,我也不知她的自由在哪里,至于吃饭的不自由就更不必说。"杨刚运用以小见大的手法,通过对蓓蒂的刻画与描写,折射出美国社会的内在矛盾,深刻地揭示了美国浮华之下的真实面目。

最后,文学笔法,细致描写。杨刚具有渊博的学识和深厚的文学功底,她的诸多新闻通讯都充满了浓厚的文学气息。这篇新闻通讯笔酣墨饱,挥洒自如,形象传神,曲尽其妙,更是凸显了其文学家的神笔。如文末描写"我搬走之前的那个夜里"的文字,杨刚运用娴熟的文学笔法进行细致描写,所有细节皆一一笔之,须眉毕现,幽隐必达,将黑暗中蓓蒂的剪影刻画得栩栩如生、淋漓尽致,不仅形象地描述了蓓蒂的无助与迷惘,更从侧面反映出不合理的美国社会对人的精神摧残和折磨。

跟随美国太平洋舰队采访的中国记者：朱启平*

朱启平(1915—1993)，原名朱祥麟，1915年11月出生于上海，祖籍浙江海盐，是海内外知名战地记者，曾在《大公报》工作30年，采访报道了滇缅公路、鄂西战争、太平洋战争、抗美援朝等，特别是因报道第二次世界大战中的太平洋战争，以及现场目击报道日本签字投降仪式的通讯名篇《落日》而蜚声海内外。

1933年，朱启平自金陵中学毕业后考入燕京大学医学预科。1935年，日军开始向我国华北疯狂扩张，国民党采取"攘外必先安内"的做法，消极抗日，北平学生挺身而出，发起救亡图存的"一二·九"运动。正在读预科三年级的朱启平毅然决定投身其中，作为学生领袖活跃在游行前列，并以救国为由，向学校申请转到新闻系就读。1936年，他在《燕大周刊》用本名朱祥麟发表文章《赴京请愿经过报告》一文。

1937年，朱启平从燕京大学新闻系毕业[①]。七七事变后，他辗转来到重庆，先在《新蜀报》《国民公报》工作两年，于1940年秋加入《大公报》重庆版，先后任夜班编辑、外勤记者。初到《大公报》的朱启平，被派往昆明，采访滇缅公路通车的新闻，发表了《缅甸路上》等通讯。

1943年，他被派到鄂西战区报道"鄂西会战"，其间发表了《鄂西大捷特辑》等系列新闻报道。

随着太平洋战争局势的推进，盟军开始占据优势。通晓英语的朱启平主动向总经理胡政之表达了想赴太平洋舰队采访的意愿，并建议派记者到世界各大战区，亲临战争一线，向中国人民报道反法西斯战争的实况，以鼓舞

---

* 本文撰稿人：张振亭，南昌大学新闻与传播学院教授；刘子默，南昌大学新闻与传播学院2019级硕士研究生。
① 一说是由于战争，学业无法继续，遂辗转南下，以燕京大学学生学历借读于重庆北碚的复旦大学，于1940年毕业。

广大军民的抗战决心。胡政之当即表达支持,并主动联络相关事宜。1944年,朱启平被任命为《大公报》派驻美军太平洋战区的随军记者。1945年3月,他经印度、锡兰(今斯里兰卡)、澳洲,再经南太平洋诸岛辗转抵达日本关岛。同年4月20日,他又从关岛飞抵冲绳。朱启平随美军参加了硫磺岛之战、冲绳之战、塞班岛战役等重大战役,与美军官兵同吃同住共进退,采写出了《硫磺地狱》《琉球两周》《塞班行》《鹰扬大海》等一系列脍炙人口的战地通讯。其中,《鹰扬大海》还原了美军士兵在航空母舰"泰康提罗加"号上的生活和战斗场景,是当时唯一一篇中国记者采写的反映美国航空母舰的报道①。

战地记者在前线采访报道,充满风险和挑战,随时都有生命危险。在冲绳岛工作时,朱启平住的帐篷与机场只隔一条公路。在一个月光普照的晚上,日军的神风突击队将公路错认为机场跑道,俯冲扫射,他与一位同住的美国记者只好贴卧在行军床旁边的地上,听天由命,结果子弹从身边一扫而过,泥土腾起,像"夏天暴雨骤至,大雨点打在毛灰地上"。为躲避袭击,他们躲进了当地人的墓穴,伴着骨殖度过了惊险的一夜。他曾描述这段经历:"从关岛到硫磺,从硫磺到琉球,从琉球到日本本土,这寸寸血汗的杀奔东京的道路上,我亲身经历了对日本帝国主义者的血肉的斗争。我和美国兄弟们一同居住,一同呼吸,一同躲在墓穴里躲避敌人的炮弹……我的同伴虽然时常变迁,这个倒下去,另一个补上来,而他们的热情和英勇却是相同的。"②

战时从事新闻工作,即使是在平时,危险也无时无处不在。朱启平在重庆时,报社时常遭日军轰炸。一次他正在上夜班,一颗炮弹恰好爆炸在编辑室外,险些丧命。此次随军前往太平洋战场,注定了要时刻与死神共舞。一次,朱启平乘吉普车去最前线采访,在距离前哨一百多码的地方,无法再乘车,他便起身离车。右脚刚落地,左脚还在车上,一块卷曲的、比手掌稍长、宽度不规则的炮弹片突然插在座位上,如果晚起一两秒钟,弹片正好直贯胸膛。但在发回国内的报道中,他并未提及这一险遇,担心父母兄弟、同学、亲戚朋友,特别是母亲会因此而不安。从重庆出发前,他含泪拜别了父母。他在回忆中写道:"对日寇的疯狂要有足够的估计,作为一个到美国舰队中当随军记者的中国

---

① 张沛:《朝鲜停战谈判中一个特殊"中外记者团"》,柴成文主编:《板门店谈判纪实——纪念中国人民志愿军赴朝五十周年文集》,时事出版社2000年版,第131—142页。
② 朱启平:《鹰扬大海》,台湾新生报社1946年版,前言。

人,自己的言行无可避免地随时随地被人认为是国家的代表,特别是在生死关头上,我决心在采访任何战斗中不落在美国战友后面。"①他认为"读者要知道的是战况,不是个人的洋相",因此"记者必须忠实于读者,为读者的最大利益服务"②,"到战场工作,工作第一,生命第二"③。这体现了朱启平勇敢无畏、读者至上的崇高新闻职业精神。

1945年9月2日,在胡政之的帮助下,29岁的朱启平代表《大公报》登上密苏里号,作为三位中国记者之一④现场目睹并记录、报道了日本签字投降仪式。他站在离签字桌两三丈远的临时搭建的一个木台子上,见证了这段历史,并留下了传世之作《落日》。投降仪式结束时,正好是9时18分,1931年日寇发动"九一八"事变,"九一八"成为中华民族的耻辱。而今的"九一八"却成了侵略者投降的时刻,作为一个"29年在日本蚕食鲸吞中过来的中国人",他敏锐地意识到这一巧合,将其定义为"天网恢恢"⑤。采访结束后,朱启平马上转移到停泊在日本横须贺港的美军军舰上着手写作这篇长篇通讯,也是新闻特写。

抗战胜利后,《大公报》着手各版的复刊工作。报道完日本受降仪式后,朱启平即返回上海,参加筹备《大公报》上海版复刊,并担任要闻版主编。1945年11月1日,《大公报》上海版率先复刊,翌日就在第二版刊发了朱启平的长篇通讯《落日》。这篇令中国人民扬眉吐气的长篇通讯,从在场的200多名中外记者的新闻报道中脱颖而出,被公认为"状元之作",传诵一时。直至今日,我们依然能通过它窥见当天的盛况。

1946年夏,朱启平同震旦女子大学的教员孙探微结婚,不久被《大公报》派往纽约担任驻美国及联合国记者,报道战后的国际动向,凭借深入的观察和简练生动的文字,留下了《为下一代祝祷——记联合国大会》《纽约颂》《大户人家

---

① 朱启平:《文字是第二位的——关于新闻记者的采访写作》,朱启平:《朱启平新闻通讯选》,今日中国出版社1995年版,第7页。
② 朱启平:《文字是第二位的——关于新闻记者的采访写作》,朱启平:《朱启平新闻通讯选》,第7页。
③ 王国华:《记录百年历史,见证时代风云》,《人民日报》2002年6月7日第6版。
④ 另外两人为黎秀石(《大公报》)、曾恩波(重庆中央通讯社),均为燕京大学新闻系毕业生。参见黎秀石:《见证日本投降》,广东人民出版社2005年版。有研究认为,登上密苏里号见证投降仪式的中国记者有8人,除朱启平、黎秀石、曾恩波外,还有中央社记者宋德和、关宗轼,中央社总编陈博生,中共地下党员刘尊棋和一名拍摄电影的记者。参见王明亮、秦汉:《密苏里舰上见证日本投降仪式的中国记者不止3人》,《新闻界》2015年第15期。
⑤ 朱启平:《历历往事——四十年前日寇投降经过》,《新民晚报》副刊部编:《夜光杯文粹:1982—1986》,上海远东出版社1999年版。

办喜事——记共和党开第 24 届全国代表大会》等一系列观察细致、眼光独特、可读性强的新闻作品。周恩来总理访问莫斯科时,曾引用了朱启平的通讯《记联合国第二次大会》里的一句话:"西方代表的发言像杯清水,维辛斯基的发言像醇浓的伏特加",现场气氛瞬间活跃起来①。

即使在大洋彼岸享受着优渥的物质生活,朱启平依旧时刻心系着祖国的未来与发展。1948 年底,国内即将结束内战,朱启平夫妇决心回国,为深受战争苦难的老百姓做力所能及的一切。1949 年 1 月,朱启平一家经马尼拉回国,定居北京。朱启平参加了创办国际新闻局所属的《英文参考消息》工作。那时国内生活条件非常艰苦,但朱启平毫无怨言,总是全力以赴,以苦为乐。

1951 年,朱启平自愿报名,以《大公报》记者的身份两次赴朝鲜战场采访,直到 1953 年板门店和谈结束才返回北京。他的工作态度得到廖承志的夸奖。回京后,朱启平任香港《大公报》驻京记者。

在 1957 年的整风运动中,朱启平被错划为"右派",下放到北大荒,1960 年被调往中国人民解放军张家口外语学院教英文。1978 年,他终于得以恢复记者身份,回到香港《大公报》任编辑部副主任。1979 年他随中国政府代表团访问欧洲四国,写下了《伟大的平凡》《索尔本近邻漫笔——从居里夫人联想到的》等通讯,发表在《人民日报》、香港《大公报》以及《中国建设》杂志法文版上。著名记者彭子冈特地写信给朱启平说:"(《伟大的平凡》这篇通讯)我读了不下十遍,你为中国人民做了一件大好事。"②

1990 年,应子女恳求,朱启平夫妇移居美国加州,1993 年因病在加州的家中去世,享年 78 岁。

晚年,朱启平曾写过一篇文章《文字是第二位的》,"我一向认为,当记者,最要紧的,是尽心为读者提供最好、最真诚的服务,不说假话,不炫耀自己,始终不渝。要做到这一点极不容易,甚至要付出生命。文字水平,究其极,是第二位的"③。他还提出,"无中生有,弄虚作假,借以成名……是新闻记者的大忌,千万犯不得","一定要讲真话,说真事"④。这是朱启平一生新闻工作的心得体会,也是其职业信条,更是其一生新闻工作的真实写照。

---

① 孙探微:《永远的怀念》,朱启平:《朱启平新闻通讯选》,第 252 页。
② 孙探微:《永远的怀念》,朱启平:《朱启平新闻通讯选》,第 258 页。
③ 朱启平:《文字是第二位的——关于新闻记者的采访写作》,朱启平:《朱启平新闻通讯选》,第 1 页。
④ 朱启平:《文字是第二位的——关于新闻记者的采访写作》,朱启平:《朱启平新闻通讯选》,第 4、7 页。

附　代表作赏析

《落日——记日本签字投降的一幕》(节选)

(原载于《大公报》[沪版]1945年11月2日)

中华民国三十四年九月二日上午九时十分,我在东京湾内美国超级战斗舰米苏里号上,离开日本签降代表约两三丈的地方,看见他们代表日本签字,向联合国投降。

这签字,洗尽了中华民族七十年来的奇耻大辱。这一幕,简单、庄严肃穆。

天刚破晓,大家便准备了。我是在七点多钟随同记者团从另一舰乘小艇登上米苏里的……

签字场所

签字的地方是在舰右侧大炮旁将领指挥室外上层甲板上。签字的一张桌子原拟向英舰英皇乔治五世号借一古色古香的木桌,却因为太小,临时换用士官室里一张吃饭的长方桌子,上铺绿呢桌布。桌子横放在甲板中心偏右下角,每边一把椅子。在靠里面的椅子旁边,立着四五个扩音器,播音时可直通美国。将领指挥室外门上,如玻璃框内机织锦画一般,装着一面陈旧的美国旗,十三花条三十一颗星,长六十五英寸,阔六十二英寸,九十二年前美将柏莱 (Commodore Mattew C. Perry) 曾带至日本,在日本本土上飘扬过。这旗的位置正下视签字桌。桌子靠里的一面是准备联合国签字代表团站立的,靠外的留给日本代表排列。桌前左方是将排列美国五十位高级海军将领的地方,右方五十位高级陆军将领。桌后筑一小台,给拍电影和相片的摄影记者用的,地方最好。其余四周都是记者天下:大炮炮座上,将领指挥室上层,各枪炮座上,全是我们的位置。我是站在二十公分口径机枪上临时特别搭的木台上,离开签字桌约两三丈远近。上层甲板下面的大甲板上,右前方排列着水兵乐队和陆战队荣誉仪仗队,都向外立。紧靠着登舰离舰的铁梯出入口。口上排着一小队精神饱满体格强健的水兵。

白马故事

八点多钟,记者们都已依预先的规定把位置占了。海尔赛是第三舰队的指挥官,米苏里是他的旗舰,因此从来客的立场上讲,他是主人。你看他,这时候正笑吟吟的站在出入口和登舰的高级将领一个个握手寒暄哩。之后尼米兹到了,他陪着这位上司步返将领指挥室,舰上升起尼氏的五星将旗。海尔赛以前曾向新闻记者谈话,他看中了明治阅兵时骑的那匹白驹,等击败日本,美军在东京街上游行时,他准备骑上这马,参加游行行列。美国老百姓已经替他定制了一副白银马鞍,准备到那时赠他使用。一个中士还巴巴地从千里外写信给他,送他一付马刺,希望自己能在那时扶他上马。第三舰队扫荡日本沿海时,忽然有人造了个大家愿意相信的谣言:米苏里号上已经在盖马房了。马房并没盖,白驹已过去,日本代表却今日登舰签字投降了!

乐队不断奏乐,将领们不断到来。写字的记者眼耳倾注四方,手不断记笔记,摄影的记者或立或跪一腿,相机对准各处镜头。这时候,大家都羡慕四五个苏联摄影记者,他们有两个全身穿红军制服,两个穿便服,仗着不懂英语,各处跑,任意照相。其余的都因为事先有令必须站在原定地点,懂得英语命令,无法随意动。上层甲板上人渐渐多了,都是美军高级将领,在说笑。我从没见过在这样小的地方聚着这样多的大军官。

代表到米

八点半,忽然采声大起,一位军官宣布联合国签字代表团到。他们是乘驱逐舰从横滨动身来的。顷刻间我看见从大甲板上大炮座后转出一列衣着殊异的人物来。第一个是我们的代表徐永昌将军,他衣一身简洁哔叽军服,左胸上两行勋绶,向迎接的美军官举手还礼后,领先拾级登梯至上层甲板,杨宣诚将军等随行。英、苏、澳、加、法、荷、新西兰的代表陆续上来。

八时五十分采声又大作,盟军最高统帅麦克阿瑟元帅到,也是坐驱逐舰从横滨米的。尼米兹在舰面上迎接他过来,陪他从大甲板登级到上层甲板,先到将领指挥室休息。舰上升起麦氏的五星将旗和尼氏的并立。在舰的主竿上这时已飘着一大幅久经沧桑大事的美国旗。

上层甲板上的外交场面渐告结束。联合国代表团在签字桌靠里的一面列队静立,徐永昌将军为首。五十位海军将领和五十位陆军将领也分别排班。听见有人说,日本代表将到。我急看看一艘小艇正向舰右铁梯驶来。不久,一个美国军官领先,日人随后,陆续从出入口进入大甲板。那小队水兵向美军官敬礼后即放下手立正。乐队寂然。日本代表团外相重光葵在前,挂着手杖,一条真腿一条假腿,跷拐而走,登梯到上层甲板时有人扶他。他戴礼帽,衣大礼服,上甲板即除帽。梅津随后,重步而行。一共十一人。全体到上层甲板后,即在签字桌向外的一面,列成三行,重光戴上帽和梅津在前,其余的分成两行,和联合国的代表对立，全舰无声。重光一腿失于淞沪战后在上海虹口阅兵时朝鲜志士尹奉吉的一枚炸弹，梅津是从前天津日本驻屯军司令，著名何梅协定的日方签字人，都是我们的熟人。但是，曾几何时，现在！

仪式开始

九时正，麦克阿瑟和尼米兹海尔赛步出将领指挥室，麦氏走到扩音器前，尼氏立到徐将军的右面，第一名代表的位置，海氏入海军将领组，站在首位。麦氏执演说稿在手，极清晰、极庄严，一个字一个字对扩音器宣读。日本代表团肃立静听。麦氏读到最后昂起头对日本代表团说："我现在请日本皇帝和日本政府的代表，日本帝国大本营的代表在投降书上指定的地方签字。"一个日人出列到桌上察看那两份如大书夹皮面白纸黑字的投降书无误，折回。重光挣扎上前行近签字桌，去帽放桌上，斜身入椅，倚杖椅边，除手套，执投降书看了约一分钟，皱紧眉头，从衣袋里取出一枝自来水笔，在两份投降书上分别签字。梅津随后签字。他没入座，右手除手套，立着欠身执笔签名。这时是九时十分。船上层传来一阵轻快的笑声。我抬头看，是几个毛头小伙子的水兵，其中一个正伸臂点着下面的梅津，在又说又笑。但是全舰的肃穆顷刻使他闭了嘴。击溃日本，美国海军出力最多，海军中这群孩子出力最多，现在目睹敌人投降，怎能不得意怎能不欢笑。

麦氏继续宣布："盟国最高统帅现在代表和日本作战的各国签字。"接着并回身说请魏锐德将军和潘西藩将军（GEN.PERCIVAL）陪同签字。魏潘步出行列，向麦氏敬礼后立在他身后。麦氏自己舒舒服服地坐入椅子，掏出笔签字，才写一点，便把笔转身送给魏锐德。麦氏掏出第二支笔，写一点，送给潘西藩。他一共用了六支笔。签字毕，他起立，回到播音器前说："美利坚合众国代表现在签字。"尼米兹元帅步出行列说："我请海尔赛将军西门将军（ADM. SHERMAN）陪同签字。"海西两氏出立，尼米兹入座签字，毕，各归原位。麦氏说："中华民国代表现在签字。"徐永昌将军步至桌前，入座，王之陪同，出钢笔签字。我转眼看看日本代表，死立在那里，如木人一般。之后，英、苏、澳、加、法、荷、新西兰的代表，一一在麦氏宣布到自己时，出列向麦氏敬礼后，请人陪同签字。陪同的人澳洲的最多，四个，荷兰新西兰最少，各一个。荷兰代表签字前，忽然和麦氏商量了几句。各代表态度美国的最安闲，中国的最严肃，英国的最欢愉，苏联的最威武。全体签字毕，麦氏和各首席签字代表离场，退入将领指挥室。那时是九点十八分，九一八！（民国二十二年日本强迫我们和伪"满"通车通邮,那第一班从关外开北平的车,到站是九点十八分。意思是"九一八"到北平。据此,我们可以说,"九一八"回日本。启平附志。)

投降书脏了

按预定程序,日本代表应该随即取了他们那一份投降书(另一份归盟国保存)离场。但是他们还站在那里。麦氏的参谋长苏塞兰将军(LT. GEN. SUTHERLAND)本来是负责把那份投降书交给日方的,这时他却站在签字桌旁,和日人板着脸谈话,似乎在商量什么。大家都不知道出了什么事,记者们议论纷纷。后来看见苏氏在那投降书上拿笔写了半晌,日人点头取书而去。事后知道,加拿大代表,不知怎的,在日本那份投降书上签字时签低了一格,占了法国的位置,以后的各代表都跟着签低了。荷兰代表先发现这错误,和麦克阿瑟商量也为此。苏塞兰后来用笔把规定的地方依着签字更正,旁边附上自己的签字,作为证明。倒霉的日本人,连份投降书也不能是干干净净的。

……

我听见一个不到二十岁满脸孩气的水兵十分郑重地对他一位伴儿说:"今天这一幕,我将来可以讲给孙子孙女听。"

这水兵的话是对的,我们将来可以讲给子孙听。可是,我们别忘了百万将士流血成仁,千万民众痛苦牺牲,胜利虽最后到来,代价却十分重大,我们的国势犹弱,问题仍多,真需要民主团结才能善保和发扬这胜利的成果。否则,或者我们没面目和孙子孙女讲了。

旧耻已去尽,中国应新生。(九月三日,横须贺港中军舰上)

【赏析】

本篇通讯是朱启平的新闻通讯中最脍炙人口的作品,它报道了 1945 年 9 月 2 日的日本签字投降仪式。这篇通讯被称为报道日本投降仪式通讯类作品的"状元之作",许多记述抗日战争和第二次世界大战的书籍都将其收录其中。其细节翔实、眼光独到,集真实性与文学性于一身。

老新闻人、人民出版社原总编辑曾彦修先生 1997 年读到《朱启平新闻通讯选》时,发自内心地赞许说:朱启平的新闻之所以值得长久保存,关键在于眼光[①]。《落日》就体现了朱启平独到的眼光。在这篇描述日本投降仪式的新闻

---

① 严秀:《一盏明灯与五十万座地堡》,学林出版社 1999 年版,第 192 页。

特写中,作者居安思危,提醒人们在欢庆胜利的同时,别忘了百万将士的流血牺牲,别忘记了我们付出的巨大代价,别忘记了我们国势还很弱,问题还很多,需要真正团结起来走向新生。日本投降后,朱启平在日本各地调研采访,从民众心态和媒体报道态度等的观察中,指出日本投降是临时休战,"他们不承认今天的失败是多年侵略错误的结果,而是冠冕堂皇地硬说他们的投降是为了避免人类大屠杀",因而提出"盟国对日必须严厉公正,以永诀战祸;中国对日尤须慎防万一"①。

作为一篇新闻作品,《落日》的真实性可圈可点,朱启平通过细致的现场观察以及准确、形象的文字描写,最大程度上还原了签字仪式前后的完整过程。虽然签字仪式只有18分钟,但他意识到这一事件的重要性和历史地位,并没有只聚焦那短短的18分钟,而是从"天刚破晓"写起,写各国士兵的穿戴、当天的天气、"密苏里号"的装饰、签字现场的布置、代表签字时的表现、签字过程中的小插曲(投降书脏了)……具有非常强的画面感,现在读来仍让人有种身临其境之感。

《落日》兼具文学性,既有全景,又有特写,点面结合,主次分明。他把描写、叙述与适时的议论、抒情熔于一炉,其细节刻画令人赞叹。如9点18分这个时间的联想,佩里叩关时带来的星条旗在签字桌上方,麦克阿瑟用六支笔签字,"密苏里号"指挥官"白马银鞍"的故事等,提升了通讯的可读性。他融入抒情,"天网恢恢,天理昭彰,其此之谓欤";引入议论,向读者传递了一雪国耻的激动与快意,也提醒国民胜利来之不易,应民主团结,巩固成果——"旧耻已湔雪,中国应新生。"

作为一篇由中国记者所写的通讯,这篇新闻作品是有立场、有态度、有情感的,且极富感染力,能激起读者共鸣。朱启平通过细节的把握传递了一定的感情倾向,特别是"捕捉住中华民族的感情",因为"他必须以中国人的立场,中国人的感情来写好这篇报道"②,如写参加签字仪式的代表:"他们都是中国人民的熟人,当年在我们的国土上不可一世,曾几何时,现在在这里重逢了。"用笔深沉,但其中意味每个中国人都能轻而易举地感觉到。在仪式结束的时候,他评论道:"现在十四年过去了,没有想到日本侵略者竟然又在这个时刻,在东

---

① 朱启平:《日本投降是临时休战》,朱启平:《朱启平新闻通讯选》,第68页。
② 孙探微:《永远的怀念》,朱启平:《朱启平新闻通讯选》,第262页。

京湾签字投降了,天网恢恢,天理昭彰,其此之谓欤!"在受降仪式结尾处,几句饱蘸民族情感的评论自然流露,水到渠成。再如联合国代表团到来时"乐声大起",麦克阿瑟出场时,乐声"响彻上空",而日本代表到来时,"乐队寂然",战胜国与战败国一目了然。重光葵签字时,"挣扎上前",以及看了约一分钟才签字,生动表现了战败国如丧家之犬的仓皇落魄。

有研究者指出,从叙事上看,《落日》视角多样,既有全知视角,如写军舰新漆的舰身;又有限知视角,如写一位不到二十岁的水手郑重其事地对同伴说"今天这一幕,我将来可以讲给孙子孙女听";还有无知视角,以尽可能中性的语言叙述签字流程。投降仪式本身具有很强的时间性,《落日》对时间的运用与投降仪式相得益彰。开篇采用时序倒错的手法,紧接着又运用时间顺序来渲染仪式感,使读者直观地感受到仪式的迫近。《落日》采用以时间为要素的叙事结构,找准时间点将各个事件自然串联,符合读者的认知习惯和接受心理[①]。

此外,通讯的标题尤其值得一提。"落日"既指成文时间是日落时分,又指不可一世的日本战败,太阳旗最终在东京湾落下,一语双关,简洁隽永,发人深省。

以上看起来似乎都属于所谓"新闻写作技巧",但当别人问朱启平新闻特写的写作技巧时,他竟然无从回答,只是说:"写稿,你是根据看到的、听到的、体会到的、深有所感的,以尽可能简练清顺的文字,宣泄纸上,很难说要根据什么规章才能动笔。"[②]这就是他一贯的理念:文字是第二位的。

---

① 柳竹:《叙事学视角下〈落日〉的报道特色》,《青年记者》2016 年第 30 期。
② 朱启平:《文字是第二位的——关于新闻记者的采访写作》,朱启平:《朱启平新闻通讯选》,第 1 页。

文章落笔惊风雨：高集*

高集(1920—2003)，出身于陕北榆林的一个官宦人家。祖父高枫是清光绪癸未年(1883)进士，曾任福建清流、屏南、闽清三县县令。父亲高普煜，曾在天津、南京等地担任小官吏。母亲张氏，没受过什么教育。高集有个大名鼎鼎的姑父，新记《大公报》总编辑张季鸾。也许，正是这位报人姑父，让高集一辈子只从事了一个职业：记者。

高集在天津上完小学、初中，转到北平上高中。那时中国已是危机四伏。1931年日本人侵占了东三省后，又将魔爪伸向华北。这激起了少年高集强烈的不满和反抗意识。1935年，北平爆发了"一二·九"运动，大学生们走在最前面，贝满女中等紧跟其后，育英等中学的小弟弟小妹妹们也不示弱，纷纷加入游行队伍。高集当年15岁，正在育英读书，也积极参加学生运动，并因此被学校开除①。

1938年，高集入读西北大学经济系。受进步思想影响，他成了学生运动积极分子。两年后肄业，到重庆姑父任总编辑的《大公报》当了记者。

20岁的高集，工作伊始就接受资深记者、地下党员徐盈、彭子冈的指导。他不仅很快熟悉了新闻业务，开始在重庆崭露头角，而且持续得到南方局周恩来和许多共产党人士的关心与帮助。他和《新华日报》等报界进步人士成了好朋友。他们相互配合，宣传抗日思想，反对独裁统治，呼吁民主和平。高集从此成为南方局的"编外人员"，为党做了许多工作②。

高集的采访方向主要是时政新闻。抗战胜利后重庆谈判之际，已是报社的采访主任，报道任务自然落到他头上。1946年1月10日，旧政治协商会议

---

* 本文撰稿人：张宝林，资深媒体人、中国残联评监委监事长。校订：刘宪阁，郑州大学新闻与传播学院教授。
① 张宝林：《各具生花笔一枝——高集与高汾》，湖北人民出版社2010年版，第75—76页。
② 《榆林人物志》，陕西人民出版社2007年版，第983页。

在重庆开幕。会议代表共38人,其中国民党8人,共产党7人,其他党派和社会贤达23人(民盟9人,无党派9人,中国青年党5人)。此后至26日,几乎每天都有大会小会。议题有关改组政府、施政纲领、军事问题、国民大会、宪法草案等,高集几乎每天都有消息见报。

1946年4月国民政府还都南京,高集又被任命为《大公报》驻南京办事处副主任,写了许多重要报道。可以说,国共谈判的系列报道,是他新闻生涯的重要一页。

据《大公报》一位老记者回忆:"国共正式开始和谈以后,每天看他穿着那套草绿色衣服,坐着吉普车,匆匆来去。后来才知道,那次去采访的,《大公报》就他一人。如此重大场面,真替他捏一把汗。后来有时谈到采访经验,他很得意地告诉我们,那次重庆谈判的采访,一连好几十天,他连笔记本也没带。每天到会后,就用心聆听,把要点都记录在脑子里;回到报社之后,才条分缕析地整理出来,做到准确无误,因此受到《大公报》总经理胡政之(也是谈判代表之一,所谓'社会贤达')的夸奖。当时大后方读者对高集的报道十分满意,也才知道《大公报》的这位记者叫高集,真是'天下何人不识君'了。"这位老记者后来为此写了一首旧诗:国共和谈重庆城,风华正茂试新声。文章落笔惊风雨,天下何人不识君。①

难能可贵的是,作为时政记者,高集也十分关心社会新闻和民间疾苦。1942年8月,他到甘肃兰州参加"中国工程师学会年会",并沿途旅行采访。这是他第一次赴外省采访,去的又是范长江曾经详细考察过的"中国西北角",这让22岁的高集非常兴奋。他从重庆转道成都,然后开始了西北之行。

高集的关注点始终在底层社会。从成都到汉中,主要交通工具是人力和畜力板车,但沿途根本没有板车保养和车夫休息的地方。板车夫随处露宿,马匹也得不到很好的照料。车子坏了,全靠车夫自己修理。他还看到,当地土特产如永川瓷器产量大、价格便宜,却运不出去。梓潼的丝也是名产,但当地不能织造,需要运到成都。内江的糖,隆昌、荣昌的夏布,都没有得到当局的扶持。他还考察了沿途的经济状况。川北物价很贵,县城还没通电,甚至休息时喝茶竟连开水也供不上。那时从重庆到兰州,没有火车,也没有飞机,全靠公路。所以这次趁开会之便的旅行采访,等于让他做了一次社会调查。

---

① 陈伟球:《名记者高集同志二三事》,《团结报》2003年8月19日第3版。

年会开了10天，议程中本来有铁路、工业、水利等建设，但这些重要问题，最终并没公布任何方案。当时西北连粮食都不能自给，经济极其落后。甘肃当局和西北各省的军阀，全部心思都在苟安一隅和拥军自保，根本不关心抗战成败；在此情况下忽然心血来潮高唱开发和建设，高集认为完全脱离实际，并在报端予以批评。监督政府、指摘弊端，正是记者的职业本能，高集小露了一把锋芒。

年会闭会后，十多位专家组成一个小组去河西考察，之后又去了青海，高集随行。这次考察使他彻底认识了"中国的西北角"贫穷、落后的真实面貌，旅行通讯充满了困惑、忧思、痛苦和无奈。

抗战进入战略反攻阶段时，高集当过一次战地记者。那是1943年年底，常德之战结束不久，他随一个由20多人组成的中外记者团采访湘北战事。其间见到了薛岳将军，听参谋长赵子立介绍了战役经过，并采访了一些参战的底层官兵，以及常德外围攻击战的官兵。高集看到的是一个坚强不屈的英雄群体。他在报道中详细描述了战况之惨烈，情不自禁地写道："守卫常德的部队在城内进行的战斗，不愧是英雄的业绩，战士们将与他们的战绩永放光芒！"官兵们"英勇作战的精神足以惊天地而泣鬼神！让我们向这一役牺牲的官兵致敬吧！"①

值得一提的是，高集在《大公报》工作期间，还客串了一把杂志主编。1941年冬，高集奉南方局徐冰和陈家康之命，负责联系沈钧儒，帮助复刊了《学习生活》杂志。他当责任编委，实际上就是主编。另有四个编委，即陈翰伯、张维冷、戈宝权、孔罗荪。杂志复刊后，从原来的半月刊改为月刊。编委们分头约重庆的文化人写文章。《殷周是奴隶社会考》《论儒家的发生》就是高集约郭沫若写的，发表于第3卷第1期和第2期。作为责任编委，高集还要多承担些任务，比如撰写每期的社论。他用"方纪"和"方无忌"的笔名，写了不少政治和经济评论。有时还写其他文章，多的时候每期两三篇。这个杂志只维持了半年，就又被查封了。

抗战胜利后，高集随重庆新闻界访问团到台湾采访，对于宝岛的经济进行了比较详细的考察。那篇四五千字的长文《台湾经济鸟瞰》，为内地读者了解台湾经济发展状况提供了有益资讯。

---

① 高集、高汾：《天涯集》，重庆出版社1991年版，第14、18页。

在重庆期间，高集还积极参加新闻界和社会上的许多活动，如联署抗议"较场口血案"倡议书、参加文化界的抗战宣传等。按照南方局的要求，他在重庆广交朋友，和美国使馆的谢伟思等官员、苏联塔斯社的记者关系都不错，一方面更多掌握各方面的信息；另一方面也开阔眼界，写出的报道更具国际视野①。

作为左倾的进步记者，高集自然引起国民党当局的"关照"。在重庆、南京，他两度被列入黑名单。在南京那次，他得到确切消息，国民党要抓他入狱，起因是震惊中外的"下关惨案"。

1946 年 5 月 5 日，上海各界成立"上海人民团体联合会"，并通电反对内战，呼吁和平。6 月 23 日，联合会组成请愿团，由马叙伦、阎宝航、雷洁琼等 11 位民意代表到南京请愿，晚上到达下关车站。高集作为《大公报》记者前往采访。那时已是晚上八点多。月台上，一些自称苏北难民的流氓围着代表团大打出手②。军警姗姗来迟，请愿团的几位代表和前来采访的记者已被打得遍体鳞伤。半夜两三点钟，马叙伦、阎宝航、雷洁琼、浦熙修、高集等被送到医院。周恩来赴夜赶到医院，看望和慰问了他们。

下关事件后，高集被盯得越来越紧。特务甚至上门威胁恫吓。1947 年 10 月，高集不得已离开南京，到《大公报》上海版避风头。一个活跃的采访记者，暂时不能出头露面，只能编本市新闻了。

1949 年 2 月，组织安排高集到天津，参加接管《大公报》天津版工作。该报随后更名为《进步日报》，党委书记为杨刚，总编辑为宦乡，采访部主任为孟秋江。高集作为编辑部主任，还兼任临时管委会委员，既要参与报社的大政方针，又要主持夜班工作，十分繁忙。

1950 年春，时任人民日报社长的范长江，动员高集到《人民日报》工作。4 月，高集正式调入《人民日报》，先后担任文教组、国际部副组长、副主任，而在国际部工作的时间最长。其间先后多次出访亚非拉欧等许多国家，家人经常几个月见不到他的面。

高集出国时间最长、任务最重的是参加和平解决老挝问题的扩大的日内

---

① 参阅高天：《在南方局的领导下占领敌人的新闻阵地》，《云南文史丛刊》1988 年第 1 期；[美]埃谢里克编，罗清、赵仲强译：《在中国失掉的机会：美国前驻华外交官约翰·S.谢伟思第二次世界大战时期的报告》，国际文化出版公司 1989 年版，第 100—106 页。
② 高集：《坐过班房的记者：记浦熙修南京下关采访》，《中国妇女》1982 年第 11 期。

瓦会议。这个"马拉松会议",从1961年5月开到第二年的7月,最后终于签订了协议。中国代表团由国务院副总理、外交部长陈毅领衔。新闻发言人是吴冷西,报道工作也由他统筹。高集参加了前半段的会议报道。那次新华社去了十几人,《人民日报》就高集一个,白天采访,晚上写稿,忙的时候一天一篇。除了写通讯,有时还要配言论,工作节奏十分紧张。那几个月,他共写了几十篇稿子。会议期间,高集游览了著名的莱蒙湖,还在湖边留了影。莱蒙湖的清澈和妩媚,给他留下了深刻印象。后来日内瓦报道结集出版时,书名就叫《看莱蒙湖这面镜子》。

十年"文革"期间,高集被污为"美国特务""反动文人",受到残酷迫害。"文革"结束后,高集重回《人民日报》,其间参与创办《人民日报》海外版,随后一直工作到离休。

2003年6月1日凌晨4时50分,高集在睡梦中安然辞世,享年83岁。

附　代表作赏析

周恩来带来了延安消息

(此为1946年《大公报》陆续报道消息的集纳,
高集整理后收录于高集、高汾著《天涯集》第69—71页。
重庆出版社1991年版)

政治协商会议中共代表周恩来、陆定一两氏于三十日不顾秦岭和重庆上空的恶劣气候,冒险犯难,由西安返抵重庆。他们是由延安转道西安而来的,带来了延安对政治协商会议各项议题的确切意见。

记者于当晚九时许,在中三路中共代表团访问了周氏。他经过一天的艰苦飞行,旅途劳顿,满面风尘,然而神态依然潇洒从容,对记者不愿多谈延安之行,只说结果圆满。其实"结果圆满"四字已足以说明他从延安带来的是令人高兴的好消息。

政治协商会议于本月十九日的大会后,即转入了小组协商,对各项议题进行了认真切实的讨论。至二十六日,据记者所知,除国大代表总额以及新代表的如何产生和分配外,其他议题大致都已有了眉目。因而,周、陆两氏于二十七日由渝飞延安,向中共中央报告和请示。据周氏随行人员说,到达延安后工作异常紧张。二十七日晚,中共中央就开会听取周、陆两氏的报告,通宵达旦进行讨论,至二十八日晨始散会。中共当局期望于国家和平民主早日实现的急切心情于此可见。

二十九日晨,周、陆两氏及随行人员不辞辛劳,匆忙就道,乘专机由延安返渝。可是,中途由于气候恶劣,被迫在西安滞留了一夜。三十日晨,他们又由西安飞渝,在秦岭上空遇上了风雪交加的冷空气,机身顷刻之间冻结了一层冰甲,随之向下沉落,情况凶险万状。机长急令打开机舱,将笨重行李一件件抛出机外,以图减轻飞机的负重;同时,要求机上人员立即着上降落伞,以备随时跳伞。也许由于抛落了行李,或者由于驾驶员果敢操作,加上机上乘员秩序安定,飞机在危难挣扎之中,终于冲出了冷气团,机身上的冰甲随之融化,飞机竟得脱险,全机为之欢然。可是,飞机还是飞不过高耸严寒的秦岭,没奈何只得又飞回西安。

飞机在西安降落后,周氏要求与重庆通讯联系,通报飞机遇阻并探询气象情况,准备一俟气象好转,就继续飞行。午后接到气象报告说,重庆有雾,能见度很低,但估计傍晚时分浓雾可能消散。于是,周氏毅然决定立即起飞。秦岭的气候瞬息变幻,晨间的凶险竟已化为乌有,飞机遂顺利越过了秦岭。可是,到了重庆上空却是一片云笼雾罩,俯身下望竟看不见机场,在这种情况下冒然降落是很危险的。所以,机场与周氏商量,是否飞往成都,而周氏却别有考虑,问有无可能试行降落?机长答应试试看。飞机在渝市上空的浓雾中低飞盘旋了三匝,在第三次才从浓雾中俯冲出来,看到了白市驿机场,安全降落。周氏的随行人员说,一天之中,两次险遭不测,全靠周氏的镇定和从容,随时鼓励并安慰大家,使大家能够临危不乱。当然,他们也特别赞扬和感谢机组异常的沉着和勇敢。

记者在下午一时许就到中共代表团进行采访,可是得到消息说飞机已折返西安。傍晚六时左右,记者再到代表团时,飞机是否已从西安起飞,代表团还没有得到通知。又过了一阵,代表团忽接通知说飞机已在白市驿降落。于是中共人员立即乘车去机场迎接,记者则在代表团等候,周氏一行于九时许才到了代表团。

记者在代表团门前迎接周氏一行,并上前向周氏致意。周氏含笑说:"今天几乎不能和诸位记者见面!"听了为之凛然!周氏返延使命重大,在完成任务后又不辞辛劳、不顾艰险,日夜兼程赶回重庆,其热心促成政治协商会议成功的心情令人钦佩。

周、陆两氏和随行人员,到休息室与在渝的代表团同人会面欢谈。随后,周氏一行就到餐厅进晚餐,记者也跟到餐厅去采访。周氏对延安之行不愿多谈,只说此行结果圆满。记者又就政治协商会议的各项议题提了几个问题,周氏说他离渝三日,这几天的情况不甚了解。但对记者所提的有关宪草问题答复说,中共既已同意宪草修正案,当然愿为修正案的实现而努力。又说,中国能得到这样一部宪草,是很不容易的。

按照原来的计划,周氏抵渝后将同马歇尔将军和政府当局会晤,可是由于进城时间过晚,这些会晤将要移到三十一日进行。三十一日下午,周氏还将参加政治协商会议综合小组会,以便对各项议题作最后的讨论和审定。政治协商会议原预定在三十一日上午举行闭幕大会,看来势必要延期了。

(高集,一九四六年一月)

【赏析】

高集的这篇题为"周恩来带来了延安消息"的特写记载的新闻事件,时间跨度三天。这是波澜起伏、惊心动魄的三天。作者用出彩的笔触勾勒出这三个昼夜的历史轨迹。

国共谈判取得阶段性成果(1946年1月26日)之后,周恩来、陆定一立即于次日飞返延安向中共中央汇报。

这篇报道让我们了解了如下两个事实。

首先,从中共层面来说,对和谈是极为重视的。高集写道:"政治协商会议于本月十九日的大会后,即转入了小组协商,对各项议题进行了认真切实的讨论。至二十六日,据记者所知,除国大代表总额以及新代表的如何产生和分配外,其他议题大致都已有了眉目。"第二天,周恩来就奔赴延安,中间无缝衔接,说明中共一分钟都不愿耽搁。

到达延安后,"二十七日晚,中共中央就开会听取周、陆两氏的报告,通宵达旦进行讨论,至二十八日晨始散会"。看来周恩来回延安后,根本顾不上休息,就连夜进行了汇报。汇报完毕,中央全体人员竟也不休不眠,开了个通宵会议。难怪高集感慨:"中共当局期望于国家和平民主早日实现的急切心情于此可见。"

其次，我们知道了：为了和谈大业，周恩来作为共产党领袖，是怎样地分秒必争；在遇到不可预知的变故后，又是怎样地奋不顾身、不辱使命。

中共中央听取和谈汇报，连夜统一认识后，立即做出决定，29日一早，周恩来即返重庆。这足以说明，28号清晨闭会之后，周恩来又是连轴转，因为他要做好回重庆继续谈判的一切准备。

高集记述道："二十九日晨，周、陆两氏及随行人员不辞辛劳，匆忙就道，乘专机由延安返渝。可是，中途由于气候恶劣，被迫在西安滞留了一夜。"更为惊险的是30日。飞机在秦岭上空遇上了强冷空气，机身结了一层冰甲，凶险万状。机长紧急处置，抛离笨重行李，要求机上人员立即穿上降落伞，以备最坏情况发生。尽管机师处理得当，最后脱离了危险，但仍不能飞渝，只好再次返回西安。

两次折返，下一步怎么办？周恩来决定先联系重庆，得到的报告是，午后有雾，仍不安全。此时代表团面临两种选择：一是暂且安顿下来，等待天气好转；二是冒险起飞，随机应变。周恩来毅然决定采取第二个方案。

作为共产党方面参与和谈的重要领袖，南方局的灵魂人物，周恩来做出这样的决定，无疑是把国家命运和人民利益放在首位，而把个人安危置之度外。所幸吉人天相，加上机师高超的飞行技艺，飞机在浓雾中盘旋三匝后，终于平安降落。

高集记录下周恩来对记者说的一句话："今天几乎不能和诸位记者见面！"让在场的记者凛然起敬。这是什么样的领袖、什么样的人格啊！

重庆谈判是决定中国命运的关键一战。中共中央的决策，周恩来等人大无畏的折冲樽俎，充分说明，他们和全体中国人民一样，对中国的和平、民主和进步充满希望。尽管后来的运势与大家的愿望背道而驰，但这篇客观公正、具体翔实、夹叙夹议、情景交融的报道，却把那个特殊时刻的真实情景留在了史册，让我们这些后来人得以窥豹一斑。

实录血战的记者：戈衍棣*

戈衍棣(1914—1983)，河北献县人。早年毕业于泊镇师范专科学校。抗日战争爆发后，投笔从戎，后入读国民党中央训练团新闻研究班，1940年毕业后开始给重庆《大公报》撰写战地通讯，以后正式入馆，任湘桂战区特派员。抗战胜利后，先在上海《大公报》采访课做外勤记者，分工采访军事新闻，后派任旅行记者，采写了系列通讯《大江南北旅行记》，记述了内战造成的人民痛苦、社会动荡。1946年秋调天津《大公报》北平办事处，与徐盈、彭子冈、张高峰合作，分工以军事报道为主，当年《大公报》有关山西战况(包括大同、张家口战役)的报道多出自他手。

戈衍棣是新记《大公报》后期的骨干记者之一，采写、发表过大量新闻通讯，但后来命运多舛，有关他的资料存世有限，后人只能从其新闻作品和他人回忆的只言片语中搜寻有关情况，简略介绍给读者。

例如，戈衍棣作为《大公报》湘桂战区特派员，曾经报道了抗日战争末期的豫湘桂战役，特别是桂林的收复。桂林于1944年11月10日沦陷，1945年7月28日光复。这期间，日军在桂林烧杀、奸淫、掳掠，惨绝人寰，不仅平民百姓遭受涂炭，而且城市建设被破坏殆尽。8月2日，戈衍棣采写"于桂林废墟上"的通讯《桂林的毁灭》，没有歌颂光复的胜利，却让读者随着他的描写，"目睹"了战后桂林的惨况：

> 桂林已经光复了！可是桂林已经不存在了……现在仅留着一个废墟，来供我们凭吊。住过桂林的人，走进桂林，也将不认识桂林了！被火烧过的高楼大厦，像一些骷髅，向着来人狞视，似乎在哭诉怨艾。
>
> 南郊崇信村无线电机厂还剩几栋残破的洋房，电工二、四两厂已经没有一间房子了。……越走向城里，破坏得越厉害，大小房舍，公私建筑，都

---

* 本文撰稿人：张刃，《工人日报》原副总编辑。

没有幸存的。灰黑色的火车南站,仅剩了几堵破墙……进南门后,没有一栋完整的房子,仅懋业大楼还没有烧掉,现在要算是桂林顶好的一栋房屋了。

幽美的环湖路,野草蔓生,湖水无光,不但游湖水艇没有了,广西日报社、市政府、环湖饭店都没有了。繁华的中南路上的茂郁的树木,都烧成了枯枝,看不出一点夏天的景色。走在枯树下,觉得比冬天还冷酷,然而那两旁的灰烬,乌黑的和倾颓的凌乱的梁木电杆,却又增加了闷热,使人喘不过气来。

在十字广场,左看书店业集中区的桂西路,右看金银业集中区的桂东路,一切都完了,一目无遮的可以望到东西郊外的远山,只有广西省银行的中间还存有一栋楼房。……敌人不但将省府烧光,还在省府里埋了一些地雷。《大公报》的营业处也只剩下半堵危墙。青年馆、广播电台、社会服务处都没有了。公共体育场上长了很深的草。中北路是找不到房子的,乐群社也烧光了。我们还时常到乐群草地会上去吃茶呢,想来真如一梦。桂北路的末端还剩有两栋民房,绥署、陆军监狱、银行监理官办公处、银行公会那些比较大的房子,都没有了。作为要人住宅区的东镇路也烧得很惨,仅有夏公馆还剩一点下房,很多要人的住宅上,还有敌驻扎过的字样,很明显的还是他们撤退时,才加焚毁的。叠彩路的西端北面还剩一所住宅。此外如军政部办事处、省立医院,再过去如老君洞旁的黄主席公馆,一切公私建筑都没有了。

总之,城区内绝找不出五栋以上的完整的房子,"一片焦土"四字,是桂林城最忠实的写照。①

戈衍棣的这篇通讯,两个月后就被收录在《桂林血战实录》一书中出版发行。1949年1月,天津解放,《大公报》改组为《进步日报》,戈衍棣继续做记者。1953年,《进步日报》与上海《大公报》合并,重组新的《大公报》,并于1956年迁到北京出版发行,戈衍棣任《大公报》工商组副组长。1957年他被错划为右派并遭逮捕,后回乡务农。中共十一届三中全会后,戈衍棣得到平反,恢复公职和工资待遇,晚年出任县政协委员。1983年因病去世。

---

① 《大公报》(渝版)1945年8月23日。

附 代表作赏析

军事调处一年(节选)

(原载于《大公报》[津版]1947年1月14日)

军事调处今天成立一周年了。在这一年的当中,曾经有过三次停战令。第一次停战令将东北除外,第二次限于东北,第三次在国大召开之前,由政府单方面宣布,未经三方协议。这三次停战令一次比一次软弱,每次都有漏洞。因之"战"始终没有停下来,冲突愈来愈多,愈来愈大。

全面内战是早已经开始了。从海南岛到东北,只要有国共军对峙存在的地方就有冲突,有战争。这弥天的烽火,燃烧着每个中国人的生命。负有救火责任的军事调处执行部,三环相连,手臂互挽,虽不是隔岸观火,却也束手无策。军调部国共美三方面的几千名和平工作者……谁也不能说将他撤销,大局是"拖",于是他们也就随着拖下来了。整整的拖了一年。现在马歇尔将军已经奉召回国报告中国局势,周恩来已飞回延安,三人委会是军调部的顶头上司,工作指导者,三人委会现已拆散,于是一般又想到了军调部今后的存废问题。

第一次停战令中除了伪军的问题没有详确规定以外,双方并同意声明,对国民政府军队为恢复中国主权而开入东北九省或在东北九省境内活动并不影响。由此将东北除外,种下了日后东北四平街、本溪湖乃至长春的战因。

从一月十三日至五月二十三日国军收复长春,这个阶段中是军调部工作最繁忙的时候,也是调处工作的黄金时代……在东北方面,国军进行接收主权,中共军亦分自山东及热河循海道陆路进兵东北,林彪所部攻入四平街,阻国军北上;热河之凌源、朝阳也有战事。这时政府方同意将调处工作扩展至东北九省,不过为时已经稍晚了。东北战火已有燎原之势。为什么一月十三日的停战令将东北除外呢?这是颇为使人费解的地方。

五月十九日国军收复四平街,二十二日收复长春,六月七日政府下令东北境内国军停止前进接收主权,限期十五日,与共方商谈东北境内停止冲突办法。后又展限至月底。在这个时期,成立了军调部长春分部,东北境内共派遣八个小组。这是军事调处工作的第二期的开始,而第二次停战令又仅限于东北。……从这时起,调处工作的黄金时代已经过去,开始走了下坡路。

东北虽然短期平静,关内却大打起来。第三方面奔走呼号,马歇尔八上庐山,依然对于和谈无补。……这时停战令就根本被双方抛诸九霄云外了。至功过是非,只有待后日史家评定。

在这个时期,秦皇岛附近美陆战队士兵七名被共军掳去,平津公路上安平附近美军输送给养队遭共军袭击,美军官兵伤亡十七人,二十五小组为调查安平事件往返平津香河张家口间,搞了一个多月,三方面各作报告,才不了了之。这些节外生枝的伤脑筋的事,似乎已将调人裹在里面了,使得调处工作益陷于不利。

大同的攻防战,相当于东北的长春之战,塞外的烽火及平汉北段的破坏,可以说都是为大同的攻防战作为导火线。……十月九日马歇尔曾建议休战十日,遭共军拒绝,休战显然与停战已有区别。……十一月十日政府发布第三次全面停战令。这次停战令虽系全面的,不分东北与关内,然而却是单方面发布的,显然更不如前两次停战令有力,共方当然有理由说"碍难遵守"。他也不愿为他不参加的国大增加一点祥和之气。所以第三次停战令不过是阴霾时局中的一阵清风,清风吹过大地,对战火是无法遏止的……

北国入冬以后,"万界冰封"的季节又成了英雄们睥睨一世,逞兵用武的季节了。这情形又已逆转到第一次停战令前,日本投降后的冬天了。军事调处已陷于绝境,执行部那所大房子里,工作人员显得异常悠闲。小姐们织毛衣,先生们聊天,十月里就已烧起了暖气,协和医院里温暖,仅温暖了坐在那里办公的人们,却温暖不了全国的人心。隆冬冻结一切,却冻结不了横决如流的战火。北国的冬天,一切是沉重的。内战使得多少人没有了家,没有了衣穿,没有了饭吃。他们饥寒交迫,对着那所绿琉璃瓦,外中内西的宫殿式的建筑,多已不存幻想与希望了。这就是军事调处工作的第三期,也或许是最后的一个时期。

军调部先后派赴关内外各地的小组一共有三十六组……到去年十一月二十二日,中共区已经没有一个小组了,在政府区尚有十五小组,惟中共人员均亦于十一月二十二日以前撤去。三环相连之形势已不存在,成了跛足小组。在军调部之上的三人委会中,中共代表周恩来亦早于十月间飞返延安,这时军调部之上级在十月间已不健全,至十一月二十二日,各小组中共代表撤退,军调部下级全部破裂了,仅余一个"上不着天,下不着地"的军调部孤悬在北平,名存实亡。……

军事调处工作在过去这一年的当中,没有获致令人满意的成果,这并非工作人员的无干才,不努力,也很难将破坏停战令的责任推在某一方面身上。当马帅奉召回国时,记者曾访军调部中共方面委员叶剑英,谈及军调部在这一年当中没有工作成绩表现的症结所在,他认为这是根本上的问题,这话是中肯的。所谓根本上的问题,当然是军事三人小组委会之日益削弱与不协调。那么再从根本上往上推,就又有了国共两方的根本态度问题。俗话说"胳膊拧不过大腿",根本上有出入,就差之毫厘,谬之千里。……

军调部的命运,在她满周岁的时候,是大体可以决定了。这个中国史上空前的机构是值得人玩味的。由于她的三环相连的形式,使隔离的都市与乡村还可以互通一点声息。假如没有了她,乡村与城市的对立将益加尖锐了。中国人民将被当权者横加割裂,兄弟姊妹咫尺天涯,或将益加窒息了。

协和医院那片宫殿式的大楼,有她可爱的地方,她的几十年的光荣历史(亚洲首屈一指的医院),虽然不能使中国疾病死亡绝对减少,但她总算为中国人民服务了,正像这次的军事调处执行部一样,她虽然没有完成停止冲突,恢复交通,整编部队的和平任务,但她也算尽了她的努力了。我们应永远记着国父中山先生在协和医院弥留的时候的话——和平奋斗救中国,团结人民力量,坚定和平信念,不管军调部的存废,还得要走和平团结之道。(一月十三日)

【赏析】

这是戈衍棣回顾军事调处执行部成立一周年的新闻综述,全文扼要介绍了一年来三次停战令的缺陷及结果,预言了军调的最终失败。读者通过这篇综述,可以基本了解全面内战爆发(1946年6月)前后国共军事冲突的主要战役、军调焦点、国共双方态度及事态发展的脉络。

北平军调部成立于1946年1月,由国共美三方代表及工作人员组成。成立之初,国人对它寄予莫大希望,第一次停战令发布时,举国欢欣。然而,停战令"东北除外"无异于"网开一面",东北战局不能不影响到全国的局面。国民党占领长春后,第二次停战令不过是再次开战前的调整部署。果然,6月底,国民党悍然发动了全面内战。而8月份的安平事件,又使美国陷入国共纠纷,失去了"调停"的地位。此后的大同、集宁、张家口和两淮战役,使国民党利令智昏,自持"胜券在握",急于召开"国大",单方面发布第三次停战令,中共理所当然给予抵制。由此,战火已经无法遏止,军调部名存实亡。

戈衍棣这篇综述有如下几个特点:一是立意高远,以全国视野回顾军调历程,帮助读者纵观全局;二是选材精当,以一年来发生的重人事件"串联"发展演变,帮助读者理清脉络;三是判断准确,以客观事实为依据,预测未来发展结果,最后落笔在"和平奋斗救中国"上。这里的第一点,需要记者首先有足够的视野和对全局的把握,才能给读者以帮助;第二点,需要记者在掌握大量素材的基础上做出最能够表现主题的选择,让读者从最重要的事实中认识问题;第三点,需要记者独立思考。综述没有局限于客观报道,而是明确表达了记者的主观认识和判断,这种有别于新闻报道的样式,需要记者首先有正确的思维,才不致误导读者。

这篇综述发表半个月后,北平军调部即正式解散。

转徙西南天地间：陈凡*

陈凡(1915—1997)，字百庸，广东三水人。曾用笔名"周为"等。20世纪30年代曾任教师，1941年后曾任桂林《大公报》记者、采访课副主任、柳州办事处主任、广州办事处主任。1949年后历任香港《大公报》编辑、副主任、副总编辑。陈凡的主要著作有散文集《海沙》《无华草》、旧诗词《壮岁集》、诗集《往日集》、新闻报告集《转徙西南天地间》和武侠小说《风虎云龙传》。

1941年3月，桂林《大公报》开始出版发行，陈凡是最早参与创办的人员之一。同年4月1日，陈凡在桂林《大公报》发表了自己的第一篇稿件——《广西的农贷》①。可以说，是这篇稿件开启了陈凡的记者生涯。

1941年至1944年，陈凡在桂林《大公报》任记者、采访课副主任。1944年陈凡参与桂林新闻界同人报道柳恕人贪污一案。时年3月，时任财政部粤桂区食糖专卖局桂北分局局长的柳恕人私售烟纸，擅存公款，不缴国库，贪污舞弊达百数十万元以上，被撤职拘办。柳恕人是当时桂林区食糖专卖局局长卢廷干手下的第一员大将，而卢廷干则是孙科的内亲，以及宋子文的干部，因此柳恕人其人背后牵扯的"大人物"太多。贪污舞弊的事件一发生，负责报道该事件的新闻记者就受到了四面八方的恐吓，又因为新闻检查制度的存在，各大报纸想要报道真相十分不容易。

这种情况下，桂林新闻界的同人运用了"集体采访"的策略，记者们把每天得到的消息，由一个人记录下来，得到全体记者同意后，分发给各报刊用，这样即可避免报纸拒绝刊用。陈凡也是记者中的一员，同为《大公报》采写新闻的郭根认为"在这整个集体采访过程中，陈凡是起着领导作用的"，"在最紧张的几天，陈凡兄有两夜没睡觉，吃饭更是谈不上。记得有一夜，已经是下半夜一

---

* 本文撰稿人：邓萌萌，山东大学新闻传播学院2019级硕士研究生。
① 陈凡：《广西的农贷(一)》，《大公报》(桂版)1941年4月1日。

点多钟了,排字房催着要截稿了,然而本市新闻的柳案仍是一字未来,我当时负责编务,心里那番焦急,迄今想起来犹有余味。好容易他来电话了,报告新闻,然而声音是那样微弱,上气不接下气,后来简直是声嘶力竭"①。评价陈凡对工作的态度时郭根用了"认真与严肃"这样的字眼,郭根说,"记得有一次某当局莅临桂林,神不知鬼不觉在乐群社召开一个茶话会,外闻大都不知究竟,而他却能利用他的交谊,打扮成一个茶房的儿子,送茶倒水,尽悉底蕴"②。陈凡凭借出色的采访能力、信息收集能力,为桂林《大公报》提供了许多有价值的新闻报道和新闻线索。

1944年4月17日,为了建立一条纵贯中国大陆到印度支那的交通线,日寇悍然发动豫湘桂战役。同年6月18日至8月8日,长沙、衡阳相继失守,日军进攻广西,发起桂柳战役,桂林告急。9月13日,桂林城防司令部发布最后一次强迫疏散令,疏散路线主要是沿着湘桂、黔桂铁路西撤,数十万难民从长沙、衡阳、桂林逃往贵阳、昆明、重庆。桂林《大公报》的报馆人员不得不撤退到重庆,撤离到重庆后,陈凡着手就撤离途中的所见所闻所想写了一篇长达五万字的报告——《湘桂沦陷记》,后来为给这篇报告寻找发表之处,将其寄给了身在西安主持《益世报》编务的郭根。自1945年6月10日至8月31日,《湘桂沦陷记》在《益世报》(西北版)连载了两个多月。

1945年10月,陈凡受命到广州设立《大公报》办事处,任广州办事处主任,并写下了第一篇闻名遐迩的通讯《凯旋牌坊上吊沙煲》,还留下了"拍错手掌,迎错老蒋,烧错炮仗"③等大胆警句。此文一出即被远在延安的《解放日报》转载,国民党的恼怒更在意料之中。

从1946年6月到1947年5月,内战的10个月间,各方面消耗十分庞大,这刺激着滥发货币及货币严重贬值,物价也跟着飞涨。1946年12月,国民党政府规定大学公费生的副食费为每月2.4万元(旧法币)。物价上涨,货币贬值,大学生们处于饥饿状态,严重营养不良。在内战背景下,学生们意识到:内战是造成饥饿的根源,反饥饿必须反内战!从1947年5月10日南京学生争取改善生活的斗争开始,罢课游行席卷了全国。

---

① 郭根:《新闻之路在何处?——怀陈凡兄》,《知识与生活(北平)》第5期,1947年6月16日,第16—17页。
② 郭根:《新闻之路在何处?——怀陈凡兄》,《知识与生活(北平)》第5期,1947年6月16日,第16—17页。
③ 傅国涌:《金庸传》,北京十月文艺出版社2003年版,第133—134页。

1947年5月31日,中山大学学生罢课游行,陈凡一路步随学生队伍采访,中途目击血案,立即向报馆拍发电报。后来不仅电报被扣,当夜凌晨他在睡梦中也被以检查户口的名义逮捕。紧接着,发生了重庆曾敏之等八记者被捕事件。陈凡后来撰文回忆被拘捕时的情形,审讯者提出党政公教人员生活很苦,而学生每月有公费补贴,相较之下学生的生活已经很优越,这种情况下要求改善是不合情理的,陈凡则表达了相反的意见:"我认为目前党政公教及学生的生活都是太苦了,都应设法改善,因此我并不因为党政军人员不要求,不请愿,而就认为学生的请愿和要求为不合情理。"审讯者问到他写通讯时选择内容的偏向,他则回答"一个新闻记者只能忠实于他眼见的事实"①。6月5日,王芸生在上海《大公报》发表《逮捕记者与检查新闻》的社评,提出严正抗议,称"这固然是《大公报》的不幸,其实更是国家的不幸"②。在胡政之、王芸生等的努力下,6月16日,陈凡终于获释。

1947年6月27日,受胡政之电报嘱咐,陈凡赴上海报馆工作,后来又被派回广州。陈凡在上海的《大公报》总部工作了四个月,给张篷舟当助手,主要负责编发各地新闻以及检查上海《大公报》的错误与遗漏,陈凡每天将这些内容汇总写成报告,供编辑部的同事参考,"他的工作对各版负责人的帮助很大,虽然陈凡兄本人认为他的工作并不完善"③。在从上海返回广东前,陈凡综合了几个月的"看报心得",从内容、形式、"看报工作"及其他角度写作了《"看报"工作杂感》交给王芸生,王芸生认为这篇文章内容充实、面面俱到,对上海《大公报》的改进也非常有裨益,并在副刊《大公园地》予以发表。

1949年后,陈凡曾任香港《大公报》编辑、副主任、副总编辑。20世纪60年代,作为香港《大公报》副刊《艺林》的主编,陈凡遍访内地名家邀稿,为副刊充实内容,当时的《艺林》堪称是大陆、香港、台湾文史名家的群英会,是香港"文化森林"不可或缺的一部分,这与陈凡做出的努力更是分不开的。那个时期陈凡每年到内地一至两次,与文化界中人广泛联系,为他主编的副刊各版扩大稿源,不过所邀之稿并不限于"艺林"。他的邀稿名单,计有章士钊、陈垣、启功、沈尹默、唐圭璋、温肇桐、俞剑华、夏承焘、冼玉清、潘伯鹰、宋云彬、郭绍虞等,咸为文史大家。此外,岭南的容庚、商承祚、梁宗岱、詹安泰,沪上的熊十力、郑

---

① 陈凡:《被拘前后(一)》,《大公园地》复刊第5期,1947年7月5日,第13—16、30页。
② 王芸生:《逮捕记者与检查新闻》,《大公报》(沪版),1947年6月5日第2版。
③ 陈凡:《"看报"工作杂感》,《大公园地》复刊第16期,1947年12月20日,第12—14页。

逸梅、周瘦鹃、陶菊隐、张友鸾、黄裳等,这些一流学者或作家也在其拜访或邀约后,欣然为《大公报·艺林》撰稿。后来,《艺林》的文章被汇编成《艺林丛录》十册,由商务印书馆(香港)出版,1961年出版第一编,陆续出了十几年,直至1974年出版第十编结束。

20世纪80年代中期,陈凡退休。1997年9月30日,因心脏病猝发在香港去世。

从桂林到广州,从广州到香港,陈凡走南闯北,写下了名篇巨章,做好了记者的本职工作,徐铸成曾评价他是当时中国新闻的记者人才。他的《一个记者的经历》有34万余字,收录了《转徙西南天地间》《革命者的乡土》《广西闻见录》《幸福的颂歌》《壮游诗记》《桂林行旅记》等系列文章,这些还只是他所撰通讯的一部分。

陈凡还发展了对诗歌的志趣。他早年热衷新诗,有《往日集》刊行,中年以后改写旧诗兼于词,黄裳为陈凡的旧诗词《壮岁集》作跋,用龚自珍句"不是逢人苦誉君,亦狂亦侠亦温文"称美之,钱锺书也曾罕见地为《壮岁集》作序,他写道,"君少日愤时救世,探幽寻胜,轻命犯难,诸事历历纸上。嬉笑怒骂,哀思激烈,亦庄亦谐,可泣可歌"。

陈凡对武侠小说亦有见地,他与金庸、梁羽生都曾是香港《大公报》的编辑,他们也因同写着新派武侠小说而被时人称为"文坛三剑客"。1956年至1957年,陈凡写的武侠小说《风虎云龙传》也在《新晚报》"天方夜谭"版连载,作者署名为"百剑堂主"①。

附 代表作赏析

今 日 广 州

(原载于《大公报》[沪版]1945年11月21日)

记者于十月廿六日由重庆乘机飞□华南第一大商埠的广州,离广州区受降已有两个多月,因胜利而来的兴奋已过去了,为胜利而放的爆竹也早已不闻

---

① 王芝琛:《百年沧桑:王芸生与〈大公报〉》,中国工人出版社2001年版,第264页。

了，为欢迎国军凯旋而搭的彩牌楼，拆的拆了，不拆的也□然无色了，广州是一片沉寂，一片灰色！

十日来，记者分别访问了各阶层的市民至少有一百人，这些人中，有靠小本钱作小买卖的老板，有靠自己的血汗维持生活的码头工人和黄包车夫，有出卖自己的肉体去养家的私娼，有沦陷期间在城市寄生的中层分子，使我惊奇的是：没有一个人能明确的说出胜利究竟对他们带来什么好处！

不过狂欢是有过的，当敌人投降的消息传到后，全市的人心简直成了一个狂欢的沸锅，一天到晚滚着汹涌的水花！为的是他们从此可以一脚踢开这七年来压在他们头上的残暴的统治者。但跟着"先遣军"拥进来了，"地下军"钻出来了，各式各样的"有枪阶级"都争先恐后地冲到广州来，看到东西就搬，抢到钞票就要，看不到抢不出就吓，拉，转，要把他们的金饰钞票迫出来。否则说一句"我们队长请你！"就把你架走。市民听说这些豺狼虎豹，都是"遣"来的，派来的，起初半信半疑，及后则无不睁起半是恐惧的眼睛！广州人的头，刚在日本人的头低下去的时候抬起来，不一刻又在这些人的淫威下低下去了。就在这一场混乱里，不少广州人因此破产。

广州市民一提起八月下旬至九月中旬的混乱，无不痛心疾首。那时候，只要臂上绷一个乱七八糟的臂章，手上拿一张封条，腰间挂一只手枪，就随便可以封屋运货。有些更狡黠的，拿到一张封条，到甲家贴上，把东西搬光，又轻轻地撕下来，拿去封乙家，这样一条封条，就有了许多妙用。更痛心的是，文化界也竟有不少精悍的"先遣"部队。

在这样混乱的情形之下，市民听说国军要来了，就日夜盼望国军快来。国军入市后，情形稍为安定了点。但跟着伪币停止使用，市场立□混乱，浑水摸鱼的借此发财，而一般市民苦透了！国币没有，而伪币一时又不能兑换，简直连两顿饭都发生了问题，在这期间，曾有人因而成了饿殍。混乱的情形稍定后，商人在这个浪潮里的损失都取偿于货价，因此物价飞涨了！更有由后方来的人都带着大量的法币，买东西的胃口和他们吃东西的胃口一样大，物价因此更高。

在后方的人拿着关金赞美广州的物价便宜的时候，广州人已经支持不了。收复区的人民到此才痛切地看到了胜利所带给他们东西底面目，第二度失望了！

在欢迎国军凯旋的彩牌楼上，有这样的对联："抗战八年容易过，和平两日实难挨!"有些牌楼上有人吊起了饭锅,暗示着吊起饭锅等饿死的意思。

"胜利"在收复区人民的眼睛里,是表现在:(一)在军队的威风上,士兵手上的新式手表和闪光的戒指上。(二)在由后方来的人的豪奢上:茶楼酒肆的大喝大吃,"胜利大厦"的歌舞,整叠的关金和法币,三千元五千元玩一夜私娼而仍赞人肉便宜的气魄。(三)少数的特权上。这只要举一个例就够了:广州市府规定筵席捐抽百分之二十,可是"机关上的人",只要说一声"我们是免税的"就可以免税。连政府法规也对从后方来的官吏退避。人民对他们当然只有必恭必敬。所以,被征服的不只是日本人,收复区的人民同时也被"征服"了。

广州的报纸我想比任何一个后方城市都要多,但舆论却仍然是一片混乱,前些时有些报纸,把收复区民众统称做"伪人"或"伪民",许多身份特殊的人,又随便向那些"伪人"和"伪民"敲榨。但同时,有些明明是做了汉奸的人,却仍然在街市上大摇大摆。有些伪组织时候的公务员,光复后仍留在政府里。徒手的日本人,当局也明令善为保护,不得虐待。这些事情混杂在一起,渐渐使人民发生疑问。汉奸问题造成了许多混乱,在广东大汉奸先遣军总司令招桂章被捕之前,竟至有报纸(这个报是由招桂章出钱办的)做评论,赞美他做汉奸是"值得学习"的!我们现在教育复员工作上,正大谈其改造伪校员生思想,但汉奸问题所投射于收复区人民心上的暗影,我们却没有看见!

广州是光复了,但广州不是一个干干净净的广州,随处是垃圾堆,随处有苍蝇飞舞,晚上,最繁盛的长堤大马路的骑楼下,随处睡满难民,随处跑着私娼,生活的呻吟随处可以听到!但在同样的黑夜笼罩之下,凶胜利而易主的崇楼巨宅,电灯通明,酒肉宴熏,笑声弥漫。胜利,在它一到来的时候,就已分开两种了。

长堤的"先施公司",沦陷以后被改名为"大东亚饭店",在广州光复以后,聪明的老板把"大"字抹去了,再在原位刷上一个徽章,略为改头换面,又原封不动地照常营业下去了。这好像就是对我们的一个生动的讽刺!(十一月七日寄)

【赏析】

据笔者对陈凡先生个人作品的梳理、分析,可以发现他较常写新闻报道,记录社会变动及大环境下各色人的处境。他始终坚持"一个新闻记者只能忠实于他眼见的事实"的职业素养，用朴素、平实的文字撰写新闻、传递民情、针砭时弊，字里行间都体现出他对新闻真实的坚持、对民情的体恤以及对乱象的批判。

《今日广州》为日本投降、国民政府受降后陈凡写的一篇记录战后国民政府在广州接收物资时的乱象的新闻报道。日本投降后，国民政府受降，进行接收工作，作为收复区的广州遭遇了混乱的接收，接收工作缺少监督，接收人员强占房产、物资成风，乱发货币、随意免税、舆论失常，诸多弊病导致常规经济生活失律。1945年，陈凡受命到广州设立办事处，并任广州办事处主任，对当时广州的风土人情有较为深刻的认知。文中，陈凡用受降前后人们的反差，反映出接收工作的混乱。

报道总体上采用"总分总"结构。文章开头，陈凡交代了时间背景。紧接着第二段他就说明了自己的新闻内容来自采访到的一百多位各阶层市民，昭示了新闻内容的真实性与客观性，点明了主题，引起了读者的好奇心。第三段开始分述市民们在广州光复后的遭遇，引出各阶层市民们在广州受降后的两次失望：第一次失望是在狂欢过后，"有枪阶级"在广州抢夺物资，制造混乱；第二次失望是在国军入市后，饿殍遍地，"后方来的人"使物价高涨。描述过社会的混乱情况后，陈凡又将重点放在了广州的舆论混乱上，并指出了思想教育上的要紧问题：汉奸问题。最后两段总结光复后的广州是一个"垃圾堆"，又提到难民、私娼、中层老板在光复后的表现，照应了文章开头。整篇文章结构分明，可读性强，为政府如何解决问题提供了政治、经济、思想等方面的提示。

从写作手法上看，陈凡使用了类比、借喻的手法。在报道的倒数第二段，他写道："广州不是一个干干净净的广州，随处是垃圾堆，随处有苍蝇飞舞。"不难看出，他将混乱的广州比作"垃圾堆"，将"军队""后方来的人""特权分子"等荼毒百姓的人视为围绕"垃圾堆"寻找好处的"苍蝇"，反映出对广州的恢复已经刻不容缓。在结尾处，陈凡又借"先施公司"改名的历程隐喻了广州从沦陷到光复的遭遇，"改头换面""原封不动"，其本质并未有所变化。修辞手段使报道极具讽刺意义，也引人深思。

详细报道周恩来的《大公报》记者：曾敏之*

曾敏之（1917—2015），广西罗城人，自幼喜爱文学，中学时代开始发表作品。抗日战争爆发后参加中华全国文艺界抗敌协会，在桂林从事文化工作。1941年任《柳州日报》副刊编辑。其间有多篇散文、报告文学发表，并结集出版。1942年，经好友、《大公报》记者陈凡介绍，入职桂林《大公报》，先驻柳州采访军政新闻，后调桂林专做文教记者，与巴金、茅盾等作家建立了联系。

1944年湘桂战役爆发，日军大举南下，桂林《大公报》被迫停刊，撤退到重庆，曾敏之与陈凡奉命留守作战地报道。桂林失守时已经找不到交通工具，两人从桂林徒步走到柳州。陈凡先期回渝，曾敏之继续采访战讯，直到日军逼近柳州，才搭乘货车到达重庆。

重庆时期，是曾敏之新闻生涯中最具色彩、大展才华的三年。既显示了他的新闻敏感、采访技巧，又表现了他嫉恶如仇的豪气，亦不失儒雅的文人情怀。

湘桂战役中，衡阳保卫战异常惨烈。我军坚守鏖战40天，弹尽粮绝，城破被俘。军长方先觉后来脱险回到重庆。亲历了湘桂战役的曾敏之得到消息，认为这是回顾战事的机缘，于是设法查出方先觉住在陈诚公馆隐居，做了一次突袭采访。报道配发社评刊出，以衡阳保卫战为例，对国民党抗战不力、失地千里、造成大后方震动的局面做了尖锐批评。

曾敏之采访中遇到棘手新闻，喜欢说一句"干掉它"，意指不畏权贵，敢于碰硬。1945年10月某日，他与同事张高峰和《新华日报》记者鲁明应美国新闻处之邀，赴蒋介石山洞官邸采访蒋氏夫妇欢送美军驻重庆陆海空军官兵回国的酒会，遇到国民党励志社总干事黄仁霖的无理盘查。曾、张、鲁三人为捍卫记者尊严，彼此会意"干"它一下，于是一同退席，以示抗议。次日，《大公报》《新华日报》都没有刊发本报记者采写的消息。42年后的1987年，曾敏之到天

---

* 本文撰稿人：张刃，《工人日报》原副总编辑。

津看望老友张高峰,谈起当年往事,即席口占一绝:"嘉陵往事忆豪情,今日樽前鬓已星。君有如椽文史笔,何妨慷慨记平生。"

1946年1月,政治协商会议在重庆召开,全国人民期盼和平建设。但国民党却组织了一批流氓打手,肆意破坏民众和平集会。曾敏之以"民主巨流中的一湾臭水"为题,发表通讯揭露:"就在这高唱和谐,强调团结,保障人民基本自由的声中,重庆却连续发生着许多相反的事情。……收买地痞流氓蛮干,无法无天!"文中愤然质疑:"人民在问:这是政府所在地的重庆吗?协商会议是在这里举行吗?这是实现人民四大基本自由的答复吗?"

《文萃》1946年第31期上发表曾敏之的7000字长篇通讯《十年谈判老了周恩来》,这是他独闯曾家岩,与周恩来两个夜晚长谈的成果。曾敏之在通讯开篇中这样描写道:

> 这是周恩来离渝的前夜。窗外是如丝的春雨,嘉陵江上烟景迷蒙。周恩来以富于文学感情的思绪在凭窗远眺。他对重庆这个城市所感受到的一切是太深刻了:他曾经在这里签下几个历史文献,他曾经在这里经历了许多困惑而又悲哀的境遇,直到最近他还痛悼与他并肩奋斗二十年的战友王若飞、秦邦宪、叶挺、邓发等为和平事业,由重庆出发去延安请示而在中途遇难永不回来的损失。而现在,他要离开这个地方了,百忙中他抽出一点空闲,徘徊在这暗夜的城市的边沿,他在寻思如何排遣这寂寞的心境。正当他沉思的时候,有人来访他了,访他的是一个青年记者。平常友谊的接触使他们之间消失了拘谨的形式,他们于是纵谈起来。

谈话中,周恩来还详细回忆了自己的早年经历,包括如何从相信无政府主义到信仰社会主义、加入共产党,以及后来的革命生涯,分析了当时的国内形势、中国未来的发展等。曾敏之把周恩来谈话整理之后,写成通讯发表,不仅以大量翔实的材料述评了"西安事变"以来国共两党和平谈判的历程与真相,并且首次向世人披露了周恩来的革命生涯和哲人风范。通讯发表后,在国统区引起轰动。

在周恩来离开重庆去南京前,曾敏之在重庆冠生园设宴为周恩来的两位秘书宋平、章文晋送别。宋平曾郑重地转告周恩来盛情邀请曾敏之去延安。他如果想去,可以跟周公一起乘马歇尔的飞机同行。曾敏之虽不能成行,但深表感激。

这篇通讯在当时的国统区引起轰动,也引起了国民党当局的注意。

两个月后的1946年7月,著名民主人士李公朴、闻一多两先生相继被国民党特务刺杀,曾敏之写出通讯《闻一多的道路》,抗议国民党的暴行。他写道:"闻一多的道路是积极的、宽阔的,千万后继者会追随他的足印而走向民主的远方。……前驱者走了,他的走是向着伟大的休息。"

曾敏之的新闻报道多富文学色彩,这与他深厚的文学功底和一生钟爱的文学创作有很大关系。他笔下的周恩来、闻一多不仅是新闻人物,也是文学作品的典型。无怪《十年谈判老了周恩来》不仅成为经典新闻的传世之作,而且被收录于《中国现代报告文学大系》,并以全文壁录于重庆红岩革命纪念馆。曾敏之也因此被誉为国内详细报道周恩来之第一人。

曾敏之一系列令国民党难堪的报道,使他成为当局的眼中钉。1947年5月31日,国民党特务以"共党嫌疑"的罪名公然逮捕了身为重庆《大公报》采访部主任的曾敏之和他的7位同事,准备送往渣滓洞集中营。后经媒体抗议和关系疏通,才被陆续释放,曾敏之是最后一位脱险者。《大公报》总经理胡政之怕他再"闯祸",决定调他去广州,参加筹办香港《大公报》的工作,并一度主编香港《大公报》华南版。

1949年以后,曾敏之任香港《大公报》、《文汇报》、中国新闻社驻广州联合办事处主任。1957年"反右"运动中,他因为仗义执言,呼吁新闻改革,成为"内定右派分子",虽然很快获得平反,但表示不愿再回新闻界,转到广州作协,从事文学创作,后调暨南大学任现代文学教研室和写作教研室主任。"文革"中,他又被打入"牛棚"。曾敏之不甘受辱,跳楼抗议,所幸无大碍。养伤的日子倒使他躲过了更多的摧残。

1978年,曾敏之奉调重返香港,以花甲之年承担起香港《文汇报》的领导重任。他给老友写信说:"我以老牛破车来此,剩有秃笔一支,霜华满鬓,壮年已去,来日无多,实在感到重新做起之难。只因报国有心,也只好拼却老命了。"① 此后历任香港《文汇报》副总编辑、代总编辑、评论委员会主任,自称又过了"十年编报晨昏颠倒的生活"。

对于年轻人从事新闻工作,曾敏之多有鼓励,并曾谆谆告诫说:"我们过

---

① 曾敏之与张高峰的私人通信。

去时代的记者生涯,毕竟是老一辈的事了,比起你们来辛苦得多。如果我们有可取之处,当是具有良好的职业道德,受到社会尊敬。如今,拜金主义盛行,作为传媒、舆论监督的新闻记者颇受诟病,希望你能洁身自好,保持崇高形象,做一个成功的记者。而成功的途径,是要在主观上应有德、才、识的条件去开拓。"①这番话是对年轻记者的告诫、教诲,也是对老一辈记者情操的抒怀。

1989年退休后,曾敏之倾力从事文学创作与港台和海外华文文学介绍、研究工作,并出任香港作家联会首届会长,有多部作品出版。2003年7月,为表彰他在写作上的卓越成就及对推广中国现代文学所做的贡献,时任香港特区行政长官董建华为他颁发了"荣誉勋章"。他给友人写信说:"岁月无情,人生易老,自然规律无可抗拒。我已入暮年,仍勉任文学组织的任务,只好以旷怀应付苦短的来日了。……一个人一辈子能专志于一业而有成,就不错了。"

2015年1月3日清晨,曾敏之于睡梦中去世,享年98岁。

附 代表作赏析

民主巨流中的一湾臭水

(原载于《大公报》[津版]1946年1月31日)

重庆的政治协商会议吸住了全国人民的视线,会议初期的和谐空气,使人民不敢相信地静候着会议的成功,但就在这高唱和谐,强调团结,保障人民基本自由的声中,重庆却连续发生着许多相反的事情。

人民为了要知道会议的真相,并且也希望以意见奉告代表,便有一个政治协商会议陪都各界协进会的组织,借用临江路的沧白纪念堂,每天敦请参与政治协商会议的代表轮流到会报告,并听取人民的陈述。这个协进会的用意,在表示人民希望政协会能够开得圆满,开得成功。

不幸的是,有人并不如此希望。因此当十七、十八、十九三个晚上正在集

---

① 曾敏之与作者的私人通信。

会,由张东荪、李璜、梁漱溟等分别报告并答复别人询问的时候,一种有组织的特殊人物展开了破坏行动。他们用碎石、口哨在外面作暗号,接着在会场里爆发了呼啸与咆哮辱骂,内外呼应,大施捣乱,极尽威胁。他们用这种下流到极点的手段,企图破坏这民主集会。

大会群众骤遭这种袭击时,自然惊慌失措。可是人民不是太脆弱的,无理的摧残反引起了共同的勇气。参加大会的人经了两次捣乱后,大家转为坚定。协进会登报警告:在保障人民四大自由之下,堂堂陪都竟有这种妨害人民自由的丑行,实属令人发指,尚望各界人士共作正义之呼吁。

令人发指的事虽然还在层出不穷,但是并不每次得逞。二十日清晨民主建国会邀请邵从恩代表报告,有一个人就因为捣乱不遂而被群众喝打,抱头鼠窜逃出会场。同日下午冯玉祥氏在另一个集会上沉痛地说:沧白纪念堂的桌椅被捣毁,他要代表政府赔偿。协进会的主持人也分别找定保镖,为了争自由,不能不防卫。

下流并不简单,捣乱是有组织的。一种并不是没有根据的流言在多雾的山城散播:以二十五人为一队,每次四万元作犒赏,收买地痞流氓蛮干,无法无天!

人民在问:这是政府所在地的重庆吗?协商会议是在这里举行吗?这是实现人民四大基本自由的答复吗?

还好,政治协商会议开会时大家不必担心挨打遭侮辱,激辩用嘴,手的动作只是讲话时的姿态。吴铁城曾转述了会外人士对政治协商会议的批评,说是"分赃会议"。"分赃"一词引起了波澜。波澜动荡,余波是吴铁老受了妄发议论的斥责。于是,他与其他政府代表一样,在会议厅上谨慎起来了。除了谨慎发言外,这些代表们还谨慎作笔记,笔记下中共代表团每一代表的发言,民主同盟青年党的代表讲话却并不受到同样的待遇。

近日来,配合政治协商会议讨论的进展,释放政治犯也成了大家关心的事。国防最高委员会曾开会商讨过释放除汉奸污吏以外的一切政治犯。许多委员都同意这开朗的措施。但会中确有一二个人几乎垂涕以道,历陈不能把政治犯完全释放,应该再审查一下名单再考虑考虑。冯玉祥氏上蒋主席书中说到:"一二人之咬文嚼字,数百万人之自由不得复;一二人之阻挠,主席之开明政治步伍不得大步前进,实觉令人惋惜!"陪都已有人筹备欢迎政治犯出狱大会,蒋主席宣布七日内分别恢复政治犯自由的期限已迫近,这将是政府诺言

的考验,大家在拭目以待。(编者按:廖承志已获释)

不过,一方面是打算释放政治犯,另一方面却平白添了许多军事犯。重庆的大街小巷由军警执行着所谓取缔"散兵游勇"的任务,大量逮捕平民。有人仅穿一套已经破烂了的灰色衣服,有人颈上露出了黄色的衬衣,这些人便在这取缔题目之下失了自由。他们被拘禁集中到不知那里去了。记者从兵役署负责人那里得到的解释是:这批为数六七千的"散兵游勇",将取选一些少壮的去补充部队,去当兵!

一个为抗战抗掉了一条左臂的荣誉军人蒋士奇,有一天也被宪兵盘诘他为什么不带符号,为什么不扎武装带而戴着那顶黄色军帽。争执之下,宪兵要把他拘送卫戍总部。蒋士奇当着围拢来看热闹的市民们向宪兵厉声抗议说:"我就是抗战军人!国家不完全是你们这流人的国家!蒋主席刚宣布要保障人民身体自由,你们有什么权力有什么理由任意捕人?"抗议的结果是:蒋士奇扬长而去,两个宪兵无趣地悄悄在人群中溜走了!(二十一日寄)

【赏析】

这篇通讯可以作为《大公报》记者通讯写作的代表性作品。

其一,如何选择新闻素材更好地为主题服务,是对记者功力的一种检测。这篇通讯虽然只有1 500多字,但信息十分丰富,有政治协商会议内情,有地痞流氓破坏民众集会,有呼吁释放政治犯,有抓捕"散兵游勇"……所有这些新闻素材,都是为报道的主题——呼吁民主、和平建设服务的。在尽可能短的篇幅内向读者传递尽可能多的信息,又都紧扣主题,可见记者功力。

其二,在新闻报道中直接表述记者的立场、观点,是许多《大公报》记者的写作特点。新闻报道有消息、通讯两种基本形式。《大公报》记者写消息(本报讯或专电),严格限于新闻事实,只做客观表述,不加评论。但在通讯中,则大多会表现记者立场、主观倾向,甚至发表议论。这篇通讯的字里行间便时时可见记者情怀,"人民在问"连发三问,实际上就是记者在问。这样的写法似乎与"客观报道"的新闻定义相悖,但事实上,无论新闻选题、素材取舍,表述文字都不可能是"纯客观"的,关键在于记者的立场、观点是否正确。

"闯祸"记者：张高峰*

张高峰(1918—1989)，天津人，出身于书香世家。在天津、北平读中学期间，受邹韬奋、范长江影响，萌生对新闻记者的职业追求。1933年，日寇进犯华北，驻守热河的东北军汤玉麟部溃败至天津，扰民乱市。15岁的张高峰撰文《可杀的汤玉麟》发表于天津《中南报》，是为其首篇见诸报端的文章。1936年，又因撰文抨击伪冀东自治政府的汉奸保安队，被当局追捕，险遭不测。

1937年发生七七事变，抗日战争全面爆发，张高峰南下加入流亡学生组成的战地宣传队，随军参加了台儿庄战役、武汉保卫战，有通讯《我们在最前线服务》发表于邹韬奋主办的《抗战》三日刊。1938年10月，在湖南长沙结识范长江，加入国际新闻社，被聘为特约记者，开始职业记者生涯。1939年初，经范长江介绍兼任《湖南观察日报》（中共地下党主办）特约记者。同年秋，北渡黄河，到晋东南及豫北采访，除给国新社发稿外，有新诗《儿童哨》《狂流》发表于重庆《新华日报》。《儿童哨》被作曲家麦新谱曲传唱。

1940年初，在重庆经范长江介绍加入中国青年记者学会。9月，插班入读西迁乐山的武汉大学政治系，并应聘为重庆《大公报》西川通讯员。因在校从事进步活动，被国民党教育部列入"危险分子"名单，1942年毕业即被强制离校。

1942年11月，被聘为《大公报》战地记者，赴中原采访。目睹河南人民深受"水旱蝗汤（恩伯）"之苦，民不聊生，凄惨万状，采写通讯《饥饿的河南》，披露灾情，批评当局，为3 000万挣扎于水深火热中的灾民呼吁。1943年2月2日，重庆《大公报》改题《豫灾实录》全文刊出。次日配发社评《看重庆，念中原！》，进一步触怒当局，《大公报》被处罚停刊三天，造成轰动大后方的新闻公案。张高峰在河南以"共党嫌疑"被捕，因查无实据释放，但被软禁于汤恩伯部所辖境

* 本文撰稿人：张刃，《工人日报》原副总编辑。

内,他继续向重庆、桂林两地《大公报》发稿,报道中原前线及沦陷区消息。

1944年4月,日军发起豫湘桂战役,张高峰奔走于火线,目击国民党军败溃,坚持发稿至中原战役结束返回重庆。时因桂林《大公报》关闭,重庆馆人满为患,乃由报社资助张高峰再入武汉大学历史系进修,同时兼任川西地区报道,曾到西昌彝族地区、岷江流域后方工业区采访,有长篇通讯发表于《大公报》和《大公晚报》。

1945年8月,回重庆《大公报》任外勤记者。同年冬调天津《大公报》任要闻编辑。1946年3月调北平办事处。4月与彭子冈携手促成当局抓捕北平《解放报》中共人员事件的解决。6月任《大公报》特派员,常驻东北,与吕德润合作报道东北政治、经济、军事动态。1947年夏,吕德润调上海《大公报》,张高峰独立负责东北报道。除日常动态消息外,有长篇通讯《崩落中的沈阳》《热河来去》《东北飘雪的时候》《请看今日东北之教育》《东北的悲剧》《哭四平》《东北在变》《无题写东北》《严寒东北》《干枯东北》等发表于各版《大公报》,揭露、抨击内战给东北带来的破坏,在读者中产生重要影响。

1948年春,国民党东北当局实施"新闻检查",钳制舆论,张高峰奉调回北平办事处,陆续报道了北平"反饥饿、反迫害""反美扶日""七五惨案"等学生运动,有《记北平学潮》《跌在糟房里》《五万青年渡难关》《我们要活命》《文化城散记》等通讯发表于各版《大公报》。1949年1月,国民党重庆当局以"违反出版法及戡乱动员令"的罪名,起诉重庆《大公报》于地方法院,所列十项"罪状"中,张高峰署名文章占其三,分别被指控"夸大东北危机""毁谤政府""刺激学潮"①。后因国民党垮台在即,此案不了了之。

从签约通讯员到战地记者,从要闻编辑到特派员,张高峰在新记《大公报》工作了9年。他是新记时期《大公报》记者中的年轻一代,也是"闯祸"最多的一个。《大公报》不但没有因此辞退他,反而予以重用、拔擢,体现了《大公报》的用人之道。

张高峰晚年回忆加入自己《大公报》的过程时说:

我入《大公报》,没有任何人事关系,可谓"两眼一抹黑"。1940年秋,我在乐山武汉大学读书,同时做国新社记者。一天,读到《大公报》招聘西川通信员的启事,要求"投稿三次,合则聘约"。我对《大公报》仰慕已久,

---

① 《大公报》(港版)1949年1月19日。

是它的忠实读者，认为它是为老百姓说话的报纸，因此积极应聘，精心采写了几条新闻，寄出第一次投稿。事后又想，内迁川西的大学很多，应聘者必定不少，感到自己没有把握和希望，便放弃了第二次投稿。不料，忽有一天，我接到重庆《大公报》通信课寄来的聘书："兹聘请台端为本报西川通信员"，并有两条附注，一、以稿计酬，二、双方得随时解除聘约。前一条好理解，就是没有工资，不算正式记者；后一条则是说，《大公报》可以随时不要我，我也可以随时不给它干，双方的权利是平等的。实际上，只有它解聘我，我不会不给它干。……我本是报社从未见过面且不了解的一个小小通讯员，只因稿子写得被认可，报社竟发给我一个只有特派记者才能使用的'收报人付费新闻电报凭证'，上面有我的照片，注明"《大公报》记者张高峰"。我实际上成了当时《大公报》唯一一个以稿计酬的记者。《大公报》用人大胆、放手，给以锻炼的机会。它对我如此信任，促使我越发认真工作，愿意为之争光。①

这个"争光"，自然是努力采写高质量、影响大的新闻。他说："作为一个新闻记者，我的信条是忠于新闻事实，敢为大众疾苦仗义执言。"②1942年末，大学毕业后的张高峰刚刚派驻中原，首发的长篇通讯《豫灾实录》就给《大公报》招来"停刊三天"的处分。此后，他又不断地给自己，也给《大公报》"惹祸"。

1944年春，日寇发动豫中战役，张高峰追踪战况，发回电讯指国民党汤恩伯所部"官肥、兵弱、马瘦"，无力招架敌人的进攻，以致一败涂地。结果稿件被新闻检查处扣发。张高峰回到重庆时再次被捕，由《大公报》具保方才脱身。

1945年秋，为抗议国民党励志社总干事黄仁霖的无理盘查，张高峰与同事曾敏之、《新华日报》记者鲁明退席记者会，拒发蒋介石欢送美军回国的新闻。

1946年10月，拍发国民党新六军22师师长李涛被俘专电，次日即被证实有误，不得不连夜回北平，躲避国民党规定的"造谣生事者枪决"的危险。

1947年7月，国民党东北当局组织记者采访"四平大捷"，张高峰目睹战后惨状，发表长篇通讯《哭四平》，哭内战、哭百姓，大唱挽歌，惹得当局甚至认为张是共产党。

1947年11月，张高峰发表通讯《东北在变》，指内战使东北"多变少，富变

---

① 周雨编：《大公报人忆旧》，中国文史出版社1991年版，第86、94页。
② 张刃：《闲话大公报》，人民出版社2016年版，第170页。

穷,美变丑,善变恶,有变无"。南京国民党《中央周刊》发表针对文章,指张高峰"为共产党张目"。

1948年1月,蒋介石飞沈阳督战,张高峰发消息被检扣,次日即搭乘傅作义专机回北平发了专电。当局明知张高峰走了傅作义的"后门",却也不便追究,但此后一再检扣张的电报,张高峰只得撤回北平①。

1948年3月,华北"剿总"组织记者团到香河采访"国军大捷",张高峰到街头采访后,报道称老百姓要为阵亡的国军士兵凑钱买棺材……

再以后,就是重庆当局控告《大公报》"罪名"中的张高峰那三篇通讯了。

张高峰敢于如此"骂"国民党当局,除了他嫉恶如仇的个性外,他的职业信条与《大公报》的"宽容"是重要因素。张高峰回忆说:

> 我在《大公报》经历了抗日战争、解放战争,曾经在四川、西康、陕西、河南、安徽、重庆、天津、北平、沈阳、长春、承德等地采访。我没有接到过报社任何领导的任何指示,也没有哪位领导或明或暗提示过我,写报道要注意遵循对国民党政府"小骂大帮忙"的"原则",更不必说有什么政学系的"指示"或意图必须照办。我个人思想上,不仅没有"小骂大帮忙"这样的概念,反倒是一有机会就要"骂骂"国民党政府,而且往往是"大骂",决无半点"帮忙"之意。我的"小骂""大骂"报道,《大公报》没有一篇不刊出的。我还敢肯定,与我比较要好的《大公报》编辑、记者同样持有我这样的态度。例如子冈写的报道,几乎都是"大骂"国民党的,同样照登不误。
>
> 虽然报社没有人给我讲过什么"办报方针",但我有自己做记者的原则和信条,那就是必须忠于新闻事实。撒谎的记者最终会失去读者,自己垮台。我在旧《大公报》工作了九年,竟没有开过一次记者、编辑会议,大家只是埋头工作。现在看来简直是怪事。更奇怪的是,不论在报社所在地采访,或派往外地采访,《大公报》从未向我发过任何指示,总编辑、副总编辑都未与我通过信。我像是断了线的风筝,采访活动可以说是信马由缰,没有人约束我,采访什么、怎样写,都由我自己决定。我从各地发出的专电或通讯,上海、重庆、天津三版几乎没有不刊出的,在文字上也几乎没有改动。……因此我感到,在《大公报》工作没有什么强制约束,心情舒

---

① 张刃:《大公报人张高峰》,北岳文艺出版社2018年版,第220页。

畅,可以大胆工作,很自由。同时也可以说,如果没有报社的支持,我也会失去在报道中一再"闯祸",与国民党当局对抗的勇气了。①

张高峰在《大公报》记者中还以"快手"著称。快,是新闻报道的要素。特别是20世纪40年代,人们关注局势发展,获得信息的主要途径就是报纸。因此,要争取读者,就要抢新闻、抓独家。张高峰写报道之所以快,除了博闻强记、注重积累外,一个重要"手段"就是广交朋友,"建立一个尽可能严密、周全的个人'关系网',帮自己'兜'住各种信息,无论轻重大小。没有这个网或网不严密,就可能漏报重大新闻。……抗战以来,我先后在中原、川西、重庆、平津和东北采访,每到一地必先'拉网'。在战区,侧重军事机关;在地方,联络政府首脑;不仅与高层交往,以获得权威信息,而且与其中下级(如助手、秘书)、社会各界各业人士,乃至同乡、同学、同业交朋友,广设人脉,网布四方,以保证抓到最新最快的消息。来自中下层特别是底层的信息,虽然并不'权威',但却更真实,往往可以补充、修正'权威发布'的不足与错误"②。

广交朋友的习惯,张高峰一直保持到晚年,从军政首脑到企业家、工程师,从文人、学者到工农、店员,甚至街头报贩,他都能聊到一起,并且能够从中获得信息。这也成为他晚年写作另一高峰的重要源泉。

1949年1月,天津解放,《大公报》奉令停刊,2月改组为《进步日报》出版。起初,新的报社领导有意要张高峰出任采访部负责人,但他婉言谢绝说,"我就是个当记者的材料,还是继续写稿子吧"。此后转以工商界报道为主。1950年,经李烛尘介绍,张高峰加入中国民主建国会。1953年1月,《进步日报》与上海《大公报》合并,恢复《大公报》,1956年迁北京出版。张高峰先后负责天津及华北记者站,其报道对于恢复国民经济、三反五反、抗美援朝、宪法颁布、统购统销、公私合营、新经济建设等均有涉及。1961年4月,张高峰被"下放"黑龙江改做商业工作,从此离开服务22年的《大公报》,他也是抗战时期活跃在一线的《大公报》记者中最后一个离开《大公报》的。1963年8月,张高峰调天津民建会编辑工商业史料。"文革"中失去工作10年,其间下放农村做农民6年。

1978年,张高峰调任天津市政协文史办公室副主任,主持编辑天津文史资

---

① 张刃:《闲话大公报》,第170页。
② 张刃:《大公报人张高峰》,第162页。

料之余,10年间撰写了140余篇、40余万字的新闻通讯和旧闻追忆,如《袁家骝博士探亲杂忆》《"你们有本事多剥削"》《"产地台湾"颂》《鹿钟麟夫人忆趣》《张伯苓晚景轶闻》《想起当年冯玉祥》《徐悲鸿何故到法庭》《国共合办的游击班》《吴大猷及其兄弟》《华裔数学家陈省身》《台湾报人余纪忠二三事》《"红三角"的腾飞》等,发表于香港《大公报》《文汇报》《新晚报》及《天津日报》《人民日报》(海外版)等。其晚年作品以爱国爱民、促进统一、弘扬民族文化、客观记述历史为主线。

张高峰历任天津市第六、七、八届政协委员,1989年4月6日病逝于天津,享年71岁。

附 代表作赏析

豫灾实录(节选)

(原载于《大公报》[渝版]1943年2月1日)

记者首先告诉读者:今日的河南已有成千成万的人正以树皮(树叶吃光了)与野草维持着那可怜的生命,"兵役第一"的光荣再没有人提起,"哀鸿遍野"不过是吃饱穿暖了的人们形容豫灾的凄楚字眼。"早死晚不死,早死早脱生(再生的意思)",河南人是好汉子,眼看自己要饿死,还放出豪语来。

河南今年(指旧历)大旱,已用不着我再说。"救济豫灾"这伟大的同情,不但中国报纸,就是同盟国家的报纸也印上了大字标题。我曾为这四个字"欣慰",三千万同胞也引颈翘望,绝望了的眼睛又发出了希望的光。希望究竟是希望,时间久了,他们那饿陷了的眼眶又葬埋了所有的希望。

记者在此报道一些灾情事实。先说灾区:河南一百十县(连沦陷县份在内),遭灾的就是这个数目。有人说,据河南省政府的调查有八十余县。如果真的话,我敢大胆的说,是省政府没有负起详细调查的责任。纵然沦陷县份不算,也有一百县。况且豫北早有吃树皮甚至变卖女子的惨剧。这已经由私人通信传出,省府何能未闻?专署为何不报?不过灾情有轻重而已。……

河南是地瘠民贫的省份,抗战以来三面临敌,人民加倍艰苦,偏在这抗战进入最艰难阶段,又遭到天灾。今春(指旧历)三四月间,豫西遭雹灾,黑霜灾,豫南豫中有风灾,豫东有的地方遭蝗灾。入夏以来,全省三月不雨,秋文有雨,入秋又不雨,大旱成灾。豫西一带秋收之荞麦尚有希望,将收之际竟一场大霜,麦粒未能灌浆,全体冻死。八九月间临泛各县黄水溢堤,汪洋泛滥,大旱之后复遭水淹,灾情更重。河南就这样的变成人间地狱了。

记者去岁十二月由陕西入河南,见陇海路上河南灾民成千上万逃往陕西。火车载着男男女女像人山一样,沿途遗弃子女者日有所闻,失足毙命更为常事。车到洛阳车站,"难民登记"布告写着麻烦的登记手续,对那些不识字的农民等于无有。没有人用口头讲述,他们始终露天睡在车站上,领不到那盖了赈济委员会图章的白布条,则永远上不了西行的火车。况且,"难民登记站"始终没有人告诉过难民搭那次车,他们都是偷偷的钻进月台,不论是什么车爬上去再讲,不幸遇到路警,挨上几木棍或巴掌,他们就苦笑着脸退出来,因之他们父子姑媳经常被截成两伙,又遭到骨肉离散之苦。

记者在洛阳车站曾遇到一位年轻人哭泣着说:"先生,我娘与老婆都上了车,我在后面推这独轮小车,巡警不准我进站,眼看那火车要开了,谁领着他们去要饭哪! 老爷,你给我说说情吧! 叫我上车。"我当然同情他,于是我领着他到"难民登记站"去向负责人交涉,想给他盖上一个赈委会的图章。谁知我的背后却跟来了同样情形的三十几人,甚至有人拿出十元钞票来贿赂我,请我领着他们登车。人太多了,我阻止了他们,更谢绝了他们那种诚心的贿赂,便一人到"难民登记站"去询问详情。那里围满了几百人,两张破桌子,三位先生一面骂一面盖图章,警察的一根柳条不停的敲打灾民。我挤不进那重重的人群,我无法回答那三十位灾胞,便从另一条路惭愧的溜走了。

洛阳街头的景色与往年不同,苍老而无生气的乞丐群像蜜蜂一样的嗡嗡响,"老爷,救救命吧! 饿得慌啊!"他们伸出来的手,尽是一根根的血管,你再看他们的全身,会误为是一张生理骨干挂图。"老爷,五天没有吃东西啦!"他们的体力跟不上吃饱了的人,一个个的迈着踉跄步子,叫不应,哭无泪,无声无响的饿毙街头。

记者离开洛阳南行,经过密县、登封、临汝,宝丰是灾情比较重的地方,沿途灾民扶老携幼,独轮小车带着锅碗,父推子拉,或妇拉夫推,也有六七十岁老夫妻喘喘的负荷前进。子女边走边在野地里掘青草挖野菜拾柴,这幅凄惨的逃荒图,这饥饿的路程,使我真无胆量再向豫中深入了。我紧闭起眼睛,静听着路旁吱吱的独轮车声,像压在我的身上一样。一路上的村庄十室九空了,几条饿狗畏缩着尾巴，在村口绕来绕去也找不到食物，不通人性的牲畜却吃起自己主人的饿殍。……现在树叶吃光了，村口的杵臼每天有人在那里捣花生皮与榆树皮（只有榆树皮能吃），然后蒸着吃。一位小朋友对我说："先生！这家伙刺嗓子，什么时候官家放粮呢？""月内就放"，我只可用谎话来安慰他。

每天我们吃饭的时候，总有十几二十个灾民在门口鹄候号叫求乞。那些菜绿的脸色，无神的眼睛，叫你不忍心去看，你也没有那些剩饭给他们。今天小四饿死了，明天又听说友来吃野草中毒不起，后天又看见小宝冻死在寨外。可怜哪，这些正活泼乱跳的下一代，如今却陆续的离开了人间。

最近我更发现灾民每人的脸部浮肿起来，鼻孔与眼角发黑，起初我以为是饿而得的病症，后来才知是因为吃了一种名叫"霉花"的野草中毒而肿起来。这种草没有一点水分，磨出来是绿色，我曾尝试过，一股土腥味，据说猪吃了都要四肢麻痹，人怎能吃下去！灾民明知是毒物，他们还说："先生，就这还没有呢！我们的牙脸手脚都吃得麻痛。"现在叶县一带灾民真的没有"霉花"吃，他们正在吃一种干柴，一种无法用杵臼捣碎的干柴，所好的是吃了不肿脸不麻手脚。一位老农夫说："我做梦也没有想到吃柴火！真不如早死！"

牛早就快杀光了，猪尽是骨头，鸡的眼睛都饿得睁不开。一斤麦可以换二斤猪肉，三斤半牛肉，在河南已经恢复了原始的物物交换时代。卖子女无人要，自己的年轻老婆或十五六岁的女儿，都驮在驴上到豫东驮河、周家口、界首那些贩人的市场卖为娼妓。卖一口人买不回四斗粮食。麦子一斗一百十二斤要九百元，高粱一斗六百四十元，玉米七百元，小米十元一斤，蒸馍八元一斤……没有彻底救济办法，粮价不会跌落的，灾民根本也没有吃粮食的念头，老弱妇孺终日等死，年轻力壮者不得不铤而走险。这样下去，河南就不需要救灾了，而需要清乡防匪，维持前方的治安。

不是早就看到报纸上说，政府对河南今年从减征购吗？由五百万石减至三百八十万石，可是我们的几个勤务却整天要请假回家，说什么县政府向他家要人，因为粮缴不上的缘故。据说比去年还催得紧，把人带到县政府几天不给饭吃，还要痛打一顿，放回来叫他卖地。肥地一亩可卖五六百元，不值一斗麦的价钱，坏地根本无人要。灾旱的河南，吃树皮的人民，直到今天还忙着纳粮。

……九月初民政厅召集五六七八九各区县长举行征购兵役粮食运输会议，规定了各县地方救灾办法十二条，条条是道，各机构公务员每人每日节余面粉二两，全月折缴小麦五市斤或纳代金五元，但迄今灾民未得到半两。九月中旬,民政厅又公布禁止酿酒,以节省食粮,可惜了这庄严的命令,没有收到半点效果。各县救灾会只能募到自己的开销。省府见灾情日重,将原定为以工代赈之三百万元全盘拿出,分配给各县,有的分到四万元,有的分到一万五千元,这真是车薪杯水,而且在我住的叶县寺庄,灾民还没有分到一分钱。

由现在到明年五月间所谓"麦口"的时候,还有五个多月,这么长的饥饿时间,怎样叫灾胞挨过?且亦非河南自己力量所能解决。捐钱来救灾,不如直截了当运粮来,给灾民一点米汤水喝。

……明年麦收问题最大,纵然目前不落透雨,遍地麦苗也会绿色,现在尚难得看出来收成。问题是谁来春耕,逃荒的逃走了,耕牛杀绝了,耕具当柴烧了。……如何救济目前的灾民,当然是急待解决的问题。如何使逃走的灾民回来春耕,如何防止宰杀耕牛,也应该同时注意。明春的河南国防问题也不容许忽略!

严冬到了,雪花飘落,灾民无柴无米,无衣无食,冻饿交迫,那薄命的雪花,正象征着他们的命运。救灾刻不容缓了!

(元月十七日于豫西叶县)

【赏析】

这是一篇以翔实的数据和真实的细节为依据的新闻通讯。1942年冬,张高峰作为《大公报》战地记者被派赴中原,从四川经陕西到河南,一路所见大批河南灾民蜂拥入陕,又被阻洛阳,许多家庭妻离子散。灾民沿街乞讨,到处都有饿死的人和弃婴,农村甚至发生了人吃人、狗吃人的惨剧。记者的良知和责任感,使他把报道河南灾情、为灾民请命作为他到中原战地采访的首要任务。他采访所及豫西、豫东及黄泛区,掌握了大量实据后写成通讯《饥饿的河南》。重庆《大公报》刊出时,改题为《豫灾实录》。多年后,张高峰曾说不满意这一改动,"因为纯客观,平淡无力。原题反映记者报道观点明确,读者一看便知河南人民没有饭吃了,这正是我写这篇通讯的目的"[①]。

《豫灾实录》发表次日,《大公报》总编辑王芸生配发社评《看重庆,念中原!》,指报道"惨绝人寰的描写,实在令人不忍卒读",批评政府不赈灾,反而令灾民"照纳国课",并将逼灾民纳粮的官员比作"石壕吏"……

---

① 张刃:《大公报人张高峰》,第126页。

通讯与社评的尖锐批评,招致国民党当局的恼怒,处罚《大公报》,逮捕张高峰,酿成轰动大后方的新闻公案。美国《时代》周刊记者白修德正是因此而亲赴河南采访,把豫灾实情传播到国际社会。70年后,电影《1942》热映,记述的正是这段历史。

值得一提的是,当年《大公报》敢于全文照发一个24岁年轻记者如实报道、抨击政府的文字,是冒了风险的,并且在因此受到处罚的情况下,非但没有责难于记者,反而在日后把他培养成为骨干,这也从一个侧面体现了《大公报》的用人之道。

海外战地记者：黎秀石*

黎秀石(1914—2007)，籍贯广东南海。1935年毕业于燕京大学新闻系，曾先后在《广州英文日报》、《香港英文电讯报》、美国合众国际社香港分社等新闻机构工作。1943年，经燕京大学校友马廷栋介绍进入《大公报》桂林版任国际新闻编辑。1945年，黎秀石开始了在《大公报》的海外战地记者生涯，这段时期是黎秀石新闻生涯的重要时期，写下的名篇《东京死寂之夜》成为这一时期国际通讯的代表之作，获得了学界和业界的一致好评，其优秀的报道也为《大公报》赢得不少声誉。

1931年，黎秀石考入燕京大学，在读完一年预科后放弃医学科转到新闻学院。在这里，他认真学习新闻专业知识，获得了严格的新闻训练，与此同时，他还选修了很多历史学、社会学的课程，丰富自己的知识储备，拓宽自己的认知视野。身为新闻系的学生，黎秀石没有把眼光局限于文学知识的学习，主动跨系选修了生物、化学、数学等理化课程，在思维方式上这些对他具有很大的启迪性。他在回忆中说，在中学时，为了应试，死记硬背公式和定义。到了大学，我通过实验，才理解公式和定义是通过实事求是验证出来的。理科工科要尊重事实，才能有所发展，取得进步。文科、哲学、政治何独不然？我们的系主任、老记者黄宪昭先生多次教导我们，写报道的重点要放在采访得来的事实，不要忙于发表自己的意见，读者最想知道的是事实。斯诺老师教导我们，写报道成败的关键在于是否立足于求真，不受成见或偏见的干扰，在掌握事实以前不可先有定论，而要先寻找事实，具备了足够的事实，就有说明问题的真相[1]。在燕大新闻系学习的这段时间，黎秀石满怀新闻理想，在老师的指导和自己的学习、实践中，不断丰富知识与经验，为今后的新闻事业打下了坚实的基础。

---

* 本文撰稿人：高婕，华中科技大学新闻与信息传播学院2019级硕士研究生。
[1] 黎秀石：《三十年代的燕京精神：思想自由》，《燕大史料选编》编辑部编：《燕京精神：燕京大学建校八十周年特辑(1919—1999)》，内部资料，1999年，第5页。

毕业后,黎秀石进入香港《南华早报》担任记者。1941年底,日军占领香港岛,炸弹投到了他所在的办公大楼,幸运的是并没有发生爆炸,他和同事们逃过一劫。次年,黎秀石在父亲的劝说下离开动荡的香港,辗转回到家乡。但是在家乡期间,他仍然受到日本宪兵的追捕。1943年,黎秀石携新婚妻子抵达桂林,进入《大公报》桂林版工作,担任国际新闻编辑。1945年,因为既懂英语又懂粤语,当时的《大公报》主事人胡政之问他想不想去缅甸做战地记者,他毫不犹豫地答应了。黎秀石之所以能够如此毅然决然地做出决定,一方面是因为自己的新闻理想和责任感。在大学期间他就喜欢读第一次世界大战欧美随军记者的回忆录,十分钦佩他们的报道。后来参加燕大抗日后援会小分队到热河战地宣传抗战,慰劳抗日义勇军,更加体会到从事战地采访的重要意义。另一方面则是因为黎秀石的整个青年时期都是在日寇侵华战争中度过的,在燕京大学读书期间,他还参加过北平的反日学生运动。对日本侵华战争的深恶痛绝和对祖国的满腔热忱让他十分珍惜这次海外随军报道的机会。在获得了家人的理解与支持后,黎秀石告别妻子和只有三个月大的儿子,毅然奔赴缅甸做东南亚盟军总司令部随军记者,报道盟军对日的作战情况,开始了自己的海外战地记者生涯。

到达缅甸战场之后,黎秀石时刻牢记王芸生总编的嘱托和要求——"你是出去报道英美盟军对日作战的进展,我们需要的是可靠和及时的报道"——想尽办法将前线战况传回报社。为了让消息尽快在国内发布,他充分利用了自己在燕大打下的扎实的英文基础,同时使用英文电讯和中文航讯两种渠道向渝馆报告,保证了新闻的及时性。在缅甸战场上,他一方面要跟随盟军不停转移阵地,另一方面要抓住各种机会采访和写作。密林里、山洞中、铁皮车上,没有桌椅,有一张纸、一支笔就够了。黎秀石在这样艰苦的环境下,几个月的时间就向国内发回了一百多篇文章,有《解放瓦城之路》《斯威堡的华侨》《仰光解放》《东南亚战局》等,其中《血泪斑斑话缅甸——齐学启将军拒敌诱降被刺死》一篇,黎秀石在回忆时表示"至今仍不忍再读"。这些报道及时、准确地传达了战况,反映了当地华侨的真实处境,体现出了一名战地记者极高的职业素养,也增强了国内民众反法西斯战争胜利的信心。但是黎秀石对自己这一时期报道的质量并不十分满意,"设若我有军事知识,对东南亚地理政治有研究,我的观感会深刻得多,报道质量也会随之提高"[①]。身为一名职业新闻人,黎秀石对

[①] 黎秀石:《在国外采访》,周雨编:《大公报人忆旧》,中国文史出版社1991年版,第99页。

自己的报道不断进行省察,在反思中总结经验,以此作为自己进步的基石。

黎秀石离开缅甸战场,在印度洋地区短暂停留了一段时间后,随即作为重庆《大公报》随英国太平洋舰队战地记者进行新闻报道。在此期间,黎秀石向国内报社发回了多篇优秀作品,其中包括对当时东京景象的记录、对日本受降仪式的报道以及对日本人民关于此次战争的看法和态度的采访等。1945年8月27日,黎秀石和一些英美记者先行登陆日本。尽管知道此时美军还未进驻,危险因素仍然存在,但作为此行"从抗战八年的中国踏上战败投降的日本本土"的唯一一名中国人,他"恨不得马上在日本狠狠地踏上一双脚"。登陆后,作为一名具有高度责任感和使命感的记者,他没有像其他国家的同业一样躲进战后幸存的帝国饭店,而是心系"祖国大地上的亿万同胞和抗战先烈的英灵",满怀着自豪感与悲怆感,独自走上东京大街,"把在东京第一个晚上的观感拍到重庆《大公报》,向读者汇报"①,名为《东京死寂之夜》,向读者及时报道了日本投降后国内的景象。这是全面抗战开始后,第一篇中国记者从日本发回祖国的报道。在受降仪式当天,凭借着扎实的摄影功底、敏锐的洞察力,以及绝佳的拍摄位置,黎秀石抓住时机拍下了徐永昌将军签降的照片,记录下了这一珍贵的历史时刻。这张照片受到了徐永昌将军的力赞,但遗憾的是,由于技术原因,照片没能及时见报,底片也在历史动荡中被损坏了。在此次报道中,黎秀石的新闻职业素养得到了充分展现,他牢记老报人黄宪昭老师的教导——作为一个中国新闻记者,无论采访、写作还是编辑,都不可偏离中国角度来看问题,站在国内民众的角度,对两个大家最想了解的问题进行了重点采访,一是日本群众对象征日本军国主义的东条英机的看法,二是战后中日美三国的关系,不仅站在"中国角度",也抓住了时代重大问题②。

在做战地记者期间,为了及时获取一手讯息和资料,黎秀石每天冒着生命危险穿梭在前线。他到达缅甸战场随军报道时,日军虽然已是强弩之末,但仍有不少顽固抵抗、丧心病狂的敌人采用各种极端手段进行破坏,他就曾在乘坐汽车随军向瓦城推进的途中遭遇日军的"自杀式火点"袭击,同行路透社记者不幸中弹身亡,而黎秀石就坐在同一辆车的后排。这种"自杀式火点"的威胁性极大,狙击手将自己捆在树上,即使中弹也能继续扫射,直至死亡,而且他们

---

① 黎秀石:《在东京采访日本投降》,周雨编:《大公报人忆旧》,第106页。
② 黎秀石:《斯诺先生教我们怎样写作》,尹均生:《斯诺怎样写作》,湖北人民出版社1986年版,第81—82页。

的位置大多非常隐蔽,难以预测。据统计,远征军和驻印军在缅北作战时,有一半青年军官死于这种"自杀式火点"下。相比于作战人员,记者们没有武器,也没有防御,只能硬着头皮加速冲过去,危险程度可想而知。日军投降前夕,利用所谓的"航空特攻队"在海上进行了多次大规模报复式袭击,黎秀石在英国太平洋舰队主力舰"乔治王五世"号进行采访时,突然遇到日本一架满载着炸弹、鱼雷的飞机对战舰进行自杀式攻击,千钧一发之际英国舰队的护航战斗机将其击落,紧急警报解除,4 000多名官兵得以幸存,如果没能成功拦截,后果不堪设想……在战场上,这样的危险时刻存在,但是每一次死里逃生后,他都没有退缩,满怀着热血与赤诚承担起了一名新闻记者的责任和使命。

在被外派随军之初,黎秀石还接到了一个特殊的任务:找到港馆撤退时留下的印刷机器,以便在香港复刊。完成日本投降的采访后,他马不停蹄地到达香港,凭借英方证件,多方打听,终于找到了带有TKP标记的印刷设备,这对《大公报》港馆的重新运营起到了关键作用。

抗战胜利后,黎秀石作为《大公报》重庆、上海、天津、香港四馆驻伦敦特派员,负责采访欧洲新闻,对伦敦奥运会等重大事件进行了报道。在对外涉及国内局势的讲话和报道中,他始终保持着高度的政治意识、大局意识和国家意识,本着报馆对时局的看法进行写作。《大公报》伦敦办事处停办后,黎秀石本可以凭借着学历和经验在国外找到一份满意的工作,但是他毫不犹豫地选择了回国。自此,黎秀石的海外新闻报道生涯正式结束。在晚年回忆国外新闻报道的经历时,他对自己当时的新闻报道的重点总结为三个方面:国内同胞想知道的事物、同胞不知道而应知道的事物、反映国外朋友尤其是华侨对我国的感想。

1950年,黎秀石回到自己的故乡——丹灶村任教,随后先后在天津《进步日报》、中央人民广播电台对外部英语组工作。20世纪60年代至80年代,他先后任北京广播学院、中山大学外语学院教授,为国家培育了大批专业人才。在此期间他还进行了大量英文著作的翻译工作,其中,1984年出版的《英美报刊选读》更是成为全国高等学校广泛使用的外语教科书,至今已重版多次。退休后,黎秀石对他在"二战"期间的战地报道进行整理,并在2005年出版了专著《见证日本投降》。在前言的首页上,"惩前毖后"四个大字格外醒目,正如他在自序中所说,希望这本"小册子"能够"还历史本来的面目",作为见证之一,"传到后代,永无穷尽"。

2007年,黎秀石在广州病逝,享年93岁。

附 代表作赏析

东京死寂之夜

(原载于《大公报》[渝版]1945年9月9日)

除几盏路灯外看不见人影,几里长的建筑物倒在地上。

现在不过是晚上八点钟,在平常这正是一个首都最热闹的时间,但是□称日本帝国神经中枢的东京,街道上呈现空虚的冷静,就好像一座死城。

降约已经签订了,一切都归平静,就好像一个被判处了死刑的犯人那么安静。除去几盏路灯外,到处都是黑暗。东京让它在过去十五年里所作的罪恶的黑暗遮蔽住了。

本报记者现在独自一人在罪恶的首都踯躅,我看不见一个人影,城市是荒凉的,在那没有被燃烧弹炸毁而依然完整的房子里工作的人们,都回到他们疏散到的城外的家去了。一般人民仍不准回到在东京残留着的地方。夸称六百万人口的东京,现在没有生气了。

我从黑胡同里走向城郊,那简直是鬼世界,几里长的建筑物倒在地上,在满天星光的夜晚它们看着就像"毁坏的大海"。忽然我听见载着最后一批公务员到城郊去的电车的叮当声。在东京的黑暗和废墟里,我感到了超级堡垒的可怖。我走回大街,除了我自己的脚步声外,听不到任何其他的声音,我立刻比以前更爱惜我的皮鞋。它带着我从重庆到缅甸战场,印度和太平洋的海军基地,盟国军舰甲板上,和日本的海岸上。现在,他们踏在侵略别人的日本的土地上。我忽然又害怕的惭愧,因为我现在的骄傲和光荣都是属于那些以生命获得今天胜利的人们。我们的无名英雄,我是多感激你们啊!

我走向那个圆形屋顶完全烧毁而只剩下骨架了的总车站,在破碎了的车站前边,有成排的三座街灯。当我从灯旁边过时,我忽然发现有三个影子与我并行,好像是那些牺牲了的英雄们的灵魂同我在一起走。我们正在以凯旋的行列直向东京前进。我们的伙伴:我们国家的耻辱是洗雪了,我们失掉了的河山也收复了,你现在可以安静地睡去了。

再一次,我们来感谢正义的上帝,他把胜利送给那些爱好和平的人们,把失败丢给那些嗜好战争的家伙。希望永远这样维持下去。

就是在可怕的破坏里,东京仍然没有失掉它的自然的美,东京的树木,特别是卷松,是非常美丽的。东京初秋向晚的新鲜空气令人兴奋。蟋蟀不停到处柔弱的叫着,打破寂静半死之夜。假如住在东京的是爱和平的人民,东京可以是一个最可爱的地方。我不相信日本人是坏蛋,我祈祷诚实和良善最终将要从不良和夸大里生长来,就像可爱的树木从乱石堆里生长起来一样。

【赏析】

在1945年8月美军开始进驻日本之前,黎秀石就已经和一些英美记者一起先行登陆日本,是日本宣布投降后第一位登陆日本本土的中国记者。踏上日本的土地,他的内心久久无法平静,"感到祖国亿万同胞和抗战先烈英灵跟他在一起看到日本侵略者的可耻下场,觉得烈士们的鲜血没白流,更觉得这个胜利来之不易"①。黎秀石当晚就走上街头进行观察,连夜写出了这篇《东京死寂之夜》,向读者及时报道了日本投降后国内的景象。这也是全面抗战以来中国记者从日本发回祖国的第一篇报道。

报道主要分为三部分。第一部分整体描写东京夜晚的氛围和景象;第二部分对作者街头的所见所闻进行具体描写,抒发作者内心的激动与对英雄们的感激之情;第三部分表达作者对东京未来的希冀以及对和平的渴望与赞美。虽然这篇通讯的篇幅不长,却是这一时期国际通讯的代表之作,获得了学界和业界的一致好评。

首先,描写真实,语言生动细腻,富有文学色彩。真实是新闻的生命,在燕京大学新闻系学习之时,黄宪昭、斯诺这些新闻界前辈和老师对新闻真实性的强调让黎秀石对此十分重视,并在自己的新闻生涯中始终恪守这一原则,这篇报道就来自他在登陆日本当天的真实体验。作者以《东京死寂之夜》为题,直接点出了文章的主题,"死寂"一词也恰到好处地概括了日本投降后作者在东京街头的真实感受。在景物描写中,作者先是整体描写了东京的环境,渲染"死寂"的氛围,然后从小处着眼,由细节入手,对倒在地上的建筑物、只剩骨架的车站、叮当的电车声等进行描写,语言十分生动:东京安静得就像"一个被判处了死刑的犯人",像一个"鬼世界",倒在地上的几里长的建筑物就像"毁坏的大海"……这些细腻形象、充满文学色彩的语言让报道突破了文字的界限,尽

---

① 黎秀石之子黎思恺在接受采访时所说。《让和平与正义之光照耀世界——纪念中国人民抗日战争胜利69周年》,中国共产党新闻网(2014年9月3日),http://dangshi.people.com.cn/n/2014/0903/c85037-25598702.html。

管读者此时与东京相隔甚远,也能够从中想象出东京街头萧瑟、破败的景象,感受到那里夜晚的黑暗与死寂。

其次,感情真挚,表达极具感染力。作者表达感情主要通过两种方式,一种是直抒胸臆,例如在第五、六自然段中,作者踏上东京的土地时,内心"害怕的惭愧",想到那些"以生命获得今天胜利"的"无名英雄","我是多感激你们啊",现在国耻已洗雪、山河已收复,他们也可以"安静地睡去了",对抗战胜利的喜悦,对英雄们的感激,以及对祖国的热爱跃然纸上。另一种则是融情于景,例如在最后一段中,作者通过对东京"美丽"的树木、"新鲜"的空气、"柔弱"的蟋蟀叫声的描写,表达出对东京人民的信心与对和平的渴望。作者通过不同形式的情感表达,歌颂和平与正义,诅咒战争与罪恶,极具张力与感染力。

最后,情感渲染张弛有度,保持理性,疏导读者情绪。黎秀石没有被胜利的喜悦和对日本侵略者的愤恨冲昏头脑,而是依旧保持着作为一名新闻记者的客观与理性。当时,国内很多民众都因为日本侵略者的罪行对日本人民、日本这个国家充满恨意,黎秀石在通讯中并没有一味渲染情感,而是引导读者用理性的态度、客观的视角看待日本这个国家和生活在这里的人民。文章的最后一段是全文的升华,前文通过描写"死寂"的东京夜晚,描写自己走在街头的所见所闻所感,抒发了作者复杂、强烈的感情,引起读者深深的共鸣。文末笔锋一转,将文字对准街边的松树、蟋蟀的叫声,描写东京"死寂"的街头中蕴含着的美丽与生机,把笔触从战争延伸开来,让激动的情绪平静下来:尽管日本帝国主义侵略者犯下了滔天罪行,但是日本普通民众并不是"坏蛋",东京的树木仍然是"美丽"的,空气仍然是"新鲜"的。不论在中国、在日本,还是在世界各地,战争带来的都是动荡与破坏,和平是每一位民众所期待的。我们憎恶战争,但始终要保持理性,满怀希望,就像文章中所说,"诚实和良善最终将要从不良和夸大里生长来,就像可爱的树木从乱石堆里生长起来一样"。

整篇通讯文笔生动流畅,情感充沛饱满,展现出作者深厚的文字写作功底。同时,黎秀石是我国最早的战地记者,在到处都是枪林弹雨,随时可能有生命危险的恶劣环境下,他仍然没有退缩,支撑他的不仅是心中的新闻理想,更是对祖国的热爱和对和平的渴望,正是因为有这片赤诚之心,《东京死寂之夜》才能够从一众新闻作品中脱颖而出,受到读者的喜爱,表现出深远的影响力。

永远乘坐最前方的战车：吕德润[*]

吕德润（1918—2009），直隶晋县（今河北晋州）人。中学时代在北平度过，抗日战争爆发后南下，1943年夏毕业于内迁重庆的复旦大学统计系，入职重庆商务印书馆《东方杂志》做编辑。1944年春，中国驻印军在缅北开始大规模反攻，25岁的吕德润"以报仇雪恨的心情，（要）亲眼看看我抗战弟兄们以'大刀向鬼子们的头上砍去'的英雄气概和杀敌制胜的实况，并通过报纸向广大读者介绍"，争取到了去缅北战场做随军记者的机会，从此开始了他与《大公报》几十年的渊源。可以说，这段经历几乎影响了他一生的事业、荣辱、沉浮。

吕德润奔赴缅北战场，不是年轻人的心血来潮，而是因为那场战役事关抗日大局、民族命运。1941年太平洋战争爆发后，日军占领东南亚，切断了当时中国唯一可以接受外援的国际通道——滇缅公路。为了打通和保护这条国防"动脉"，1942年，中国政府组成远征军开赴缅甸，与英军共同对日作战，受挫后，一部分远征军退守滇西，另一部分到印度接受美军训练，并配备了全副新式美械，编成中国驻印军。1943年冬，中国驻印军开始反攻缅北，以配合滇西远征军对缅甸日军的反攻。1944年，国内也掀起以"一寸河山一寸血，十万青年十万军"为号召的大批青年从军热潮。正是在这样的背景下，1944年3月，吕德润以重庆《大公报》记者的身份，经缅甸到印度，随军采访报道。

吕德润冒着生命危险，通过了缅北人迹罕至、野兽出没的野人山，不仅探访了印度兰姆伽军训营，更亲历了多次战场厮杀，并且随美军轰炸机亲历轰炸日军阵地、搭乘全无武装的小飞机侦察战场，经受了血与火、生与死的考验，用饱含真情的笔墨，如实记录了中国驻印军与英美盟军合作反攻缅北、歼灭日寇的战斗历程，以及中国军人历尽艰辛，打通中印公路等重大事件。1945年1月6日，他随第一批驻印军徒步涉水渡河，重新踏上了祖国的土地。3月，他再次

---

[*] 撰稿人：张刃，《工人日报》原副总编辑。

进入缅北,采访腊戌战役,此为中国军队在缅北的最后一战,也是吕德润的最后一篇战地通讯。

缅北反攻之战,中国十万精锐之师与英美盟军合作,与日军持续了近两年血战,毙敌18万之众,解放缅北疆土14万平方千米,并在滇西远征军协同作战下打通被封锁了两年零八个月的中印公路1 736千米,新建中印油管2 960千米,取得了辉煌战果,为抗日战争的最后胜利做出了重大贡献。这一年间,吕德润从遥远的异国战场发回数十篇战地报道(他与国内的联系只能通过随军不断转移、只有两三个人的"军邮局",往返一次至少要半个月),其代表作品有《随B-25轰炸机轰炸记》《会师记》《随车队到昆明》等,其中许多细节都是历史教科书里没有的。如,他写我军战士宁肯自杀也绝不做俘虏;写回到祖国仍有战士牺牲,而他们说,"即便流血,流在祖国的土地上也心甘";写驻印军与远征军会师,豪迈地喊出"今天的会师是会师东京的开始";写孙立人将军托他买些上坟的纸钱和香烛,以祭奠"那些在异域荒山密林中的忠魂";他感慨,为国捐躯的战士们,"假如阴曹地府真有一个望乡台的话,你们是否站在野人山巅上遥望你们的家庭和亲友,思念着政府是否救济了你们的遗孤?!"①……

抗战胜利后,接踵而至的国共内战,驱使缅北战场的抗日英雄成了内战先锋,吕德润也不得不再上战场。1945年秋,他作为《大公报》特派员,随国民党政府接收东北的大员熊式辉等北上,见证并记录了抗战胜利后东北局势最初的演变。全面内战爆发前,他曾几次到哈尔滨采访中共高层军政领导,在当时国民党歪曲东北问题的背景下,发回了多篇客观反映真实情况和中共立场的报道。1946年夏,《大公报》增派特派员张高峰到东北,与吕德润并肩"作战"。他们在报道军调部东北小组活动的同时,公开与中共代表交朋友,传信息。

在一个地区同时派驻两名特派员,在《大公报》历史上是绝无仅有的。这不仅因为东北问题对全局的重要影响,也不仅因为抗战期间,吕德润、张高峰都是《大公报》战地记者,有丰富的采访经验,更因为吕德润在缅北战场的经历使他与当时国民党在东北的高级将领杜聿明、郑洞国等都很熟悉,张高峰在中原战场也结识了后来调到东北的部分国民党将领,两人都有采访之便。不过,吕德润晚年回忆说,"当年《大公报》的报道很有分量和影响,连蒋介石都宁信《大公报》,不信中央社。越是如此,我们写报道越要慎重,越要坚持客观立场。

---

① 吕德润:《远征缅北》,大公报香港有限公司2000年版,第132、168、173页。

当时各报驻东北的记者都愿意穿美式军服,杜聿明也曾主动要给我和高峰配备,我们拒绝了。杜问为什么？我们说,拿人手软,穿了你们的衣服,就不好'骂'你们了。弄得杜哭笑不得。在我们的住处,经常有特务活动,甚至用炸弹威胁我们。其实我和高峰都没有党派身份,我们只是出于对内战的厌恶和对老百姓的同情,凭着记者的良心写报道。虽然后来我们都曾经被历史'误会',但我和高峰都没有后悔过"。

1947年夏,吕德润调上海《大公报》任编辑,一年后任《大公报》驻台北特派员和台湾办事处主任,也因此结识了许多国民党方面的朋友。1949年4月,因报道台湾学潮险遭逮捕,被迫离开台湾。返回香港后,他在《大公报》上发表长篇通讯《纸幕台湾》,揭露国民党当局的种种黑幕和反动行径。1949年9月,吕德润任上海《大公报》驻北京特派员。

1950年以后,吕德润一度离开新闻界,到国务院财经委工作。1961年后长期在《光明日报》任记者、编辑。从20世纪50年代到"文革"结束的历次政治运动中,吕德润被错误地列为审查、批判对象,受到不公正待遇。

1978年以后吕德润获平反。1981年初,年逾花甲的他与《大公报》再续前缘,借调出任香港《大公报》驻京特派记者、办事处主任。他勤奋笔耕,热情宣传改革开放和祖国建设新成就,以及对外交往、海外联谊等重要活动,四年间发稿四百多篇,成为香港《大公报》在北京的主要新闻源,对海外各界了解中国、加强统战工作起到了积极作用。1983年秋,吕德润在报道上海全运会工作中因劳累突患脑中风,从此离开了新闻第一线,也离开了《大公报》。2002年,《大公报》迎来创刊百年纪念。吕德润扶杖出席座谈会,他说,"我终生以为《大公报》服务为荣"①。

从1983年到1993年,吕德润连任北京市第六、七届政协委员,宋庆龄基金会第四、五届名誉理事。他利用自己广泛的海内外人脉,为推动港澳回归、海峡两岸和平统一做了许多工作。1986年9月,吕德润被任命为国务院参事,1990年8月至2001年1月任国务院参事室副主任。他在古稀、耄耋之年凭着老新闻工作者的严谨、敏感和高度的使命感、责任感,多次到各地调研考察,向国务院领导提交建议和调研报告近四十件,提出了若干富有前瞻性、建设性和可操作性的建议,得到了重视和肯定。

---

① 《大公报》人座谈,作者在场。

2009年6月18日，吕德润在北京逝世，享年九十一岁。

附 代表作赏析

随B-52轰炸记（节选）

（原载于《大公报》[渝版]1944年9月1日，收入吕德润：《远征缅北》，大公报香港有限公司2000年版，第57—62页。今据后者录入）

现在B-52轰炸机已经把我送回地面上来了。但在空中出击的情景、投弹的景象，敌人仓库的火焰以及我内心复仇成功的愉快仍有声有色地激动着我。

我为了采访随机轰炸，已在基地等了几天了。有几次我们都配备好了，也到了机场，可是临时又因天气变坏不能起飞而停了下来。我心中很急，而这些具备了翅膀的青年人比我更急。听气象报告还不甘心的李荫吾和朱世权，还上天去侦察了几次，发现气象的确不好。8月13日，我们在机场上等了一个多钟头，结果气象仍不允许起飞。美国队长科拉德少校告诉我国队长吴超尘少校说："假如明天天气好，可以出动，让美国的孩子们单独去吧。因为8月14日，你们有庆祝活动，怕忙不过来。"吴少校马上让翻译官一再重复他的话："不，不！我们上午开会，下午出动。""明天下午我们一定出动。"

晚上，朱世权来告诉我，要我坐他的飞机，他会把沿途的情况给我讲得很清楚。躺在床上的时候，分队长张焕新又邀我坐他的飞机，我也答应了。

8月14日上午，阴，中午转晴。十一时，我们接到通知：出动！匆匆吃过饭，我拿了早已领到的飞行衣，便到机场去。

这次出击，是由科拉德少校领队。他告诉我们，这次轰炸的目标是孟养，那是敌人在缅北的大仓库。当我去拿降落伞时，轰炸长陈云高告诉我，已把我排在他的飞机上了，因为他是右队长机，四面八方都能看到丢炸弹情况。于是他帮我领了降落伞和卢比钱袋，那是准备迫降后送给土人们用的。我把钱袋紧绑在腰上，提着降落伞上了大卡车。大卡车在钢板跑道上转来转去，分送驾驶员们到停在各个角落的飞机上。

"乘713号的下车！"我跳下车来时，陈云高正检查713号飞机上挂炸弹的情况。那些挂在机腹内的炸弹是一排排个个有几百磅重的大家伙,另外还有些体型较小的炸弹,那是烧夷弹和杀伤弹。我知道我没有亲手投弹的机会,便伸手抚摩了几个我可能触及的大家伙。我希望我抚摩过的都能投中目标。

飞行员们登机了。射击手们爬到机腹里去了。飞行员冯穆涛、陈云高和我爬到机头,一上去,便看到机长霍奇斯正要发动飞机,豪埃尔则站在炮塔下。等我们安定了后,我在牛顿透视镜的大窗子里向外一看,我们的飞机在空中已形成队形了。

我把降落伞放在霍奇斯后面的椅子上坐了下来。机上的窗子最初还开着,风裹着螺旋桨的声音震动着耳膜。关上窗后,才觉得好受些了。……我向右一看,右边机上的蒋彤正在窗子上给我作手势。他们的715号机头几乎咬住我们的飞机翅膀。我机的左翼719号机里的申铭钧,也和我们相距很近。他过了很久才发觉我跟他打手势,他便也用手势和我打起招呼来。我按着他们在起飞前告诉我的位子,又找到了王永秀、刘秉权、吴宝义等。我们三个分队组成一个品字形。这个品字形在下面的田野和树林里的影子,显得更清楚,更好看。它们不远不近,在等距离地移动。

飞机飞高了,我觉得冷,披上了飞行衣。我写了一张纸条递给陈云高:"多高?"

"1 500英尺。"他顺手拿铅笔在高度表上一指。

我们钻进云层了。飞机在云中空隙间飞行。一朵朵云整整齐齐地、一堆一堆地散铺着,有时,云从开着的窗子飘进来。凡是在我们螺旋桨下面的云堆,我们一过,便打出虹的彩色。这还是我坐飞机以来第一次发现的现象。

陈递给我一张条子:"气流不好,飞机不稳定。"

我这时才觉得我的身体在一上一下波动着。我从窗子往外看,其他飞机上上下下的更明显,像海涛里行船,浮浮漂漂。下面有时出现几架来往的飞机,有的飞得比我们快,有的比我们慢,都是我们的飞机。随着机队的降低,还看到了在林中蜿蜒的中印公路。起伏不平的山林和弯弯曲曲的河流——在我们下面映过。地下有许多营房。"下边是加迈。"(孟拱河谷重镇,已被我军攻克)一过加迈,陈又递给我一张条子:"到了敌人阵地。"

在一个小山坡上,有十多个帐篷,跟着便发现了一个小村落。这个村里正冒着烟火。附近田野里有些炸弹坑,看样子是才炸过的。

"离目标还有二十分钟。"

陈写了这几个字,便用铅笔在地图上指出孟养。我的心情突然翻腾起来。我首先想起的是我们在重庆挨了日本鬼子几年炸了:五三、五四、大火、大隧道……惨案,李子坝被炸,沙坪坝被炸,疲劳轰炸……警报的声音和红球以及和我在一起躲警报的朋友们的愤恨面孔……

"通!"吓人的一声。

好像是高射炮的声音,但又不好意思问。我看了看外面,我们的队形仍编得很紧凑,地面上静静的,也没有什么村落,而且再也没有声响。我忍不住了,写了一张条子给冯穆涛:"刚才什么响?""关窗子的声音。"真使我这个外行感到不好意思。

"还有十分钟。"陈写了几个字递给我。我的心情又紧张起来。这次我们没有战斗机保护。我看了看我背着的降落伞,摸了摸腰中的钱袋,心想,反正来了,一定得好好看看炸日本鬼子的情景。

豪埃尔坐在炮塔上去了,冯穆涛紧靠在霍奇斯身后,陈云高面色一变,用手拉住了旁边的红线。

"扑!扑!扑!……"敌人的机枪、高射炮向我们射击着。我们的飞机腹部都开了膛,但没见炸弹落下。飞机在敌阵地上空飞过,开膛的肚子又合了起来。飞着飞着,突然见领队飞机向右一歪,翅膀狠命的一侧,豪埃尔目不转睛看着领队机,接着我们的飞机也一侧身,我们的机队便都转了一个大弯,再向孟养飞去。我猜想,刚才在敌人上空经过,未投弹,大概是测量一下目标。

在转弯的时候,陈递给我一张条子:"左后下方孟养,投弹目标小白塔尖。"

我往下一看,那是一个长方形的村落,村落里有一些树木,还有一条流水,村内右角上有个小白庙,方底圆尖,村中无人影,只是村左后角有一缕浓烟。大概是我们来得突然,他们连烟都来不及熄灭。

我们的飞机直向孟养上空飞去。飞机越飞越低,我一伸头看高度表上才几百英尺。霍奇斯毫不在乎地坐着,陈又拿住了红线,地上的机枪一齐向我们射击,机枪的"扑扑"声愈来愈大,加上螺旋桨的声音弄得人心烦,被机枪打坏了的气流,使飞机飞得高低不稳。

我一发狠,也想找点事做。我首先注意高空中是否有敌机,没有。我又想发现地面上的敌人高射炮或机关枪阵地。我竭力注意我们飞机的翅膀,想从一个被高射炮或机枪打穿的洞发现敌人的机枪阵地,好让我们去炸毁它。

抬头前看,领队科拉德少校的飞机正张开肚子。肚子里挂着炸弹,看得清清楚楚。接着,其他飞机也都张开了肚子,科拉德少校的飞机首先丢炸弹,像干屎橛似的一截一截地下落。我随着炸弹向下看,太阳把炸弹的影子照得愈来愈大,我看影子像离目标很远,心中着急极了。可是越接近地面,所有机上投下的炸弹愈往一块挤,都笔直地向孟养下落。

"沙!沙!……"

"通!通!……"

下面的机枪声更密集,飞机像喝醉酒似的颠荡,地面上一下冒起了浓烟。

突然有许多白色的小东西在空中乱飞。高射炮打来了?不!那是我们的传单。我知道传单的第一条新闻是美国超级堡垒飞机轰炸日本长崎。接着,我发现左翼机投下了些小炸弹,那是烧夷弹和杀伤弹,数目很多。

我们一直向前飞,后面仍响着敌人"扑!扑!……"的机枪声,我写了张纸条给陈:"完了吗?""回去。"我心中忽然也轻松下来,真是所谓像"石头落了地"。现在想起来,我给陈写的那张纸条,主要动机是怕,希望早些返航。

返航时我拧着脖子回头看,被我们轰炸的孟养完全被浓烟罩住了,有五六处火头冒得特别高。我高兴极了,心想:"他妈的!你们炸我们。我们也炸了你们!"

【赏析】

这篇通讯文字质朴,白话叙事,甚至略显"啰唆",但恰恰是这样的描述能够令读者如身临其境,感受记者所说的"有声有色"。文中写了许多记者的主观感受,似乎不合新闻客观报道的要求,但却使读者能够体会记者的立场、观点。记者不厌其详地介绍飞行员的姓名,也暗含了向国内读者宣传抗战子弟,向他们的亲人报平安的用意。在国内抗战异常艰苦的背景下,这样的报道的确是鼓舞士气和民心的。以平实的文字报道新闻,间以记者内心感受的描述,是吕德润新闻作品的特色,而后者也是许多《大公报》记者通讯写作的习惯文笔。

第四编

经营里手

"三朝元老":王佩之*

王佩之,生卒年不详,河北文安胜芳镇人。他可以说是三朝元老,英敛之时期,就进入报馆做经营管理工作;王郅隆时期,胡政之主持报馆工作,王佩之为副经理;后来在新记《大公报》筹备期间,也做了许多工作,是新记《大公报》的"开国五虎大将"之一。他处事细密,经验丰富,为《大公报》的事业发展居功至伟。

1926年,主持新记《大公报》续刊准备工作的胡政之找到旧同僚、原《大公报》馆副经理王佩之,聘请他为新记《大公报》的副经理,并委托他召集原有的职员。整个筹办和草创期间,王佩之作为胡政之的得力助手,参与了与旧股东王景杭关于盘购报名及产权的谈判、办公用房和印刷用房的维修以及各项管理制度的草创等大量工作。印报纸厂的筹建需要一批熟练的职工,王佩之对过去报馆印报厂的工人比较熟悉,于是一家一家联络工友重新集结,工厂的人员几乎全是原《大公报》的一套人马①。后来在新记《大公报》十周年纪念会上,张季鸾在酒席间说起"熙来谈话"的故事,就是十年前接办《大公报》的时候,胡政之、张季鸾与王佩之在天津熙来饭店关于《大公报》续刊事宜的一场谈话。纪念会上有记者来拍照,"熙来三友"也拍了合照②。

王郅隆时期的《大公报》处于经营管理的低谷,曾创下发行量最低的纪录,在新记《大公报》筹办的半年之前,即1925年11月,已经随着安福系的倒台而停刊。虽然《大公报》曾经在英敛之主政时期显赫一时,但如今已经无人问津,新记《大公报》依旧像一份全新的报纸一样,在艰难的起步时期面临着各种经营管理的难题。胡政之在《回首一十七年 社庆日追念张季鸾先生》中感谢干

---

* 本文撰稿人:邓绍根,中国人民大学新闻学院教授;游丹怡,中国人民大学新闻学院2021级博士研究生。
① 吴廷俊:《新记〈大公报〉史稿》,武汉出版社2002年版,第47—48页。
② 《本报复刊十周年纪念会昨在徐园举行》,《大公报》(沪版)1936年9月2日。

佩之在报馆草创时期的协助工作:"《大公报》初创时,经济当然困难,一切节省,绝对不敢浪费。感谢前任津馆副经理王董事佩之先生的帮忙,营业基础,在短短一年半中间,既已奠定……因报纸停刊已逾半年,一切等于新创,广告极少。最初半年间逐月赔累……半年以后,既见好转。甫过一年,收支相抵,其间发行之推动,广告之招揽,赖佩之兄之协赞,历尽艰难,渐达顺境。"[1]

新记《大公报》创刊时,发行数很少,不到2 000份,广告收入每月只有200元。广告是报纸维持经营的重要收入来源,然而创办初期,广告业务很少。王佩之亲自到各家电影院门口抄戏目,先进行免费刊载,扩大报纸影响。缺少商业广告,王佩之就千方百计寻来广告公司,给予七折优惠,每三月或半年才提价一次。随着营业部的努力和报纸影响力的扩大,广告业务才逐渐增多[2]。1927年5月,创刊近一年,《大公报》发行数涨到了6 000余份,广告每月收入达1 000余元,报馆实现了收支平衡,到1927年底,发行数涨到了12 000份,广告收入也达到了3 200元。报馆有盈余,引进了新的设备,如1929年初买进美国制旧轮转机一部,印报效率更高了,发行数亦激增。进入20世纪30年代后,《大公报》发行数最高已到3万份以上,广告收入平均每月8 000至9 000元,全国分销机关增至293处,在1931年买进了一部价值20万元德制高速轮转机,这是当时北方最大的印报机[3]。

王佩之为新记《大公报》草创时期的经营管理做了大量工作,在1928年底获得了新记《大公报》赠送的荣誉股。股份的数量并不多,分得的股息也很少,主要是表彰为报馆做出的突出贡献,以示荣誉。这是新记《大公报》第一次向员工赠送荣誉股,这一次共有五人获得股份,即:曹谷冰、金诚夫、许萱伯、李子宽、王佩之。

续刊之初的艰难局面在报馆同人的努力下得到改善,新记《大公报》迅速发展。1931年5月22日,新记《大公报》迎来了一个发展中的里程碑——发满一万号,报馆为此向海内外征文,《大公报》一万号当期的发行数也数倍暴增。就在《大公报》发满一万号、事业突飞猛进之时,震惊中外的"九一八"事变发生了。此时报馆地址在日租界内,胡政之等人感到报馆留在日租界并不安全,他们在法租界找到了一个纺织厂的旧厂房,准备打扫修葺后搬迁。但"天津事

---

[1] 胡政之:《回首一十七年 社庆日追念张季鸾先生》,《大公报》(沪版)1946年9月1日。
[2] 《〈大公报〉历史人物》,香港大公报出版有限公司2002年版,第90—91页。
[3] 张篷舟:《大公报大事记(1902—1966)》,《新闻研究资料》1981年第2期,第196—197页。

变"的突然爆发,让搬迁事宜不得不在仓促间马上开始。

1931年11月8日,日军指使汉奸张璧发动"天津事变",当晚,大公报馆周边已成为日本军队的警备区域,气氛十分紧张。第二天早上,封锁使得外面的报差无法进入,里面印好的报纸也送不出去,报馆迁址撤离已迫在眉睫。于是胡政之、张季鸾找来王佩之、许萱伯等主要骨干,请他们分头通知人员准备撤离。王佩之、许萱伯组织队伍,收检要件,安排重要职员撤离顺序。当天下午4点,人员已经全部撤离,但机器设备等还留在旧址,报馆只得暂停出版,全力搬家。搬迁工作从11日开始直到15日,经历整整4个昼夜。11月16日,《大公报》终于在法租界恢复出版了①。

1935年5月中旬,王佩之随胡政之到日本访问,观摩日本报界的组织、设备和管理。这一趟日本之行,让王佩之深入认识和了解了日本的新闻事业。他帮助《大公报》在日本购买了一批机器设备,如万能铸字机和职工上下班打卡用的时钟等,在回国后也提出了许多建设性的意见,大多数得到了采纳②。

1935年,王佩之还在胡政之的指派下,前往汉口协助《大光报》的出版。当时《大公报》的外勤记者赵惜梦得到了一笔资助,要在汉口办一份报纸,但他在经营管理上是外行,于是他回到天津向胡政之请教。胡政之欣然相助,向他匀借了三十余名印刷、排字工人,帮助代购了字模和铸字炉等器材,还指定了王佩之帮助他。等到《大光报》于1935年3月1日发刊时,胡政之还发表文章代为贺词。在《大公报》帮助下出生的汉口《大光报》,它的版式和新闻内容与天津《大公报》的风格是一样的,而且所有通讯员都是《大公报》的人兼任,因此在它发行之时,"武汉的读者均传出《大公报》汉口分版发刊了!"③两年后,1937年,《大光报》因故陷入困境几近停刊,而此时《大公报》天津馆、上海馆也已经相继关闭,遣散了一批人员,剩余的人员来到汉口,筹划在汉口进行出版,于是便将《大光报》及其器材买了下来,在此基础上,《大公报》汉口版于1938年9月18日开始发行。

1937年,天津馆关闭之后,王佩之并未跟随报馆同人去汉口,而是留在了天津租界,负责看护《大公报》的机器财物。他在抗战期间坚持印刷业务,帮助

---

① 方汉奇等:《〈大公报〉百年史:1902.06.17—2002.06.17》,中国人民大学出版社2004年版,第183—184页。
② 《〈大公报〉历史人物》,第90—91页。
③ 陈纪滢:《我与〈大公报〉》,《中国当代散文选》(第1集),香港新亚洲出版社1987年版,第185—186页。

往日《大公报》同人维持生活①。1945年,日本投降后,《大公报》的李清芳等六人搭乘开往南京的第一条江轮出川,辗转回到天津,在天津很快找到了王佩之。王佩之与他们一同进行了天津《大公报》的复刊工作,帮助协调解决了过去报馆的办公用房和机器设备等问题。12月1日,天津《大公报》恢复出版了,王佩之在不久之后因故离去②。

---

① 《〈大公报〉历史人物》,第91页。
② 李清芳:《发行工作40年》,周雨编:《大公报人忆旧》,中国文史出版社1991年版,第48页。

新记"股肱":李子宽*

新记《大公报》有所谓"开国五虎将"之说,即该报初创时期的王佩之、金诚夫、杜协民、何心冷、李子宽等五名骨干成员,他们均为胡政之的老部下,或是老《大公报》旧部,或是国闻通信社班底。前四人之后有的病故,有的中途离职,而李子宽则始终在岗,心无旁骛,兢兢业业于报社经营管理工作,长达四十余年,堪称"新记"的"股肱"。李子宽跟随胡政之工作时间最久,深得胡氏信赖,一向被视为报社培养经营管理干部方面的典范。

一

李子宽(1898—1982),江苏常州人,原名李裕基,子宽是他的字,后以字行。出身于书香门第,曾祖李新畬,嘉庆年间举人,曾官福建上杭县知县;祖父李仲嘉,官福建福兴场大使;父李蓉生,官台湾凤山县知县,后转陕西镇安县知县。兄弟六人,行五,姊妹四人,有一姊李镌冰,与吕碧城、蒋逸霄并称《大公报》三才女。清末文学家、著名报人李宝嘉是李子宽的族兄,先后创办过《指南报》《游戏报》《世界繁华报》,有《官场现形记》传世。

1911年春,李子宽进入常州府中学堂(1913年改名江苏省立第五中学,即今常州中学),同学中有瞿秋白、张太雷、吴南如、金诚夫等。据李子宽回忆:"省立五中制度,上午上课四小时,下午上课两小时。下午三时后,学生主课较差者补课一小时,如国文、英语等。其他学生则于此时间上游艺课一小时,游艺内容有书法、篆刻、军乐、雅歌等,由学生自由选择,分组练习。"①于是,李子

---

* 本文撰稿人:高海波,华中师范大学新闻传播学院教授。
① 李子宽:《追忆学生时期之瞿秋白、张太雷两先烈》,《上海文史资料存稿汇编》(政治军事)第一册,上海古籍出版社2001年版,第508—515页。

宽与瞿秋白等课余相约组织诗社,学习诗词书画,探讨经史子集,俨然名士派头。瞿秋白与李子宽是远亲,曾有画作写赠李氏,并称其"五兄"。常州府中学堂管教甚严,李时有反抗,瞿不以为意。1915年夏,李子宽在毕业前夕因屡次冒犯教师,被校方认为"桀骜不驯,不堪造就"①,遭到开除。与李子宽要好的低年级同学张太雷率众抗议,结果也被学校除名。同年秋,李子宽进入上海大同学院学习,一年后,任常州私立女子职业学校教员。1916年冬,考取北洋大学预备班,次年9月选读北京大学政治系,1921年毕业。

　　李子宽读大学时期,他的好友张太雷、瞿秋白、吴南如等人先后走上了新闻道路。1918年张太雷在北洋大学求学期间即加入该校教授福克斯创办的《华北明星报》做编辑工作,由此走上马列主义道路。1920年夏,吴南如从北洋大学法科毕业后,先在《华北明星报》当记者,1921年转到中美通信社任编辑,又与林白水、胡政之在北京创办《新社会报》。1920年8月,瞿秋白被聘为北京《晨报》和上海《时事新报》特约通讯员,赴莫斯科采访。可能是受这些同学好友的影响,李子宽也选择了新闻道路。

　　由于吴南如的介绍,李子宽在北大读书时,就开始给《新社会报》兼职,并结识了该报总编辑胡政之。李子宽后来回忆,胡政之经常向其鼓吹自己的雄心壮志,要在中国创办一个新闻机构,能像欧美国家的大报或大通讯社那样,在社会上有巨大的影响和地位。李子宽对这个想法很是向往,表示愿意追随胡政之为这一事业尽力,一辈子宁做记者不做官,这种信念后来一直为李子宽所坚守,成为其行为上的指南②。

　　大学毕业后,李子宽与其同学金诚夫一起进入《新社会报》,担任编辑工作。不久,胡政之得到皖系军阀徐树铮的推荐,前往上海创办国闻通信社,作为代表孙中山、段祺瑞、张作霖联手反直系军阀的新闻机构。李子宽与金诚夫随胡政之一道南下。1921年9月,国闻通信社在上海创办。

　　通信社的作用主要是供给新闻稿件,胡政之感到没有发表言论的机会,而办日报又缺乏资金。李子宽向胡政之建议,不妨退而求其次,先办一家周报。胡政之接受了这个建议,于是就有了1924年8月《国闻周报》的创办。《国闻周报》本为国闻通信社的附属刊物,却另以国闻周报社的名义出版,这样做一是

---

① 林鸿暖编著:《张太雷》,广东人民出版社1981年版,第9页。
② 李延宁:《我的父亲李子宽》,中国人民政治协商会议江苏省常熟市委员会文史资料研究委员会编:《常熟文史资料辑存》第9辑,1989年,第94—112页。

为周报作为同人自办刊物将来的发展预留空间,二是可以避免政治动荡中通信社和周报一损俱损。1924年9月,江浙战争爆发,为国闻通信社提供资金的皖系军阀卢永祥战败,丢掉了上海地盘,国闻通信社失去了经济来源。李子宽又向胡政之建议增设广告部,代各报招揽广告,以广告折扣补充经费上的亏空,使国闻通信社得以勉强维持①。

1926年9月,吴鼎昌、胡政之和张季鸾合组新记公司,续刊《大公报》。为解决新版报纸急需采编人员的问题,国闻通信社和《国闻周报》迁往天津,其中就包括李子宽的姊夫何心冷,后任《大公报》本市新闻和副刊《小公园》编辑兼采访主任。李子宽则留在上海,担任国闻通信社上海分社主任和《大公报》驻上海特派记者,以后又兼上海办事处主任,主要任务是将上海的重要新闻电讯发到天津。

北伐战争后,上海报业迎来了新的机遇,李子宽这一时期除在《大公报》和国闻通信社的职责之外,大量参加了其他报刊的工作。1927年5月他与严慎予、刘云舫等人合办《小夜报》,同年10月又与刘云舫共创《琼报》,1928年2月与严慎予、严独鹤联手创办《国闻画报》,1930年5月与戈公振、周孝庵共同创办上海新闻记者联合会刊物《记者周报》,轮流担任主编。此外,他又兼任《民国日报》编辑,同时还给几家东南亚的中文报纸当特约通讯员,发上海专电。《民国日报》是国民党元老叶楚伧创办的报纸,后来叶当上了国民党江苏省政府主席,民国日报社的一些人便通过叶的关系到政府做官去了,其中就包括李子宽的好友严慎予于1931年担任了上海县县长。李子宽虽然在1928年也加入了国民党,但对做官没有兴趣,故不为所动。

1928年底,《大公报》首次向贡献突出的员工赠送劳绩股,亦称荣誉股,曹谷冰、李子宽、金诚夫、王佩之、许萱伯5人第一批获赠报社股份。这种劳绩股先后赠送了四次,共有27人获此殊荣,以曹谷冰、金诚夫、李子宽、王芸生四人最多。另外,由于李子宽个人经济情况较好,报社同意其以现金100元入股,是职工中唯一向报馆投资者。

1931年5月22日,《大公报》出满一万号,总编辑张季鸾在当天的报纸上发表《一万号编辑余谈》,特别述及金诚夫、何毓昌、李子宽等外埠记者的辛劳:

> 南京的金君诚夫、何君毓昌,上海的李君子宽,更负的重大责任。诚

---

① 李延宁:《我的父亲李子宽》,中国人民政治协商会议江苏省常熟市委员会文史资料研究委员会编:《常熟文史资料辑存》第9辑,第94—106页。

夫在南京奔走中央政闻,其紧张不必说了。子宽在上海,连做电报文带译码子,天天唱独角戏,晚上还要接南京的电话。毓昌在南京叫上海电话,常常把嗓子喊痛了。若遇见一篇公布的党国大文章,非从上海转不可的时候,说的听的,都是性命攸关的。①

类似张季鸾这样的话,胡政之后来也讲过:

> 当创业初期,曹谷冰、许萱伯先生任编辑,金诚夫先生任首都特派员,李子宽先生任上海特派员,大家虽然在异地任事,而精神和谐,工作合拍,简直如一个人一般。这种精诚团结、友好合作的情形,亦是本报能以支持久远的一大因素。②

二

进入1935年,东北已经沦陷,华北岌岌可危。年初,张季鸾提出应早日将报馆迁到上海出版,胡政之和吴鼎昌一开始则不主张轻举妄动,张季鸾乃"拂袖去川"③。及至这年6月,《何梅协定》签字,胡、吴二人意识到华北终有无法容自之日,于是一致决定做迁沪准备,电嘱上海办事处主任李子宽选择地点并与各方接洽,筹备出版上海版。同年10月,胡政之亲自南下上海,找到李子宽,商议筹办上海版事宜。很快,由李子宽牵头的筹备处成立,他们在爱多亚路(今延安东路)租下一幢三层楼的房子作为馆址,另在霞飞路(今淮海路)租下一幢三层楼的房子作为高级职员宿舍。基本条件具备后,胡政之、张季鸾亲临上海坐镇指挥,从天津调来张琴南、许君远,从汉口调来徐铸成,组成一支精干的编辑队伍。经过半年多的精心准备,《大公报》上海版于1936年4月1日创刊,张季鸾任总编辑,胡政之任经理,李子宽副之。

上海版的创办,对《大公报》来说意义重大,从此之后它就不仅仅是一张华北大报,在全国报业版图中的地位更为突出了。但《大公报》在上海人地生疏,在此扎根多年的《申报》《新闻报》等老牌上海报纸竭力抵制,《大公报》想在上

---

① 季鸾:《一万号编辑余谈》,《大公报》1931年5月22日第19版。
② 胡政之:《回首二十七年——纪念本报复刊 纪念张季鸾先生》,《大公报》(沪版)1949年4月15日第2版。
③ 徐铸成:《报人张季鸾先生传》,生活·读书·新知三联书店2018年版,第97页。

海站稳脚跟并不容易。李子宽因为是"老上海",在上海版创办之初即被委以重任,对此他极感兴奋,因为胡政之当年向他描述的全国大报的宏伟蓝图即将变为现实。上海版创刊后,胡政之将主要精力用于规划全局,拟定面向全国发行的宏大计划,日常经营管理工作则交给李子宽,所以李子宽成了事实上的经理。为了不辜负胡政之的信任,也为了实现个人的新闻理想,李子宽想方设法改进经营管理,努力节约开支,加强广告、发行等工作,为上海版能够在激烈的竞争中打开局面付出了巨大努力,贡献卓著。如徐铸成就认为,上海广告业向为本地广告公司垄断,《大公报》上海版一开始要是没有李子宽之前主持的上海代办部,几乎无法争取到广告:"因为国闻通信社早在二十年代初就在上海成立,它设有广告部,后来扩充为《大公报》上海代办部,在四马路设有门市,招揽广告,和若干广告公司素有往来。因此,上海版创刊之初,虽然稀稀朗朗,总算也有了一些广告。"①

到1936年下半年,《大公报》上海版发行量超过五万份,广告收入每月五万元,成为上海三大报之一,在报馆林立、环境复杂的上海得以立足。上海版红红火火、蓬蓬勃勃的发展势头,进一步激发了胡政之的雄心壮志。他一方面吩咐李子宽等人拟定《大公报》面向全国发行的远景规划:以津、沪两馆为基础,继续在汉口、广州、重庆、西安等重要交通枢纽增设分馆,通过航空投递的方法,让全国各地读者都能看到当天的报纸;另一方面仿效日本大报,计划设立《大公报》研究部,命李子宽、吴子修、杜文思等人拟定办法。徐铸成也记得,1937年上半年胡政之为谋求报社的长远发展,兴建报馆大厦作为该报事业的永久之基,他和李子宽一道在报业集中的望平街附近的爱多亚路考察地皮,拟建新址。但不久后,"八一三"上海抗战爆发,上述宏伟规划统统搁浅②。

1937年11月12日,中国军队奉命撤离上海,十里洋场从此沦为"孤岛"。12月13日,南京沦陷,当日日本占领军通知上海租界各家中文报纸,自15日起必须送交检查。当晚,胡政之召集王芸生、李子宽、张琴南等主要骨干商议对策,大家一致表示,宁肯停版,决不向侵略者屈服。次日,上海版宣布停刊。胡政之亲自拟定沪馆终结方案,除保留李子宽小理善后和一部分工人保养机器设备外,其余一律给薪三个月遣散,徐铸成、许君远、杨历樵、王文彬、萧乾等均在遣散之列。

---

① 徐铸成:《旧闻杂忆》,四川人民出版社1981年版,第190—191页。
② 徐铸成:《报人张季鸾先生传》,生活·读书·新知三联书店1986年版,第123页。

胡政之的处理办法，一方面对个别骨干员工造成了情感上的伤害，而另一方面李子宽被委以留沪驻守的艰巨任务，则显示出胡政之对他的特别信任。

1937年12月，严宝礼筹创《文汇报》，当打听到《大公报》虽已迁到外地出版，但印刷排版设备并未搬走，原有机器厂房处于闲置状态，于是找到李子宽，请求其代印《文汇报》。关于这段经过，李子宽在1949年后的一份材料中写道：

> 1937年底严宝礼等若干人合办英商招牌的《文汇报》，严来找我商量，要我在原来的《大公报》印刷厂承印。在这以前，由于上海报纸多家为拒绝日寇检查，同时宣告停刊。事后蒋介石感到上海租界内必须保持抗敌情绪，嘱胡政之在租界内创办一个洋商招牌报纸（注：当时蒋为此给了胡二万元）。胡主张仍旧在原《大公报》地点办一法商出面的报，曾托当时法租界公董局董事张骥先找出面的法国人，但找不到。我在严宝礼口中探悉《文汇报》股金不多，而且缺乏办报能手，要我介绍，我商得胡的同意，由《大公报》向文汇报加股一万元，允予承印，以《大公报》介绍总编辑为条件。出面任新股东的是我和费彝民、胡燕（注：胡政之的女儿）等人。①

1938年1月25日，《文汇报》创刊，不久后原《大公报》记者徐铸成、费彝民、王文彬、许君远等人加入，以其鲜明的抗日立场受到读者欢迎。李子宽则认为："1938年《文汇报》办得很顺利，多少是得着《大公报》虚名的帮忙。因为编辑部的骨干是《大公报》的编辑人员，又是在《大公报》印刷的，用的铅字和《大公报》完全一样，不少读者误认为便是《大公报》的延续，仅仅换了招牌。"②

《大公报》上海版停刊后，李子宽每天仍到报馆办公，为汉口版和重庆版秘密经办上海专电，这样《大公报》每天的版面上就有自己的独家上海新闻，报道沦陷后的上海动态。当时，费彝民任法国哈瓦斯通讯社上海分社负责人，该社在汉口、重庆均有分支机构，与上海分社之间有专属的通信网络。李子宽将编好的上海专电交给费彝民，费将它们混在该社其他电讯中发到汉口或重庆，转交《大公报》，因此日本侵略者难以察觉。

1941年夏，太平洋战争爆发，敌伪占领上海租界，加紧了对租界内抗战人士的迫害，不少抗日人士先后遭到绑架或暗杀，李子宽的处境亦十分危险，经常不在家中住宿，而在外面东躲西藏。这年7月，有人暗地里告诉李子宽，他

---

① 李延宁：《我的父亲李子宽》，《常熟文史资料辑存》第9辑，第94—106页。
② 李延宁：《我的父亲李子宽》，《常熟文史资料辑存》第9辑，第94—106页。

已列入敌伪的黑名单,通知他从速离开。李子宽不得不离开上海,绕道香港,途经桂林,奔赴重庆。

据《新华日报》1941年8月28日报道:《大公报》沪版经理李子宽,由港抵桂,26日应桂林记者公会之请,报告四年来"孤岛"新闻界情况。此时身在桂林的胡政之已于8月初接到张季鸾病重的消息,却由于飞机一再误期迟迟未能赴渝探视:"后来不得不同李子宽先生乘邮车经公路前往,九月五日到筑(即贵阳),立即要重庆电话,询问病状,六日因换车停留一日,晚间即接到重庆噩耗,三十余年患难之交从此永诀,宁不伤心!"①9月8日晚,胡政之与李子宽赶到重庆。9月15日,在《大公报》同人公祭张季鸾的仪式上,胡政之宣布《本报董事会决议案》,宣布设立董监事联合办事处,由董事胡政之、李子宽、王芸生和监事曹谷冰、金诚夫等五人组成,胡任主任委员,李任董监事联合办事处总书记。有人认为,联合办事处总书记这个职务实际上相当于胡政之的助手。

1944年9月1日,渝馆发行《大公晚报》,由曹谷冰、李子宽二人分管,曹管新闻,李管副刊。时任《大公晚报》副刊编辑的罗承勋称,曹谷冰、李子宽都喜欢执笔为文,且均有编写癖,因此即便徐铸成到重庆接管晚报编务后,曹、李两人仍不时对新闻或副刊有所过问。而在徐铸成看来,曹谷冰和王芸生两位滴水不漏、针插不进,顶多在闲暇时陪同李子宽打打麻将,以资消遣,令其形同食客。关于李子宽在重庆的经历,张篷舟的说法应该更为可信:"他在重庆的5年中,他当胡政之的助手,筹划抗战胜利后,要恢复天津、上海两馆和新建广州馆,并维持重庆馆,总共是4个分馆,东西南北都有一张《大公报》,形成报业托拉斯,这是胡政之的鸿图,他是执行者之 。实际上,他在重庆的5年中,主要是制定一些统一的规程,管理职工的公共生活。"②

张篷舟关于李子宽在重庆的说法,也有一个小小失误:李子宽1941年9月到渝,1945年9月离开,只有4年,而非5年。

三

1945年8月15日,日本宣布无条件投降。《大公报》董监事联合办事处决

---

① 胡政之:《追念张季鸾先生》,《大公报》(津版)1946年9月6日第2版。
② 张篷舟:《李子宽二三事》,《常熟文史资料辑存》第9辑,第107—112页。

议，派李子宽、徐铸成赴沪筹备复刊上海版。李子宽、杨历樵、陆诒等人先期出发，从重庆赶往柳州，搭乘汤恩伯部队的军用运输机赶赴上海。9月5日，徐铸成乘坐重庆飞南京参加受降典礼的新闻界专机，转往上海。两队人马于9月6日同时抵沪。9月18日《文汇报》即刊出《上海大公报复刊启事》："本报还沪复刊，出版在即，敬希各界注意。"为尽快复刊，李子宽四处奔走，将新馆址选在南京路，编辑部则租定民国路（今人民路）南洋烟草公司大楼。由于印刷设备的运输安装需时甚久，李子宽与《新闻报》的汪仲韦商议，在《新闻报》未确定复刊日期之前，先为《大公报》代印。11月1日，《大公报》上海版正式复刊，徐铸成任总编辑，李子宽任经理。

抗战胜利后，上海各报虽陆续恢复出版，但不少老牌报纸如《申报》《新闻报》等均有附逆情节，声光不再，《大公报》则取得舆论界领袖地位，李子宽也由此达到个人职业生涯的巅峰时期。1947年，上海报业公会成立，李子宽当选为理事长。这年9月出版的《上海时人志》上对李子宽有如下介绍：

> 李子宽先生，年四十八岁，江苏武进人。北京大学毕业，历任《大公报》记者，上海国闻通讯社主任等职，现任《大公报》发行人兼经理，上海报业公会理事长。先生系我国新闻界之名宿，声震大江南北，其为文雄伟生发，且运笔神速，倚马可待。当驻外采访时，每得紧急消息，乃不假纸笔，手按发报机，径行发报，文字清通畅达，绝少亥豕之错，盖于须臾之间，已草成腹稿矣。《大公报》之得以风行海内外，先生之功不浅。①

所谓"誉之所至，谤亦随之"，在李子宽风头最劲之时，却也同时遭受内外夹击，受累不堪。内部主要是报馆工潮，1946年初《大公报》代印工人要求正式录用或合理遣散，在报馆门口高举木牌示威，大喊"打倒李子宽"的口号，对李的用人政策深为不满。当时上海报纸认为，李子宽是好人，也是忠实人，但书生本色，为文固可下笔千言，应付人事却举止失措、应付失当，不善于驾驭与控制。也有的报纸认为，李子宽实为代人受过，因为报社人事行政方面此时已在中共地下党员掌握之下，李氏并无实权。这一次报馆工潮闹得沸沸扬扬，总经理胡政之不得不亲自赴沪处理。不久后，1946年4月，徐铸成从《大公报》辞职，报社内部传出李子宽将调往天津、上海版发行人将由金诚夫担任的说法。

---

① 戚再玉主编：《上海时人志》，展望出版社1947年版，第40页。

至于外部攻击则来自报业同行。1947年2月,国民党政府颁布限制输入纸货政策,由经济管理委员会制定纸张进口限额,按期公布,再由报业公会将进口指标分配各报。由于当局提倡所谓节约,各报拿不到充足的报纸进口配额,国内生产的纸张又不能满足供应,报业经营面临着无米之炊的局面。1947年7月胡政之在天津馆的谈话中讲到:

> 上一个月沪馆因为销路畅销,配纸不足用,加之海关腐败,纸取不出来,在黑市场竟用了二十亿元,全月收支达到三十亿元,借款的数目达到十五亿元,负一分三的利息,真是困难极了。①

由于拿不到充足的纸张进口指标,各报在减少版面的情况下依然无纸可用,于是将矛头指向身为报业公会理事长的李子宽。李子宽为争取纸张配额不断呼吁请愿,奔走于上海、南京之间,深感疲于应付、心力交瘁。他在《报学月刊》创刊号上发表的《罪过!罪过!》一文中感叹道:

> 就购料方面讲,过去在抗战期间,我们尽管在重庆山洞内用平版机印报,纸张油墨尽管缺乏,可是我们精神上充满着愉快,预料到胜利来临,一切问题都可比较顺利解决,却想不到复员三年以后,物质的威胁,有增无减,譬如说购纸,在战前只要打一电话,谈几分钟就可以解决的,到了现在却先要取得进口限额,经过同业分配,定货再申请批给进口证结汇,中间还有许多手续,有时还得惊动行政院,有时遇着船只误期,往往过了五六个月,还不能提货应用,一期未妥,次期又生问题,凡此种种,伤透脑筋,最近听说限额办法又要变动,意想不到的事情,这样一桩桩的多下去,将压得人喘不过气来!②

李子宽的折冲奔走,不仅没有得到同情,反而让他成为泄愤的目标。1947年12月19日、20日,上海报业公会成员《字林西报》和《大美晚报》因不满纸张分配指标,对报业公会肆意攻击,大加讨伐。李子宽作为报业公会理事长不得不在报纸上刊登声明,指出限额分配政策对所有成员一视同仁,并不存在区别对待外商报纸的倾向。由于报业公会成员之间的不断倾轧,李子宽多次坚决要求辞去理事长职务。

---

① 严仁颖:《胡总经理对津馆经理部同人的谈话(七月十八日下午三时)》,《大公园地》1947年复刊号第7期,第8—9页。
② 李子宽:《罪过!罪过!》,《报学月刊》1947年创刊号,第10—11页。

1949年初，上海解放在即，李子宽却迎来了他职业生涯中的最大危机。这年2月，上海报纸赫然登出所谓"新闻界战犯名单"，一共五名，分别是《大公报》经理李子宽、《新闻报》社长程沧波、《申报》总经理陈训悆、《和平日报》社长罗敦伟、《东南日报》社长胡健中。李子宽被列为战犯，且高居榜首，显系谣传，熟悉他为人的同行纷纷为其打抱不平。《政治新闻》杂志刊文称李子宽是一个好好先生，也是一位忠厚的老报人，他"居然荣膺为第一名战犯，真是出了冷门"①。同处战犯名单中的胡健中也说，"此公素不过问政治，自居于职业报人"，"把《大公报》的李子宽列入战犯，真太荒唐！"②推究起来，李子宽之所以被列为拟"战犯"，其原因不外乎报业之间的互相攻讦。

　　1949年4月14日，《大公报》总经理胡政之在上海病逝。这不仅是中国报业的巨大损失，对李子宽来说更是失去了他在报社内的最有力支援。胡政之一直将李子宽作为《大公报》培养出来的报业经营管理人才的代表，予以不遗余力的信任和支持。胡曾十分自豪地宣称："《大公报》有一优良传统，经理人才多由编辑部训练出来，李子宽先生至今尚能熟记电码，曹谷冰、金诚夫诸先生都有编辑经验，他们能了解编、经两部工作联系的重要。"③但也有观点认为，以李子宽的处世作风，并不足以应付上海复杂险恶的生存环境，《大公报》战后之所以能在上海打开局面，主要得力于副经理费彝民。此处无意比较李、费二人经营能力的高下，但毋庸讳言，费彝民在灵活应变方面确实更胜一筹。如果不是胡政之的大力提携，李子宽在管理岗位上恐更难立足。

四

　　上海解放后，《大公报》作为民营报纸的代表，获准继续刊行，王芸生任社长，李子宽任副经理。但由于和一些新进的同事发生矛盾，李子宽在解放初曾一度脱离报馆。据张篷舟《李子宽二三事》一文介绍，1949年初，发生严重的通

---

① 《上海新闻界的五"战犯"：大公报经理李子宽名列魁首》，《政治新闻》1949年第1卷第3期，第15—16页。
② 罗敦伟：《报界壮观》，《扫荡二十年——扫荡报的历史记录》，台北：中华文化基金会印行1978年版，第235—250页。
③ 胡政之：《认清时代 维护事业——对渝馆编辑部同人的讲话》（1947年11月27日），《大公园地》1947年复刊第16期，第2—4页。

货膨胀,物价一天之内连涨数次,报馆低级职工的月薪已经无法维持生活,在《大公报》工作的中共地下党员潘德谦组织同人联谊会,争取改善待遇,结果与代表报社管理层的李子宽发生正面冲突。张篷舟认为,与潘德谦等人的冲突,正是李子宽在解放之初离开报馆的缘故①。

关于潘德谦,金冲及于1949年1月4日的日记中提到他是金的表兄,金称其为谦哥:"我们回到志明家中吃饭,就去看谦哥(注:表兄潘德谦,在《大公报》工作)。他忙得很,年底的账很厚一大叠,据说至少有八九天要忙。我们不敢多打扰,就到外滩公园去坐了一会儿。"②金冲及所说的账,即《大公报》的分销账目。潘德谦在《沪馆记分销》中说:"沪馆的分销账,可以说是在会计课账找那个最庞大、最复杂、最容易错的一本账了。……这些分销账,分装八个账夹,总计有分户六百多个。"③由此可知,潘德谦为上海《大公报》的会计人员,分管账目,熟悉报社经营情况。李子宽与潘德谦发生冲突,或许是认为潘泄露了报社商业机密。

张篷舟又称,李子宽脱离报馆后,和张恨生合伙经商,但结果遭到失败④。张恨生曾在《大公园地》上发表过《办分销账能发大财么?》一文,潘德谦的《运动热在肇方弄》一文提到他和张恨生一起打篮球,所以可以确定张恨生跟潘德谦一样,亦为上海《大公报》的会计员。至于李子宽与张恨生合作做的什么生意,张篷舟并未说明,大概与报刊经营有关。

1953年,上海《大公报》迁到天津,与由天津《大公报》改组而成的《进步日报》合并,李子宽重回到报馆,担任《大公报》驻上海办事处负责人,直至"文化大革命"时《大公报》北京版停刊。

李子宽晚年逐渐脱离新闻工作,他在中华人民共和国成立后的主要职衔为上海市政协第一、二、三、四、五届委员会委员和第二、三、四、五届常务委员会委员,以及上海市政协文史资料工作委员会副主任兼办公室主任,主要负责《上海文史资料》的编辑出版工作。1959年《上海文史资料》第1辑出版,刊有李子宽所撰《追忆学生时期之瞿秋白、张太雷两先烈》,对瞿、张二人的求学经历记叙甚详,成为研究这两位中国马克思主义先驱者早年生平的重要文献。

---

① 张篷舟:《李子宽二三事》,《常熟文史资料辑存》第9辑,第107—112页。
② 金冲及:《解放战争时期学生运动的一页——日记:1947年12月—1948年1月(一)》,《中共党史资料》2003年第3期,第113—125页。
③ 潘德谦:《沪馆记分销》,《大公园地》1947年复刊号第12期,第22—23页。
④ 张篷舟:《李子宽二三事》,《常熟文史资料辑存》第9辑,第107—112页。

李子宽晚年所撰的另外一篇文章《回忆国闻社》,应该也是他负责《上海文史资料》时期的成果,1982年发表在《新闻大学》上。对李子宽为《上海文史资料》所付出的努力,上海市政协作出了充分肯定,赵超构在代表上海市政协常委会所致悼词中称:"虽已年逾花甲,仍坚持到市政协来工作,为出版《上海文史资料》作了很大的努力,取得了明显的效果。"①《解放日报》刊登的《李子宽同志追悼会在沪举行》亦称:"他在任市政协文史资料工作副主任期间,为出版《上海文史资料》作出了显著成绩。"②

1981年徐铸成在《报海旧闻》中提出:胡政之从参加巴黎和会回国后,如何与林白水合作办《新社会报》?以后又如何脱离该报去上海办国闻通信社?国闻社的演变经过如何?对于这些新闻史著述中略而未详的问题,全部了解这一段历史的,只有跟胡共事最久而且亲自参加国闻社创办的李子宽③。在与李子宽几次长谈的基础上,徐铸成写出了《国闻通讯社和旧〈大公报〉》一文④,详细记载了国闻社的创办经过。将徐文与李子宽的《回忆国闻社》对比可以发现,李子宽对国闻社的政治背景仅简单提及孙中山与卢永祥出于反直系军阀斗争的目的,认为有在上海设立新闻宣传机构的需要。而徐铸成则不仅提到孙中山、段祺瑞和张作霖以反直系为目标的三角联盟,更明白无误地指出国闻社的创办经费出自卢永祥,而胡政之主持该社则由卢的高级顾问徐树铮全力保荐。

1982年1月11日,李子宽在上海病逝,享年84岁。第二天香港《大公报》即刊出上海专电《李子宽病逝》,内称:"上海市政协副秘书长、《大公报》前上海馆经理李子宽先生于十日中午十二时病逝,享年八十,上海各界定十三日举行追悼会。"⑤这则简单消息将李子宽去世日期、寿数及追悼会时间全都弄错了。2月19日香港《大公报》又转载中国新闻社播发的《李子宽同志追悼会在上海举行的消息》,似有纠正前愆之意。

1989年政协常州市文史资料委员会编辑的《常熟文史资料辑存》第9辑出版,内收李延宁的《我的父亲李子宽》、张篷舟的《李子宽二三事》及李子宽的遗文《回忆国闻社》。李延宁是李子宽的儿子,1942年在上海参加地下党,同年去

---

① 李延宁:《我的父亲李子宽》,《常熟文史资料辑存》第9辑,第94—112页。
② 《李子宽同志追悼会在沪举行》,《解放日报》1981年1月19日第2版。
③ 徐铸成:《报海旧闻》,上海人民出版社1981年版,第82页。
④ 徐铸成:《国闻通讯社和旧〈大公报〉》,载徐铸成:《报海旧闻》,第81—87页。
⑤ 《李子宽病逝》,《大公报》(港版)1982年1月12日第3版。

苏北抗日根据地做地方青年工作,1947年考入燕京大学新闻系,后长期担任新华社驻外记者。张篷舟于1925年给《国闻周报》投稿而结识李子宽,1936年上海版创刊后由李延入《大公报》,淞沪抗战期间张篷舟深入前线,并以"杨纪"为笔名写出了《上海之战》《沪战实录》等书,一跃而为战地名记者。张篷舟在文中表示对李子宽新闻嗅觉之灵影响深刻:

> 八一三上海抗战开始,8月16日我到南翔的司令部中见到冯玉祥、张治中、张发奎等将领后,晚上正在编辑部写《司令部中》一文时,他坐在我旁边看我写,当我写到"旋于茂林修竹之内"时,他立即"哦"了一声说:"正好,日机看到茂林修竹就去炸。"使我不禁惶惶然,佩服他警惕性之高,随即把茂林修竹改成矮屋疏檐,以免暴露我方司令部的目标,由此也说明这位老编辑的目光之敏锐。①

在张篷舟看来,李子宽相貌清癯,如文弱书生,生活极其俭朴,从无酒食征逐,绝不像是一般当经理的人。李延宁则认为:"父亲并不是一个机灵能干的人,而是一个书呆子气很重的人,然而他却能长时期在《大公报》担任高级经理人员,其中很大一个原因就是他对事业的认真和尽心。"②

五

在尽可能详尽地梳理了李子宽的生平事迹之后,我们发现在他身上交织着几股对立的矛盾,很是发人深思。

第一,李子宽毕业于北京大学政治学专业,从事新闻工作长达四十多年,却不太关心政治。他在青年时期,与瞿秋白、张太雷二人虽称莫逆,但对社会主义思想却从未措意。李子宽回忆大学时间的经历,说有一次瞿秋白问他:北大政治系亦研究社会主义否?李答以仅偶尔提到③。其后,李子宽一直追随胡政之,以职业报人自居,汲汲于报业经营管理工作,不仅不热衷政治,甚至表现得与政治无关,就连那些攻击他的人都不得不承认这一点。一个人终身以新

---

① 张篷舟:《李子宽二三事》,《常熟文史资料辑存》第9辑,第107—112页。
② 李延宁:《我的父亲李子宽》,《常熟文史资料辑存》第9辑,第94—106页。
③ 李子宽:《追忆学生时期之瞿秋白、张太雷两先烈》,《上海文史资料存稿汇编》(政治军事)第一册,第508—515页。

闻工作为职业,但另一方面却几乎与政治差不多完全绝缘,李子宽在新闻史上恐怕是极为罕见的例外。

第二,李子宽虽然长期处于报业管理岗位,却不太懂得灵活变通之道。张篷舟回忆自己刚进《大公报》时待遇甚低,遇到友人丧事向报馆借5块钱致赙,李表现得极为难,虽然借了,却又特别嘱咐:"可不要随便向报馆借钱。"①以致张篷舟形成了《大公报》对待低薪员工极尽苛刻是该报经营管理上的特点之一的印象。李延宁亦承认其父亲并不是一个机灵能干的人,而是一个书呆子气很重的人。

第三,李子宽文学素养很深,却很少有著述。张篷舟记得,1941年孔祥熙家属用飞机从香港运狗到重庆的事件发生后,李子宽曾寄给他两首律诗,几十年后张篷舟仍然记得第一首的前四句是:"狗吠珊瑚坝,人嗟行路难。众姬欣脱险,多士庆弹冠……"②但让张篷舟觉得难以置信的是:"一个很有学问的人,又当过半个世纪以上的新闻工作者,虽说他后来一直干的是报馆经营管理业务,却也没有留下什么著作。"③陈纪滢亦不无遗憾地表示,李子宽"因多年管事务的关系,久疏笔政"④。在这一点上,李子宽与金诚夫非常相似,二人均为能文之士,但可惜的是,解放之前因业务繁忙几乎无暇拈管,解放后病体萧索,力难提笔。

李子宽和金诚夫都由优秀记者而提拔为报社高级管理人员,为《大公报》的事业发展做出过相当大的贡献。但另一方面,他们也因此失去了在新闻采编业务方面更加精进的机会。在缅怀他们业绩的同时,又不能不让人感到遗憾和惋惜。

---

① 张篷舟:《李子宽二三事》,《常熟文史资料辑存》第9辑,第107—112页。
② 张篷舟:《李子宽二三事》,《常熟文史资料辑存》第9辑,第107—112页。
③ 张篷舟:《李子宽二三事》,《常熟文史资料辑存》第9辑,第107—112页。
④ 陈纪滢:《报人张季鸾》,台北:文友出版社1967年版,第51页。

政之"倚重"：金诚夫*

从 1926 年至 1966 年，金诚夫在《大公报》工作了整整四十年，担任管理工作近 30 年，为该报事业做出过相当大的贡献。金诚夫在新闻事业上的成就，与《大公报》注重从熟悉新闻采编业务的编辑记者中提拔经营管理干部的这一传统有着很大关系，同时也和他与胡政之的非同一般的熟稔分不开。徐铸成称金诚夫为胡政之的得力助手，基本上是可以采信的。

一

金诚夫(1897—1981)，曾用名金宸，别名冬心，江苏江阴人。其父金静斋，履历不详，《申报》1893 年 8 月 1 日有一则《美界失火》的消息，称虹口虹桥东首华路一幢房屋失火，殃及邻近楼房十三间，同付一炬，皆华人金静斋之产。或即其人，果此则殷富之家。有一弟名金慎夫，毕业于上海中国公学，曾任《贵州日报》编辑、《文汇报》编辑主任及副总编辑等职。约于 1913 年，金诚夫考入江苏省立第五中学(即今江苏省常州高级中学)，同学中有瞿秋白、张太雷、吴南如、李子宽等。金诚夫与瞿秋白的母亲金璇同族，1920 年瞿秋白作为《晨报》《时事新报》特派记者赴俄旅行考察前夕，金诚夫与李子宽一起送别，并合影留念。张太雷 1921 年 2 月的家书中写道：家里有什么要紧事可写信与吴南如、金宸等①。吴南如，别号炳文，1921 年 3 月与林白水、胡政之一起创办《新社会报》，后成为职业外交官。金诚夫大学毕业后进入《新社会报》，应与吴氏有关。中学期间，金诚夫在《江苏省立第五中学校杂志》上发表过《欧洲交战各国京城

---
* 本文撰稿人：高海波，华中师范大学新闻与传播学院教授。
① 《张太雷家书》(1921 年 2 月)，张太雷：《张太雷文集》，人民出版社 2013 年版，第 1—5 页。

考》《塞尔维亚考略》《汉亨属伦族与德国民族之性质》等文章,署名"金宸",可见他对国际问题有着特别兴趣。

1917年金诚夫考入北京大学法学院法律系。他在北大求学期间的具体情形无从得知,但有两点值得注意,一是1918年10月北京大学新闻学研究会成立,并举办了两期新闻学研修班,金诚夫虽未参加,但我们可以从中了解到新闻学在彼时中国的普及;二是他和吴南如、李子宽继续交往,这在很大程度上影响了金诚夫的职业选择,据徐铸成称,吴南如是胡政之早期的得力助手,金诚夫、李子宽与胡结识,均由吴为之介绍。1921年夏,金诚夫从北大毕业,进入《新社会报》。该报创刊于1921年3月1日,社址在宣武门外骡马市棉花头条1号,该报是林白水在财政总长周自齐的支持下创办的报纸,林任社长,胡政之任总编辑,编辑有吴南如、李子宽、金诚夫等。该报宣称"树改造报业之先声,做改革新社会之前马"①,在北京报界迅速崛起。但胡政之却感到在北京办报易受压迫,担心受到牵连,半年后即辞去总编辑职务,南下上海创办国闻通信社。金诚夫和李子宽亦随胡政之一同南行,所以金诚夫在《新社会报》任职时间较短。果如胡政之所料,《新社会报》在1922年初即因军阀打压而被迫停刊。

来到上海后,金诚夫由胡政之介绍,在上海《新申报》任地方新闻编辑。《新申报》由《申报》老东家席子佩创办于1916年11月,由于经营不善,屡次易手,1921年由皖系军阀卢永祥手下的得力干将关芸农接办。而胡政之与卢永祥颇有渊源,国闻通信社的开办经费即由卢氏所出,因而能为金诚夫牵线搭桥。据关芸农之子关德懋回忆:

> 先父在上海接办《新申报》。原先《新申报》办得不善,乃改由先父接办,这是当时反直系军阀的言论机关。此报初由申(孙)东吴任主笔,后来改由陈布雷担任。陈的笔名是畏垒,所撰写的社论相当精彩。当时《新申报》经理是常州人金诚夫,此人后来与王芸生成为《大公报》的两大支柱。②

从国闻通信社于1921年9月1日在上海发稿及金诚夫与胡政之的关系来看,金任职《新申报》应该属于一种过渡性安排。不久后,金即离职,进入国闻

---

① 邱沛篁等主编:《新闻传播百科全书》,四川人民出版社1998年版,第482页。
② 沈云龙、张朋园访问,林能士记录:《关德懋先生访问纪录》,九州出版社2012年版,第11页。原文中"孙东吴"误作"申东吴"。

通信社任记者。在此期间,他结识了张季鸾。据金诚夫后来自述:"我认识先生(指张季鸾——引者注),是远在民国十一年的春天,那时先生正在办《中华新报》,我在国闻通信社,大家都在上海,常常有见面的机会,但过从不算密。"①

1923年10月,金诚夫开始在天津《大公报》上发表新闻报道,署名"冬心"。这应该是他与《大公报》的最早接触。此时该报尚属王郅隆时期。金诚夫的新闻作品见于《大公报》,主要取决于其报道质量,但也不排除胡政之的介绍之功。

1925年8月,段祺瑞政府迫于全国人民要求废除不平等条约的呼声,邀请各国参加关税特别会议,谋求关税自主,国闻通信社北京分社主任吴南如被任命为会议秘书,胡政之调金诚夫接任吴南如。此时,金与张季鸾有了更进一步的接触:"十四年,我赴北平主办国闻通信社分社,先生做陇海铁路会办,在北平的日子多,见面的机会亦较多,常常谈到各种时事问题,先生每次都蔼然谈笑,详为解说。"②

二

1926年9月,吴鼎昌、胡政之、张季鸾在天津合组新记公司,接办《大公报》,开始了中国新闻史上的一个新纪元。新记《大公报》可以理解为吴鼎昌的金钱股与胡政之和张季鸾的劳力股的结合。但与吴鼎昌仅出钱、张季鸾仅出力不同,胡政之在此之前已办有国闻通信社和《国闻周报》,手下有一班人马,他们基本上都追随胡政之进入了新记《大公报》,其中尤以金诚夫、李子宽二人为代表。所以金、李二人均有新记《大公报》"开国五虎将"之称,参与了该报的创办过程。不仅如此,金诚夫在《敬悼季鸾先生》一文中还披露了吴、胡、张三人商议创建过程中一些鲜为人知的内情:

其时胡政之先生主持的国闻通信社,正出版一种《国闻周报》,是在上海发刊的,最初胡政之先生和吴达诠先生的意思,想请季鸾先生主持《国

---

① 金诚夫:《敬悼季鸾先生》,《大公报》(港版)1941年9月26日第8版。
② 金诚夫:《敬悼季鸾先生》,《大公报》(港版)1941年9月26日第8版。

闻周报》，而季鸾先生则说办周报要七日才出版一次，觉得兴趣不够浓厚。一日路过《大公报》门前，季鸾先生说把它接过来怎样？吴胡二先生商量的结果，终于尊重季鸾先生的意思，接受办理当时已停刊的《大公报》。我们今天回想起来，假使当日季鸾先生不主张或不发挥他对办报的热忱，那么，今日有没有《大公报》，真是难说。①

金诚夫这段话固然彰显了正是由于张季鸾的提议和坚持才有了后来的新记《大公报》这一件大功劳，否则按照胡政之与吴鼎昌的最初设想，张季鸾只能做《国闻周报》的总编辑。这段小插曲显示出张季鸾一开始在"三驾马车"中处于相对劣势的地位，话语权要小得多，但他通过另起炉灶的办法，获得了更大的主动权。所以张季鸾的真正顾虑并不在于办周报不过瘾，而是仅仅主持《国闻周报》，他将会受到更多限制，不能尽情发挥。

新记《大公报》创刊后，金诚夫继续担任国闻通信社北京分社主任，并兼任《大公报》北京办事处特派员。当1927年徐铸成由其舅父朱幼珊介绍，加入北京国闻通信社时，其主任即为金诚夫。徐于数十年后仍清楚地记得在他入职还不到一个月时他舅父就因为一条稿件的删改与主任金诚夫产生矛盾而遭到辞退：

> 还不到一个月，大约为了一条稿件的删改，舅父竟和主任先生争吵起来，始而口角，最后至拍桌子大骂。第二天，我舅父就被辞退了，冰山既倒，日夜惴惴，不知哪天我的饭碗也要被敲掉。以后，证明主任并不想株连，我还得以继续工作下去。那位主任，就是金诚夫先生。②

其实徐铸成在提到金诚夫时，更多的时候称呼是"我的朋友金诚夫"或者"金诚夫兄"，其中一个很大原因恐怕就在于金诚夫在辞退朱幼珊事件上，只是就事论事，所以并未影响二人后来的交往与合作。而且金诚夫的弟弟金慎夫先后担任《文汇报》编辑主任、副总编辑，也应该是由金诚夫介绍的。这可以算作一件趣闻。

1928年底，《大公报》增设"荣誉股"，以奖励对报社有特殊劳绩者，故又称"劳绩股"。曹谷冰、李子宽、金诚夫、王佩之、许萱伯等五人第一批获得劳绩股的奖励。据曹谷冰、王芸生介绍，荣誉股赠送过三次，持有这项股票的计有27

---

① 金诚夫：《敬悼季鸾先生》，《大公报》（港版）1941年9月26日第8版。
② 徐铸成：《报海旧闻》，上海人民出版社1981年版，第139页。

人。而王芸生哲嗣王芝琛则称,劳绩股先后赠送过四次。据作者统计,应为四次。另外,汪松年认为,金诚夫获得劳绩股是由于吴鼎昌的缘故:

> 他和报人是骑马的人和马合作那样的关系,合作得愈好马跑得愈快,他就骑着这匹被他紧施衔勒的《大公报》快马跑到蒋介石的脚下匍匐称臣了。《大公报》同人谁也没有把他看为《大公报》大家庭的一员,他除了拉过金诚夫作他的实业部秘书,并送给他一点《大公报》股票之外,与谁也未发生过友谊关系。①

我们认为,至1928年底,金诚夫与吴鼎昌应该没有太过密切的往来,汪松年关于金诚夫所得的荣誉股系由吴鼎昌所送的说法并不可信。翻看1926—1928年的新记《大公报》可以了解到,这是金诚夫非常勤奋的发稿时期,且很多稿件在显著位置刊出,他的劳绩股确实是辛勤劳动的成果。

1929年,由于国民党已经底定北京,并宣布改北京为北平,不再是政治中心,金诚夫被调充《大公报》驻南京特派员。1927年7月7日《申报》报道上海各报驻京记者联合会改选,金诚夫当选执委,说明他此时已在南京任职。在此期间,金诚夫还参加过《中央日报》的工作,有的说他是《中央日报》的记者,也有的说他是要闻版编辑,还有的说他是该报总编辑。因无关宏旨,不拟细究。

1935年7月24日,国民政府修正出版法,各地新闻界人士普遍认为新出版法中关于取缔新闻事宜窒碍难行,公推南京新闻学会代表赵敏恒、上海日报工会代表秦墨哂、平津各报驻京代表金诚夫向立法院请愿复议出版法,以扶持新闻事业,尊重言论出版自由。7月31日,金诚夫等人又向国民党中央政治委员会请愿,对新出版法提出五条修改意见,中央政治委员会决定受理并交付审查。

1935年12月,吴鼎昌就任国民政府实业部部长,为此吴在《大公报》上刊登启事,声明辞去《大公报》社长职务,以使《大公报》恪守"四不方针"。据当时小报报道,吴鼎昌任实业部部长后,由张季鸾推荐,金诚夫担任实业部主任秘书,而另一位前《大公报》记者严慎予担任实业部总务司司长。《晶报》对金诚夫的任职经过有详细报道:

> 实业部新简任秘书金诚夫君,常州人,毕业于北大。曾在上海《新申

---

① 汪松年:《天津时代的〈大公报〉发展史话》,《文史资料选辑》第46辑,中国文史出版社2001年版,第146页。

报》任编辑，旋离去。迨天津《大公报》创刊，乃赴津任事。《中央日报》创刊，又南下入京，严慎予君辞馆之沪，任上海县长，金遂任总编辑。去年又辞职，专任《大公报》驻京特派记者。盖自离学校生活，忠于新闻记者者也。今以吴鼎昌新长实部，初拟任金为总务司长，先致电天津，商诸胡政之君，胡复电谓新闻记者之全才不易得，金不做官为最妙。并电金君，不如就秘书，则他日再作冯妇，返新闻界亦殊便。金意乃决，自请改任秘书。吴氏遂延严慎予君任总务司长云。①

金诚夫任职实业部主任秘书期间的一项重要成果是完成了《全国实业状况》的调查报告，发表于《播音教育月刊》1936年第1卷第2期。因与新闻活动关系不大，故不赘述。

1937年11月，吴鼎昌任贵州省政府主席，金诚夫随之入黔任贵州省政府秘书，严慎予亦同行。《晶报》报道称："初时吴拟黔省委位置严、金，以收指臂之效，终缘黔人掣肘未果。"②贵州期间，金诚夫除任省政府秘书外，还担任了《贵州日报》社长。本文开头提到，金诚夫之弟金慎夫曾任《贵州日报》编辑，应该就是金诚夫安排之故。

三

王芸生与徐铸成均认为，《大公报》香港版的创办，实含有胡政之跟张季鸾争胜之意。王芸生称"胡政之想把香港作为他的事业的基地"。徐铸成则表示：

> （《汉口版》）自创刊以后，即声光闪耀，营业也井井有条，因此胡先生于高兴之余，口头总不免另有一股滋味。在香港版创办后，也想尽力办出一种特色来。他以追随多年（国闻通信社创办之初即当助手）的"左右手"金诚夫兄调到香港担任经理，我以后回到《大公报》担任编辑主任，也是出身国闻社的，被胡先生青睐的人。所以在港馆内容日益精练之后，胡先生

---

① 白露：《金诚夫不就总务司》，《晶报》1935年12月20日第2版。
② 艺华：《报人小志·金诚夫》，《晶报》1938年6月7日第2版。

另有一种得色。这是我们从旁可以体会到的。①

胡政之与张季鸾之间既合作又竞争的微妙关系,此处无法细表。可以肯定的是,由于深得胡政之的信任,金诚夫被任命为香港版经理。《晶报》1938年6月7日刊登的《报人小志·金诚夫》称:"现金诚夫君之眷属,亦由原籍来沪,卜居亨利路某里,从前严慎予君原赁之宅。据最近筑阳函讯,诚夫确有调回《大公报》担任港版之说,闻不日实现,或许来沪携眷赴港云。"②这表明金诚夫在香港版酝酿时即已参与其中。《社会日报》1938年8月22日的报道《金诚夫总编〈大公报〉》称:

> 《大公报》已于八一三在此间出版,一切均臻上乘,其第一条电讯为本报记者与蒋委员长之谈话,即此一点,已睥睨香港报纸矣。日出两大张,售价三仙,较此间日出两大张之报纸,售价昂贵一仙,此或自高其身价也。……编辑诸部人员,由上海及天津调来,总编辑为金诚夫,该报从前之驻京办事处主任也。吴鼎昌任实业部长时,金且兼任实业部上任秘书,为吴氏手下之红人,办事极干练,吴调黔省主席后,金亦入黔任黔府秘书,兹则辞简任之秘书而屈就总编辑矣。③

《社会日报》关于金诚夫任职《大公报》香港版的说法中有一个明显错误:《大公报》香港版并没有总编辑一职,主要管理岗位为经理、编辑主任和采访主任,金诚夫任经理,徐铸成任编辑主任,张篷舟任采访主任。而据金诚夫在《〈大公报〉八年来的社难》一文中所述:"(香港版)干部方面,初由汉馆调许萱伯兄到港担任经理兼编辑主任,未几因喉结核逝世,乃由笔者负责版面,后改任经理。"④金诚夫自己所说的,也和事实存在一些偏差。据1938年10月1日《大公报》香港版刊载的《本报副经理许萱伯病殁》,许萱伯于1938年2、3月间香港版筹办时被调为港版副经理,因喉疾未能就职,在汉口养病,6月27日到港就医,救治无效,于9月30日逝世。所以,许萱伯仅仅只是挂名香港版副经理,实际上并未入职。因而香港版创办之初,金诚夫实一身二任,经理、编辑业务均由其主持。著名评论家梁厚甫在《梁厚甫与〈大公报〉》一文中就提到过他

---

① 徐铸成:《报人张季鸾先生传》,生活·读书·新知三联书店1986年版,第168页。
② 艺华:《报人小志·金诚夫》,《晶报》1938年6月7日第2版。
③ 春鸿:《金诚夫总编〈大公报〉》,《社会日报》1938年8月22日第2版。
④ 金诚夫:《〈大公报〉八年来的社难》,《大公报》(沪版)1946年7月7日第11版。

刚进入香港版时金诚夫负责编务的情况：

> 张先生（即张季鸾）又说："今天轮到我写社论，我不想写，由你来写。你写好后交总编辑金诚夫。"金诚夫先生自然是能文之士，但他平日的性格，有点爱看风头。他回到报馆后，有人向他报告当天的事情，他见了我，和我客气一番。当晚，我交上代张先生所写的社论，金先生一字不改，就发下排字房。①

由于金诚夫既管编务，又管经营，担子太重，香港版创办一年后1939年8月徐铸成来港担任编辑主任，全面负责编务，金诚夫始让出编辑业务，专任经理，新闻采编方面仅参加社论撰写。

在此之后，金诚夫的压力大为减轻，因而能够参加一些社会活动，如加入中国文化协会，担任中国青年记者学会香港分会附设的中国新闻学院理事，和徐铸成一起参加香港新闻机构的聚餐会等。

1941年，太平洋战争爆发，12月8日，日军进攻香港，25日香港沦陷。12月13日《大公报》香港版宣布休刊。港版休刊后，率军攻陷香港的日本第二十三军参谋多田中佐找到金诚夫和徐铸成，要求《大公报》尽快复刊。金诚夫和徐铸成则应以报社全部职工早已疏散走光、资金已全部用光、存纸也已在炮火中全部烧光，复刊绝无可能。1942年2月，金诚夫、徐铸成、郭根、黄致华四人一起化装逃出香港，转往桂林。

香港版员工撤到桂林后，充实进了该报桂林版。1942年2月，《大公报》当局董监会决定，金诚夫为桂版总经理，王文彬为发行人兼副经理，马廷栋为编辑副主任。实则《大公报》桂林版创刊于1941年3月15日，一开始由蒋荫恩任编辑主任，王文彬任发行人兼副经理，经理由港馆经理金诚夫兼任。胡政之的这种安排，既体现了他将桂馆作为港馆的退路的设想，也可以看出他对金诚夫的特别青睐。

四

1944年10月，桂林版职工撤至重庆，为安置桂林版人员，胡政之特地创办

---

① 梁厚甫：《梁厚甫与〈大公报〉》，周雨编：《大公报人忆旧》，中国文史出版社1991年版，第330—333页。

了重庆《大公晚报》,徐铸成任主编,金诚夫任经理。为了协调桂林版人员和重庆版人员的关系,胡政之特地告诫金诚夫和徐铸成,要求他们与曹谷冰、王芸生二人处好关系,以免不睦:"你们来渝馆,好比二房一家破了产,来依附大房,要处处谨慎,懂行'以小事大'的道理。"胡政之还亲身说法,表示与曹、王相处并非易事:"谷冰这个人,小心多疑,他每次见我,我必先'整整容',带着笑脸去见他,以免他多心。至于芸生,颇有傲气,我也要善于应付,你们更要小心。"①在胡政之看来,桂林版员工到重庆来避难,寄人篱下,所以要懂得"以小事大"。可是,对金诚夫和徐铸成来说,以两位资深报人主持《大公晚报》,又何尝不是"以大事小"?

据徐铸成回忆,桂版职工到重庆后不久果然受到特别对待:《大公晚报》要闻版编辑郭根,因得罪曹谷冰而被开革;重庆版的一位广告主任,原是金诚夫的亲戚,以及桂林版经理部的两位科主任,也都是金诚夫的亲故,全被借故一起开革了。徐铸成没有说出来的是,郭根为邵飘萍的女婿,经邵夫人汤修慧女士介绍,由徐铸成揽入港馆,后又追随徐铸成辗转桂林、重庆。在徐铸成看来,郭根等人的开革,显然含有敲山震虎的用意。但与徐铸成不同的是,金诚夫虽然一开始只是主持《大公晚报》,后来还是担任了《大公报》重庆版经理。这应该也与胡政之有很大关系。

1945年9月6日,一架双螺旋桨引擎的军用运输机从重庆白市驿军用机场起飞,满载新闻界人士,有《大公报》的金诚夫和徐铸成、《时事新报》的张万里、《新民报》的张友鸾、《世界日报》的成舍我、《中央日报》的陈训悆、中宣部新闻处的李荆荪等。这是抗战胜利参加南京日军投降典礼、也是收复区筹备各报复刊的新闻界专机。

1945年11月1日,《大公报》上海版复刊,金诚夫任沪馆副总经理,后又兼任津馆经理。1947年4月,金诚夫抵达天津,主持津馆业务。据《东方日报》报道:

> 《大公报》副经理兼津馆经理金诚夫,迩以北方战氛日浓,为自身安全起见,心殊惴惴,加以其太太在沪,爱情笃好,虑有什么危难,于其先生之身,以是日发一电,促其来沪。在这本身胆怯,且有闺命难违的情形之下,传最近金氏曾致电报胡政之总经理略谓:环境如此,实在吃不消,如不即

---

① 徐铸成:《报人张季鸾先生传》,第169页。

松弛,我将溜之乎哉!胡得电大不怿,其复信之大意曰:得悉此事,夜不能眠,一俟沪上各事,整理略告段落,当即飞津,与兄共存亡也!①

1947年5月25日,《文汇报》《联合晚报》《新民晚报》被勒令停刊,《观察》周刊总编辑储安平撰文批评《大公报》对三报停刊始终未发一言以示同情。金诚夫在《病榻杂感》中予以回应:

> 在病榻上最受激动的,莫过于读了《观察》第十四期储安平君新写的《论文汇、新民、联合三报被封及大公报在此次学潮中新表现的态度》一文。全篇没有看出他有什么恳挚的善意批评,而且忽视了我们的处境。他在上海,政府及国民党对我们的态度,不能说一点也不知道,知之而故为此言,其意何居?其中表示着:(一)挑拨报界同业对我们的感情;(二)挑拨学生对我们的感情,甚至(三)有挑拨其他方面的意味。他的态度,是轻佻而缺乏肫挚,失了批评的道义,我们对《观察》该多加一番认识了。②

1948年6月11日,大公报社总管理处决定:副总经理金诚夫原兼津馆职务即予解除,另请兼港馆经理,津馆经理职务另请副经理严仁颖先生代理。此时,胡政之已在病中,但仍放心不下《大公报》的事业:金诚夫兼任津馆经理,改为兼任港馆经理,说明在津馆与港馆之间胡政之更加看重后者。

中华人民共和国成立初期,金诚夫担任大公报社总管理处副总经理、管理委员会主任委员兼上海《大公报》经理。1953年上海《大公报》迁天津与《进步日报》(即天津《大公报》改组而来)合并,金诚夫担任合并后的《大公报》副总经理。1955年《大公报》迁京后,金诚夫仍任该报副经理。

1966年5月,"文革"爆发。金诚夫受到错误批判。"文革"结束后,金诚夫改任北京市文史馆馆员,后任北京市人民政府参事室参事。1981年7月12日,金诚夫在北京病逝,享年八十五岁。

金诚夫去世的前一年,王芸生逝世,金诚夫与孔昭恺合送一副挽联,追怀王氏一生行迹,称其对国家赤胆忠心,在私交上是良师益友:

> 为祖国赤胆忠心,参政务,察民情,驱彩笔,著雄文,毕其生劳绩卓著,万众共长征,看大地春回,虎跃龙腾,正在待高歌猛进;

---

① 信之:《胡政之语消金诚夫》,《东方日报》1947年7月3日第2版。
② 诚夫:《病榻杂感》,《大公园地》1947年复刊第5期,第3—4页。

论私谊良师益友,律己严,待人宽,治学勤,任事勇,数十载启迪殊多,一朝成永诀,对满梁落月,抚今感旧,焉能免意恼神伤?①

此时金诚夫已八十四岁,生命将尽,这副挽联差不多是他留给世界的最后文字,和他以往的文字一样文采奕奕,也和他以往的文字一样记的是别人而不是他自己。这或许就是记者本色吧。

---

① 谷向阳主编:《中国楹联大典》,吉林教育出版社1994年版,第213页。

从编辑主任到副经理:许萱伯*

许萱伯(1895—1938),1927年加入新记《大公报》,曾任天津《大公报》编辑主任,后改任副经理,在《大公报》馆服务十余年,直至1938年因喉结核病逝于香港,年仅43岁。他生于内忧外患之年,从江苏北上平津,又因战事迁往鄂、港,寻梦、逃亡和与殇疾的对抗贯穿其一生;而在新记《大公报》的日子,则成为他短暂生命中的黄金岁月。

一

许萱伯原名懋椿,原籍安徽歙县,后随家人迁至江苏,就读于江苏省立第五中学(今江苏省常州高级中学)。他自小英文突出、见识广博,1915年,《江苏省立第五中学校杂志》第1期上即登有他所撰写的一篇有关淮北制盐技术的英文介绍①。

中学毕业后,许萱伯进入天津北洋大学第一部预科。1917年,北洋大学归并北京大学,故许萱伯在第一部预科毕业后,转入北京大学,专攻经济学,于1923年毕业。

大学毕业后,许萱伯加入由林白水创办的北京《社会日报》,这是他新闻事业的开始。在林白水被杀害后,许萱伯在青岛港政局短暂工作了一段时间。1925年,他进入胡政之创办的国闻通信社,最初在上海总社工作,这年冬天,又被调赴北平分社。《国闻周报》是国闻通信社的附属事业,除发表名流学者的文章外,还刊登国外通讯,介绍国外政局、经济趋势、文化风光等,内容颇为丰

---

* 本文撰写人:邓洁,中国人民大学新闻学院2019级硕士研究生。
① 许懋椿:《Supplements: A brief account of Salt Making at Whei-Pei(淮北)》,《江苏省立第五中学校杂志》1915年第1期。

富。许萱伯以"菱伯"为笔名,在这期间为《国闻周报》撰写了大量要闻、评论,同时也发挥他的外语特长,承担译述英美通讯稿件的职责。

许萱伯多就当时财政、法统及政治局势等问题撰写社评。他时常鞭挞腐败政治,对百姓疾苦表现出深切关切,如在1926年第4期《评坛:财政破产》一文中,他尖锐指出"民国十余年来,中央政府无日不在穷窘之乡,政费之维持,全恃借债度日,而国内军阀之争无已,政象益不安,工商各业,日就凋敝,以言国民经济似已无发展之可能"①。与此同时,他也鼓励国民以奋斗的精神,肩负起救亡建国的重任,唯此方可清除政治之障碍,实现国事之长治久安。

在国闻通信社,许萱伯与李子宽、金诚夫两人同事最久,后两人被称为胡政之的"左右手",分别在上海和北京任特派记者兼国闻社主任,加之三人原就是北大的同学,因此交谊甚笃。1926年秋,新记《大公报》在天津复刊,许萱伯开始为《大公报》撰写通讯稿。

二

1927年,《大公报》急需人手,许萱伯便在李子宽、金诚夫两人引介下被正式调至《大公报》编辑部。

初至天津《大公报》,许萱伯负责的是地方新闻版面,不久后接替要闻编辑张警吾的工作。因许萱伯治事勤奋精审,且该报总编辑张季鸾忙于撰述评论,编辑新闻之责便一点点落在了许萱伯肩上。1929年3月起,许萱伯升任编辑主任,兼理编辑部总务,这是新记《大公报》首设的职位。

要闻版一般有两位编辑,据陈纪滢回忆,他初到报馆时,这两名编辑是许萱伯与曹谷冰,他俩当时还轮流负责分稿、处理电报、撰写特别栏"专论"及"短评",包括为张季鸾或胡政之(有时还包括吴鼎昌)的"社评"文章做末校,以及校对报纸大样,责任极其繁重。那时候,作为要闻编辑,最紧要的是处理自己的"专电",尤其是来自京沪的重要电讯,往往要到清晨二时才截稿②。

编辑主任管理编辑部事务,看各版大样,并且身肩要闻版编辑之责。在天

---

① 菱伯:《评坛:财政破产》,《国闻周报》1926年第3卷第4期,第3页。
② 陈纪滢:《记王芸生(节选)》,《陈纪滢文存》,华龄出版社2011年版,第100页。

津日租界旭街(今和平路)的大公报馆,一进二层编辑部就看到由四张写字台拼在一起的大桌子,这便是许、曹两位主任办公的要闻编辑桌,左边紧挨张季鸾的办公室,对面是其他要闻编辑与业务人员的座位,全都一目了然。编辑主任、要闻编辑,都是值大夜班,昼夜颠倒。要闻定题、发稿、定版面次序,都由他们来做。最大的标题,即头条新闻标题,照例由张季鸾做,许、曹也做,张季鸾即使不自己写,也要说个意思。张季鸾写社评时,也常常踱到要闻编辑桌前,问问许萱伯、曹谷冰有些什么新闻、哪些又适合做头条①。

许萱伯、曹谷冰作为编辑主任时,其名片上仅印着"大公报"三字,并没有被冠以"记者"二字头衔。同时,报馆同人相约发表文字时不署真名,只准以笔名代替,并以与正文同样字体缀于文尾,仅供识别而已②。

多年编辑经验下,许萱伯对新闻的重要性和时效性有着敏锐判断,即使是在报纸付印前传来的最新消息,他也会及时核实,择其重要者登上版面。1931年炎夏刚过,日本关东军悍然发动"九一八"事变,侵占东北三省。徐铸成后来对天津《大公报》对事变的及时应对有着深刻印象,他认为《大公报》是最先报道这一新闻的报纸,而这主要归功于许萱伯。"九一八"事变发生后次日清晨,徐铸成到报馆时,编要闻之许萱伯与其详谈经过,说当晚要闻版已截稿,守候北宁路(即今京沈路)局的汪松年忽打来电话,匆忙说明事件情况,然话未完即被人掐断。许萱伯说他意识到此事之严峻,随即将此消息编为最后新闻,嵌入版内。9月19日,只见天津《大公报》要闻版第三版左下角,登一加框之"最后消息",略谓日军在北大营、柳条沟一带开始向我军寻衅,迄至午夜一时,枪炮声尚在蔓延。徐铸成后遍翻平、津、沪及各地报纸,发现只有《大公报》赶上了这条重要新闻③。

作为编辑主任,许萱伯也需要时时指导报馆其他记者及编辑的新闻采写。许君远曾在《我的采访经验》一文中回忆,许萱伯曾对他的一篇记录"七君子案"开审的通讯长稿做出评价,"很活泼,不过有的地方不太庄重,有失法院尊严",其原因是许君远在稿件中特别写过"法庭壁上时针走到三点而敲打了四下的古老时钟",许萱伯一眼看出是许君远的笔法,随后直接给出了自己的意

---

① 孔昭恺:《旧大公报坐科记》,中国文史出版社1991年版,第48—49页。
② 陈纪滢:《记王芸生(节选)》,《陈纪滢文存》,第99页。
③ 徐铸成:《"九一八"之后》,叶君主编:《我们生命中的"九一八"》,北方文艺出版社2015年版,第146—147页。

见,足见编辑部同人斟酌稿件之严肃用心①。

新记《大公报》声誉日隆,在月有盈余之后,实践年终送股之约,1927年年终,胡政之、张季鸾开始得到报馆送予的劳力股股票;第二年年底,许萱伯也和曹谷冰、李子宽、金诚夫、王佩之等一批重要干部首次获得了报馆赠予的劳绩股权。时人常称吴鼎昌、胡政之与张季鸾三位先生为《大公报》之"大亨",故也称许萱伯等第一批获得股权的干部为《大公报》"二亨"②。

1931年5月22日,《大公报》迎来了它创刊以来的空前盛典——发满一万号。一万号纪念活动,也是对本馆同人队伍的一次检阅。总编辑张季鸾在《一万号编辑余谈》中对报馆同人的敬业精神作了充分的肯定,并特别叙述其工作之辛劳,他第一个提及许萱伯,并评价说:"编辑部最劳的是许君萱伯,他天天到天亮。"③

报馆从业,需通宵工作。许萱伯身体向极瘦弱,面容清瘦,又备尝熬夜之苦,在编辑部五载,未尝有一日间断,也正是在这个时候,他的身体开始走下坡路,以致后来他常常向其他报馆同人感叹身体的重要性。孔昭恺曾回忆当时他去参加编辑部练习生招考的情形,许萱伯作为主试人,只询问了学习和家庭情况,就叫他回去听信,也没有笔试。孔昭恺当时心里直嘀咕,不料几天后他接到录取通知,让他找个保人,直接到报馆报到。就这样,他进入了《大公报》。几年后孔昭恺与许萱伯熟悉了,许萱伯才告诉他:"你的身体好,也是录取的一个原因。"④

在要闻版工作期间,许萱伯也帮经理胡政之处理一些经营之事,如一万号社庆大典时,许萱伯将张季鸾、吴鼎昌及胡政之三人重新详密商定后的报社规章、制度、机构组织、人员配备等文件分类草成,报送社务会议通过,这些规章后来成为报馆同人所共守的"法典",且是当时各报中比较健全的新制度。

就在《大公报》发满一万号、事业突飞猛进发展之际,"九一八"事变发生了。这不仅使国家蒙难,也使新记《大公报》承受其续刊之后的第一场灾难。事变发生后,吴鼎昌、张季鸾及胡政之三人感到报馆继续在日租界办公迟早会出事,便立即着手另觅新址。正当他们在法租界电灯房后找到一个适合做报馆的纺织厂旧厂房,准备打扫修葺之时,"天津事变"突然爆发。1931年11月8日当晚,胡政之、张季鸾和全体内外勤记者、工厂工人都守在旭街的报馆里,楼

---

① 许君远:《我的采访经验》,程其恒等编:《记者经验谈》,出版信息不详。
② 寒枫:《报人小志(下)》,《晶报》1938年6月11日第2版。
③ 季鸾:《一万号编辑余谈》,《大公报》1931年5月22日第19版。
④ 孔昭恺:《旧大公报坐科记》,第1—2页。

上楼下两部电话机,叮叮叮地响个不停,不是探寻消息就是报告新闻,后来许萱伯冲进来说,刚才一阵枪响过后,有人来电话报告大北饭店门口有三位行人被击毙。此时将近天明,9日的报纸已经付印,但四面八方都被铁网封锁着,外面的报差进不来,里面的报纸送不出,看着一堆一堆的新报从卷筒机印出来,经理部的同人只有干着急。于是胡政之与张季鸾商量后决定先撤离报馆,别筹他法,胡政之找来王佩之、许萱伯等主要干部,让两人分头通知经、编两部及印刷厂工友,做好撤离准备。两人组织队伍,收检要件,安排重要职员撤离顺序,直到次日下午4时许,馆中人员才差不多全部安全撤离①。

无论是参与报馆规章制度的制定撰写,还是临危受命处理报馆迁址事宜,这些无不为许萱伯后来改任天津《大公报》副经理积累了丰富经验。

三

1935年起,许萱伯身体每况愈下,不再适合熬夜,为体谅其身体应节劳起见,又爱惜其在报馆经营方面的才能,胡政之将许萱伯调入经理部工作,畀以天津《大公报》副经理之职,由王芸生继任编辑主任。

从编辑部抽调高级干部充任报馆的经理乃至副经理,此后日渐成为新记《大公报》一个不成文的传统,从天津开始,《大公报》先后开设的上海、汉口、重庆、香港、桂林各馆均沿袭之。新记《大公报》第二辈同人中,所有负责经理业务的人,如许萱伯、曹谷冰、李子宽、金诚夫、王文彬等,无一不是经过在编辑部熬夜编要闻版的阶段而改任,其多半因从事文字工作而进馆,在编辑部由担任采访、编辑起,而后编要闻版,或派在外埠当特派员,大约服务十年之后,不但文字工作已站得住脚,对内对外也有了相当人望与信用,此时再派到经理部门主持业务②。此种安排一来不失为鼓励与提拔资深从业人员的一种办法,也使得编、经两部借人事交流,在业务上相互了解、紧密配合。最重要的是,这使编辑部同人得到重视,提高服务精神,保持版面时时革新,在言论上、新闻上争取进步,以提高报纸地位。据孔昭恺回忆,1935年,由许萱伯任经理时,当年报纸

---

① 吴廷俊:《新记〈大公报〉史稿》,武汉出版社2002年版,第110—112页。
② 陈纪滢:《追思胡政之先生》,《陈纪滢文存》,第91页。

销数已达 5 万份,纯利是 13 万元①。

1937 年 3 月,担任天津《大公报》副经理期间,许萱伯亦参与平津新闻学会理监事联席会第三次会议的组织筹备。平津新闻学会于 1936 年元旦由北平和天津新闻界发起成立,旨在组织平津从事新闻事业及新闻教育同人,担负起发展平津新闻事业之重任,对全国报界有所贡献。其理监事联席会每三月一次,在北平及天津轮流召开,当月在津讨论至下午五时散会后,又由许萱伯与张琴南等《大公报》馆同人在大华饭店欢宴各理监事②。

眼见日军铁蹄已踏进华北,要在天津租界苟安,维持一张独立的民间报纸,已成为不可能,《大公报》重心南移刻不容缓。1935 年 8 月,吴鼎昌、胡政之与张季鸾三人就创办《大公报》沪版一事进行多次磋商,最终决定开设上海《大公报》馆,并立即着手筹建。胡、张认为,既决定创办上海馆,就要集中人力物力,打好闯进上海滩这一硬仗。1936 年 2 月初,胡、张率领大批报馆骨干南下筹备沪馆。4 月 1 日,沪版创刊后,为维护天津馆日常工作,保证天津版照常出版,津馆留下少数人坚守阵地,此时许萱伯为经理,王芸生为编辑主任。7 月下旬,孔昭恺从沪北上为母奔丧的路上,经过天津《大公报》馆,见到留守天津的许萱伯先生等人,他回忆道:"他们仍旧坚持工作,不惊不慌。"③

1937 年 7 月 28 日晚日寇大举进攻平津,7 月 30 日,《大公报》上海版不得已发表题为"天津本报发行转移之声明"的社评,之后《大公报》天津版在苦苦挣扎了 4 天之后,于 8 月 5 日毅然停刊。津版停刊后,根据胡政之的指示,编、经两部同人中,部分员工就地遣散,少数编辑同人调往上海,经理许萱伯暂留大津,一方面处理遗留问题,另一方面等待下一步行动的指示。

考虑到战争一触即发,上海亦非可久守之地,此时的《大公报》汉版也在如火如荼地筹备着,1937 年 8 月 14 日,即"八一三"上海抗战爆发第二天,胡政之一方面电南京,命令此时的《大公报》驻南京办事处主任曹谷冰火速赶往武汉,着手准备汉口版事宜;另一方面电天津,命令原津馆经理许萱伯率领原津馆部分员工南下武汉,两位昔日的天津《大公报》同事,便在这样的情境下重逢了。9 月 18 日,在"国耻"六周年纪念日,《大公报》汉口版创刊出版,汉馆由张季鸾主

---

① 孔昭恺:《旧〈大公报〉坐科记》,第 21 页。
② 《平津新闻学会昨日开会 讨论推进会务案多起》,《大公报》(津版)1937 年 3 月 8 日第 4 版;贺逸文:《平津新闻学会史料》,《新闻研究资料》1981 年第 1 期,第 266—279 页。
③ 孔昭恺:《旧〈大公报〉坐科记》,第 48—49 页。

持,许萱伯任经理,但在汉期间,许萱伯因喉疾需要休养,未能正式就职,后因在汉医治不见成效,乃于次年6月27日赴香港治病,由曹谷冰继任其经理职位。

正当许萱伯在香港就医之时,胡、张二人考虑到内地的抗战形势,决议在香港创建《大公报》新的基业,港馆创设之初,干部和骨干尤缺,许萱伯本来因身体不好才来港治病,仍勉为其难,出任港版《大公报》经理兼编辑部主任。1938年8月13日,《大公报》香港版终于与港粤人士见面,但不幸的是,9月30日下午1时45分,在港版创办仅一个半月之际,许萱伯最终还是因久病不愈而与世长辞。

四

1938年10月1日,《大公报》汉口版、香港版均刊登讣闻,报道许萱伯去世的消息。汉版讣告记载了许萱伯在《大公报》的工作经历与贡献:"本社董事许萱伯君于昨日下午在港逝世。许君自北大毕业后,即从事新闻事业,初为北平国闻通信社记者,民国十七年调津,任本报编辑,旋为编辑主任,二十四年改任副经理,次年被选为董事,仍兼副经理职。去年平津沦陷,天津本报自动宣告停刊,乃间道来汉,一度任本报经理,至本年六月,以喉结核症赴港疗治,不幸于昨日逝世。许君服务新闻界逾十五年,于本社业务之主持规划,卓著劳绩,其待人接物,并极公诚,故素为同人所敬爱。本报自津沪两版因国难停刊,事业基础颇受影响,今兹汉版仅可勉支,港版发行伊始,正需许君之努力,同人切盼其早日康复,回社服务,遽闻溘逝,同深哀悼。许君年四十三岁,安徽歙县人,寄籍扬州,其封翁在港,太夫人在渝,夫人胡氏,遗子三人,均幼。"[1]港版讣告说:"君为人和平仁厚,对人从无疾言厉色,事亲孝,笃于亲亲之谊,于职务忠实而诚恳,故同人咸敬爱之,若有纠纷,得其一言辄解。虽无能文名,然属辞记事,条理明畅,无忝于报人之职。生平持躬廉正,无嗜好,生活简易质朴,自甘淡泊,同学至交有居要职者,召之入政界,辄谢去。愿以新闻记者终其身。""君今逝世,实为本社事业之一大打击,而以君之品端学粹,有守有为,实为报人典型,乃天不假年,竟令于国难最重社难未复之时,赍志以殁,尤足悲已!"[2]

---

[1] 《本社董事许萱伯君逝世 全体同人闻讯同深哀悼》,《大公报》(汉版)1938年10月1日第3版。
[2] 《本报副经理许萱伯病殁》,《大公报》(港版)1938年10月1日第4版。

一个月后,作者寒枫(今不可考)也在上海《晶报》上对许萱伯的逝世发表悼文,高度评价他对《大公报》的贡献:"天津《大公报》奠定创业之基础,固系胡吴张三先生合作之功,而其报编辑方法之新颖,各地通信网布置之周密,电讯敏捷,取材精当等等,许君实有极大之劳绩。讵料当战事弥漫华南之今日,许君竟遽作古矣!总其生平,虽无伟大之建树,而服务新闻事业,凡十余年,始终为报业牺牲,实系同业中不可多得之人才。"①

因时局未定,许萱伯的遗体只能暂厝于香港东华义庄,十年后,其灵柩才被送回上海,1947年7月17日上午11时,被安葬于上海虹桥路万国公墓。葬礼由其夫人许胡氏、长公子澍盛等主持,先生在沪亲友前往参加,《大公报》同人费彝民、曹谷冰、王芸生、李子宽及许君远等人在公墓礼堂举行公祭。在当月出版的大公报社同人半月刊《大公园地》中,王德信作《许萱伯先生告窆记》一篇,简述葬礼情形。当日大雨倾盆,街上低处泽国,天公像是在对许先生致哀。告窆礼开始时,大雨已止,天空只是霏霏地飘些雨丝,纸灰飞扬,花圈满地,一代英灵,便从此长眠于地下了②。

斯人已逝,在此后几十年的时光中,报馆同人每每念及许萱伯,无不充满惋惜之情。胡政之时常感慨何心冷和许萱伯两先生之早逝,1949年4月,俞白眉在悼念胡政之的《苦海边上徘徊》一文中,也描绘了许萱伯、张季鸾及胡政之三位先生音容浮现其眼前的画面,"三人一生都在服务于新闻界,不以为苦而自得其乐,其志趣又何尝不是有下苦海之意?"③这年9月,许君远在祝词《九一社庆》中,亦在叹息:"从1936年到1946年,《大公报》始终百折不挠地奋斗,勇往直前地进步,迁汉、迁港、迁渝、迁桂,这苦头吃得不小,而就在这十年里面,先有许萱伯兄之病逝香港,再有张季鸾先生之病殁,老成凋谢,损失永远难以弥补。"④

许萱伯英年早逝,他短暂的一生像流星划过天穹,以典型的近代知识分子形象,从求学致知到投身报业,自天津一路南下汉口及香港,随报馆两度筹备创业,他见证着那段《大公报》的辉煌历史,也成就了他作为报人的黄金岁月,然而在这战乱和流离的年代里,那样的光景也被抹上浓重和沉郁的色调。

---

① 寒枫:《悼许萱伯先生》,《晶报》1938年11月18日第2版。
② 王德信:《许萱伯先生告窆记》,《大公园地》1947年第6期。
③ 白眉:《苦海边上徘徊》,《大公报》(港版)1949年4月21日第2版。
④ 许君远:《九一社庆》,《大公报》(沪版)1949年9月1日第15版。

幕后辛劳：李清芳*

李清芳，生卒年不详，籍贯山东德州。1927年2月，新记《大公报》出版不到半年，李清芳进入《大公报》工作。起初是校对《国闻周报》的稿件，后来被调到发行课，承担发展订户和管理分销处的任务。在四十年的职业生涯中，他随《大公报》的业务拓展辗转多地，为《大公报》的出版发行工作立下了汗马功劳。

李清芳最初在《大公报》天津版工作，当时《大公报》在本地的发行状况并不理想，为了打开销路，一方面报馆通过开拓特色版面、提高报道质量等吸引读者，另一方面他所在的发行部门加大宣传，吸引广告商，增加报馆收入，形成发展的良性循环。很快，报纸的发行量就有了显著提升。报馆出版部在成立之后，因为报纸广告宣传得力，也招引社会上大批书刊委托《大公报》销售。《国闻周报》在从上海迁到天津后，发行量也迅速增加了一倍。

1936年，李清芳被派往上海参与上海版《大公报》的创刊工作。由于《申报》《新闻报》等已在当地发行多年，再加上报阀的阻挠，《大公报》的发行工作一直未能有突破，广告招揽也力不从心。

一年后，"八一三"事变发生，李清芳在张季鸾的带领下冲出战乱的上海前往汉口。不久后又辗转到达重庆。为了将报馆所需器材从汉口押送到重庆，李清芳和几位同事费尽心思，花了半年时间才完成转运任务。有一次夜晚将器材装船时差点连人带船被水流冲走，所幸及时被拖回，否则后果不堪设想。重庆《大公报》正式出版时，这一切的辛酸都在他心中化为了欣慰与满足。重庆《大公报》不负众望，发行量稳步上升，到1944年时已接近10万份。

1940—1943年，李清芳先后被派往昆明、桂林进行《大公报》的出版发行工作，并担任桂林版《大公报》发行股主任。在桂林期间，由于纸张短缺，他和同事们需要不断储备土报纸，并派人前往广东、湖南等地进行纸张采购，由于交

---

* 本文撰稿人：高婕，华中科技大学新闻与信息传播学院2019级硕士研究生。

通不便,再加上霍乱流行,可以说是困难重重。1943年,广西受到日寇威胁,李清芳等人冒雨把报馆物资运回重庆。受气候、路况等影响,几经曲折,尽管大家尽最大努力进行保护,物资还是损失惨重,参与运送的人员也精疲力竭。

"二战"胜利后,李清芳搭乘开往南京的第一条江轮出川,回到天津,继续投入到了天津版《大公报》的恢复工作中。

李清芳在《大公报》工作的四十年,见证并参与了报馆在战火中的迁移,跟随着报馆在天津、上海、汉口、重庆、昆明、桂林等多地辗转。《大公报》在抗战期间能够继续发刊,离不开发行工作者的辛苦付出,除了要想尽办法增加发行量、提高广告收入,还经常要面临生命危险。1946年,在天津《大公报》员工消费合作社成立大会上,李清芳被选为合作社理事之一。同年,因服务多年著有劳绩,他还获得了报馆的劳绩股,这对他来说是莫大的肯定与鼓励。

在新闻工作中,记者、编辑的名字可以留在报纸上,可以被读者知晓,出版发行工作者却往往默默无闻,埋头在幕后辛勤付出。但是,像李清芳一样的出版发行工作者不应该被历史所遗忘,正是因为他们的智慧与努力,才能够将优质的新闻转化为高发行量和收入,形成新闻产业的良性循环,这也是《大公报》能够言论独立、坚持"四不"方针的重要资本。

忠于职守，专注经营：袁光中*

袁光中，1911年生，卒年不详，江苏常州人。1927年10月进入沈阳国闻通信社工作，1929年调往天津《大公报》驻南京办事处，1931年4月又调往天津《大公报》经理部①。1943年，《大公报》在重庆成立董事会，设立董监事联合办事处，并设置总核一职，袁光中被任为总稽核。1946年7月13日，董事会开会通过了胡政之草拟的《〈大公报〉社总管理处规程》，规定在上海设总管理处，由总经理胡政之主持，袁光中任业务部主任。1946年8月，袁光中因在《大公报》服务多年，著有劳绩，获得报社赠予股权。

1926年9月，胡政之与吴鼎昌、张季鸾联合接办天津《大公报》后，将国闻通信社并入，国闻通信社各地分社成为《大公报》的分支机构。因此，在沈阳国闻通信社工作期间，袁光中和陈语天等人在为沈阳当地报纸提供新闻稿的同时，也要负责为《大公报》写通讯、发专电。

袁光中长期负责《大公报》的经营管理工作，参与筹备创办上海版《大公报》(1936年3月)、汉口版《大公报》(1937年10月)、重庆版《大公报》(1938年10月)。抗日战争胜利后，袁光中又于1945年9月参与筹办上海版《大公报》复刊事宜，直至1952年底《大公报》北迁。

《大公报》的人事制度特点是经理负责制，袁光中也因此成为董事会众多重大决策的具体执行者。袁光中对于《大公报》的经营管理始终抱有坚定的信心，他认为《大公报》早期的"组织机构简单，层次分明而不庞杂。工作效率高，各部门互相通气，有问题随时商量解决……自总经理、经理到各课、工厂，有职有权，充分发挥独立处理问题的主动精神，完成本部门的各项任务。总经理、经理经常深入基层了解情况，遇到问题，立时解决"②。《大公报》申请按当时官

---

* 本文撰稿人：李若竹，华中科技大学新闻与信息传播学院2019级硕士研究生。
① 周雨：《大公报史(1902—1949)》，江苏古籍出版社1993年版，第305页。
② 周雨编：《大公报人忆旧》，中国文史出版社1999年版，第22页。

定牌价购买20万美元用来购置印刷设备一事,袁光中也将其看成是一种商业行为,他说:"大公报一家私人经营的报纸,资金来源都是民间资本,从未接受任何政治集团的津贴和资助",在抗战胜利时的这次购买行为完全是为弥补在抗战期间搬迁时的设备损失,是纯粹的商业行为①。

作为一名经营管理者,袁光中留存于世的作品较少,更少有抒发个人情感、记述生平经历的文章。其所著的《大公报的经营管理》一文②,对《大公报》的组织机构、人事制度和经营理念进行了详细介绍,并给出"层次分明而不庞杂""起到应有作用"的评价,文中亦毫不吝啬赞美之词,并以王芸生的例子佐证《大公报》对于人才的爱护。他还在文中记录了诸多《大公报》利用各种形式广泛联系读者、为抗战事业做出贡献的事例,为后世对《大公报》展开研究提供了珍贵的史料,字里行间也体现出袁光中作为一名《大公报》人为报社发展所做的不懈努力。

袁光中在《大公报》先后担任报馆会计、会计主任、总务处主任、营业处主任、董监办事处总稽核、总管理处业务部主任等职,也曾在上海《文汇报》管理部(经理室)任秘书等职。1963年调上海市新沪中学校务办公室任主任,1972年退休③。

---

① 周雨编:《大公报人忆旧》,第21页。
② 载于周雨编:《大公报人忆旧》,第21—26页。
③ 周雨:《大公报史(1902—1949)》,第305页。

两度服务：费彝民*

1988年5月，费彝民去世后，著名爱国人士马万祺先生赋诗一首以为纪念："毕生心血献大公，无畏无私慎始终。爱国坚贞经考验，同心同德盼大同。新闻事业尊荣誉，文化交流众推崇。无限哀思伤永别，弘扬遗志慰孤忠。"[1]这首诗全面概括了费彝民毕生功业。查费氏服务于《大公报》将近60年，主持香港《大公报》达40年，时间之久，罕有其匹。同时，费氏在香港的特定环境下，始终高举爱国旗帜，拥护中国共产党的领导，使香港《大公报》发挥了作为新中国对外窗口的作用。这种独特的历史贡献，不仅让费彝民成为一名声誉卓著的报人，也令其得以跻身社会活动家、政治活动家之列。作为民间报人的费彝民，或许存在争议；而作为爱国报人的费彝民，却值得充分肯定。

一

费彝民（1908—1988），江苏吴县（今苏州）人，原名费秉，因《诗经》中有"民之秉彝，好是懿德"的话，后改名"彝民"，曾用笔名"夷明""执中"。祖父费访壶曾任清宫御医，享有盛名，父费滋庵亦从医，诊断精确，声誉远播，允称圣手。兄弟四人，行二，长兄费穆是民国时期著名导演，蜚声影坛；三弟费康毕业于中央大学建筑系，后在上海开办金谷饭店；四弟费泰学机电。

1925年5月费彝民从北京高等法文学堂毕业，由于成绩优异，获法国政府奖学金，被保送法国高等电机工程学院留学。适值上海"五卅惨案"爆发，其影

---

* 本文撰稿人：高海波，华中师范大学新闻传播学院教授。
[1] 马万祺：《公祭费彝民社长》，马万祺：《马万祺诗词选》（二集），中国文史出版社1999年版，第115页。

响迅即遍及全国,曾任学生会主席的费彝民于反帝爱国潮流中积极投身学生运动,遭到法国当局严重警告,迫其退出。费因此主动放弃赴法留学机会,在北京陇海铁路总公所担任文员。恰好此时张季鸾先生担任陇海铁路会办,费因得结识,二人从此往来密切,关系融洽。1926年9月,张季鸾与吴鼎昌、胡政之在天津合组新记公司,接盘续办《大公报》。费氏闻讯,自北京致信张季鸾,请求录用。新记《大公报》开办之初正需人手,张季鸾应允,许以月薪三十元,供膳宿。终因费氏"家父母在堂,且原职难辞,婉却未去"①,但费与张季鸾一直保持联系。1930年费氏调职沈阳,遂由张季鸾聘为兼职通讯员,开始为《大公报》撰写新闻和通讯稿件。

1931年5月22日,《大公报》发行一万号纪念特刊,费彝民撰写了《谈大公报的使命》一文,发表于第15版显要位置。文章认为,《大公报》可以说是一部分读者的一个大规模、广义的函授学校,主笔先生便是老师,报纸便是课本。所以《大公报》在传达新闻、领导舆论之外,还应添上训导社会的使命。为此,报纸需要做好三个方面的工作:(一)对于公民常识上必要的资料,愈多愈好,不论历史、地理、政治、经济、社会、学术、实业、交通,记载不妨详尽,数量尤需增加;(二)对于社会上的一切有价值的行为或功绩,必须尽力鼓吹介绍,对于社会上坚忍力行或作拓荒者奋斗的事迹,更应大书特书,使社会有真是非,人生有真标准;(三)全国的国是,择其有讨论自由之各种问题,分别有系统有叙述与研究,使全国上下,多数明了,参加合作②。费氏此文,在报社内部反响甚佳,同人认为文章切合实际,目光远大,吴鼎昌、胡政之和张季鸾还专门讨论过费提出的建议。不久,张季鸾再次致信邀请费氏加盟,费立即请假回北平,准备面请辞职,一偿献身报业的夙愿。7月费回到天津,打算加入报社,并根据在东北工作一年的观察所得向张季鸾报告当地形势,认为日本谋我之心未死,而张学良誓报父仇的决心时刻未忘。据费氏看来,张学良在东北励精图治,创办大规模兵工厂,大事购买法、意两国的军机和捷克的机关枪,日夕操练东北军甚勤,皆为张学良防患于未然的表现。且张学良的活动,已经引起日本方面的注意,令关东军枕席不安,日方多次向张提出抗议。为履行自己提出的开展有效的、彻底的救国宣传的主张,费在汇报东北情形后又撰写了《产业救国及其

---

① 彝民:《忆季鸾先生》,《大公报》(沪版)1946年9月1日第12版。
② 费彝民:《谈大公报的使命》,《大公报》(津版)1931年5月22日第15版。

政策》的长文,后由《大公报》连载。但是费这一次向其服务机构请求辞职并未获得允准。8月费氏重返沈阳,一个月后即爆发"九一八"事变,费氏在一片混乱中逃回北平。这年11月,费氏到天津省亲,路遇张季鸾,他称张从黄包车上跳下来,一把拉住他,劈头就说:"彝民,报馆决定从日租界搬到法租界,你来帮忙如何?"①而费则表示自己在北平的职业一时还无法摆脱,因此依然不能在天津住下。不过从此之后,费经常去大公报馆看望张季鸾,并经张介绍结识了胡政之先生。到1932年下半年,费正式加入《大公报》,历任编辑部书记、文书课和经济课主任等职,并以工作出色而受到总经理胡政之的重视,一度被晋升为报社总稽核。

对于张季鸾和胡政之的提携,费彝民始终不忘。他在《忆季鸾先生》一文中说:"我饮水思源,在新闻界混了十几年,这兴趣,这热情,是受了张先生的感召与鼓舞,假使说在职业上还有些须成就的话,那是因为在我学习做报开始启蒙的时候,便受了张、胡两先生以及本馆诸位前辈办报精神与经验的熏陶,使我得到许多宝贵的教训,这是终身不忘的。"②

1936年4月,《大公报》上海版创刊,费因为是江南人士,调至沪馆工作,采访新闻、撰写评论,无不得心应手。1937年12月15日,《大公报》上海版被迫停刊,费氏奉命留守上海,协同经理李子宽保管沪馆资产。在胡政之、王芸生等人离开上海之前,严宝礼提议利用沪馆设施创办《文汇报》,胡政之看到严宝礼抗战立场坚定,决定投资,其中一部分股票以费彝民的名义持有。留沪的徐铸成、费彝民、王文彬、许君远等均加入《文汇报》,徐铸成主持编务,费彝民任主笔。

从《大公报》人到《文汇报》人,对于这种身份上的变化,费氏完全没有像徐铸成那样感到自己被老东家抛弃,反而积极施展其社交才能,广交朋友,既结交中共地下人士,又联络国民党党政要人,为他后来的统战工作打下了基础。

二

"孤岛"时期,费氏除担任《文汇报》主笔外,也为《评报》《中美日报》等报纸撰

---

① 彝民:《忆季鸾先生》,《大公报》(沪版)1946年9月1日第12版。
② 彝民:《忆季鸾先生》,《大公报》(沪版)1946年9月1日第12版。

写社论,此外还加入了法国哈瓦斯通讯社(法新社前身),担任翻译工作。哈瓦斯社时与英国路透社、德国海通社、日本同盟社同为国际著名新闻通讯机构,在国际舆论界具有重要地位,其影响力仅次于路透社。哈瓦斯社上海分社负责人为法国人杜夫,因其主要职能是向中国报纸发稿,所以聘请了很多华人将电讯稿译成中文。在哈瓦斯社从事翻译和编辑工作的,除费氏之外,尚有张骥先、王子贯、胡仲持、潘公弼、储玉坤等人。其中,张骥先任法租界董事,与杜月笙颇有渊源,又是国民党上海统一委员会负责人之一,费因此也参与该会事务;胡仲持为胡愈之之弟,李秋生的《在上海时期的费彝民》一文猜测胡愈之、胡仲持兄弟可能对这一时期费彝民政治倾向上的转变产生过相当大的影响,而这或许就是费氏后来立场转左的根源[1]。李秋生的看法属于事后诸葛亮式的后见之明,但这一时期费与中共地下人士有过接触则应为事实,惜乎资料阙如,不能详述。

1941年春,费氏与苏务滋女士在上海结婚。苏氏比费彝民小5岁,原籍安徽歙县,家中经商,开设有苏德源盐店,在屯溪等处均有分店。苏是光华大学毕业生,从事教育工作,经其姊夫介绍与费相识,婚后6年育有5个孩子,4男1女,感情甚笃。

1941年9月6日,张季鸾在重庆病逝,噩耗传来,费彝民深感悲痛。在费看来,张季鸾先生是一位充满仁爱的长者,又是才情横溢、风流洒脱的名士,在事业上坚韧不屈、大义凛然,而平时待人接物却平易近人,人格上堪称完人。费曾两次撰文纪念张季鸾,一次是在张季鸾逝世当日,另一次是在五年之后。在后一文中,他这样写道:

> 三十年八月间,当我接到张先生病重消息的时候,我为报馆急,又为国家急。我曾一再电托渝友潘劭昂兄专诚代我前去望候,九月六日那天,我先接劭昂兄一电,说张先生病势垂危。我急得什么似的,绕室彷徨,好容易想起一张偏方,听人说用陈芥菜露可以治愈肺痨,我便拟了一张电报,满想请谷冰、芸生二兄设法登报征求这样灵药,或者有效,也未可知。孰料当同事在译成电码的时候,又接到劭昂兄一电告我噩耗,我真悲痛极了。当晚正在替《中报》写文,我临时把已写的半篇丢掉,改写悼念张先生的文章。如今事隔五年,当时情景犹在目前,有时想念及此,深悔二十八九两年间,他

---

[1] 李秋生:《在上海时期的费彝民》,《传记文学》1989年第4期,第49—52页。

一次召我赴渝，一次问我愿否赴港，我都未答应，想不到竟成永别。①

费氏在"孤岛"时期与国民党政府各敌后大员关系密切，如国民党主持上海党团工作的吴绍澍、中央社上海分社兼东南战区宣传专员冯有真等，其中与冯氏关系尤为亲密。李秋生认为，费与冯结识，是由于费的三弟之妇与冯有真的妻子吕亦淘是中央大学同学，以此之故费于1942年被聘为东南战区驻上海宣传专员，从事敌后宣传工作并搜集有关情报。费在《忆季鸾先生》一文中很隐晦地提到这一点："那时因有电台可通，消息尚称灵便，同时还能半公开的收听中央社广播，后来几年情形愈来愈艰险了，可是我这部分收听中央社广播及旧金山广播的工作，始终没有停过，为我工作的同事，多有一次两次乃至三次被敌捕去的，他们都很仁侠，始终没有把我招出来，我因此在这八年中间，口袋中时常带着稀世珍宝似的广播电讯，给朋友撰述或传观，我之为此，不能不说多少受了张先生勖勉上海报人、夸耀上海报人的一点鼓励。"②

费的情报工作最终还是被日方侦破，遭到逮捕，备受严刑拷打，然而并未屈服。经黎元洪时代的总统府秘书张国淦老先生设法营救，始获自由。费由张国淦设法搭救的说法出自李秋生，费的好友陆铿则认为是由周孝怀等出面保释方得脱险。陆铿这一说法的来源是1946年11月他陪同费氏拜访国民党元老于右任时在现场听到的③。本文认为，以上两种说法的差异，当是参与营救者不止一人之故。因这段经历，费在战后获得国民政府颁发的胜利勋章。

冯有真之外，费在"孤岛"时期与国民党主持上海党团工作的吴绍澍的关系也很密切。抗战胜利后，吴身兼上海副市长、社会局长及国民党和青年团等要职，地位比身为上海中央日报社长兼中央社上海分社的冯有真还要显赫。吴、冯二人因细故而交恶，但对费却一致极力笼络，费感到左右为难，正所谓两姑之间难为妇。此时，费的邻居葛敬恩被任命为台湾警备司令部秘书长，费于是作为中国政府代表团成员之一赴台湾参加受降典礼。在此期间，费以"台湾巡行"为题在《大公报》上发表连续报道，对国民党的台湾接收大员多有批评，称他们"对不起国家"。费彝民的妻子苏务滋说："费彝民的台湾之行写了一组很轰动的报道。

---

① 彝民：《忆季鸾先生》，《大公报》（沪版）1946年9月1日第12版。
② 彝民：《忆季鸾先生》，《大公报》（沪版）1946年9月1日第12版。
③ 陆铿：《我认识的费彝民》，《新闻研究资料》1989年第46辑，第33—46页。

应该说,那是一组感人肺腑的人间写实,也是台湾回归祖国的历史见证。"①

1946年春,费应邀重返《大公报》,担任上海《大公报》副经理兼社评委员,总经理为曹谷冰,此外两位资深的副经理是李子宽和金诚夫。费负责的主要是经营业务和财务方面的工作,同时也为报纸撰写言论。

1947年10月,中美上海—旧金山航线通航,中国新闻界组织访问团赴美,一共6人,即《上海新闻报》总编辑赵敏恒、《申报》总经理兼总编辑陈训念、英文《大陆报》总编辑张国勋、天津《民国日报》社长卜青茂、《中央日报》总编辑陆铿和《大公报》副经理费彝民。访问团访美期间,曾受到美国总统杜鲁门接见。

由上可见,到抗战结束,费氏已积累了相当丰富的政治资源,这为他日后活跃于外交舞台准备了条件。

三

1948年春,胡政之见内战愈演愈烈,率费彝民、李侠文、马廷栋、李宗瀛等精干人马前往香港复刊《大公报》香港版。《大公报》总管理处任命费彝民为港馆经理,李侠文为编辑主任。胡政之将此行视为"最后的奋斗",他在行前的一次编务会上称:"我已经是60岁的人了,这次香港复刊恐怕是我对事业的最后开创。"②1948年3月15日,香港《大公报》正式复刊,复刊号报头下印有第15934号,督印人费彝民等字样,并刊有胡政之亲自撰写的《大公报香港版复刊辞》。为了这期报纸的问世,胡政之兴奋得彻夜未眠。

不幸的是胡政之在港版复刊过程中劳累过度,加上多年的高血压症,很快病倒,不得不回上海养疴。在病榻上辗转一年之后,于1949年4月逝世。费彝民在纪念文章中说:"胡先生一生是报人,四十年如一日,过的是报人生活,走的是报人路线,他的心血完全尽瘁于报,甚至他的死,也是报人的死。"③

1948年11月,上海《大公报》总编辑王芸生由沪抵港,继胡政之主持港版。

---

① 夏莉娜:《报人之妻谈报人——访费彝民的夫人苏务滋》,夏莉娜:《深深的情结:人物专访集》,人民日报出版社1996年版,第184—194页。
② 王芸生、曹谷冰:《1926至1949的旧大公报》,《文史资料选辑》第25辑,中华书局1962年版,第1—61页。
③ 费彝民:《追念政之先生》,《大公报》(港版)1949年4月21日第2版。

在港版中共地下党员杨刚、李纯青等人的劝说下，王芸生决定率领香港《大公报》脱离国民党政权，拥护共产党领导。1948年11月10日，香港《大公报》发表王芸生撰写的社论《和平无望》，标志着香港《大公报》政治立场的彻底转变，极大地震动了国民党当局，史称"香港《大公报》起义"①。

费彝民在香港《大公报》起义中发挥过什么样的作用，目前尚不清楚。但正是在这一时期，费彝民和他领导的香港《大公报》与中国共产党的关系逐渐为人所知。1949年1月1日，香港《大公报》发表元旦社论，欢呼"和平、民主、自由、平等、进步与繁荣的新中国"即将诞生。1949年5月上海解放后，费彝民兼任上海《大公报》经理。1950年3月，费担任中南军政委员会下属文化教育委员会委员。1952年，香港《大公报》改组，费任社长。1954年9月，费彝民作为团长率港澳国庆观光团赴京参加国庆典礼。1956年1月，费担任政协第二届全国委员会特邀委员。之所以如此，是由于费在周恩来总理眼中是信得过的老记者，也是靠得住的爱国人士。据费氏回忆，从1949年至1976年，他蒙周总理单独接见前后达五十多次。周总理与费所谈内容高度机密，难以为外人所知。但仅凭五十多次单独会晤这一数字，就可以理解费氏在新中国对外关系中的特殊地位。费氏这样写道："以我个人而言，过去60年先后受季鸾、政之两位前辈的训导：张公教我如何做记者、爱祖国；胡公教我如何办报纸、管全局。全国解放后，又蒙周恩来总理教我如何为国家办事，为人民服务。这样的际遇，不仅是个人的荣幸，我想也是青年人今天所应该向往的途径。"②

早在全国解放之前，随着国民党在军事上的节节败退，其一部分宣传力量转移到香港。中国共产党虽然制定了暂不解放的策略，但决定开展最广泛的爱国统一战线，把香港作为重要的舆论阵地。因此，战后香港报业呈现出左右对峙的局面。左派报纸即拥护新中国、支持中国共产党的报纸，主要有《大公报》《文汇报》《新闻晚报》《香港商报》等。右派报纸拥护蒋介石国民党政府，主要有国民党的机关报《香港时报》及老牌商办报纸《工商日报》《星岛日报》等。在这种报业格局中，费彝民坚定地站在了左派报纸这一边，他自己将这一变化称之为从"救国派"到"建国派"的转变："我爱中国，也爱中华民族。不错，在青年时代，我曾经为中国的前途担忧，脑中萦绕着'中国必亡论'的郁结。所以在

---

① 刘小清：《香港〈大公报〉起义史录》，《新文学史料》1997年第3期，第35—39页。
② 费彝民：《从一万号到三万号》，程曼丽、乔云霞主编：《中国新闻传媒人物志》（第7辑），长城出版社2014年版，第17—24页。

过去 80 年的前半段,我以'救国派'自居。可是 50 年代以来,局面完全不同了,中国确已站立了起来,中国人确有不少足以扬眉吐气的地方。于是我的后半世,就变为'建国派'。我觉得在今天的正确领导下,国家可以逐渐转弱为强,转穷为富。我又何必再悲观呢?"①

1951 年隆冬,香港九龙城东头村发生重大火灾,导致 14 000 人流离失所,广东各界决定组织慰问团,前往香港赈灾。1952 年早春,粤穗慰问团筹备委员会 200 多位代表乘火车前往罗湖口岸,遭香港警察拦阻,后引发冲突,这就是"三一事件"。3 月 4 日《人民日报》发表短评,对香港当局提出抗议。3 月 5 日香港《大公报》全文转载《人民日报》短评,并刊登粤穗慰问团在广州发表的声明和李特尔顿在英国下议院发表谈话的路透社新闻稿。香港当局控告《大公报》所有权人兼督印人费彝民、承印人鲍立初、编辑李宗瀛 3 人,经审讯判处费彝民囚刑 9 个月,李宗瀛苦工监禁 6 个月,同时判《大公报》停刊 6 个月,酿成"《大公报》案"。周恩来总理发表声明,称《大公报》是中国人民的报纸,令外交部就"三一事件"和"《大公报》案"向英国提出严重抗议。之后费提出上诉,虽被驳回,但停刊令亦不再执行②。

1967 年香港爆发"反英抗暴"斗争,这是香港战后规模最大、影响最深的一次群众运动,由于受到极"左"路线的错误指挥,这次运动一度使中英关系空前恶化,爱国报纸因受极"左"路线影响而销量大跌③。1967 年春起,香港持续爆发工人罢工运动,港英政府出动武装警察和防暴部队镇压、逮捕工人。《大公报》《文汇报》和《新晚报》积极配合这场反英抗暴斗争,并在中央"文革"领导小组的指挥下发起成立香港各界同胞反英抗暴斗争委员会,费彝民任副主委。费因此成为港英政府宣传委员会和右派报纸攻击的主要目标,指责他过着资产阶级的生活,坐着高级小车参加示威活动是"来不及脱下华贵的西装和领带,急欲与工人共甘共苦"④。虽然港英政府斗倒费彝民的企图并未得逞,但在反英抗暴运动中,左派报纸内容千篇一律,而且将副刊作为革命对象,运动结束后销量急剧下跌,失去了大量读者⑤。

---

① 费彝民:《从一万号到三万号》,程曼丽、乔云霞主编:《中国新闻传媒人物志》(第 7 辑),第 17—24 页。
② 陈昌凤:《香港报业纵横》,法律出版社 1997 年版,第 57 页。
③ 参见陈昌凤:《香港报业纵横》,第 63 页。
④ 陈纪滢:《我所知道的费彝民这个人》,《传记文学》1988 年第 4 期,第 107—109 页。
⑤ 方汉奇等:《〈大公报〉百年史(1902-06-17—2002-06-17)》,中国人民大学出版社 2004 年版。

四

"文革"结束后,费彝民召集同仁,总结经验教训,明确报道思想,把积极报道改革开放的政策和宣传爱国统一思想作为主要方针,把大陆新闻作为重点报道内容,并在报道形式上创新。费彝民强调《大公报》必须站在爱国主义的立场上,关心祖国的建设和改革,组织好关于祖国建设的报道,尤其重要的是要在中国共产党的领导下精心策划实施改革开放动态报道,把祖国的声音及时、准确地传播到港、澳地区,使《大公报》在新时期重新赢得声誉,得到读者认可。在费彝民以及报社全体同人的努力下,香港《大公报》至20世纪80年代发展成为一个规模庞大的报业集团,同时出版《大公报》、《新晚报》、《良友》周刊、英文《大公报》周刊,行销100多个国家和地区,还在美国旧金山设美洲版和英文版。

改革开放时期,费彝民充分发挥交往广泛的长处,一贯热情地向国际朋友宣传和介绍中国的发展情况,为增进中国和世界各国人民之间的友谊,进行着不懈的努力。在中法交往方面,费彝民由于法文地道,更是与法国各界建立了广泛联系。1982年3月,费彝民荣获法国政府授予的"骑士荣誉勋章"。代表法国政府授勋的法国驻香港总领事艾高乐在致辞中说:"在生活还没有演变成革命的时候,生活本身也是处于永恒的变化之中。关键在于能够忠于自己,忠于自己的亲人,忠于自己的祖国。而费先生正是这样的人。"①

1982年初夏,邓小平在会见香港《大公报》社长费彝民时,第一次提出了1997年收回香港主权,但保持香港稳定,继续发挥自由港作用的想法。当时他提出了解决香港问题的著名八字方针:"恢复主权、保持繁荣。"《大公报》随即报道了邓小平的决定,引起港人关注,香港回归开始提上议事日程。1984年9月26日中英草签了联合声明,并于同年正式签署,从此香港开始过渡时期。1985年6月,中华人民共和国香港特别行政区基本法起草委员会成立,费彝民任副主任委员。他的夫人苏务滋回忆说,费彝民满腔热情地致力于香港特别行政区基本法起草委员会的工作,热切希望各方面精诚合作,集思广益,共同

---

① 陆铿:《"新闻骑士"费彝民》,《新闻战线》1982年第6期,第31—32页。

制定出一部符合"一国两制"原则的基本法,以造福香港,造福国家①。然而遗憾的是,基本法草案公布不久,费彝民即告别人世,未及亲见香港回归祖国和基本法的实行。2002年,香港特别行政区首任行政长官董建华在《大公报》百年社庆时说:"香港回归祖国,《大公报》扮演了重要而难以取代的角色。"②香港《大公报》在香港回归祖国中的贡献,自然包括费彝民在内。

1988年5月18日,费彝民在香港养和医院去世,享年80岁。第二天,《人民日报》在报道费彝民逝世的消息中写道:"费彝民先生热爱祖国,为爱国事业奋斗了终生。他还是我国老一辈著名的新闻工作者。他的逝世使爱国团结事业失去了一位知名的社会活动家,使新闻界失去了一位德高望重的老前辈。"③时任党和国家领导人李鹏、万里、彭真、邓颖超、乔石、习仲勋、班禅额尔德尼·确吉坚赞等发来唁电,全国人大、中央统战部、国务院港澳办公室专程派代表到灵前致祭。5月31日,费彝民先生骨灰安葬仪式在八宝山革命公墓举行。杨尚昆、万里、胡启立、吴学谦、宋平、阎明复、姬鹏飞、黄华、习仲勋、彭冲、荣毅仁、孙起孟、雷洁琼等时任领导人出席骨灰安葬仪式。作为党外人士,能够享受这种待遇的极为罕见,费彝民身后可谓备极哀荣。

---

① 夏莉娜:《报人之妻谈报人——访费彝民的夫人苏务滋》,夏莉娜:《深深的情结:人物专访集》,第184—194页。
② 吴廷俊主编:《中国新闻传播史1978—2008》,复旦大学出版社2011年版,第637页。
③ 《费彝民先生在香港逝世》,《人民日报》1988年5月19日第4版。

三栖报人：王文彬*

作为一名老《大公报》人，王文彬的特点在于全面，既有深厚的新闻采写编评经验，又长期从事报业经营管理工作，此外在新闻教学、研究方面亦涉猎较深，著述颇丰，堪称全面型办报能手。中国人民大学蓝鸿文教授很是生动形象地称他为"三栖老报人"：既有丰富的新闻工作经验，又有丰富的新闻教学和新闻研究经验，集新闻业务工作、新闻教学工作和新闻研究工作于一身，就好比影视界的三栖明星那样①。由于他姓王，且以报为业，他的同事和朋友们戏称之为"报业大王"。

一

王文彬(1907—2003)，陕西蒲城人，父亲务农，在县城北门开有一间小杂货铺，家境算是优裕。1926年王文彬在西安读中学期间就曾给西安《国民日报》副刊《赤光》杂志写过稿，该报于1926年12月由中共陕西地方创办，此时他已接触革命思想。稍后他又主编过蒲城县同乡刊物《蒲华》。以上可以说是他从事新闻工作的开始。

青年王文彬追求进步，中学时便加入了共产主义青年团。1926年，西安地下中共组织开办暑期学校，王文彬成为学员，并任学生会总务(即学生会主席)，其间加入党组织。1927年王文彬被派到蒲城发动农民运动，组织农会，任县团委委员，其后又回西安。1928年秋，因叛徒出卖，中共陕西省委遭破坏，王文彬被迫回到老家蒲城，从此与党组织失去联系。

---

* 本文撰稿人：高海波，华中师范大学新闻传播学院教授。
① 蓝鸿文：《我所知道的王文彬先生》，《新闻与成才》1995年第11期，第12—14页。

1929年初夏,王文彬通过陕西老乡丁右任的介绍,进入于任董事长的上海民治新闻学校学习,希望走上报人之路,过上自由自在的报人生活。1930年暑期,在民治新闻学校结业,由沪赴津,打算通过老乡张季鸾的关系加入天津《大公报》。未曾料到,入职之事尚未定下,竟引起国民党特务的注意,被捕入狱。张季鸾将王文彬保释后把他介绍给了正在创刊的北平《华北日报》。

在《华北日报》,王文彬从校对做起,利用休息时间外出采访新闻,并抱定"有新闻就跑新闻,无新闻就作调查"的决心①,既写新闻稿,又做调查报道,很快得到报社认可,一个月后改任外勤记者。两个月后,《大公报》也注意到了王文彬的表现,邀其参加该报北平办事处的工作,但《华北日报》坚决不同意,且质疑这种挖角的行为,王文彬担心影响同业关系,只好作罢。

此后,王文彬又兼任南京《中央日报》、上海《民国日报》、汉口《武汉日报》驻北平记者。当时,国民党中宣部直属各党报组织"北平联合采访部",名义上由《华北日报》编辑主任沈紫嘢兼主任,实际上由王文彬负责。所有华北日报馆的外勤记者,也统由王文彬分配工作,指挥他们的采访活动。1933年,王文彬在北平民国大学新闻专修科任教,讲授采访学,内容包括政治、法律、教育、社会、地方、战事等新闻的采访。当时还没有采访学专著,王文彬自编讲义。这些讲义后来编成《采访讲话》一书,成为我国第一本新闻采访学著作。

1934年春,国民党改组《华北日报》,王文彬因为不是国民党党员而遭到辞退。他第二次向《大公报》提出申请,要求参加工作,但再次被拒。王文彬无奈,只好改就天津《益世报》驻北平记者。但刚刚过了一个多月,《大公报》第二次请他担任该报驻北平办事处记者。1934年底,王文彬在《益世报》停邮风波平息后提出辞职,改任《大公报》驻北平记者。1935年9月,王文彬辞去北平所有兼职,专任天津《大公报》平津版编辑兼外勤课主任,从此与该报结下不解之缘。王文彬在《大公报》工作时间,历经天津、上海、广州、桂林、重庆等阶段,从1934年至1952年前后累计整整18年,担任过编辑、记者、采访部主任、经理、发行人等多种职务,是这段时期《大公报》发展史的重要亲历者,也是抗战到解放时期中国报业史的见证人,这为他后来从事中国报业史研究工作准备了条件。

1936年3月,王文彬被派到上海,参加《大公报》上海版的筹备工作,4月1

---

① 王文彬:《新闻工作六十年》,重庆出版社1990年版,第7页。

日上海版正式出刊,王文彬除主持本市新闻三个版面的编辑工作之外还兼任外勤课主任,负责安排外勤记者的采访活动。为解决稿源问题,王文彬提出了专任记者与特约访员相结合的办法,这些特约访员有机关职员,有商店店员,有各大学新闻系学生,有无业青年,分布广泛,消息灵通,可以弥补专职记者精力有限的不足。特约访员除了平时为报纸写稿、提供新闻线索外,在一些重大新闻采访上也能发挥特殊作用。例如1936年10月19日鲁迅先生逝世,因鲁迅住处保密,王文彬和外勤记者当天得到这一消息较晚,当他们正在商量如何采访时,特约访员刘祖澄(笔名鲁风)送来关于鲁迅逝世的长篇报道,并附有照片。王文彬当即决定将这一消息作为本市要闻的头条新闻,于是第二天读者就在《大公报》上海版上读到了王文彬精心编辑的大字号标题《文化巨星陨落》的报道,既避免了重大新闻的遗漏,也在很大程度上弥补了该报同日文艺版所刊有关鲁迅先生不公正评论的失误①。1937年"八一三"淞沪抗战开始后,《大公报》将范长江负责的通讯课与王文彬负责的外勤课合并,成立采访部,由范、王共同负责,二人分赴华北战场和淞沪战场采访,冒着枪林弹雨采写战地报道。同年11月8日,王文彬又与范长江共同作为首批发起人,成立战时新闻记者的统一组织——中国青年新闻记者协会,组织战地报道,培训战地记者。后来,中国青年新闻记者协会诞生的11月8日这一天于2000年被中国记协确定为记者节。②

1937年12月底,《大公报》上海版被迫停刊,除已经外迁汉口版的员工和极个别留守人员外,上海版职员全体遣散,王文彬第二次失业。失业在家的王文彬闲不住,便利用这段时间对1933年在北平民国大学新闻专修科讲授的采访学讲义进行补充修订,连同他本人所写的十多篇文章一起编成《采访讲话》一书,同时又从个人收藏的新闻书报中选出各地报人论文数十篇辑为《报人之路》,两书于1938年5月由上海三江书店同时出版。上海《大公报》停刊不久,爱国人士严宝礼利用其资产设备创办了《文汇报》。《大公报》因为与《文汇报》有投资关系,推荐徐铸成、王文彬等人参加工作,徐任主笔,王负责编本市新闻兼采访主任。

---

① 蓝鸿文:《我所知道的王文彬先生》,《新闻与成才》1995年第11期,第12—14页。
② 王大龙:《国家、民族利益高于一切——中国青年新闻记者协会史》,《新闻春秋》第9辑,复旦大学出版社2009年版,第359—366页。

二

1938年8月，在《大公报》香港版创办的同时，王文彬被调往广州，任《大公报》驻粤办事处和广州分馆主任。同年10月，日军进攻广州，王文彬退至粤北，在翁源、韶关、连县等地继续从事战地采访。1939年1月，王文彬又受命筹建桂林办事处，建立起了专做新闻采访的通讯机关，招聘3名工作人员，为后来在桂林开设分馆和出版桂林版做了准备。

1940年冬，王文彬开始筹建桂林分馆。选在桂林东郊簸箕岩附近一座无名小山周围，划定37亩荒地，自行命名为"星子岩"，在岩洞附近搭建起了几十间木结构平房，作为编辑部、经理部各部门的办公室，以及排字房和职工宿舍。又开凿山洞，用于存放纸张器材，安装印报设备平板机，这样敌机轰炸时亦可照常印刷报纸。

选定馆址、修建房舍后，又公开招聘记者、练习生，同时也招收了一些经营业务人员。这些人员经过实际工作锻炼，后来大多成为各方面的骨干，有些且是国内报界的知名记者、编辑，如陈凡（笔名周为）、罗成勋（即罗孚）、曾敏之、高学逵、黄克夫等，充分体现了王文彬知人善任的特点。

1941年3月15日，《大公报》桂林版创刊，日出对开纸一张，经理由香港版《大公报》经理金诚夫兼任，编辑主任为蒋荫恩，王文彬任发行人兼副经理，负责经营管理工作。

为发展报社业务、扩大发行量，王文彬首先建起了分销网。1941年3月桂林版甫创刊，即刊出《本报招办各地分馆、分销处启事》。据统计，广西设置分馆、分销处的地方有梧州、柳州、南宁、宜山、金城江、全县、平乐等处。同时努力增加收入，节约开支。桂林版开设有"经济小广告"专栏，刊登各种分类广告，内容有征求、待聘、遗失声明、寻人、招租等。营业部还承印书籍表册、信封信纸、名片仿单、喜帖讣闻等外件，又通过打九折，鼓励外地读者同时订阅日报和晚报。因此，桂林版的广告来源较为充足，一般每天四个版能保持两个版的广告，加上发行量稳定，职工的待遇较其他报社为优。这当然与王文彬的苦心经营有很大关系。

王文彬在经营管理上厉行节约，哪怕是印刷报纸过程中产生的残破纸张也细心收集起来对外出售，收回资金，减少消耗。但在开辟稿源、优待文化人士方面，他又非常慷慨，绝不吝啬。在接受蓝鸿文教授采访时，王文彬称他经常联系的各方面通讯员有50至80人，稿费由他开，说30元就30元，说50元就50元，通讯员打电话提供消息也付稿费。王文彬说："我有这个权，报社也给我这个权。"①1942年香港沦陷后一大批文化人士迁来桂林，生活困难，王文彬派专人送钱接济他们，又怕他们面子薄不肯接受，说是"预支稿费"②。其后，经济学家千家驹即曾在《大公报》发表了洋洋数万言的长篇特告《回忆香港》。

桂林版的社评，创刊时由胡政之亲自执笔，其后胡不常在桂林，主要靠香港或重庆大公报馆寄来"社评小样"或航寄报纸，特别重要的则用专电发来，由编辑主任蒋荫恩根据情况加以修改后发表。1941年9月15日，《大公报》在重庆设立董监事联合办事处，胡政之任主任，并成立社评委员会，任命桂林分馆的王文彬、蒋荫恩为社评委员。此后，王、蒋二人每周各写一两篇社评。

1942年春，香港《大公报》职工撤退来桂林，桂林版职务调整，徐铸成任总编辑，金诚夫继续担任经理，王文彬仍任发行人兼副经理。为安置新来人员，桂林馆扩建了几幢宿舍，同时为了纪念已故总编辑张季鸾先生，专门建起了一座"季鸾堂"，平时则作为职工饭堂兼俱乐部。报馆内还设有补习学校、篮球场和花园，成为战时各地大公报馆中规模最大、最完善的一个分馆。为了妥善安排香港版撤退人员，桂林版在办好日报的同时增办了晚报。自徐铸成来到桂林后，王文彬专心经营业务，不再写社评，改而为新创刊的《大公晚报》写些短评。王文彬与徐铸成的分工配合，可以说是相得益彰，共同谱写了桂林版的辉煌。

桂林时期，王文彬在办报之外还参加了大量社会活动。1940年夏，中国青年记者学会桂林分会和中华职教社广西分会联合主办桂林暑期新闻讲座，王文彬任总干事兼授新闻学概论课程。1940年冬，桂林各界为前线战士募集寒衣，王文彬任交际总干事，组织起了一支通过义卖报纸、鲜花来募捐的300余名妇女队伍。1943年5月12日，《大公报》参加桂林各报举办的义卖献金活动，将全天售卖报款捐献抗日，这次各报联合义卖活动共计筹集献金十一万余元。

1944年9月，由于国民党当局错误估计形势，在桂林动员紧急疏散，以作焦土抗战准备，桂林版被迫停刊。经理金诚夫、总编辑徐铸成先后离开桂林，王文彬和数十名职工一起最后离开报馆。沿着黔桂两省边界连续步行了半个

---

① 蓝鸿文：《我所知道的王文彬先生》，《新闻与成才》1995年第11期，第12—14页。
② 张鸿慰：《王文彬》，载张鸿慰：《蕻蔚集·报业史志稿》，广西新闻史志编辑室2003年版，第147页。

多月到达贵州独山县后,才雇到一部木炭卡车,王文彬和行动困难的职工登上卡车,驶往重庆。

三

1945年1月,任渝馆采访部主任的王文彬在重庆认识了周恩来。第一次见面,王文彬就直率地问道:"周先生,您看《大公报》到底是功大还是过大?"①之所以有此疑问,是因为王文彬年轻时追随革命,参加过共青团,又转为党员,从事过农民运动、学生运动工作,后因叛徒出卖,只身外逃而脱党,再后来进了《大公报》,但总感觉这张报纸的政治倾向复杂,在范长江与张季鸾政见不合而脱离《大公报》时王文彬也一度萌生去念,所以他特别想知道共产党对于《大公报》的看法。周恩来回答:到现在为止还是功大于过。王文彬的心里这才踏实下来②。

1945年8月28日,毛泽东从延安飞抵重庆,率领中共代表团参加国共谈判,经过43天的艰苦努力,终于促成《双十协定》的签订。毛泽东在重庆谈判期间,王文彬有幸三次目睹,终生难忘。8月31日,毛泽东在红岩新村中共中央南方局办事处会见重庆《大公报》三名负责人:总编辑王芸生、编辑部主任孔昭恺、采访部主任王文彬。毛泽东讲了和平、民主、团结的方针和三者的关系,以及如何实现和平,如何实现民主宪政,以达到团结建国的目的。第二天《大公报》在第二版以大标题《毛泽东对本报记者谈,愿团结商谈早获结果》发表报道。9月1日,王文彬应邀参加重庆中苏文化协会在七星岗举办的苏联图片展,毛泽东在周恩来、王若飞等人的陪同下突然出现在现场,王文彬再一次与毛泽东握手,当介绍到王文彬时,毛泽东连说"认识、认识",周围数千群众听到消息争先恐后前来一睹毛泽东风采,道路为之拥堵,这种盛大场面给王文彬留下了难以磨灭的印象③。10月8日,参加国共谈判的国民党代表张治中在国民党军事委员会礼堂举行欢送毛泽东大会,王文彬作为《大公报》唯一代表应

---

① 钟启元:《"我三次见到了毛主席"——〈大公报〉老报人王文彬访谈录》,《党史文汇》1998年第9期,第14—16页。
② 钟启元:《"我三次见到了毛主席"——〈大公报〉老报人王文彬访谈录》,《党史文汇》1998年第9期,第14—16页。
③ 钟启元:《"我三次见到了毛主席"——〈大公报〉老报人王文彬访谈录》,《党史文汇》1998年第9期,第14—16页。

邀参加，翌日重庆《大公报》刊出王文彬采写的新闻报道《团结商谈大部协议 张治中昨在欢送毛泽东大会报告》。

1946年，金诚夫调离重庆后，王文彬任重庆版发行人兼经理。抗战时期一度繁荣的战时陪都，随着战后国民政府还都南京，大部分机关、学校、工商企业纷纷迁离，重庆《大公报》的营业收入大大减少，业务日趋困难，王文彬带领职工千方百计艰苦度日，努力维持报纸出版。首先是压缩机构，减少开支，职工中愿意回家乡或是另谋高就的尽可能满足其要求，因病因事请求离职的也处处予以方便。其次是利用广告推动业务，开展多种经营，想方设法增加收入。第三是创新营销方式，争取读者，如增加报纸分销处，增设临时送报站，开展夜间营业等。为了满足不同消费层次读者需要，王文彬还想出了以不同质量纸张印报的办法，西洋纸报、白报纸报、嘉乐纸报、土报纸报按价位高低分别定价，从报纸售价上细分读者市场，满足不同阶层读者需求。除了经营上的压力，王文彬这一时期更艰巨的任务是应对国民党反动派政治上的迫害。他说："当时，国民党统治区特务、流氓横行，殴打、关押、杀害进步记者，捣毁民营报纸事件层出不穷，实为新闻界最黑暗时期。"① 作为报纸发行人，王文彬四年中两次被控告。第一次是1947年2月重庆《大公报》在"读者投书"专栏揭发广安县长蔡天石贩烟包赌、纵匪贪污等罪行，蔡天石在重庆法院控告《大公报》发行人，法院判决免刑，但要求登报道歉。第二次是1948年底，重庆市社会局局长陈去惑奉重庆绥靖公署之命，在地方法院对王文彬提出控告，列举十项罪证，如报道失实、刺激学潮、扰乱军心等，要求惩处《大公报》停刊十日。

1947年6月1日凌晨，国民党特务宪警闯入《大公报》职工宿舍，将采访部主任曾敏之、记者张学孔、李光诒、方蒙、廖毓泉、蒲希平、翻译廖忠管和李光诒的妻子袁纹等8人逮捕，罪名是"潜伏共产党特务及其同谋分子"，王文彬与重庆行辕参谋长肖毅肃、重庆警备司令孙元良等人交涉，设法营救。其后，这些记者虽被释放，但因被指实为"共党分子"或有"共党嫌疑"而被迫离开重庆。1949年5月27日晚，国民党反动派派出宪兵、警察、特务一百余人，将重庆大公报馆重重包围，肆意搜查，并以"共党嫌疑"为名逮捕编辑部主任顾建平，将其关押于中美合作所长达140余天。顾建平被捕后，王文彬与各界呼吁营救，并担负起编辑工作。直到同年9月，国民党政府劫收重庆《大公报》后，始将顾建平

---

① 王文彬：《重庆〈大公报〉被劫收的前前后后》，《重庆报史资料》1994年第18期，第47—51页。

释放。

1949年8月15日,国民党行政院院长阎锡山电令重庆西南长官公署查封重庆《大公报》。后重庆国民党当局决定暂缓封闭,转而要求《大公报》公开表明政治态度。王文彬拖延了半个月后在九一记者节这天刊出社论《信条与愿望》。国民党当局很不满意,认为这样的表态还不如不表态,要求王文彬重写一篇个人署名的文章。王文彬继续采用拖延的办法与之周旋。9月17日国民党大员张群出面改组重庆《大公报》,委派彭革陈为《大公报》社长兼发行人,唐际清为总编辑,王文彬被扫地出门。彭曾任国民党中宣部新闻事业处处长多年,唐时任国民党中央社总编辑主任,所以王文彬认为这样的改组,其性质实为劫收。被劫收后的《大公报》于9月18日刊出所谓"本报改组启事",宣布"戡乱国策"。同时,国民党中央社发表相关新闻报道,妄称"《大公报》在渝董监会商,决定与总管理处脱离关系"[1]。而实际上《大公报》总管理处设在上海,重庆根本没有一个董事或监事,所谓"在渝董监会商"云云,纯属子虚乌有。王文彬刊登启事离开报社,到北碚相辉学院任教。

四

重庆《大公报》被国民党劫收后,仅维持了短短74天。1949年11月30日重庆解放,王文彬接中共中央西南局宣传部副部长廖井隆通知继续负责《大公报》工作。中央人民政府新闻总署署长胡乔木,副署长范长江、萨空了联名致电《大公报》全体职工,表示慰问和祝贺。12月2日在重庆相辉学院任教的王文彬重回《大公报》主持工作,报纸继续出版。

1950年4月4日,重庆《大公报》正式取得报纸杂志登记许可证,王文彬发表社评《本报今后努力的方向》,文章称:"本报向重庆市军事管制委员会文化接管委员会申请登记,已获准发给报纸杂志登记证新字第四号。本报获准登记,职工同人甚为兴奋,深感今后任务的重大。职工同人除深感兴奋愉快外,决用全心全力把报纸搞好。在言论与新闻方面,决努力配合国策,完成任务。在业务方面,决心向国营公营事业学习,已组成临时管理委员会,积极整编机

---

[1] 王文彬:《重庆〈大公报〉被劫收的前前后后》,《重庆报史资料》1994年第18期,第47—51页。

构,力求精简节约,处处予读者以便利,尽可能达到企业化。在职工学习方面,诚心诚意向群众学习,实事求是,联系实际。"①

王文彬认为,解放后重庆《大公报》面临的主要问题是相比抗战时期报社业务收入大大减少,而机构庞大,人事臃肿,职工人数过多,急需压缩机构,精减人员,以达到盈亏平衡。在重庆市委市政府的帮助下,重庆市新华印刷厂从《大公报》调走职工80多人,重庆市邮局因兼办报纸发行业务从《大公报》调走熟悉发行业务的工人近20人,两次共减少职工约100人,加上当时有人自愿转业或回家,由此大大减轻了职工工资、福利等负担,解决了维持业务的困难。自此以后,重庆《大公报》始终保持收支平衡,没有出现过亏损局面,并略有盈余。王文彬再一次展示了他的杰出的报业经营管理能力②。

全国解放后,王文彬最为关心的是重庆《大公报》的公私合营问题,这主要基于三个方面原因。

第一,1946年大公报社总管理处由重庆迁到上海,只想集中力量办好上海《大公报》和香港《大公报》,对重庆《大公报》感到无暇兼顾,加上香港《大公报》起义、天津《大公报》改组为《进步日报》,重庆《大公报》的私营局面势难维持。

第二,重庆《大公报》职工普遍认为调到国营企业,或直接参加党报工作,比较稳妥可靠,没有政治上、经济上种种风险,而且工资福利也比私营报纸好得多。

第三,王文彬本人对继续办好私营《大公报》也是信心不足,他认为重庆市既有中共西南局机关报《新华日报》,如果再办一张重庆市委机关报《重庆日报》,那就根本没有再办《大公报》的必要了;同时,他深感自己政策水平低,思想上很怕犯错误,担心自己因此受到批判,希望尽快实现公私合营。

一开始王文彬设想的是希望重庆《大公报》与《新蜀报》合并,改名《大新报》或《新大报》。《新蜀报》由周钦岳创办,是一张进步报纸,后被国民党劫夺,重庆解放时已停刊。中共西南局宣传部鉴于《新蜀报》的光荣历史,有意让《新蜀报》复刊,将重庆《大公报》并入其中,由周钦岳和王文彬共同负责。但周钦岳表示:还是请党派党员同志来好,我办私营报纸多年,苦头受够了,现在解放了,还能再办私营报纸吗?可见,新中国成立后,不论是管理层还是普通员工

---

① 王文彬:《新闻工作六十年》,第271页。
② 王文彬:《新闻工作六十年》,第137页。

均视私营报纸为畏途①。

王文彬没有放弃公私合营的想法，多次向西南局宣传部和市委宣传部提出申请，要求派党员同志主持《大公报》编辑工作。1950年冬，大公报社总管理处代总经理曹谷冰和大公报社总管理处李纯青由上海来重庆，也向西南局宣传部和市委宣传部分别申请重庆《大公报》公私合营②。

1950年10月，重庆市委宣传部派雷勃担任重庆《大公报》编辑部主任，这是党组织派来的党员同志，王文彬非常高兴，认为这就是重庆《大公报》正式公私合营的开始，虽然并没有办理公私合营的有关手续。1951年冬，重庆市委又派陈柏林任重庆《大公报》总编辑兼党支部书记，正式建立党支部，并调来编辑记者多名，既增强了重庆《大公报》业务队伍阵容，更进一步加强了党对重庆《大公报》的领导。1952年，重庆市委宣传部筹备创刊《重庆日报》，王文彬主动建议以重庆《大公报》为基础，不必另起炉灶。当年6月，王文彬在北京开会，听到《重庆日报》定于七一创刊的消息，立即从北京发电报给陈柏林："祝党万寿，祝报新生！"③后因等待正式批准文件和邓小平亲笔题写的报头，《重庆日报》改于8月5日创刊。之前一天8月4日重庆《大公报》正式停刊。

《重庆日报》创刊后，王文彬任经理，负责分管财务、总务、工务等业务。其后，王文彬曾两度以新闻界代表身份参加中国人民赴朝鲜慰问团，慰问抗美援朝的志愿军将士。1955年王文彬调离新闻岗位，先后担任过重庆市司法局局长、交通运输局局长、四川省人大常委会委员、重庆市人大常委会委员兼副秘书长等职务。1983年起任重庆市政协副主席。同时，他还是第二届、第三届、第六届全国人大代表。

五

1966年"文革"爆发后，王文彬作为重庆市交通局的当权派被打倒。由于他是旧市委的保护对象，尚算优待，白天劳动，晚上并不需要参加批斗，于是他

---

① 王文彬：《新闻工作六十年》，第138页。
② 王文彬：《新闻工作六十年》，第138页。
③ 王文彬：《建国初期的重庆〈大公报〉》，《新闻研究资料》第40辑，中国社会科学出版社1987年版，第9—17页。

萌生了重操旧业的念头,计划利用手头积累的资料撰写一部旧中国的报业史。但不久后竟然被人揭发,王文彬愤懑之余将所有材料上交组织。粉碎"四人帮"后,王文彬找回了当年上交的那包材料,经过几年的补充整理,写成一部40万字的《重庆解放前的报业》。书稿完成后寄给北京某研究所,不料1983年该所寄回重庆时竟遗失了。

但王文彬并不气馁,依然奋力笔耕不辍,在《新闻研究资料》上先后发表《范长江同志和"青记"》《长江对中国新闻事业的贡献》《国民党统治时期报业遭受迫害的资料》《"国联"调查团采访记》《上海〈大公报〉工作琐记》《解放战争时期新闻出版界的反抗斗争》《建国初期的重庆〈大公报〉》等多篇论文,并积极参加各种新闻学术会议。

1986年王文彬撰写的《中国报纸的副刊》一书由中国文史出版社出版,全书20万字,汇辑了各地报纸的副刊内容,对了解我国报纸副刊的产生和发展概貌大有帮助,而且可以窥见不同时期、不同地区社会生活之一斑,同时还收集了许多著名老报人对副刊性质、任务、特点的论述,其中不乏精辟的见解和宝贵的经验之谈。该书出版后受到广大新闻工作界同人及新闻爱好者的普遍欢迎。

1991年,王文彬总结了自己一生从事新闻工作的实践经验,写成《新闻工作六十年》一书,全书22万字,由重庆出版社出版。这本书在某种意义上可以视为作者的自传。

1996年,王文彬将他收集到的自1919年至1949年间的12个大城市、28个省区及外国人在华的报刊资料如发刊词、复刊词、社论等进行分类整理,汇编成《中国现代报史资料汇辑》一书,全书73万余字,由重庆出版社出版。该书含有大量的第一手报刊史研究资料,具有重要的参考价值。

据介绍,1998年王文彬还给香港一家出版社寄去《旧大公报简史》《旧大公报两巨头》《王文彬文选》三部书稿,可惜的是未能出版。据不完全统计,改革开放后二十年时间里,王文彬共写成了200多万字的书稿①。这种生命不息、奋斗不止的勤奋和执着确实令人钦佩。

2003年4月,王文彬在重庆逝世,享年97岁。

---

① 王绿萍:《一个老报人的足迹——介绍王文彬先生》,《新闻大学》1998年冬季号,第41页。

总务能手：叶德真*

叶德真，生卒年不详，长居上海，善于书画，精通文学，曾于清末以"德争"为笔名进行白话文写作，并在其间与胡适成为挚友。民国初创，叶氏投身报界，先后在北京、天津、南京、上海等地创办和编辑了《北京晚报》《新中国杂志》《华北新闻》《南京晚报》《小夜报》《民报》等报刊，足迹遍布大江南北。20世纪20年代末至30年代中期曾于南京江宁县政府、上海县政府和无锡县政府从政。全面抗战爆发后，叶德真将家眷留在上海，孑然一身赶赴大后方，1939年进入《大公报》重庆馆，并于抗战胜利后跟着报纸一同返沪，在新成立的《大公报》总管理处中担任总务部主任。为表彰其为《大公报》做出的贡献，1948年叶德真获赠《大公报》荣誉股权，成为报社股东之一。

一

叶德真年轻时就具有进步思想，与一众倾向革命的学子走得很近，1908年4月，他被邀进入竞业学会主办的《竞业旬报》任主编，成为他报刊生涯的起点。

叶德真精通书画，同时对白话文和西方近代文化颇感兴趣，在他的主持下，《竞业旬报》开设了包括图画、插画、演说、社说、论说、学术、传记、时闻、时评、小说、歌谣、杂俎等近30种版块和专栏。而他也经常亲自操刀上阵，以多种形式表达追求民主、共和的观点主张。从1908年到1909年间，叶德真以"德争"为笔名，发表白话作品22篇。作品中既包括传统的论说、杂俎、社说等形式，同时还包含了小说、歌谣、插画、劝戒文等灵活多样的内容。其中白话小说《安徽白话报社被火记》以安徽白话报社被烧为背景，短短几百字便将叶氏对

---

* 本文撰稿人：冯帆，天津师范大学新闻与传播学院讲师。

报业的期冀和对国家的希望表达得淋漓尽致,特别是"报纸是不怕火烧的,报纸热心救世,越烧热度越高,越烧越发达""天下断没有不成功的事,国也可救,仇也可复,何况是办一个小小的报馆"①,寥寥数语将报纸的作用和其与家国的关系展现给读者,体现了深厚的爱国情怀。

叶德真主编刊物至第23期后,便将职务交由当时年仅17岁的胡适担任。民国初创,叶氏从上海辗转来到北方,在京津两地相继创办多张报刊。1914年,叶德真在北京创办了《北京晚报》,这在当时可以说是国内最早的晚报之一。也是因此,有后辈报人将叶德真称之为"中国晚报业之始祖"②。

在创办了《北京晚报》的六年后,叶德真来到天津,在这里他与著名报人、小说家包天笑和知名报人钱芥尘一道开启了新的办报事业。1921年8月,他们在梁士诒内阁的支持下,在津创办了产生重要影响的《华北新闻》。该报发行初期,由于其较为灵活的办刊发行策略,吸引了众多津门读者的瞩目,一时间发行量达到了日均3000多份,对当时天津的两大报《大公报》《益世报》构成了直接的威胁。但好景不长,随着1922年第一次直奉战争的爆发和奉系的失利,天津等多地形势反复,奉系军阀支持的梁士诒内阁倒台,而这也波及了刚刚在津门站稳脚跟的《华北新闻》。

在天津遭遇了折戟沉沙后,叶德真辗转返回南方,并于1923年在南京创办了《南京晚报》,1927年又与国闻通信社张振远、李子宽、严慎予、董克仁、刘云舫等共同创办了《小夜报》。之后,叶德真曾于20世纪20年代末至30年代中期短暂从政,先后在1929年于南京江宁县政府担任第一科科长,1930年在上海县政府担任县长严慎予秘书,并于1933年跟随严慎予一同赴无锡县政府任职。

二

几年短暂的从政生涯后,叶德真的命运就和亿万国人一样,被全面抗战的爆发彻底打破。家国破碎,匹夫有责。此时的叶德真辞别官职,并将家眷安置

---

① 德争:《安徽白话报社被火记》,《竞业旬报》1908年第36期。
② 瑞士:《中国晚报业之始祖叶德真生平喜晚》,《上海人报》1947年6月30日。

在上海，孤身一人来到坚持抗战的大后方，重返报坛，加入了止在辗转颠沛期间的《大公报》重庆馆，开启了自己与《大公报》的情缘。

1937年7月底天津沦陷后，张季鸾等已经察觉上海版也将遭遇严重危机，遂率领部分《大公报》员工赴汉口创办了《大公报》汉口版，并于当年9月18日国耻六周年纪念日当天创刊出版。随着一年后日军逼近武汉，汉口版也做好了进一步后撤至重庆的准备。在这期间，《大公报》虽在天津、上海、汉口等多地颠沛流离，但并没有一天放下了宣传抗战的主张。由于汉渝之间交通困难，加之日军不时的轰炸，《大公报》重庆版一直到1938年12月1日才宣告出版。在重庆，《大公报》继续发表抗战言论，揭露汪精卫等的汉奸罪行，为当时坚持抗战的军民带来了希望。但与此同时，刚刚创刊的重庆版也在经历着考验。1939年重庆持续遭受日机轰炸，在"五三""五四"两次大轰炸中，刚刚建成的报馆几乎全部被毁，报馆员工也被炸身亡。但仅仅100天后，《大公报》又在新址李子坝宣告复刊，继续以笔为刀进行抗战。此时的叶德真还曾与王芸生一起坐在李子坝报馆新址门前拍摄了一张合影①。

抗战胜利后，《大公报》上海版于1945年11月1日复刊。叶德真也跟随着上海版的员工一起返沪，可他的妻妾却早已在战争中殒命。孑然一身的叶德真虽在此后经人介绍与文学家张方媖共组家庭，但其更多精力还是放在大公报社总管理处的运营上。

1943年在重庆期间，《大公报》就曾成立董事会并建立了董监事联合办事处作为报社事务的处置机构。抗战胜利后，出于对国内时局的乐观和报社经营发展的信心，《大公报》撤销了原董监事联合办事处，改为成立大公报社总管理处，统领上海、天津、重庆三地报馆业务。该处于1946年初由重庆迁至上海，叶德真起初担任总管理处秘书一职。

当时的总管理处先后下设了营运委员会、设计委员会、国闻出版社、购料委员会、海外部等机构，同时还曾计划在广州创办新版，以实现对华北、华东、华南、华西的兼容并包，并扩展其他业务领域，一举成为中国最大的报业托拉斯。但随着国内时局的风云变幻，这种美好的愿景终成水中揽月。

总管理处设置之初的宏伟设想虽未能实现，但叶德真的能力却得到了充分展示。1947年为了统筹各馆经济事宜、核准预算决算及各馆账目、决定各馆

---

① 王芝琛、刘自立：《1949年以前的大公报》，山东画报出版社2002年版，第41页。

职员调动并考核职员成绩以及统筹各馆购料事宜等,大公报社总管理处新设置了总务部、业务部、编审部等三个部门。在6月公布的《大公报》职员346人名单中,总管理处总经理胡政之,总编辑王芸生,副总经理曹谷冰、金诚夫,副总编辑张琴南,叶德真已经成为总务部主任同时兼任文书主任。

为了表彰叶德真多年以来为《大公报》做出的突出贡献,1948年叶德真获赠《大公报》荣誉股权,与张琴南、严仁颖、许君远、李纯青、曹世瑛、左芝蕃、樊更生、于潼等9人一起成为报社股东之一。在一年后总经理胡政之去世时,作为总务部主任的叶德真也承担起了为胡氏治丧的任务,并于1949年4月16日在《大公报》重庆版发表文章《政之先生的一生》,全面追忆了总经理胡政之的一生,文辞真挚,字字泣血,感情令人动容。

图书在版编目(CIP)数据

《大公报》全史：1902—1949.3，报人/吴廷俊编.—上海：复旦大学出版社，2023.5
ISBN 978-7-309-16393-3

Ⅰ.①大… Ⅱ.①吴… Ⅲ.①《大公报》-新闻工作者-列传-中国-1902-1949 Ⅳ.①G219.296
②K825.42

中国版本图书馆 CIP 数据核字(2022)第 162681 号

《大公报》全史(1902—1949)
第一卷 报史　吴廷俊　著
第二卷 年表　吴廷俊　编
第三卷 报人　吴廷俊　编

出 品 人/严　峰
责任编辑/史立丽　关春巧

复旦大学出版社有限公司出版发行
上海市国权路 579 号　邮编：200433
网址：fupnet@ fudanpress.com　　http：//www.fudanpress.com
门市零售：86-21-65102580　　团体订购：86-21-65104505
出版部电话：86-21-65642845
上海盛通时代印刷有限公司

开本 787×1092　1/16　印张 161.25　字数 2 635 千
2023 年 5 月第 1 版
2023 年 5 月第 1 版第 1 次印刷

ISBN 978-7-309-16393-3/G・2408
定价：680.00 元

如有印装质量问题，请向复旦大学出版社有限公司出版部调换。
版权所有　　侵权必究